해커스소방

김정희
소방관계법규

핵심정리 + OX문제

⛩ 해커스소방

김정희

약력

고려대학교 공학석사
고려대학교 공학박사 과정
미국 워싱턴 주립대학 MIS과정 수료
현 ㅣ 해커스소방 소방관계법규, 소방학개론 강의
현 ㅣ 충청소방학교 강의
현 ㅣ 한국화재소방학회 건축도시방재분과 의원
현 ㅣ 한국화재소방학회 정회원
현 ㅣ 대한건축학회 정회원
전 ㅣ 국제대학교, 호서대학교, 목원대학교 강의
전 ㅣ 에듀윌, 에듀피디, 아모르이그잼, 윌비스 강의
전 ㅣ 국가공무원학원, 종로소방학원, 대전제일고시학원 강의

저서

해커스소방 김정희 소방관계법규 기본서
해커스소방 김정희 소방학개론 기본서
해커스소방 김정희 소방관계법규 3단 비교 빈칸노트
해커스소방 김정희 소방관계법규 핵심정리 + OX문제
해커스소방 김정희 소방학개론 핵심정리 + OX문제
해커스소방 김정희 소방관계법규 단원별 기출문제집
해커스소방 김정희 소방학개론 단원별 기출문제집
해커스소방 김정희 소방관계법규 단원별 실전문제집
해커스소방 김정희 소방학개론 단원별 실전문제집
해커스소방 김정희 소방관계법규 실전동형모의고사
해커스소방 김정희 소방학개론 실전동형모의고사

소방공무원 시험 합격을 위한 필수 핵심정리 + OX문제

소방공무원 공부, 어떻게 시작해야 할까?

소방공무원 공채·경채 기출문제가 공개된 이후 소방공무원 시험의 난이도가 급격히 상승하였으며, 이에 맞춰 학습해야 할 범위도 크게 늘어났습니다. 그에 따라 기본서와 기출문제집의 방대한 양은 수험생 여러분들이 스스로 정리하기에 어려워졌으며, 핵심정리와 OX문제집에 대한 필요성이 높아졌습니다.

보다 효율적이고 주도적인 학습을 할 수 있도록 『해커스소방 김정희 소방관계법규 핵심정리 + OX문제』는 다음과 같은 특징을 가지고 있습니다.

첫째, 소방관계법규 이론 중 핵심적인 부분을 추려 빠짐없이 수록하였습니다.
기본서의 방대한 분량을 쉽게 단권화 할 수 있도록 출제 빈도가 높은 핵심이론만을 추려 수록하였습니다. 수험생 여러분들은 본 교재의 핵심정리 학습과 OX문제 풀이를 통해 반복 출제되는 이론의 유형을 파악할 수 있으며, 효과적인 단권화 교재로 활용할 수 있을 것입니다. 수험생 여러분들의 공부 분량을 줄일 수 있는 것은 물론, 내용이 부실하지 않도록 기본서의 핵심을 모두 담아 효율적인 학습이 가능합니다.

둘째, 소방관계법규 기출문제의 지문과 직접 제작한 확인학습문제들을 수록하였습니다.
최근 출제경향을 분석하여 파악한 빈출 지문 및 직접 제작한 문제들을 OX문제 형태로 수록하였습니다. 또한 핵심정리 부분과 연계하여 학습할 수 있도록 핵심정리의 진도에 맞춰 OX문제들을 수록하였습니다. 이를 통해 반복적으로 출제되는 논점들을 학습하면서 자연스럽게 단원별 핵심 내용을 파악할 수 있습니다.

더불어, 소방공무원 시험 전문 사이트인 해커스소방(fire.Hackers.com)에서 교재 학습 중 궁금한 점을 나누고 다양한 무료 학습 자료를 함께 이용하여 학습 효과를 극대화할 수 있습니다.

부디 『해커스소방 김정희 소방관계법규 핵심정리 + OX문제』와 함께 소방공무원 소방관계법규 시험의 고득점을 달성하고 합격을 향해 한걸음 더 나아가시기를 바랍니다.

김정희

목차

I 핵심정리

Ⅱ OX 문제

이 책의 구성

『해커스소방 김정희 소방관계법규 핵심정리 + OX문제』는 수험생 여러분들이 소방관계법규 과목을 쉽게 단권화하면서 주요 OX지문까지 학습할 수 있도록 빈출되는 개념과 지문을 수록하였습니다. 아래 내용을 참고하여 본인의 학습 과정에 맞게 체계적으로 학습 전략을 세워 학습하시기 바랍니다.

① 핵심 내용 위주로 효율적으로 학습하기

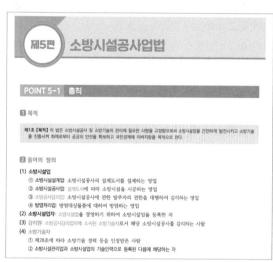

핵심이론의 내용을 압축·정리

소방공무원 소방관계법규 시험에 나오는 방대한 내용들 중 핵심이론을 일목요연하게 정리하여 출제가능성이 높은 이론을 보다 빠르게 파악하고 전략적으로 학습할 수 있습니다. 간결한 설명과 다회독에 최적화된 구성으로 수험생 여러분들이 스스로 단권화하기 용이하며, 효율적으로 이론학습을 마무리할 수 있게 구성하였습니다.

② 다양한 학습장치를 활용하여 이론 완성하기

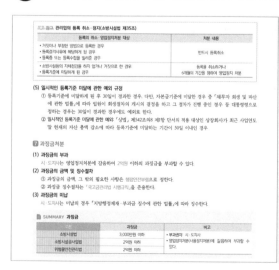

한 단계 실력 향상을 위한 다양한 학습장치

1. SUMMARY
핵심이론 중에서도 중요도가 높은 부분을 비교·정리하여 수록함으로써 소방관계법규의 주요 내용을 보다 빠르게 파악하고 학습할 수 있습니다.

2. 참고
고득점을 위하여 더 알아두면 학습에 도움이 되는 내용을 '참고'에 담아 제시하였습니다. 이를 통해 필수 이론뿐만 아니라 심화 내용까지 빈틈없이 학습할 수 있습니다.

③ 기출지문으로 이론 완성 + 문제해결 능력 키우기

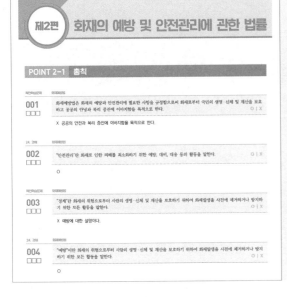

빈출 기출지문 및 확인학습문제 수록

1. 빈출되는 기출지문은 물론 최신 출제 경향을 반영한 확인학습문제를 법령별로 수록하였습니다. 자주 등장하는 지문과 키워드를 효과적으로 학습함으로써 핵심이론을 복습할 수 있으며, 요약·문제풀이 능력을 크게 향상시킬 수 있습니다.

2. 또한 핵심정리와 동일한 POINT로 분류하여 OX문제를 정리하였습니다. 이를 통해 지문과 핵심정리 내용을 함께 학습할 수 있으며, 이론과 문제를 쉽게 연동하여 풀어봄으로써 이론을 스스로 완성할 수 있도록 구성하였습니다.

④ 직관적인 해설로 오답 정리하기

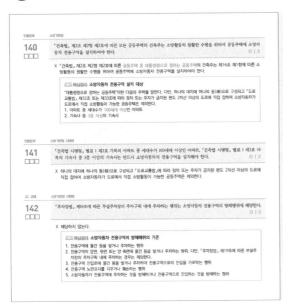

직관적인 해설로 많은 양의 지문을 빠르게 정리

1. 모든 옳지 않은 지문에 키워드 위주의 직관적인 해설을 수록하여, 지문의 핵심 내용을 쉽게 파악할 수 있으며 빠르게 지문을 확인하고 회독하기에 용이합니다.

2. 해설의 '핵심정리'를 통해 단순히 지문만으로는 파악하기 힘든 관련 이론의 대략적인 내용을 함께 제시하였습니다. 이를 통해 OX문제 풀이를 속도감있게 진행할 수 있으며, 모든 지문을 완벽하게 이해할 수 있도록 구성하였습니다.

I

핵심정리

제1편 소방기본법

POINT 1-1 총칙

1 목적

제1조【목적】 이 법은 화재를 예방·경계하거나 진압하고 화재, 재난·재해, 그 밖의 위급한 상황에서의 구조·구급 활동 등을 통하여 국민의 생명·신체 및 재산을 보호함으로써 공공의 안녕 및 질서 유지와 복리증진에 이바지함을 목적으로 한다.

2 용어의 정의

(1) 소방대상물

① 건축물, 차량, 선박, 선박 건조 구조물, 산림, 인공 구조물, 물건을 말한다.

② 선박은 항구에 매어둔 선박만 해당한다.

(2) 관계지역

소방대상물이 있는 장소 및 그 이웃 지역으로서 화재의 예방·경계·진압, 구조·구급 등의 활동에 필요한 지역을 말한다.

(3) 관계인

소방대상물의 소유자·관리자 또는 점유자를 말한다.

(4) 소방본부장

시·도에서 화재의 예방·경계·진압·조사 및 구조·구급 등의 업무를 담당하는 부서의 장을 말한다.

(5) 소방대

다음의 사람으로 구성된 조직체를 말한다.

① 소방공무원

② 의무소방원

③ 의용소방대원

(6) 소방대장

소방본부장 또는 소방서장 등 화재, 재난·재해 그 밖의 위급한 상황이 발생한 현장에서 소방대를 지휘하는 사람을 말한다.

구분	용어정의
소방기본법	소방대상물, 관계지역, 관계인, 소방본부장, 소방대, 소방대장
화재예방법	예방, 안전관리, 화재안전조사, 화재예방강화지구, 화재안전진단
소방시설법	소방시설, 소방시설등, 특정소방대상물, 소방용품
화재조사법	화재, 화재조사, 화재조사관, 관계인등
소방시설공사업법	소방시설업, 소방시설업자, 감리원, 소방기술자, 발주자
위험물안전관리법	위험물, 지정수량, 저장소, 제조소, 취급소, 제조소등

📋 SUMMARY **용어의 정의**

1. **소방대상물**(「소방기본법」 제2조 제1호): 건출물, 차량, 선박, 선박 건조 구조물, 산림, 인공구조물, 물건
2. **특정소방대상물**(소방시설법 제2조 제3호): 건축물 등의 규모·용도 및 수용인원 등을 고려하여 소방시설을 설치하여야 하는 소방대상물로서 대통령령으로 정하는 것
3. **소방안전관리대상물**(화재예방법 제24조 제1항): 특정소방대상물 중 전문적인 안전관리가 요구되는 대통령령으로 정하는 특정소방대상물

③ 소방기관의 설치

(1) 소방업무
① 시·도의 소방업무를 수행하는 소방기관의 설치에 필요한 사항은 대통령령으로 정한다.
② 소방업무: 화재 예방·경계·진압 및 조사, 소방안전교육·홍보와 화재, 재난·재해, 그 밖의 위급한 상황에서의 구조·구급 등의 업무를 말한다.

(2) 지휘·감독
① 소방업무를 수행하는 소방본부장·소방서장은 시·도지사의 지휘와 감독을 받는다.
② ①에도 불구하고 소방청장은 화재 예방 및 대형 재난 등 필요한 경우 시·도 소방본부장 및 소방서장을 지휘·감독할 수 있다.

(3) 소방본부의 설치
시·도에서 소방업무를 수행하기 위하여 시·도지사 직속으로 소방본부를 둔다.

④ 119종합상황실

(1) 설치와 운영
① 설치권자: 소방청장, 소방본부장 및 소방서장
② 설치·운영의 목적
   ㉠ 정보의 수집·분석과 판단·전파
   ㉡ 상황관리
   ㉢ 현장 지휘 및 조정·통제 등의 업무 수행

(2) 위임규정
119종합상황실의 설치·운영에 필요한 사항은 행정안전부령으로 정한다.

(3) 종합상황실의 설치·운영

① 설치·운영기관: 소방청, 소방본부, 소방서

② 설치·운영방법: 소방력 기준에 관한 규칙에 의한 전산·통신요원을 배치하고 소방청장이 정하는 유·무선통신 시설을 갖추어야 한다.

③ 종합상황실은 24시간 운영체제를 유지하여야 한다.

(4) 종합상황실의 실장의 업무

① 재난상황의 발생의 신고 접수

② 접수된 재난상황을 검토하여 가까운 소방서에 인력 및 장비의 동원을 요청하는 등의 사고수습

③ 하급소방기관에 대한 출동지령 또는 동급 이상의 소방기관 및 유관기관에 대한지원요청

④ 재난상황의 전파 및 보고

⑤ 재난상황이 발생한 현장에 대한 지휘 및 피해현황의 파악

⑥ 재난상황의 수습에 필요한 정보수집 및 제공

(5) 직상급 종합상황실 보고 발생사유

① 종합상황실의 실장의 보고방법: 서면·팩스 또는 컴퓨터통신

② 직상기관으로 보고하여야 하는 대상

㉠ 화재 발생 현장

ⓐ 사망자: 5인 이상

ⓑ 사상자: 10인 이상

ⓒ 이재민: 100인 이상

ⓓ 재산피해액: 50억원 이상

ⓔ 관공서·학교·정부미도정공장·문화재·지하철 또는 지하구의 화재

ⓕ 아래 장소 중 해당 대상에서 발생한 화재

장소	대상
종합병원·정신병원·한방병원·요양소	층수 5층 이상이거나 병상 30개 이상
숙박시설	층수 5층 이상이거나 객실 30실 이상
공장	연면적 1만5천m² 이상
건축물	층수 11층 이상
위험물제조소등	지정수량 3천배 이상
기타	관광호텔, 지하상가, 시장, 백화점, 화재예방강화지구(구 화재경계지구)

ⓖ 다음의 장소에서 발생한 화재

• 철도차량, 항공기, 발전소, 변전소

• 항구에 매어둔 총 톤수가 1천톤 이상인 선박

ⓗ 가스 및 화약류의 폭발에 의한 화재

ⓘ 다중이용업소의 화재

㉡ 통제단장의 현장지휘가 필요한 재난상황

㉢ 언론에 보도된 재난상황

㉣ 소방청장이 정하는 재난상황

4-2 소방정보통신망의 구축·운영

(1) 소방정보통신망

① 구축·운영권자: 소방청장 및 시·도지사

② 구축·운영 목적: 119종합상황실 등의 효율적 운영

(2) 소방정보통신망 회선의 이중화

① 소방청장 및 시·도지사는 소방정보통신망의 안정적 운영을 위하여 소방정보통신망의 회선을 이중화할 수 있다.

② 이 경우 이중화된 각 회선은 서로 다른 사업자로부터 제공받아야 한다.

(3) 소방정보통신망의 구축·운영

① 소방정보통신망은 회선 수, 구간별 용도 및 속도 등을 고려하여 설계·구축해야 한다.

② 소방정보통신망의 회선을 이중화한 경우 하나의 회선에 장애가 발생하면 다른 회선으로 즉시 전환되도록 구축·운영해야 한다.

③ 소방청장 및 시·도지사는 소방정보통신망이 안정적으로 운영될 수 있도록 연 1회 이상 소방정보통신망을 주기적으로 점검·관리해야 한다.

4-3 소방기술민원센터의 설치·운영

(1) 소방기술민원센터

① 설치·운영권자: 소방청장 또는 소방본부장

② 설치·운영 목적: 소방시설, 소방공사 및 위험물 안전관리 등과 관련된 법령해석 등의 민원 해결

③ 위임규정: 소방기술민원센터의 설치·운영 등에 필요한 사항은 대통령령으로 정한다.

(2) 소방기술민원센터의 설치·운영(영 제1조의2)

① 소방청장 또는 소방본부장은 소방기술민원센터를 소방청 또는 소방본부에 각각 설치·운영한다.

② 센터장을 포함하여 18명 이내로 구성한다.

③ 소방기술민원센터의 업무

　㉠ 소방기술민원의 처리

　㉡ 소방기술민원과 관련된 질의회신집 및 해설서 발간

　㉢ 소방기술민원과 관련된 정보시스템의 운영·관리

　㉣ 소방기술민원과 관련된 현장 확인 및 처리

　㉤ 소방기술민원과 관련된 업무로서 소방청장 또는 소방본부장이 필요하다고 인정하여 지시하는 업무

④ 규정한 사항 외에 소방기술민원센터의 설치·운영에 필요한 사항은 소방청에 설치하는 경우에는 소방청장이 정하고, 소방본부에 설치하는 경우에는 해당 시·도의 규칙으로 정한다.

📋 SUMMARY 기관 및 위원회 등의 구성

1. **소방기술민원센터**: 센터장 포함 18명 이내
2. **소방박물관**: 관장 1인, 부관장 1인, 운영위원회 7인 이내
3. **한국소방안전원**: 원장 1명 포함한 9명 이내의 이사와 1명의 감사
4. **교육평가위원회**: 위원장 1명 포함하여 9명 이하의 위원
5. **손실보상심의위원회**: 위원장 1명 포함하여 5명 이상 7명 이하의 위원

5 소방박물관·소방체험관

(1) 소방박물관·소방체험관의 설립과 운영

① 목적: 소방의 역사 및 안전문화의 발전, 국민의 안전의식 향상

② 설립·운영권자

ⓐ 소방청장: 소방박물관

ⓑ 시·도지사: 소방체험관

(2) 위임규정

① 소방박물관: 행정안전부령

② 소방체험관: 행정안전부령으로 정하는 기준에 따른 시·도의 조례

(3) 소방박물관의 설립과 운영(규칙 제4조)

① 소방청장은 소방박물관을 설립·운영한다.

② 소방박물관장 1인과 부관장 1인을 둔다.

③ 소방박물관장은 소방청장이 임명한다.

④ 7인 이내의 위원으로 구성된 운영위원회를 둔다.

5-2 소방체험관의 설립 및 운영에 관한 기준(규칙 [별표 1])

(1) 설립 입지 및 규모 기준: 소방체험관은 국민의 접근성과 안전성이 확보된 지역에 설립

(2) 소방체험관의 시설 기준(바닥면적의 합이 900제곱미터 이상)

소방체험관에는 다음 표에 따른 체험실을 모두 갖추어야 한다. 이 경우 체험실별 바닥면적은 100제곱미터 이상이어야 한다.

분야	체험실	분야	체험실
생활안전	화재안전 체험실	자연재난안전	기후성 재난 체험실
	시설안전 체험실		지질성 재난 체험실
교통안전	보행안전 체험실		
	자동차안전 체험실	보건안전	응급처치 체험실

(3) 체험교육 인력의 자격 기준

① 교수요원의 자격요건(소방공무원)

ⓐ 소방 관련학과의 석사학위 이상을 취득한 사람

ⓑ 소방안전교육사, 소방시설관리사, 소방기술사 또는 소방설비기사 자격을 취득한 사람

ⓒ 간호사 또는 응급구조사 자격을 취득한 사람

ⓓ 소방청장이 실시하는 인명구조사시험 또는 화재대응능력시험에 합격한 사람

ⓔ 소방활동이나 생활안전활동을 3년 이상 수행한 경력이 있는 사람

ⓕ 5년 이상 근무한 소방공무원 중 시·도지사가 체험실의 교수요원으로 적합하다고 인정하는 사람

② 조교의 자격요건

ⓐ 교수요원의 자격을 갖춘 사람

ⓑ 소방활동이나 생활안전활동을 1년 이상 수행한 경력이 있는 사람

ⓒ 중앙소방학교 또는 지방소방학교에서 2주 이상의 소방안전교육사 관련 전문교육과정을 이수한 사람

ⓔ 소방체험관에서 2주 이상의 체험교육에 관한 직무교육을 이수한 의무소방원

ⓜ 그 밖에 규정에 준하는 자격 또는 능력을 갖추었다고 시·도지사가 인정하는 사람

📋 SUMMARY **시행규칙 [별표 1] 및 [별표 3의3]의 비교**

시행규칙 [별표 1] 소방체험관	시행규칙 [별표 3의3] 소방안전교육훈련
설립 입지 및 규모기준 1. 소방안전 체험실: 900제곱미터 이상	시설 및 장비 기준 1. 소방안전교실: 100제곱미터 이상 2. 이동안전체험차량: 어린이 30명(성인은 15명)
교수요원(소방공무원 중에서) 1. 소방 관련학과의 석사학위 이상 2. 소방안전교육사, 소방시설관리사, 소방기술사 또는 소방설비기사 3. 간호사, 응급구조사 4. 소방청장이 실시하는 인명구조사시험 또는 화재대응능력시험에 합격한 사람 5. 소방활동이나 생활안전활동을 3년 이상 수행한 경력이 있는 사람 6. 5년 이상 근무한 소방공무원 중 시·도지사가 체험실의 교수요원으로 적합하다고 인정하는 사람	강사 1. 소방 관련학과의 석사학위 이상 2. 소방안전교육사, 소방시설관리사, 소방기술사 또는 소방설비기사 3. 응급구조사, 인명구조사, 화재대응능력 등 소방청장이 정하는 소방활동 관련 자격을 취득한 사람 4. 소방공무원으로서 5년 이상 근무한 경력이 있는 사람
조교 1. 교수요원의 자격을 갖춘 사람 2. 소방활동이나 생활안전활동을 1년 이상 수행한 경력이 있는 사람 3. 중앙소방학교 또는 지방소방학교에서 2주 이상의 소방안전교육사 관련 전문교육과정을 이수한 사람 4. 소방체험관에서 2주 이상의 체험교육에 관한 직무교육을 이수한 의무소방원 5. 자격 또는 능력을 갖추었다고 시·도지사가 인정하는 사람	보조강사 1. 강사의 자격을 갖춘 사람 2. 소방공무원으로서 3년 이상 근무한 경력이 있는 사람 3. 보조강사의 능력이 있다고 소방청장, 소방본부장 또는 소방서장이 인정하는 사람
운영 기준 1. **체험교육 실시**: 체험실 – 교수 1명 이상, 체험교육대상자 – 30명당 조교 1명 이상 2. **교수요원**: 실시 전 주의사항 및 안전관리 협조사항 공지 3. **시·도지사**: 체험교육 표준운영절차 마련 4. **시·도지사**: 정신적·신체적 능력 고려하여 체험교육 운영 5. **시·도지사**: 교육훈련 연간 12시간 이상 이수 6. **체험교육 운영인력**: 기동장 착용	교육 방법(소방청장, 소방본부장 또는 소방서장) 1. **교육시간**: 연령 등 고려 2. 이론교육, 실습(체험)교육[실습(체험)교육 30% 이상] 3. 연령 등을 고려 실습(체험)교육 시간의 비율 조정 4. 강사 1명당 30명을 넘지 않아야 함 5. 실시 전 주의사항 및 안전관리 협조사항 공지 6. 정신적·신체적 능력 고려하여 소방안전교육훈련 실시
안전관리 기준 1. 시·도지사: 보험 공제 가입 2. 교수요원: 교육훈련 실시 전 시설·장비 안전점검 3. **소방체험관의 장**: 안전관리자 지정 4. **소방체험관의 장**: 응급처치 및 병원 이송 조치 5. **소방체험관의 장**: 이용자 출입금지, 행위제한, 체험교육 거절 조치	안전관리 기준(소방청장, 소방본부장 또는 소방서장) 1. 보험 공제 가입 2. 교육훈련 실시 전 시설·장비 안전점검 3. 응급처치 및 병원 이송 조치
이용현황 관리(소방체험관의 장) 1. 체험교육의 운영결과, 만족도 조사결과 등 기록(3년간 보관) 2. 만족도 조사 3. 체험교육 이수증 발급	교육현황 관리(소방청장, 소방본부장 또는 소방서장) 1. 소방안전교육훈련의 실시결과, 만족도 조사결과 등 기록(3년간 보관) 2. 만족도 조사 3. 소방안전교육훈련 이수증

(4) 체험교육 운영 기준

① 체험교육을 실시할 때 체험실에는 1명 이상의 교수요원을 배치하고, 조교는 체험교육대상자 30명당 1명 이상이 배치되도록 하여야 한다. 다만, 소방체험관의 장은 체험교육대상자의 연령 등을 고려하여 조교의 배치기준을 달리 정할 수 있다.

② 교수요원: 주의사항 및 안전관리 협조사항 사전 공지

③ 시·도지사: 체험실별로 체험교육 표준운영절차 수립

④ 시·도지사: 정신적·신체적 능력을 고려하여 체험교육 운영

⑤ 시·도지사: 체험교육 운영인력 교육훈련 연간 12시간 이상 이수

(5) 안전관리 기준

① 시·도지사: 보험 또는 공제 가입

② 교수요원: 안전검검 실시

③ 소방체험관의 장: 안전관리자 지정

④ 소방체험관의 장: 신속한 응급처치 및 병원 이송 등

⑤ 소방체험관의 장: 출입 금지 또는 행위의 제한, 체험교육의 거절 등의 조치 수행

(6) 이용현황 관리 등

① 소방체험관의 장: 기록을 3년간 보관

② 소방체험관의 장: 만족도 조사 실시

③ 소방체험관의 장: 체험교육 이수증 발급

6 소방업무에 관한 종합계획

(1) 종합계획의 수립

소방청장: 종합계획을 5년마다 수립·시행

(2) 종합계획 포함 사항

① 소방서비스의 질 향상을 위한 정책의 기본방향

② 소방업무에 필요한 체계의 구축

③ 소방업무에 필요한 장비의 구비

④ 소방업무에 필요한 기반조성

⑤ 소방업무의 교육 및 홍보(소방자동차의 우선 통행 등 홍보 포함)

⑥ 소방전문인력 양성

⑦ 소방기술의 연구·개발 및 보급

⑧ 소방업무의 효율적 수행을 위해 필요한 사항으로, 대통령령에 정하는 사항

　　㉠ 재난·재해 환경 변화에 따른 소방업무에 필요한 대응 체계 마련

　　㉡ 장애인, 노인, 임산부, 영유아 및 어린이 등 이동이 어려운 사람을 대상으로 한 소방활동에 필요한 조치

(3) 종합계획의 통보

소방청장은 수립한 종합계획을 관계 중앙행정기관의 장, 시·도지사에게 통보하여야 한다.

(4) 세부계획의 수립

시·도지사는 세부계획을 매년 수립하여 소방청장에게 제출하여야 한다.

(5) 세부계획의 보완 · 수정 요청

소방청장은 시 · 도지사가 제출한 세부계획의 보완 또는 수정을 요청할 수 있다.

(6) 위임규정

종합계획 및 세부계획의 수립 · 시행에 필요한 사항은 대통령령으로 정한다.

(7) 소방업무에 관한 종합계획 및 세부계획의 수립 · 시행(영 제1조의2)

① 소방업무에 관한 종합계획을 관계 중앙행정기관의 장과의 협의를 거쳐 계획 시행 전년도 10월 31일까지 수립하여야 한다.

② 시 · 도지사는 종합계획의 시행에 필요한 세부계획을 계획 시행 전년도 12월 31일까지 수립하여 소방청장에게 제출하여야 한다.

📋 **SUMMARY 유사내용 비교**

소방업무에 관한 종합계획	화재의 예방 및 안전관리 기본계획 등(화재예방법 제4조 등)
종합계획 1. 수립 · 시행권자: 소방청장 2. 5년마다 수립 · 시행 3. 수립기한: 10월 31일 4. 관계중앙행정기관의 장, 시 · 도지사에게 통보	**기본계획** 1. 수립 · 시행권자: 소방청장 2. 5년마다 수립 · 시행 3. 수립기한 • 협의기한: 08월 31일 • 수립기한: 09월 30일
	시행계획 1. 수립 · 시행권자: 소방청장 2. 기본계획 · 시행계획 수립 · 통보기한: 10월 31일
세부계획 1. 수립 · 시행권자: 시 · 도지사 2. 매년 수립 3. 수립기한: 12월 31일	**세부시행계획** 1. 수립 · 시행권자: 관계 중앙행정기관의 장 및 시 · 도지사 2. 매년 수립 3. 수립 · 통보기한: 12월 31일(소방청장)

7 소방의 날

(1) 소방의 날 제정: 매년 11월 9일

(2) 소방의 날 행사

소방의 날 행사에 필요한 사항은 소방청장 또는 시 · 도지사가 따로 정하여 시행할 수 있다.

1 소방력의 기준

(1) 소방력의 기준

① 소방력: 인력과 장비 등
② 소방력에 관한 기준: 행정안전부령으로 정한다.

(2) 소방력 확충을 위한 계획의 수립·시행

시·도지사는 소방력의 기준에 따라 관할구역 소방력 확충을 위한 계획을 수립·시행하여야 한다.

(3) 위임규정

소방자동차 등 소방장비의 분류·표준화와 그 관리 등에 필요한 사항은 따로 법률에서 정한다(「소방장비관리법」).

2 국고보조

(1) 소방장비 등에 대한 국고보조

국가는 소방장비의 구입 등 시·도의 소방업무에 필요한 경비의 일부를 보조한다.

(2) 위임규정

보조 대상사업의 범위와 기준보조율은 대통령령으로 정한다.

(3) 국고보조 대상사업의 범위와 기준보조율

① 국고보조 대상사업의 범위
  ㉠ 소방활동장비와 설비의 구입 및 설치
    ⓐ 소방자동차
    ⓑ 소방헬리콥터 및 소방정
    ⓒ 소방전용통신설비 및 전산설비
    ⓓ 방화복 등 소방활동에 필요한 소방장비
  ㉡ 소방관서용 청사의 건축
② 소방활동장비 및 설비의 종류와 규격은 행정안전부령으로 정한다.
③ 위임규정: 국고보조 대상사업의 기준보조율은 「보조금 관리에 관한 법률 시행령」에서 정하는 바에 따른다.

(4) 소방활동 장비 및 설비의 규격 및 종류와 기준가격

① 국내조달품: 정부고시가격
② 수입물품: 조달청에서 조사한 해외시장의 시가
③ 정부고시가격 또는 조달청에서 조사한 해외시장의 시가가 없는 물품: 2 이상의 공신력 있는 물가조사기관에서 조사한 가격의 평균가격

구분				종류	규격
소방활동장비	소방자동차	펌프차		대형	240마력 이상
				중형	170마력 이상 240마력 미만
				소형	120마력 이상 170마력 미만
		물탱크소방차		대형	240마력 이상
				중형	170마력 이상 240마력 미만
		화학소방차		비활성가스를 이용한 소방차	
				고성능	340마력 이상
				내폭	340마력 이상
			일반	대형	240마력 이상
				중형	170마력 이상 240마력 미만
		사다리소방차		고가(사다리의 길이가 33미터 이상인 것에 한한다)	330마력 이상
			굴절	27미터 이상급	330마력 이상
				18미터 이상 27미터 미만급	240마력 이상
		조명차		중형	170마력
		배연차		중형	170마력 이상
		구조차		대형	240마력 이상
				중형	170마력 이상 240마력 미만
		구급차		특수	90마력 이상
				일반	85마력 이상 90마력 미만
	소방정			소방정	100톤 이상급, 50톤급
				구조정	30톤급
	소방헬리콥터				5 ~ 17인승

3 소방용수시설

(1) 소방용수시설

① 설치권자: 시 · 도지사

② 소방용수시설: 소방활동에 필요한 소화전 · 저수조 · 급수탑

③ 「수도법」에 따라 일반수도업자가 설치하는 소화전의 설치 및 유지 · 관리: 소화전을 설치하는 일반수도업자는 관할 소방서장과 사전협의를 거친 후 소화전을 설치하여야 하며, 설치 후 소방서장에게 통지하고 그 소화전을 유지 · 관리하여야 한다.

(2) 비상소화장치

① 설치권자: 시 · 도지사

② 비상소화장치: 소방자동차의 진입이 곤란한 지역 등 화재발생 시에 초기 대응이 필요한 지역으로서 대통령령으로 정하는 지역에 소방호스 또는 호스 릴 등을 소방용수시설에 연결하여 화재를 진압하는 시설이나 장치를 말한다.

③ 대통령령으로 정하는 지역

    ㉠ 화재예방강화지구로 지정된 지역

    ㉡ 시·도지사가 비상소화장치의 설치가 필요하다고 인정하는 지역

(3) 위임규정

소방용수시설과 비상소화장치의 설치기준: 행정안전부령

(4) 소방용수표지의 설치

① 지하에 설치하는 소화전·저수조

    ㉠ 맨홀뚜껑은 지름 648밀리미터 이상

    ㉡ 맨홀뚜껑에는 소화전·주차금지 또는 저수조·주차금지

    ㉢ 맨홀뚜껑 부근에는 노란색 반사도료를 칠할 것(폭 15센티미터)

② 지상에 설치하는 소화전·저수조·급수탑

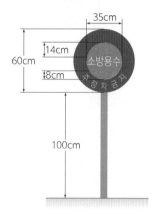

구분	색상
안쪽 문자	흰색
바깥쪽 문자	노란색
안쪽 바탕	붉은색
바깥쪽 바탕	파란색

*규격에 따른 소방용수표지를 세우는 것이 매우 어렵거나 부적당한 경우에는 그 규격 등을 다르게 할 수 있다.

(5) 소방용수시설의 설치기준

① 공통기준

    ㉠ 주거·상업지역 및 공업지역: 소방대상물과 수평거리 100미터 이하

    ㉡ 그 외의 지역: 소방대상물과 수평거리 140미터 이하

② 개별기준

소화전	급수탑	저수조
연결금속구 구경: 65밀리미터	• 급수배관 구경: 100밀리미터 이상 • 개폐밸브: 1.5 ~ 1.7미터	• 낙차: 4.5미터 이하 • 수심: 0.5미터 이상 • 흡수관 투입구 한 변의 길이·지름: 60센티미터 이상

(6) 소방용수시설 및 지리조사

① 소방본부장 또는 소방서장: 월 1회 이상

    ㉠ 소방용수시설에 대한 조사

    ㉡ 소방대상물에 인접한 도로의 폭·교통상황, 도로주변의 토지의 고저·건축물의 개황 그 밖의 소방활동에 필요한 지리에 대한 조사

② 조사결과: 2년간 보관

(7) 설치기준

① 소방용수시설과 비상소화장치의 설치기준은 행정안전부령으로 정한다.

② 비상소화장치의 설치기준

    ㉠ 비상소화장치: 비상소화장치함, 소화전, 소방호스, 관창을 포함하여 구성할 것

    ㉡ 소방호스 및 관창: 형식승인 및 제품검사의 기술기준에 적합한 것

    ㉢ 비상소화장치함: 성능인증 및 제품검사의 기술기준에 적합한 것

4 소방업무의 응원

(1) 소방업무의 응원

긴급한 경우: 이웃한 소방본부장 또는 소방서장에게 소방업무의 응원(應援)

① 요청 대상: 이웃하는 소방본부장 또는 소방서장

② 요청 시기: 소방활동 시 긴급한 경우

③ 거절 제한: 정당한 사유 없이 요청을 거절하여서는 아니 된다.

④ 지휘권: 응원을 요청한 소방본부장 또는 소방서장

⑤ 응원업무의 사전 규약: 시·도지사와 이웃하는 시·도지사

(2) 소방업무의 상호응원협정

① 소방활동에 관한 사항

    ㉠ 화재의 경계·진압활동

    ㉡ 구조·구급업무의 지원

    ㉢ 화재조사활동

② 응원출동대상지역 및 규모

③ 소요경비의 부담에 관한 사항

    ㉠ 출동대원의 수당·식사 및 의복의 수선

    ㉡ 소방장비 및 기구의 정비와 연료의 보급

    ㉢ 그 밖의 경비

④ 응원출동의 요청방법

⑤ 응원출동훈련 및 평가

4-2 소방력의 동원

(1) 소방력의 동원

① 요청 주체 및 대상: 소방청장 → 각 시·도지사

② 요청 시기

    ㉠ 시·도의 소방력만으로는 소방활동을 효율적으로 수행하기 어려운 화재, 재난·재해

    ㉡ 시·도의 소방력만으로는 소방활동을 효율적으로 수행하기 어려운 구조·구급이 필요한 상황

    ㉢ 특별히 국가적 차원에서 소방활동을 수행할 필요가 인정되는 상황

③ 거부 제한: 동원 요청을 받은 시·도지사는 정당한 사유 없이 거절하여서는 아니 된다.

④ 지휘통제

    ㉠ 동원된 소방대원은 관할하는 소방본부장 또는 소방서장의 지휘에 따라야 한다.

    ㉡ 다만, 소방청장이 직접 소방대를 편성하여 소방활동을 하게 하는 경우에는 소방청장의 지휘에 따라야 한다.

(2) 소방력의 운용

① 동원된 소방력의 소방활동 중 수행과정에서 발생하는 경비는 발생한 시·도에서 부담하는 것을 원칙으로 하되, 구체적인 내용은 시·도가 협의하여 정한다.

② 동원된 민간 소방 인력이 소방활동을 수행하다가 사망하거나 부상을 입은 경우 화재, 재난·재해 또는 그 밖의 구조·구급이 필요한 상황이 발생한 시·도가 해당 시·도의 조례로 정하는 바에 따라 보상한다.

(3) 소방력의 동원 요청

① 소방청장은 각 시·도지사에게 소방력을 요청하는 경우 동원 요청 사실과 다음의 사항을 팩스 또는 전화 등의 방법으로 통지하여야 한다.

    ㉠ 동원을 요청하는 인력 및 장비의 규모

    ㉡ 소방력 이송 수단 및 집결장소

    ㉢ 소방활동을 수행하게 될 재난의 규모, 원인 등 소방활동에 필요한 정보

② 긴급을 요하는 경우에는 소방청장은 시·도 소방본부 또는 소방서의 종합상황실장에게 직접 요청할 수 있다.

1 소방활동

(1) 소방활동

① 소방청장, 소방본부장 또는 소방서장은 화재, 재난·재해 그 밖의 위급한 상황이 발생하였을 때에는 소방대를 현장에 신속하게 출동시켜 화재진압과 인명구조·구급 등 소방에 필요한 활동을 하게 하여야 한다.

② 출동한 소방대의 소방활동을 방해하여서는 아니 된다.

(2) 벌칙 - 5년 이하의 징역 또는 5천만원 이하의 벌금

1-2 소방지원활동

(1) 소방청장, 소방본부장 또는 소방서장은 공공의 안녕질서 유지 또는 복리증진을 위하여 필요한 경우 소방활동 외에 소방지원활동을 하게 할 수 있다.

① 산불에 대한 예방·진압 등 지원활동

② 자연재해에 따른 급수·배수 및 제설 등 지원활동

③ 집회·공연 등 각종 행사 시 사고에 대비한 근접대기 등 지원활동

④ 화재, 재난·재해로 인한 피해복구 지원활동

⑤ 그 밖에 행정안전부령으로 정하는 활동

　㉠ 군·경찰 유관기관에서 실시하는 훈련지원 활동

　㉡ 소방시설 오작동신고에 따른 조치활동

　㉢ 방송제작 또는 촬영 관련 지원활동

(2) 유관기관·단체 등의 요청에 따른 소방지원활동에 드는 비용은 지원요청을 한 유관기관·단체 등에게 부담하게 할 수 있다. 단, 부담금액 및 방법에 관하여는 지원요청을 한 유관기관·단체 등과 협의하여 결정한다.

1-3 생활안전활동

(1) 소방청장, 소방본부장 또는 소방서장은 신고가 접수된 생활안전 및 위험제거 활동에 대응하기 위하여 소방대를 출동시켜 생활안전활동을 하게 하여야 한다.

① 붕괴, 낙하 등이 우려되는 고드름, 나무, 위험 구조물 등의 제거 활동

② 위해동물, 벌 등의 포획 및 퇴치 활동

③ 끼임, 고립 등에 따른 위험제거 및 구출 활동

④ 단전사고 시 비상전원 또는 조명의 공급

⑤ 그 밖에 방치하면 급박해질 우려가 있는 위험을 예방하기 위한 활동

(2) 벌칙 - 100만원 이하 벌금: 정당한 사유 없이 소방대의 생활안전활동을 방해한 자

1-4 소방자동차의 보험 가입

(1) 소방자동차의 보험 가입 의무
- ① 가입 의무자: 시·도지사
- ② 목적: 소방자동차의 공무상 운행 중 교통사고가 발생한 경우, 운전자의 법률상 분쟁에 소요되는 비용을 지원할 수 있는 보험 가입

(2) 보험 가입비용의 지원: 국가는 보험 가입비용의 일부를 지원할 수 있음

1-5 소방활동에 대한 면책

> **제16조의5 【소방활동에 대한 면책】** 소방공무원이 제16조 제1항에 따른 소방활동으로 인하여 타인을 사상(死傷)에 이르게 한 경우 그 소방활동이 불가피하고 소방공무원에게 고의 또는 중대한 과실이 없는 때에는 그 정상을 참작하여 사상에 대한 형사책임을 감경하거나 면제할 수 있다.

1-6 소송지원

> **제16조의6 【소송지원】** 소방청장, 소방본부장 또는 소방서장은 소방공무원이 제16조 제1항에 따른 소방활동, 제16조의2 제1항에 따른 소방지원활동, 제16조의3 제1항에 따른 생활안전활동으로 인하여 민·형사상 책임과 관련된 소송을 수행할 경우 변호인 선임 등 소송수행에 필요한 지원을 할 수 있다.

2 소방교육·훈련

(1) 소방대원 교육·훈련
- ① 실시권자: 소방청장, 소방본부장 또는 소방서장
- ② 교육·훈련 종류(규칙 제9조)
  - ㉠ 화재진압훈련: 화재진압 담당 소방공무원, 의무소방원, 의용소방대원
  - ㉡ 인명구조훈련: 구조업무 담당 소방공무원, 의무소방원, 의용소방대원
  - ㉢ 응급처치훈련: 구급업무 담당 소방공무원, 의무소방원, 의용소방대원
  - ㉣ 인명대피훈련: 소방공무원, 의무소방원, 의용소방대원
  - ㉤ 현장지휘훈련: 소방정·소방령·소방경·소방위
- ③ 횟수·기간: 교육·훈련 2년마다 1회 이상, 교육훈련기간은 2주 이상

(2) 소방안전 교육·훈련 실시 훈련
- ① 실시권자: 소방청장, 소방본부장 또는 소방서장
- ② 대상
  - ㉠ 어린이집의 영유아
  - ㉡ 유치원의 유아
  - ㉢ 학교의 학생
  - ㉣ 장애인복지시설에 거주하거나 해당 시설을 이용하는 장애인
- ③ 운영계획 작성 등
  - ㉠ 소방청장, 소방본부장 또는 소방서장: 매년 12월 31일까지
  - ㉡ 소방청장: 소방안전교육훈련 운영계획의 작성에 필요한 지침

(3) 화재 발생 시 피난 및 행동 방법 홍보: 소방청장, 소방본부장 또는 소방서장

2-2 소방안전교육훈련의 시설, 장비, 강사자격 및 교육방법 등의 기준(규칙 [별표 3의3])

(1) 시설 및 장비 기준(장소·차량)

① 소방안전교실: 100제곱미터 이상의 실내시설

② 이동안전체험차량: 어린이 30명(성인은 15명)을 동시에 수용할 수 있는 실내공간을 갖춘 자동차

(2) 강사 및 보조강사의 자격 기준 등

① 강사의 자격 요건

㉠ 소방 관련학과의 석사학위 이상을 취득한 사람

㉡ 소방안전교육사, 소방시설관리사, 소방기술사 또는 소방설비기사 자격을 취득한 사람

㉢ 응급구조사, 인명구조사, 화재대응능력 등 소방청장이 정하는 소방활동 관련 자격을 취득한 사람

㉣ 소방공무원으로서 5년 이상 근무한 경력이 있는 사람

② 보조강사의 자격 요건

㉠ ①에 따른 강사의 자격을 갖춘 사람

㉡ 소방공무원으로서 3년 이상 근무한 경력이 있는 사람

㉢ 그 밖에 보조강사의 능력이 있다고 소방청장, 소방본부장 또는 소방서장이 인정하는 사람

③ 소방청장, 소방본부장 또는 소방서장은 강사 및 보조강사로 활동하는 사람에 대하여 소방안전교육훈련과 관련된 지식·기술 및 소양 등에 관한 교육 등을 받게 할 수 있다.

(3) 교육의 방법

① 소방안전교육훈련의 교육시간은 소방안전교육훈련대상자의 연령 등을 고려하여 소방청장, 소방본부장 또는 소방서장이 정한다.

② 소방안전교육훈련은 이론교육과 실습(체험)교육을 병행하여 실시하되, 실습(체험)교육이 전체 교육시간의 100분의 30 이상이 되어야 한다.

③ 소방청장, 소방본부장 또는 소방서장은 ②에도 불구하고 소방안전교육훈련대상자의 연령 등을 고려하여 실습(체험)교육 시간의 비율을 달리할 수 있다.

④ 실습(체험)교육 인원은 특별한 경우가 아니면 강사 1명당 30명을 넘지 않아야 한다.

⑤ 소방청장, 소방본부장 또는 소방서장: 주의사항 및 안전관리 협조사항 미리 공지

⑥ 소방청장, 소방본부장 또는 소방서장: 소방안전교육훈련

(4) 안전관리 기준

① 소방청장, 소방본부장 또는 소방서장: 보험 또는 공제에 가입

② 소방청장, 소방본부장 또는 소방서장: 소방안전교육훈련 실시 전에 안전점검

③ 소방청장, 소방본부장 또는 소방서장: 신속한 응급처치 및 병원 이송 등의 조치

(5) 교육현황 관리 등

① 소방청장, 소방본부장 또는 소방서장: 소방안전교육훈련의 실시결과, 만족도 조사결과 등을 기록 및 3년간 보관

② 소방청장, 소방본부장 또는 소방서장: 만족도 조사 실시

③ 소방청장, 소방본부장 또는 소방서장: 소방안전교육훈련 이수증 발급

2-3 소방안전교육사

(1) 소방안전교육사 시험, 자격 부여 및 업무
① 시험 실시 및 자격 부여: 소방청장
② 소방안전교육사의 업무: 소방안전교육의 기획·진행·분석·평가 및 교수업무

(2) 위임규정
소방안전교육사 시험의 응시자격, 시험방법, 시험과목, 시험위원 그 밖에 소방안전교육사 시험의 실시에 필요한 사항은 대통령령으로 정한다.

2-4 소방안전교육사시험의 응시자격(영 제7조의2 [별표 2의2])

구분	소방 공무원	교원 / 원장	안전분야 / 자격	간호사	응급 구조사	소방안전 관리자	의용 소방대원
	(중앙·지방) 전문교육 2주 이상	교원 / 어린이집 원장	기술사 / 위험물 기능장, 소방시설관리사, 소방안전 관련학과등* 6학점			특급	
1년 이상			안전 기사	간호사	1급	1급	
2년 이상							
3년 이상	○	보육교사	안전 산업기사		2급	2급	
5년 이상							○

소방안전관련학과등*: 교육학과, 응급구조학과, 의학과, 간호학과 또는 소방안전 관련 학과 등 소방청장이 고시하는 학과를 말한다.

2-5 소방안전교육사 시험방법 등

(1) 시험방법
① 방식: 제1차 시험 및 제2차 시험
② 유형
　㉠ 제1차 시험: 선택형
　㉡ 제2차 시험: 논술형
　㉢ 제2차 시험: 주관식 단답형 또는 기입형 문제를 포함할 수 있다.
③ 면제: 제1차 시험에 합격한 사람은 다음 회의 시험에 한정하여 제1차 시험을 면제한다.

(2) 시험과목

제1차 시험(선택형)	① 소방학개론 ② 구급·응급처치론 ③ 재난관리론 ④ 교육학개론	응시자가 선택하는 3과목	과목별 출제범위 ⇩ 행정안전부령
제2차 시험(논술형) 주관식 단답형·기입형 포함 가능	국민안전교육 실무		

(3) 시험위원

① 시험위원의 자격

구분	자격기준
소방 관련 학과, 교육학과, 응급구조학과	박사학위 취득자
	조교수 이상으로 2년 이상 재직
소방안전교육사	자격 취득자
소방공무원	소방위

② 응시자격심사위원 및 시험위원 수

　　㉠ 응시자격심사위원: 3명

　　㉡ 시험위원 중 출제위원: 시험과목별 3명

　　㉢ 시험위원 중 채점위원: 5명

(4) 시험의 시행 및 공고

① 시험의 시행: 2년마다 1회 시행(단, 소방청장이 필요하다고 인정하는 경우 그 횟수를 증감할 수 있음)

② 시험의 공고: 시험 시행일 90일 전까지 공고

(5) 시험의 합격자 결정

① 제1차 시험: 매과목 100점을 만점으로 하여, 매과목 40점 이상, 전과목 평균 60점 이상 득점한 자

② 제2차 시험: 100점을 만점으로 하되, 최고점수·최저점수 제외한 점수 평균이 60점 이상인 사람

2-6 결격사유

> 제17조의3 【소방안전교육사의 결격사유】 다음 각 호의 어느 하나에 해당하는 사람은 소방안전교육사가 될 수 없다.
> 1. 피성년후견인
> 2. 금고 이상의 실형을 선고받고 그 집행이 끝나거나(집행이 끝난 것으로 보는 경우를 포함한다) 집행이 면제된 날부터 2년이 지나지 아니한 사람
> 3. 금고 이상의 형의 집행유예를 선고받고 그 유예기간 중에 있는 사람
> 4. 법원의 판결 또는 다른 법률에 따라 자격이 정지되거나 상실된 사람

2-7 부정행위자에 대한 조치

(1) 부정행위자에 대한 조치: 소방청장

(2) 부정행위자에 대한 응시 제한 조치: 2년간

2-8 소방안전교육사 배치

(1) 소방안전교육사의 배치대상

소방청, 소방본부, 소방서 그 밖에 대통령령으로 정하는 대상(한국소방안전원, 한국소방산업기술원)

(2) 위임규정

소방안전교육사의 배치대상 및 배치기준은 대통령령으로 정한다.

(3) 소방안전교육사의 배치대상별 배치기준

배치대상	배치기준(단위: 명)
소방청	2 이상
소방본부	2 이상
소방서	1 이상
한국소방안전원	본회 2 이상 / 시·도지부 1 이상
한국소방산업기술원	2 이상

2-9 한국119청소년단

(1) 설립 목적

청소년에게 소방안전에 관한 올바른 이해와 안전의식의 함양·고취

(2) 유사명칭의 사용금지(200만원 이하의 과태료)

한국119청소년단이 아닌 자는 한국119청소년단 또는 이와 유사한 명칭을 사용할 수 없다.

📋 **SUMMARY 과태료 개별기준**

위반행위	과태료 금액(만원)		
	1회	2회	3회 이상
한국 119청소년단 또는 유사명칭 사용	100	150	200

3 소방신호

(1) 소방신호의 종류

① 경계신호: 화재예방상 필요하다고 인정되거나, 화재위험경보 시 발령
② 발화신호: 화재가 발생한 때
③ 해제신호: 소화활동이 필요없다고 인정되는 때
④ 훈련신호: 훈련상 필요하다고 인정되는 때

(2) 소방신호의 방법

종별 \ 신호방법	타종 신호	사이렌 신호	그 밖의 신호
경계신호	1타와 연2타를 반복	5초 간격 30초씩 3회	• 통풍대
발화신호	난타	5초 간격 5초씩 3회	• 게시판
해제신호	상당한 간격, 1타씩 반복	1분간 1회	• 기(旗, Flag)
훈련신호	연3타 반복	10초 간격 1분씩 3회	

▶ 비고

1. 소방신호의 방법은 그 전부 또는 일부를 함께 사용할 수 있다.
2. 게시판을 철거하거나 통풍대 또는 기를 내리는 것으로 소방활동이 해제되었음을 알린다.
3. 소방대의 비상소집을 하는 경우에는 훈련신호를 사용할 수 있다.

4 화재 등의 통지

(1) 통지의무

과태료 – 500만원 이하의 과태료: 화재 또는 구조·구급이 필요한 상황을 거짓으로 알린 사람

(2) 신고의무 지역·장소

① 시·도의 조례로 정하는 바에 따라 관할 소방본부장 또는 소방서장에게 신고

 ㉠ 시장지역

 ㉡ 공장·창고가 밀집한 지역

 ㉢ 목조건물이 밀집한 지역

 ㉣ 위험물의 저장 및 처리시설이 밀집한 지역

 ㉤ 석유화학제품을 생산하는 공장이 있는 지역

 ㉥ 그 밖에 시·도의 조례로 정하는 지역 또는 장소

② 과태료 – 20만원 이하의 과태료: 소방본부장 또는 소방서장이 부과·징수

5 관계인의 소방활동

(1) 관계인의 소방활동

① 관계인의 의무: 소방대가 현장에 도착할 때까지

 ㉠ 인명구조

 ㉡ 연소확대 방지

② 벌칙 – 100만원 이하의 벌금

(2) 관계인의 통지의무

위반시 500만원 이하의 과태료

5-2 자체소방대의 설치·운영 등

(1) 자체소방대의 설치·운영 등

① 설치·운영: 관계인은 상설 조직체(「위험물안전관리법」에 따라 설치된 자체소방대를 포함한다)를 설치·운영할 수 있다.

② 지휘·통제: 자체소방대는 소방대가 현장에 도착한 경우 소방대장의 지휘·통제에 따라야 한다.

③ 교육·훈련 등의 지원: 소방청장, 소방본부장 또는 소방서장은 자체소방대의 역량향상을 위하여 필요한 교육·훈련 등을 지원할 수 있다.

(2) 위임규정

교육·훈련 등의 지원에 필요한 사항: 행정안전부령

(3) 자체소방대의 교육·훈련 등의 지원(규칙 제11조)

① 교육훈련기관에서의 자체소방대 교육훈련과정

② 자체소방대에서 수립하는 교육·훈련 계획의 지도·자문

③ 소방기관과 자체소방대와의 합동 소방훈련

④ 소방기관에서 실시하는 자체소방대의 현장실습

⑤ 그 밖에 소방청장이 자체소방대의 역량 향상을 위하여 필요하다고 인정하는 교육·훈련

6 소방자동차의 우선 통행 등

(1) 소방자동차 출동 방해 금지

① 모든 차와 사람은 소방자동차(지휘를 위한 자동차와 구조·구급차 포함)가 화재진압 및 구조·구급 활동을 위하여 출동을 할 때에는 이를 방해하여서는 아니 된다.

② 벌칙 – 5년 이하의 징역 또는 5천만원 이하의 벌금(제50조): 소방자동차의 출동을 방해한 사람

(2) 소방자동차의 사이렌 사용

화재진압 및 구조·구급 활동을 위하여 출동하거나 훈련을 위하여 필요할 때에는 사이렌을 사용할 수 있다.

(3) 방해행위 금지사항

① 모든 차와 사람은 소방자동차가 화재진압 및 구조·구급 활동을 위하여 사이렌을 사용하여 출동하는 경우에는 다음의 방해행위를 하여서는 아니 된다.

ㄱ 소방자동차에 진로를 양보하지 아니하는 행위

ㄴ 소방자동차 앞에 끼어들거나 소방자동차를 가로막는 행위

ㄷ 그 밖에 소방자동차의 출동에 지장을 주는 행위

② 과태료 – 200만원 이하의 과태료(제56조): 소방자동차의 출동에 지장을 준 자

(4) 준용규정

(3)의 경우를 제외하고는 소방자동차의 우선 통행에 관하여 「도로교통법」에서 정하는 바에 따른다.

6-2 소방자동차 전용구역 등

(1) 소방자동차 전용구역의 설치

① 설치자: 공동주택 중 대통령령으로 정하는 공동주택의 건축주

② 소방자동차의 전용구역 설치 대상: 하나의 대지에 하나의 동(棟)으로 구성되고 「도로교통법」에 따라 정차 또는 주차가 금지된 편도 2차선 이상의 도로에 직접 접하여 소방자동차가 도로에서 직접 소방활동이 가능한 공동주택은 제외한다.

ㄱ 세대수가 100세대 이상인 아파트

ㄴ 기숙사 중 3층 이상의 기숙사

(2) 방해행위의 금지

① 누구든지 전용구역에 차를 주차하거나 전용구역에의 진입을 가로막는 등의 방해행위를 하여서는 아니 된다.

② 과태료 – 100만원 이하의 과태료

(3) 위임규정

전용구역의 설치 기준·방법, 방해행위의 기준, 그 밖의 필요한 사항은 대통령령으로 정한다.

(4) 소방자동차 전용구역의 설치 기준·방법

① 전용구역의 설치 기준: 공동주택의 건축주는 소방자동차가 접근하기 쉽고 소방활동이 원활하게 수행될 수 있도록 각 동별 전면 또는 후면에 소방자동차 전용구역을 1개소 이상 설치하여야 한다. 다만, 하나의 전용구역에서 여러 동에 접근하여 소방활동이 가능한 경우로서 소방청장이 정하는 경우에는 각 동별로 설치하지 아니할 수 있다.

② 전용구역의 설치 방법

ㄱ 전용구역 노면표지의 외곽선은 빗금무늬로 표시하되, 빗금은 두께를 30센티미터로 하여 50센티미터 간격으로 표시한다.

ㄴ 전용구역 노면표지 도료의 색채는 황색을 기본으로 하되, 문자(P, 소방차전용)는 백색으로 표시한다.

(5) 전용구역 방해행위의 기준

① 전용구역에 물건 등을 쌓거나 주차하는 행위

② 전용구역의 앞면, 뒷면 또는 양 측면에 물건 등을 쌓거나 주차하는 행위(「주차장법」에 따른 부설주차장의 주차구획 내에 주차하는 경우는 제외)

③ 전용구역 진입로에 물건 등을 쌓거나 주차하여 전용구역으로의 진입을 가로막는 행위

④ 전용구역 노면표지를 지우거나 훼손하는 행위

⑤ 소방자동차가 전용구역에 주차하는 것을 방해하거나 전용구역으로 진입하는 것을 방해하는 행위

6-3 소방자동차 교통안전 분석 시스템

(1) 운행기록장치

① 소방청장 또는 소방본부장은 대통령령으로 정하는 소방자동차에 행정안전부령으로 정하는 기준에 적합한 운행기록장치를 장착하고 운용하여야 한다.

② 운행기록장치 장착 소방자동차의 범위

ⓐ 소방펌프차

ⓑ 소방물탱크차

ⓒ 소방화학차

ⓓ 소방고가차

ⓔ 무인방수차

ⓕ 구조차

ⓖ 소방청장이 필요하다고 인정하여 정하는 소방자동차

(2) 소방자동차 교통안전 분석 시스템 구축·운영권자: 소방청장

(3) 제재나 처벌

소방청장, 소방본부장 및 소방서장은 소방자동차 교통안전 분석 시스템으로 처리된 자료를 이용하여 소방자동차의 장비운용자 등에게 어떠한 불리한 제재나 처벌을 하여서는 아니 된다.

(4) 운행기록장치 데이터의 보관

소방청장, 소방본부장 및 소방서장: 6개월 동안 저장·관리

(5) 운행기록장치 데이터의 분석·활용

① 소방청장 및 소방본부장: 운행기록장치 데이터 중 과속, 급감속, 급출발 등의 운행기록을 점검·분석해야 한다.

② 소방청장 및 소방본부장 및 소방서장: ①의 분석결과를 소방자동차의 안전한 소방활동 수행에 필요한 교통안전 정책의 수립, 교육·훈련 등에 활용할 수 있다.

7 소방대의 긴급통행

> **제22조 【소방대의 긴급통행】** 소방대는 화재, 재난·재해, 그 밖의 위급한 상황이 발생한 현장에 신속하게 출동하기 위하여 긴급할 때에는 일반적인 통행에 쓰이지 아니하는 도로·빈터 또는 물 위로 통행할 수 있다.

8 소방활동구역의 설정

(1) 소방대장의 소방활동구역 설정 및 출입제한권자: 소방대장

  ① 소방활동구역 출입자

    ㉠ 소방활동구역 안에 있는 소방대상물의 소유자·관리자 또는 점유자

    ㉡ 전기·가스·수도·통신·교통의 업무에 종사하는 사람으로서 원활한 소방활동을 위하여 필요한 사람

    ㉢ 의사·간호사 그 밖의 구조·구급업무에 종사하는 사람

    ㉣ 취재인력 등 보도업무에 종사하는 사람

    ㉤ 수사업무에 종사하는 사람

    ㉥ 그 밖에 소방대장이 소방활동을 위하여 출입을 허가한 사람

  ② 과태료 – 200만원 이하의 과태료

(2) 경찰공무원의 역할

경찰공무원은 소방대가 소방활동구역에 있지 아니하거나 소방대장의 요청이 있을 때에는 소방활동구역을 설정하거나 출입 제한 조치를 할 수 있다.

9 소방활동 종사 명령

(1) 소방활동 종사 명령

  ① **명령권자:** 소방본부장, 소방서장 또는 소방대장

  ② **명령 내용:** 소방활동을 위하여 필요할 때에는 그 관할구역에 사는 사람 또는 그 현장에 있는 사람으로 하여금 사람을 구출하는 일 또는 불을 끄거나 불이 번지지 아니하도록 하는 일을 하게 할 수 있다.

  ③ **안전조치:** 소방활동에 필요한 보호장구 지급

  ④ 벌칙 – 5년 이하의 징역 또는 5천만원 이하의 벌금

(2) 소방활동 종사자의 비용 지급

  ① 비용 지급자: 시·도지사

  ② 비용 지급 대상 예외자

    ㉠ 소방대상물에 화재, 재난·재해 그 밖의 위급한 상황이 발생한 경우 그 관계인

    ㉡ 고의 또는 과실로 화재 또는 구조·구급 활동이 필요한 상황을 발생시킨 사람

    ㉢ 화재 또는 구조·구급 현장에서 물건을 가져간 사람

10 강제처분 등

(1) 강제처분

  ① 강제처분권자: 소방본부장, 소방서장 또는 소방대장

  ② 강제처분 시기

    ㉠ 사람을 구출하거나 불이 번지는 것을 막기 위하여 필요할 때

    ㉡ 사람을 구출하거나 불이 번지는 것을 막기 위하여 긴급하다고 인정할 때

    ㉢ 소방활동을 위하여 긴급하게 출동할 때

③ 강제처분 대상
　　㉠ 소방대상물 및 토지
　　㉡ 소방대상물 및 토지 외의 소방대상물과 토지
　　㉢ 주차 또는 정차된 차량 및 물건
④ 강제처분 내용
　　㉠ 소방대상물 및 토지를 일시적으로 사용, 사용의 제한 또는 소방활동에 필요한 처분을 할 수 있다.
　　㉡ 주차 또는 정차된 차량 및 물건 등을 제거하거나 이동할 수 있다.

시기	강제처분대상	강제처분
필요할 때	① 소방대상물·토지	일시적 사용, 제한, 처분
긴급할 때	② ① 외의 소방대상물·토지	
긴급출동할 때	③ 방해가 되는 주차·정차된 차량·물건	제거 또는 이동

(2) 소방활동에 방해가 되는 차량의 제거나 이동의 지원 요청
① 소방본부장, 소방서장 또는 소방대장: 견인 차량과 인력 등에 대한 지원 요청
② 시·도지사: 시·도의 조례로 정하는 바에 따라 비용 지급

(3) 벌칙 및 손실보상

조문	벌칙*	손실보상	비고
제25조 제1항	3년 이하의 징역 또는 3천만원 이하의 벌금		
제25조 제2항	300만원 이하의 벌금	처분으로 인하여 손실을 입은 자	
제25조 제3항	300만원 이하의 벌금	처분으로 인하여 손실을 입은 자	법령을 위반하여 소방자동차의 통행과 소방활동에 방해가 된 경우는 제외한다.

* 처분을 방해한 자 또는 정당한 사유 없이 그 처분에 따르지 아니한 자

11 피난 명령

(1) 피난 명령: 소방본부장, 소방서장 또는 소방대장
(2) 벌칙 – 100만원 이하의 벌금

12 위험시설등에 대한 긴급조치

(1) 위험시설등에 대한 긴급조치: 소방본부장, 소방서장 또는 소방대장
① 화재 진압 등 소방활동을 위하여 필요할 때: 소방용수 외에 댐·저수지 또는 수영장 등의 물을 사용하거나 수도의 개폐장치 등을 조작할 수 있다.
② 화재 발생을 막거나 폭발 등으로 화재가 확대되는 것을 막기 위한 때: 가스·전기 또는 유류 등의 시설에 대하여 위험물질의 공급을 차단하는 등 필요한 조치를 할 수 있다.

(2) 벌칙 – 100만원 이하의 벌금

① 제27조 제1항을 위반하여 정당한 사유 없이 물의 사용이나 수도의 개폐장치의 사용 또는 조작을 하지 못하게 하거나 방해한 자

② 제27조 제2항에 따른 조치를 정당한 사유 없이 방해한 자

⑬ 방해행위의 제지 등

> **제27조의2 【방해행위의 제지 등】** 소방대원은 제16조 제1항에 따른 소방활동 또는 제16조의3 제1항에 따른 생활안전활동을 방해하는 행위를 하는 사람에게 필요한 경고를 하고, 그 행위로 인하여 사람의 생명·신체에 위해를 끼치거나 재산에 중대한 손해를 끼칠 우려가 있는 긴급한 경우에는 그 행위를 제지할 수 있다.

⑭ 소방용수시설 또는 비상소화장치의 사용금지 등

(1) 사용금지 등

① 정당한 사유 없이 사용하는 행위

② 정당한 사유 없이 손상·파괴, 철거 또는 그 밖의 방법으로 효용을 해치는 행위

③ 정당한 사용을 방해하는 행위

(2) 벌칙 – 5년 이하의 징역 또는 5천만원 이하의 벌금

제28조를 위반하여 정당한 사유 없이 소방용수시설 또는 비상소화장치를 사용하거나 소방용수시설 또는 비상소화장치의 효용을 해치거나 그 정당한 사용을 방해한 사람

1 국가의 책무

제39조의3【국가의 책무】 국가는 소방산업(소방용 기계·기구의 제조, 연구·개발 및 판매 등에 관한 일련의 산업을 말한다. 이하 같다)의 육성·진흥을 위하여 필요한 계획의 수립 등 행정상·재정상의 지원시책을 마련하여야 한다.

2 소방산업과 소방기술

제39조의5【소방산업과 관련된 기술개발 등의 지원】 ① 국가는 소방산업과 관련된기술(이하 "소방기술"이라 한다)의 개발을 촉진하기 위하여 기술개발을 실시하는 자에게 그 기술개발에 드는 자금의 전부나 일부를 출연하거나 보조할 수 있다.
② 국가는 우수소방제품의 전시·홍보를 위하여 「대외무역법」 제4조 제2항에 따른 무역전시장 등을 설치한 자에게 다음 각 호에서 정한 범위에서 재정적인 지원을 할 수 있다.
1. 소방산업전시회 운영에 따른 경비의 일부
2. 소방산업전시회 관련 국외 홍보비
3. 소방산업전시회 기간 중 국외의 구매자 초청 경비

3 소방기술의 연구·개발사업 수행

제39조의6【소방기술의 연구·개발사업 수행】 ① 국가는 국민의 생명과 재산을 보호하기 위하여 규정에 따른 해당 기관이나 단체로 하여금 소방기술의 연구·개발 사업을 수행하게 할 수 있다.
② 국가가 제1항에 따른 기관이나 단체로 하여금 소방기술의 연구·개발사업을 수행하게 하는 경우에는 필요한 경비를 지원하여야 한다.

4 소방기술 및 소방산업의 국제화사업

(1) 소방기술의 연구·개발사업 수행

(2) 소방기술 및 소방산업의 국제화사업

① 국가: 국제경쟁력 및 국제적 통용성 향상에 필요한 기반 조성을 촉진하기 위한 시책을 수립하여야 한다.

② 소방청장: 소방기술 및 국제경쟁력과 국제적 통용성을 위한 사업을 추진하여야 한다.

  ㉠ 국제 협력을 위한 조사·연구

  ㉡ 국제 전시회, 국제 학술회의 개최 등 국제 교류

  ㉢ 국외시장 개척

  ㉣ 국제경쟁력과 국제적 통용성을 높이기 위하여 필요하다고 인정하는 사업

POINT 1-5 한국소방안전원

1 한국소방안전원의 설립 등

(1) 설립
 ① 소방청장의 인가를 받아 설립
 ② 설립 목적
  ㉠ 소방기술과 안전관리기술의 향상 및 홍보
  ㉡ 교육·훈련 등 행정기관이 위탁하는 업무의 수행
  ㉢ 소방 관계 종사자의 기술 향상

(2) 설립되는 안전원은 법인으로 한다.

(3) 규정의 준용
 「민법」 중 재단법인에 관한 규정을 준용한다.

2 교육계획의 수립 및 평가 등

(1) 교육계획의 수립 및 평가 등
 소방청장의 승인을 받아야 한다.

(2) 교육결과 보고
 ① 안전원장은 소방청장에게 해당 연도 교육결과를 평가·분석하여 보고하여야 한다.
 ② 소방청장은 교육평가 결과를 교육계획에 반영하게 할 수 있다.

(3) 교육평가위원회의 구성
 위원회 운영은 안전원장이 한다.

(4) 교육평가위원회의 구성·운영
 ① 평가위원회 심의사항
  ㉠ 교육평가 및 운영에 관한 사항
  ㉡ 교육결과 분석 및 개선에 관한 사항
  ㉢ 다음 연도의 교육계획에 관한 사항
 ② 평가위원회 구성: 위원장 1명을 포함하여 9명 이하의 위원으로 성별을 고려하여 구성

3 안전원의 업무 등

(1) 안전원의 업무
 ① 소방기술과 안전관리에 관한 교육 및 조사·연구
 ② 소방기술과 안전관리에 관한 각종 간행물 발간
 ③ 화재 예방과 안전관리의식 고취를 위한 대국민 홍보
 ④ 소방업무에 관하여 행정기관이 위탁하는 업무
 ⑤ 소방안전에 관한 국제협력

(2) 안전원의 정관

① 정관 사항
- ㉠ 목적
- ㉡ 명칭
- ㉢ 주된 사무소의 소재지
- ㉣ 사업에 관한 사항
- ㉤ 이사회에 관한 사항
- ㉥ 회원과 임원 및 직원에 관한 사항
- ㉦ 재정 및 회계에 관한 사항
- ㉧ 정관의 변경에 관한 사항

② 정관 변경: 소방청장의 인가를 받아야 한다.

(3) 안전원의 운영경비 등

① 경비 재원의 충당
- ㉠ 업무 수행에 따른 수입금
  - ⓐ 소방기술과 안전관리에 관한 교육 및 조사·연구
  - ⓑ 소방업무에 관하여 행정기관이 위탁하는 업무
- ㉡ 회원의 회비
- ㉢ 자산운영수익금
- ㉣ 부대수입

② 안전원의 임원
- ㉠ 임원: 원장 1명을 포함한 9명 이내의 이사, 감사 1명으로 구성
- ㉡ 원장과 감사 임명권자: 소방청장

③ 유사명칭의 사용금지

📄 SUMMARY **과태료 개별기준**

위반행위	과태료 금액		
	1회	2회	3회
한국소방안전원 또는 이와 유사한 명칭을 사용하는 경우	200만원		

POINT 1-6 보칙

1 감독

제48조 【감독】 ① 소방청장은 안전원의 업무를 감독한다.
② 소방청장은 안전원에 대하여 업무·회계 및 재산에 관하여 필요한 사항을 보고하게 하거나, 소속 공무원으로 하여금 안전원의 장부·서류 및 그 밖의 물건을 검사하게 할 수 있다.
③ 소방청장은 제2항에 따른 보고 또는 검사의 결과 필요하다고 인정되면 시정명령 등 필요한 조치를 할 수 있다.

2 손실보상

(1) 손실보상

① 소방청장 또는 시·도지사: 손실보상심의위원회의 심사·의결에 따라 정당한 보상

② 손실보상 대상자

ⓐ 생활안전활동의 조치로 손실을 입은 자

ⓑ 소방활동 종사자로 인하여 사망하거나 부상을 입은 자

ⓒ 강제처분으로 인하여 손실을 입은 자(필요할 때에는 해당되지 않음). 다만, 법령을 위반하여 소방자동차의 통행과 소방활동에 방해가 된 경우는 제외한다.

ⓓ 위험시설등에 대한 긴급조치로 인하여 손실을 입은 자

ⓔ 소방기관 또는 소방대의 적법한 소방업무 또는 소방활동으로 인하여 손실을 입은 자

(2) 소멸시효

손실보상을 청구할 수 있는 권리는 손실이 있음을 안 날부터 3년, 손실이 발생한 날부터 5년간 행사하지 아니하면 시효의 완성으로 소멸한다.

(3) 위임규정: 대통령령

2-2 손실보상의 기준 및 보상금액 등

(1) 손실보상의 기준 및 보상금액

① 손실을 입은 물건을 수리할 수 있는 때: 수리비에 상당하는 금액

② 손실을 입은 물건을 수리할 수 없는 때: 손실을 입은 당시의 해당 물건의 교환가액

(2) 손실보상의 지급절차 및 방법

① 서류의 제출: 소방청장 또는 시·도지사(소방청장 등)에게 제출

② 보상금의 결정: 보상금 지급 청구서를 받은 날부터 60일 이내

③ 소방청장 등의 청구 각하 결정에 해당하는 사항

ⓐ 청구인이 같은 청구 원인으로 보상금 청구를 하여 보상금 지급 여부 결정을 받은 경우. 다만, 기각 결정을 받은 청구인이 손실을 증명할 수 있는 새로운 증거가 발견되었음을 소명(疎明)하는 경우는 제외한다.

ⓑ 손실보상 청구가 요건과 절차를 갖추지 못한 경우

④ 통지 및 지급: 결정일부터 10일 이내에 행정안전부령으로 정하는 바에 따라 결정 내용을 청구인에게 통지, 통지한 날부터 30일 이내에 보상금 지급

(3) 손실보상심의위원회의 설치 및 구성

① 위원회의 구성: 위원장 1명을 포함하여 5명 이상 7명 이하의 위원으로 구성

② 보상위원회의 위원

ㄱ 소속 소방공무원

ㄴ 판사·검사 또는 변호사로 5년 이상 근무한 사람

ㄷ 「고등교육법」 제2조에 따른 학교에서 법학 또는 행정학을 가르치는 부교수 이상으로 5년 이상 재직한 사람

ㄹ 「보험업법」 제186조에 따른 손해사정사

ㅁ 소방안전 또는 의학 분야에 관한 학식과 경험이 풍부한 사람

③ 임기: 2년(한 차례만 연임)

④ 간사의 지명: 보상위원회에 간사 1명을 두되, 간사는 소속 소방공무원 중에서 소방청장 등이 지명

📖 참고 **손실보상의 지급절차 및 방법**

1. 소방청장등은 보상금을 지급받을 자가 지정하는 예금계좌(「우체국예금·보험에 관한 법률」에 따른 체신관서 또는 「은행법」에 따른 은행의 계좌를 말한다)에 입금하는 방법으로 보상금을 지급한다. 다만, 보상금을 지급받을 자가 체신관서 또는 은행이 없는 지역에 거주하는 등 부득이한 사유가 있는 경우에는 그 보상금을 지급받을 자의 신청에 따라 현금으로 지급할 수 있다.

2. 보상금은 일시불로 지급하되, 예산 부족 등의 사유로 일시불로 지급할 수 없는 특별한 사정이 있는 경우에는 청구인의 동의를 받아 분할하여 지급할 수 있다.

1 벌칙

(1) 5년 이하의 징역 또는 5천만원 이하의 벌금(제50조)

① 다음의 행위를 한 사람(제1호)

㉠ 위력을 사용하여 소방대의 화재진압·인명구조 또는 구급활동을 방해하는 행위

㉡ 소방대가 화재진압·인명구조 또는 구급활동을 위해 현장에 출동·출입하는 것을 고의로 방해하는 행위

㉢ 소방대원에게 폭행·협박을 행사하여 화재진압·인명구조 또는 구급활동을 방해하는 행위

㉣ 소방대의 소방장비를 파손하거나 그 효용을 해하여 화재진압·인명구조 또는 구급활동을 방해하는 행위

② 소방자동차의 출동을 방해한 사람(제2호)

③ 소방활동을 하는 것을 방해한 사람(제3호): 제24조 제1항에 따른 사람을 구출하는 일 또는 불을 끄거나 불이 번지지 아니하도록 하는 일을 방해한 사람

④ 정당한 사유 없이 소방용수시설·비상소화장치를 사용하거나 효용을 해치거나 정당한 사용을 방해한 사람(제4호)

(2) 3년 이하의 징역 또는 3천만원 이하의 벌금

화재 발생 또는 불이 번질 우려가 있는 소방대상물·토지에 대한 강제처분을 방해하거나 정당한 사유 없이 처분을 따르지 않은 사람

(3) 300만원 이하의 벌금

(2) 외의 소방대상물·토지 및 차량·물건에 대한 강제처분을 방해하거나 정당한 사유 없이 처분을 따르지 않은 사람

(4) 100만원 이하의 벌금에 해당하는 사항

① 정당한 사유 없이 소방대의 생활안전활동을 방해한 사람

② 관계인이 소방대가 도착할 때까지 정당한 사유 없이 소방활동을 하지 않은 사람

③ 피난 명령을 위반한 사람

④ 긴급조치를 위반하여 정당한 사유 없이 물의 사용이나 수도의 개폐장치의 사용 또는 조작을 하지 못하게 하거나 방해한 자

⑤ 긴급조치를 정당한 사유 없이 방해한 자

1-2 「형법」상 감경규정에 관한 특례

(1) 「형법」상 감경규정에 관한 특례

① 음주 또는 약물로 인한 심신장애 상태에서 제50조 제1호 다목의 죄를 범한 때에는 「형법」 제10조 제1항 및 제2항을 적용하지 아니할 수 있다.

② 제50조 제1호 다목: 출동한 소방대원에게 폭행 또는 협박을 행사하여 화재진압·인명구조 또는 구급활동을 방해하는 행위

(2) 「형법」 제10조 제1항 및 제2항

① 제10조 제1항: 심신장애로 인하여 사물을 변별할 능력이 없거나 의사를 결정할 능력이 없는 자의 행위는 벌하지 아니한다.

② 제10조 제2항: 심신장애로 인하여 전항의 능력이 미약한 자의 행위는 형을 감경할 수 있다.

벌칙	소방기본법 (1분법)	화재예방법 (3분법)	소방시설법 (4분법)	화재조사법 (2분법)	소방시설 공사업법 (5분법)	위험물 안전관리법 (6분법)
• 위험: 1년 이상 10년 이하 • 상해: 무기 또는 3년 이상 • 사망: 무기 또는 5년 이상						○
업무상 과실 • 위험: 7년 이하 금고, 7천만원 이하 • 사상: 10년 이하의 징역 또는 금고, 1억원 이하						○
5년 또는 1억원						○
5년 또는 5천만원	○		○			
• 상해: 7년 이하의 징역, 7천만원 이하 • 사망: 10년 이하의 징역, 1억원 이하			○			
3년 또는 3천만원	○	○	○		○	○
1년 또는 1천만원		○	○		○	○
1천5백만원						○
1,000만원						○
300만원	○	○	○	○	○	
200만원						
100만원	○				○	

2 과태료

(1) 500만원 이하의 과태료

① 화재 또는 구조·구급이 필요한 상황을 거짓으로 알린 사람

② 정당한 사유 없이 규정을 위반하여 화재, 재난·재해, 그 밖의 위급한 상황을 소방본부, 소방서 또는 관계 행정기관에 알리지 아니한 관계인

(2) 200만원 이하의 과태료

① 한국119청소년단 또는 이와 유사한 명칭을 사용한 자

② 규정을 위반하여 소방자동차의 출동에 지장을 준 자

③ 규정을 위반하여 소방활동구역을 출입한 사람

④ 한국소방안전원 또는 이와 유사한 명칭을 사용한 자

(3) 100만원 이하의 과태료

전용구역에 차를 주차하거나 전용구역에의 진입을 가로막는 등 방해행위를 한 자

📖 참고 **과태료**

(1) ~ (3)의 과태료는 대통령령으로 정하는 바에 따라 관할 시·도지사, 소방본부장 또는 소방서장이 부과·징수한다.

(4) 20만원 이하의 과태료(제57조)

① 화재 등의 통지에 따른 신고를 하지 아니하여 소방자동차를 출동하게 한 자에게는 20만원 이하의 과태료를 부과한다.

② ①에 따른 과태료는 조례로 정하는 바에 따라 관할 소방본부장 또는 소방서장이 부과·징수한다.

📋 **SUMMARY 6분법상의 과태료**

과태료	소방기본법 (1분법)	화재예방법 (3분법)	소방시설법 (4분법)	화재조사법 (2분법)	소방시설 공사업법 (5분법)	위험물 안전관리법 (6분법)
500만원	○					○
300만원		○	○			
200만원	○	○		○	○	
100만원	○	○				
20만원	○					

2-2 과태료의 부과기준(영 [별표 3]) 중 일반기준

(1) 과태료 부과권자는 위반행위자가 다음 중 어느 하나에 해당하는 경우에는 ②의 개별기준의 과태료 금액의 100분의 50의 범위에서 그 금액을 감경하여 부과할 수 있다. 다만, 감경할 사유가 여러 개 있는 경우라도 「질서위반행위규제법」 제18조에 따른 감경을 제외하고는 감경의 범위는 100분의 50을 넘을 수 없다.

① 위반행위자가 화재 등 재난으로 재산에 현저한 손실이 발생한 경우 또는 사업의 부도·경매 또는 소송 계속 등 사업여건이 악화된 경우로서 과태료 부과권자가 자체위원회의 의결을 거쳐 감경하는 것이 타당하다고 인정하는 경우(위반행위자가 최근 1년 이내에 소방 관계 법령을 2회 이상 위반한 자는 제외한다)

② 위반행위자가 위반행위로 인한 결과를 시정하거나 해소한 경우

(2) 위반행위의 횟수에 따른 과태료의 가중된 부과기준은 최근 1년간 같은 위반행위로 과태료 부과처분을 받은 경우에 적용한다. 이 경우 기간의 계산은 위반행위에 대하여 과태료 부과처분을 받은 날과 그 처분 후 다시 같은 위반행위를 하여 적발된 날을 기준으로 한다.

(3) (2)에 따라 가중된 부과처분을 하는 경우 가중처분의 적용 차수는 그 위반행위 전 부과처분 차수((2)에 따른 기간 내에 과태료 부과처분이 둘 이상 있었던 경우에는 높은 차수를 말한다)의 다음 차수로 한다.

(4) 과태료의 부과기준(개별기준, 영 [별표 3]]

위반행위	근거 법조문	과태료 금액(만원)		
		1회	2회	3회 이상
가. 법 제17조의6 제5항을 위반하여 한국119청소년단 또는 이와 유사한 명칭을 사용한 경우	법 제56조 제2항 제2호의2	100	150	200
나. 법 제19조 제1항을 위반하여 화재 또는 구조·구급이 필요한 상황을 거짓으로 알린 경우	법 제56조 제1항 제1호	200	400	500
다. 정당한 사유 없이 법 제20조 제2항을 위반하여 화재, 재난·재해, 그 밖의 위급한 상황을 소방본부, 소방서 또는 관계 행정기관에 알리지 않은 경우	법 제56조 제1항 제2호	500		

라. 법 제21조 제3항을 위반하여 소방자동차의 출동에 지장을 준 경우	법 제56조 제2항 제3호의2	100		
마. 법 제21조의2 제2항을 위반하여 전용구역에 차를 주차하거나 전용구역에의 진입을 가로막는 등의 방해행위를 한 경우	법 제56조 제3항	50	100	100
바. 법 제23조 제1항을 위반하여 소방활동구역을 출입한 경우	법 제56조 제2항 제4호	100		
사. 법 제44조의3을 위반하여 한국소방안전원 또는 이와 유사한 명칭을 사용한 경우	법 제56조 제2항 제6호	200		

📋 SUMMARY 위원회 · 평가단의 구성 및 운영 등 Ⅰ

소방기본법	• 소방기술민원센터: 센터장 포함 18명 이내 • 소방박물관: 관장 1인, 부관장 1인, 운영위원회 7인 이내 • 한국소방안전원: 원장 1명 포함한 9명 이내의 이사와 1명의 감사 • 교육평가위원회: 위원장 1명 포함하여 9명 이하의 위원 • 손실보상심의위원회: 위원장 1명 포함하여 5명 이상 7명 이하의 위원
화재예방법	• 중앙 · 지방화재안전조사단: 각각 단장 포함하여 50명 내외 성별 고려 • 화재안전조사위원회: 위원장 1명 포함 7명 이내의 위원 성별 고려 • 화재안전영향평가심의회: 위원장 1명 포함한 12명 이내의 위원 • 우수 소방대상물의 선정을 위한 평가위원회(규칙): 2명 이상 포함된 평가위원회
소방시설법	• 성능위주설계 평가단: 평가단장 1명 포함하여 50명 이내 단원 • 성능위주설계 평가단 회의: 평가단장과 평가단장이 회의마다 지명하는 6명 이상 8명 이하의 평가단원 　(변경신고: 성능위주설계를 검토 · 평가한 평가단원 중 5명 이상으로 평가단 구성) • 중앙소방기술심의위원회 구성: 위원장을 포함한 60명 이내의 위원으로 구성 • 중앙소방기술심의위원회 회의: 위원장과 위원장이 회의마다 지정하는 6명 이상 12명 이하의 위원 • 지방소방기술심의위원회 구성: 위원장을 포함하여 5명 이상 9명 이하의 위원
화재조사법	• 화재조사전담부서: 화재조사관 2명 이상 배치 • 화재합동조사단 　- 사망자가 5명 이상 발생한 화재 　- 화재로 인한 사회적 · 경제적 영향이 광범위하다고 소방관서장이 인정하는 화재
소방시설공사업법	• 하도급계약심사위원회(영): 위원장 1명과 부위원장 1명을 포함하여 10명 이내의 위원 • 소방기술자 양성 · 인정 교육훈련 전담인력: 6명 이상 • 소방기술자 실무교육에 필요한 기술인력(규칙 [별표 6]): 강사 4명 및 교무인원 2명 이상 • 소방시설업자협회 설립인가: 소방시설업자 10명 이상 발기
위험물안전관리법	사고조사위원회: 위원장 1명을 포함하여 7명 이하의 위원

구분	5명 이상 7명 이하	6명 이상 8명 이하	5명 이상 9명 이하	6명 이상 12명 이하
소방기본법	손실보상심의위원회 (위원장 포함)			
화재예방법				
소방시설법		단장+성능위주설계평가단 (회의) (변경신고: 5명 이상)	지방소방기술심의위원회 [구성(위원장 포함)]	위원장+중앙소방기술심의 위원회(회의)
화재조사법				
소방시설 공사업법				
위험물 안전관리법				

📄 SUMMARY **위원회·평가단의 구성 및 운영 등 Ⅲ**

구분	60명 이내	50명 내외	18명 이내	12명 이내	10명 이내	9명 이내	7명 이내
소방기본법			소방기술민원 센터 (센터장 포함)			한국소방안전원 이사(위원장 포함)+ 1명의 감사 교육평가위원회	관장 1인, 부관장 1인, 소방박물관 (운영위원회)
화재예방법		중앙· 지방화재안전 조사단 (단장 포함)		화재안전영향 평가심의회 (위원장 포함)			
소방시설법	중앙소방기술 심의위원회	성능위주설계 평가단 (단장 포함)					화재안전조사 위원회 (위원장 포함)
화재조사법							
소방시설 공사업법					하도급계약심 사위원회		
위험물 안전관리법							사고조사 위원회 (위원장 포함)

제2편 화재의 예방 및 안전관리에 관한 법률

POINT 2-1 총칙

1 「화재의 예방 및 안전관리에 관한 법률」의 목적

제1조 【목적】 이 법은 화재의 예방과 안전관리에 필요한 사항을 규정함으로써 화재로부터 국민의 생명·신체 및 재산을 보호하고 공공의 안전과 복리 증진에 이바지함을 목적으로 한다.

2 용어의 정의

(1) 예방

화재의 위험으로부터 사람의 생명·신체 및 재산을 보호하기 위하여 화재발생을 사전에 제거하거나 방지하기 위한 모든 활동을 말한다.

(2) 안전관리

화재로 인한 피해를 최소화하기 위한 예방, 대비, 대응 등의 활동을 말한다.

(3) 화재안전조사(舊 소방특별조사)

소방관서장이 소방대상물, 관계지역 또는 관계인에 대하여 소방시설등이 소방 관계 법령에 적합하게 설치·관리되고 있는지, 소방대상물에 화재의 발생 위험이 있는지 등을 확인하기 위하여 실시하는 현장조사·문서열람·보고요구 등을 하는 활동을 말한다.

(4) 화재예방강화지구(舊 화재경계지구)

시·도지사가 화재발생 우려가 크거나 화재가 발생할 경우 피해가 클 것으로 예상되는 지역에 대하여 화재의 예방 및 안전관리를 강화하기 위해 지정·관리하는 지역을 말한다.

(5) 화재예방안전진단

화재가 발생할 경우 사회·경제적으로 피해 규모가 클 것으로 예상되는 소방대상물에 대하여 화재위험요인을 조사하고 그 위험성을 평가하여 개선대책을 수립하는 것을 말한다.

3 국가와 지방자치단체 등의 책무

(1) 국가의 책무: 화재예방정책 수립·시행

(2) 지방자치단체의 책무: 지역의 실정에 부합하는 화재예방정책 수립·시행

(3) 관계인의 책무: 국가와 지방자치단체의 화재예방정책에 적극적으로 협조

1 기본계획 등의 수립·시행

(1) 기본계획의 수립·시행
① 기본계획의 수립·시행권자: 소방청장
② 기본계획 수립주기: 5년
③ 기본계획은 대통령령으로 정하는 바에 따라 소방청장이 관계 중앙행정기관의 장과 협의하여 수립한다.

(2) 기본계획의 협의 및 수립
① 기본계획 협의기한: 계획 시행 전년도 8월 31일까지
② 기본계획 수립기한: 계획 시행 전년도 9월 30일까지

(3) 기본계획 내용
① 화재예방정책의 기본목표 및 추진방향
② 화재의 예방과 안전관리를 위한 법령·제도의 마련 등 기반 조성
③ 화재의 예방과 안전관리를 위한 대국민 교육·홍보
④ 화재의 예방과 안전관리 관련 기술의 개발·보급
⑤ 화재의 예방과 안전관리 관련 전문인력의 육성·지원 및 관리
⑥ 화재의 예방과 안전관리 관련 산업의 국제경쟁력 향상
⑦ 그 밖에 대통령령으로 정하는 화재의 예방과 안전관리에 필요한 사항
  ㉠ 화재발생 현황
  ㉡ 소방대상물의 환경 및 화재위험특성 변화 추세 등 화재예방정책의 여건 변화에 관한 사항
  ㉢ 소방시설의 설치·관리 및 화재안전기준의 개선에 관한 사항
  ㉣ 계절별·시기별·소방대상물별 화재예방대책의 추진 및 평가 등에 관한 사항
  ㉤ 그 밖에 화재의 예방 및 안전관리와 관련하여 소방청장이 필요하다고 인정하는 사항

(4) 시행계획의 수립·시행
① 소방청장: 기본계획을 시행하기 위하여 매년 시행계획을 수립·시행하여야 한다.
② 시행계획 수립기한: 계획 시행 전년도 10월 31일까지
③ 시행계획의 내용
  ㉠ 기본계획의 시행을 위하여 필요한 사항
  ㉡ 그 밖에 화재의 예방 및 안전관리와 관련하여 소방청장이 필요하다고 인정하는 사항

(5) 기본계획과 시행계획의 통보 등
① 소방청장: 기본계획과 시행계획을 관계 중앙행정기관의 장과 시·도지사에게 통보
② 통보기한: 계획 시행 전년도 10월 31일까지

(6) 세부시행계획의 수립·시행
① 관계 중앙행정기관의 장과 시·도지사: 세부시행계획을 수립·시행(결과를 소방청장에게 통보)
② 세부시행계획 제출기한: 계획 시행 전년도 12월 31일까지

(7) 자료제출의 요청 등

구분	협의 · 수립 · 통보 기한	
기본계획	협의기한	8월 31일
	수립기한	9월 30일
시행계획	수립기한	10월 31일
기본 · 시행계획	통보기한	10월 31일
세부시행계획	수립기한	12월 31일
	통보기한	12월 31일

2 실태조사

(1) 실태조사

① 실태조사권자: 소방청장

② 목적: 기본계획 및 시행계획의 수립 · 시행에 필요한 기초자료의 확보

③ 실태조사 항목

　㉠ 소방대상물의 용도별 · 규모별 현황

　㉡ 소방대상물의 화재의 예방 및 안전관리 현황

　㉢ 소방대상물의 소방시설등 설치 · 관리 현황

　㉣ 그 밖에 기본계획 및 시행계획의 수립 · 시행을 위하여 필요한 사항

④ 관계 중앙행정기관의 장의 요청이 있는 때에는 합동으로 실태조사를 할 수 있다.

(2) 자료제출의 요청 등(관계 중앙행정기관의 장, 지방자치단체의 장, 공공기관의 장 또는 관계인 등)

(3) 실태조사의 방법 및 절차 등

① 실태조사 방법

　㉠ 통계조사, 문헌조사 또는 현장조사 방법

　㉡ 정보통신망 또는 전자적인 방식

② 실태조사 절차

　㉠ 통보기한: 실태조사 시작 7일 전까지

　㉡ 통보내용: 조사 일시, 조사 사유 및 조사 내용 등 조사계획

　㉢ 통보방법: 조사대상자에게 서면 또는 전자우편 등의 방법

③ 증표의 제시

④ 실태조사 의뢰: 소방청장은 실태조사를 전문연구기관 · 단체나 관계 전문가에게 의뢰하여 실시할 수 있다.

⑤ 결과의 공표: 소방청장은 실태조사의 결과를 인터넷 홈페이지 등에 공표할 수 있다.

③ 통계의 작성 및 관리

(1) 통계의 작성·관리권자: 소방청장(매년 작성·관리)

(2) 자료와 정보의 제공 요청

(3) 전문기관의 지정

소방청장은 전부 또는 일부를 행정안전부령으로 정하는 바에 따라 전문성이 있는 기관을 지정하여 수행하게 할 수 있다.

(4) 통계의 작성관리

① 전산시스템의 구축·운용권자: 소방청장

② 화재발생 동향 분석 및 전망: 빅데이터(대용량의 정형 또는 비정형의 데이터 세트)를 활용하여 화재 발생 동향 분석 및 전망 등을 할 수 있다.

③ 통계의 작성·관리기관

ㄱ 한국소방안전원

ㄴ 정부출연연구기관

ㄷ 통계작성지정기관

📋 **SUMMARY 조사단 및 위원회 구성**

1. **중앙·지방화재안전조사단:** 각각 단장 포함하여 50명 내외 성별 고려
2. **화재안전조사위원회:** 위원장 1명 포함 7명 이내의 위원 성별 고려
3. **화재안전영향평가심의회:** 위원장 1명 포함한 12명 이내의 위원
4. **우수 소방대상물의 선정을 위한 평가위원회(규칙):** 2명 이상 포함된 평가위원회

1 화재안전조사

(1) 화재안전조사

① 화재안전조사권자: 소방관서장(소방청장, 소방본부장 및 소방서장)

② 개인의 주거(실제 주거용도로 사용되는 경우에 한정한다)에 대한 조사

ⓐ 관계인의 승낙이 있을 때

ⓑ 화재발생의 우려가 뚜렷하여 긴급한 필요가 있는 때

③ 화재안전조사를 실시할 수 있는 경우

ⓐ 자체점검이 불성실하거나 불완전하다고 인정되는 경우

ⓑ 화재예방강화지구 등 법령에서 화재안전조사를 하도록 규정되어 있는 경우

ⓒ 화재예방안전진단이 불성실하거나 불완전하다고 인정되는 경우

ⓓ 국가적 행사 등 주요 행사가 개최되는 장소 및 그 주변의 관계 지역에 대하여 소방안전관리 실태를 조사할 필요가 있는 경우

ⓔ 화재가 자주 발생하였거나 발생할 우려가 뚜렷한 곳에 대한 조사가 필요한 경우

ⓕ 재난예측정보, 기상예보 등을 분석한 결과 소방대상물에 화재의 발생 위험이 크다고 판단되는 경우

ⓖ 화재, 그 밖의 긴급한 상황이 발생할 경우 인명 또는 재산 피해의 우려가 현저하다고 판단되는 경우

④ 벌칙 – 300만원 이하의 벌금: 화재안전조사를 정당한 사유 없이 거부·방해 또는 기피한 자

(2) 화재안전조사의 항목: 대통령령

> **시행령 제7조【화재안전조사의 항목】** 법 제7조 제2항에 따른 화재안전조사 항목은 다음 각 호와 같다.
> 1. 법 제17조에 따른 화재의 예방조치 등에 관한 사항
> 2. 법 제24조, 제25조, 제27조, 제29조 및 제36조에 따른 소방안전관리 업무 수행에 관한 사항
> 3. 법 제37조에 따른 소방훈련 및 교육에 관한 사항
> 4. 「소방기본법」제21조의2에 따른 소방자동차 전용구역 등에 관한 사항
> 5. 「소방시설공사업법」제12조, 제16조 및 제18조에 따른 소방기술자 및 감리원 배치 등에 관한 사항
> 6. 「소방시설 설치 및 관리에 관한 법률」제12조에 따른 소방시설의 설치 및 관리 등에 관한 사항
> 7. 「소방시설 설치 및 관리에 관한 법률」제15조에 따른 건설현장의 임시소방시설의 설치 및 관리에 관한 사항
> 8. 「소방시설 설치 및 관리에 관한 법률」제16조에 따른 피난시설, 방화구획 및 방화시설의 관리에 관한 사항
> 9. 「소방시설 설치 및 관리에 관한 법률」제20조 및 제21조에 따른 방염에 관한 사항
> 10. 「소방시설 설치 및 관리에 관한 법률」제22조에 따른 소방시설등의 자체점검에 관한 사항
> 11. 「다중이용업소의 안전관리에 관한 특별법」제8조, 제9조, 제9조의2, 제10조, 제10조의2 및 제11조부터 제13조까지의 규정에 따른 안전관리에 관한 사항
> 12. 「위험물안전관리법」제5조, 제6조, 제14조, 제15조 및 제18조에 따른 안전관리에 관한 사항
> 13. 「초고층 및 지하연계 복합건축물 재난관리에 관한 특별법」제9조, 제11조, 제12조, 제14조, 제16조 및 제22조에 따른 초고층 및 지하연계 복합건축물의 안전관리에 관한 사항
> 14. 그 밖에 화재의 발생 위험 등 소방청장, 소방본부장 또는 소방서장(이하 "소방관서장"이라 한다)이 화재안전조사의 목적을 달성하기 위하여 필요하다고 인정하는 사항

2 방법·절차 등

(1) 화재안전조사의 실시(종합조사 및 부분조사)

① 종합조사: 화재안전조사 항목 전부를 확인하는 조사

② 부분조사: 화재안전조사 항목 중 일부를 확인하는 조사

(2) 화재안전조사 절차

① 소방관서장은 화재안전조사를 실시하려는 경우 사전에 관계인에게 조사대상, 조사기간 및 조사사유 등을 우편, 전화, 전자메일 또는 문자전송 등을 통하여 통지하고 이를 대통령령으로 정하는 바에 따라 인터넷 홈페이지나 전산시스템 등을 통하여 공개하여야 한다.

② 사전통지 없이 실시할 수 있는 경우

㉠ 화재가 발생할 우려가 뚜렷하여 긴급하게 조사할 필요가 있는 경우

㉡ ㉠ 외에 화재안전조사의 실시를 사전에 통지하거나 공개하면 조사목적을 달성할 수 없다고 인정되는 경우

③ 사전통지·통지방법 및 정보공개(영 제8조 제2항): 사전에 조사대상, 조사기간 및 조사사유 등 조사계획을 소방관서의 인터넷 홈페이지나 전산시스템을 통해 7일 이상 공개해야 한다.

(3) 실시시간

① 원칙: 화재안전조사는 관계인의 승낙 없이 소방대상물의 공개시간 또는 근무시간 이외에는 할 수 없다.

② 예외사항: 화재가 발생할 우려가 뚜렷하여 긴급하게 조사할 필요가 있는 경우

(4) 연기신청 및 승인

① 통지를 받은 관계인은 천재지변이나 그 밖에 대통령령으로 정하는 사유로 화재안전조사를 받기 곤란한 경우에는 화재안전조사를 통지한 소방관서장에게 대통령령으로 정하는 바에 따라 화재안전조사를 연기하여 줄 것을 신청할 수 있다.

② 소방관서장은 연기신청 승인 여부를 결정하고 그 결과를 조사 시작 전까지 관계인에게 알려 주어야 한다.

③ 화재안전조사 연기 사유

㉠ 재난이 발생한 경우

㉡ 관계인의 질병, 사고, 장기출장의 경우

㉢ 권한 있는 기관에 자체점검기록부, 교육·훈련일지 등 화재안전조사에 필요한 장부·서류 등이 압수되거나 영치(領置)되어 있는 경우

㉣ 소방대상물의 증축·용도변경 또는 대수선 등의 공사로 화재안전조사를 실시하기 어려운 경우

④ 화재안전조사의 연기 신청 등: 화재안전조사 시작 3일 전까지

⑤ 연기신청의 승인 여부 결정·통지: 신청서를 제출받은 소방관서장은 3일 이내에

3 화재안전조사단 편성·운영

(1) 화재안전조사단의 편성

① 중앙화재안전조사단: 소방청

② 지방화재안전조사단: 소방본부 및 소방서

③ 목적: 화재안전조사의 효율적 수행

(2) 화재안전조사단의 운영

① 중앙화재안전조사단 및 지방화재안전조사단은 각각 단장을 포함하여 50명 이내의 단원으로 성별을 고려하여 구성한다.

② **조사단의 단원 및 단장**: 소방관서장이 임명하거나 위촉한다. 단장은 단원 중에서 소방관서장이 임명하거나 위촉한다.
  ㉠ 소방공무원
  ㉡ 소방업무와 관련된 단체 또는 연구기관 등의 임직원
  ㉢ 소방 관련 분야에서 전문적인 지식이나 경험이 풍부한 사람

4 화재안전조사위원회

(1) 화재안전조사위원회
  ① **목적**: 화재안전조사의 대상을 객관적이고 공정하게 선정하기 위함
  ② **구성**: 소방관서장은 화재안전조사위원회를 구성하여 화재안전조사의 대상을 선정할 수 있다.

(2) 위임규정: 대통령령

(3) 화재안전조사위원회의 구성·운영 등
  ① **구성 및 위원장**: 위원장 1명을 포함한 7명 이내의 위원으로 성별을 고려하여 구성하고, 위원장은 소방관서장이 된다.
  ② **위원회의 위원**: 소방관서장이 임명하거나 위촉한다.
  ㉠ 과장급 직위 이상의 소방공무원
  ㉡ 소방기술사
  ㉢ 소방시설관리사
  ㉣ 소방 관련 분야의 석사학위 이상을 취득한 사람
  ㉤ 소방 관련 법인 또는 단체에서 소방 관련 업무에 5년 이상 종사한 사람
  ㉥ 소방공무원 교육훈련기관, 학교 또는 연구소에서 소방과 관련한 교육 또는 연구에 5년 이상 종사한 사람
  ③ 위촉위원의 임기는 2년으로 하고, 한 차례만 연임할 수 있다.

5 전문가 참여

제11조【화재안전조사 전문가 참여】 ① 소방관서장은 필요한 경우에는 소방기술사, 소방시설관리사, 그 밖에 화재안전 분야에 전문 지식을 갖춘 사람을 화재안전조사에 참여하게 할 수 있다.
② 제1항에 따라 조사에 참여하는 외부 전문가에게는 예산의 범위에서 수당, 여비, 그 밖에 필요한 경비를 지급할 수 있다.

6 증표의 제시 및 비밀유지 의무 등

(1) 증표의 제시

(2) 업무방해금지 및 비밀누설금지 의무
  ① 화재안전조사 업무를 수행하는 관계 공무원 및 관계 전문가는 관계인의 정당한 업무를 방해하여서는 아니 된다.
  ② 조사업무를 수행하면서 취득한 자료나 알게 된 비밀을 다른 사람 또는 기관에 제공 또는 누설하거나 목적 외의 용도로 사용하여서는 아니 된다.

(3) 벌칙 – 1년 이상의 징역 또는 1천만원 이하의 벌금(제50조 제2항)

7 결과 통보

(1) 조사결과 서면 통보: 서면통지 원칙

(2) 예외사항: 현장에서 관계인에게 조사의 결과를 설명하고 화재안전조사 결과서의 부본을 교부한 경우

8 조치명령

(1) 조치명령권자: 소방관서장

① 조치명령을 할 수 있는 경우

㉠ 소방대상물의 위치·구조·설비 또는 관리의 상황이 화재예방을 위하여 보완될 필요가 있을 때

㉡ 화재가 발생하면 인명 또는 재산의 피해가 클 것으로 예상되는 때

② 조치명령

㉠ 소방대상물의 개수(改修)·이전·제거

㉡ 사용의 금지 또는 제한

㉢ 사용폐쇄

㉣ 공사의 정지 또는 중지

㉤ 그 밖에 필요한 조치

(2) 벌칙 – 3년 이하의 징역 또는 3천만원 이하의 벌금: 조치명령을 정당한 사유 없이 위반한 자

9 손실보상

(1) 손실보상

소방청장 또는 시·도지사는 조치명령으로 인하여 손실을 입은 자가 있는 경우에는 대통령령으로 정하는 바에 따라 보상하여야 한다.

(2) 화재예방법 시행령상 손실보상

① 소방청장 또는 시·도지사가 손실을 보상하는 경우에는 시가(時價)로 보상해야 한다.

② 손실 보상에 관하여는 소방청장, 시·도지사와 손실을 입은 자가 협의해야 한다.

③ 손실 보상금액에 관한 협의가 성립되지 아니한 경우에는 소방청장 또는 시·도지사는 그 보상금액을 지급하거나 공탁하고 이를 상대방에게 알려야 한다.

④ 보상금의 지급 또는 공탁의 통지에 불복하는 자는 지급 또는 공탁의 통지를 받은 날부터 30일 이내에 중앙토지수용위원회 또는 관할 지방토지수용위원회에 재결(裁決)을 신청할 수 있다.

10 결과 공개

(1) 결과 공개

① 공개 내용 대상의 전부 또는 일부를 인터넷 홈페이지나 전산시스템 등을 통하여 공개할 수 있다.

② 공개 내용

㉠ 소방대상물의 위치, 연면적, 용도 등 현황

㉡ 소방시설등의 설치 및 관리 현황

㉢ 피난시설, 방화구획 및 방화시설의 설치 및 관리 현황

   ⓔ 그 밖에 대통령령으로 정하는 사항

    ⓐ 제조소등 설치 현황

    ⓑ 소방안전관리자 선임 현황

    ⓒ 화재예방안전진단 실시 결과

(2) 전산시스템의 구축·운영 등: 소방청장

(3) 화재안전조사 결과 공개

 ① 공개 기간: 30일 이상

 ② 사전 통지: 공개내용과 공개방법 등을 공개대상 소방대상물의 관계인에게 미리 알려야 한다.

 ③ 이의신청 등

  ㉠ 통보받은 날부터 10일 이내에 관할 소방관서장에게 이의신청

  ㉡ 소방관서장은 이의신청을 받은 날부터 10일 이내에 심사·결정

 ④ 제3자 법익 침해: 화재안전조사 결과의 공개가 제3자의 법익을 침해하는 경우에는 제3자와 관련된 사실을 제외하고 공개해야 한다.

📑 SUMMARY 화재예방법 처리기한

1. 기본계획 수립주기(법): 5년 마다
2. 시행계획(법): 매년
3. 실태조사(규칙): 시작 7일 전까지
4. 화재안전조사 실시(영): 7일 이상 공개
5. 화재안전조사 연기 신청(규칙): 시작 3일 전까지
6. 화재안전조사 손실보상 지급 또는 공탁 통지 불복(영): 통지 받은 날부터 30일 이내
7. 화재안전조사 결과 공개: 30일 이상 공개, 10일 이내 이의신청, 10일 이내 심사·결정
8. 화재예방 안전조치의 적절성 검토(규칙): 5일 이내
9. 화재의 예방조치(영)
 • 옮긴물건등을 보관하는 경우 공고기간: 그 날부터 14일까지
 • 옮긴물건등의 보관기간: 공고기간 종료일 다음 날부터 7일까지
10. 화재예방강화지구 훈련·교육 통지(영): 10일 전까지
11. 소방안전관리자 선임신고(법): 14일 이내 소방본부장 또는 소방서장에게 신고
12. 소방안전관리자 선임(규칙): 30일 이내
13. 소방안전관리자 선임연기신청서(규칙): 3일 이내
14. 건설현장의 소방안전관리자의 선임신고(규칙): 선임한 날부터 14일 이내
15. 소방안전관리자의 자격의 정지(법): 1년 이하의 기간
16. 강습교육(규칙): 실시 20일 전까지
17. 실무교육(규칙): 실시 30일 전까지
18. 실무교육(규칙): 선임된 날로부터 6개월 이내
19. 소방안전관리업무의 전담이 필요한 대통령령으로 정하는 특정소방대상물(규칙): 훈련 및 교육결과 30일 이내 제출
20. 불시 소방훈련·교육 사전통지(규칙): 교육 실시 10일 전까지
21. 소방본부장 또는 소방서장이 불시 소방훈련·교육 평가를 실시한 경우(규칙): 관계인에게 10일 이내 결과통지
22. 소방안전교육 대상자 통보(규칙): 교육일 10일 전까지
23. 특별관리기본계획(영): 5년 마다
24. 특별관리시행계획(영): 매년
25. 화재예방안전진단 결과의 제출(규칙): 완료된 날부터 60일 이내
26. 화재예방안전진단 지정절차(규칙): 접수한 경우 60일 이내
27. 우수소방대상물의 선정(규칙): 매년
28. 조치명령 등의 기간연장(규칙): 3일 이내에 조치명령 등의 기간연장 여부 결정
29. 수수료 또는 교육비(영): 20일 전까지 – 전액, 10일 전까지 – 100분의 50

POINT 2-4 화재의 예방조치 등

1 화재의 예방조치 등

(1) 화재의 예방조치

① 행위금지: 누구든지 화재예방강화지구 및 이에 준하는 대통령령으로 정하는 장소에서는 다음의 어느 하나에 해당하는 행위를 하여서는 아니 된다. 다만, 행정안전부령으로 정하는 바에 따라 안전조치를 한 경우에는 그러하지 아니한다.
  ⊙ 모닥불, 흡연 등 화기의 취급
  ⊙ 풍등 등 소형열기구 날리기
  ⊙ 용접·용단 등 불꽃을 발생시키는 행위
  ⊙ 대통령령으로 정하는 화재 발생 위험이 있는 행위: 화재발생 위험이 있는 가연성·폭발성 물질을 안전조치 없이 방치하는 행위(영 제16조 제2항)

② 과태료 - 300만원 이하의 과태료: 정당한 사유 없이 제17조 제1항 각 호의 어느 하나에 해당하는 행위를 한 자

③ 화재예방강화지구에 준하는 대통령령으로 정하는 장소
  ⊙ 제조소등
  ⊙ 「고압가스 안전관리법」에 따른 저장소가 있는 장소
  ⊙ 「액화석유가스의 안전관리 및 사업법」에 따른 액화석유가스의 저장소·판매소가 있는 장소
  ⊙ 「수소경제 육성 및 수소 안전관리에 관한 법률」에 따른 수소연료공급시설 및 수소연료사용시설이 있는 장소
  ⊙ 「총포·도검·화약류 등의 안전관리에 관한 법률」에 따른 화약류를 저장하는 장소

④ 화재예방 안전조치 등
  ⊙ 다음의 안전조치를 한 경우
    ⓐ 지정된 장소에서 화기 등을 취급하는 경우
    ⓑ 소화기 등 안전시설을 비치 또는 설치하여 안전조치를 한 장소에서 화기 등을 취급하는 경우
    ⓒ 화재감시자 등 안전요원이 배치된 장소에서 화기 등을 취급하는 경우
    ⓓ 그 밖에 소방관서장과 사전 협의하여 안전조치한 경우
  ⊙ 협의 신청서 제출: 소방관서장에게 제출해야 한다.
  ⊙ 적절성 검토 및 결과 통보: 화재예방 안전조치의 적절성을 검토하고 5일 이내에 화재예방 안전조치 협의결과 통보서를 협의를 신청한 자에게 통보해야 한다.

(2) 예방조치 명령

① 소방관서장은 행위 당사자나 그 물건의 소유자, 관리자 또는 점유자에게 다음의 명령을 할 수 있다.
  ⊙ (1)의 ①에 해당하는 행위의 금지 또는 제한
  ⊙ 목재, 플라스틱 등 가연성이 큰 물건의 제거, 이격, 적재 금지 등
  ⊙ 소방차량의 통행이나 소화 활동에 지장을 줄 수 있는 물건의 이동

② 벌칙 - 300이하의 벌금: 제17조 제2항 각 호의 어느 하나에 따른 명령을 정당한 사유 없이 따르지 아니하거나 방해한 자

③ 다만, ①의 ⊙, ⊙에 해당하는 물건의 소유자, 관리자 또는 점유자를 알 수 없는 경우 소속 공무원으로 하여금 그 물건을 옮기거나 보관하는 등 필요한 조치를 하게 할 수 있다.

(3) 옮긴물건의 보관기간 및 보관기간 경과 후 처리 등

① 공고기간: 소방관서장은 옮긴 물건등을 보관하는 경우에는 그 날부터 14일 동안 그 사실을 공고해야 한다.

② 보관기간: 소방관서 홈페이지에 공고하는 기간의 종료일 다음 날부터 7일로 한다.

③ 보관기간 경과 후 처리 등: 보관하고 있는 옮긴 물건 등을 매각해야 한다. 다만, 보관하고 있는 옮긴 물건 등이 부패·파손 또는 이와 유사한 사유로 정해진 용도로 계속 사용할 수 없는 경우에는 폐기할 수 있다.

④ 소방관서장은 보관하던 옮긴 물건을 매각한 경우에는 지체 없이 「국가재정법」에 따라 세입조치를 해야 한다.

⑤ 소방관서장은 매각되거나 폐기된 옮긴 물건의 소유자가 보상을 요구하는 경우에는 보상금액에 대하여 소유자와 협의를 거쳐 이를 보상해야 한다.

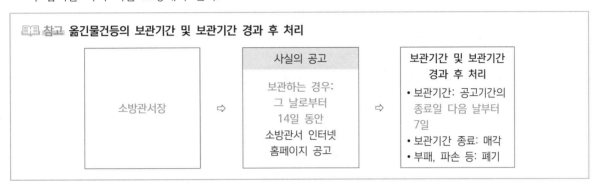

참고 **옮긴물건등의 보관기간 및 보관기간 경과 후 처리**

---

2 불을 사용하는 설비의 관리기준

(1) 불을 사용하는 설비

보일러, 난로, 건조설비, 가스·전기시설, 그 밖에 화재 발생 우려가 있는 대통령령으로 정하는 설비 또는 기구 등의 위치·구조 및 관리와 화재 예방을 위하여 불을 사용할 때 지켜야 하는 사항은 대통령령으로 정한다[과태료 - 200만원 이하의 과태료(제52조 제2항)].

(2) 불을 사용하는 설비의 관리기준 등(영 제18조)

① 보일러, 난로, 건조설비, 가스·전기시설, 그 밖에 화재발생의 우려가 있는 설비 또는 기구 등의 위치·구조 및 관리와 화재예방을 위하여 불을 사용할 때 지켜야 하는 사항은 별표 1과 같다.

② ①에 규정된 것 외에 불을 사용하는 설비의 종류와 세부관리기준은 시·도의 조례로 정한다.

2-2 영 [별표 1]

(1) 보일러(주택에서 사용하는 가정용 보일러는 제외)의 관리기준 등

① 가연성 벽·바닥 또는 천장과 접촉하는 증기기관 또는 연통의 부분: 난연성 또는 불연성 단열재

② 경유·등유 등 액체연료

ⓐ 연료탱크: 보일러본체로부터 수평거리 1미터 이상의 간격을 두어 설치할 것

ⓑ 개폐밸브를 연료탱크로부터 0.5미터 이내에 설치할 것

ⓒ 연료탱크 또는 연료를 공급하는 배관에는 여과장치를 설치할 것

ⓓ 사용이 허용된 연료 외의 것을 사용하지 아니할 것

ⓔ 연료탱크가 넘어지지 않도록 받침대를 설치하고, 연료탱크 및 연료탱크 받침대는 불연재료로 할 것

③ 기체연료

    ㉠ 보일러를 설치하는 장소에는 환기구 설치할 것

    ㉡ 연료를 공급하는 배관은 금속관으로 할 것

    ㉢ 개폐밸브를 연료용기 등으로부터 0.5미터 이내에 설치할 것

    ㉣ 가스누설경보기를 설치할 것

④ 화목 등 고체연료

    ㉠ 고체연료: 보일러 본체와 수평거리 2미터 이상 간격을 두어 보관하거나 불연재료로 된 별도의 구획된 공간에 보관할 것

    ㉡ 연통은 천장으로부터 0.6미터 이상, 연통의 배출구는 건물 밖으로 0.6미터 이상 나오도록 설치할 것

    ㉢ **연통의 배출구**: 보일러보다 2미터 이상 높게 연장하여 설치할 것

    ㉣ **연통이 관통하는 벽면, 지붕 등**: 불연재료

    ㉤ **연통재질**: 불연재료로 사용하고 연결부에 청소구를 설치할 것

⑤ 보일러와 벽·천장 사이의 거리: 0.6미터 이상

⑥ 보일러를 실내에 설치하는 경우: 콘크리트바닥 또는 금속 외의 불연재료로 된 바닥 위에 설치

📋 SUMMARY **보일러의 관리 기준**

액체연료	기체연료	고체연료
• 연료탱크는 보일러본체로부터 수평거리 1m 이상 • 개폐밸브: 연료탱크로부터 0.5m 이내 • 배관: 여과장치 설치 • 허용된 연료만 사용 • 연료탱크 받침대 설치(연료탱크 및 연료탱크 받침대: 불연재료)	• 환기구 설치 • 연료 공급배관: 금속관 • 가스누설경보기 • 개폐밸브: 연료용기로부터 0.5m 이내	• 고체연료: 보일러 본체와 수평거리 2m 이상, 별도구획(불연재료) • 연통: 천장 0.6m 이격 • 연통의 배출구: 건물 밖 0.6m 이상 도출 • 연통의 배출구: 보일러보다 2m 이상 높게 • 연통: 관통부분 불연재료 • 연통재질: 불연재료, 청소구설치

(2) 난로의 관리기준 등

① **연통**: 천장으로부터 0.6미터 이상 떨어지게 설치

② **연통의 배출구**: 건물 밖으로 0.6미터 이상 나오게 설치

③ 가연성 벽·바닥 또는 천장과 접촉하는 연통의 부분: 난연성 또는 불연성 단열재

④ 이동식난로는 다중이용업소 등의 장소에서 사용하여서는 아니 된다. 다만, 난로가 쓰러지지 아니하도록 받침대를 두어 고정시키거나 쓰러지는 경우 즉시 소화되고 연료의 누출을 차단할 수 있는 장치가 부착된 경우에는 그러하지 아니하다.

(3) 건조설비(주택에서 사용하는 건조설비는 제외)의 관리기준 등

① 건조설비와 벽·천장 사이의 거리: 0.5미터 이상

② 건조물품이 열원과 직접 접촉하지 아니하도록 하여야 한다.

③ 실내에 설치하는 경우: 벽·천장 또는 바닥은 불연재료

(4) 불꽃을 사용하는 용접·용단기구의 관리기준 등

① 용접 또는 용단 작업장 주변 반경 5미터 이내에 소화기를 갖추어 둘 것

② 용접 또는 용단 작업장 주변 반경 10미터 이내에는 가연물을 쌓아두거나 놓아두지 말 것. 다만, 가연물의 제거가 곤란하여 방화포 등으로 방호조치를 한 경우는 제외한다.

(5) 노·화덕설비(주택에서 조리용으로 사용되는 화덕은 제외)의 관리기준 등

① 실내에 설치: 흙바닥 또는 금속 외의 불연재료로 된 바닥이나 흙바닥에 설치

② 노 또는 화덕을 설치하는 장소의 벽·천장: 불연재료로 된 것

③ 노 또는 화덕의 주위: 높이 0.1미터 이상의 턱 설치

④ 시간당 열량이 30만킬로칼로리 이상인 노

  ㉠ 주요구조부: 불연재료

  ㉡ 창문과 출입구: 60+방화문 또는 60분 방화문

  ㉢ 노 주위에 1미터 이상 공간 확보

(6) 음식조리를 위하여 설치하는 설비의 관리기준 등

① 주방설비에 부속된 배출덕트(공기 배출통로): 0.5밀리미터 이상의 아연도금강판 또는 이와 동등 이상의 내식성 불연재료

② 주방시설: 동물 또는 식물의 기름을 제거할 수 있는 필터 등을 설치할 것

③ 열을 발생하는 조리기구: 반자 또는 선반으로부터 0.6미터 이상

④ 열을 발생하는 조리기구로부터 0.15미터 이내의 거리에 있는 가연성 주요구조부: 단열성이 있는 불연재료로 덮어 씌울 것

📖 **참고 소화기 비치**

보일러, 난로, 건조설비, 불꽃을 사용하는 용접·용단기구 및 노·화덕설비가 설치된 장소에는 소화기 1개 이상을 비치하여야 한다.

불을 사용하는 설비(수치)	불을 사용하는 설비(불연재료)
1. 보일러 • 보일러 본체와 벽·천장 사이 거리 0.6미터 이상 • 액체연료 　– 연료탱크: 보일러 본체로부터 1미터 이상 　– 개폐밸브: 연료탱크로부터 0.5미터 이상 • 기체연료 　– 개폐밸브: 연료용기로부터 0.5미터 이상 • 고체연료 　– 연료탱크: 보일러 본체로부터 2미터 이상 　– 연통의 배출구: 보일러 본체보다 2미터 이상 2. 난로 • 연통은 천장으로부터 0.6미터 이상 • 연통의 배출구는 건물 밖으로 0.6미터 이상 3. 건조설비: 건조설비와 벽·천장 사이 거리 0.5미터 이상 4. 용접·용단 기구 • 작업장 주변 반경 5미터 이내 소화기 비치 • 작업장 주변 반경 10미터 이내 가연물 적재금지 5. 노·화덕 설비 • 녹는 물질 확산 방지: 0.1미터 이상의 턱 설치 • 시간당 열량 30만킬로칼로리 이상: 1미터 이상 공간 확보 6. 음식조리를 위한 설비 • 주방설비에 부속된 배출덕트: 0.5밀리미터 이상의 아연도금강판 • 열을 발생하는 조리기구는 반자 또는 선반으로부터 0.6미터 이상 • 조리기구로부터 0.15미터 이내의 거리에 있는 가연성 주요구조부는 단열성이 있는 불연재료	1. 보일러 • 액체연료: 연료탱크 및 연료탱크 받침대는 불연재료 • 고체연료: 불연재료로 된 별도의 구획된 공간 • 고체연료: 연통이 관통하는 벽면, 지붕 등 불연재료 • 고체연료의 연통재질: 불연재료 • 보일러 실내 설치: 콘크리트바닥 또는 금속 외의 불연재료로 된 바닥 위에 설치 2. 건조설비 실내 설치: 벽·천장 및 바닥은 불연재료 3. 노·화덕 설비 • 노·화덕 설비 실내 설치: 흙바닥 또는 금속 외의 불연재료로 된 바닥에 설치 • 설치 장소의 벽·천장: 불연재료 • 시간당 열량 30만킬로칼로리 이상: 주요구조부는 불연재료 이상 4. 음식조리를 위한 설비 • 주방설비에 부속된 배출덕트: 0.5밀리미터 이상의 아연도금강판, 내식성 불연재료 • 조리기구로부터 0.15미터 이내의 거리에 있는 가연성 주요구조부는 단열성이 있는 불연재료
	불을 사용하는 설비(실내에 설치하는 경우)
	1. 보일러 실내 설치: 콘크리트 바닥 또는 금속 외의 불연재료로 된 바닥 위에 설치 2. 건조설비 실내 설치: 벽·천장 및 바닥은 불연재료 3. 노·화덕 설비 실내 설치: 흙바닥 또는 금속 외의 불연재료로 된 바닥에 설치
불을 사용하는 설비(규조토 등 난연성 또는 불연성 단열재)	**불을 사용하는 설비(금속관)**
1. 보일러: 증기기관 또는 연통의 부분 2. 난로: 증기기관 또는 연통의 부분	1. 보일러 • 보일러: 기체연료(연료를 공급하는 배관은 금속관) • 보일러 실내 설치: 콘크리트바닥 또는 금속 외의 불연재료로 된 바닥 위에 설치 2. 음식조리를 위한 설비 • 주방설비에 부속된 배출덕트: 0.5밀리미터 이상의 아연도금강판, 내식성 불연재료

3 특수가연물

화재가 발생하는 경우 불길이 빠르게 번지는 고무류·플라스틱류·석탄 및 목탄 등 대통령령으로 정하는 특수가연물(特殊可燃物)의 저장 및 취급 기준은 대통령령으로 정한다[과태료 – 200만원 이하의 과태료(제52조 제2항)].

3-2 화재의 확대가 빠른 특수가연물(영 제19조 [별표 2])

(1) 특수가연물

품명	수량(이상)	품명		수량(이상)
면화류	200kg	대팻밥		400kg
나무껍질	400kg	가연성 고체류		3,000kg
넝마 및 종이부스러기	1,000kg	가연성 액체류		2m³
사류(絲類)	1,000kg	목재가공품 및 나무부스러기		10m³
볏짚류	1,000kg	고무류·플라스틱류	발포시킨 것	20m³
석탄·목탄류	10,000kg		그 밖의 것	3,000kg

(2) 정의

품명	종류
면화류	불연성 또는 난연성이 아닌 면상 또는 팽이모양의 섬유와 마사(麻絲) 원료
넝마 및 종이부스러기	불연성 또는 난연성이 아닌 것(동식물유가 깊이 스며들어 있는 옷감·종이 및 이들의 제품을 포함한다)으로 한정
사류(絲類)	불연성 또는 난연성이 아닌 실(실부스러기와 솜털을 포함한다)과 누에고치
볏짚류	마른 볏짚·북데기와 이들의 제품 및 건초를 말한다. 다만, 축산용도로 사용하는 것은 제외한다.
석탄·목탄류	코크스, 석탄가루를 물에 갠 것, 마세크탄(조개탄), 연탄, 석유코크스, 활성탄 등
고무류·플라스틱류	불연성 또는 난연성이 아닌 고체의 합성수지제품, 합성수지반제품, 원료합성수지 및 합성수지 부스러기를 말한다. 다만, 합성수지의 섬유·옷감·종이 및 실과 이들의 넝마와 부스러기를 제외한다.

(3) 가연성고체류

① 인화점이 섭씨 40도 이상 100도 미만인 것

② 인화점이 섭씨 100도 이상 200도 미만이고, 연소열량이 1그램당 8킬로칼로리 이상인 것

③ 인화점이 섭씨 200도 이상이고 연소열량이 1그램당 8킬로칼로리 이상인 것으로서 융점이 100도 미만인 것

④ 1기압과 섭씨 20도 초과 40도 이하에서 액상인 것으로서 인화점이 섭씨 70도 이상 섭씨 200도 미만이거나 나목 또는 다목에 해당하는 것

(4) 가연성액체류

① 1기압과 섭씨 20도 이하에서 액상인 것으로서 가연성 액체량이 40중량퍼센트 이하이면서 인화점이 섭씨 40도 이상 섭씨 70도 미만이고 연소점이 섭씨 60도 이상인 물품

② 1기압과 섭씨 20도에서 액상인 것으로서 가연성 액체량이 40중량퍼센트 이하이고 인화점이 섭씨 70도 이상 섭씨 250도 미만인 물품

③ 동물의 기름기와 살코기 또는 식물의 씨나 과일의 살로부터 추출한 것으로서 다음에 해당하는 것

ㄱ 1기압과 섭씨 20도에서 액상이고 인화점이 250도 미만인 것으로서 「위험물안전관리법」 제20조 제1항의 규정에 의한 용기기준과 수납·저장기준에 적합하고 용기외부에 물품명·수량 및 "화기엄금" 등의 표시를 한 것

ㄴ 1기압과 섭씨 20도에서 액상이고 인화점이 섭씨 250도 이상인 것

3-3 특수가연물의 저장 및 취급의 기준(영 제20조 [별표 3])

(1) 저장 기준(단, 석탄·목탄류 발전용으로 저장하는 경우 제외)

① 품명별로 구분하여 쌓을 것

② 쌓는 높이·면적

ㄱ **쌓는 높이:** 10미터 이하

ㄴ **쌓는 부분의 바닥면적:** 50제곱미터(석탄·목탄류의 경우에는 200제곱미터) 이하

ㄷ 다만, 살수설비를 설치하거나, 방사능력 범위에 해당 특수가연물이 포함되도록 대형수동식소화기를 설치하는 경우에는 쌓는 높이를 15미터 이하, 쌓는 부분의 바닥면적을 200제곱미터(석탄·목탄류의 경우에는 300제곱미터) 이하

구분		일반	완화조건
쌓는 높이		10m 이하	15m 이하
쌓는 면적	석탄·목탄류 외	50m² 이하	200m² 이하
	석탄·목탄류	200m² 이하	300m² 이하

③ 실내·외 저장 기준

ㄱ 실외에 쌓아 저장하는 경우: 쌓는 부분과 대지경계선 또는 도로, 인접 건축물과 최소 6미터 이상 간격(다만, 쌓은 높이보다 0.9미터 이상 높은 내화구조 벽체를 설치한 경우는 그렇지 않다)

ㄴ 실내에 쌓아 저장하는 경우 주요구조부는 내화구조이면서 불연재료여야하고, 다른 종류의 특수가연물과 같은 공간에 보관하지 않은 것(다만, 내화구조의 벽으로 분리하는 경우 그러하지 아니하다)

ㄷ 쌓는 부분의 바닥면적 사이: 실내의 경우 1.2미터 또는 쌓는 높이의 1/2 중 큰 값 이상으로 간격을 두어야 하며, 실외의 경우 3미터 또는 쌓는 높이 중 큰 값 이상으로 간격을 둘 것

구분	이격 및 저장 원칙	예외대상	쌓는 부분의 바닥면적 사이 이격
실내	• **주요구조부:** 내화구조이면서 불연재료 • 혼용저장 금지	내화구조의 벽으로 분리하는 경우	1.2m 또는 쌓는 높이 1/2 중 큰 값
실외	대지경계선·도로·인접 건축물과 6m 이상	0.9m 이상 높은 내화구조 벽체 설치 시	3m 또는 쌓는 높이 중 큰 값

(2) 특수가연물의 표지(영 제20조 [별표 3])

① 표지 설치: 특수가연물을 저장 또는 취급하는 장소에는 품명, 최대저장수량, 단위부피당 질량 또는 단위체적당 질량, 관리책임자 성명·직책, 연락처 및 화기취급의 금지표시가 포함된 특수가연물 표지를 설치해야 한다.

② 특수가연물의 표지 설치 기준

    ㉠ 표지는 한변의 길이가 0.3미터 이상, 다른 한변의 길이가 0.6미터 이상인 직사각형으로 할 것

    ㉡ 특수가연물 표지의 바탕은 흰색으로, 문자는 검은색으로 할 것. 다만, "화기엄금" 표시 부분은 제외한다.

    ㉢ 특수가연물 표지 중 화기엄금 표시 부분의 바탕은 붉은색으로, 문자는 백색으로 할 것

③ 특수가연물의 표지는 특수가연물을 저장 또는 취급하는 장소 중 보기 쉬운 곳에 설치하여야 한다.

4 화재예방강화지구의 지정 등

(1) 화재예방강화지구 지정·관리 대상지역

시·도지사는 다음의 어느 하나에 해당하는 지역을 화재예방강화지구로 지정하여 관리할 수 있다.

① 시장지역

② 공장·창고가 밀집한 지역

③ 목조건물이 밀집한 지역

④ 노후·불량건축물이 밀집한 지역

⑤ 위험물의 저장 및 처리 시설이 밀집한 지역

⑥ 석유화학제품을 생산하는 공장이 있는 지역

⑦ 「산업입지 및 개발에 관한 법률」 제2조 제8호에 따른 산업단지

⑧ 소방시설·소방용수시설 또는 소방출동로가 없는 지역

⑨ 「물류시설의 개발 및 운영에 관한 법률」에 따른 물류단지

⑩ 소방관서장이 화재예방강화지구로 지정할 필요가 있다고 인정하는 지역

(2) 지정 요청

시·도지사가 화재예방강화지구로 지정할 필요가 있는 지역을 화재예방강화지구로 지정하지 아니하는 경우 소방청장은 해당 시·도지사에게 해당 지역의 화재예방강화지구 지정을 요청할 수 있다.

(3) 화재안전조사

① 소방관서장은 대통령령으로 정하는 바에 따라 화재예방강화지구 안의 소방대상물의 위치·구조 및 설비등에 대하여 화재안전조사를 하여야 한다.

② 화재안전조사의 실시: 소방관서장은 화재예방강화지구 안의 소방대상물의 위치·구조 및 설비등에 대한 화재안전조사를 연 1회 이상 실시해야 한다.

(4) 소방설비등의 설치 명령

① 소방관서장은 화재안전조사를 한 결과 화재의 예방강화를 위하여 필요하다고 인정할 때

② 관계인에게 소화기구, 소방용수시설 또는 그 밖에 소방에 필요한 설비의 설치(보수, 보강을 포함한다)를 명할 수 있다[과태료 – 200만원 이하의 과태료(제52조)].

(5) 교육 및 훈련

① 소방관서장은 화재예방강화지구 안의 관계인에 대하여 대통령령으로 정하는 바에 따라 소방에 필요한 훈련 및 교육을 실시할 수 있다.

② 훈련·교육 및 통보

    ㉠ 소방에 필요한 훈련 및 교육: 연 1회 이상 실시할 수 있다.

    ㉡ 훈련 또는 교육 10일 전까지 그 사실을 통보해야 한다.

(6) 화재예방에 필요한 자료의 작성·관리

① 시·도지사는 대통령령으로 정하는 바에 따라 화재예방강화지구의 지정 현황, 화재안전조사의 결과, 소방설비 등의 설치 명령 현황, 소방훈련 및 교육 현황 등이 포함된 화재예방강화지구에서의 화재예방에 필요한 자료를 매년 작성·관리하여야 한다.

② 시·도지사는 다음의 사항을 행정안전부령으로 정하는 화재예방강화지구 관리대장에 작성하고 관리하여야 한다.

ⓐ 화재예방강화지구의 지정 현황
ⓑ 화재안전조사의 결과
ⓒ 소방설비등의 설치 명령 현황
ⓓ 소방훈련 및 교육의 실시 현황
ⓔ 그 밖에 화재예방 강화를 위하여 필요한 사항

⑤ 화재의 예방 등에 대한 지원

(1) 소방설비등의 설치에 필요한 지원

소방청장은 소방설비등의 설치를 명하는 경우 해당 관계인에게 소방설비등의 설치에 필요한 지원을 할 수 있다.

(2) 소방청장의 지원 요청

소방청장은 관계 중앙행정기관의 장 및 시·도지사에게 지원에 필요한 협조를 요청할 수 있다.

(3) 시·도지사의 비용 지원

시·도지사는 소방청장의 요청이 있거나 화재예방강화지구 안의 소방대상물의 화재안전성능 향상을 위하여 필요한 경우 시·도의 조례로 정하는 바에 따라 소방설비등의 설치에 필요한 비용을 지원할 수 있다.

⑥ 화재 위험경보

제20조【화재 위험경보】소방관서장은 「기상법」 제13조에 따른 기상현상 및 기상영향에 대한 예보·특보에 따라 화재의 발생 위험이 높다고 분석·판단되는 경우에는 행정안전부령으로 정하는 바에 따라 화재에 관한 위험경보를 발령하고 그에 따른 필요한 조치를 할 수 있다.

⑦ 화재안전영향평가

(1) 화재안전영향평가의 실시

① 소방청장은 화재발생 원인 및 연소과정을 조사·분석하는 등의 과정에서 법령이나 정책의 개선이 필요하다고 인정되는 경우

② 소방청장은 법령이나 정책에 대한 화재 위험성의 유발요인 및 완화 방안에 대한 평가(이하 "화재안전영향평가" 라 한다)를 실시할 수 있다.

(2) 결과 통보

소방청장은 화재안전영향평가를 실시한 경우 그 결과를 해당 법령이나 정책의 소관 기관의 장에게 통보하여야 한다.

(3) 화재안전영향평가의 방법·절차·기준 등

① 예측·분석 방법: 화재·피난 모의실험 등 과학적인 예측·분석 방법

② 화재안전영향평가의 기준: 소방청장은 다음의 사항이 포함된 화재안전영향평가의 기준을 화재안전영향평가심의회의 심의를 거쳐 정한다.

ⓐ 법령이나 정책의 화재위험 유발요인

ⓑ 법령이나 정책이 소방대상물의 재료, 공간, 이용자 특성 및 화재 확산 경로에 미치는 영향

ⓒ 법령이나 정책이 화재피해에 미치는 영향 등 사회경제적 파급 효과

ⓓ 화재위험 유발요인을 제어 또는 관리할 수 있는 법령이나 정책의 개선 방안

8 화재안전영향평가심의회(심의회)

(1) 화재안전영향평가심의회의 구성·운영: 소방청장

① 심의회는 위원장 1명을 포함한 12명 이내의 위원으로 구성한다.

② 위촉위원 대상

ⓐ 화재안전과 관련되는 법령이나 정책을 담당하는 관계 기관의 소속 직원으로서 대통령령으로 정하는 사람(법 제22조 제3항 제1호)

ⓑ 소방기술사 등 대통령령으로 정하는 화재안전과 관련된 분야의 학식과 경험이 풍부한 전문가로서 소방청장이 위촉한 사람(법 제22조 제3항 제2호)

(2) 심의회의 위원: 법 제22조 제3항 제1호에서 "대통령령으로 정하는 사람"

① 고위공무원단에 속하는 일반직공무원(이에 상당하는 특정직공무원 및 별정직공무원을 포함한다) 중에서 해당 중앙행정기관의 장이 지명하는 사람 각 1명

ⓐ 행정안전부·산업통상자원부·보건복지부·고용노동부·국토교통부

ⓑ 그 밖에 심의회의 심의에 부치는 안건과 관련된 중앙행정기관

② 소방청에서 화재안전 관련 업무를 수행하는 소방준감 이상의 소방공무원 중에서 소방청장이 지명하는 사람

(3) 심의회의 구성 등(영 제22조)

위촉위원의 임기: 2년(한 차례 연임할 수 있다)

(4) 심의회의 운영(영 제23조)

분야별 전문위원회: 심의회에 그 업무를 효율적으로 수행하기 위하여 분야별로 전문위원회를 둘 수 있다.

9 화재안전취약자에 대한 지원

(1) 화재안전취약자에 대한 지원

① 화재안전취약자: 어린이, 노인, 장애인 등 화재의 예방 및 안전관리에 취약한 자

② 소방관서장은 화재안전취약자의 안전한 생활환경을 조성하기 위하여 소방용품의 제공 및 소방시설의 개선 등 필요한 사항을 지원하기 위하여 노력하여야 한다.

(2) 화재안전취약자에 대한 지원의 대상·범위·방법 및 절차 등에 필요한 사항은 대통령령으로 정한다.

POINT 2-5 소방대상물의 안전관리

1 특정소방대상물의 소방안전관리

(1) 소방안전관리자·소방안전관리자의 선임

① 특정소방대상물 중 전문적인 안전관리가 요구되는 대통령령으로 정하는 특정소방대상물(소방안전관리대상물)의 관계인은 소방안전관리업무를 수행하기 위하여 소방안전관리자 자격증을 발급받은 사람을 소방안전관리자로 선임하여야 한다.

② 이 경우 소방안전관리자의 업무에 대하여 보조가 필요한 대통령령으로 정하는 소방안전관리대상물의 경우에는 소방안전관리자 외에 소방안전관리보조자를 추가로 선임하여야 한다.

③ 벌칙 – 300만원 이하의 벌금(제50조)

(2) 소방안전관리업무의 전담

① 다른 안전관리자는 소방안전관리대상물 중 소방안전관리업무의 전담이 필요한 대통령령으로 정하는 소방안전관리대상물의 소방안전관리자를 겸할 수 없다. 다만, 다른 법령에 특별한 규정이 있는 경우에는 그러하지 아니하다(과태료 – 300만원 이하의 과태료).

② 소방안전관리업무 전담 대상물

　　㉠ 특급 소방안전관리대상물

　　㉡ 1급 소방안전관리대상물

1-2 소방안전관리대상물(영 [별표 4])

(1) 특급 소방안전관리대상물

동·식물원, 철강 등 불연성 물품을 저장·취급하는 창고, 위험물 저장 및 처리시설 중 위험물 제조소등과 지하구는 특급 소방안전관리대상물에서 제외

① 50층 이상(지하층은 제외한다)이거나 지상으로부터 높이가 200미터 이상인 아파트

② 30층 이상(지하층을 포함한다)이거나 지상으로부터 높이가 120미터 이상인 특정소방대상물(아파트는 제외)

③ ②에 해당하지 아니하는 특정소방대상물로서 연면적이 10만제곱미터 이상인 특정소방대상물(아파트는 제외)

(2) 1급 소방안전관리대상물

동·식물원, 철강 등 불연성 물품을 저장·취급하는 창고, 위험물 저장 및 처리시설 중 위험물 제조소등과 지하구, 특급 소방안전관리대상물을 제외한 다음에 해당하는 것

① 30층 이상(지하층은 제외한다)이거나 지상으로부터 높이가 120미터 이상인 아파트

② 연면적 1만5천제곱미터 이상인 특정소방대상물(아파트는 제외)

③ ②에 해당하지 아니하는 특정소방대상물로서 지상층의 층수가 11층 이상인 특정소방대상물(아파트는 제외)

④ 가연성 가스를 1천톤 이상 저장·취급하는 시설

(3) 2급 소방안전관리대상물

특급·1급 소방안전관리대상물을 제외한 다음에 해당하는 것

① 다음의 해당하는 소방시설을 설치하여야 하는 특정소방대상물

　　㉠ 옥내소화전설비를 설치해야 하는 특정소방대상물

　　㉡ 스프링클러설비를 설치해야 하는 특정소방대상물

ⓒ 물분무등소화설비[화재안전기준에 따라 호스릴(hose reel) 방식의 물분무등소화설비만을 설치할 수 있는 특정소방대상물은 제외한다]를 설치해야 하는 특정소방대상물

② 가스 관련 시설

ⓐ 가스 제조설비를 갖추고 도시가스사업의 허가를 받아야 하는 시설

ⓑ 가연성 가스를 100톤 이상 1천톤 미만 저장·취급하는 시설

③ 지하구

④ 공동주택(옥내소화전설비 또는 스프링클러설비가 설치된 공동주택으로 한정한다)

⑤ 보물 또는 국보로 지정된 목조건축물

(4) 3급 소방안전관리대상물

특급·1급·2급 소방안전관리대상물을 제외한 다음에 해당하는 것

① 간이 스프링클러설비(주택전용 간이스프링클러설비는 제외한다)를 설치하여야 하는 특정소방대상물

② 자동화재탐지설비를 설치하여야 하는 특정소방대상물

1-3 소방안전관리대상물 선임자격(해당 자격증을 받은 사람)(영 [별표 4])

(1) 특급 소방안전관리대상물

① 소방기술사 또는 소방시설관리사의 자격이 있는 사람

② 소방설비기사의 자격을 취득한 후 5년 이상 1급 소방안전관리대상물의 소방안전관리자로 근무한 실무경력이 있는 사람

③ 소방설비산업기사의 자격을 취득한 후 7년 이상 1급 소방안전관리대상물의 소방안전관리자로 근무한 실무경력이 있는 사람

④ 소방공무원으로 20년 이상 근무한 경력이 있는 사람

⑤ 소방청장이 실시하는 특급 소방안전관리대상물의 소방안전관리에 관한 시험에 합격한 사람

(2) 1급 소방안전관리대상물

① 소방설비기사 또는 소방설비산업기사의 자격이 있는 사람

② 소방공무원으로 7년 이상 근무한 경력이 있는 사람

③ 소방청장이 실시하는 1급 소방안전관리대상물의 소방안전관리에 관한 시험에 합격한 사람

④ 특급 소방안전관리대상물의 소방안전관리자 자격이 인정되는 사람

(3) 2급 소방안전관리대상물

① 위험물기능장·위험물산업기사 또는 위험물기능사 자격을 가진 사람

② 소방공무원으로 3년 이상 근무한 경력이 있는 사람

③ 소방청장이 실시하는 2급 소방안전관리대상물의 소방안전관리에 관한 시험에 합격한 사람

④ 특급 또는 1급 소방안전관리대상물의 소방안전관리자 자격이 인정되는 사람

(4) 3급 소방안전관리대상물

① 소방공무원으로 1년 이상 근무한 경력이 있는 사람

② 소방청장이 실시하는 3급 소방안전관리대상물의 소방안전관리에 관한 시험에 합격한 사람

③ 특급 소방안전관리대상물, 1급 소방안전관리대상물 또는 2급 소방안전관리대상물의 소방안전관리자 자격이 인정되는 사람

(5) 선임인원 - 특급, 1급, 2급, 3급 소방아전관리대상물: 1명 이상

1-4 소방안전관리보조자(영 [별표 5])

(1) 선임대상물

① 아파트 중 300세대 이상인 아파트

② 연면적이 1만5천제곱미터 이상인 특정소방대상물(아파트 및 연립주택은 제외한다)

③ ① 및 ②에 따른 특정소방대상물을 제외한 특정소방대상물 중 다음의 어느 하나에 해당하는 특정소방대상물

　㉠ 공동주택 중 기숙사

　㉡ 의료시설

　㉢ 노유자시설

　㉣ 수련시설

　㉤ 숙박시설(숙박시설로 사용되는 바닥면적의 합계가 1천500제곱미터 미만이고 관계인이 24시간 상시 근무하고 있는 숙박시설은 제외한다)

(2) 선임인원: 선임대상물별 1명을 기본으로 하되 다음에 따라 추가하여야 한다.

① 아파트: 초과되는 300세대마다 1명 이상을 추가로 선임

② 연면적에 따른 배치 대상물: 초과되는 연면적 1만5천제곱미터(특정소방대상물의 종합방재실에 자위소방대가 24시간 상시 근무하고 「소방장비관리법 시행령」 별표 1 제1호 가목에 따른 소방자동차 중 소방펌프차, 소방물탱크차, 소방화학차 또는 무인방수차를 운용하는 경우에는 3만제곱미터로 한다)마다 1명 이상을 추가로 선임

③ 영 [별표 5]의 제1호 다목의 경우: 해당 특정소방대상물이 소재하는 지역을 관할하는 소방서장이 야간이나 휴일에 해당 특정소방대상물이 이용되지 아니한다는 것을 확인한 경우에는 소방안전관리보조자를 선임하지 아니할 수 있음

📋 SUMMARY **선임대상물**

구분		특급	1급	2급	3급
아파트		• 50층 이상(지·제) • 높이 200미터 이상	• 30층 이상(지·제) • 높이 120미터 이상		
층수(아·제)		30층 이상(지·포)	지상층의 층수 11층 이상		
높이(아·제)		높이 120미터 이상			
연면적(아·제)		10만제곱미터 이상	1만5천제곱미터 이상		
가연성가스 등			1천톤 이상	• 100톤 이상 1천톤 미만 • 도시가스 사업 허가	
소방시설				• 옥내소화전설비 • 스프링클러설비 • 물분무등소화설비 (호스릴 제외)	• 간이 스프링클러설비 (주택전용 간이 S.P 제외) • 자동화재탐지설비
지하구				○	
공동주택 (옥내소화전설비, S.P)				○	
보물·국보 (목조건축)				○	
비고			특급 제외	특급·1급 제외	특급·1급·2급 제외
제외대상		동·식물원, 철강 등 불연성 물품을 저장·취급하는 창고, 위험물 저장 및 처리시설 중 위험물 제조소등과 지하구			

구분	특급	1급	2급	3급
소방기술사	○			
소방시설관리사	○			
소방설비기사	1급 5년 이상*	○		
소방설비산업기사	1급 7년 이상*	○		
소방공무원	20년 이상	7년 이상	3년 이상	1년 이상
시험합격자 (소방청장 실시)	특급	1급	2급	3급
위험물기능장 위험물산업기사 위험물기능사			○	
포함사항		특급	특급·1급	특급·1급·2급

* 비고: 법 제24조 제3항에 따라 소방안전관리자로 선임되어 근무한 경력은 제외한다.

2 소방안전관리 업무 등

(1) 안전관리업무 대행

① 원칙적으로 소방안전관리자를 선임하여야 하나, 소방안전관리대상물의 관계인은 소방안전관리업무를 대행하는 관리업자를 감독할수 있는 사람을 지정하여 소방안전관리자로 선임할 수 있다.

② 이 경우 소방안전관리자로 선임된 자는 선임된 날부터 3개월 이내에 제34조에 따른 교육을 받아야 한다.

(2) 소방안전관리자 및 소방안전관리보조자의 선임 대상별 자격 및 인원기준은 대통령령으로 정하고, 선임 절차 등 그 밖에 필요한 사항은 행정안전부령으로 정한다.

(3) 소방안전관리 업무

① 소방안전관리대상물의 소방안전관리자의 업무

ㄱ 제36조에 따른 피난계획에 관한 사항과 대통령령으로 정하는 사항이 포함된 소방계획서의 작성 및 시행

ㄴ 자위소방대(自衛消防隊) 및 초기대응체계의 구성, 운영 및 교육

ㄷ 피난시설, 방화구획 및 방화시설의 관리

ㄹ 소방시설이나 그 밖의 소방 관련 시설의 관리

ㅁ 제37조에 따른 소방훈련 및 교육

ㅂ 화기(火氣) 취급의 감독

ㅅ 행정안전부령으로 정하는 바에 따른 소방안전관리에 관한 업무수행에 관한 기록·유지(ㄷ·ㄹ 및 ㅂ의 업무를 말한다)

ㅇ 화재발생 시 초기대응

ㅈ 그 밖에 소방안전관리에 필요한 업무

② 특정소방대상물(소방안전관리대상물은 제외한다)의 관계인의 업무

ㄱ 피난시설, 방화구획 및 방화시설의 관리

ㄴ 소방시설이나 그 밖의 소방 관련 시설의 관리

ㄷ 화기(火氣) 취급의 감독

ⓔ 화재발생 시 초기대응

ⓜ 그 밖에 소방안전관리에 필요한 업무

③ 과태료 - 300만원 이하의 과태료: 제24조 제5항에 따른 소방안전관리업무를 하지 아니한 특정소방대상물의 관계인 또는 소방안전관리대상물의 소방안전관리자

📄 SUMMARY **안전관리업무**

특정소방대상물의 관계인 업무	소방안전관리대상물의 소방안전관리자 업무
• 「소방시설 설치 및 관리에 관한 법률」 제16조에 따른 피난시설, 방화구획 및 방화시설의 관리 • 소방시설이나 그 밖의 소방 관련 시설의 관리 • 화기(火氣) 취급의 감독 • 화재발생 시 초기대응 • 그 밖에 소방안전관리에 필요한 업무	• 피난계획에 관한 사항과 대통령령으로 정하는 사항이 포함된 소방계획서의 작성 및 시행 • 자위소방대 및 초기대응체계의 구성, 운영 및 교육 • 피난시설, 방화구획 및 방화시설의 관리 • 소방시설이나 그 밖의 소방 관련 시설의 관리 • 법 제37조에 따른 소방훈련 및 교육 • 화기 취급의 감독 • 행정안전부령으로 정하는 바에 따른 소방안전관리에 관한 업무수행에 관한 기록·유지 • 화재발생 시 초기대응 • 그 밖에 소방안전관리에 필요한 업무

2-2 소방안전관리대상물의 소방계획서 작성 등(영 제27조)

(1) 소방계획서

① 소방계획서 작성 내용

ⓐ 소방안전관리대상물의 위치·구조·연면적·용도 및 수용인원 등 일반 현황

ⓑ 소방안전관리대상물에 설치한 소방시설, 방화시설, 전기시설, 가스시설 및 위험물시설의 현황

ⓒ 화재 예방을 위한 자체점검계획 및 대응대책

ⓓ 소방시설·피난시설 및 방화시설의 점검·정비계획

ⓔ 피난층 및 피난시설의 위치와 피난경로의 설정, 화재안전취약자의 피난계획 등을 포함한 피난계획

ⓗ 방화구획, 제연구획(除煙區劃), 건축물의 내부 마감재료 및 방염대상물품의 사용 현황과 그 밖의 방화구조 및 설비의 유지·관리계획

ⓢ 관리의 권원이 분리된 특정소방대상물의 소방안전관리에 관한 사항

ⓞ 소방훈련·교육에 관한 계획

ⓩ 법 제37조를 적용받는 소방안전관리대상물의 근무자 및 거주자의 자위소방대 조직과 대원의 임무(화재안전취약자의 피난 보조 임무를 포함한다)에 관한 사항

ⓒ 화기 취급 작업에 대한 사전 안전조치 및 감독 등 공사 중 소방안전관리에 관한 사항

ⓚ 소화에 관한 사항과 연소 방지에 관한 사항

ⓔ 위험물의 저장·취급에 관한 사항(「위험물안전관리법」 제17조에 따라 예방규정을 정하는 제조소등은 제외한다)

ⓜ 소방안전관리에 대한 업무수행에 관한 기록 및 유지에 관한 사항

ⓗ 화재발생 시 화재경보, 초기소화 및 피난유도 등 초기대응에 관한 사항

㉮ 그 밖에 소방본부장 또는 소방서장이 소방안전관리대상물의 위치·구조·설비 또는 관리 상황 등을 고려하여 소방안전관리에 필요하여 요청하는 사항

② 소방본부장 또는 소방서장은 소방안전관리대상물의 소방계획서의 작성 및 그 실시에 관하여 지도·감독한다.

(2) 위임규정

자위소방대와 초기대응체계의 구성, 운영 및 교육 등에 필요한 사항은 행정안전부령으로 정한다.

2-3 자위소방대 및 초기대응체계의 구성, 운영 및 교육 등(규칙 제11조)

(1) 자위소방대의 기능 등

① 자위소방대의 기능

ㄱ 화재 발생 시 비상연락, 초기소화 및 피난유도

ㄴ 화재 발생 시 인명·재산피해 최소화를 위한 조치

② 소방안전관리대상물의 규모·용도 등의 특성을 고려하여 응급구조 및 방호 안전기능 등을 추가하여 수행할 수 있도록 편성할 수 있다.

(2) 자위소방대 편성조직·임무

① 편성조직의 구성: 자위소방대에는 대장과 부대장 1명을 각각 두며, 편성 조직의 인원은 해당 소방안전관리대상물의 수용인원 등을 고려하여 구성한다.

② 편성조직의 임무

ㄱ 대장: 자위소방대를 총괄 지휘

ㄴ 부대장: 대장을 보좌하고 대장이 부득이한 사유로 임무를 수행할 수 없는 때에는 그 임무를 대행

ㄷ 비상연락팀: 화재사실의 전파 및 신고 업무

ㄹ 초기소화팀: 화재 발생 시 초기화재 진압 활동

ㅁ 피난유도팀: 재실자(在室者) 및 장애인, 노인, 임산부, 영유아 및 어린이 등 이동이 어려운 사람(이하 "피난약자"라 한다)을 안전한 장소로 대피시키는 업무

ㅂ 응급구조팀: 인명을 구조하고, 부상자에 대한 응급조치

ㅅ 방호안전팀: 화재확산방지 및 위험시설의 비상정지 등 방호안전 업무

(3) 초기대응체계 상시 운영

(4) 자위소방대의 소집·편성상태 점검 및 소방교육 실시: 연 1회 이상 자위소방대(초기대응체계를 포함한다)를 소집하여 그 편성 상태를 점검하고, 소방교육을 실시해야 한다.

(5) 소방안전관리대상물의 소방안전관리자는 ④에 따른 소방교육을 제36조 제1항에 따른 소방훈련과 병행하여 실시할 수 있다.

(6) 그 실시 결과를 기록하고, 교육을 실시한 날부터 2년간 보관

(7) 소방청장: 자위소방대의 구성, 운영 및 교육, 초기대응체계의 편성·운영 등에 필요한 지침을 작성하여 배포

(8) 소방본부장 또는 소방서장: 소방안전관리대상물의 소방안전관리자가 해당 지침을 준수하도록 지도

3 소방안전관리업무의 대행

(1) 소방안전관리 업무의 대행 대상 및 업무

① 소방안전관리 업무의 대행 대상 특정소방대상물

ㄱ 지상층의 층수가 11층 이상인 1급 소방안전관리대상물(연면적 1만5천제곱미터 이상인 특정소방대상물과 아파트는 제외한다)

    ⓛ 2급 소방안전관리대상물

    ⓒ 3급 소방안전관리대상물

  ② 소방안전관리 업무의 대행 업무

    ㉠ 피난시설, 방화구획 및 방화시설의 관리

    ⓛ 소방시설이나 그 밖의 소방 관련 시설의 관리

(2) 대가 기준

  ① 소방안전관리업무를 관리업자에게 대행하게 하는 경우의 대가(代價)는 「엔지니어링산업 진흥법」 제31조에 따른 엔지니어링사업의 대가 기준 가운데 행정안전부령으로 정하는 방식에 따라 산정한다.

  ② 소방안전관리 업무대행 등의 대가(규칙 제13조): "행정안전부령으로 정하는 방식"이란 「엔지니어링산업 진흥법」 제31조에 따라 산업통상자원부장관이 고시한 엔지니어링사업대가의 기준 중 실비정액가산방식을 말한다.

④ 소방안전관리 업무 대행인력의 배치기준·자격·방법 등(규칙 [별표 1])

> **시행규칙 제12조【소방안전관리 업무대행 기준】** 법 제25조 제2항에 따른 소방안전관리 업무 대행인력의 배치기준·자격·방법 등 준수사항은 별표 1과 같다.
>
> **시행규칙 부칙 제361호 제5조【소방안전관리업무 대행인력의 배치기준·자격·방법 등에 관한 특례】** 별표 1에도 불구하고 2024년 11월 30일까지는 법 제25조 제1항 전단에 따라 소방안전관리대상물에 배치해야 하는 소방안전관리업무 대행인력으로「소방시설 설치 및 관리에 관한 법률」제29조에 따른 소방시설관리업에 등록된 기술인력 1명 이상을 배치하여 업무대행을 하도록 할 수 있다.

소방안전관리대상물의 등급	설치된 소방시설의 종류	대행인력의 기술등급
1급 또는 2급	스프링클러설비, 물분무등소화설비 또는 제연설비	중급점검자 이상 1명 이상
	옥내소화전설비 또는 옥외소화전설비	초급점검자 이상 1명 이상
3급	자동화재탐지설비 또는 간이스프링클러설비	초급점검자 이상 1명 이상

▶ 비고

1. 소방안전관리대상물의 등급은 영 별표 4에 따른 소방안전관리대상물의 등급을 말한다.
2. 대행인력의 기술등급은 「소방시설공사업법 시행규칙」 별표 4의2에 따른 소방기술자의 자격 등급에 따른다.
3. 연면적 5천제곱미터 미만으로서 스프링클러설비가 설치된 1급 또는 2급 소방안전관리대상물의 경우에는 초급점검자를 배치할 수 있다. 다만, 스프링클러설비 외에 제연설비 또는 물분무등소화설비가 설치된 경우에는 그렇지 않다
4. 스프링클러설비에는 화재조기진압용 스프링클러설비를 포함하고, 물분무등소화설비에는 호스릴(hose reel)방식은 제외한다.

⑤ 소방안전관리자 선임신고

(1) 선임신고

  ① 행정안전부령으로 정하는 바에 따라 선임한 날부터 14일 이내에 소방본부장 또는 소방서장에게 신고하여야 한다.

  ② 소방안전관리대상물의 출입자가 쉽게 알 수 있도록 소방안전관리자의 성명과 그 밖에 행정안전부령으로 정하는 사항을 게시하여야 한다(과태료 - 200만원 이하의 과태료).

  ③ 소방안전관리자 정보의 게시

    ㉠ 소방안전관리대상물의 명칭 및 등급

    ⓛ 소방안전관리자의 성명 및 선임일자

    ⓒ 소방안전관리자의 연락처

② 소방안전관리자의 근무 위치(화재 수신기 또는 종합방재실을 말한다)
　　④ 소방안전관리자 현황표

(2) 해임 사실의 확인
　　① 소방안전관리대상물의 관계인이 소방안전관리자 또는 소방안전관리보조자를 해임한 경우
　　② 그 관계인 또는 해임된 소방안전관리자 또는 소방안전관리보조자는 소방본부장이나 소방서장에게 그 사실을 알려 해임한 사실의 확인을 받을 수 있다.

5-2 소방안전관리자의 선임신고 등(규칙 제14조)

(1) 소방안전관리대상물의 관계인은 소방안전관리자를 선임사유가 발생한 날부터 30일 이내에 선임해야 한다.

(2) 선임의 연기 신청
　　① 2급 또는 3급 소방안전관리대상물의 관계인은 제25조에 따른 소방안전관리자에 대한 강습교육이나 제20조에 따른 소방안전관리대상물의 소방안전관리에 관한 시험이 소방안전관리자 선임기간 내에 있지 아니하여 소방안전관리자를 선임할 수 없는 경우에는 소방안전관리자 선임의 연기를 신청할 수 있다.
　　② 소방본부장 또는 소방서장은 선임 연기 신청서를 제출받은 경우에는 3일 이내에 소방안전관리자 선임기간을 정하여 2급 또는 3급 소방안전관리대상물의 관계인에게 통보해야 한다.

(3) 선임증 발급 등
　　소방본부장 또는 소방서장은 소방안전관리대상물의 관계인이 소방안전관리자 등을 선임하여 신고하는 경우에는 신고인에게 선임증을 발급해야 한다. 이 경우 소방본부장 또는 소방서장은 신고인이 종전의 선임이력에 관한 확인을 신청하는 경우에는 소방안전관리자 선임 이력 확인서를 발급해야 한다.

6 관계인 등의 임무

(1) 특정소방대상물 관계인의 임무
　　특정소방대상물에 대하여 제24조 제5항에 따른 소방안전관리업무를 수행하여야 한다.

(2) 소방안전관리대상물의 관계인의 임무
　　① 소방안전관리자가 소방안전관리업무를 성실하게 수행할 수 있도록 지도·감독하여야 한다.
　　② 과태료 – 300만원 이하의 과태료

(3) 소방안전관리자의 임무
　　① 소방시설·피난시설·방화시설 및 방화구획 등이 법령에 위반된 것을 발견한 때: 지체 없이 소방안전관리대상물의 관계인에게 소방대상물의 개수·이전·제거·수리 등 필요한 조치를 할 것을 요구하여야 한다.
　　② 관계인이 시정하지 아니하는 경우 소방본부장 또는 소방서장에게 그 사실을 알려야 한다.
　　③ 벌칙 – 300만원 이하의 벌금(제50조 제3항): 제27조 제3항을 위반하여 소방시설·피난 시설·방화시설 및 방화구획 등이 법령에 위반된 것을 발견하였음에도 필요한 조치를 할 것을 요구하지 아니한 소방안전관리자

7 선임명령 등

(1) 선임명령
　　① 선임명령권자: 소방본부장 또는 소방서장
　　② 벌칙 – 3년 이하의 징역 또는 3천만원 이하의 벌금(제50조)

(2) 업무 이행 명령

① 소방안전관리업무 이행명령권자: 소방본부장 또는 소방서장
② 벌칙 - 3년 이하의 징역 또는 3천만원 이하의 벌금

8 건설현장 소방안전관리

(1) 건설현장 소방안전관리

① 소방안전관리자 선임
　㉠ 공사시공자가 화재발생 및 화재피해의 우려가 큰 대통령령으로 정하는 특정소방대상물(건설현장 소방안전관리대상물)을 신축·증축·개축·재축·이전·용도변경 또는 대수선 하는 경우
　㉡ 소방안전관리자로서 교육을 받은 사람을 소방시설공사 착공 신고일부터 건축물 사용승인일까지 소방안전관리자로 선임하여야 한다.
　㉢ 벌칙 - 300만원 이하의 벌금: 소방안전관리자를 선임하지 아니한 자
② 건설현장 소방안전관리대상물
　㉠ 신축·증축·개축·재축·이전·용도변경 또는 대수선을 하려는 부분의 연면적 1만5천제곱미터 이상인 것
　㉡ 신축·증축·개축·재축·이전·용도변경 또는 대수선을 하려는 부분의 연면적이 5천제곱미터 이상인 것으로서 다음의 어느 하나에 해당하는 것
　　ⓐ 지하층의 층수가 2개 층 이상인 것
　　ⓑ 지상층의 층수가 11층 이상인 것
　　ⓒ 냉동창고, 냉장창고 또는 냉동·냉장창고
③ 선임신고
　㉠ 소방본부장 또는 소방서장에게 신고하여야 한다.
　㉡ 건설현장 소방안전관리자의 선임신고
　　ⓐ 건설현장 소방안전관리대상물의 공사시공자는 같은 항에 따라 소방안전관리자를 선임한 경우에는 선임한 날부터 14일 이내에 건설현장 소방안전관리자 선임신고서(전자문서를 포함한다)에 해당 첨부서류를 첨부하여 소방본부장 또는 소방서장에게 신고해야 한다.
　　ⓑ 소방본부장 또는 소방서장은 건설현장 소방안전관리대상물의 공사시공자가 소방안전관리자를 선임하고 신고하는 경우에는 신고인에게 건설현장 소방안전관리자 선임증을 발급해야 한다. 이 경우 소방본부장 또는 소방서장은 신고인이 종전의 선임이력에 관한 확인을 신청하는 경우 건설현장 소방안전관리자 선임 이력 확인서를 발급해야 한다.

(2) 건설현장 소방안전관리대상물의 소방안전관리자의 업무

① 업무
　㉠ 건설현장의 소방계획서의 작성
　㉡ 임시소방시설의 설치 및 관리에 대한 감독
　㉢ 공사진행 단계별 피난안전구역, 피난로 등의 확보와 관리
　㉣ 건설현장의 작업자에 대한 소방안전 교육 및 훈련
　㉤ 초기대응체계의 구성·운영 및 교육
　㉥ 화기취급의 감독, 화재위험작업의 허가 및 관리
　㉦ 그 밖에 건설현장의 소방안전관리와 관련하여 소방청장이 고시하는 업무

② 과태료 – 300만원 이하의 과태료: 건설현장 소방안전관리대상물의 소방안전관리자의 업무를 하지 아니한 소방안전관리자

9 소방안전관리자 자격 및 자격증의 발급 등

(1) 소방안전관리자의 자격
다음의 어느 하나에 해당하는 사람으로서 소방청장으로부터 소방안전관리자 자격증을 발급받은 사람으로 한다.
① 소방청장이 실시하는 소방안전관리자 자격시험에 합격한 사람
② 다음에 해당하는 사람으로서 대통령령으로 정하는 사람
　㉠ 소방안전과 관련한 국가기술자격증을 소지한 사람
　㉡ ㉠에 해당하는 국가기술자격증 중 일정 자격증을 소지한 사람으로서 소방안전관리자로 근무한 실무경력이 있는 사람
　㉢ 소방공무원 경력자
　㉣ 「기업활동 규제완화에 관한 특별조치법」에 따라 소방안전관리자로 선임된 사람(소방안전관리자로 선임된 기간에 한정한다)

(2) 자격증의 발급 및 재발급: 소방청장

(3) 준수사항
① 대여 및 알선 금지: 발급 또는 재발급 받은 소방안전관리자 자격증을 다른 사람에게 빌려 주거나 빌려서는 아니 되며, 이를 알선하여서도 아니 된다.
② 벌칙 – 1년 이하의 징역 및 1천만원 이하의 벌금: 자격증을 다른 사람에게 빌려 주거나 빌리거나 이를 알선한 자

10 자격의 정지 및 취소

(1) 소방안전관리자 자격의 정지 및 취소
① 소방안전관리자 자격의 정지 및 취소권자: 소방청장
② 정지 및 취소사유
　㉠ 소방안전관리자 자격증을 발급받은 사람이 다음의 어느 하나에 해당하는 경우에는 행정안전부령으로 정하는 바에 따라 그 자격을 취소하거나 1년 이하의 기간을 정하여 그 자격을 정지시킬 수 있다.
　　ⓐ 거짓이나 그 밖의 부정한 방법으로 소방안전관리자 자격증을 발급받은 경우
　　ⓑ 소방안전관리업무를 게을리한 경우
　　ⓒ 소방안전관리자 자격증을 다른 사람에게 빌려준 경우
　　ⓓ 실무교육을 받지 아니한 경우
　　ⓔ 이 법 또는 이 법에 따른 명령을 위반한 경우
　㉡ 반드시 취소하여야 하는 경우
　　ⓐ 거짓이나 그 밖의 부정한 방법으로 소방안전관리자 자격증을 발급받은 경우
　　ⓑ 소방안전관리자 자격증을 다른 사람에게 빌려준 경우

(2) 자격증의 발급 제한 규정
소방안전관리자 자격이 취소된 사람은 취소된 날부터 2년간 소방안전관리자 자격증을 발급받을 수 없다.

(3) 소방안전관리자 자격의 정지 및 취소에 관한 일반기준

① 위반행위가 둘 이상인 경우로서 그에 해당하는 각각의 처분기준이 다른 경우에는 그중 무거운 처분기준에 따른다.

② 위반행위의 횟수에 따른 행정처분 기준은 최근 3년간 같은 위반행위로 행정처분을 받은 경우에 적용한다. 이 경우 기준 적용일은 위반행위에 대한 행정처분일과 그 처분 후에 한 위반행위가 다시 적발된 날을 기준으로 한다.

③ ②에 따라 가중된 부과처분을 하는 경우 가중처분의 적용 차수는 그 위반행위 전 부과처분 차수(②에 따른 기간 내에 처분이 둘 이상 있었던 경우에는 높은차수를 말한다)의 다음 차수로 한다.

④ 처분권자는 위반행위의 동기·내용·횟수 및 위반 정도 등 다음의 감경 사유에 해당하는 경우 그 처분기준의 2분의 1의 범위에서 감경할 수 있다.

  ㉠ 위반행위가 사소한 부주의나 오류 등으로 인한 것으로 인정되는 경우
  ㉡ 위반행위를 바로 정정하거나 시정하여 해소한 경우
  ㉢ 그 밖에 위반행위의 정도, 위반행위의 동기와 그 결과 등을 고려하여 처분을 줄일 필요가 있다고 인정되는 경우

11 자격시험

(1) 소방안전관리자 자격시험

소방안전관리자 자격시험에 응시할 수 있는 사람의 자격은 대통령령으로 정한다.

(2) 위임규정

소방안전관리자 자격의 시험방법, 시험의 공고 및 합격자 결정 등 소방안전관리자의 자격시험에 필요한 사항은 행정안전부령으로 정한다.

(3) 소방안전관리자 자격시험의 방법

소방청장은 소방안전관리자 자격시험(소방안전관리자 자격시험)을 다음과 같이 실시한다. 이 경우 특급 소방안전관리자 자격시험은 제1차 시험과 제2차 시험으로 나누어 실시한다.

① 특급 소방안전관리자 자격시험: 연 2회 이상

② 1급·2급·3급 소방안전관리자 자격시험: 월 1회 이상

(4) 자격시험의 공고

소방청장은 특급, 1급, 2급 또는 3급 소방안전관리자시험을 실시하고자 하는 때에는 응시자격·시험과목·일시·장소 및 응시절차 등에 관하여 필요한 사항을 모든 응시 희망자가 알 수 있도록 시험 시행일 30일 전에 인터넷 홈페이지에 공고해야 한다.

(5) 자격시험의 합격자 결정 등

① 특급, 1급, 2급 및 3급 소방안전관리자 시험의 합격자 결정은 매과목을 100점 만점으로 하여 매과목 40점이상, 전과목 평균 70점 이상 득점한 자를 합격자로 한다.

② 특급 소방안전관리자 시험은 제1차 시험과 제2차 시험을 분리하여 채점하되 제2차 시험의 채점은 제1차 시험 합격자에 한하여 실시한다. 이 경우 제1차 시험에 합격한 사람은 제1차 시험에 합격한 날부터 2년간 제1차 시험을 면제한다.

③ 제1차 시험에 합격한 날부터 2년간 제1차 시험을 면제한다.

④ 소방청장은 소방안전관리자 자격시험을 종료한 날부터 30일(특급 소방안전관리 자격시험의 경우에는 60일) 이내에 인터넷 홈페이지에 합격자를 공고하고, 응시자에게 휴대전화 문자 메시지로 합격 여부를 알려 줄 수 있다.

(6) 자격시험 문제의 출제 및 자격시험위원의 위촉 등

① 소방안전관리자 시험에 관한 시험과목 및 시험방법은 별표 4와 같다.

② 시험방법 및 시험시간 등

㉠ 특급 소방안전관리자

구분	과목	문항수	시험방법	시험시간
제1차 시험	제1과목	50문항	선택형	120분
	제2과목	50문항		
제2차 시험	제1과목	10문항	주관식서술형(단답형, 기입형 또는 계산형 문제를 포함할 수 있다)	90분
	제2과목	10문항		

㉡ 1급, 2급, 3급 소방안전관리자

구분	문항수	시험방법	시험시간
1과목	25문항	선택형(기입형을 포함할 수 있다)	60분
2과목	25문항		

③ 시험 위원 위촉 자격

㉠ 소방 관련 분야에서 석사 이상의 학위를 취득한 사람

㉡ 소방안전 관련 학과의 조교수 이상으로 2년 이상 재직한 사람

㉢ 소방위 이상의 소방공무원

㉣ 소방기술사

㉤ 소방시설관리사

㉥ 그 밖에 화재안전 또는 소방 관련 법령이나 정책에 전문성이 있는 사람

SUMMARY 소방안전관리자 자격시험에 응시할 수 있는 사람의 자격(시행령 [별표 6])

1. 특급 소방안전관리자

구분	세부규정		1년	2년	3년	5년	7년	10년
강습교육		○						
총괄재난관리자			○					
1급 – 소방안전관리자	소방설비기사			○				
1급 – 소방안전관리자	대학, 고등학교 소방안전관리학과 졸업			○				
1급 – 소방안전관리자	소방행정학· 소방안전공학과 – 석사 이상			○				
1급 – 소방안전관리자	소방설비산업기사				○			
1급 – 소방안전관리자	대학, 고등학교 (같은 수준) – 12학점				○			
1급 – 소방안전관리자	대학, 고등학교 소방안전관련학과				○			
1급 – 소방안전관리자	실무경력					○		
1급 – 소방안전관리자	선임자격(특급, 1급 – 소방안전관리보조자)						○	
소방공무원								○
특급 – 소방안전관리보조자	1급 선임 자격을 갖춘 자							○

2. 1급 소방안전관리자

구분	세부규정		1년	2년	3년	5년	7년	10년
강습교육		○						
특급 – 소방안전관리자 시험 응시 자격자		○						
2급, 3급 – 소방안전관리자	산업안전기사(산업기사)			○				
2급, 3급 – 소방안전관리자	대학, 고등학교 소방안전관리학과 졸업			○				
2급, 3급 – 소방안전관리자	대학, 고등학교 (같은 수준) – 12학점				○			
2급, 3급 – 소방안전관리자	대학, 고등학교 소방안전관련학과				○			
	소방행정학· 소방안전공학과 – 석사 이상	○						
2급 – 소방안전관리자	실무경력					○		
특급, 1급 – 소방안전관리보조자	2급 선임 자격을 갖춘 자					○		
2급 – 소방안전관리보조자	2급 선임 자격을 갖춘 자						○	

3. 2급 소방안전관리자

구분	세부규정		1년	2년	3년	5년	7년	10년
특급, 1급 – 소방안전관리자 시험 응시 자격자		O						
	강습교육	O						
	건축사, 산업안전기사(산업기사) 등	O						
	대학, 고등학교 소방안전관리학과 졸업	O						
	대학, 고등학교 (같은 수준) – 6학점	O						
	대학, 고등학교 소방안전관련학과	O						
소방본부·소방서	화재진압 또는 그 보조업무		O					
군부대·의무소방대 소방대원			O					
3급 – 소방안전관리자				O				
경호공무원, 별정직공무원	안전검측 업무			O				
의용소방대원					O			
자체소방대원					O			
경찰공무원					O			
특급, 1급, 2급 – 소방안전관리보조자					O			

4. 3급 소방안전관리자

구분	세부규정		1년	2년	3년	5년	7년	10년
특급, 1급, 2급 – 소방안전관리자 시험 응시 자격자		O						
	강습교육	O						
경호공무원, 별정직공무원	안전검측 업무		O					
의용소방대원				O				
자체소방대원			O					
경찰공무원				O				
특급, 1급, 2급, 3급 – 소방안전관리보조자	실무경력			O				

12 종합정보망의 구축·운영

(1) 소방안전관리자 등 종합정보망의 구축·운영
① 종합정보망의 구축·운영권자: 소방청장
② 목적: 소방안전관리자 및 소방안전관리보조자에 대한 정보의 효율적 관리
③ 구축·운영 정보
　㉠ 소방안전관리자 및 소방안전관리보조자의 선임신고 현황
　㉡ 소방안전관리자 및 소방안전관리보조자의 해임 사실의 확인 현황
　㉢ 건설현장 소방안전관리자 선임신고 현황
　㉣ 소방안전관리자 자격시험 합격자 및 자격증의 발급 현황
　㉤ 소방안전관리자 자격증의 정지·취소 처분 현황
　㉥ 소방안전관리자 및 소방안전관리보조자의 교육 실시현황

(2) 위임규정
종합정보망의 구축·운영 등에 필요한 사항은 대통령령으로 정한다.

13 소방안전관리자 등에 대한 교육

(1) 소방안전관리자 등에 대한 교육
행정안전부령으로 정하는 바에 따라 소방청장이 실시하는 강습교육 또는 실무교육을 받아야 한다.
① 강습교육
　㉠ 소방안전관리자의 자격을 인정받으려는 사람으로서 대통령령으로 정하는 사람
　　ⓐ 특급 소방안전관리대상물의 소방안전관리자가 되려는 사람
　　ⓑ 1급 소방안전관리대상물의 소방안전관리자가 되려는 사람
　　ⓒ 2급 소방안전관리대상물의 소방안전관리자가 되려는 사람
　　ⓓ 3급 소방안전관리대상물의 소방안전관리자가 되려는 사람
　　ⓔ 「공공기관의 소방안전관리에 관한 규정」 제2조에 따른 공공기관의 소방안전관리자가 되려는 사람
　㉡ 제24조 제3항에 따른 소방안전관리자로 선임되고자 하는 사람

> 제24조 【특정소방대상물의 소방안전관리】 ③ 제1항에도 불구하고 제25조 제1항에 따른 소방안전관리대상물의 관계인
> 은 소방안전관리업무를 대행하는 관리업자(「소방시설 설치 및 관리에 관한 법률」 제29조 제1항에 따른 소방시설관리
> 업의 등록을 한 자를 말한다. 이하 "관리업자"라 한다)를 감독할 수 있는 사람을 지정하여 소방안전관리자로 선임할 수
> 있다. 이 경우 소방안전관리자로 선임된 자는 선임된 날부터 3개월 이내에 제34조에 따른 교육을 받아야 한다.

　㉢ 건설현장 소방안전관리대상물의 소방안전관리자로 선임되고자 하는 사람
② 실무교육
　㉠ 선임된 소방안전관리자 및 소방안전관리보조자
　㉡ 제24조 제3항에 따라 선임된 소방안전관리자
　㉢ 과태료 – 100만원 이하의 과태료: 실무교육을 받지 아니한 소방안전관리자 및 소방안전관리보조자에게는 100만원
　　이하의 과태료를 부과한다.

(2) 교육실시방법 등

① 교육실시방법
  ㉠ 집합교육
  ㉡ 정보통신매체를 이용한 원격교육: 원격교육은 실시간 양방향 교육, 인터넷을 통한 영상강의 등 정보통신매체를 이용하여 실시한다.
  ㉢ ㉠ 및 ㉡을 혼용한 교육
② 다만, 「감염병의 예방 및 관리에 관한 법률」에 따른 감염병 등 불가피한 사유가 있는 경우에는 행정안전부령으로 정하는 바에 따라 집합교육 또는 집합교육 및 정보통신매체를 이용한 원격교육을 정보통신매체를 이용한 원격교육으로 실시할 수 있다.

13-2 강습교육의 실시

(1) 강습교육의 실시
① 소방청장은 강습교육의 대상·일정·횟수 등을 포함한 강습교육의 실시계획을 매년 수립·시행해야 한다.
② 소방청장: 강습교육 실시 20일 전까지 공고해야 한다.

(2) 강습교육 수강신청 등: 소방청장에게 제출, 소방청장 수강증 발급

(3) 강습교육의 과목, 시간 및 운영방법 등(규칙 제28조 관련, [별표 5])
① 교육과정별 교육시간

구분	교육시간
특급 소방안전관리자	160시간
1급 소방안전관리자	80시간
2급 소방안전관리자	40시간
3급 소방안전관리자	24시간
공공기관 소방안전관리자	40시간
건설현장 소방안전관리자	24시간
업무대행 감독자	16시간

> **참고** 교육시간 구성
>
> | 구분 | | 구성(%) |
> |---|---|---|
> | 이론 | | 30 |
> | 실무 | 일반 | 30 |
> | | 실습·평가 | 40 |

② 교육운영방법 등
  ㉠ ①에 따른 평가는 서식작성, 설비운용(소방시설에 대한 점검능력을 포함한다) 및 비상대응 등 실습내용에 대한 평가를 말한다.
  ㉡ 교육과정을 수료하고자 하는 사람은 ①에 따른 교육시간의 90퍼센트 이상을 출석하고, ㉠에 따른 실습내용 평가에 합격(해당 평가항목을 이수하거나 평가기준을 충족한 경우를 말한다)해야 한다. 다만, 결강시간은 1일 최대 3시간을 초과할 수 없다.

13-3 실무교육의 실시

(1) 실무교육의 실시

① 소방청장: 실무교육의 실시 계획을 매년 수립·시행해야 한다.

② 소방청장: 실무교육 실시 30일 전까지 공고하고 교육대상자에게 통보해야 한다.

③ 소방안전관리자는 소방안전관리자로 선임된 날부터 6개월 이내에 실무교육을 받아야 하며, 그 이후에는 2년마다 (최초 실무교육을 받은 날을 기준일로 하여 매 2년이 되는 해의 기준일과 같은 날 전까지를 말한다) 1회 이상 실무교육을 받아야 한다. 다만, 소방안전관리 강습교육 또는 실무교육을 받은 후 1년 이내에 소방안전관리자로 선임된 사람은 해당 강습교육을 수료하거나 실무교육을 이수한 날에 실무교육을 이수한 것으로 본다.

(2) 소방안전관리자 및 소방안전관리보조자에 대한 실무교육의 과목, 시간 및 운영 방법 등

① 소방안전관리자에 대한 실무교육 시간: 8시간

② 소방안전관리보조자에 대한 실무교육 시간: 4시간

③ 교육운영 방법 등

㉠ 실무교육은 이론·실습 또는 실습·평가로 구분하여 실시할 수 있다. 이 경우 실습·평가는 교육시간을 달리 정할 수 있다.

㉡ 실무교육의 수료를 위한 출석기준은 ① 및 ②에 따른 교육시간의 90퍼센트 이상으로 한다. 다만, 실습·평가의 경우에는 ㉠ 후단에 따라 달리 정한 시간의 100퍼센트로 한다.

(3) 실무교육 수료증 발급 및 실무교육 결과의 통보

① 소방청장: 실무교육 수료증 발급

② 소방청장: 끝난 날부터 30일 이내 소방본부장 또는 소방서장에게 통보

14 관리의 권원이 분리된 특정소방대상물의 소방안전관리

(1) 관리의 권원이 분리된 특정소방대상물의 소방안전관리

① 관리의 권원이 분리된 특정소방대상물

㉠ 복합건축물

ⓐ 지하층을 제외한 층수가 11층 이상인 복합건축물

ⓑ 연면적 3만제곱미터 이상인 복합건축물

㉡ 지하가

㉢ 그 밖에 대통령령으로 정하는 특정소방대상물: 판매시설 중 도매시장, 소매시장 및 전통시장(영 제36조)

② 소방안전관리자의 선임

㉠ 관리의 권원별 관계인은 대통령령으로 정하는 바에 따라 소방안전관리자를 선임하여야 한다.

㉡ 관리권원별 선임

ⓐ 관리의 권원이 분리되어 있는 특정소방대상물의 관계인은 소유권, 관리권 및 점유권에 따라 각각 소방안전관리자를 선임하여야 한다. 다만, 둘 이상의 소유권, 관리권 또는 점유권이 동일인에게 귀속된 경우에는 하나의 관리 권원으로 보아 소방안전관리자를 선임할 수 있다.

ⓑ 예외상황

• 법령 또는 계약 등에 따라 공동으로 관리하는 경우: 하나의 관리 권원으로 보아 소방안전관리자 1명 선임

- 화재 수신기 또는 소화펌프(가압송수장치를 포함한다. 이하 이 항에서 같다)가 별도로 설치되어 있는 경우: 설치된 화재 수신기 또는 소화펌프가 화재를 감지·소화 또는 경보할 수 있는 부분을 각각 하나의 관리권원으로 보아 각각 소방안전관리자 선임
  - 하나의 화재 수신기 및 소화펌프가 설치된 경우: 하나의 관리 권원으로 보아 소방안전관리자 1명 선임
③ 관리권원별 선임 조정
  ㉠ 다만, 소방본부장 또는 소방서장은 관리의 권원이 많아 효율적인 소방안전관리가 이루어지지 아니한다고 판단되는 경우 대통령령으로 정하는 바에 따라 관리의 권원을 조정하여 소방안전관리자를 선임하도록 할 수 있다.
  ㉡ 관리권원별 선임 조정기준: 소방본부장 또는 소방서장
④ 벌칙 – 300만원 이하의 벌금: 제35조 제1항을 위반하여 소방안전관리자를 선임하지 아니한 자

(2) 총괄소방안전관리자의 선임
① 관리의 권원별 관계인은 상호 협의하여 특정소방대상물의 전체에 걸쳐 소방안전관리상 필요한 업무를 총괄하는 소방안전관리자(이하 "총괄소방안전관리자"라 한다)를 선임된 소방안전관리자 중에서 선임하거나 별도로 선임하여야 한다.
② 위임규정: 이 경우 총괄소방안전관리자의 자격은 대통령령으로 정하고 업무수행 등에 필요한 사항은 행정안전부령으로 정한다.
③ 총괄소방안전관리자의 선임자격
  ㉠ 특정소방대상물의 전체에 걸쳐 소방안전관리상 필요한 업무를 총괄하는 소방안전관리자(이하 "총괄소방안전관리자"라 한다)는 별표 4에 따른 소방안전관리대상물의 등급별 선임자격을 갖춰야 한다.
  ㉡ 이 경우 관리의 권원이 분리되어 있는 특정소방대상물에 대하여 소방안전관리대상물의 등급을 결정할 때에는 해당 특정소방대상물 전체를 기준으로 한다.
④ 벌칙 – 300만원 이하의 벌금: 총괄소방안전관리자를 선임하지 아니한 자

(3) 공동소방안전관리협의회
① 선임된 소방안전관리자 및 총괄소방안전관리자는 해당 특정소방대상물의 소방안전관리를 효율적으로 수행하기 위하여 공동소방안전관리협의회를 구성하고, 해당 특정소방대상물에 대한 소방안전관리를 공동으로 수행하여야 한다.
② 이 경우 공동소방안전관리협의회의 구성·운영 및 공동소방안전관리의 수행 등에 필요한 사항은 대통령령으로 정한다.
③ 공동소방안전관리 협의회의 구성·운영 및 수행 기준
  ㉠ 공동소방안전관리협의회는 선임된 소방안전관리자 및 총괄소방안전관리자로 구성한다.
  ㉡ 총괄소방안전관리자 등은 다음의 공동소방안전관리 업무를 협의회의 협의를 거쳐 공동으로 수행한다.
    ⓐ 특정소방대상물 전체의 소방계획 수립 및 시행에 관한 사항
    ⓑ 특정소방대상물 전체의 소방훈련·교육의 실시에 관한 사항
    ⓒ 공용 부분의 소방시설 및 피난·방화시설의 유지·관리에 관한 사항
    ⓓ 그 밖에 공동으로 소방안전관리를 할 필요가 있는 사항
  ㉢ 협의회는 공동소방안전관리의 수행에 필요한 기준을 정하여 운영할 수 있다.

15 피난계획의 수립 및 시행

(1) 피난계획의 수립·시행
① 피난계획의 수립·시행자: 소방안전관리대상물의 관계인
② 목적: 그 장소에 근무하거나 거주 또는 출입하는 사람들이 화재가 발생한 경우에 안전하게 피난하기 위함

(2) 피난계획 포함사항
피난계획에는 그 소방안전관리대상물의 구조, 피난시설등을 고려하여 설정한 피난경로가 포함되어야 한다.

(3) 정보 제공
① 소방안전관리대상물의 관계인은 피난시설의 위치, 피난경로 또는 대피요령이 포함된 피난유도 안내정보를 근무자 또는 거주자에게 정기적으로 제공하여야 한다.
② 과태료 - 300만원 이하의 과태료: 피난유도 안내정보를 제공하지 아니한 자

(4) 위임규정
① 피난계획의 수립·시행, 피난유도 안내정보 제공에 필요한 사항은 행정안전부령으로 정한다.
② 피난계획 포함사항
  ㉠ 화재경보의 수단 및 방식
  ㉡ 층별, 구역별 피난대상 인원의 연령별·성별 현황
  ㉢ 피난약자의 현황
  ㉣ 각 거실에서 옥외(옥상 또는 피난안전구역을 포함한다)로 이르는 피난경로
  ㉤ 피난약자 및 피난약자를 동반한 사람의 피난동선과 피난방법
  ㉥ 피난시설, 방화구획, 그 밖에 피난에 영향을 줄 수 있는 제반 사항
③ 피난계획의 수립·시행
  ㉠ 소방안전관리대상물의 관계인은 해당 소방안전관리대상물의 구조·위치, 소방시설등을 고려하여 피난계획을 수립하여야 한다.
  ㉡ 소방안전관리대상물의 관계인은 해당 소방안전관리대상물의 피난시설이 변경된 경우에는 그 변경사항을 반영하여 피난계획을 정비하여야 한다.
④ 피난유도 안내정보의 제공
  ㉠ 연 2회 피난안내 교육을 실시하는 방법
  ㉡ 분기별 1회 이상 피난안내방송을 실시하는 방법
  ㉢ 피난안내도를 층마다 보기 쉬운 위치에 게시하는 방법
  ㉣ 엘리베이터, 출입구 등 시청이 용이한 지역에 피난안내영상을 제공하는 방법

16 소방훈련 등

(1) 소방훈련과 교육
① 소방안전관리대상물의 관계인은 그 장소에 근무하거나 거주하는 사람 등(근무자등)에게 소화·통보·피난 등의 훈련(소방훈련)과 소방안전관리에 필요한 교육을 하여야 하고, 피난훈련은 그 소방대상물에 출입하는 사람을 안전한 장소로 대피시키고 유도하는 훈련을 포함하여야 한다.
② 과태료 - 300만원 이하의 과태료: 제37조 제1항을 위반하여 소방훈련 및 교육을 하지 아니한 자
③ 이 경우 소방훈련과 교육의 횟수 및 방법 등에 관하여 필요한 사항은 행정안전부령으로 정한다.

④ 근무자 및 거주자에 대한 소방훈련과 교육

　ㄱ 소방안전관리대상물의 관계인은 소방훈련과 교육을 연 1회 이상 실시해야 한다. 다만, 소방본부장 또는 소방서장이 화재예방을 위하여 필요하다고 인정하여 2회의 범위에서 추가로 실시할 것을 요청하는 경우에는 소방훈련과 교육을 실시해야 한다.

　ㄴ 소방본부장 또는 소방서장은 특급 및 1급 소방안전관리대상물의 관계인으로 하여금 소방훈련을 소방기관과 합동으로 실시하게 할 수 있다.

　ㄷ 실시 결과를 소방훈련·교육 실시 결과 기록부에 기록 및 2년간 보관

(2) 소방훈련 및 교육 결과 제출

① 관계인은 소방훈련 및 교육을 한 날부터 30일 이내에 소방훈련 및 교육 결과 소방본부장 또는 소방서장에게 제출하여야 한다.

② 소방훈련·교육 결과 제출의 대상

　ㄱ 특급 소방안전관리대상물

　ㄴ 1급 소방안전관리대상물

③ 소방훈련 및 교육 실시 결과의 제출: 소방훈련 및 교육을 실시한 날부터 30일 이내에 소방본부장 또는 소방서장에게 제출해야 한다.

(3) 지도·감독

소방본부장 또는 소방서장은 소방안전관리대상물의 관계인이 실시하는 소방훈련과 교육을 지도·감독할 수 있다.

(4) 불시 소방훈련·교육 등

① 불시 소방훈련·교육

　ㄱ 소방본부장 또는 소방서장은 소방안전관리대상물 중 불특정 다수인이 이용하는 대통령령으로 정하는 특정소방대상물의 근무자 등에게 불시에 소방훈련과 교육을 실시할 수 있다.

　ㄴ 불시 소방훈련·교육 대상(영 제39조)

　　ⓐ 의료시설, 교육연구시설, 노유자시설

　　ⓑ 그 밖에 화재 발생 시 불특정 다수의 인명피해가 예상되어 소방본부장 또는 소방서장이 소방훈련·교육이 필요하다고 인정하는 특정소방대상물

② 소방훈련 및 교육 사전통지

　ㄱ 소방훈련과 교육의 내용, 방법 및 절차 등은 행정안전부령으로 정하는 바에 따라 관계인에게 사전에 통지하여야 한다.

　ㄴ 불시 소방훈련 및 교육 사전통지: 불시 소방훈련·교육 실시 10일 전까지 통지

(5) 불시 소방훈련·교육의 평가: 소방본부장 또는 소방서장

불시 소방훈련·교육의 평가 방법 및 절차는 다음과 같다.

① 평가 계획을 사전에 수립해야 한다.

② 평가의 기준

　ㄱ 불시 소방훈련·교육 내용의 적절성

　ㄴ 불시 소방훈련·교육 유형 및 방법의 적합성

　ㄷ 불시 소방훈련·교육 참여인력, 시설 및 장비 등의 적정성

　ㄹ 불시 소방훈련·교육 여건 및 참여도

③ 평가는 현장평가를 원칙으로 하되, 필요에 따라 서면평가 등을 병행할 수 있다(설문조사 또는 면접조사 등 포함)

④ 소방본부장 또는 소방서장: 관계인에게 불시 소방훈련·교육 종료일부터 10일 이내 통지

17 소방안전교육

(1) 소방안전교육

① 소방본부장이나 소방서장은 제37조를 적용받지 아니하는 특정소방대상물의 관계인에 대하여 특정소방대상물의 화재예방과 소방안전을 위하여 행정안전부령으로 정하는 바에 따라 소방안전교육을 할 수 있다.

② 소방안전교육 계획서 작성 및 통보: 교육일 10일 전까지 통보

(2) 교육대상자 위임사항: 행정안전부령

① 소화기 및 비상경보설비가 설치된 공장·창고 등 특정소방대상물

② 그 밖에 관할 소방본부장 또는 소방서장이 화재에 대한 취약성이 높다고 인정하는 특정소방대상물

18 공공기관의 소방안전관리

국가, 지방자치단체, 국공립학교 등 대통령령으로 정하는 공공기관의 장은 소관 기관의 근무자 등의 생명·신체와 건축물·인공구조물 및 물품 등을 화재로부터 보호하기 위하여 화재예방, 자위소방대의 조직 및 편성, 소방시설등의 자체점검과 소방훈련 등의 소방안전관리를 하여야 한다.

1 소방안전 특별관리시설물의 안전관리

(1) 소방안전 특별관리시설물의 안전관리: 소방청장

① 공항시설

② 철도시설

③ 도시철도시설

④ 항만시설

⑤ 지정문화재인 시설(시설이 아닌 지정문화재를 보호하거나 소장하고 있는 시설을 포함한다)

⑥ 산업기술단지

⑦ 산업단지

⑧ 초고층 건축물 및 지하연계 복합건축물

⑨ 영화상영관 중 수용인원 1천명 이상인 영화상영관

⑩ 전력용 및 통신용 지하구

⑪ 석유비축시설

⑫ 천연가스 인수기지 및 공급망

⑬ 전통시장으로서 대통령령으로 정하는 전통시장(점포가 500개 이상인 전통시장)

⑭ 그 밖에 대통령령으로 정하는 시설물

    ㉠ 발전사업자가 가동 중인 발전소(「발전소주변지역 지원에 관한 법률 시행령」 제2조 제2항에 따른 발전소는 제외한다)

    ㉡ 물류창고로서 연면적 10만제곱미터 이상인 것

    ㉢ 가스공급시설

(2) 소방안전 특별관리기본계획

① 소방청장은 소방안전 특별관리를 체계적이고 효율적으로 하기 위하여 시·도지사와 협의하여 소방안전 특별관리기본계획을 제4조 제1항(화재의 예방 및 안전관리에 관한 기본계획)에 따른 기본계획에 포함하여 수립 및 시행하여야 한다.

② 소방안전 특별관리기본계획의 수립·시행

    ㉠ 소방청장: 특별관리기본계획을 5년마다 수립하여 시·도에 통보해야 한다.

    ㉡ 특별관리기본계획 포함사항

        ⓐ 화재예방을 위한 중기·장기 안전관리정책

        ⓑ 화재예방을 위한 교육·홍보 및 점검·진단

        ⓒ 화재대응을 위한 훈련

        ⓓ 화재대응과 사후 조치에 관한 역할 및 공조체계

        ⓔ 그 밖에 화재 등의 안전관리를 위하여 필요한 사항

(3) 소방안전 특별관리시행계획

① 시·도지사: 소방안전 특별관리시행계획을 화재의 예방 및 안전관리에 관한 세부시행계획에 따른 세부시행계획에 포함하여 수립 및 시행하여야 한다.

② 소방안전 특별관리시행계획의 수립·시행
  ㉠ 시·도지사: 매년 소방안전 특별관리시행계획을 수립·시행하고, 그 시행 결과를 계획 시행 다음 연도 1월 31
    일까지 소방청장에게 통보하여야 한다.
  ㉡ 특별관리시행계획 포함사항
    ⓐ 특별관리기본계획의 집행을 위하여 필요한 사항
    ⓑ 시·도에서 화재 등의 안전관리를 위하여 필요한 사항
  ㉢ 소방청장 및 시·도지사는 특별관리기본계획 및 특별관리시행계획을 수립하는 경우 성별, 연령별, 화재안전취
    약자별 화재 피해현황 및 실태 등에 관한 사항을 고려해야 한다.

(4) 위임규정

소방안전 특별관리기본계획 및 소방안전 특별관리시행계획의 수립·시행에 필요한 사항은 대통령령으로 정한다.

2 화재예방안전진단

(1) 화재예방안전진단

대통령령으로 정하는 소방안전 특별관리시설물의 관계인은 화재의 예방 및 안전관리를 체계적·효율적으로 수행하
기 위하여 대통령령으로 정하는 바에 따라 한국소방안전원 또는 소방청장이 지정하는 화재예방안전진단기관으로부터
정기적으로 화재예방안전진단을 받아야 한다.

① 실시목적: 화재의 예방과 안전관리의 체계적이고 효율적인 수행
② 실시기관: 한국소방안전원, 화재예방안전진단기관
③ 관계인의 의무: 정기적인 화재예방안전진단
④ 화재예방안전진단 대상
  ㉠ 공항시설 중 여객터미널의 연면적이 1천제곱미터 이상인 공항시설
  ㉡ 철도시설 중 역 시설의 연면적이 5천제곱미터 이상인 철도시설
  ㉢ 도시철도시설 중 역사 및 역 시설의 연면적이 5천제곱미터 이상인 도시철도시설
  ㉣ 항만시설 중 여객이용시설 및 지원시설의 연면적이 5천제곱미터 이상인 항만시설
  ㉤ 전력용 및 통신용 지하구 중 공동구
  ㉥ 천연가스 인수기지 및 공급망 중 「소방시설 설치 및 관리에 관한 법률 시행령」 별표 2 제17호 나목에 따
    른 가스시설
  ㉦ 발전소 중 연면적이 5천제곱미터 이상인 발전소
  ㉧ 가스공급시설 중 가연성 가스 탱크의 저장용량의 합계가 100톤 이상이거나 저장용량이 30톤 이상인 가연성 가스
    탱크가 있는 가스공급시설
⑤ 벌칙 – 1년 이하의 징역 또는 1천만원 이하의 벌금: 진단기관으로부터 화재예방안전진단을 받지 아니한 자

(2) 화재예방안전진단의 실시 절차 등

① 소방안전관리대상물이 건축되어 소방안전 특별관리시설물에 해당하게 된 경우 해당 소방안전 특별관리시설
  물의 관계인은 「건축법」 제22조에 따른 사용승인 또는 「소방시설공사업법」 제14조에 따른 완공검사를 받은 날
  부터 5년이 경과한 날이 속하는 해에 법 제41조 제1항에 따라 최초의 화재예방안전진단을 받아야 한다.
② 안전등급에 따른 정기적 화재예방안전진단 실시
  ㉠ 우수: 안전등급을 통보받은 날부터 6년이 경과한 날이 속하는 해
  ㉡ 양호·보통: 안전등급을 통보받은 날부터 5년이 경과한 날이 속하는 해
  ㉢ 미흡·불량: 안전등급을 통보받은 날부터 4년이 경과한 날이 속하는 해

③ 화재예방안전진단 결과는 우수, 양호, 보통, 미흡 및 불량의 안전등급으로 구분하며, 안전등급의 기준은 영 별표 7과 같다.

우수(A)	화재예방안전진단 실시 결과 문제점이 발견되지 않은 상태
양호(B)	화재예방안전진단 실시 결과 문제점이 일부 발견되었으나 대상물의 화재안전에는 이상이 없으며 대상물 일부에 대해 법 제41조 제5항에 따른 보수·보강 등의 조치명령(이하 이 표에서 "조치명령"이라 한다)이 필요한 상태
보통(C)	화재예방안전진단 실시 결과 문제점이 다수 발견되었으나 대상물의 전반적인 화재안전에는 이상이 없으며 대상물에 대한 다수의 조치명령이 필요한 상태
미흡(D)	화재예방안전진단 실시 결과 광범위한 문제점이 발견되어 대상물의 화재안전을 위해 조치명령의 즉각적인 이행이 필요하고 대상물의 사용 제한을 권고할 필요가 있는 상태
불량(E)	화재예방안전진단 실시 결과 중대한 문제점이 발견되어 대상물의 화재안전을 위해 조치명령의 즉각적인 이행이 필요하고 대상물의 사용 중단을 권고할 필요가 있는 상태

▶ 비고: 안전등급의 세부적인 기준은 소방청장이 정하여 고시한다.

④ 화재예방안전진단 절차 및 방법 등에 관하여 필요한 사항은 행정안전부령으로 정한다.

(3) 화재예방안전진단의 절차 및 방법(규칙 제41조)

① 화재예방안전진단을 받아야 하는 소방안전 특별관리시설물의 관계인은 안전원 또는 소방청장이 지정하는 화재예방안전진단기관에 신청해야 한다.

② 화재예방안전진단의 절차
   ㉠ 위험요인 조사
   ㉡ 위험성 평가
   ㉢ 위험성 감소대책의 수립

③ 화재예방안전진단의 방법
   ㉠ 준공도면, 시설 현황, 소방계획서 등 자료수집 및 분석
   ㉡ 화재위험요인 조사, 소방시설등의 성능점검 등 현장조사 및 점검
   ㉢ 정성적·정량적 방법을 통한 화재위험성 평가
   ㉣ 불시·무각본 훈련에 의한 비상대응훈련 평가
   ㉤ 그 밖에 지진 등 외부 환경 위험요인에 대한 예방·대비·대응태세 평가

(4) 화재예방안전진단의 범위

① 화재위험요인의 조사에 관한 사항
② 소방계획 및 피난계획 수립에 관한 사항
③ 소방시설등의 유지·관리에 관한 사항
④ 비상대응조직 및 교육훈련에 관한 사항
⑤ 화재 위험성 평가에 관한 사항
⑥ 그 밖에 화재예방진단을 위하여 대통령령으로 정하는 사항
   ㉠ 화재 등의 재난 발생 후 재발방지 대책의 수립 및 그 이행에 관한 사항
   ㉡ 지진 등 외부 환경 위험요인 등에 대한 예방·대비·대응에 관한 사항
   ㉢ 화재예방안전진단 결과 보수·보강 등 개선요구 사항 등에 대한 이행 여부

(5) 진단결과의 제출

① 안전원 또는 진단기관은 화재예방안전진단 결과를 행정안전부령으로 정하는 바에 따라 소방본부장 또는 소방서장, 관계인에게 제출하여야 한다.

② 화재예방안전진단 결과 제출

　㉠ 60일 이내 제출

　㉡ 화재예방안전진단 결과 보고서

　　ⓐ 해당 소방안전 특별관리시설물 현황

　　ⓑ 화재예방안전진단 실시 기관 및 참여인력

　　ⓒ 화재예방안전진단 범위 및 내용

　　ⓓ 화재위험요인의 조사·분석 및 평가 결과

　　ⓔ 안전등급 및 위험성 감소대책

　　ⓕ 그 밖에 소방안전 특별관리시설물의 화재예방 강화를 위하여 소방청장이 정하는 사항

③ 과태료 – 300만원 이하의 과태료: 화재예방안전진단 결과를 제출하지 아니한 자

(6) 보수·보강 등의 조치명령권자: 소방본부장 또는 소방서장(3년 이하의 징역 또는 3천만원 이하의 벌금)

(7) 비밀누설금지 의무

③ 화재예방안전진단기관의 지정 및 취소

(1) 진단기관 지정 신청: 소방청장

① 영 제46조: 대통령령으로 정하는 시설과 전문인력 등 지정기준이란 별표 8에서 정하는 기준이다.

② 벌칙 – 3년 이하의 징역 또는 3천만원 이하의 벌금: 거짓이나 그 밖의 부정한 방법으로 진단기관으로 지정을 받은 자

(2) 진단기관의 지정 및 취소

① 소방청장은 진단기관으로 지정받은 자가 다음의 어느 하나에 해당하는 경우에는 그 지정을 취소하거나 6개월 이내의 기간을 정하여 업무의 전부 또는 일부의 정지를 명할 수 있다.

② 지정 및 취소 사유

　㉠ 거짓이나 그 밖의 부정한 방법으로 지정을 받은 경우(반드시 취소)

　㉡ 화재예방안전진단 결과를 소방본부장 또는 소방서장, 관계인에게 제출하지 아니한 경우

　㉢ 지정기준에 미달하게 된 경우

　㉣ 업무정지기간에 화재예방안전진단 업무를 한 경우(반드시 취소)

3-2 화재예방안전진단기관의 시설, 전문인력 등 지정기준(영 [별표 8])

(1) 시설

화재예방안전진단을 목적으로 설립된 비영리법인·단체로서 (2)에 따른 전문인력이 근무할 수 있는 사무실과 (3)에 따른 장비를 보관할 수 있는 창고를 갖출 것. 이 경우 사무실과 창고를 임차하여 사용하는 경우도 사무실과 창고를 갖춘 것으로 본다.

(2) 전문인력

다음의 인력을 모두 갖출 것. 이 경우 전문인력은 해당 화재예방안전진단기관의 상근 직원이어야 하며, 한 사람이 다음의 자격 요건 중 둘 이상을 충족하는 경우에도 한 명의 전문인력으로 본다.

① 다음에 해당하는 사람

   ㉠ 소방기술사: 1명 이상

   ㉡ 소방시설관리사: 1명 이상

   ㉢ 전기안전기술사, 화공안전기술사, 가스기술사, 위험물기능장 또는 건축사: 1명 이상

② 다음의 분야별로 각 1명 이상

분야	자격 요건
소방	• 소방기술사 • 소방시설관리사 • 소방설비기사(산업기사를 포함한다) 자격 취득 후 소방 관련 업무경력이 3년(소방설비산업기사의 경우 5년) 이상인 사람
전기	• 전기안전기술사 • 전기기사(산업기사를 포함한다) 자격 취득 후 소방 관련 업무 경력이 3년(산업기사의 경우 5년) 이상인 사람
화공	• 화공안전기술사 • 화공기사(산업기사를 포함한다) 자격 취득 후 소방 관련 업무 경력이 3년(산업기사의 경우 5년) 이상인 사람
가스	• 가스기술사 • 가스기사(산업기사를 포함한다) 자격 취득 후 소방 관련 업무 경력이 3년(산업기사의 경우 5년) 이상인 사람
위험물	• 위험물기능장 • 위험물산업기사 자격 취득 후 소방 관련 업무 경력이 5년 이상인 사람
건축	• 건축사 • 건축기사(산업기사를 포함한다) 자격 취득 후 소방 관련 업무 경력이 3년(산업기사의 경우 5년) 이상인 사람
교육훈련	소방안전교육사

▶ 비고: 소방 관련 업무 경력은 소방청장이 정하여 고시하는 기준에 따른다.

(3) 장비

소방, 전기, 가스, 위험물, 건축 분야별로 행정안전부령으로 정하는 장비를 갖출 것

3-3 진단기관의 신청 등

(1) 진단기관으로 지정받으려는 자: 소방청장에게 제출해야 한다.

(2) 진단기관의 지정 절차

① 소방청장: 60일 이내에 진단기관 지정 여부를 결정

② 소방청장: 지정서 발급기관 관리대장에 기록하고 관리해야 한다.

③ 소방청장: 소방청 인터넷 홈페이지에 공고

3-4 화재예방안전진단기관의 지정 취소 및 업무 정지의 기준(규칙 [별표 8]) 일반기준

(1) 위반행위가 둘 이상인 경우에는 각 위반행위에 따라 각각 처분한다.

(2) 위반행위의 횟수에 따른 행정처분 기준은 최근 3년간 같은 위반행위로 행정처분을 받은 경우에 적용한다. 이 경우 기준 적용일은 위반행위에 대한 행정처분일과 그 처분 후에 한 위반행위가 다시 적발된 날을 기준으로 한다.

(3) (2)에 따라 가중된 부과처분을 하는 경우 가중처분의 적용 차수는 그 위반행위 전 부과처분 차수(나목에 따른 기간 내에 처분이 둘 이상 있었던 경우에는 높은 차수를 말한다)의 다음 차수로 한다.

(4) 처분권자는 위반행위의 동기·내용·횟수 및 위반 정도 등 다음의 감경 사유에 해당하는 경우 그 처분기준의 2분의 1의 범위에서 감경할 수 있다.

① 위반행위가 사소한 부주의나 오류로 인한 것으로 인정되는 경우

② 위반의 내용 및 정도가 경미하여 화재예방안전진단등의 업무를 수행하는데 문제가 발생하지 않는 경우

③ 그 밖에 위반행위의 정도, 위반행위의 동기와 그 결과 등을 고려하여 감경할 필요가 있다고 인정되는 경우

(5) 개별기준

위반 내용	근거 법조문	처분기준		
		1차 위반	2차 위반	3차 위반
가. 거짓이나 그 밖의 부정한 방법으로 안전진단기관으로 지정을 받은 경우	법 제42조 제2항 제1호	지정 취소		
나. 법 제41조 제4항에 따른 화재예방안전진단 결과를 소방본부장 또는 소방서장, 관계인에게 제출하지 아니한 경우	법 제42조 제2항 제2호	경고 (시정명령)	업무정지 3개월	업무정지 6개월
다. 법 제41조 제1항에 따른 지정기준에 미달하게 된 경우	법 제42조 제2항 제3호	업무정지 3개월	업무정지 6개월	지정 취소
라. 업무정지기간에 화재예방안전진단 업무를 한 경우	법 제42조 제2항 제4호	지정 취소		

1 화재의 예방과 안전문화 진흥을 위한 시책

(1) 화재의 예방과 안전문화 진흥을 위한 시책
① 화재의 예방 및 안전관리에 관한 의식을 높이기 위한 활동 및 홍보
② 소방대상물 특성별 화재의 예방과 안전관리에 필요한 행동요령의 개발·보급
③ 화재의 예방과 안전문화 우수사례의 발굴 및 확산
④ 화재 관련 통계 현황의 관리·활용 및 공개
⑤ 화재의 예방과 안전관리 취약계층에 대한 화재의 예방 및 안전관리 강화
⑥ 그 밖에 화재의 예방과 안전문화를 진흥하기 위한 활동

(2) 화재의 예방과 안전문화 활동의 참여
소방관서장은 화재의 예방과 안전문화 활동에 국민 또는 주민이 참여할 수 있는 제도를 마련하여 시행할 수 있다.

(3) 체험시설의 설치·운영
소방청장은 국민이 화재의 예방과 안전문화를 실천하고 체험할 수 있는 체험시설을 설치·운영할 수 있다.

2 우수 소방대상물 관계인에 대한 포상 등

(1) 우수 소방대상물 표지의 발급 및 포상
① 목적: 소방대상물의 자율적인 안전관리를 유도하기 위함
② 소방청장은 안전관리 상태가 우수한 소방대상물을 선정하여 우수 소방대상물 표지를 발급하고, 소방대상물의 관계인을 포상할 수 있다.

(2) 우수 소방대상물의 선정 등
① 시행계획의 수립: 소방청장은 시행계획을 매년 수립·시행해야 한다.
② 선정 절차: 소방청장은 소방대물을 직접 방문하여 필요한 사항을 확인할 수 있다.
③ 평가위원회의 구성·운영: 소방청장은 위촉위원에 해당하는 사람이 2명 이상 포함된 평가위원회를 구성하여 운영할 수 있다.

3 조치명령 등의 기간연장

(1) 기간연장 대상
① 소방대상물의 개수·이전·제거, 사용의 금지 또는 제한, 사용폐쇄, 공사의 정지 또는 중지, 그 밖의 필요한 조치명령
② 소방안전관리자 또는 소방안전관리보조자 선임명령
③ 소방안전관리업무 이행명령

(2) 연기신청 사유
① 재난이 발생한 경우
② 경매 등의 사유로 소유권이 변동 중이거나 변동된 경우

③ 관계인의 질병, 사고, 장기출장의 경우

④ 시장·상가·복합건축물 등 소방대상물의 관계인이 여러 명으로 구성되어 조치명령 등의 이행에 대한 의견을 조정하기 어려운 경우

⑤ 그 밖에 관계인이 운영하는 사업에 부도 또는 도산 등 중대한 위기가 발생하여 조치명령 등을 그 기간 내에 이행할 수 없는 경우

(3) 조치명령 등의 이행시기 연장 신청 등

① 신청서를 제출받은 소방관서장은 신청받은 날부터 3일 이내에 조치명령 등의 기간연장 여부를 결정하여 조치명령 등의 기간연장 신청결과 통지서를 관계인 등에게 통지해야 한다.

② 연장신청 승인 여부 통지: 연장신청을 받은 소방관서장은 연장신청 승인 여부를 결정하고 그 결과를 조치명령 등의 이행 기간 내에 관계인 등에게 알려 주어야 한다.

4 청문

소방청장 또는 시·도지사는 다음의 어느 하나에 해당하는 처분을 하려면 청문을 하여야 한다.

① 소방안전관리자의 자격 취소

② 진단기관의 지정 취소

5 수수료 또는 교육비 변환

(1) 원서접수기간 또는 교육신청기간에 접수를 철회한 경우: 납입한 수수료 또는 교육비의 전부

(2) 시험시행일 또는 교육실시일 20일 전까지 접수를 취소한 경우: 납입한 수수료 또는 교육비의 전부

(3) 시험시행일 또는 교육실시일 10일 전까지 접수를 취소한 경우: 납입한 수수료 또는 교육비의 100분의 50

6 권한의 위임·위탁 등

(1) 권한의 위임·위탁

권한의 위임·위탁 등(영 제48조) – 소방청장: 소방안전관리자 자격의 정지 및 취소에 관한 업무를 소방서장에게 위임한다.

(2) 소방관서장 업무의 안전원 위탁

소방관서장은 다음에 해당하는 업무를 안전원에 위탁할 수 있다.

① 소방안전관리자 또는 소방안전관리보조자 선임신고의 접수

② 소방안전관리자 또는 소방안전관리보조자 해임 사실의 확인

③ 건설현장 소방안전관리자 선임신고의 접수

④ 소방안전관리자 자격시험

⑤ 소방안전관리자 자격증의 발급 및 재발급

⑥ 소방안전관리 등에 관한 종합정보망의 구축·운영

⑦ 강습교육 및 실무교육

(3) 비밀누설금지 의무(벌칙 – 300만원 이하의 벌금)

(4) 안전원이 갖춰야 하는 시설 기준 등

① 안전원의 장은 화재예방안전진단을 원활하게 수행하기 위하여 영 별표 8에 따른 진단기관이 갖춰야 하는 시설, 전문인력 및 장비를 갖춰야 한다.

② 안전원은 법 제48조 제2항 제7호(제34조에 따른 강습교육 및 실무교육)에 따른 업무를 위탁받은 경우 규칙 별표 10의 시설기준을 갖춰야 한다.

    ㉠ 사무실: 바닥면적 60제곱미터 이상일 것

    ㉡ 강의실: 바닥면적 100제곱미터 이상이고 책상·의자, 음향시설, 컴퓨터 및 빔프로젝터 등 교육에 필요한 비품을 갖출 것

    ㉢ 실습실: 바닥면적 100제곱미터 이상이고, 교육과정별 실습·평가를 위한 교육기자재 등을 갖출 것

    ㉣ 교육용기자재 등

POINT 2-8　벌칙

1　3년 이하의 징역 또는 3천만원 이하의 벌금

(1) 제14조 제1항 및 제2항에 따른 조치명령을 정당한 사유 없이 위반한 자

(2) 제28조 제1항 및 제2항에 따른 명령을 정당한 사유 없이 위반한 자

(3) 제41조 제5항에 따른 보수·보강 등의 조치명령을 정당한 사유 없이 위반한 자

(4) 거짓이나 그 밖의 부정한 방법으로 제42조 제1항에 따른 진단기관으로 지정을 받은 자

1-2　1년 이하의 징역 또는 1천만원 이하의 벌금

(1) 제12조 제2항을 위반하여 관계인의 정당한 업무를 방해하거나, 조사업무를 수행하면서 취득한 자료나 알게 된 비밀을 다른 사람 또는 기관에게 제공 또는 누설하거나 목적 외의 용도로 사용한 자

(2) 제30조 제4항을 위반하여 자격증을 다른 사람에게 빌려 주거나 빌리거나 이를 알선한 자

(3) 제41조 제1항을 위반하여 진단기관으로부터 화재예방안전진단을 받지 아니한 자

1-3　300만원 이하의 벌금

(1) 제7조 제1항에 따른 화재안전조사를 정당한 사유 없이 거부·방해 또는 기피한 자

(2) 제17조 제2항 각 호의 어느 하나에 따른 명령을 정당한 사유 없이 따르지 아니하거나 방해한 자

(3) 제24조 제1항·제3항, 제29조 제1항 및 제35조 제1항·제2항을 위반하여 소방안전관리자, 총괄소방안전관리자 또는 소방안전관리보조자를 선임하지 아니한 자

(4) 제27조 제3항을 위반하여 소방시설·피난시설·방화시설 및 방화구획 등이 법령에 위반된 것을 발견하였음에도 필요한 조치를 할 것을 요구하지 아니한 소방안전관리자

(5) 제27조 제4항을 위반하여 소방안전관리자에게 불이익한 처우를 한 관계인

(6) 제41조 제6항 및 제48조 제3항을 위반하여 업무를 수행하면서 알게 된 비밀을 이 법에서 정한 목적 외의 용도로 사용하거나 다른 사람 또는 기관에 제공하거나 누설한 자

2　양벌규정

제51조【양벌규정】 법인의 대표자나 법인 또는 개인의 대리인, 사용인, 그 밖의 종업원이 그 법인 또는 개인의 업무에 관하여 제50조에 해당하는 위반행위를 하면 그 행위자를 벌하는 외에 그 법인 또는 개인에게도 해당 조문의 벌금형을 과(科)한다. 다만, 법인 또는 개인이 그 위반행위를 방지하기 위하여 해당 업무에 관하여 상당한 주의와 감독을 게을리하지 아니한 경우에는 그러하지 아니하다.

3　300만원 이하의 과태료

제52조【과태료】 ① 다음 각 호의 어느 하나에 해당하는 자에게는 300만원 이하의 과태료를 부과한다.
　1. 정당한 사유 없이 제17조 제1항 각 호의 어느 하나에 해당하는 행위를 한 자
　2. 제24조 제2항을 위반하여 소방안전관리자를 겸한 자

3. 제24조 제5항에 따른 소방안전관리업무를 하지 아니한 특정소방대상물의 관계인 또는 소방안전관리대상물의 소방안전관리자
4. 제27조 제2항을 위반하여 소방안전관리업무의 지도·감독을 하지 아니한 자
5. 제29조 제2항에 따른 건설현장 소방안전관리대상물의 소방안전관리자의 업무를 하지 아니한 소방안전관리자
6. 제36조 제3항을 위반하여 피난유도 안내정보를 제공하지 아니한 자
7. 제37조 제1항을 위반하여 소방훈련 및 교육을 하지 아니한 자
8. 제41조 제4항을 위반하여 화재예방안전진단 결과를 제출하지 아니한 자

3-2 200만원 이하의 과태료

제52조 【과태료】 ② 다음 각 호의 어느 하나에 해당하는 자에게는 200만원 이하의 과태료를 부과한다.
1. 제17조 제4항에 따른 불을 사용할 때 지켜야 하는 사항 및 같은 조 제5항에 따른 특수가연물의 저장 및 취급 기준을 위반한 자
2. 제18조 제4항에 따른 소방설비등의 설치 명령을 정당한 사유 없이 따르지 아니한 자
3. 제26조 제1항을 위반하여 기간 내에 선임신고를 하지 아니하거나 소방안전관리자의 성명 등을 게시하지 아니한 자
4. 제29조 제1항을 위반하여 기간 내에 선임신고를 하지 아니한 자
5. 제37조 제2항을 위반하여 기간 내에 소방훈련 및 교육 결과를 제출하지 아니한 자

3-3 100만원 이하의 과태료 등

(1) 100만원 이하의 과태료
제34조 제1항 제2호를 위반하여 실무교육을 받지 아니한 소방안전관리자 및 소방안전관리보조자에게는 100만원 이하의 과태료를 부과한다.

(2) 위임규정
과태료는 대통령령으로 정하는 바에 따라 소방청장, 시·도지사, 소방본부장 또는 소방서장이 부과·징수한다.

(3) 과태료의 부과기준(영 제51조 [별표 9]) - 일반기준
① 위반행위의 횟수에 따른 과태료의 가중된 부과기준은 최근 1년간 같은 위반행위로 과태료 부과처분을 받은 경우에 적용한다. 이 경우 기간의 계산은 위반행위에 대하여 과태료 부과처분을 받은 날과 그 처분 후 다시 같은 위반행위를 하여 적발된 날을 기준으로 한다.

② ①에 따라 가중된 부과처분을 하는 경우 가중처분의 적용 차수는 그 위반행위 전 부과처분 차수(가목에 따른 기간 내에 과태료 부과처분이 둘 이상 있었던 경우에는 높은 차수를 말한다)의 다음 차수로 한다.

③ 부과권자는 다음의 어느 하나에 해당하는 경우에는 제2호의 개별기준에 따른 과태료의 2분의 1 범위에서 그 금액을 줄여 부과할 수 있다. 다만, 과태료를 체납하고 있는 위반행위자에 대해서는 그렇지 않다.
　㉠ 위반행위가 사소한 부주의나 오류로 인한 것으로 인정되는 경우
　㉡ 위반행위자가 법 위반상태를 시정하거나 해소하기 위하여 노력한 사실이 인정되는 경우
　㉢ 위반행위자가 처음 위반행위를 한 경우로서 3년 이상 해당 업종을 모범적으로 영위한 사실이 인정되는 경우
　㉣ 위반행위자가 화재 등 재난으로 재산에 현저한 손실을 입거나 사업 여건의 악화로 그 사업이 중대한 위기에 처하는 등 사정이 있는 경우
　㉤ 위반행위자가 같은 위반행위로 다른 법률에 따라 과태료·벌금·영업정지 등의 처분을 받은 경우
　㉥ 그 밖에 위반행위의 정도, 위반행위의 동기와 그 결과 등을 고려하여 과태료 금액을 줄일 필요가 있다고 인정되는 경우

제3편 소방시설 설치 및 관리에 관한 법률

POINT 3-1 총칙

1 「소방시설 설치 및 관리에 관한 법률」의 목적

제1조【목적】 이 법은 특정소방대상물 등에 설치하여야 하는 소방시설등의 설치·관리와 소방용품 성능관리에 필요한 사항을 규정함으로써 국민의 생명·신체 및 재산을 보호하고 공공의 안전과 복리 증진에 이바지함을 목적으로 한다.

2 정의

(1) 소방시설

소화설비, 경보설비, 피난구조설비, 소화용수설비, 그 밖에 소화활동설비로서 대통령령으로 정하는 것을 말한다.

(2) 소방시설등

소방시설과 비상구(非常口), 그 밖에 소방 관련 시설로서 대통령령으로 정하는 것을 말한다.

(3) 특정소방대상물

건축물 등의 규모·용도 및 수용인원 등을 고려하여 소방시설을 설치하여야 하는 소방대상물로서 대통령령으로 정하는 것을 말한다.

(4) 화재안전성능

화재를 예방하고 화재발생 시 피해를 최소화하기 위하여 소방대상물의 재료, 공간 및 설비등에 요구되는 안전성능을 말한다.

(5) 성능위주설계

① 건축물 등의 재료, 공간, 이용자, 화재 특성 등을 종합적으로 고려하여 공학적 방법으로 화재 위험성을 평가함

② 그 결과에 따라 화재안전성능이 확보될 수 있도록 특정소방대상물을 설계하는 것

(6) 화재안전기준

① 성능기준: 화재안전 확보를 위하여 재료, 공간 및 설비등에 요구되는 안전성능으로서 소방청장이 고시로 정하는 기준

② 기술기준: ①에 따른 성능기준을 충족하는 상세한 규격, 특정한 수치 및 시험방법 등에 관한 기준으로서 행정안전부령으로 정하는 절차에 따라 소방청장의 승인을 받은 기준

(7) 소방용품

소방시설등을 구성하거나 소방용으로 사용되는 제품 또는 기기로서 대통령령으로 정하는 것을 말한다.

2-2 무창층 및 피난층

(1) 무창층

① 지상층 중 개구부 면적의 합계가 해당 층 바닥면적의 30분의 1 이하가 되는 층

② 무창층의 개구부의 요건

    ⊙ 크기는 지름 50센티미터 이상의 원이 통과할 수 있을 것

    © 해당 층의 바닥면으로부터 개구부 밑부분까지 높이가 1.2미터 이내일 것

    © 도로 또는 차량이 진입할 수 있는 빈터를 향할 것

    ® 화재 시 건축물로부터 쉽게 피난할 수 있도록 창살이나 그 밖의 장애물이 설치되지 아니할 것

    ® 내부 또는 외부에서 쉽게 부수거나 열 수 있을 것

(2) 피난층: 곧바로 지상으로 갈 수 있는 출입구가 있는 층

2-3 소방시설

시행령 제3조【소방시설】「소방시설 설치 및 관리에 관한 법률」(이하 "법"이라 한다) 제2조 제1항 제1호에서 "대통령령으로 정하는 것"이란 별표 1의 설비를 말한다.

시행령 제4조【소방시설등】법 제2조 제1항 제2호에서 "대통령령으로 정하는 것"이란 방화문 및 자동방화셔터를 말한다.

📝 SUMMARY 소방시설법상 소방시설 세부 용어의 정의

구분	정의
소화설비	물 또는 그 밖의 소화약제를 사용하여 소화하는 기계·기구 또는 설비
경보설비	화재발생 사실을 통보하는 기계·기구 또는 설비
피난구조설비	화재가 발생할 경우 피난하기 위하여 사용하는 기구 또는 설비
소화용수설비	화재를 진압하는 데 필요한 물을 공급하거나 저장하는 설비
소화활동설비	화재를 진압하거나 인명구조활동을 위하여 사용하는 설비

1. 소화설비: 물 또는 그 밖의 소화약제를 사용하여 소화하는 기계·기구 또는 설비
    가. 소화기구
        1) 소화기
        2) 간이소화용구: 에어로졸식 소화용구, 투척용 소화용구, 소공간용 소화용구 및 소화약제 외의 것을 이용한 간이소화용구
        3) 자동확산소화기
    나. 자동소화장치
        1) 주거용 주방자동소화장치
        2) 상업용 주방자동소화장치
        3) 캐비닛형 자동소화장치
        4) 가스자동소화장치
        5) 분말자동소화장치
        6) 고체에어로졸자동소화장치
    다. 옥내소화전설비[호스릴(hose reel)옥내소화전설비 포함]

라. 스프링클러설비등
    1) 스프링클러설비
    2) 간이스프링클러설비(캐비닛형 간이스프링클러설비 포함)
    3) 화재조기진압용 스프링클러설비
마. 물분무등소화설비
    1) 물 분무 소화설비
    2) 미분무 소화설비
    3) 포소화설비
    4) 이산화탄소소화설비
    5) 할론소화설비
    6) 할로겐화합물 및 불활성기체(다른 원소와 화학반응을 일으키기 어려운 기체를 말한다)소화설비
    7) 분말소화설비
    8) 강화액소화설비
    9) 고체에어로졸소화설비
바. 옥외소화전설비

2. 경보설비: 화재발생 사실을 통보하는 기계·기구 또는 설비
가. 단독경보형 감지기
나. 비상경보설비
    1) 비상벨설비
    2) 자동식사이렌설비
다. 시각경보기
라. 자동화재탐지설비
마. 화재알림설비
바. 비상방송설비
사. 자동화재속보설비
아. 통합감시시설
자. 누전경보기
차. 가스누설경보기

3. 피난구조설비: 화재가 발생할 경우 피난하기 위하여 사용하는 기구 또는 설비
가. 피난기구
    1) 피난사다리
    2) 구조대
    3) 완강기
    4) 간이완강기
    5) 그 밖에 "화재안전기준"으로 정하는 것
나. 인명구조기구
    1) 방열복, 방화복(안전모, 보호장갑 및 안전화 포함)
    2) 공기호흡기
    3) 인공소생기
다. 유도등
    1) 피난유도선
    2) 피난구유도등
    3) 통로유도등
    4) 객석유도등
    5) 유도표지
라. 비상조명등 및 휴대용비상조명등

4. 소화용수설비: 화재를 진압하는 데 필요한 물을 공급하거나 저장하는 설비
  가. 상수도소화용수설비
  나. 소화수조·저수조, 그 밖의 소화용수설비

5. 소화활동설비: 화재를 진압하거나 인명구조활동을 위하여 사용하는 설비
  가. 제연설비
  나. 연결송수관설비
  다. 연결살수설비
  라. 비상콘센트설비
  마. 무선통신보조설비
  바. 연소방지설비

2-4 특정소방대상물

시행령 제5조【특정소방대상물】 법 제2조 제1항 제3호에서 "대통령령으로 정하는 것"이란 별표 2의 소방대상물을 말한다.

1. 공동주택
  가. 아파트 등: 주택으로 쓰이는 층수가 5층 이상인 주택
  나. 연립주택: 주택으로 쓰는 1개 동의 바닥면적(2개 이상의 동을 지하주차장으로 연결하는 경우에는 각각의 동으로 본다) 합계가 660제곱미터를 초과하고, 층수가 4개 층 이하인 주택 [시행일: 2024.12.1.]
  다. 다세대주택: 주택으로 쓰는 1개 동의 바닥면적(2개 이상의 동을 지하주차장으로 연결하는 경우에는 각각의 동으로 본다) 합계가 660m² 이하이고, 층수가 4개 층 이하인 주택 [시행일: 2024.12.1.]
  라. 기숙사: 학교 또는 공장 등의 학생 또는 종업원 등을 위하여 쓰는 것으로서 1개 동의 공동취사시설 이용 세대 수가 전체의 50퍼센트 이상인 것(「교육기본법」 제27조 제2항에 따른 학생복지주택 및 「공공주택 특별법」 제2조 제1호의3에 따른 공공매입임대주택 중 독립된 주거의 형태를 갖추지 않은 것을 포함한다)

2. 근린생활시설
  가. 슈퍼마켓과 일용품 등의 소매점 등: 바닥면적의 합계 1천m² 미만인 것
  나. 휴게음식점, 제과점, 일반음식점, 기원, 노래연습장 및 단란주점(단란주점은 바닥면적의 합계 150m² 미만)
  다. 이용원, 미용원, 목욕장 및 세탁소
  라. 의원, 치과의원, 한의원, 침술원, 접골원, 조산원(산후조리원 포함) 및 안마원(안마시술소 포함)
  마. 탁구장, 테니스장, 체육도장, 체력단련장, 에어로빅장, 볼링장, 당구장, 실내낚시터, 골프연습장, 물놀이형 시설, 그 밖에 이와 비슷한 것으로서 같은 건축물에 해당 용도로 쓰는 바닥면적(이하 "바닥면적"이라 한다)의 합계 500m² 미만인 것인 것
  바. 공연장 또는 종교집회장 등: 바닥면적의 합계 300m² 미만
  사. 금융업소, 사무소, 부동산중개사무소, 결혼상담소 등 소개업소, 출판사, 서점, 그 밖에 이와 비슷한 것으로서 같은 건축물에 해당 용도로 쓰는 바닥면적의 합계 500m² 미만인 것
  아. 제조업소, 수리점, 그 밖에 이와 비슷한 것으로서 같은 건축물에 해당 용도로 쓰는 바닥면적의 합계 500m² 미만인 것
  자. 청소년게임제공업 및 일반게임제공업의 시설, 인터넷컴퓨터게임시설제공업의 시설 및 복합유통게임제공업의 시설: 바닥면적의 합계 500m² 미만
  차. 사진관, 표구점, 학원(바닥면적의 합계 500m² 미만인 것, 자동차학원 및 무도학원 제외), 독서실, 고시원(바닥면적의 합계 500m² 미만인 것), 장의사, 동물병원, 총포판매사 등
  카. 의약품 판매소, 의료기기 판매소 및 자동차영업소 등: 바닥면적의 합계 1천m² 미만

3. 문화 및 집회시설
　가. 공연장으로서 근린생활시설에 해당하지 않는 것
　나. 집회장: 예식장, 공회당, 회의장, 마권 장외 발매소, 마권 전화투표소
　다. 관람장: 경마장, 경륜장, 경정장, 자동차 경기장, 체육관 및 운동장으로서 관람석의 바닥면적 합계가 1천m² 이상인 것
　라. 전시장: 박물관, 미술관, 과학관, 문화관, 체험관, 기념관, 산업전시장, 박람회장, 견본주택
　마. 동·식물원: 동물원, 식물원, 수족관

5. 판매시설
　가. 도매시장
　나. 소매시장: 시장, 대규모점포
　다. 전통시장: 전통시장(근린생활시설 포함, 노점형시장 제외)
　라. 상점: 다음의 어느 하나에 해당하는 것
　　1) 슈퍼마켓과 일용품 등의 소매점에 해당하는 용도로서 바닥면적 합계가 1천m² 이상인 것
　　2) 청소년게임제공업 및 일반게임제공업의 시설, 인터넷컴퓨터게임시설제공업의 시설로서 바닥면적 합계가 500m² 이상인 것

6. 운수시설
　가. 여객자동차터미널
　나. 철도 및 도시철도 시설(정비창 포함)
　다. 공항시설(항공관제탑 포함)
　라. 항만시설 및 종합여객시설

7. 의료시설
　가. 병원: 종합병원, 병원, 치과병원, 한방병원, 요양병원
　나. 격리병원: 전염병원, 마약진료소, 그 밖에 이와 비슷한 것
　다. 정신의료기관
　라. 「장애인복지법」 제58조 제1항 제4호에 따른 장애인 의료재활시설

8. 교육연구시설
　가. 학교
　　1) 초등학교, 중학교, 고등학교, 특수학교: 교사(병설유치원 제외), 체육관, 급식시설, 합숙소
　　2) 대학, 대학교: 교사 및 합숙소
　나. 교육원(연수원 포함)
　다. 직업훈련소
　라. 학원(근린생활시설에 해당하는 것과 자동차운전학원·정비학원 및 무도학원은 제외)
　마. 연구소
　바. 도서관

9. 노유자시설
　가. 노인 관련 시설
　나. 아동 관련 시설
　다. 장애인 관련 시설
　라. 정신질환자 관련 시설
　마. 노숙인 관련 시설
　바. 사회복지시설 중 결핵환자 또는 한센인 요양시설등 다른 용도로 분류되지 않는 것

10. 수련시설
   가. 생활권 수련시설
   나. 자연권 수련시설
   다. 「청소년활동 진흥법」에 따른 유스호스텔

11. 운동시설
   가. 탁구장, 체육도장, 테니스장, 체력단련장, 에어로빅장, 볼링장, 당구장, 실내낚시터, 골프연습장, 물놀이형 시설(근생 제외)
   나. 체육관으로서 관람석이 없거나 관람석의 바닥면적이 1천m² 미만인 것
   다. 운동장: 육상장, 구기장, 볼링장, 수영장, 스케이트장, 롤러스케이트장, 승마장, 사격장, 궁도장, 골프장 등과 이에 딸린 건축물로서 관람석이 없거나 관람석의 바닥면적이 1천m²미만인 것

12. 업무시설
   가. 공공업무시설
   나. 일반업무시설: 금융업소, 사무소, 신문사, 오피스텔
   다. 주민자치센터(동사무소), 경찰서, 지구대, 파출소, 소방서, 119안전센터, 우체국, 보건소, 공공도서관, 국민건강보험공단
   라. 마을회관, 마을공동작업소, 마을공동구판장
   마. 변전소, 양수장, 정수장, 대피소, 공중화장실

13. 숙박시설
   가. 일반형 숙박시설
   나. 생활형 숙박시설
   다. 고시원(근린생활시설에 해당하지 않는 것)

14. 위락시설
   가. 단란주점으로서 근린생활시설에 해당하지 않는 것
   나. 유흥주점, 그 밖에 이와 비슷한 것
   다. 유원시설업의 시설
   라. 무도장 및 무도학원
   마. 카지노영업소

15. 공장
   물품의 제조·가공 또는 수리에 계속적으로 이용되는 건축물로서 근린생활시설, 위험물 저장 및 처리 시설, 항공기 및 자동차 관련 시설, 분뇨 및 쓰레기 처리시설, 묘지 관련 시설등으로 따로 분류되지 않는 것

16. 창고시설
   가. 창고(물품저장시설로서 냉장·냉동 창고 포함)
   나. 하역장
   다. 「물류시설의 개발 및 운영에 관한 법률」에 따른 물류터미널
   라. 「유통산업발전법」 제2조 제15호에 따른 집배송시설

17. 위험물 저장 및 처리 시설
   가. 위험물 제조소등
   나. 가스시설: 산소 또는 가연성 가스를 제조·저장 또는 취급하는 시설 중 지상에 노출된 산소 또는 가연성 가스 탱크의 저장용량의 합계가 100톤 이상이거나 저장용량이 30톤 이상인 탱크가 있는 가스시설

18. 항공기 및 자동차 관련 시설(건설기계 관련 시설을 포함한다)
　　가. 항공기격납고
　　나. 차고, 주차용 건축물, 철골 조립식 주차시설(바닥면이 조립식이 아닌 것을 포함한다) 및 기계장치에 의한 주차시설
　　다. 세차장
　　라. 폐차장
　　마. 자동차 검사장
　　바. 자동차 매매장
　　사. 자동차 정비공장
　　아. 운전학원·정비학원

19. 동물 및 식물 관련 시설
　　가. 축사(부화장 포함)
　　나. 가축시설
　　다. 도축장
　　라. 도계장
　　마. 작물 재배사
　　바. 종묘배양시설
　　사. 화초 및 분재 등의 온실

20. 자원순환 관련 시설
　　가. 하수 등 처리시설
　　나. 고물상
　　다. 폐기물재활용시설
　　라. 폐기물처분시설
　　마. 폐기물감량화시설

21. 교정 및 군사시설
　　가. 보호감호소, 교도소, 구치소 및 그 지소
　　나. 보호관찰소, 갱생보호시설
　　다. 치료감호시설
　　라. 소년원 및 소년분류심사원
　　마. 「출입국관리법」 제52조 제2항에 따른 보호시설
　　바. 「경찰관 직무집행법」 제9조에 따른 유치장
　　사. 국방·군사시설

22. 방송통신시설
　　가. 방송국(방송프로그램 제작시설 및 송신·수신·중계시설을 포함한다)
　　나. 전신전화국
　　다. 촬영소
　　라. 통신용 시설

23. 발전시설
　　가. 원자력발전소
　　나. 화력발전소
　　다. 수력발전소(조력발전소 포함)

라. 풍력발전소

마. 전기저장시설

24. 묘지 관련 시설

　가. 화장시설

　나. 봉안당(종교시설의 봉안당은 제외)

　다. 묘지와 자연장지에 부수되는 건축물

　라. 동물화장시설, 동물건조장시설 및 동물 전용의 납골시설

25. 관광 휴게시설

　가. 야외음악당

　나. 야외극장

　다. 어린이회관

　라. 관망탑

　마. 휴게소

　바. 공원·유원지 또는 관광지에 부수되는 건축물

26. 장례시설

　가. 장례식장(의료시설의 부수시설은 제외)

　나. 동물 전용의 장례식장

27. 지하가

　지하의 인공구조물 안에 설치되어 있는 상점, 사무실, 그 밖에 이와 비슷한 시설이 연속하여 지하도에 면하여 설치된 것과 그 지하도를 합한 것

　가. 지하상가

　나. 터널: 차량(궤도차량용은 제외한다) 등의 통행을 목적으로 지하, 해저 또는 산을 뚫어서 만든 것

28. 지하구

　가. 전력·통신용의 전선이나 가스·냉난방용의 배관 또는 이와 비슷한 것을 집합 수용하기 위하여 설치한 지하 인공구조물로서 사람이 점검 또는 보수를 하기 위하여 출입이 가능한 것

　　1) 전력 또는 통신사업용 지하 인공구조물로서 전력구(케이블 접속부가 없는 경우에는 제외한다) 또는 통신구 방식으로 설치된 것

　　2) 1) 외의 지하 인공구조물로서 폭이 1.8미터 이상이고 높이가 2미터 이상이며 길이가 50미터 이상인 것

　나. 「국토의 계획 및 이용에 관한 법률」 제2조 제9호에 따른 공동구

29. 국가유산

　가. 「문화유산의 보존 및 활용에 관한 법률」에 따른 지정문화유산 중 건축물

　나. 「자연유산의 보존 및 활용에 관한 법률」에 따른 천연기념물등 중 건축물

30. 복합건축물

　가. 하나의 건축물이 제1호부터 제27호까지의 것 중 둘 이상의 용도로 사용되는 것. 다만, 다음의 어느 하나에 해당하는 경우에는 복합건축물로 보지 않는다.

　　1) 주된 용도의 부수시설로서 그 설치를 의무화하고 있는 용도 또는 시설

　　2) 주택 안에 부대시설 또는 복리시설이 설치되는 특정소방대상물

3) 건축물의 주된 용도의 기능에 필수적인 용도로서 다음의 어느 하나에 해당하는 용도
　　가) 건축물의 설비, 대피 또는 위생을 위한 용도, 그 밖에 이와 비슷한 용도
　　나) 사무, 작업, 집회, 물품저장 또는 주차를 위한 용도, 그 밖에 이와 비슷한 용도
　　다) 구내식당, 구내세탁소, 구내운동시설등 종업원후생복리시설(기숙사 제외) 또는 구내소각시설의 용도
나. 하나의 건축물이 근린생활시설, 판매시설, 업무시설, 숙박시설 또는 위락시설의 용도와 주택의 용도로 함께 사용되는 것

▶ 비고
1. 각각 별개의 특정소방대상물로 보는 기준
　　내화구조로 된 하나의 특정소방대상물이 개구부 및 연소 확대 우려가 없는 내화구조의 바닥과 벽으로 구획되어 있는 경우에는 그 구획된 부분을 각각 별개의 특정소방대상물로 본다. 다만, 제9조에 따라 성능위주설계를 해야 하는 범위를 정할 때에는 하나의 특정소방대상물로 본다.
2. 둘 이상의 특정소방대상물을 하나의 특정소방대상물로 보는 기준
　　둘 이상의 특정소방대상물이 다음의 어느 하나에 해당되는 구조의 복도 또는 통로(연결통로)로 연결된 경우에는 이를 하나의 특정소방대상물로 본다.
　　가. 내화구조로 된 연결통로가 다음의 어느 하나에 해당되는 경우
　　　1) 벽이 없는 구조로서 그 길이가 6미터 이하인 경우
　　　2) 벽이 있는 구조로서 그 길이가 10m 이하인 경우. 다만, 벽 높이가 바닥에서 천장까지의 높이의 2분의 1 이상인 경우에는 벽이 있는 구조로 보고, 벽 높이가 바닥에서 천장까지의 높이의 2분의 1 미만인 경우에는 벽이 없는 구조로 본다.
　　나. 내화구조가 아닌 연결통로로 연결된 경우
　　다. 컨베이어로 연결되거나 플랜트설비의 배관 등으로 연결되어 있는 경우
　　라. 지하보도, 지하상가, 지하가로 연결된 경우
　　마. 방화셔터 또는 60분+방화문이 설치되지 않은 피트로 연결된 경우
　　바. 지하구로 연결된 경우
3. 연결통로 또는 지하구로 연결된 특정소방대상물을 별개의 특정소방대상물로 보는 기준 연결통로 또는 지하구와 특정소방대상물의 양쪽에 다음의 어느 하나에 적합한 경우에는 각각 별개의 특정소방대상물로 본다.
　　가. 화재 시 경보설비 또는 자동소화설비의 작동과 연동하여 자동으로 닫히는 자동방화셔터 또는 60분+방화문이 설치된 경우
　　나. 화재 시 자동으로 방수되는 방식의 드렌처설비 또는 개방형 스프링클러헤드가 설치된 경우
4. 지하층이 지하가와 연결된 특정소방대상물의 판단 기준
　　가. 특정소방대상물의 지하층이 지하가와 연결되어 있는 경우 해당 지하층의 부분을 지하가로 본다.
　　나. 지하가와 연결되는 지하층에 지하층 또는 지하가에 설치된 자동방화셔터 또는 60분+방화문이 화재 시 경보설비 또는 자동소화설비의 작동과 연동하여 자동으로 닫히는 구조이거나 그 윗부분에 드렌처설비가 설치된 경우에는 지하가로 보지 않는다.

2-5 소방용품

시행령 제6조 【소방용품】 법 제2조 제1항 제7호에서 "대통령령으로 정하는 것"이란 별표 3의 제품 또는 기기를 말한다.

---

1. 소화설비를 구성하는 제품 또는 기기
　가. 소화기구
　　1) 소화기
　　2) 간이소화용구: 에어로졸식 소화용구, 투척용 소화용구, 소공간용 소화용구(소화약제 외의 것을 이용한 간이소화용구 제외)
　　3) 자동확산소화기
　나. 자동소화장치
　다. 소화설비를 구성하는 소화전, 관창(管槍), 소방호스, 스프링클러헤드, 기동용 수압개폐장치, 유수제어밸브 및 가스관선택밸브

2. 경보설비를 구성하는 제품 또는 기기
   가. 누전경보기 및 가스누설경보기
   나. 경보설비를 구성하는 발신기, 수신기, 중계기, 감지기 및 음향장치(경종만 해당)

---

3. 피난구조설비를 구성하는 제품 또는 기기
   가. 피난사다리, 구조대, 완강기(간이완강기 및 지지대 포함)
   나. 공기호흡기(충전기 포함)
   다. 피난구유도등, 통로유도등, 객석유도등 및 예비 전원이 내장된 비상조명등

---

4. 소화용으로 사용하는 제품 또는 기기
   가. 소화약제
      1) 자동소화장치: 상업용자동소화장치, 캐비닛형자동소화장치
      2) 소화설비: 포소화설비, 이산화탄소소화설비, 할론소화설비, 할로겐화합물 및 불활성기체 소화설비, 분말소화설비, 강화액소화
        설비, 고체에어로졸
   나. 방염제(방염액·방염도료 및 방염성물질)

---

5. 행정안전부령으로 정하는 소방 관련 제품 또는 기기

2-6 화재안전기준

(1) 화재안전기준
① 성능기준: 화재안전 확보를 위하여 재료, 공간 및 설비등에 요구되는 안전성능으로서 소방청장이 고시로 정하는 기준
② 기술기준: ①에 따른 성능기준을 충족하는 상세한 규격, 특정한 수치 및 시험방법 등에 관한 기준으로서 행정안전부령으로 정하는 절차에 따라 소방청장의 승인을 받은 기준

(2) 기술기준의 제정·개정 절차
① 중앙위원회 심의·의결: 국립소방연구원장은 화재안전기준 중 기술기준(이하 "기술기준"이라 한다)을 제정·개정하려는 경우 제정안·개정안을 작성하여 법 제18조 제1항에 따른 중앙소방기술심의위원회의 심의·의결을 거쳐야 한다. 이 경우 제정안·개정안의 작성을 위해 소방 관련 기관·단체 및 개인 등의 의견을 수렴할 수 있다.
② 승인신청서 제출: 국립소방연구원장은 중앙위원회의 심의·의결을 거쳐 다음의 사항이 포함된 승인신청서를 소방청장에게 제출해야 한다.
   ⊙ 기술기준의 제정안 또는 개정안
   ⊙ 기술기준의 제정 또는 개정 이유
   ⊙ 기술기준의 심의 경과 및 결과
③ 기술기준 공개: 승인을 통보받은 국립소방연구원장은 승인받은 기술기준을 관보에 게재하고, 국립소방연구원 인터넷 홈페이지를 통해 공개해야 한다.
④ 규정 외 위임규정: 기술기준의 제정·개정을 위하여 필요한 사항은 국립소방연구원장이 정한다.

제1절　건축허가 등의 동의 등

1 건축허가 등의 동의 등

(1) 건축허가 등 및 동의권자

① 건축허가 등: 건축허가 등이란 건축물 등의 신축·증축·개축·재축·이전·용도 변경 또는 대수선의 허가·협의 및 사용승인을 말한다.

② 건축허가 등의 동의권자(소방본부장, 소방서장): 건축물 등의 건축허가 등의 권한이 있는 행정기관은 건축허가 등을 할 때 미리 그 건축물 등의 시공지(施工地) 또는 소재지를 관할하는 소방본부장이나 소방서장의 동의를 받아야 한다.

(2) 신고를 수리할 권한이 있는 행정기관의 통지

건축물 등의 신고를 수리할 권한이 있는 행정기관은 그 신고를 수리하면 소방본부장이나 소방서장에게 지체 없이 그 사실을 알려야 한다.

(3) 건축허가 등의 동의대상물의 범위 등(영 제7조 제1항)

1. 연면적이 400m² 이상인 건축물이나 시설(다만, 다음 각 목의 어느 하나에 해당하는 건축물이나 시설은 해당 목에서 정한 기준 이상인 건축물이나 시설로 한다.)
   가. 학교시설: 100m² 이상
   나. 특정소방대상물 중 노유자(老幼者) 시설 및 수련시설: 200제곱미터
   다. 「정신건강증진 및 정신질환자 복지서비스 지원에 관한 법률」 제3조 제5호에 따른 정신의료기관(입원실이 없는 정신건강의학과 의원은 제외하며, 이하 "정신의료기관"이라 한다): 300제곱미터
   라. 「장애인복지법」 제58조 제1항 제4호에 따른 장애인 의료재활시설(이하 "의료재활시설"이라 한다): 300제곱미터
2. 지하층 또는 무창층이 있는 건축물: 바닥면적이 150제곱미터(공연장의 경우에는 100제곱미터) 이상인 층이 있는 것
3. 차고·주차장 또는 주차용도로 사용되는 시설
   가. 차고·주차장: 바닥면적 200m² 이상 층이 있는 건축물·주차시설
   나. 승강기 등 기계장치에 의한 주차시설: 자동차 20대 이상
4. 층수: 6층 이상인 건축물
5. 항공기격납고, 관망탑, 항공관제탑, 방송용 송수신탑
6. 의원(입원실이 있는 것으로 한정한다)·조산원·산후조리원, 위험물 저장 및 처리 시설, 발전시설 중 풍력발전소·전기저장시설, 지하구(地下溝)
7. 제1호에 나목에 해당하지 않는 노유자시설 중 다음 각 목의 어느 하나에 해당하는 시설. 다만, 가목 2) 및 나목부터 바목까지의 시설 중 「건축법 시행령」 별표 1의 단독주택 또는 공동주택에 설치되는 시설은 제외한다.
   가. 노인 관련 시설
      1) 노인주거복지시설·노인의료복지시설 및 재가노인복지시설
      2) 학대피해노인 전용쉼터
   나. 아동복지시설(아동상담소, 아동전용시설 및 지역아동센터는 제외)
   다. 장애인 거주시설
   라. 정신질환자 관련 시설(24시간 주거를 제공하지 아니하는 시설은 제외)
   마. 노숙인 관련 시설 중 노숙인자활시설, 노숙인재활시설 및 노숙인요양시설
   바. 결핵환자나 한센인이 24시간 생활하는 노유자시설
8. 요양병원. 다만, 의료재활시설은 제외한다.
9. 특정소방대상물 중 공장 또는 창고시설로서 수량의 750배 이상의 특수가연물을 저장·취급하는 것
10. 가스시설로서 지상에 노출된 탱크의 저장용량의 합계가 100톤 이상인 것

(4) 건축허가 등의 동의대상 제외 특정소방대상물

① 특정소방대상물에 설치되는 소화기구, 자동소화장치, 누전경보기, 단독경보형감지기, 가스누설경보기, 피난구조설비 (비상조명등은 제외한다)가 화재안전기준에 적합한 경우 그 특정소방대상물

② 건축물의 증축 또는 용도변경으로 인하여 해당 특정소방대상물에 추가로 소방시설이 설치되지 아니하는 경우 (「소방시설공사업법 시행령」제4조 제1호에 해당하지 않는 경우) 그 특정소방대상물

③ 「소방시설공사업법 시행령」제4조에 따른 소방시설공사의 착공신고 대상에 해당하지 않는 경우 해당 특정소 방대상물

(5) 건축허가 등의 동의를 요구할 때 동의요구서 첨부서류

① 설계도서

ㄱ 건축물 관련 상세도면

ⓐ 건축물 개요 및 배치도

ⓑ 주단면도 및 입면도(立面圖, 물체를 정면에서 본 대로 그린 그림을 말한다. 이하 같다)

ⓒ 층별 평면도(용도별 기준층 평면도를 포함한다)

ⓓ 방화구획도(창호도를 포함한다)

ⓔ 실내·실외 마감재료표

ⓕ 소방자동차 진입 동선도 및 부서 공간 위치도(조경계획을 포함한다)

ㄴ 소방시설 설계도서

ⓐ 소방시설(기계·전기 분야의 시설을 말한다)의 계통도(시설별 계산서를 포함한다)

ⓑ 소방시설별 층별 평면도

ⓒ 실내장식물 방염대상물품 설치 계획(「건축법」제52조에 따른 건축물의 마감재료는 제외한다)

ⓓ 소방시설의 내진설계 계통도 및 기준층 평면도(내진 시방서 및 계산서 등 세부 내용이 포함된 상세 설계도 면은 제외한다)

② 임시소방시설 설치계획서(설치시기·위치·종류·방법 등 임시소방시설의 설치와 관련된 세부 사항을 포함한다)

③ 소방시설설계업등록증과 소방시설을 설계한 기술인력의 기술자격증 사본

④ 소방시설설계 계약서 사본

1-2 설계도면의 제출 등

(1) 설계도면의 제출: 설계도서 중 건축물의 내부구조를 알 수 있는 설계도면 제출

(2) 건축허가 등의 회신

① 동의 여부 회신기간: 5일 이내(특급소방안전관리대상물은 10일 이내)

② 동의요구서 및 첨부서류의 보완기간: 4일 이내의 기간

③ 행정기관이 건축허가 등을 취소한 경우: 취소한 날부터 7일 이내에 건축물 등

(3) 적정성 검토 및 의견서 제출(검토사항)

① 피난시설, 방화구획(防火區劃)

② 소방관 진입창

③ 방화벽, 마감재료 등(이하 "방화시설"이라 한다)

④ 소방자동차의 접근이 가능한 통로의 설치 등 대통령령으로 정하는 사항

ㄱ 소방자동차의 접근이 가능한 통로의 설치

      ⓛ 승강기의 설치

      ⓒ 주택단지 안 도로의 설치

      ⓔ 옥상광장, 비상문자동개폐장치 또는 헬리포트의 설치

      ⓜ 소방본부장 또는 소방서장이 소화활동 및 피난을 위해 필요하다고 인정하는 사항

(4) 사용승인에 대한 동의

    사용승인에 대한 동의는 완공검사증명서를 교부하는 것으로 동의를 갈음할 수 있다.

2 소방시설의 내진설계기준

(1) 소방시설의 내진설계기준

    대통령령으로 정하는 특정소방대상물에 대통령령으로 정하는 소방시설을 설치하려는 자는 지진이 발생할 경우를 대비하여 정상적으로 작동될 수 있도록 소방청장이 정하는 내진설계기준에 맞게 소방시설을 설치하여야 한다.

(2) 대통령령으로 정하는 특정소방대상물

    「건축법」 제2조 제1항 제2호에 따른 건축물로서 「지진·화산재해대책법 시행령」 제10조 제1항 각 호에 해당하는 시설을 말한다.

(3) 대통령령으로 정하는 소방시설

    ① 옥내소화전설비

    ② 스프링클러설비

    ③ 물분무등소화설비

3 성능위주설계

(1) 성능위주설계

    연면적·높이·층수 등이 일정 규모 이상인 대통령령으로 정하는 특정소방대상물(신축하는 것만 해당한다)에 소방시설을 설치하려는 자는 성능위주설계를 하여야 한다.

(2) 성능위주설계를 하여야 하는 특정소방대상물의 범위

    ① 연면적 20만제곱미터 이상인 특정소방대상물. 다만, 아파트등은 제외한다.

    ② 50층 이상(지하층은 제외한다)이거나 지상으로부터 높이가 200미터 이상인 아파트 등

    ③ 30층 이상(지하층을 포함한다)이거나 지상으로부터 높이가 120미터 이상인 특정소방대상물(아파트등은 제외한다)

    ④ 연면적 3만제곱미터 이상인 특정소방대상물

       ⊙ 철도 및 도시철도 시설

       ⓛ 공항시설

    ⑤ 창고시설

       ⊙ 연면적 10만제곱미터 이상인 것

       ⓛ 지하층의 층수가 2개 층 이상이고 지하층의 바닥면적의 합계가 3만제곱미터 이상인 것

    ⑥ 하나의 건축물에 영화상영관이 10개 이상인 특정소방대상물

    ⑦ 지하연계 복합건축물에 해당하는 특정소방대상물

    ⑧ 터널

       ⊙ 수저(水底)터널

       ⓛ 길이가 5천미터 이상인 것

3-2 성능위주설계의 신고 및 변경신고 등

(1) 성능위주설계의 신고

건축허가를 신청하기 전에 소방서장에게 신고하여야 한다(변경하려는 경우에도 또한 같다).

(2) 신고된 성능위주설계에 대한 검토·평가

① 성능위주설계의 신고를 받은 소방서장은 필요한 경우 보완 절차를 거쳐 소방청장 또는 관할 소방본부장에게 성능위주설계 평가단(이하 "평가단"이라 한다)의 검토·평가를 요청해야 한다.

② 검토·평가를 요청받은 소방청장 또는 소방본부장은 요청을 받은 날부터 20일 이내(변경신고의 경우 14일 이내)에 평가단의 심의·의결을 거쳐 해당 건축물의 성능위주설계를 검토·평가하고, 성능위주설계 검토·평가 결과서를 작성하여 관할 소방서장에게 지체 없이 통보해야 한다.

③ 성능위주설계 신고를 받은 소방서장은 ①에도 불구하고 신기술·신공법 등 검토·평가에 고도의 기술이 필요한 경우에는 중앙위원회에 심의를 요청할 수 있다.

④ 중앙위원회는 요청된 사항에 대하여 20일 이내(변경신고의 경우 14일 이내)에 심의·의결을 거쳐 성능위주설계 검토·평가 결과서를 작성하고 관할 소방서장에게 지체 없이 통보해야 한다.

(3) 성능위주설계 평가단 및 중앙소방심의위원회의 검토·평가 구분 및 통보 시기(규칙 [별표 1])

구분		성립요건	통보 시기
수리	원안채택	신고서(도면 등) 내용에 수정이 없거나 경미한 경우 원안대로 수리	지체 없이
	보완	평가단 또는 중앙위원회에서 검토·평가한 결과 보완이 요구되는 경우로서 보완이 완료되면 수리	보완완료 후 지체 없이 통보
불수리	재검토	평가단 또는 중앙위원회에서 검토·평가한 결과 보완이 요구되나 단 기간에 보완될 수 없는 경우	지체 없이
	부결	평가단 또는 중앙위원회에서 검토·평가한 결과 소방 관련 법령 및 건축 법령에 위반되거나 평가 기준을 충족하지 못한 경우	지체 없이

▶ 비고
보완으로 결정된 경우 보완기간은 21일 이내로 부여하고 보완이 완료되면 지체 없이 수리 여부를 통보해야 한다.

(4) 성능위주설계의 변경신고

① 법 제8조 제2항 후단에서 "해당 특정소방대상물의 연면적·높이·층수의 변경 등 행정안전부령으로 정하는 사유"란 특정소방대상물의 연면적·높이·층수의 변경이 있는 경우를 말한다. 다만, 「건축법」 제16조 제1항 단서 및 같은 조 제2항에 따른 경우는 제외한다.

② 성능위주설계를 한 자는 법 제8조 제2항 후단에 따라 해당 성능위주설계를 한 특정소방대상물이 제1항에 해당하는 경우 성능위주설계 변경 신고서에 제4조 제1항 각 호의 서류를 첨부하여 관할 소방서장에게 신고해야 한다.

③ 제2항에 따른 성능위주설계의 변경신고에 대한 검토·평가, 수리 여부 결정 및 통보에 관하여는 제5조 제2항부터 제5항까지의 규정을 준용한다. 이 경우 같은 조 제2항 및 제4항 중 "20일 이내"는 각각 "14일 이내"로 본다.

3-3 성능위주설계의 사전검토

(1) 사전검토

소방서장의 사전검토: 그 심의를 신청하기 전에 소방서장의 사전검토를 받아야 한다.

(2) 성능위주설계단의 평가 · 검토

① 소방서장은 성능위주설계의 신고, 변경신고 또는 사전검토 신청을 받은 경우에는 소방청 또는 관할 소방본부에 설치된 성능위주설계평가단의 검토 · 평가를 거쳐야 한다.

② 다만, 소방서장은 신기술 · 신공법 등 검토 · 평가에 고도의 기술이 필요한 경우에는 중앙소방기술심의위원회에 심의를 요청할 수 있다.

(3) 사전검토가 신청된 성능위주설계에 대한 검토 · 평가

① 사전검토의 신청을 받은 소방서장은 필요한 경우 보완 절차를 거쳐 소방청장 또는 관할 소방본부장에게 평가단의 검토 · 평가를 요청해야 한다.

② 성능위주설계 사전검토의 신청을 받은 소방서장은 신기술 · 신공법 등 검토 · 평가에 고도의 기술이 필요한 경우에는 중앙위원회에 심의를 요청할 수 있다.

(4) 성능위주설계 기준

① 소방자동차 진입(통로) 동선 및 소방관 진입 경로 확보

② 화재 · 피난 모의실험을 통한 화재위험성 및 피난안전성 검증

③ 건축물의 규모와 특성을 고려한 최적의 소방시설 설치

④ 소화수 공급시스템 최적화를 통한 화재피해 최소화 방안 마련

⑤ 특별피난계단을 포함한 피난경로의 안전성 확보

⑥ 건축물의 용도별 방화구획의 적정성

⑦ 침수 등 재난상황을 포함한 지하층 안전확보 방안 마련

4 성능위주설계평가단

(1) 성능위주설계평가단의 설치

① 설치: 소방청 또는 소방본부

② 목적: 성능위주설계에 대한 전문적 · 기술적인 검토 및 평가

(2) 비밀누설 금지의무 등(벌칙 – 300만원 이하의 벌금)

(3) 평가단의 구성

① 구성: 평가단장 1명을 포함하여 50 이내의 단원으로 성별을 고려하여 구성

② 평가단장: 소방청장 또는 소방본부장이 임명하거나 위촉한다.

③ 위촉된 평가단원의 임기 등: 임기는 2년으로 하되, 2회에 한정하여 연임할 수 있다.

(4) 평가단의 운영(규칙 제11조)

① 평가단의 회의

㉠ 평가단의 회의는 평가단장과 평가단장이 회의마다 지명하는 6명 이상 8명 이하의 평가단원으로 구성 · 운영하며, 과반수의 출석으로 개의(開議)하고 출석 평가단원 과반수의 찬성으로 의결한다.

㉡ 다만, 성능위주설계의 변경신고에 대한 심의 · 의결을 하는 경우에는 건축물의 성능위주설계를 검토 · 평가한 평가단원 중 5명 이상으로 평가단을 구성 · 운영할 수 있다.

② 수당 등의 지급

5 주택에 설치하는 소방시설

(1) 주택에 설치하는 소방시설의 설치

다음 주택의 소유자는 대통령령으로 정하는 소방시설(소화기 및 단독경보형감지기)을 설치하여야 한다.

① 단독주택

② 공동주택(아파트 및 기숙사는 제외)

(2) 주택용 소방시설의 설치기준 및 자율적인 안전관리 등에 관한 사항은 시·도의 조례로 정한다(제8조 제3항).

> 📋 **SUMMARY 소방시설법 위원회 구성 등**
>
> 1. **성능위주설계 평가단**: 평가단장 1명 포함하여 50명 이내 단원
> 2. **성능위주설계 평가단 회의**: 평가단장과 평가단장이 회의마다 지명하는 6명 이상 8명 이하의 평가단원(변경신고: 성능위주설계를 검토·평가한 평가단원 중 5명 이상으로 평가단 구성)
> 3. **중앙소방기술심의위원회 구성**: 위원장을 포함한 60명 이내의 위원으로 구성
> 4. **중앙소방기술심의위원회 회의**: 위원장과 위원장이 회의마다 지정하는 6명 이상 12명 이하의 위원
> 5. **지방소방기술심의위원회 구성**: 위원장을 포함하여 5명 이상 9명 이하의 위원

6 자동차에 설치 또는 비치하는 소화기

(1) 자동차에 설치 또는 비치하는 소화기

다음의 어느 하나에 해당하는 자동차를 제작·조립·수입·판매하려는 자 또는 해당 자동차의 소유자는 차량용 소화기를 설치하거나 비치하여야 한다.

① 5인승 이상의 승용자동차

② 승합자동차

③ 화물자동차

④ 특수자동차

(2) 위임규정

차량용 소화기의 설치 또는 비치 기준은 행정안전부령으로 정한다.

(3) 자동차 검사 시 확인사항

① 국토교통부장관은 자동차검사 시 차량용 소화기의 설치 또는 비치 여부 등을 확인하여야 한다.

② 그 결과를 매년 12월 31일까지 소방청장에게 통보하여야 한다.

(4) 차량용 소화기의 설치 또는 비치기준(규칙 [별표 2])

자동차에는 법 제37조 제5항에 따라 형식승인을 받은 차량용 소화기를 다음의 기준에 따라 설치 또는 비치해야 한다.

① **승용자동차**: 법 제37조 제5항에 따른 능력단위(이하 "능력단위"라 한다) 1 이상의 소화기 1개 이상을 사용하기 쉬운 곳에 설치 또는 비치한다.

② **승합자동차**

  ㉠ **경형승합자동차**: 능력단위 1 이상의 소화기 1개 이상을 사용하기 쉬운 곳에 설치 또는 비치한다.

  ㉡ **승차정원 15인 이하**: 능력단위 2 이상인 소화기 1개 이상 또는 능력단위 1 이상인 소화기 2개 이상을 설치한다. 이 경우 승차정원 11인 이상 승합자동차는 운전석 또는 운전석과 옆으로 나란한 좌석 주위에 1개 이상을 설치한다.

ⓒ **승차정원 16인 이상 35인 이하**: 능력단위 2 이상인 소화기 2개 이상을 설치한다. 이 경우 승차정원 23인을 초과하는 승합자동차로서 너비 2.3미터를 초과하는 경우에는 운전자 좌석 부근에 가로 600밀리미터, 세로 200밀리미터 이상의 공간을 확보하고 1개 이상의 소화기를 설치한다.

ⓔ **승차정원 36인 이상**: 능력단위 3 이상인 소화기 1개 이상 및 능력단위 2 이상인 소화기 1개 이상을 설치한다. 다만, 2층 대형승합자동차의 경우에는 위층차실에 능력단위 3 이상인 소화기 1개 이상을 추가 설치한다.

③ **화물자동차**(피견인자동차는 제외한다) **및 특수자동차**

ⓐ **중형 이하**: 능력단위 1 이상인 소화기 1개 이상을 사용하기 쉬운 곳에 설치한다.

ⓑ **대형 이상**: 능력단위 2 이상인 소화기 1개 이상 또는 능력단위 1 이상인 소화기 2개 이상을 사용하기 쉬운 곳에 설치한다.

④ 「위험물안전관리법 시행령」 제3조에 따른 지정수량 이상의 위험물 또는 「고압가스안전관리법 시행령」 제2조에 따라 고압가스를 운송하는 특수자동차(피견인자동차를 연결한 경우에는 이를 연결한 견인자동차를 포함한다): 「위험물안전관리법 시행규칙」 제41조 및 별표 17 제3호 나목 중 이동탱크저장소 자동차용소화기의 설치기준란에 해당하는 능력단위와 수량 이상을 설치한다.

📋 SUMMARY **차량용 소화기의 설치 또는 비치기준**

구분		능력단위	수량(이상)
승용자동차		1 이상	1개
승합자동차	경형 승합자동차	1 이상	1개
	15인 이하	1 이상	2개
		2 이상	1개
	16인 이상 35인 이하	2 이상	2개
	36인 이상	2 이상 및 3 이상	각 1개
화물(견인자동차 제외)·특수자동차	중형 이하	1 이상	1개
	대형 이상	1 이상	2개
		2 이상	1개
고압가스를 운송하는 특수자동차(견인자동차 포함)		이동탱크저장소 자동차용 소화기 설치 기준	

1 특정소방대상물의 규모 등에 따라 갖추어야 하는 소방시설

(1) 소화설비

① 소화기구

> 1) 연면적 33제곱미터 이상인 것. 다만, 노유자시설의 경우에는 투척용 소화용구 등을 화재안전기준에 따라 산정된 소화기 수량의 2분의 1 이상으로 설치할 수 있다.
> 2) 1)에 해당하지 않는 시설로서 가스시설, 발전시설 중 전기저장시설 및 문화유산
> 3) 터널
> 4) 지하구

② 자동소화장치

> 1) 주거용 주방자동소화장치를 설치하여야 하는 것: 아파트등 및 오피스텔의 모든 층
> 2) 상업용 주방자동소화장치를 설치하여야 하는 것(후드 및 덕트가 설치되어 있는 주방에 한한다)
> 　가) 판매시설 중 대규모점포에 입점해 있는 일반음식점
> 　나) 집단급식소
> 3) 캐비닛형 자동소화장치, 가스자동소화장치, 분말자동소화장치 또는 고체에어로졸자동소화장치를 설치하여야 하는 것: 화재안전기준에서 정하는 장소

③ 옥내소화전설비: 위험물 저장 및 처리 시설 중 가스시설, 지하구 및 방재실 등에서 스프링클러설비 또는 물분무등소화설비를 원격으로 조정할 수 있는 업무시설 중 무인변전소는 제외한다.

> 1) 다음의 어느 하나에 해당하는 경우에는 모든 층
> 　가) 연면적 3천제곱미터 이상인 것(지하가 중 터널은 제외한다)
> 　나) 지하층·무창층(축사는 제외한다)으로서 바닥면적이 600제곱미터 이상인 층이 있는 것
> 　다) 층수가 4층 이상인 층 중 바닥면적이 600제곱미터 이상인 층이 있는 것
> 2) 1)에 해당하지 않는 근린생활시설, 판매시설, 운수시설, 의료시설, 노유자시설, 업무시설, 숙박시설, 위락시설, 공장, 창고시설, 항공기 및 자동차 관련 시설, 교정 및 군사시설 중 국방·군사시설, 방송통신시설, 발전시설, 장례시설 또는 복합건축물로서 다음의 어느 하나에 해당하는 경우에는 모든 층　　근판수료 / 노무숙락 / 공창항교 / 방전장복
> 　가) 연면적 1천5백제곱미터 이상인 층이 있는 것
> 　나) 지하층·무창층으로서 바닥면적이 300제곱미터 이상인 층이 있는 것
> 　다) 층수가 4층 이상인 층 중 바닥면적이 300제곱미터 이상인 층이 있는 것
> 3) 건축물의 옥상에 설치된 차고 또는 주차장으로서 사용되는 부분의 면적이 200제곱미터 이상인 경우 해당 부분
> 4) 지하가 중 터널로서 다음에 해당하는 터널
> 　가) 길이가 1천미터 이상인 터널
> 　나) 예상교통량, 경사도 등 터널의 특성을 고려하여 행정안전부령으로 정하는 터널
> 5) 공장 또는 창고시설로서 해당 특수가연물 수량의 750배 이상의 특수가연물을 저장·취급하는 것

④ 스프링클러설비: 위험물 저장 및 처리 시설 중 가스시설 또는 지하구는 제외한다.

> 1) 층수가 6층 이상인 특정소방대상물의 경우에는 모든 층
> 2) 기숙사 또는 복합건축물로서 연면적 5천제곱미터 이상인 경우에는 모든 층
> 3) 문화 및 집회시설, 종교시설, 운동시설(모든 층) 문화 및 집회시설(동·식물원은 제외한다), 종교시설(주요구조부가 목조인 것은 제외한다), 운동시설(물놀이형 시설 및 관람석이 없는 운동시설은 제외한다)로서 다음에 해당하는 경우에는 모든 층
>   가) 수용인원이 100명 이상인 것
>   나) 영화상영관의 용도로 쓰이는 층의 바닥면적이 지하층 또는 무창층인 경우에는 500제곱미터 이상, 그 밖의 층의 경우에는 1천제곱미터 이상인 것
>   다) 무대부가 지하층·무창층 또는 4층 이상의 층에 있는 경우에는 무대부의 면적이 300제곱미터 이상인 것
>   라) 무대부가 다) 외의 층에 있는 경우에는 무대부의 면적이 500제곱미터 이상인 것
> 4) 판매시설, 운수시설 및 창고시설(물류터미널에 한정)로서 바닥면적의 합계가 5천제곱미터 이상이거나 수용인원이 500명 이상인 경우에는 모든 층
> 5) 바닥면적의 합계가 600제곱미터 이상인 것은 모든 층
>   가) 의료시설 중 정신의료기관
>   나) 의료시설 중 종합병원, 병원, 치과병원, 한방병원 및 요양병원(정신병원은 제외한다)
>   다) 노유자시설
>   라) 숙박시설
>   마) 숙박이 가능한 수련시설
> 6) 창고시설(물류터미널은 제외한다)로서 바닥면적 합계가 5천제곱미터 이상인 경우에는 모든 층
> 7) 특정소방대상물의 지하층·무창층(축사는 제외한다) 또는 층수가 4층 이상인 층으로서 바닥면적이 1천제곱미터 이상인 층이 있는 경우에는 해당 층
> 8) 랙식 창고(Rack Warehouse): 랙을 갖춘 것으로서 천장 또는 반자의 높이가 10미터를 초과하고, 랙이 설치된 층의 바닥면적의 합계가 1천5백제곱미터 이상인 경우에는 모든 층
> 9) 공장 또는 창고시설
>   가) 1천배 이상의 특수가연물을 저장·취급하는 시설
>   나) 중·저준위방사성폐기물의 저장시설 중 소화수를 수집·처리하는 설비가 있는 저장시설
> 10) 지붕 또는 외벽이 불연재료가 아니거나 내화구조가 아닌 공장 또는 창고시설
> ― 중략 ―
> 11) 교정 및 군사시설
> 12) 지하가(터널은 제외한다)로서 연면적 1천제곱미터 이상인 것
> 13) 발전시설 중 전기저장시설
> 14) 1)부터 13)까지의 특정소방대상물에 부속된 보일러실 또는 연결통로 등

⑤ 간이스프링클러설비

> 1) 공동주택 중 연립주택 및 다세대주택(연립주택 및 다세대주택에 설치하는 간이스프링클러설비는 화재안전기준에 따른 주택전용 간이스프링클러설비를 설치한다)
> 2) 근린생활시설
>   가) 근린생활시설로 사용하는 부분의 바닥면적 합계가 1천제곱미터 이상인 것은 모든 층
>   나) 의원, 치과의원 및 한의원으로서 입원실이 있는 시설
>   다) 조산원 및 산후조리원으로서 연면적 600m² 미만인 시설
> 3) 의료시설
>   가) 종합병원, 병원, 치과병원, 한방병원 및 요양병원(정신병원과 의료재활시설은 제외한다)으로 사용되는 바닥면적의 합계가 600제곱미터 미만인 시설
>   나) 정신의료기관 또는 의료재활시설로 사용되는 바닥면적의 합계가 300제곱미터 이상 600제곱미터 미만인 시설
>   다) 정신의료기관 또는 의료재활시설로 사용되는 바닥면적의 합계가 300제곱미터 미만이고, 창살이 설치된 시설
> 4) 교육연구시설 내에 합숙소로서 연면적 100제곱미터 이상인 것

5) 노유자시설

    가) 제12조 제1항 제6호 각 목에 따른 시설(제12조 제1항 제6호 가목 2) 및 같은 호 나목부터 바목까지의 시설 중 단독주택 또는 공동주택에 설치되는 시설은 제외하며, 이하 "노유자 생활시설"이라 한다)

    나) 가)에 해당하지 않는 노유자시설로 해당 시설로 사용하는 바닥면적의 합계가 300제곱미터 이상 600제곱미터 미만인 시설

    다) 가)에 해당하지 않는 노유자시설로 해당 시설로 사용하는 바닥면적의 합계가 300제곱미터 미만이고, 창살이 설치된 시설

6) 숙박시설로 사용되는 바닥면적의 합계가 300제곱미터 이상 600제곱미터 미만인 것

7) 건물을 임차하여 「출입국관리법」에 따른 보호시설로 사용되는 부분

8) 복합건축물로서 연면적 1천제곱미터 이상인 것은 모든 층

⑥ **물분무등소화설비:** 위험물 저장 및 처리 시설 중 가스시설 또는 지하구는 제외한다.

1) 항공기 및 자동차 관련 시설 중 항공기격납고

2) 차고, 주차용 건축물 또는 철골 조립식 주차시설. 이 경우 연면적 800제곱미터 이상인 것만 해당한다.

3) 건축물의 내부에 설치된 차고·주차장으로서 차고 또는 주차의 용도로 사용되는 면적이 200m² 이상인 경우 해당 부분 (50세대 미만 연립주택 및 다세대주택은 제외한다)

4) 기계장치에 의한 주차시설: 20대 이상

5) 특정소방대상물에 설치된 전기실·발전실·변전실·축전지실·통신기기실 또는 전산실, 그 밖에 이와 비슷한 것으로서 바닥면적이 300m² 이상인 것. 다만, 내화구조로 된 공정제어실 내에 설치된 주조정실로서 양압시설이 설치되고 전기기기에 220볼트 이하인 저전압이 사용되며 종업원이 24시간 상주하는 곳은 제외한다.

6) 소화수를 수집·처리하는 설비가 설치되어 있지 않은 중·저준위방사성폐기물의 저장시설. 다만, 이 경우에는 이산화탄소소화설비, 할론소화설비 또는 할로겐화합물 및 불활성기체 소화설비를 설치하여야 한다.

7) 지하가 중 예상 교통량, 경사도 등 터널의 특성을 고려하여 행정안전부령으로 정하는 터널. 다만, 이 경우에는 물분무소화설비를 설치해야 한다.

8) 국가유산 중 지정문화유산(문화유산자료 제외) 또는 천연기념물등(자연유산자료 제외)으로서 소방청장이 국가유산청장과 협의하여 정하는 것

⑦ **옥외소화전설비:** 아파트등, 위험물 저장 및 처리 시설 중 가스시설, 지하구 또는 지하가 중 터널은 제외한다.

1) 지상 1층 및 2층의 바닥면적의 합계가 9천제곱미터 이상인 것. 이 경우 같은 구(區) 내의 둘 이상의 특정소방대상물이 행정안전부령으로 정하는 연소(延燒) 우려가 있는 구조인 경우에는 이를 하나의 특정소방대상물로 본다.

2) 문화유산 중 보물 또는 국보로 지정된 목조건축물

3) 공장 또는 창고시설로서 해당 특수가연물 수량 750배 이상의 특수가연물을 저장·취급하는 것

(2) 경보설비

① 단독경보형 감지기(이 경우 연립주택 및 다세대주택에 설치하는 단독경보형감지기는 연동형으로 설치해야 한다)

1) 교육연구시설 내에 있는 기숙사 또는 합숙소로서 연면적 2천m² 미만인 것

2) 수련시설 내에 있는 기숙사 또는 합숙소로서 연면적 2천m² 미만인 것

3) 다목 7)에 해당하지 않는 수련시설(숙박시설이 있는 것만 해당한다)

4) 연면적 400m² 미만의 유치원

5) 공동주택 중 연립주택 및 다세대주택

② **비상경보설비**: 지하구, 모래·석재 등 불연재료 창고 및 위험물 저장·처리시설 중 가스시설은 제외한다.

> 1) 연면적 400㎡ 이상
> 2) 지하층 또는 무창층의 바닥면적이 150㎡(공연장의 경우 100㎡) 이상인 것은 모든 층
> 3) 지하가 중 터널로서 길이가 500m 이상인 것
> 4) 50명 이상의 근로자가 작업하는 옥내 작업장

③ **자동화재탐지설비**

> 1) 공동주택 중 아파트등·기숙사 및 숙박시설의 경우에는 모든 층
> 2) 층수가 6층 이상인 건축물의 경우에는 모든 층
> 3) 근린생활시설(목욕장은 제외한다), 의료시설(정신의료기관 및 요양병원은 제외한다), 위락시설, 장례시설 및 복합건축물로서 연면적 600제곱미터 이상인 것
> 4) 근린생활시설 중 목욕장, 문화 및 집회시설, 종교시설, 판매시설, 운수시설, 운동시설, 업무시설, 공장, 창고시설, 위험물 저장 및 처리 시설, 항공기 및 자동차 관련 시설, 교정 및 군사시설 중 국방·군사시설, 방송통신시설, 발전시설, 관광 휴게시설, 지하가(터널은 제외한다)로서 연면적 1천제곱미터 이상인 경우에는 모든 층
> 5) 교육연구시설, 수련시설, 동물 및 식물 관련 시설, 분뇨 및 쓰레기 처리시설, 교정 및 군사시설 또는 묘지 관련 시설로서 연면적 2천제곱미터 이상인 경우에는 모든 층
> 6) 노유자 생활시설의 경우에는 모든 층
> 7) 6)에 해당하지 않는 노유자시설로서 연면적 400제곱미터 이상인 노유자시설 및 숙박시설이 있는 수련시설로서 수용인원 100명 이상인 경우에는 모든 층
> 8) 의료시설 중 정신의료기관 또는 요양병원으로서 다음의 어느 하나에 해당하는 시설
>   가) 요양병원(정신병원과 의료재활시설은 제외한다)
>   나) 정신의료기관 또는 의료재활시설로 사용되는 바닥면적의 합계가 300제곱미터 이상인 시설
>   다) 정신의료기관 또는 의료재활시설로 사용되는 바닥면적의 합계가 300제곱미터 미만이고, 창살이 설치된 시설
> 9) 판매시설 중 전통시장
> 10) 지하가 중 터널로서 길이가 1천미터 이상인 것
> 11) 지하구
> 12) 근린생활시설 중 조산원 및 산후조리원
> 13) 공장 및 창고시설로서 해당 특수가연물 수량 500배 이상의 특수가연물을 저장·취급하는 것
> 14) 발전시설 중 전기저장시설

④ **시각경보기**: 자동화재탐지설비를 설치하여야 하는 특정소방대상물 중 다음의 어느 하나에 해당하는 것과 같다.

> 1) 근린생활시설, 문화 및 집회시설, 종교시설, 판매시설, 운수시설, 의료시설, 노유자시설
> 2) 운동시설, 업무시설, 숙박시설, 위락시설, 창고시설 중 물류터미널, 발전시설 및 장례시설
> 3) 교육연구시설 중 도서관, 방송통신시설 중 방송국
> 4) 지하가 중 지하상가

⑤ **화재알림설비를 설치하여야 하는 특정소방대상물**

> 판매시설 중 전통시장

⑥ 비상방송설비: 위험물 저장 및 처리 시설 중 가스시설, 사람이 거주하지 않는 동물 및 식물 관련 시설, 지하가 중 터널, 축사 및 지하구는 제외한다.

> 1) 연면적 3천5백제곱미터 이상인 것은 모든 층
> 2) 층수가 11층 이상인 것은 모든 층
> 3) 지하층의 층수가 3층 이상인 것은 모든 층

⑦ 자동화재속보설비: 방재실 등 화재 수신반이 설치된 장소에 24시간 화재를 감시할 수 있는 사람이 근무하고 있는 경우에는 자동화재속보설비를 설치하지 않을 수 있다.

> 1) 노유자 생활시설
> 2) 노유자시설로서 바닥면적이 500제곱미터 이상인 층이 있는 것
> 3) 수련시설(숙박시설이 있는 건축물만 해당한다)로서 바닥면적이 500제곱미터 이상인 층이 있는 것
> 4) 문화유산 중 보물 또는 국보로 지정된 목조건축물
> 5) 근린생활시설 중 다음의 어느 하나에 해당하는 시설
>   가) 의원, 치과의원 및 한의원으로서 입원실이 있는 시설
>   나) 조산원 및 산후조리원
> 6) 의료시설 중 다음의 어느 하나에 해당하는 것
>   가) 종합병원, 병원, 치과병원, 한방병원 및 요양병원(정신병원과 의료재활시설은 제외한다)
>   나) 정신병원 및 의료재활시설로 사용되는 바닥면적의 합계가 500제곱미터 이상인 층이 있는 것
> 7) 판매시설 중 전통시장

⑧ 통합감시시설

> 지하구

⑨ 누전경보기

> 1) 계약전류용량이 100암페어를 초과하는 특정소방대상물에 설치하여야 한다.
> 2) 다만, 위험물 저장 및 처리 시설 중 가스시설, 지하가 중 터널 또는 지하구의 경우에는 그러하지 아니하다.

⑩ 가스누설경보기: 가스시설이 설치된 경우만 해당한다.

> 1) 문화 및 집회시설, 종교시설, 판매시설, 운수시설, 의료시설, 노유자시설
> 2) 수련시설, 운동시설, 숙박시설, 창고시설 중 물류터미널, 장례시설

(3) 피난구조설비

① 피난기구

> 1) 특정소방대상물의 모든 층에 화재안전기준에 적합한 것으로 설치하여야 한다.
> 2) 다만, 피난층, 지상 1층, 지상 2층(노유자시설 중 피난층이 아닌 지상 1층과 피난층이 아닌 지상 2층은 제외한다) 및 층수가 11층 이상인 층과 위험물 저장 및 처리시설 중 가스시설, 지하가 중 터널 또는 지하구의 경우에는 그러하지 아니하다.

② 인명구조기구

1) 방열복 또는 방화복(안전모, 보호장갑 및 안전화를 포함한다), 인공소생기 및 공기호흡기를 설치하여야 하는 특정소방대상물: 지하층을 포함하는 층수가 7층 이상인 관광호텔
2) 방열복 또는 방화복(안전모, 보호장갑 및 안전화를 포함한다) 및 공기호흡기를 설치하여야 하는 특정소방대상물: 지하층을 포함하는 층수가 5층 이상인 병원
3) 공기호흡기
　가) 수용인원 100명 이상인 문화 및 집회시설 중 영화상영관
　나) 판매시설 중 대규모점포
　다) 운수시설 중 지하역사
　라) 지하가 중 지하상가
　마) ①의 ⑭ 및 화재안전기준에 따라 이산화탄소소화설비(호스릴이산화탄소소화설비는 제외한다)를 설치하여야 하는 특정소방대상물

③ 유도등

1) 피난구유도등, 통로유도등 및 유도표지는 특정소방대상물에 설치한다. 다만, 다음의 어느 하나에 해당하는 경우는 제외한다.
　가) 동물 및 식물 관련 시설 중 축사로서 가축을 직접 가두어 사육하는 부분
　나) 지하가 중 터널
2) 객석유도등
　가) 유흥주점영업시설
　나) 문화 및 집회시설
　다) 종교시설
　라) 운동시설
3) 피난유도선은 화재안전기준으로 정하는 장소에 설치한다.

④ 비상조명등: 창고시설 중 창고 및 하역장, 위험물 저장 및 처리 시설 중 가스시설은 제외한다.

1) 지하층을 포함하는 층수가 5층 이상인 건축물로서 연면적 3천제곱미터 이상인 경우에는 모든 층
2) 특정소방대상물로서 그 지하층 또는 무창층의 바닥면적이 450제곱미터 이상인 경우에는 해당 층
3) 지하가 중 터널로서 그 길이가 500미터 이상인 것

⑤ 휴대용비상조명등

1) 숙박시설
2) 수용인원 100명 이상의 영화상영관, 판매시설 중 대규모점포, 철도 및 도시철도 시설 중 지하역사, 지하가 중 지하상가

(4) 소화용수설비 – 상수도소화용수설비: 상수도소화용수설비를 설치하여야 하는 특정소방대상물의 대지 경계선으로부터 180미터 이내에 지름 75밀리미터 이상인 상수도용 배수관이 설치되지 않은 지역의 경우에는 화재안전기준에 따른 소화수조 또는 저수조를 설치하여야 한다.

가. 연면적 5천제곱미터 이상인 것. 다만, 위험물 저장 및 처리 시설 중 가스시설, 지하가 중 터널 또는 지하구의 경우에는 그러하지 아니하다.
나. 가스시설로서 지상에 노출된 탱크의 저장용량의 합계가 100톤 이상인 것
다. 자원순환 관련 시설 중 폐기물재활용시설 및 폐기물처분시설

(5) 소화활동설비

① 제연설비

> 1) 문화 및 집회시설, 종교시설, 운동시설 중 무대부의 바닥면적이 200m² 이상인 경우에는 해당 무대부
> 2) 문화 및 집회시설 중 영화상영관으로서 수용인원 100명 이상인 경우에는 해당 영화상영관
> 3) 지하층이나 무창층에 설치된 근린생활시설, 판매시설, 운수시설, 숙박시설, 위락시설, 의료시설, 노유자 시설 또는 창고시설(물류터미널로 한정한다)로서 해당 용도로 사용되는 바닥면적의 합계가 1천m² 이상인 경우 해당 부분
> 4) 운수시설 중 시외버스정류장, 철도 및 도시철도 시설, 공항시설 및 항만시설의 대기실 또는 휴게시설로서 지하층 또는 무창층의 바닥면적이 1천m²이상인 경우에는 모든 층
> 5) 지하가(터널은 제외한다)로서 연면적 1천m² 이상인 것
> 6) 지하가 중 예상 교통량, 경사도 등 터널의 특성을 고려하여 행정안전부령으로 정하는 터널
> 7) 특정소방대상물(갓복도형 아파트등은 제외한다)에 부설된 특별피난계단, 비상용 승강기의 승강장 또는 피난용 승강기의 승강장

② 연결송수관설비: 위험물 저장 및 처리 시설 중 가스시설 또는 지하구는 제외한다.

> 1) 층수가 5층 이상으로서 연면적 6천제곱미터 이상인 것
> 2) 특정소방대상물로서 지하층을 포함하는 층수가 7층 이상인 경우에는 모든 층
> 3) 특정소방대상물로서 지하층의 층수가 3층 이상 이고 지하층의 바닥면적의 합계가 1천제곱미터 이상인 것
> 4) 지하가 중 터널로서 길이가 1,000미터 이상인 경우에는 모든 층

③ 연결살수설비: 지하구는 제외한다.

> 1) 판매시설, 운수시설, 창고시설 중 물류터미널로서 사용되는 면적이 1천제곱미터 이상인 경우에는 해당 시설
> 2) 지하층(피난층으로 주된 출입구가 도로와 접한 경우는 제외한다)으로서 바닥면적의 합계가 150제곱미터 이상인 경우에는 지하층의 모든 층 다만, 「주택법 시행령」 제46조 제1항에 따른 국민주택규모 이하인 아파트 등의 지하층(대피시설로 사용하는 것만 해당한다)과 교육연구시설 중 학교의 지하층의 경우에는 700제곱미터 이상인 것으로 한다.
> 3) 가스시설 중 지상에 노출된 탱크의 용량이 30톤 이상인 탱크시설
> 4) 1) 및 2)의 특정소방대상물에 부속된 연결통로

④ 비상콘센트설비: 위험물 저장 및 처리 시설 중 가스시설 또는 지하구는 제외한다.

> 1) 층수가 11층 이상인 특정소방대상물의 경우에는 11층 이상의 층
> 2) 지하층의 층수가 3층 이상이고 지하층의 바닥면적의 합계가 1천제곱미터 이상인 것은 지하층의 모든 층
> 3) 지하가 중 터널로서 길이가 500미터 이상인 것

⑤ 무선통신보조설비: 위험물 저장 및 처리 시설 중 가스시설은 제외한다.

> 1) 지하가(터널은 제외한다)로서 연면적 1천제곱미터 이상인 것
> 2) 지하층의 바닥면적의 합계가 3천제곱미터 이상인 것 또는 지하층의 층수가 3층 이상이고 지하층의 바닥면적의 합계가 1천제곱미터 이상인 것은 지하층의 모든 층
> 3) 지하가 중 터널로서 길이가 500미터 이상인 것
> 4) 「국토의 계획 및 이용에 관한 법률」 제2조 제9호에 따른 공동구
> 5) 층수가 30층 이상인 것으로서 16층 이상 부분의 모든 층

⑥ 연소방지설비

> 지하구(전력 또는 통신사업용인 것만 해당한다)

구분	세부기준	소방시설
터널	길이 500m 이상	• 비상조명등 • 비상경보설비 • 비상콘센트설비 • 무선통신보조설비
	길이 1,000m 이상	• 옥내소화전설비 • 자동화재탐지설비 • 연결송수관설비
지하가	1,000m² 이상	• 스프링클러설비 • 자동화재탐지설비 • 제연설비 • 무선통신보조설비
특수가연물	500배 이상	자동화재탐지설비
	750배 이상	• 옥내소화전설비 • 옥외소화전설비
	1,000배 이상	스프링클러설비
수용인원	50명 이상	비상경보설비
	100명 이상	• 스프링클러설비(문·종·운) • 자동화재탐지설비(노·숙수) • 인명구조기구(공기호흡기) • 인명구조기구(휴대용비상조명등) • 제연설비(문화집회시설 - 영화상영관)
	500명 이상	스프링클러설비[판·운·창(물류)]
지하층 층수가 3층 이상이고 지하층 바닥면적 합계가 1천m² 이상		• 연결송수관설비 • 비상콘센트설비
• 지하층 바닥면적 합계가 3천m² 이상 • 지하층 층수가 3층 이상이고 지하층 바닥면적 합계가 1천m² 이상		무선통신보조설비

1-2 특정소방대상물에 설치하는 소방시설의 관리 등

(1) 특정소방대상물 관계인의 의무
① 특정소방대상물의 관계인은 대통령령으로 정하는 소방시설을 화재안전기준에 따라 설치·관리하여야 한다.
② 이 경우 「장애인·노인·임산부 등의 편의증진 보장에 관한 법률」 제2조 제1호에 따른 장애인등이 사용하는 소방시설(경보설비 및 피난구조설비를 말한다)은 대통령령으로 정하는 바에 따라 장애인등에 적합하게 설치·관리하여야 한다.

(2) 조치 명령권자: 소방본부장이나 소방서장(벌칙 - 3년 이하 징역 또는 3천만원 이하 벌금)

(3) 폐쇄·차단의 금지
① 소방시설을 유지·관리할 때 소방시설의 기능과 성능에 지장을 줄 수 있는 폐쇄(잠금)·차단 등의 행위를 하여서는 아니 된다.
② 다만, 소방시설의 점검·정비를 위한 폐쇄·차단은 할 수 있다.

1-3 소방시설정보관리시스템 구축·운영 등

(1) 행동요령에 관한 지침 수립

소방청장은 제3항 단서에 따라 특정소방대상물의 관계인이 소방시설의 점검·정비를 위하여 폐쇄·차단을 하는 경우 안전을 확보하기 위하여 필요한 행동요령에 관한 지침을 마련하여 고시하여야 한다.

(2) 소방시설정보관리시스템 구축·운영

소방청장, 소방본부장 또는 소방서장은 소방시설의 작동정보 등을 실시간으로 수집·분석할 수 있는 시스템을 구축·운영할 수 있다.

(3) 작동 정보의 통보: 작동정보를 해당 특정소방대상물의 관계인에게 통보

(4) 소방시설정보관리시스템 구축·운영 대상

① 문화 및 집회시설

② 종교시설

③ 판매시설

④ 의료시설

⑤ 노유자시설

⑥ 숙박이 가능한 수련시설

⑦ 숙박시설

⑧ 업무시설

⑨ 공장

⑩ 창고시설

⑪ 위험물 저장 및 처리 시설

⑫ 지하가(地下街)

⑬ 지하구

⑭ 소방청장, 소방본부장 또는 소방서장이 소방안전관리의 취약성과 화재위험성을 고려하여 필요하다고 인정하는 특정소방대상물

(5) 소방시설정보관리시스템 운영 방법 및 통보 절차 등

소방청장, 소방본부장 또는 소방서장은 소방시설정보관리시스템으로 수집되는 소방시설의 작동정보 등을 분석하여 해당 특정소방대상물의 관계인에게 해당소방시설의 정상적인 작동에 필요한 사항과 관리 방법 등 개선사항에 관한 정보를 제공할 수 있다.

2 소방시설기준 적용의 특례

(1) 기준이 강화되는 경우 기존 특정소방대상물의 소방시설

소방본부장 또는 소방서장은 변경 전의 대통령령 또는 화재안전기준을 적용한다.

(2) 기존 특정소방대상물에 강화된 소방시설기준의 적용대상 소경탐속구 / 공구노효

① 다음 소방시설 중 대통령령 또는 화재안전기준으로 정하는 것

㉠ 소화기구

㉡ 비상경보설비, 자동화재탐지설비 및 자동화재속보설비

㉢ 피난구조설비

② 다음의 특정소방대상물에 설치하는 소방시설 중 대통령령 또는 화재안전기준으로 정하는 것
　　㉠ 「국토의 계획 및 이용에 관한 법률」 제2조 제9호에 따른 공동구
　　㉡ 전력 및 통신사업용 지하구
　　㉢ 노유자(老幼者) 시설
　　㉣ 의료시설

(3) 강화된 소방시설기준의 적용대상

특정소방대상물	소방시설	
공동구	소화기, 자동소화장치, 자동화재탐지설비, 통합감시시설, 유도등 및 연소방지설비	공: 소 자 탐 감 유 연
전력·통신사업용 지하구	소화기, 자동소화장치, 자동화재탐지설비, 통합감시시설, 유도등 및 연소방지설비	지: 소 자 탐 감 유 연
노유자시설	간이스프링클러설비, 자동화재탐지설비 및 단독경보형 감지기	노: 간 자 단
의료시설	간이스프링클러설비, 자동화재탐지설비, 자동화재속보설비 및 스프링클러설비	의: 간 자 자 스

2-2 유사한 소방시설의 설치 면제

(1) 소방시설

설치가 면제되는 소방시설	설치면제 기준(화재안전기준에 적합하게 설치한 경우 유효범위에서 설치가 면제된다)
자동소화장치	자동소화장치(주거용·상업용 주방자동소화장치 제외)를 설치하여야 경우: 물분무등소화설비
옥내소화전설비	소방본부장 또는 소방서장이 옥내소화전설비의 설치가 곤란하다고 인정하는 경우: 호스릴 방식의 미분무소화설비 또는 옥외소화전설비
스프링클러설비	자동소화장치 및 물분무등소화설비(발전시설 중 전기저장시설 제외)
간이스프링클러설비	스프링클러설비, 물분무소화설비 또는 미분무소화설비
물분무등소화설비	차고·주차장에 스프링클러설비
옥외소화전설비	상수도소화용수설비(방수압력·방수량·옥외소화전함 및 호스의 기준)

(2) 경보설비

설치가 면제되는 소방시설	설치면제 기준
비상경보설비	단독경보형 감지기를 2개 이상의 단독경보형 감지기와 연동하여 설치하는 경우
비상경보설비 또는 단독경보형 감지기	자동화재탐지설비 또는 화재알림설비
자동화재탐지설비	자동화재탐지설비의 기능(감지·수신·경보기능)과 성능을 가진 화재알림설비, 스프링클러설비 또는 물분무등소화설비
화재알림설비	자동화재탐지설비

비상방송설비	자동화재탐지설비 또는 비상경보설비와 같은 수준 이상의 음향을 발하는 장치를 부설한 방송설비
자동화재속보설비	화재알림설비
누전경보기	아크경보기 또는 전기 관련 법령에 따른 지락차단장치

(3) 피난구조설비

설치가 면제되는 소방시설	설치면제 기준
피난구조설비	위치·구조 또는 설비의 상황에 따라 피난상 지장이 없다고 인정되는 경우
비상조명등	피난구유도등 또는 통로유도등

(4) 소화용수설비

설치가 면제되는 소방시설	설치면제 기준
상수도소화용수 설비	가. 각 부분으로부터 수평거리 140미터 이내에 공공의 소방을 위한 소화전 나. 소방본부장 또는 소방서장이 상수도소화용수설비의 설치가 곤란하다고 인정하는 경우: 소화수조 또는 저수조

(5) 소화활동설비

설치가 면제되는 소방시설	설치면제 기준

제연설비	가. 제연설비를 설치하여야 하는 특정소방대상물[별표 4 제5호 가목 6)은 제외한다]에 해당하는 설비를 설치한 경우에는 설치가 면제된다.
	나. 별표 4 제5호 가목 6)에 따라 제연설비를 설치하여야 하는 특정소방대상물 중 노대(露臺)와 연결된 특별피난계단, 노대가 설치된 비상용 승강기의 승강장 또는 배연설비가 설치된 피난용 승강기의 승강장에는 설치가 면제된다.
	※ 별표 4 제5호 가목 6) 지하가 중 예상교통량, 경사도 등을 고려하여 행정안전부령으로 정하는 터널
	  1. 공기조화설비가 화재 시 제연설비기능으로 자동전환되는 구조로 설치되어 있는 경우
	  2. 직접 외부 공기와 통하는 배출구의 면적의 합계가 해당 제연구역 바닥면적의 100분의 1 이상이고, 배출구부터 각 부분까지의 수평거리가 30미터 이내이며, 공기유입구가 설치된 경우

연결송수관설비	가. 옥외에 연결송수구 및 옥내에 방수구가 부설된 옥내소화전설비, 스프링클러설비, 간이스프링클러설비 또는 연결살수설비 나. 다만, 지표면에서 최상층 방수구의 높이가 70미터 이상인 경우에는 설치하여야 한다.
연결살수설비	가. 송수구를 부설한 스프링클러설비, 간이스프링클러설비, 물분무소화설비 또는 미분무소화설비 나. 가스 관계 법령에 따라 설치되는 물분무장치 등에 소방대가 사용할 수 있는 연결송수구가 설치되거나 물분무장치 등에 6시간 이상 공급할 수 있는 수원이 확보된 경우
연소방지설비	스프링클러설비, 물분무소화설비 또는 미분무소화설비를 화재안전기준에 적합하게 설치한 경우
무선통신보조설비	이동통신 구내 중계기 선로설비 또는 무선이동중계기 등

소화설비	경보설비
자: 돌(쇠) 내: 호미 이 간: 스 돌 미 돌: 차 스 이: 상	비: 단 경: 자 알 자: 알 스 돌 알: 자 방: 자 경 속: 알
소화활동설비	피난구조설비
송: 내 스 간 살 살: 스 간 돌 미 소: 스 돌 미	조 구 통

2-3 증축 또는 용도변경 시

(1) 증축 또는 용도변경 시 소방시설기준 적용의 특례

기존의 특정소방대상물이 증축되거나 용도변경되는 경우에는 대통령령으로 정하는 바에 따라 증축 또는 용도변경 당시의 소방시설의 설치에 관한 대통령령 또는 화재안전기준을 적용한다.

(2) 증축되는 경우

① 원칙: 기존 부분을 포함한 특정소방대상물 전체에 대하여 증축 당시의 대통령령 또는 화재안전기준을 적용한다.

② 기존부분에 대해서 증축 당시의 기준을 적용하지 않는 예외사항

ㄱ 기존 부분과 증축 부분이 내화구조(耐火構造)로 된 바닥과 벽으로 구획된 경우

ㄴ 기존 부분과 증축 부분이 60분+방화문(자동방화셔터 포함)으로 구획되어 있는 경우

ㄷ 자동차 생산공장 등 화재 위험이 낮은 특정소방대상물 내부에 연면적 33제곱미터 이하의 직원 휴게실을 증축하는 경우

ㄹ 자동차 생산공장 등 화재 위험이 낮은 특정소방대상물에 캐노피(기둥으로 받치거나 매달아 놓은 덮개를 말하며, 3면 이상에 벽이 없는 구조의 것을 말한다)를 설치하는 경우

(3) 용도변경되는 경우

① 원칙: 특정소방대상물이 용도변경되는 경우 용도변경되는 부분에 대해서만 용도변경 당시의 기준을 적용한다.

② 전체에 대하여 용도변경 전 기준을 적용하는 사항

ㄱ 특정소방대상물의 구조·설비가 화재연소 확대 요인이 적어지거나 피난 또는 화재진압활동이 쉬워지도록 변경되는 경우

ㄴ 용도변경으로 인하여 천장·바닥·벽 등에 고정되어 있는 가연성 물질의 양이 줄어드는 경우

(1) 소방시설기준 적용의 특례

다음의 어느 하나에 해당하는 특정소방대상물 가운데 대통령령으로 정하는 특정소방대상물에는 대통령령으로 정하는 소방시설을 설치하지 아니할 수 있다.

① 화재 위험도가 낮은 특정소방대상물

② 화재안전기준을 적용하기 어려운 특정소방대상물

③ 화재안전기준을 다르게 적용하여야 하는 특수한 용도 또는 구조를 가진 특정소방대상물

④ 「위험물안전관리법」제19조에 따른 자체소방대가 설치된 특정소방대상물

(2) 구조 · 원리 등 공법이 특수한 경우

구조 및 원리 등에서 공법이 특수한 설계로 인정된 소방시설을 설치하는 경우에는 중앙소방기술심의위원회의 심의를 거쳐 화재안전기준을 적용하지 않을 수 있다.

(3) 소방시설을 설치하지 아니하는 특정소방대상물의 범위

① 화재 위험도가 낮은 특정소방대상물 – 석재, 불연성금속, 불연성 건축재료 등의 가공공장 · 기계조립공장 또는 불연성 물품을 저장하는 창고: 옥외소화전 및 연결살수설비

② 화재안전기준을 적용하기 어려운 특정소방대상물

   ㉠ 펄프공장의 작업장, 음료수 공장의 세정 또는 충전 작업장 그 밖에 이와 비슷한 용도로 사용되는 것: 스프링클러설비, 상수도소화용수설비 및 연결살수설비

   ㉡ 정수장, 수영장, 목욕장, 농예 · 축산 · 어류양식용 시설 그 밖에 이와 비슷한 용도로 사용되는 것: 자동화재탐지설비, 상수도소화용수설비 및 연결살수설비

③ 화재안전기준을 다르게 적용해야 하는 특수한 용도 · 구조의 특정소방대상물 – 원자력발전소 및 중 · 저준위방사성폐기물의 저장시설: 연결송수관설비 및 연결살수설비

④ 자체소방대가 설치된 특정소방대상물 – 자체소방대에 설치된 제조소등에 부속된 사무실: 옥내소화전설비, 소화용수설비, 연결살수설비 및 연결송수관설비

(손글씨 메모)
낮: 외
적: 스 상 / 자 상
알송탈: 송
자: 내 용 송 + 연결살수설비

📋 **SUMMARY 소방시설을 설치하지 않을 수 있는 특정소방대상물 및 소방시설의 범위**

구분	특정소방대상물	소방시설
화재 위험도가 낮은 특정소방대상물	석재, 불연성금속, 불연성 건축재료 등의 가공공정 · 기계조립 공장 · 불연성 물품을 저장하는 창고	옥외소화전 및 연결살수비
화재안전기준을 적용하기 어려운 특정소방대상물	펄프 공장의 작업장, 음료수 공장의 세정 또는 충전을 하는 작업장	스프링클러설비, 상수도소화용수설비 및 연결살수설비
	정수장, 수영장, 목욕장, 농예 · 축산 · 어류양식용 시설	자동화재탐지설비, 상수도소화용수설비 및 연결살수설비
화재안전기준을 달리 적용하여야 하는 특정소방대상물	원자력발전소, 중 · 저준위 방사성 폐기물의 저장시설	연결송수관설비 및 연결살수설비
자체소방대	자체소방대에 설치된 제조소등에 부속된 사무실	옥내소화전설비, 소화용수설비, 연결살수설비 및 연결송수관설비

3 특정소방대상물별로 설치하여야 하는 소방시설의 정비 등

(1) 특정소방대상물별로 설치하여야 하는 소방시설의 정비

제12조 제1항에 따라 대통령령으로 소방시설을 정할 때에는 특정소방대상물의 규모·용도·수용인원 및 이용자 특성 등을 고려하여야 한다.

(2) 특정소방대상물의 수용인원 산정

> 1. 숙박시설이 있는 특정소방대상물
>   가. 침대가 있는 숙박시설: 해당 특정소방물의 종사자 수에 침대 수(2인용 침대는 2개로 산정한다)를 합한 수
>   나. 침대가 없는 숙박시설: 해당 특정소방대상물의 종사자 수에 숙박시설 바닥면적의 합계를 3m²로 나누어 얻은 수를 합한 수
> 2. 숙박시설 외의 특정소방대상물
>   가. 강의실·교무실·상담실·실습실·휴게실 용도로 쓰이는 특정소방대상물: 해당 용도로 사용하는 바닥면적의 합계를 1.9m²로 나누어 얻은 수
>   나. 강당, 문화 및 집회시설, 운동시설, 종교시설: 해당 용도로 사용하는 바닥면적의 합계를 4.6m²로 나누어 얻은 수(관람석이 있는 경우 고정식 의자를 설치한 부분은 그 부분의 의자 수로 하고, 긴 의자의 경우에는 의자의 정면너비를 0.45m로 나누어 얻은 수로 한다)
>   다. 그 밖의 특정소방대상물: 해당 용도로 사용하는 바닥면적의 합계를 3m²로 나누어 얻은 수
> ▶ 비고
> 1. 바닥면적을 산정할 때에는 복도(「건축법 시행령」 제2조 제11호에 따른 준불연재료 이상의 것을 사용하여 바닥에서 천장까지 벽으로 구획한 것을 말한다), 계단 및 화장실의 바닥면적을 포함하지 않는다.
> 2. 계산 결과 소수점 이하의 수는 반올림한다.

(3) 정비 주기

소방청장: 소방시설 규정을 3년에 1회 이상 정비하여야 한다.

4 건설현장의 임시소방시설 설치 및 관리

(1) 임시소방시설의 유지·관리

공사시공자는 화재위험작업을 하기 전에 설치 및 철거가 쉬운 임시소방시설을 설치하고 유지·관리하여야 한다.
① 공사시공자: 「건설산업기본법」 제2조 제4호에 따른 건설공사를 하는 자
② 화재위험작업: 공사현장에서 인화성 물품을 취급하는 작업 등 대통령령으로 정하는 작업
③ 임시소방시설: 화재위험작업 전에 설치 및 철거가 쉬운 화재대비시설
④ 과태료 - 300만원 이하의 과태료

(2) 설치면제

소방시설공사업자가 화재위험작업 현장에 소방시설 중 임시소방시설과 기능 및 성능이 유사한 것으로서 대통령령으로 정하는 소방시설을 화재안전기준에 맞게 설치 및 관리하고 있는 경우에는 공사시공자가 임시소방시설을 설치하고 관리한 것으로 본다.

(3) 조치명령: 소방본부장 또는 소방서장(벌칙 - 3년 이하의 징역 또는 3천만원 이하의 벌금)

4-2 화재위험작업 등

(1) 화재위험작업

① 인화성·가연성·폭발성 물질을 취급하거나 가연성 가스를 발생시키는 작업

② 용접·용단 등 불꽃을 발생시키거나 화기(火氣)를 취급하는 작업

③ 전열기구, 가열전선 등 열을 발생시키는 기구를 취급하는 작업

④ 알루미늄, 마그네슘 등을 취급하여 폭발성 부유분진(공기 중에 떠다니는 미세한 입자를 말한다)을 발생시킬 수 있는 작업

⑤ 그 밖에 ①부터 ④까지와 비슷한 작업으로 소방청장이 정하여 고시하는 작업

(2) 임시소방시설의 종류

① 소화기

② 간이소화장치: 물을 방사(放射)하여 화재를 진화할 수 있는 장치로서 소방청장이 정하는 성능을 갖추고 있을 것

③ 비상경보장치: 화재가 발생한 경우 주변에 있는 작업자에게 화재사실을 알릴 수 있는 장치로서 소방청장이 정하는 성능을 갖추고 있을 것

④ 가스누설경보기: 가연성 가스가 누설되거나 발생된 경우 이를 탐지하여 경보하는 장치로서 소방청장이 실시하는 형식승인 및 제품검사를 받은 것

⑤ 간이피난유도선: 화재가 발생한 경우 피난구 방향을 안내할 수 있는 장치로서 소방청장이 정하는 성능을 갖추고 있을 것

⑥ 비상조명등: 화재발생 시 안전하고 원활한 피난활동을 할 수 있도록 자동 점등되는 조명장치로서 소방청장이 정하는 성능을 갖추고 있을 것

⑦ 방화포: 용접·용단 등 작업 시 발생하는 불티로부터 가연물이 점화되는 것을 방지해주는 천 또는 불연성 물품으로서 소방청장이 정하는 성능을 갖추고 있을 것

(3) 임시소방시설 설치 대상 공사의 종류와 규모(영 [별표 8])

종류	임시소방시설 설치 대상 공사의 종류와 규모
소화기	건축허가 등을 할 때 소방본부장 또는 소방서장의 동의를 받아야 하는 특정소방대상물의 건축·대수선·용도변경 또는 설치 등을 위한 공사 중 화재위험작업 현장에 설치
간이소화장치	• 연면적 3천제곱미터 이상 • 지하층, 무창층 또는 4층 이상의 층. 이 경우 해당 층 바닥면적 600제곱미터 이상
비상경보장치	• 연면적 400제곱미터 이상 • 지하층·무창층. 이 경우 해당 층 바닥면적 150제곱미터 이상
가스누설경보기	바닥면적 150제곱미터 이상 지하층·무창층
간이피난유도선	바닥면적 150제곱미터 이상 지하층·무창층
비상조명등	바닥면적 150제곱미터 이상 지하층·무창층
방화포	용접·용단 작업이 진행되는 화제위험 작업현장

(4) 임시소방시설과 기능 및 성능이 유사한 소방시설로서 임시소방시설을 설치한 것으로 보는 소방시설(영 [별표 8])

종류	임시소방시설 설치를 면제할 수 있는 소방시설
간이소화장치	소방청장이 정하여 고시하는 기준에 맞는 소화기(연결송수관설비의 방수구 인근에 설치한 경우로 한정한다) 또는 옥내소화전설비
비상경보장치	비상방송설비 또는 자동화재탐지설비
간이피난유도선	피난유도선, 피난구유도등, 통로유도등 또는 비상조명등

5 피난시설, 방화구획 및 방화시설의 관리

(1) 관계인의 피난시설, 방화구획 및 방화시설에 대한 금지행위: 300만원 이하의 과태료

① 폐쇄하거나 훼손하는 등의 행위

② 주위에 물건을 쌓아두거나 장애물을 설치하는 행위

③ 용도에 지장을 주거나 소방활동에 지장을 주는 행위

④ 그 밖에 피난시설, 방화구획 및 방화시설물 변경하는 행위

(2) 조치명령: 소방본부장과 소방서장(벌칙 – 3년 이하의 징역 또는 3천만원 이하의 벌금)

6 소방용품의 내용연수 등

(1) 소방용품의 교체

① 특정소방대상물의 관계인은 내용연수가 경과한 소방용품을 교체해야 한다.

② 종류 및 내용연수(영 제15조의4)

ㄱ. 내용연수 설정 소방용품의 종류: 분말형태의 소화약제를 사용하는 소화기

ㄴ. 소방용품의 내용연수: 10년

(2) 사용기한의 연장

행정안전부령으로 정하는 절차 및 방법에 따라 소방용품의 성능을 확인받은 경우 사용기한을 연장할 수 있다.

⇨ 「소방용품의 품질관리 등에 관한 규칙」

7 소방기술심의위원회

(1) 중앙소방기술심의위원회

① 설치기관: 소방청

② 심의사항

ㄱ. 화재안전기준에 관한 사항

ㄴ. 소방시설의 구조 및 원리 등에서 공법이 특수한 설계 및 시공에 관한 사항

ㄷ. 소방시설의 설계 및 공사감리의 방법에 관한 사항

ㄹ. 소방시설공사의 하자를 판단하는 기준에 관한 사항

ㅁ. 신기술·신공법 등 검토·평가에 고도의 기술이 필요한 경우로서 중앙위원회에 심의를 요청한 사항

ㅂ. 소방기술 등에 관하여 대통령령으로 정하는 사항

ⓐ 연면적 10만제곱미터 이상의 특정소방대상물에 설치된 소방시설의 설계·시공·감리의 하자 유무에 관한 사항

ⓑ 새로운 소방시설과 소방용품 등의 도입 여부에 관한 사항

ⓒ 소방기술과 관련하여 소방청장이 심의에 부치는 사항

(2) 지방소방기술심의위원회

① 설치기관: 시·도 및 특별자치도

② 심의사항

  ㉠ 소방시설에 하자가 있는지의 판단에 관한 사항

  ㉡ 소방기술 등에 관하여 대통령령으로 정하는 사항(영 제19조)

    ⓐ 연면적 10만제곱미터 미만의 특정소방대상물에 설치된 소방시설의 설계·시공·감리의 하자 유무에 관한 사항

    ⓑ 소방본부장 또는 소방서장이 화재안전기준 또는 위험물 제조소등의 시설 기준의 적용에 관하여 기술검토를 요청하는 사항

    ⓒ 소방기술과 관련하여 시·도지사가 심의에 부치는 사항

7-2 소방기술심의위원회의 구성·운영

(1) 소방기술심의위원회의 구성 등

① 중앙위원회

  ㉠ 위원장을 포함한 60명 이내의 위원으로 성별을 고려하여 구성한다.

  ㉡ 중앙위원회의 회의는 위원장과 위원장이 회의마다 지정하는 6명 이상 12명 이하의 위원으로 구성한다.

  ㉢ 중앙위원회는 분야별 소위원회를 구성·운영할 수 있다.

② 지방위원회: 위원장을 포함하여 5명 이상 9명 이하의 위원으로 구성한다.

(2) 위원의 임명·위촉

① 위촉권자

  ㉠ 중앙위원회의 위원장: 소방청장이 해당 위원 중에서 위촉

  ㉡ 지방위원회의 위원장: 시·도지사가 해당 위원 중에서 위촉

② 위촉위원의 임기: 임기는 2년으로 하되, 한 차례만 연임할 수 있다.

📑 SUMMARY 소방기술심의위원회의 비교

구분	중앙위원회	지방위원회
설치기관	소방청	시·도 및 특별자치도
위원회 구성	• 위원장 포함 60명 이내(성별 고려) • 회의: 위원장과 위원 6명 이상 12명 이하로 구성	위원장 포함 5~9명 위원으로 구성
심의사항 (법)	• 화재안전기준 • 소방시설 – 공법이 특수한 설계·시공 • 소방시설 설계 및 공사감리 방법 • 소방시설공사의 하자 판단 기준 • 신기술·신공법 등 검토·평가에 고도의 기술이 필요한 경우 중앙위원회 심의요청한 경우	소방시설에 하자가 있는지의 판단
심의사항 (시행령)	• 연면적 10만제곱미터 이상 – 소방시설 설계·시공·감리의 하자 유무 • 새로운 소방시설과 소방용품 등의 도입 • 소방청장이 심의에 부치는 사항	• 연면적 10만제곱미터 미만 – 소방시설 설계·시공·감리의 하자 유무 • 소·본·소·서 – 시설기준 검토 요청사항 • 시·도지사가 심의에 부치는 사항

8 화재안전기준의 관리·운영

(1) 화재안전기준의 관리·운영
소방청장은 화재안전기준을 효율적으로 관리·운영하기 위하여 규정에 따른 업무를 수행하여야 한다.

(2) 위임규정
소방청장은 화재안전기준 중 기술기준에 대한 법 제19조 각 호에 따른 관리·운영 권한을 국립소방연구원장에게 위임한다.

📋 **SUMMARY 소방시설법 기한 정리**

1. 건축허가등의 동의(규칙): 회신기한 5일 이내(특급 10일 이내), 보완기한: 4일 이내
2. 행정기관이 건축허가 취소한 경우(규칙): 7일 이내 통보
3. 성능위주설계(규칙): 첨부서류 보완 – 7일 이내
4. 성능위주설계(규칙): 신고 20일(변경신고 14일) 이내 평가단의 검토·평가
5. 성능위주설계(규칙): 신고 20일(변경신고 14일) 이내 중앙위원회의 검토·평가
6. 성능위주설계 평가단 및 중앙위원회 보완으로 결정(규칙): 보완기간은 21일 이내
7. 성능위주설계 평가단(규칙): 임기 2년, 2회 한정 연임
8. 소방시설의 정비(법): 3년에 1회 이상
9. 소방용품의 내용연수(영): 10년
10. 소방시설등의 자체점검 신설된 경우(법): 사용할 수 있게 된 날부터 60일 이내
11. 공공기관의 외관점검(규칙): 월 1회 이상
12. 관리업자가 자체점검을 실시하는 경우 자체점검 평가기관 통보(규칙): 자체점검 끝난 날부터 5일 이내(점검대상과 점검인력 배치상황)
13. 자체점검의 면제 및 연기 신청(규칙): 실시 만료일 3일 전까지
14. 자체점검의 면제 및 연기 여부 결정(규칙): 신청을 받은 날부터 3일 이내
15. 자체점검 결과보고서 관계인에게 제출(규칙): 점검이 끝난 날부터 10일 이내
16. 자체점검 결과보고서 소방본부장 또는 소방서장에게 보고(규칙): 제출받거나 끝난 날부터 15일 이내
17. 이행계획완료 기간을 정하여 관계인에게 통보(규칙)
    - 수리·정비: 보고일부터 10일 이내
    - 철거·교체: 보고일부터 20일 이내
18. 이행완료 보고(규칙): 완료한 날부터 10일 이내
19. 자체점검기록표 게시(규칙): 보고한 날부터 10일 이내 작성 30일 이상 게시
20. 자체점검결과 공개(규칙): 30일 이상, 10일 이내 이의신청, 10일 이내 심사·결정
21. 소방시설관리업 등록신청 서류 보완(규칙): 10일 이내
22. 소방시설관리업 등록사항의 변경신고(규칙): 변경일로부터 30일 이내, 5일 이내 발급
23. 소방시설관리업 지위승계 신고(규칙): 승계한 날부터 30일 이내
24. 점검능력 평가 및 공시 서류 보완(규칙): 15일 이내
25. 점검능력 평가 결과 공시(규칙): 3일 이내
26. 점검능력 평가의 유효기간(규칙): 1년간
27. 우수품질인증의 유효기간(법): 5년의 범위
28. 조치명령 등의 연기 신청(규칙): 조치명령 등의 이행기간 만료일 5일 전까지
29. 조치명령 연기 신청 승인 여부(규칙): 신청 받은 날부터 3일 이내
30. 위반행위 신고 내용 처리 결과의 통지(규칙): 10일 이내

1 특정소방대상물의 방염 등

(1) 특정소방대상물의 방염

① 대통령령으로 정하는 특정소방대상물에 실내장식 등의 목적으로 설치 또는 부착하는 물품으로서 대통령령으로 정하는 물품은 방염성능기준 이상의 것으로 설치하여야 한다.

② 과태료 - 300만원 이하의 과태료

(2) 조치명령

① 조치명령권자: 소방본부장이나 소방서장

② 조치명령대상

　㉠ 방염대상물품이 방염성능기준에 미치지 못한 경우

　㉡ 방염성능검사를 받지 아니한 경우

③ 조치명령

　㉠ 소방대상물의 관계인에게 제거하도록 하는 조치

　㉡ 방염성능검사를 받도록 하는 조치

④ 벌칙 - 3년 이하의 징역 또는 3천만원 이하의 벌금: 정당한 사유 없이 위반한 자

(3) 위임규정

방염성능기준은 대통령령으로 정한다.

(4) 방염성능기준 이상의 실내장식물 등을 설치하여야 하는 특정소방대상물

① 근린생활시설 중 의원, 조산원, 산후조리원, 체력단련장, 공연장 및 종교집회장

② 건축물의 옥내에 있는 시설

　㉠ 문화 및 집회시설

　㉡ 종교시설

　㉢ 운동시설(수영장 제외)

③ 의료시설

④ 교육연구시설 중 합숙소

⑤ 노유자시설

⑥ 숙박이 가능한 수련시설

⑦ 숙박시설

⑧ 방송통신시설 중 방송국 및 촬영소

⑨ 다중이용업소

⑩ ①부터 ⑨에 해당하지 않는 것으로 층수가 11층 이상인 것(아파트등은 제외한다)

> 방염대상
> 친근한 건(문 종 운)
> 의교합 / 노숙수
> 다방11층(아 제)
> (근위병조산체공종)

(5) 방염대상물품

① 제조 또는 가공 공정에서 방염하여야 하는 물품

　㉠ 창문에 설치하는 커튼류(블라인드 포함)

　㉡ 카펫

　㉢ 벽지류(두께가 2밀리미터 미만인 종이벽지 제외)

ⓔ 전시용 합판·목재 또는 섬유판, 무대용 합판·목재 또는 섬유판(합판·목재류의 경우 불가피하게 설치현장에서 방염처리한 것을 포함한다)

ⓜ 암막·무대막(영화상영관에 설치하는 스크린, 가상체험 체육시설업에 설치하는 스크린 포함)

ⓗ 섬유류 또는 합성수지류 등을 원료로 하여 제작된 소파·의자(단란주점영업·유흥주점영업·노래연습장업의 영업장에 설치한 것으로 한정)

② 건축물 내부의 천장이나 벽에 부착하거나 설치하는 다음의 것[다만, 가구류(옷장, 찬장, 식탁, 식탁용 의자, 사무용 책상, 사무용 의자, 계산대, 그 밖에 이와 비슷한 것을 말한다. 이하 이 조에서 같다)와 너비 10센티미터 이하인 반자돌림대 등과 「건축법」 제52조에 따른 내부 마감재료는 제외한다]

ⓒ 종이류(두께 2밀리미터 이상인 것을 말한다)·합성수지류 또는 섬유류를 주원료로 한 물품

ⓛ 합판이나 목재

ⓒ 공간을 구획하기 위하여 설치하는 간이 칸막이(접이식 등 이동 가능한 벽체나 천장 또는 반자가 실내에 접하는 부분까지 구획하지 않는 벽체를 말한다)

ⓔ 흡음(吸音)을 위하여 설치하는 흡음재(흡음용 커튼을 포함한다)

ⓜ 방음(防音)을 위하여 설치하는 방음재(방음용 커튼을 포함한다)

(6) 방염성능기준(영 제31조)

① 버너의 불꽃을 제거한 때부터 불꽃을 올리며 연소하는 상태가 그칠 때까지 시간은 20초 이내일 것

② 버너의 불꽃을 제거한 때부터 불꽃을 올리지 아니하고 연소하는 상태가 그칠 때까지 시간은 30초 이내일 것

③ 탄화한 면적은 50제곱센티미터 이내, 탄화한 길이는 20센티미터 이내일 것, 불꽃에 의하여 완전히 녹을 때까지 불꽃의 접촉 횟수는 3회 이상일 것

④ 소방청장이 정하여 고시한 방법으로 발연량을 측정하는 경우 최대연기밀도는 400 이하일 것

(7) 방염처리 권장 물품

소방본부장 또는 소방서장은 방염대상물품 외에 다음의 물품은 방염처리된 물품을 사용하도록 권장할 수 있다.

① 다중이용업소, 의료시설, 노유자 시설, 숙박시설 또는 장례식장에서 사용하는 침구류·소파 및 의자

② 건축물 내부의 천장 또는 벽에 부착하거나 설치하는 가구류

2 방염성능의 검사

(1) 방염성능검사

① 특정소방대상물에서 사용하는 방염대상물품은 소방청장이 실시하는 방염성능검사를 받은 것이어야 한다.

② 다만, 대통령령으로 정하는 방염대상물품의 경우 시·도지사에게 검사받은 것이어야 한다.

③ 시·도지사가 실시하는 방염성능검사

ⓒ 제31조 제1항 제1호 라목의 전시용 합판·목재 또는 무대용 합판·목재 중 설치 현장에서 방염처리를 하는 합판·목재류

ⓛ 제31조 제1항 제2호에 따른 방염대상물품 중 설치 현장에서 방염처리를 하는 합판·목재류

④ 벌칙 – 300만원 이하의 벌금: 제21조를 위반하여 방염성능검사에 합격하지 아니한 물품에 합격표시를 하거나 합격표시를 위조하거나 변조하여 사용한 자

(2) 시료의 제출

① 방염처리업의 등록한 자는 방염성능검사를 할 때에 거짓 시료를 제출해서는 안 된다.

② 벌칙 – 300만원 이하의 벌금: 거짓 시료를 제출한 자

1 소방시설등의 자체점검

(1) 자체점검

① 특정소방대상물의 관계인은 그 대상물에 설치되어 있는 소방시설등이 이 법이나 이 법에 따른 명령 등에 적합하게 설치·관리되고 있는지에 대하여 다음의 구분에 따른 기간 내에 스스로 점검하거나 관리업자 또는 행정안전부령으로 정하는 기술자격자(관리업자 등)으로 하여금 정기적으로 점검(자체점검)하게 하여야 한다.
   ○ 해당 특정소방대상물의 소방시설등이 신설된 경우: 건축물을 사용할 수 있게 된 날부터 60일
   ○ ○ 외의 경우: 행정안전부령으로 정하는 기간

② 행정안전부령으로 정하는 기술자격자: 소방안전관리자로 선임된 소방시설관리사 및 소방기술사를 말한다.

③ 벌칙
   ○ 1년 이하의 징역 또는 1천만원 이하의 벌금(제58조): 소방시설등에 대하여 스스로 점검을 하지 아니하거나 관리업자 등으로 하여금 정기적으로 점검하게 하지 아니한 자
   ○ 300만원 이하의 과태료(제61조): 점검능력 평가를 받지 아니하고 점검을 한 관리업자

④ 자체점검결과의 조치
   ○ 이 경우 관리업자 등이 점검한 경우에는 그 점검 결과를 행정안전부령으로 정하는 바에 따라 관계인에게 제출하여야 한다.
   ○ 소방시설등의 자체점검 결과의 조치 등(규칙 제23조 제1항): 자체점검을 실시한 경우에는 그 점검이 끝난 날부터 10일 이내에 자체점검 결과를 관계인에게 제출해야 한다.

(2) 위임규정

① 자체점검의 구분 및 대상, 점검인력의 배치기준, 점검자의 자격, 점검 장비, 점검방법 및 횟수 등 자체점검 시 준수하여야 할 사항은 행정안전부령으로 정한다.

② 300만원 이하의 과태료
   ○ 관계인에게 점검 결과를 제출하지 아니한 관리업자 등
   ○ 점검인력의 배치기준 등 자체점검 시 준수사항을 위반한 자

1-2 자체점검시 준수해야 할 사항

(1) 자체점검의 구분

① 작동점검: 소방시설등을 인위적으로 조작하여 소방시설이 정상적으로 작동하는지를 소방청장이 정하여 고시하는 소방시설등 작동점검표에 따라 점검하는 것을 말한다.

② 종합점검: 소방시설등의 작동점검을 포함하여 소방시설등의 설비별 주요 구성부품의 구조기준이 화재안전기준과 「건축법」 등 관련 법령에서 정하는 기준에 적합한 지 여부를 소방청장이 정하여 고시하는 소방시설등 종합점검표에 따라 점검하는 것을 말하며, 다음과 같이 구분한다.
   ○ 최초점검: 법 제22조 제1항 제1호에 따라 소방시설이 새로 설치되는 경우 「건축법」 제22조에 따라 건축물을 사용할 수 있게 된 날부터 60일 이내 점검하는 것을 말한다.
   ○ 그 밖의 종합점검: 최초점검을 제외한 종합점검을 말한다.

(2) 작동점검의 실시

① 작동점검은 특정소방대상물을 대상으로 한다. 다만, 다음의 어느 하나에 해당하는 특정소방대상물은 제외한다.

    ㉠ 특정소방대상물 중 「화재의 예방 및 안전관리에 관한 법률」 제24조 제1항에 해당하지 않는 특정소방대상물(소방안전관리자를 선임하지 않는 대상을 말한다)

    ㉡ 제조소등

    ㉢ 특급소방안전관리대상물

② 작동점검의 기술인력(이 경우 별표 4에 따른 점검인력 배치기준을 준수해야 한다)

    ㉠ 간이스프링클러설비(주택전용 간이스프링클러설비는 제외한다) 또는 자동화재탐지설비가 설치된 특정소방대상물

        ⓐ 관계인

        ⓑ 관리업에 등록된 기술인력 중 소방시설관리사

        ⓒ 「소방시설공사업법 시행규칙」 별표 4의2에 따른 특급점검자

        ⓓ 소방안전관리자로 선임된 소방시설관리사 및 소방기술사

    ㉡ ㉠에 해당하지 않는 특정소방대상물

        ⓐ 관리업에 등록된 소방시설관리사

        ⓑ 소방안전관리자로 선임된 소방시설관리사 및 소방기술사

③ 작동점검은 연 1회 이상 실시한다.

④ 작동점검의 점검 시기

    ㉠ 종합점검 대상은 종합점검을 받은 달부터 6개월이 되는 달에 실시한다.

    ㉡ ㉠에 해당하지 않는 특정소방대상물은 특정소방대상물의 사용승인일이 속하는 달의 말일까지 실시한다. 다만, 건축물관리대장 또는 건물 등기사항증명서 등에 기입된 날이 서로 다른 경우에는 건축물관리대장에 기재되어 있는 날을 기준으로 점검한다.

(3) 종합점검의 실시

① 점검대상

    ㉠ 법 제22조 제1항 제1호에 해당하는 특정소방대상물

    ㉡ 스프링클러설비가 설치된 특정소방대상물

    ㉢ 물분무등소화설비[호스릴(Hose Reel) 방식 제외]가 설치된 연면적 5,000m² 이상인 특정소방대상물(제조소등 제외)

    ㉣ 「다중이용업소의 안전관리에 관한 특별법 시행령」 의 다중이용업의 영업장이 설치된 특정소방대상물로서 연면적이 2,000m² 이상인 것

    ㉤ 제연설비가 설치된 터널

    ㉥ 「공공기관의 소방안전관리에 관한 규정」 에 따른 공공기관 중 연면적(터널·지하구의 경우 그 길이와 평균폭을 곱하여 계산된 값을 말한다)이 1,000m² 이상인 것으로서 옥내소화전설비 또는 자동화재탐지설비가 설치된 것. 단, 소방대가 근무하는 공공기관은 제외한다.

② 종합점검의 기술인력(이 경우 별표 4에 따른 점검인력 배치기준을 준수해야 한다)

    ㉠ 관리업에 등록된 소방시설관리사

    ㉡ 소방안전관리자로 선임된 소방시설관리사 및 소방기술사

③ 종합점검의 점검 횟수

    ㉠ 연 1회 이상(특급 소방안전관리대상물은 반기에 1회 이상) 실시한다.

ⓛ ㉠에도 불구하고 소방본부장 또는 소방서장은 소방청장이 소방안전관리가 우수하다고 인정한 특정소방
대상물에 대해서는 3년의 범위에서 소방청장이 고시하거나 정한 기간 동안 종합점검을 면제할 수 있다.
다만, 면제기간 중 화재가 발생한 경우는 제외한다.

④ 종합점검의 점검 시기

㉠ 건축물을 사용할 수 있게 된 날부터 60일 이내 실시한다.

ⓛ ㉠을 제외한 특정소방대상물은 건축물의 사용승인일이 속하는 달에 실시한다. 다만, 「공공기관의 안전관
리에 관한 규정」에 따른 학교의 경우에는 해당 건축물의 사용승인일이 1월에서 6월 사이에 있는 경우에
는 6월 30일까지 실시할 수 있다.

(4) 공공기관의 외관점검

① 공공기관의 장은 공공기관에 설치된 소방시설등의 유지·관리상태를 맨눈 또는 신체감각을 이용하여 점검하
는 외관점검을 월 1회 이상 실시(작동점검 또는 종합점검을 실시한 달에는 실시하지 않을 수 있다)하고, 그 점
검 결과를 2년간 자체 보관해야 한다.

② 이 경우 외관점검의 점검자는 해당 특정소방대상물의 관계인, 소방안전관리자 또는 관리업자(소방시설관리
사를 포함하여 등록된 기술인력을 말한다)로 해야 한다.

(5) 공동주택(아파트) 세대별 점검방법

① 관리자(관리소장, 입주자대표회의 및 소방안전관리자를 포함한다. 이하 같다) 및 입주민(세대 거주자를 말한다)
은 2년 이내 모든 세대에 대하여 점검을 해야 한다.

② ①에도 불구하고 아날로그감지기 등 특수감지기가 설치되어 있는 경우에는 수신기에서 원격 점검할 수 있으며,
점검할 때마다 모든 세대를 점검해야 한다. 다만, 자동화재탐지설비의 선로 단선이 확인되는 때에는 단선이
난 세대 또는 그 경계구역에 대하여 현장점검을 해야 한다.

③ 관리자는 수신기에서 원격 점검이 불가능한 경우 매년 작동점검만 실시하는 공동주택은 1회 점검 시 마다 전체 세대
수의 50퍼센트 이상, 종합점검을 실시하는 공동주택은 1회 점검 시 마다 전체 세대수의 30퍼센트 이상 점검하도록
자체점검 계획을 수립·시행해야 한다.

④ 관리자 또는 해당 공동주택을 점검하는 관리업자는 입주민이 세대 내에 설치된 소방시설등을 스스로 점검할
수 있도록 소방청 또는 사단법인 한국소방시설관리협회의 홈페이지에 게시되어 있는 공동주택 세대별 점검
동영상을 입주민이 시청할 수 있도록 안내하고, 점검서식(별지 제36호 서식 소방시설 외관점검표를 말한다)
을 사전에 배부해야 한다.

⑤ 입주민은 점검서식에 따라 스스로 점검하거나 관리자 또는 관리업자로 하여금 대신 점검하게 할 수 있다. 입
주민이 스스로 점검한 경우에는 그 점검 결과를 관리자에게 제출하고 관리자는 그 결과를 관리업자에게 알
려주어야 한다.

⑥ 관리자는 관리업자로 하여금 세대별 점검을 하고자 하는 경우에는 사전에 점검 일정을 입주민에게 사전에 공
지하고 세대별 점검 일자를 파악하여 관리업자에게 알려주어야 한다. 관리업자는 사전 파악된 일정에 따라
세대별 점검을 한 후 관리자에게 점검 현황을 제출해야 한다.

⑦ 관리자는 관리업자가 점검하기로 한 세대에 대하여 입주민의 사정으로 점검을 하지 못한 경우 입주민이 스스
로 점검할 수 있도록 다시 안내해야 한다. 이 경우 입주민이 관리업자로 하여금 다시 점검받기를 원하는 경
우 관리업자로 하여금 추가로 점검하게 할 수 있다.

⑧ 관리자는 세대별 점검현황(입주민 부재 등 불가피한 사유로 점검을 하지 못한 세대 현황을 포함한다)을 작성
하여 자체점검이 끝난 날부터 2년간 자체 보관해야 한다.

1-3 점검인력 배치기준

시행규칙 제20조 【소방시설등 자체점검의 구분 및 대상 등】 ① 법 제22조 제1항에 따른 자체점검(이하 "자체점검"이라 한다)의 구분 및 대상, 점검자의 자격, 점검 장비, 점검 방법 및 횟수 등 자체점검 시 준수해야 할 사항은 별표 3과 같고, 점검인력의 배치기준은 별표 4와 같다.

(1) 점검인력 1단위

① 관리업자가 점검하는 경우

㉠ 소방시설관리사 또는 특급점검자 1명과 영 별표 9에 따른 보조 기술인력 2명을 점검인력 1단위로 한다.

㉡ 점검인력 1단위에 2명(같은 건축물을 점검할 때는 4명) 이내의 보조 기술인력을 추가할 수 있다.

② 소방안전관리자로 선임된 소방시설관리사 및 소방기술사가 점검하는 경우

㉠ 소방시설관리사 또는 소방기술사 중 1명과 보조 기술인력 2명을 점검인력 1단위로 한다.

㉡ 점검인력 1단위에 2명 이내의 보조 기술인력을 추가할 수 있다. 다만, 보조 기술인력은 해당 특정소방대상물의 관계인 또는 소방안전관리보조자로 할 수 있다.

③ 관계인 또는 소방안전관리자가 점검하는 경우

㉠ 관계인 또는 소방안전관리자 1명과 보조 기술인력 2명을 점검인력 1단위로 한다.

㉡ 보조 기술인력은 해당 특정소방대상물의 관리자, 점유자 또는 소방안전관리보조자로 할 수 있다.

(2) 관리업자가 점검하는 경우 특정소방대상물의 규모 등에 따른 점검인력의 배치 기준

구분	주된 인력	보조인력
가. 50층 이상 또는 성능위주설계한 특정 소방대상물	소방시설관리사경력 5년 이상 1명 이상	고급점검자 이상 1명 이상, 중급점검자 이상 1명 이상
나. 특급 소방안전관리대상물 ("가"의 특정소방대상물은 제외한다)	소방시설관리사 경력 3년 이상 1명 이상	고급점검자 이상 1명 이상, 초급점검자 이상 1명 이상
다. 1급 또는 2급 소방안전관리대상물	소방시설관리사 1명 이상	중급점검자 이상 1명 이상, 초급점검자 이상 1명 이상
라. 3급 소방안전관리대상물	소방시설관리사 1명 이상	초급점검자 이상의 기술인력 2명 이상

▶ 비고

1. 라목에는 주된 기술인력으로 특급점검자를 배치할 수 있다.
2. 보조 기술인력의 등급구분(특급점검자, 고급점검자, 중급점검자, 초급점검자)은 「소방시설공사업법 시행규칙」 별표 4의2에서 정하는 기준에 따른다.

(3) 점검인력 1단위가 하루 동안 점검할 수 있는 특정소방대상물의 연면적(이하 "점검한도면적"이라 한다)은 다음과 같다.

① 종합점검: 8,000m²

② 작동점검: 10,000m²

점검구분	점검한도면적	보조인력 1명 추가 시마다
종합점검	8,000m²	2,000m²
작동점검	10,000m²	2,500m²

* 다만, 하루에 2개 이상의 특정소방대상물을 점검할 경우 투입된 점검인력에 따른 점검 한도면적의 평균값으로 적용하여 계산한다.

(4) 점검인력 1단위에 보조 기술인력을 1명씩 추가할 때마다 종합점검의 경우에는 2,000m², 작동점검의 경우에는 2,500m²씩을 점검한도 면적에 더한다. 다만, 하루에 2개 이상의 특정소방대상물을 배치할 경우 1일 점검 한도면적은 특정소방대상물별로 투입된 점검인력에 따른 점검 한도면적의 평균값으로 적용하여 계산한다.

(5) 점검인력은 하루에 5개의 특정소방대상물에 한하여 배치할 수 있다. 다만 2개 이상의 특정소방대상물을 2일 이상 연속하여 점검하는 경우에는 배치기한을 초과해서는 안 된다.

(6) (3)부터 (5)까지의 규정에도 불구하고 아파트등(공용시설, 부대시설 또는 복리시설은 포함하고, 아파트등이 포함된 복합건축물의 아파트등 외의 부분은 제외한다. 이하 이 표에서 같다)을 점검할 때에는 다음 기준에 따른다.

① 점검인력 1단위가 하루 동안 점검할 수 있는 아파트등의 세대수(이하 "점검한도 세대수"라 한다)는 종합점검 및 작동점검에 관계없이 250세대로 한다.

② 점검인력 1단위에 보조 기술인력을 1명씩 추가할 때마다 60세대씩을 점검한도세대수에 더한다.

점검구분	점검한도세대수	보조인력 1명 추가 시마다
종합점검	250세대	60세대
작동점검	250세대	60세대

③ 관리업자등이 하루 동안 점검한 세대수는 실제 점검 세대수에 다음의 기준을 적용하여 계산한 세대수(이하 "점검세대수"라 한다)로 하되, 점검세대수는 점검한도 세대수를 초과해서는 안 된다.

㉠ 점검한 아파트등이 다음의 어느 하나에 해당할 때에는 다음에 따라 계산된 값을 실제 점검 세대수에서 뺀다.

ⓐ 스프링클러설비가 설치되지 않은 경우: 실제 점검 세대수에 0.1을 곱한 값

ⓑ 물분무등소화설비(호스릴 방식의 물분무등소화설비는 제외한다)가 설치되지 않은 경우: 실제 점검 세대수에 0.1을 곱한 값

ⓒ 제연설비가 설치되지 않은 경우: 실제 점검 세대수에 0.1을 곱한 값

구분	계산값	비고
스프링클러설비가 설치되지 않은 경우	실제 점검 세대수에 0.1을 곱한 값	계산된 값을 실제 점검 세대수에서 뺀다.
물분무등소화설비가 설치되지 않은 경우	실제 점검 세대수에 0.1을 곱한 값	계산된 값을 실제 점검 세대수에서 뺀다.
제연설비가 설치되지 않은 경우	실제 점검 세대수에 0.1을 곱한 값	계산된 값을 실제 점검 세대수에서 뺀다.

㉡ 2개 이상의 아파트를 하루에 점검하는 경우에는 아파트 상호간의 좌표 최단거리 5km마다 점검 한도세대수에 0.02를 곱한 값을 점검한도 세대수에서 뺀다.

1-4 평가기관 통보

(1) 평가기관 통보

관리업자는 자체점검을 실시하는 경우 점검 대상과 점검 인력 배치상황을 점검인력을 배치한 날 이후 자체점검이 끝난 날부터 5일 이내에 법 제50조 제5항에 따라 관리업자에 대한 점검능력 평가 등에 관한 업무를 위탁받은 법인 또는 단체(이하"평가기관"이라 한다)에 통보해야 한다.

(2) 위임규정

자체점검 구분에 따른 점검사항, 소방시설등 점검표, 점검인원 배치상황 통보 및 세부 점검방법 등 자체점검에 필요한 사항은 소방청장이 정하여 고시한다.

1-5 표준자체점검비 등

(1) 자체점검 대가

① 관리업자 등으로 하여금 자체점검하게 하는 경우의 점검 대가는 엔지니어링 사업의 대가 기준 가운데 행정안전부령으로 정하는 방식에 따라 산정한다.

② 소방시설등의 자체점검 대가

③ "행정안전부령으로 정하는 방식"이란 산업통상자원부장관이 고시한 엔지니어링사업대가의 기준 중 실비정액가산방식을 말한다.

(2) 표준자체점검비 공표권자: 소방청장

(3) 소방시설등의 자체점검 면제 또는 연기 등: 자체점검의 실시 만료일 3일 전까지

2 소방시설등의 자체점검 결과의 조치

(1) 자체점검 결과의 조치

① 특정소방대상물의 관계인은 자체점검 결과 소화펌프 고장 등 대통령령으로 정하는 중대위반사항이 발견된 경우에는 지체 없이 수리 등 필요한 조치를 하여야 한다.

② 중대위반사항

  ㉠ 소화펌프(가압송수장치를 포함한다. 이하 같다), 동력·감시 제어반 또는 소방시설용 전원(비상전원을 포함한다)의 고장으로 소방시설이 작동되지 않는 경우

  ㉡ 화재 수신기의 고장으로 화재경보음이 자동으로 울리지 않거나 화재 수신기와 연동된 소방시설의 작동이 불가능한 경우

  ㉢ 소화배관 등이 폐쇄·차단되어 소화수(消火水) 또는 소화약제가 자동 방출되지 않는 경우

  ㉣ 방화문 또는 자동방화셔터가 훼손되거나 철거되어 본래의 기능을 못하는 경우

③ 벌칙 – 300만원 이하의 벌금: 필요한 조치를 하지 아니한 관계인 또는 관계인에게 중대위반사항을 알리지 아니한 관리업자 등

(2) 점검결과의 이행계획 보고

① 특정소방대상물의 관계인은 이행계획(중대위반사항에 대한 조치사항을 포함한다)을 첨부하여 소방본부장 또는 소방서장에게 보고하여야 한다.

② 과태료 – 300만원 이하의 과태료: 점검 결과를 보고하지 아니하거나 거짓으로 보고한 자

(3) 자체점검 이행결과 완료 보고서

① 특정소방대상물의 관계인은 (2)에 따른 이행계획을 행정안전부령으로 정하는 바에 따라 기간 내에 완료하고, 소방본부장 또는 소방서장에게 이행계획 완료 결과를 보고하여야 한다.

② 과태료 – 300만원 이하의 과태료: 이행계획을 기간 내에 완료하지 아니한 자 또는 이행계획 완료 결과를 보고하지 아니하거나 거짓으로 보고한 자

(4) 이행계획 조치 명령권자: 소방본부장 또는 소방서장

(5) 소방시설등의 자체점검 결과의 조치 등

① 소방시설등 자체점검 실시결과 보고서 제출: 관리업자 등은 자체점검을 실시한 경우에는 그 점검이 끝난 날부터 10일 이내에 소방시설등 자체점검 실시결과 보고서에 소방청장이 정하여 고시하는 소방시설등 점검표를 첨부하여 관계인에게 제출해야 한다.

② 소방시설등 자체점검 실시결과 보고서의 보고: 관계인은 자체점검이 끝난 날부터 15일 이내에 소방시설등 자체점검 실시결과 보고서에 해당 서류를 첨부하여 소방본부장 또는 소방서장에게 보고해야 한다.

③ ①및 ②에 따른 자체점검 실시결과의 보고기간에는 공휴일 및 토요일은 산입하지 않는다.

④ 관계인: 소방시설등 자체점검 실시결과 보고서를 2년간 자체 보관해야 한다.

⑤ 이행계획 완료 기간 통보
  ㉠ 소방시설등을 구성하고 있는 기계·기구를 수리하거나 정비하는 경우: 보고일부터 10일 이내
  ㉡ 소방시설등의 전부 또는 일부를 철거하고 새로 교체하는 경우: 보고일부터 20일 이내

⑥ 이행완료 보고: 관계인은 이행을 완료한 날부터 10일 이내에 소방시설등의 자체점검 결과 이행완료 보고서에 해당 서류를 첨부하여 소방본부장 또는 소방서장에게 보고해야 한다.

3 점검기록표 게시

(1) 점검기록표 게시

① 점검기록표의 기록 등에 필요한 사항은 행정안전부령으로 정한다.

② 자체점검결과 게시: 소방본부장 또는 소방서장에게 자체점검결과 보고를 마친 관계인은 보고한 날로부터 10일 이내에 자체점검기록표를 작성하여 특정소방대상물의 출입자가 쉽게 볼 수 있는 장소에 30일 이상 게시하여야 한다.

(2) 자체점검결과의 공개: 공개 절차, 공개 기간 및 공개 방법 등 필요한 사항은 대통령령으로 정함

① 자체점검 기간 및 점검자

② 특정소방대상물의 정보 및 자체점검 결과

③ 그 밖에 소방본부장 또는 소방서장이 특정소방대상물을 이용하는 불특정 다수인의 안전을 위하여 공개가 필요하다고 인정하는 사항

(3) 자체점검결과 공개 등

① 소방본부장 또는 소방서장은 자체점검 결과를 공개하는 경우 30일 이상 전산시스템 또는 인터넷 홈페이지 등을 통해 공개해야 한다.

② 소방본부장 또는 소방서장은 제1항에 따라 자체점검 결과를 공개하려는 경우 공개 기간, 공개 내용 및 공개 방법을 해당 특정소방대상물의 관계인에게 미리 알려야 한다.

③ 특정소방대상물의 관계인은 ②에 따라 공개 내용 등을 통보받은 날부터 10일 이내에 관할 소방본부장 또는 소방서장에게 이의신청을 할 수 있다.

④ 소방본부장 또는 소방서장은 ③에 따라 이의신청을 받은 날부터 10일 이내에 심사·결정하여 그 결과를 지체 없이 신청인에게 알려야 한다.

제1절 소방시설관리사

1 소방시설관리사시험의 응시자격 등

(1) 소방시설관리사의 자격
소방시설관리사가 되려는 사람은 소방청장이 실시하는 관리사시험에 합격하여야 한다.

(2) 위임규정
관리사시험의 응시자격, 시험방법, 시험과목, 시험위원, 그 밖에 관리사시험에 필요한 사항은 대통령령으로 정한다.

(3) 응시자격(영 제37조)(부칙 제6조 참조)

> **영 부칙 제6조 【소방시설관리사시험에 관한 특례】** ① 법 제25조 제2항에 따른 소방시설관리사시험(이하 "관리사시험"이라 한다)에 응시할 수 있는 사람은 제37조의 개정규정에도 불구하고 2026년 12월 31일까지는 다음 각 호에 따른 사람으로 한다.
> 1. 소방기술사·위험물기능장·건축사·건축기계설비기술사·건축전기설비기술사 또는 공조냉동기계기술사
> 2. 소방설비기사 자격을 취득한 후 2년 이상 소방청장이 정하여 고시하는 소방에 관한 실무경력(이하 "소방실무경력"이라 한다)이 있는 사람
> 3. 소방설비산업기사 자격을 취득한 후 3년 이상 소방실무경력이 있는 사람
> 4. 「국가과학기술 경쟁력 강화를 위한 이공계지원 특별법」 제2조 제1호에 따른 이공계(이하 "이공계"라 한다) 분야를 전공한 사람으로서 다음 각 목의 어느 하나에 해당하는 사람
>   가. 이공계 분야의 박사학위를 취득한 사람
>   나. 이공계 분야의 석사학위를 취득한 후 2년 이상 소방실무 경력이 있는 사람
>   다. 이공계 분야의 학사학위를 취득한 후 3년 이상 소방실무 경력이 있는 사람
> 5. 소방안전공학(소방방재공학, 안전공학을 포함한다) 분야를 전공한 후 다음 각 목의 어느 하나에 해당하는 사람
>   가. 해당 분야의 석사학위 이상을 취득한 사람
>   나. 2년 이상 소방실무경력이 있는 사람
> 6. 위험물산업기사 또는 위험물기능사 자격을 취득한 후 3년 이상 소방실무경력이 있는 사람
> 7. 소방공무원으로 5년 이상 근무한 경력이 있는 사람
> 8. 소방안전 관련 학과의 학사학위를 취득한 후 3년 이상 소방실무경력이 있는 사람
> 9. 산업안전기사 자격을 취득한 후 3년 이상 소방실무경력이 있는 사람
> 10. 다음 각 목의 어느 하나에 해당하는 사람
>   가. 특급 소방안전관리대상물의 소방안전관리자로 2년 이상 근무한 실무경력이 있는 사람
>   나. 1급 소방안전관리대상물의 소방안전관리자로 3년 이상 근무한 실무경력이 있는 사람
>   다. 2급 소방안전관리대상물의 소방안전관리자로 5년 이상 근무한 실무경력이 있는 사람
>   라. 3급 소방안전관리대상물의 소방안전관리자로 7년 이상 근무한 실무경력이 있는 사람
>   마. 10년 이상 소방실무경력이 있는 사람

(4) 시험의 시행방법
① 관리사시험은 제1차 시험과 제2차 시험으로 구분하여 시행한다. 이 경우 소방청장은 제1차 시험과 제2차 시험을 같은 날에 시행할 수 있다.
② 제1차 시험은 선택형을 원칙으로 하고, 제2차 시험은 논문형을 원칙으로 하되, 제2차 시험의 경우에는 기입형을 포함할 수 있다.

(5) 시험과목(영 제39조)(부칙 제6조 참조)

> **영 부칙 제6조【소방시설관리사시험에 관한 특례】** ② 관리사시험의 시험과목은 제39조의 개정규정에도 불구하고 2026년 12월 31일까지는 다음 각 호에 따른 과목으로 한다.
>
> 1. 제1차 시험
>   가. 소방안전관리론(연소 및 소화, 화재예방관리, 건축물소방안전기준, 인원수용 및 피난계획에 관한 부분으로 한정한다) 및 화재역학
>   나. 소방수리학, 약제화학 및 소방전기(소방 관련 전기공사재료 및 전기제어에 관한 부분으로 한정한다)
>   다. 소방 관련 법령
>   라. 위험물의 성질·상태 및 시설기준
>   마. 소방시설의 구조 원리(고장진단 및 정비를 포함한다)
> 2. 제2차 시험
>   가. 소방시설의 점검실무행정(점검절차 및 점검기구 사용법을 포함한다)
>   나. 소방시설의 설계 및 시공

(6) 시험위원

① 시험위원의 임명·위촉

ㄱ 소방 관련 분야의 박사학위를 취득한 사람

ㄴ 대학에서 소방안전 관련 학과 조교수 이상으로 2년 이상 재직한 사람

ㄷ 소방위 이상의 소방공무원

ㄹ 소방시설관리사

ㅁ 소방기술사

② 시험위원의 수

ㄱ 출제위원: 시험 과목별 3명

ㄴ 채점위원: 시험 과목별 5명 이내(제2차 시험의 경우로 한정한다)

2 관리사의 결격사유

📋 SUMMARY 관리사의 결격사유

결격사유		결격기간	
① 피성년후견인			
소방 관계법령	② 금고 이상 실형 선고	집행이 종료된 날부터	2년이 지나지 아니한 사람
		집행이 면제된 날부터	
	③ 금고 이상 형의 집행유예		유예기간 중
④ 자격의 취소		제28조 자격의 정지·취소(피성년후견인의 결격사유에 해당하여 취소·정지된 경우 제외)	2년이 지나지 아니한 사람

3 자격의 취소·정지

📑 SUMMARY **자격의 취소·정지**

자격의 취소·정지 대상	취소 및 정지
• 거짓이나 부정한 방법으로 시험에 합격한 경우 • 소방시설관리사증을 다른 자에게 빌려준 경우 • 동시에 둘 이상의 업체에 취업한 경우 • 결격사유에 해당하게 된 경우	반드시 자격을 취소하여야 한다.
• 소방안전관리 업무를 하지 아니하거나 거짓으로 한 경우 • 소방시설등의 자체점검을 하지 아니하거나 거짓으로 한 경우 • 성실하게 자체점검의 업무를 수행하지 아니한 경우	자격을 취소하거나 1년의 기간을 정하여 자격정지를 하거나 취소할 수 있다.

제2절 소방시설관리업

1 소방시설관리업의 등록

(1) 관리업의 등록

① 대통령령으로 정하는 업종별로 시·도지사에게 소방시설관리업 등록을 하여야 한다.

② 벌칙 - 3년 이하의 징역 또는 3천만원 이하의 벌금: 관리업의 등록을 하지 아니하고 영업을 한 자

(2) 관리업의 등록기준 및 영업범위

① 위임규정: 업종별 기술인력 등 관리업의 등록기준 및 영업범위 등에 필요한 사항은 대통령령으로 정한다.

② 업종별 등록기준 및 영업범위(영 [별표 9])

업종별 ＼ 기술인력 등	기술인력	영업범위
전문 소방시설관리업	• 주된 기술인력 　- 소방시설관리사 자격을 취득한 후 소방 관련 실무경력이 5년 이상인 사람 1명 이상 　- 소방시설관리사 자격을 취득한 후 소방 관련 실무경력이 3년 이상인 사람 1명 이상 • 보조 기술인력 　- 고급점검자 이상의 기술인력: 2명 이상 　- 중급점검자 이상의 기술인력: 2명 이상 　- 초급점검자 이상의 기술인력: 2명 이상	모든 특정소방대상물
일반 소방시설관리업	• 주된 기술인력: 소방시설관리사 자격을 취득한 후 소방 관련 실무경력이 1년 이상인 사람 1명 이상 • 보조 기술인력 　- 중급점검자 이상의 기술인력: 1명 이상 　- 초급점검자 이상의 기술인력: 1명 이상	1급, 2급, 3급 소방안전관리 대상물

(3) 소방시설관리업의 등록신청 등: 시·도지사에게 제출

(4) 소방시설관리업의 등록증 및 등록수첩 발급 등: 보완기간 10일 이내

2 등록의 결격사유

(1) 피성년후견인

(2) 해당 소방관련 법규를 위반하여 금고 이상의 실형을 선고받고 그 집행이 끝나거나(집행이 끝난 것으로 보는 경우를 포함) 집행이 면제된 날부터 2년이 지나지 아니한 사람

(3) 해당 소방관련 법규를 위반하여 금고 이상의 형의 집행유예를 선고받고 그 유예기간 중에 있는 사람

(4) 관리업의 등록이 취소(피성년후견인에 해당하여 등록이 취소된 경우는 제외)된 날부터 2년이 지나지 아니한 자

(5) 임원 중에 (1)부터 (4)까지의 어느 하나에 해당하는 사람이 있는 법인

3 등록사항의 변경신고

(1) 변경신고

① 시·도지사에게 변경사항 신고

② 과태료 - 300만원 이하의 과태료: 제31조을 위반하여 신고를 하지 아니하거나 거짓으로 신고한 자

(2) 등록사항의 변경신고 사항

① 명칭·상호 또는 영업소소재지

② 대표자

③ 기술인력

4 관리업자의 지위승계

(1) 지위 승계자

① 관리업자가 사망한 경우 그 상속인

② 관리업자가 그 영업을 양도한 경우 그 양수인

③ 법인인 관리업자가 합병한 경우 합병 후 존속하는 법인이나 합병으로 설립되는 법인

(2) 경매 등에 따른 지위 승계자

경매·환가 등의 절차에 따라 관리업의 시설 및 장비의 전부를 인수한 자는 종전의 관리업자의 지위를 승계한다.

(3) 준용 규정

① 지위를 승계한 자의 결격사유에 관하여는 제30조를 준용한다.

② 다만, 상속인이 제30조 각 호의 어느 하나에 해당하는 경우에는 상속받은 날부터 3개월 동안은 그러하지 아니하다.

(4) 지위승계 신고 등: 30일 이내

5 관리업의 운영

(1) 관리업자의 점검·관리

관리업자는 이 법이나 이 법에 따른 명령 등에 맞게 소방시설등을 점검하거나 관리하여야 한다.

(2) 관리업자의 금지 사항

벌칙 - 1년 이하의 징역 또는 1천만원 이하의 벌금: 관리업의 등록증이나 등록수첩을 다른 자에게 빌려주거나 빌리거나 이를 알선한 자

(3) 관리업자의 통지 의무

① 관리업자의 지위를 승계한 경우

② 관리업의 등록취소 또는 영업정지처분을 받은 경우

③ 휴업 또는 폐업을 한 경우

6 점검능력 평가 및 공시

(1) 점검능력 평가 및 공시 등: 소방청장

특정소방대상물의 관계인이 적정한 관리업자의 선정하기 위함이다.

(2) 점검능력 평가의 신청: 점검능력 평가를 신청하려는 관리업자 → 소방청장에게 제출

　　과태료-300만원 이하의 과태료: 점검실적을 증명하는 서류 등을 거짓으로 제출한 자

(3) 점검능력 평가의 항목

　① 실적

　　　㉠ 점검실적

　　　㉡ 대행실적

　② 기술력, 경력, 신인도

　③ 점검능력 평가 결과: 매년 7월 31일까지 공시

　④ 점검능력 평가 결과: 소방청장 및 시·도지사에게 통보한 날부터 3일 이내 공시

　⑤ 점검능력 평가의 유효기간: 날부터 1년간으로 한다.

(4) 소방시설 관리업자의 점검능력 평가의 세부기준

> 점검능력평가액 = 실적평가액 + 기술력평가액 + 경력평가액 ± 신인도평가액

7 등록의 취소와 영업정지

(1) 등록의 취소·정지

등록의 취소·영업정지 처분 대상	등록취소·영업정지처분
• 거짓이나 부정한 방법으로 등록한 경우 • 등록 결격사유에 해당하게 된 경우(임원이 등록결격사유 해당하는 경우 – 2개월 이내 변경 제외됨) • 등록증이나 등록수첩을 빌려준 경우	반드시 등록취소
• 소방시설등의 자체점검을 하지 아니하거나 거짓으로 한 경우 • 등록기준에 미달하게 된 경우 • 점검능력 평가를 받지 아니하고 자체점검을 한 경우	등록을 취소하거나 6개월의 기간을 정하여 영업정지 처분

(2) 행정처분기준 일반기준(규칙 [별표 8])

　① 위반행위가 둘 이상이면 그중 무거운 처분기준(무거운 처분기준이 동일한 경우에는 그중 하나의 처분기준을 말한다. 이하 같다)에 따른다. 다만, 둘 이상의 처분기준이 모두 영업정지이거나 사용정지인 경우에는 각 처분기준을 합산한 기간을 넘지 않는 범위에서 무거운 처분기준에 각각 나머지 처분기준의 2분의 1 범위에서 가중한다.

　② 영업정지 또는 사용정지 처분기간 중 영업정지 또는 사용정지에 해당하는 위반사항이 있는 경우에는 종전의 처분기간 만료일의 다음 날부터 새로운 위반사항에 따른 영업정지 또는 사용정지의 행정처분을 한다.

　③ 위반행위의 횟수에 따른 행정처분의 기준은 최근 1년간 같은 위반행위로 행정처분을 받은 경우에 적용한다. 이 경우 적용일은 위반행위에 대한 행정처분일과 그 처분 후에 한 위반행위가 다시 적발된 날을 기준으로 한다.

　④ ③에 따라 가중된 부과처분을 하는 경우 가중처분의 적용 차수는 그 위반행위 전 부과처분 차수의 다음 차수로 한다.

⑤ 처분권자는 위반행위의 동기·내용·횟수 및 위반 정도 등 다음에 해당하는 사유를 고려하여 그 처분을 가중하거나 감경할 수 있다. 이 경우 그 처분이 영업정지 또는 자격정지인 경우에는 그 처분기준의 2분의 1의 범위에서 가중하거나 감경할 수 있고, 등록취소 또는 자격취소인 경우에는 등록취소 또는 자격취소 전 차수의 행정처분이 영업정지 또는 자격정지이면 그 처분기준의 2배 이하의 영업정지 또는 자격정지로 감경할 수 있다.

  ㉠ 가중 사유
    ⓐ 위반행위가 사소한 부주의나 오류가 아닌 고의나 중대한 과실에 의한 것으로 인정되는 경우
    ⓑ 위반의 내용·정도가 중대하여 관계인에게 미치는 피해가 크다고 인정되는 경우

  ㉡ 감경 사유
    ⓐ 위반행위가 사소한 부주의나 오류 등 과실로 인한 것으로 인정되는 경우
    ⓑ 위반의 내용·정도가 경미하여 관계인에게 미치는 피해가 적다고 인정되는 경우
    ⓒ 위반 행위자가 처음 해당 위반행위를 한 경우로서 5년 이상 소방시설관리사의 업무, 소방시설관리업 등을 모범적으로 해 온 사실이 인정되는 경우
    ⓓ 그 밖에 다음의 경미한 위반사항에 해당되는 경우
      • 스프링클러설비 헤드가 살수반경에 미치지 못하는 경우
      • 자동화재탐지설비 감지기 2개 이하가 설치되지 않은 경우
      • 유도등이 일시적으로 점등되지 않는 경우
      • 유도표지가 정해진 위치에 붙어 있지 않은 경우

8 과징금처분

(1) 과징금의 부과
시·도지사는 영업정지를 명하는 경우, 영업정지가 국민에게 심한 불편을 주거나 공익을 해칠 우려가 있는 경우에는 영업정지처분을 갈음하여 3천만원 이하의 과징금을 부과할 수 있다.

(2) 과징금의 미납의 경우 징수
시·도지사는 과징금 미납의 경우 「지방행정 제재·부과금의 징수 등에 관한 법률」에 따라 징수한다.

1 소방용품의 형식승인

(1) 소방용품의 형식승인

① 대통령령으로 정하는 소방용품을 제조하거나 수입하려는 자: 소방청장의 형식승인을 받아야 한다.

※ 형식승인대상: 소방용품[별표 3 제1호(자동소화장치 중 상업용 주방자동소화장치 제외)]

② 형식승인을 받으려는 자: 행정안전부령으로 정하는 기준에 따라 형식승인을 위한 시험시설을 갖추고 소방청장의 심사를 받아야 한다.

③ 형식승인을 받은 자: 소방용품에 대하여 소방청장이 실시하는 제품검사를 받아야 한다.

구분	적용예외대상	행정안전부령
형식승인	연구개발 목적으로 제조하거나 수입하는 소방용품	방법·절차 등
시험시설	• 판매목적으로 하지 않음 • 자신의 건축물 사용 • 행정안전부령으로 정하는 시험시설을 갖춤	
제품검사		구분·방법·순서·합격표시 등

(2) 소방용품의 형상 등

① '형상 등'이란 소방용품의 형상·구조·재질·성분·성능 등을 말한다.

② 소방용품의 형상 등의 형식승인 및 제품검사의 기술기준 등에 관한 사항은 소방청장이 정하여 고시한다.

③ 판매·판매목적의 진열·소방시설공사에 사용할 수 없는 소방용품

㉠ 형식승인을 받지 않은 것

㉡ 형상 등을 임의로 변경한 것

㉢ 제품검사를 받지 아니한 것

㉣ 합격표시를 하지 아니한 것

④ 소방청장, 소방본부장 또는 소방서장의 조치 명령: 판매·판매목적의 진열·소방시설공사에 사용할 수 없는 소방용품에 대하여는 제조자·수입자·판매자 또는 시공자에게 수거·폐기 또는 교체 등 행정안전부령으로 정하는 조치를 명할 수 있다.

1-2 형식승인의 변경

형식승인을 받은 자가 해당 소방용품에 대하여 형상 등의 일부를 변경하려면 소방청장의 변경승인을 받아야 한다.

1-3 형식승인의 취소 등

소방청장은 소방용품의 형식승인을 받았거나 제품검사를 받은 자가 위법한 경우에 해당하는 때에는 행정안전부령으로 정하는 바에 따라 형식승인을 취소하거나 6개월 이내의 기간을 정하여 제품검사의 중지를 명할 수 있다.

2 소방용품의 성능인증

(1) 소방용품의 성능인증

소방청장은 제조자 또는 수입자 등의 요청이 있는 경우 소방용품에 대하여 성능인증을 할 수 있다.

(2) 제품검사

(1)에 따라 성능인증을 받은 자는 그 소방용품에 대하여 소방청장의 제품검사를 받아야 한다.

2-2 성능인증의 변경

성능인증을 받은 자가 해당 소방용품에 대하여 형상 등의 일부를 변경하려면 소방청장의 변경인증을 받아야 한다.

2-3 성능인증의 취소 등

소방청장은 소방용품의 성능인증을 받았거나 제품검사를 받은 자가 위법한 경우에 해당되는 때에는 행정안전부령으로 정하는 바에 따라 성능인증을 취소하거나 6개월 이내의 기간을 정하여 제품검사의 중지를 명할 수 있다.

3 우수품질 제품에 대한 인증

(1) 우수품질 제품에 대한 인증

소방청장은 형식승인의 대상이 되는 소방용품 중 품질이 우수하다고 인정하는 소방용품에 대하여 인증(이하 "우수품질인증"이라 한다)을 할 수 있다.

(2) 우수품질인증의 신청 및 표시 등

① 우수품질인증을 받으려는 자는 행정안전부령으로 정하는 바에 따라 소방청장에게 신청하여야 한다.
② 우수품질인증을 받은 소방용품에는 우수품질인증 표시를 할 수 있다.
③ 우수품질인증의 유효기간은 5년의 범위에서 행정안전부령으로 정한다.

4 소방용품의 제품검사 후 수집검사

(1) 소방용품의 수집 · 검사

소방청장은 소방용품 품질관리를 위하여 유통 중인 소방용품 수집 · 검사를 할 수 있다.

(2) 수집검사 결과 행정안전부령으로 정하는 중대한 결함이 있는 경우

소방청장은 해당 소방용품에 대하여는 그 제조자 및 수입자에게 행정안전부령으로 정하는 바에 따라 회수 · 교환 · 폐기 또는 판매중지를 명하고, 형식승인 또는 성능인증을 취소할 수 있다.

1 제품검사 전문기관의 지정 등

(1) 전문기관의 지정
① 전문기관 지정권자: 소방청장
② 위임규정: 지정의 방법 및 절차 등에 관하여 필요한 사항은 행정안전부령으로 정한다.
③ 벌칙 – 3년 이하의 징역 또는 3천만원 이하의 벌금: 거짓이나 그 밖의 부정한 방법으로 전문기관으로 지정을 받은 자

(2) 평가 및 확인검사
소방청장은 전문기관을 지정한 경우에는 전문기관의 제품검사 업무에 대한 평가를 실시할 수 있으며, 제품검사를 받은 소방용품에 대하여 확인검사를 할 수 있다.

2 전산시스템 구축 및 운영

(1) 전산시스템의 구축·운영권자: 소방청장, 소방본부장 또는 소방서장
① 제출받은 설계도면의 관리 및 활용
② 보고받은 자체점검 결과의 관리 및 활용
③ 그 밖에 소방청장, 소방본부장 또는 소방서장이 필요하다고 인정하는 자료의 관리 및 활용

(2) 자료·정보의 제공 요청

3 청문

(1) 청문권자: 소방청장 또는 시·도지사

(2) 청문대상
① 관리사 자격의 취소 및 정지
② 관리업의 등록취소 및 영업정지
③ 소방용품의 형식승인 취소 및 제품검사 중지, 성능인증의 취소
④ 우수품질인증의 취소
⑤ 전문기관의 지정취소 및 업무정지

> **참고 소방관련법규상의 청문대상**
>
> | 화재예방법 | • 소방안전관리자의 자격 취소
• 진단기관의 지정 취소 |
> | --- | --- |
> | 「소방시설공사업법」 | • 소방시설업의 등록취소처분
• 소방시설업의 영업정지처분
• 소방기술 인정 자격취소처분 |
> | 「위험물안전관리법」 | • 제조소등 설치허가의 취소
• 탱크시험자의 등록취소 |

4 권한 또는 업무의 위임·위탁 등

(1) 권한의 위임

① 이 법에 따른 소방청장 또는 시·도지사의 권한은 대통령령으로 정하는 바에 따라 그 일부를 소속 기관의 장, 시·도지사, 소방본부장 또는 소방서장에게 위임할 수 있다.

② **기술기준의 위임**: 화재안전기준 중 기술기준에 대한 법 제19조 각 호에 따른 관리·운영 권한을 국립소방연구원장에게 위임한다.

(2) 소방청장이 기술원에 위탁할 수 있는 업무

① 방염성능검사 중 대통령령으로 정하는 검사

② 소방용품의 형식승인

③ 형식승인의 변경승인

④ 형식승인의 취소

⑤ 성능인증 및 성능인증의 취소

⑥ 성능인증의 변경인증

⑦ 우수품질인증 및 그 취소

(3) 소방청장이 기술원 또는 전문기관에 위탁할 수 있는 업무: 제품검사 업무

(4) 소방청장이 법인 또는 단체에 위탁할 수 있는 업무(참고 - 한국소방시설관리협회)

소방청장은 다음 각 호의 업무를 대통령령으로 정하는 바에 따라 소방기술과 관련된 법인 또는 단체에 위탁할 수 있다.

① 표준자체점검비의 산정 및 공표

② 소방시설관리사증의 발급·재발급

③ 점검능력 평가 및 공시

④ 데이터베이스 구축·운영

(5) 건축 환경 및 화재위험특성 변화 추세 연구

① 소방청장은 건축 환경 및 화재위험특성 변화 추세 연구에 관한 업무를 대통령령으로 정하는 바에 따라 화재안전 관련 전문연구기관에 위탁할 수 있다.

② 이 경우 소방청장은 연구에 필요한 경비를 지원할 수 있다.

(6) 비밀누설금지 의무

① 규정에 따라 위탁받은 업무에 종사하고 있거나 종사하였던 사람은 업무를 수행하면서 알게 된 비밀을 이 법에서 정한 목적 외의 용도로 사용하거나 다른 사람 또는 기관에 제공하거나 누설하여서는 아니 된다.

② 벌칙 - 300만원 이하의 벌금(제59조): 제50조 제7항을 위반하여 업무를 수행하면서 알게 된 비밀을 이 법에서 정한 목적 외의 용도로 사용하거나 다른 사람 또는 기관에 제공하거나 누설한 자

5 감독

비밀누설금지 의무 등(벌칙 - 1년 이하의 징역 또는 1천만원 이하의 벌금): 출입·검사 업무를 수행하는 관계 공무원은 관계인의 정당한 업무를 방해하거나 출입·검사 업무를 수행하면서 알게 된 비밀을 다른 사람에게 누설하여서는 아니 된다.

6 조치명령 등의 기간연장

(1) 조치명령 등의 연기 신청 사유

① 재난이 발생한 경우

② 경매 등의 사유로 소유권이 변동 중이거나 변동된 경우

③ 관계인의 질병, 사고, 장기출장의 경우

④ 시장·상가·복합건축물 등 소방대상물의 관계인이 여러 명으로 구성되어 법 제54조 제1항 각 호에 따른 조치명령 또는 이행명령의 이행에 대한 의견을 조정하기 어려운 경우

⑤ 그 밖에 관계인이 운영하는 사업에 부도 또는 도산 등 중대한 위기가 발생하여 조치명령 등을 그 기간 내에 이행할 수 없는 경우

(2) 조치명령 등의 연기 신청 등

① 조치명령 등의 이행기간 만료 5일 전까지

② 신청받은 날부터 3일 이내에 조치명령 등의 연기 여부 결정·통지

7 위반행위의 신고 및 신고포상금의 지급

(1) 신고포상금 지급 대상 행위

① 규정을 위반하여 소방시설을 설치 또는 유지·관리한 자

② 규정을 위반하여 소방시설을 폐쇄·차단 등의 행위를 한 자

③ 다음의 행위(제16조 제1항 각 호)를 한 자

 ㉠ 피난시설, 방화구획 및 방화시설을 폐쇄하거나 훼손하는 등의 행위

 ㉡ 피난시설, 방화구획 및 방화시설의 주위에 물건을 쌓아두거나 장애물을 설치하는 행위

 ㉢ 피난시설, 방화구획 및 방화시설의 용도에 장애를 주거나 「소방기본법」 제16조에 따른 소방활동에 지장을 주는 행위

 ㉣ 그 밖에 피난시설, 방화구획 및 방화시실을 변경하는 행위

(2) 신고처리

① 소방본부장 또는 소방서장은 신고를 받은 경우 신고 내용을 확인하여 이를 신속하게 처리하고, 그 처리결과를 행정안전부령으로 정하는 방법 및 절차에 따라 신고자에게 통지하여야 한다.

② 위반행위 신고 내용 처리결과의 통지

 ㉠ 소방본부장 또는 소방서장은 위반행위의 신고 내용을 처리한 경우 10일 이내에 결과를 통지하여야 한다.

 ㉡ 통지는 우편, 팩스, 정보통신망, 전자우편 또는 휴대전화 문자메시지 등의 방법으로 할 수 있다.

(3) 포상금의 지급

소방본부장, 소방서장은 포상금을 지급할 수 있다.

(4) 위임규정

신고포상금의 지급대상·기준·절차 등 필요한 사항은 시·도 조례로 정한다.

POINT 3-7 벌칙

1 5년 이하의 징역 또는 5천만원 이하의 벌금 등

제56조【벌칙】 ① 제12조 제3항 본문을 위반하여 소방시설에 폐쇄·차단 등의 행위를 한 자는 5년 이하의 징역 또는 5천만원 이하의 벌금에 처한다.

② 제1항의 죄를 범하여 사람을 상해에 이르게 한 때에는 7년 이하의 징역 또는 7천만원 이하의 벌금에 처하며, 사망에 이르게 한 때에는 10년 이하의 징역 또는 1억원 이하의 벌금에 처한다.

1-2 3년 이하의 징역 또는 3천만원 이하의 벌금

제57조【벌칙】 다음 각 호의 어느 하나에 해당하는 자는 3년 이하의 징역 또는 3천만원 이하의 벌금에 처한다.
1. 제12조 제2항, 제15조 제3항, 제16조 제2항, 제20조 제2항, 제23조 제6항, 제37조 제7항 또는 제45조 제2항에 따른 명령을 정당한 사유 없이 위반한 자
2. 제29조 제1항을 위반하여 관리업의 등록을 하지 아니하고 영업을 한 자
3. 제37조 제1항, 제2항 및 제10항을 위반하여 소방용품의 형식승인을 받지 아니하고 소방용품을 제조하거나 수입한 자 또는 거짓이나 그 밖의 부정한 방법으로 형식승인을 받은 자
4. 제37조 제3항을 위반하여 제품검사를 받지 아니한 자 또는 거짓이나 그 밖의 부정한 방법으로 제품검사를 받은 자
5. 제37조 제6항을 위반하여 소방용품을 판매·진열하거나 소방시설공사에 사용한 자
6. 제40조 제1항 및 제2항을 위반하여 거짓이나 그 밖의 부정한 방법으로 성능인증 또는 제품검사를 받은 자
7. 제40조 제5항을 위반하여 제품검사를 받지 아니하거나 합격표시를 하지 아니한 소방용품을 판매·진열하거나 소방시설공사에 사용한 자
8. 제45조 제3항을 위반하여 구매자에게 명령을 받은 사실을 알리지 아니하거나 필요한 조치를 하지 아니한 자
9. 거짓이나 그 밖의 부정한 방법으로 제46조 제1항에 따른 전문기관으로 지정을 받은 자

1-3 1년 이하의 징역 또는 1천만원 이하의 벌금

제58조【벌칙】 다음 각 호의 어느 하나에 해당하는 자는 1년 이하의 징역 또는 1천만원 이하의 벌금에 처한다.
1. 제22조 제1항을 위반하여 소방시설등에 대하여 스스로 점검을 하지 아니하거나 관리업자 등으로 하여금 정기적으로 점검하게 하지 아니한 자
2. 제25조 제7항을 위반하여 소방시설관리사증을 다른 사람에게 빌려주거나 빌리거나 이를 알선한 자
3. 제25조 제8항을 위반하여 동시에 둘 이상의 업체에 취업한 자
4. 제28조에 따라 자격정지처분을 받고 그 자격정지기간 중에 관리사의 업무를 한 자
5. 제33조 제2항을 위반하여 관리업의 등록증이나 등록수첩을 다른 자에게 빌려주거나 빌리거나 이를 알선한 자
6. 제35조 제1항에 따라 영업정지처분을 받고 그 영업정지기간 중에 관리업의 업무를 한 자
7. 제37조 제3항에 따른 제품검사에 합격하지 아니한 제품에 합격표시를 하거나 합격표시를 위조 또는 변조하여 사용한 자
8. 제38조 제1항을 위반하여 형식승인의 변경승인을 받지 아니한 자
9. 제40조 제5항을 위반하여 제품검사에 합격하지 아니한 소방용품에 성능인증을 받았다는 표시 또는 제품검사에 합격하였다는 표시를 하거나 성능인증을 받았다는 표시 또는 제품검사에 합격하였다는 표시를 위조 또는 변조하여 사용한 자
10. 제41조 제1항을 위반하여 성능인증의 변경인증을 받지 아니한 자
11. 제43조 제1항에 따른 우수품질인증을 받지 아니한 제품에 우수품질인증 표시를 하거나 우수품질인증 표시를 위조하거나 변조하여 사용한 자
12. 제52조 제3항을 위반하여 관계인의 정당한 업무를 방해하거나 출입·검사 업무를 수행하면서 알게 된 비밀을 다른 사람에게 누설한 자

1-4 300만원 이하의 벌금

제59조 【벌칙】 다음 각 호의 어느 하나에 해당하는 자는 300만원 이하의 벌금에 처한다.
1. 제9조 제2항 및 제50조 제7항을 위반하여 업무를 수행하면서 알게 된 비밀을 이 법에서 정한 목적 외의 용도로 사용하거나 다른 사람 또는 기관에 제공하거나 누설한 자
2. 제21조를 위반하여 방염성능검사에 합격하지 아니한 물품에 합격표시를 하거나 합격표시를 위조하거나 변조하여 사용한 자
3. 제21조 제2항을 위반하여 거짓 시료를 제출한 자
4. 제23조 제1항 및 제2항을 위반하여 필요한 조치를 하지 아니한 관계인 또는 관계인에게 중대위반사항을 알리지 아니한 관리업자 등

2 과태료

제61조 【과태료】 ① 다음 각 호의 어느 하나에 해당하는 자에게는 300만원 이하의 과태료를 부과한다.
1. 제12조 제1항을 위반하여 소방시설을 화재안전기준에 따라 설치·관리하지 아니한 자
2. 제15조 제1항을 위반하여 공사 현장에 임시소방시설을 설치·관리하지 아니한 자
3. 제16조 제1항을 위반하여 피난시설, 방화구획 또는 방화시설의 폐쇄·훼손·변경 등의 행위를 한 자
4. 제20조 제1항을 위반하여 방염대상물품을 방염성능기준 이상으로 설치하지 아니한 자
5. 제22조 제1항 전단을 위반하여 점검능력 평가를 받지 아니하고 점검을 한 관리업자
6. 제22조 제1항 후단을 위반하여 관계인에게 점검 결과를 제출하지 아니한 관리업자 등
7. 제22조 제2항에 따른 점검인력의 배치기준 등 자체점검 시 준수사항을 위반한 자
8. 제23조 제3항을 위반하여 점검 결과를 보고하지 아니하거나 거짓으로 보고한 자
9. 제23조 제4항을 위반하여 이행계획을 기간 내에 완료하지 아니한 자 또는 이행계획 완료 결과를 보고하지 아니하거나 거짓으로 보고한 자
10. 제24조 제1항을 위반하여 점검기록표를 기록하지 아니하거나 특정소방대상물의 출입자가 쉽게 볼 수 있는 장소에 게시하지 아니한 관계인
11. 제31조 또는 제32조 제3항을 위반하여 신고를 하지 아니하거나 거짓으로 신고한 자
12. 제33조 제3항을 위반하여 지위승계, 행정처분 또는 휴업·폐업의 사실을 특정소방대상물의 관계인에게 알리지 아니하거나 거짓으로 알린 관리업자
13. 제33조 제4항을 위반하여 소속 기술인력의 참여 없이 자체점검을 한 관리업자
14. 제34조 제2항에 따른 점검실적을 증명하는 서류 등을 거짓으로 제출한 자
15. 제52조 제1항에 따른 명령을 위반하여 보고 또는 자료제출을 하지 아니하거나 거짓으로 보고 또는 자료제출을 한 자 또는 정당한 사유 없이 관계 공무원의 출입 또는 검사를 거부·방해 또는 기피한 자
② 제1항에 따른 과태료는 대통령령으로 정하는 바에 따라 소방청장, 시·도지사, 소방본부장 또는 소방서장이 부과·징수한다.

제4편 소방의 화재조사에 관한 법률

POINT 4-1 총칙

1 「소방의 화재조사에 관한 법률」의 목적

> 제1조【목적】이 법은 화재예방 및 소방정책에 활용하기 위하여 화재원인, 화재성장 및 확산, 피해현황 등에 관한 과학적·전문적인 조사에 필요한 사항을 규정함을 목적으로 한다.

2 용어의 정의

(1) 화재
① 사람의 의도에 반하여 발생한 연소 현상으로서 소화할 필요가 있는 현상
② 고의에 의하여 발생한 연소 현상으로서 소화할 필요가 있는 현상
③ 과실에 의하여 발생한 연소 현상으로서 소화할 필요가 있는 현상
④ 사람의 의도에 반하여 발생하거나 확대된 화학적 폭발현상

(2) 화재조사
소방청장, 소방본부장 또는 소방서장이 화재원인, 피해상황, 대응활동 등을 파악하기 위하여 자료의 수집, 관계인등에 대한 질문, 현장 확인, 감식, 감정 및 실험 등을 하는 일련의 행위를 말한다.

(3) 화재조사관
화재조사에 전문성을 인정받아 화재조사를 수행하는 소방공무원을 말한다.

(4) 관계인등: 소유자·관리자 또는 점유자(이하 "관계인"이라 한다) 및 다음의 사람
① 화재 현장을 발견하고 신고한 사람
② 화재 현장을 목격한 사람
③ 소화활동을 행하거나 인명구조활동(유도대피 포함)에 관계된 사람
④ 화재를 발생시키거나 화재발생과 관계된 사람

3 국가 등의 책무

> 제3조【국가 등의 책무】① 국가와 지방자치단체는 화재조사에 필요한 기술의 연구·개발 및 화재조사의 정확도를 향상시키기 위한 시책을 강구하고 추진하여야 한다.
> ② 관계인등은 화재조사가 적절하게 이루어질 수 있도록 협력하여야 한다.

POINT 4-2 화재조사의 실시 등

1 화재조사의 실시

(1) 화재조사의 실시
① 소방청장, 소방본부장 또는 소방서장(이하 "소방관서장"이라 한다)은 화재발생 사실을 알게 된 때에는 지체 없이 화재조사를 하여야 한다.
② 이 경우 수사기관의 범죄수사에 지장을 주어서는 아니 된다.

(2) 조사내용
① 화재원인에 관한 사항
② 화재로 인한 인명·재산피해상황
③ 대응활동에 관한 사항
④ 소방시설등의 설치·관리 및 작동 여부에 관한 사항
⑤ 화재발생건축물과 구조물, 화재유형별 화재위험성 등에 관한 사항
⑥ 그 밖에 대통령령으로 정하는 사항: 화재조사 실시결과에 관한 사항

(3) 화재조사의 대상
① 소방대상물에서 발생한 화재
② 소방관서장이 화재조사가 필요하다고 인정하는 화재

(4) 화재조사의 절차
① **현장출동 중 조사:** 화재발생 접수, 출동 중 화재상황 파악 등
② **화재현장 조사:** 화재의 발화(發火)원인, 연소상황 및 피해상황 조사 등
③ **정밀조사:** 감식·감정, 화재원인 판정 등
④ 화재조사 결과 보고

2 화재조사전담부서의 설치·운영 등

(1) 화재조사전담부서의 설치·운영
① 소방관서장: 화재조사전담부서 설치·운영
② 화재조사전담부서의 구성·운영: 화재조사관을 2명 이상 배치해야 한다.

(2) 전담부서의 업무
① 화재조사의 실시 및 조사결과 분석·관리
② 화재조사 관련 기술개발과 화재조사관의 역량증진
③ 화재조사에 필요한 시설·장비의 관리·운영
④ 그 밖의 화재조사에 관하여 필요한 업무

(3) 화재조사관
① 화재조사관의 자격기준 등: 소방공무원 중에서
  ㉠ 소방청장이 실시하는 화재조사에 관한 시험에 합격한 소방공무원
  ㉡ 국가기술자격의 직무분야 중 화재감식평가 분야의 기사 또는 산업기사 자격을 취득한 소방공무원
② 화재조사에 관한 시험의 방법, 과목, 그 밖에 시험 시행에 필요한 사항은 행정안전부령으로 정한다.

(4) 화재조사에 관한 시험

① 시험 실시 30일 전까지 공고

② 자격시험에 응시할 수 있는 소방공무원의 자격 기준

　ⓐ 화재조사관 양성을 위한 전문교육을 이수한 사람

　ⓑ 국립과학수사연구원 또는 소방청장이 인정하는 외국의 화재조사 관련 기관에서 8주 이상 화재조사에 관한 전문교육을 이수한 사람

③ 자격시험은 1차 시험과 2차 시험으로 구분

(5) 화재조사관

화재조사관은 소방청장이 실시하는 화재조사에 관한 시험에 합격한 소방공무원등 화재조사에 관한 전문적인 자격을 가진 소방공무원으로 한다.

(6) 화재조사에 관한 교육훈련

① 화재조사관 양성을 위한 전문교육

② 화재조사관의 전문능력 향상을 위한 전문교육

③ 전담부서에 배치된 화재조사관을 위한 의무 보수교육

(7) 화재조사관 양성을 위한 전문교육의 내용 등

전담부서에 배치된 화재조사관은 의무 보수교육을 2년마다 받아야 한다. 다만, 전담부서에 배치된 후 처음 받는 의무 보수교육은 배치 후 1년 이내에 받아야 한다.

📄 **SUMMARY** 전담부서에 갖추어야 할 장비와 시설(제3조 관련, 요약본) – 「소방의 화재조사에 관한 법률 시행규칙」

구분	기자재명 및 시설규모
발굴용구 (8종)	공구세트, 전동 드릴, 전동 그라인더(절삭·연마기), 전동 드라이버, 이동용 진공청소기, 휴대용 열풍기, 에어컴프레서(공기압축기), 전동 절단기
기록용 기기 (13종)	디지털카메라(DSLR)세트, 비디오카메라세트, TV, 적외선거리측정기, 디지털온도·습도측정시스템, 디지털풍향풍속기록계, 정밀저울, 버니어캘리퍼스(아들자가 달려 두께나 지름을 재는 기구), 웨어러블캠, 3D스캐너, 3D카메라(AR), 3D캐드시스템, 드론
감식기기 (16종)	절연저항계, 멀티테스터기, 클램프미터, 정전기측정장치, 누설전류계, 검전기, 복합가스측정기, 가스(유증)검지기, 확대경, 산업용실체현미경, 적외선열상카메라, 접지저항계, 휴대용디지털현미경, 디지털탄화심도계, 슈미트해머(콘크리트 반발 경도 측정기구), 내시경현미경
감정용 기기 (21종)	가스크로마토그래피, 고속카메라세트, 화재시뮬레이션시스템, X선 촬영기, 금속현미경, 시편(試片)절단기, 시편성형기, 시편연마기, 접점저항계, 직류전압전류계, 교류전압전류계, 오실로스코프(변화가 심한 전기현상의 파형을 눈으로 관찰하는 장치), 주사전자현미경, 인화점측정기, 발화점측정기, 미량융점측정기, 온도기록계, 폭발압력측정기세트, 전압조정기(직류, 교류), 적외선 분광광도계, 전기단락흔실험장치[1차 용융흔(鎔融痕), 2차 용융흔(鎔融痕), 3차 용융흔(鎔融痕) 측정 가능]
화재조사 분석실	화재조사 분석실의 구성장비를 유효하게 보존·사용할 수 있고, 환기시설 및 수도·배관시설이 있는 30제곱미터(㎡) 이상의 실(室)

▶ 비고

1. 위 표에서 화재조사 전용 의복은 화재진압대원, 구조대원 및 구급대원의 의복과 구별이 가능하고, 화재조사 활동에 적합한 기능을 가진 것을 말한다.

2. 위 표에서 화재조사 분석실의 면적은 청사 공간의 효율적 활용을 위하여 불가피한 경우 최소 기준 면적의 절반 이상에 해당하는 면적으로 조정할 수 있다.

구분	카메라	현미경 등
기록용 기기	디지털카메라(DSLR)세트, 비디오카메라세트, 3D카메라 (AR)	
감식기기	적외선열상카메라	절연저항계, 산업용실체현미경, 확대경, 휴대용디지털현미경, 내시경현미경
감정용기기	고속카메라세트	금속현미경, 주사전자현미경

3 화재합동조사단의 구성·운영

(1) 화재합동조사단의 구성·운영권자: 소방관서장

(2) 사상자가 많거나 사회적 이목을 끄는 화재 등 대통령령으로 정하는 대형화재

① 사망자가 5명 이상 발생한 화재

② 화재로 인한 사회적·경제적 영향이 광범위하다고 소방관서장이 인정하는 화재

(3) 화재합동조사단의 단원 자격 기준

① 화재조사관

② 화재조사 업무에 관한 경력이 3년 이상인 소방공무원

③ 「고등교육법」에 따른 학교 또는 이에 준하는 교육기관에서 화재조사, 소방 또는 안전관리 등 관련 분야 조교수 이상의 직에 3년 이상 재직한 사람

④ 국가기술자격의 직무분야 중 안전관리 분야에서 산업기사 이상의 자격을 취득한 사람

⑤ 그 밖에 건축·안전 분야 또는 화재조사에 관한 학식과 경험이 풍부한 사람

4 화재현장 보존 등

(1) 화재현장 보존 등

① 소방관서장: 화재현장 보존조치를 하거나 화재현장과 그 인근 지역을 통제구역으로 설정할 수 있다.

② 다만, 방화(放火) 또는 실화(失火)의 혐의로 수사의 대상이 된 경우에는 관할 경찰서장 또는 해양경찰서장(이하 "경찰서장"이라 한다)이 통제구역을 설정한다.

(2) 통제구역 출입 제한

① 누구든지 소방관서장 또는 경찰서장의 허가 없이 설정된 통제구역에 출입하여서는 아니 된다.

② 200만원 이하의 과태료

㉠ 허가 없이 통제구역에 출입한 사람

㉡ 과태료는 소방관서장이 부과·징수한다. 다만, 법 경찰서장이 설정한 통제구역을 허가 없이 출입한 사람에 대한 과태료는 경찰서장이 부과·징수한다.

③ 300만원 이하의 벌금: 허가 없이 화재현장에 있는 물건 등을 이동시키거나 변경·훼손한 사람

(3) 화재현장 보존조치 통지 등: 관계인에게 알리고 해당 사항이 포함된 표지를 설치

① 화재현장 보존조치나 통제구역 설정의 이유 및 주체

② 화재현장 보존조치나 통제구역 설정의 범위

③ 화재현장 보존조치나 통제구역 설정의 기간

5 출입 · 조사 등

(1) 출입 · 조사 등
  ① 관계인에게 보고 또는 자료 제출의 명령
  ② 화재조사관으로 하여금 해당 장소에 출입하여 화재조사 하거나 관계인등에게 질문
  ③ 벌칙
      ㉠ 300만원 이하의 벌금: 정당한 사유 없이 제9조 제1항에 따른 화재조사관의 출입 또는 조사를 거부 · 방해 또는 기피한 사람
      ㉡ 200만원 이하의 과태료: 제9조 제1항에 따른 명령을 위반하여 보고 또는 자료 제출을 하지 아니하거나 거짓으로 보고 또는 자료를 제출한 사람

(2) 화재조사관의 증표 제시

(3) 비밀누설 금지 의무
화재조사를 하는 화재조사관은 관계인의 정당한 업무를 방해하거나 화재조사를 수행하면서 알게 된 비밀을 다른 용도로 사용하거나 다른 사람에게 누설하여서는 아니 된다(300만원 이하의 벌금).

6 관계인등의 출석 등

(1) 관계인등의 출석 요구

(2) 관계인등에 대한 출석요구 및 질문 등(출석일 3일 전까지)
  ① 관계인등은 지정된 출석 일시에 출석하는 경우 업무 또는 생활에 지장이 있을 때에는 소방관서장에게 출석 일시를 변경하여 줄 것을 신청할 수 있다. 이 경우 소방관서장은 화재조사의 목적을 달성할 수 있는 범위에서 출석 일시를 변경할 수 있다.
  ② 소방관서장은 출석한 관계인등에게 수당과 여비를 지급할 수 있다.

7 화재조사 증거물 수집 등

(1) 증거물의 수집 등

(2) 피의자 또는 압수된 증거물 조사
소방관서장은 수사기관의 장이 방화 또는 실화의 혐의가 있어서 이미 피의자를 체포하였거나 증거물을 압수하였을 때에 화재조사를 위하여 필요한 경우에는 범죄수사에 지장을 주지 아니하는 범위에서 그 피의자 또는 압수된 증거물에 대한 조사를 할 수 있다.

(3) 화재조사 증거물 수집 등
소방관서장은 화재조사를 위하여 필요한 최소한의 범위에서 화재조사관에게 증거물을 수집하여 검사 · 시험 · 분석 등을 하게 할 수 있다.

(4) 화재조사 증거물의 수집 · 관리
  ① 화재조사 증거물을 수집하는 경우 증거물의 수집과정을 사진 촬영 또는 영상녹화의 방법으로 기록해야 한다.
  ② 사진 또는 영상 파일은 법 제19조에 따른 국가화재정보시스템에 전송하여 보관한다.

8 소방공무원과 경찰공무원의 협력 등

(1) 소방공무원과 경찰공무원의 협력

① 화재현장의 출입·보존 및 통제에 관한 사항

② 화재조사에 필요한 증거물의 수집 및 보존에 관한 사항

③ 관계인등에 대한 진술 확보에 관한 사항

④ 그 밖에 화재조사에 필요한 사항

(2) 방화 또는 실화의 경우

소방관서장은 방화 또는 실화의 혐의가 있다고 인정되면 지체 없이 경찰서장에 게 그 사실을 알리고 필요한 증거를 수집·보존하는 등 그 범죄수사에 협력하여야 한다.

1 화재조사 결과의 공표

(1) 결과의 공표

① 소방관서장: 화재조사 결과를 공표할 수 있다.

② 다만, 수사가 진행 중이거나 수사의 필요성이 인정되는 경우에는 관계 수사기관의 장과 공표 여부에 관하여 사전에 협의하여야 한다.

(2) 화재조사 결과의 공표

① 화재조사 결과를 공표할 수 있는 경우

㉠ 국민이 유사한 화재로부터 피해를 입지 않도록 하기 위해 필요한 경우

㉡ 사회적 관심이 집중되어 국민의 알 권리 충족 등 공공의 이익을 위해 필요한 경우

② 공표의 범위

㉠ 화재원인에 관한 사항

㉡ 화재로 인한 인명·재산피해에 관한 사항

㉢ 화재발생 건축물과 구조물에 관한 사항

㉣ 그 밖에 화재예방을 위해 공표할 필요가 있다고 소방관서장이 인정하는 사항

(3) 화재조사 결과의 통보

소방관서장은 화재조사 결과를 중앙행정기관의 장, 지방자치단체의 장, 그 밖의 관련 기관·단체의 장 또는 관계인 등에게 통보하여 유사한 화재가 발생하지 않도록 필요한 조치를 취할 것을 요청할 수 있다.

2 화재증명원의 발급

(1) 발급권자: 소방관서장

(2) 발급대상

화재와 관련된 이해관계인 또는 화재발생 내용 입증이 필요한 사람이 화재를 증명하는 서류 발급을 신청하는 때

📋 **SUMMARY 화재조사법 처리기한**

1. 화재조사관 의무보수교육(규칙): 2년 마다(처음 1년 이내)
2. 화재조사 시험 공고(규칙): 시험실시 30일 전까지
3. 관계인의 출석(영): 출석일 3일 전까지
4. 전문기관 지정취소(영): 1개월 이상 수행하지 않는 경우
5. 화재감정기관(영): 지정서 반환 취소된 날부터 10일 이내
6. 화재감정기관(규칙): 첨부서류 보완 10일 이내

1 감정기관의 지정·운영 등

(1) 감정기관의 지정·운영권자: 소방청장

소방청장은 과학적이고 전문적인 화재조사를 위하여 대통령령으로 정하는 시설과 전문인력 등 지정기준을 갖춘 기관을 화재감정기관으로 지정·운영하여야 한다.

(2) 화재감정기관의 지정기준

① 시설 기준

㉠ 증거물, 화재조사 장비 등을 안전하게 보호할 수 있는 설비를 갖춘 시설

㉡ 증거물 등을 장기간 보존·보관할 수 있는 시설

㉢ 증거물의 감식·감정을 수행하는 과정 등을 촬영하고 이를 디지털파일의 형태로 처리·보관할 수 있는 시설

② 전문인력 기준

㉠ 주된 기술인력: 2명 이상 보유할 것

ⓐ 화재감식평가 분야의 기사 자격 취득 후 화재조사 관련 분야에서 5년 이상 근무한 사람

ⓑ 화재조사관 자격 취득 후 화재조사 관련 분야에서 5년 이상 근무한 사람

ⓒ 이공계 분야의 박사학위 취득 후 화재조사 관련 분야에서 2년 이상 근무한 사람

㉡ 보조 기술인력: 3명 이상 보유할 것

ⓐ 화재감식평가 분야의 기사 또는 산업기사 자격을 취득한 사람

ⓑ 화재조사관 자격을 취득한 사람

ⓒ 소방청장이 인정하는 화재조사 관련 국제자격증 소지자

ⓓ 이공계 분야의 석사 이상 학위 취득 후 화재조사 관련 분야에서 1년 이상 근무한 사람

③ 화재조사를 수행할 수 있는 감식·감정 장비, 증거물 수집 장비 등을 갖출 것

(3) 비용의 지원

소방청장은 지정된 감정기관에서의 과학적 조사·분석 등에 소요되는 비용의 전부 또는 일부를 지원할 수 있다.

(4) 전문기관의 지정 취소

① 거짓이나 그 밖의 부정한 방법으로 지정을 받은 경우(반드시 지정취소)

② 지정기준에 적합하지 아니하게 된 경우

③ 고의 또는 중대한 과실로 감정 결과를 사실과 다르게 작성한 경우

④ 그 밖에 대통령령으로 정하는 사항을 위반한 경우(영 제13조 제3항)

㉠ 의뢰받은 감정을 정당한 사유 없이 거부하거나 1개월 이상 수행하지 않은 경우

㉡ 거짓이나 그 밖의 부정한 방법으로 감정 비용을 청구한 경우

(5) 화재감정기관 지정 절차 및 취소 등

① 지정서의 발급: 소방청장

② 지정서의 반환: 취소된 날부터 10일 이내

(6) 청문

소방청장은 감정기관의 지정을 취소하려면 청문을 하여야 한다.

2 국가화재정보시스템의 구축·운영

(1) 국가화재정보시스템의 구축·운영: 소방청장

(2) 국가화재정보시스템의 운영

① 화재정보: 소방청장은 국가화재정보시스템을 활용하여 화재정보를 수집·관리해야 한다.

ㄱ 화재원인

ㄴ 화재피해상황

ㄷ 대응활동에 관한 사항

ㄹ 소방시설등의 설치·관리 및 작동 여부에 관한 사항

ㅁ 화재발생건축물과 구조물, 화재유형별 화재위험성 등에 관한 사항

ㅂ 화재예방 관계 법령 등의 이행 및 위반 등에 관한 사항

ㅅ 법 제13조 제2항에 따른 관계인의 보험가입 정보 등에 관한 사항

ㅇ 그 밖에 화재예방과 소방활동에 활용할 수 있는 정보

② 소방관서장은 국가화재정보시스템을 활용하여 화재정보를 기록·유지 및 보관해야 한다.

3 연구개발사업의 지원

제20조 【연구개발사업의 지원】 ① 소방청장은 화재조사 기법에 필요한 연구·실험·조사·기술개발 등(이하 이 조에서 "연구개발사업"이라 한다)을 지원하는 시책을 수립할 수 있다.

② 소방청장은 연구개발사업을 효율적으로 추진하기 위하여 규정에서 정한 해당 기관 또는 단체 등에게 연구개발사업을 수행하게 하거나 공동으로 수행할 수 있다.

③ 소방청장은 제2항 각 호의 기관 또는 단체 등에 대하여 연구개발사업을 실시하는 데 필요한 경비의 전부 또는 일부를 출연하거나 보조할 수 있다.

④ 연구개발사업의 추진에 필요한 사항은 행정안전부령으로 정한다.

1 벌칙 - 300만원 이하의 벌금

(1) 제8조 제3항을 위반하여 허가 없이 화재현장에 있는 물건 등을 이동시키거나 변경·훼손한 사람

(2) 정당한 사유 없이 제9조 제1항에 따른 화재조사관의 출입 또는 조사를 거부·방해 또는 기피한 사람

(3) 제9조 제3항을 위반하여 관계인의 정당한 업무를 방해하거나 화재조사를 수행하면서 알게 된 비밀을 다른 용도로 사용하거나 다른 사람에게 누설한 사람

(4) 정당한 사유 없이 제11조 제1항에 따른 증거물 수집을 거부·방해 또는 기피한 사람

2 과태료

(1) 200만원 이하의 과태료

① 제8조 제2항을 위반하여 허가 없이 통제구역에 출입한 사람

② 제9조 제1항에 따른 명령을 위반하여 보고 또는 자료 제출을 하지 아니하거나 거짓으로 보고 또는 자료를 제출한 사람

③ 정당한 사유 없이 제10조 제1항에 따른 출석을 거부하거나 질문에 대하여 거짓으로 진술한 사람

(2) 과태료 부과

① 제1항에 따른 과태료는 대통령령으로 정하는 바에 따라 소방관서장 또는 경찰서장이 부과·징수한다.

② 과태료의 부과·징수

  ㉠ 과태료는 소방관서장이 부과·징수한다.

  ㉡ 다만, 경찰서장이 설정한 통제구역을 허가 없이 출입한 사람에 대한 과태료는 경찰서장이 부과·징수한다.

> **시행령 [별표] 과태료의 부과기준(제17조 관련)**
> 1. 일반기준
>   가. 위반행위의 횟수에 따른 과태료의 가중된 부과기준은 최근 1년간 같은 위반행위로 과태료 부과처분을 받은 경우에 적용한다. 이 경우 기간의 계산은 위반행위에 대하여 과태료 부과처분을 받은 날과 그 처분 후 다시 같은 위반행위를 하여 적발된 날을 기준으로 한다.
>   나. 가목에 따라 가중된 부과처분을 하는 경우 가중처분의 적용 차수는 그 위반행위 전 부과처분 차수(가목에 따른 기간 내에 과태료 부과처분이 둘 이상 있었던 경우에는 높은 차수를 말한다)의 다음 차수로 한다.
>   다. 과태료 부과권자는 다음 어느 하나에 해당하는 경우에는 제2호의 개별기준에 따른 과태료의 2분의 1 범위에서 그 금액을 줄여 부과할 수 있다. 다만, 줄여 부과할 사유가 여러 개 있는 경우라도 감경의 범위는 2분의 1을 넘을 수 없다.
>   1) 위반행위자가 화재 등 재난으로 재산에 현저한 손실이 발생한 경우 또는 사업의 부도·경매 또는 소송 계속 등 사업여건이 악화된 경우로서 과태료 부과권자가 감경하는 것이 타당하다고 인정하는 경우. 다만, 최근 1년 이내에 소방관계 법령을 2회 이상 위반한 자는 제외한다.
>   2) 위반행위자가 위반행위로 인한 결과를 시정하거나 해소한 경우

제5편 소방시설공사업법

POINT 5-1 총칙

1 목적

제1조 【목적】 이 법은 소방시설공사 및 소방기술의 관리에 필요한 사항을 규정함으로써 소방시설업을 건전하게 발전시키고 소방기술을 진흥시켜 화재로부터 공공의 안전을 확보하고 국민경제에 이바지함을 목적으로 한다.

2 용어의 정의

(1) 소방시설업
  ① 소방시설설계업: 소방시설공사의 설계도서를 설계하는 영업
  ② 소방시설공사업: 설계도서에 따라 소방시설을 시공하는 영업
  ③ 소방공사감리업: 소방시설공사에 관한 발주자의 권한을 대행하여 감리하는 영업
  ④ 방염처리업: 방염대상물품에 대하여 방염하는 영업
(2) 소방시설업자: 소방시설업을 경영하기 위하여 소방시설업을 등록한 자
(3) 감리원: 소방공사감리업자에 소속된 소방기술자로서 해당 소방시설공사를 감리하는 사람
(4) 소방기술자
  ① 제28조에 따라 소방기술 경력 등을 인정받은 사람
  ② 소방시설관리업과 소방시설업의 기술인력으로 등록된 다음에 해당하는 자
    ㉠ 소방시설관리사
    ㉡ 소방기술사, 소방설비기사, 소방설비산업기사, 위험물기능장, 위험물산업기사, 위험물기능사
(5) 발주자
  ① 소방시설의 소방시설공사등을 소방시설업자에게 도급하는 자(다만, 수급인으로서 도급받은 공사를 하도급하는 자는 제외)
  ② 소방시설공사등: 설계, 시공, 감리 및 방염
    ㉠ 설계: 설계도서의 작성
    ㉡ 설계도서: 공사계획, 설계도면, 설계설명서, 기술계산서 및 이와 관련된 서류
    ㉢ 시공: 설계도서에 따라 소방시설을 신설, 증설, 개설, 이전 및 정비
    ㉣ 감리: 소방시설공사가 설계도서와 관계 법령에 따라 적법하게 시공되는지를 확인하고, 품질·시공 관리에 대한 기술지도

1. 등록신청 서류의 보완(규칙): 10일 이내
2. 등록신청 서류의 송부(협회 → 시·도지사)(규칙): 7일 이내
3. 등록증의 발급(규칙): 접수일부터 15일 이내
4. 등록증 재발급(규칙): 3일 이내
5. 등록사항 변경신고(규칙): 변경일부터 30일 이내, 5일 이내 발급
6. 휴업·폐업·재개업 시(규칙): 휴업·폐업 또는 재개업일부터 30일 이내
7. 지위승계(법): 상속일, 양수일 또는 합병일부터 30일 이내, (규칙) 협회 보고일부터 7일 이내 신고, 보고받은 날부터 3일 이내
8. 착공신고의 변경신고(규칙): 30일 이내, 2일 이내 통지
9. 소방공사감리자 변경신고(규칙): 30일 이내, 2일 이내 통지
10. 감리업자의 감리결과 통보(규칙): 7일 이내
11. 방염처리능력 평가 및 공시(규칙): 보완기간 – 15일 이내, 평가일로부터 10일 이내 공시
12. 소규모공사(영): 3개월 이내
13. 공사대금의 지급보증 및 담보의 제공(규칙): 30일 이내
14. 하도급대금의 지급 등(법): 준공금, 선급금, 기성금 – 15일 이내
15. 하도급계약심사위원회 위원임기(영): 3년
16. 하도급계약 자료의 공개(영): 30일 이내
17. 도급계약의 해지(법): 30일 이상
18. 시공능력평가 및 공시(규칙): 보완기간 – 15일 이내, 평가일로부터 10일 이내 공시, 거짓 – 10일 이내
19. 소방기술자 실무교육 통지(규칙): 10일 전까지

1. 하도급계약심사위원회(영): 위원장 1명과 부위원장 1명을 포함하여 10명 이내의 위원
2. 소방기술자 양성·인정 교육훈련 전담인력(규칙): 6명 이상
3. 소방기술자 실무교육에 필요한 기술인력(규칙 [별표 6]): 강사 4명 및 교무인원 2명 이상
4. 소방시설업자협회 설립인가(영): 소방시설업자 10명 이상 발기

1 소방시설업의 등록

(1) 소방시설업의 등록

① 소방시설업의 등록권자: 시·도지사

② 등록 내용: 소방시설공사등을 하려는 자는 업종별로 자본금, 기술인력 등 대통령령으로 정하는 요건을 갖추어 시·도지사에게 소방시설업을 등록하여야 한다(개인의 경우 자본금은 자산 평가액을 말한다).

③ 업종별 영업범위: 대통령령으로 정한다.

④ 등록신청과 등록증·등록수첩의 발급·재발급 신청: 행정안전부령으로 정한다.

⑤ 시·도지사에게 등록하지 아니하고 자체 기술인력을 활용하여 설계·감리할 수 있는 경우: 공기업·준정부기관, 지방공사, 지방공단이 다음의 요건을 모두 갖춘 경우

　ⓐ 주택의 건설·공급을 목적으로 설립되었을 것

　ⓑ 설계·감리 업무를 주요 업무로 규정하고 있을 것

⑥ 벌칙 – 3년 이하의 징역 또는 3천만원 이하의 벌금: 소방시설업 등록을 하지 아니하고 영업을 한 자

(2) 소방시설설계업 등록기준 및 영업범위(영 [별표 1])

업종별 \ 항목		기술인력	영업범위
전문 소방시설설계업		• 주된 기술인력: 소방기술사 1명 이상 • 보조기술인력: 1명 이상	모든 특정소방대상물에 설치되는 소방시설의 설계
일반 소방시설 설계업	기계분야	• 주된 기술인력: 소방기술사 또는 기계분야 소방설비기사 1명 이상 • 보조기술인력: 1명 이상	• 아파트(제연설비 제외) • 연면적 3만제곱미터(공장의 경우에는 1만제곱미터) 미만의 특정소방대상물(제연설비 제외) • 위험물제조소등
	전기분야	• 주된 기술인력: 소방기술사 또는 전기분야 소방설비기사 1명 이상 • 보조기술인력: 1명 이상	• 아파트 • 연면적 3만제곱미터(공장의 경우에는 1만제곱미터) 미만의 특정소방대상물 • 위험물제조소등

> **참고 용어정리**
>
> 1. **개설**: 이미 특정소방대상물에 설치된 소방시설등의 전부 또는 일부를 철거하고 새로 설치하는 것
> 2. **이전**: 이미 설치된 소방시설등을 현재 설치된 장소에서 다른 장소로 옮겨 설치하는 것
> 3. **정비**: 이미 설치된 소방시설등을 구성하고 있는 기계·기구를 교체하거나 보수하는 것

(3) 소방시설공사업 등록기준 및 영업범위

업종별 / 항목		기술인력	자본금(자산평가액)	영업범위
전문 소방시설공사업		• 주된 기술인력: 소방기술사 또는 기계분야와 전기분야의 소방설비기사 각 1명 이상 • 보조기술인력: 2명 이상	• 법인: 1억원 이상 • 개인: 자산평가액 1억원 이상	특정소방대상물에 설치되는 기계분야 및 전기분야 소방시설의 공사·개설·이전 및 정비
일반 소방시설 공사업	기계분야	• 주된 기술인력: 소방기술사 또는 기계분야 소방설비기사 1명 이상 • 보조기술인력: 1명 이상	• 법인: 1억원 이상 • 개인: 자산평가액 1억원 이상	• 연면적 1만제곱미터 미만의 특정소방대상물 • 위험물제조소등
	전기분야	• 주된 기술인력: 소방기술사 또는 전기분야 소방설비기사 1명 이상 • 보조기술인력: 1명 이상	• 법인: 1억원 이상 • 개인: 자산평가액 1억원 이상	• 연면적 1만제곱미터 미만의 특정소방대상물 • 위험물제조소등

(4) 소방공사감리업 등록기준 및 영업범위

업종별 / 항목		기술인력(이상)	영업범위
전문 소방공사감리업		• 소방기술사 1명 • 기계분야 및 전기분야의 특급 감리원 각 1명 • 기계분야 및 전기분야의 고급 감리원 이상의 감리원 각 1명 • 기계분야 및 전기분야의 중급 감리원 이상의 감리원 각 1명 • 기계분야 및 전기분야의 초급 감리원 이상의 감리원 각 1명	모든 특정소방대상물에 설치되는 소방시설 공사 감리
일반 소방공사 감리업	기계분야	• 기계분야 특급 감리원 1명 이상 • 기계분야 고급 감리원 또는 중급 감리원 이상의 감리원 1명 • 기계분야 초급 감리원 이상의 감리원 1명	• 연면적 3만제곱미터(공장의 경우에는 1만제곱미터) 미만의 특정소방대상물(제연설비 제외) • 아파트(제연설비 제외) • 위험물제조소등
	전기분야	• 전기분야 특급 감리원 1명 • 전기분야 고급 감리원 또는 중급 감리원 이상의 감리원 1명 • 전기분야 초급 감리원 이상의 감리원 1명	• 연면적 3만제곱미터(공장의 경우에는 1만제곱미터) 미만의 특정소방대상물 • 아파트 • 위험물제조소등

(5) 방염처리업: 섬유류 방염업, 합성수지류 방염업, 합판·목재류 방염업

(6) 시·도지사의 등록 예외사항

① 등록기준을 갖추지 못한 경우

② 확인서를 제출하지 아니한 경우

③ 등록을 신청한 자가 결격사유에 해당하는 경우

④ 그 밖에 법, 시행령 또는 다른 법령에 따른 제한에 위반되는 경우

(7) 소방시설업의 등록신청

① 등록신청: 소방시설업을 등록하려는 자는 소방시설업자협회에 신청서와 첨부서류를 제출하여야 한다.

② 등록신청 시 첨부서류

ㄱ 국가기술자격증

ㄴ 소방기술 인정자격수첩 또는 소방기술자 경력수첩

ㄷ 출자·예치·담보한 금액확인서(소방시설공사업만 해당)

ㄹ 90일 이내 작성한 자산평가액 또는 기업진단 보고서(소방시설공사업만 해당)

(8) 등록신청 서류의 보완 등

① 등록신청 서류의 보완 기간: 10일 이내

② 등록신청 서류의 검토·확인 및 송부

ㄱ 협회는 등록기준에 맞는지를 검토·확인하여야 한다.

ㄴ 협회의 송부기한: 7일 이내에 시·도지사에게 보내야 한다.

③ 소방시설업 등록증 및 등록수첩의 발급

ㄱ 등록증 및 등록수첩의 발급권자: 시·도지사

ㄴ 처리기한: 접수일부터 15일 이내

④ 소방시설업 등록증 또는 등록수첩의 재발급 및 반납

ㄱ 재발급을 시·도지사에게 신청할 수 있는 경우

ⓐ 등록증 또는 등록수첩을 잃어버린 경우

ⓑ 등록증 또는 등록수첩이 헐어 못 쓰게 된 경우

ㄴ 소방시설업자는 소방시설업 등록증(등록수첩) 재발급신청서를 협회를 경유하여 시·도지사에게 제출하여야 한다.

ㄷ 시·도지사의 재발급 기한: 3일 이내

ㄹ 등록증 및 등록수첩을 지체 없이 반납하여야 하는 경우

ⓐ 소방시설업 등록이 취소된 경우

ⓑ 소방시설업의 등록증·등록수첩을 재발급받은 경우

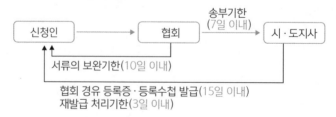

▲ 등록증·등록수첩의 발급 및 재발급 처리기한

2 등록의 결격사유

(1) 피성년후견인

(2) 삭제

(3) 해당 소방관계법령에 따른 금고 이상의 실형을 선고받고, 그 집행이 끝나거나 집행이 면제된 날부터 2년이 지나지 않은 사람

(4) 해당 소방관계법령에 따른 금고 이상 형의 집행유예를 선고받고, 유예기간 중인 사람

(5) 등록이 취소된 날부터 2년이 지나지 않은 사람

(6) 법인의 대표자가 **(1)** 또는 **(3)**부터 **(5)**까지에 해당하는 경우 그 법인

(7) 법인의 임원이 **(3)** ~ **(5)**에 해당하는 경우 그 법인

3 등록사항의 변경신고

(1) 등록사항의 변경신고

① 신고자 및 대상: 시·도지사에게 신고하여야 한다.

② 행정안전부령으로 정하는 중요 사항

  ㉠ 명칭·상호 또는 영업소소재지

  ㉡ 대표자

  ㉢ 기술인력

(2) 등록사항의 변경신고 등

① 변경신고서 첨부서류: 변경일부터 30일 이내

② 변경신고 내용을 기재한 등록증 및 등록수첩 발급 기한: 5일 이내

③ 영업소재지가 다른 시·도로 변경된 경우

  ㉠ 접수일로부터 7일 이내에 해당 시·도지사에게 보내야 한다.

  ㉡ 시·도지사는 협회를 경유하여 신고인에게 새로 발급하여야 한다.

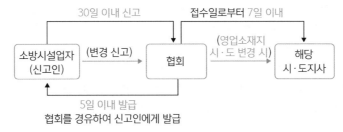

▲ 등록사항의 변경신고 등

(1) 휴업·폐업 등의 신고

① 휴업·폐업 신고

㉠ 소방시설업자는 소방시설업을 휴업·폐업 또는 재개업하는 때에는 행정안전부령으로 정하는 바에 따라 시·도지사에게 신고하여야 한다.

㉡ 과태료 – 200만원 이하의 과태료: 신고를 하지 아니하거나 거짓으로 신고한 자

② 등록의 말소 및 공고

㉠ 폐업신고를 받은 시·도지사는 소방시설업의 등록을 말소하여야 한다.

㉡ 신고서를 제출받은 협회는 인터넷 홈페이지에 공고하여야 한다.

③ 폐업신고 전 소방시설업자의 지위를 승계

㉠ 폐업신고를 한 자가 소방시설업 등록이 말소된 후 6개월 이내에 같은 업종의 소방시설업을 다시 등록한 경우

㉡ 소방시설업자의 지위를 승계한 자에 대해서는 폐업신고 전의 소방시설업자에 대한 행정처분의 효과가 승계된다.

(2) 휴업·폐업·재개업의 신고

소방시설업자는 휴업·폐업·재개업 시 신고서를 작성하고 30일 이내에 협회를 경유하여 시·도지사에게 제출하여야 한다.

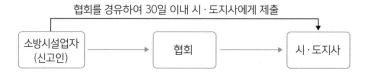

협회를 경유하여 30일 이내 시·도지사에게 제출

소방시설업자(신고인) → 협회 → 시·도지사

4 소방시설업자의 지위승계

(1) 소방시설업자의 지위승계

① 지위승계자(30일 이내, 시·도지사에게 신고)

㉠ 소방시설업자가 사망한 경우 그 상속인

㉡ 소방시설업자가 그 영업을 양도한 경우 그 양수인

㉢ 법인인 소방시설업자가 다른 법인과 합병한 경우 합병 후 존속하는 법인이나 합병으로 설립되는 법인

② 절차에 따라 소방시설 전부를 인수한 자(30일 이내, 시·도지사에게 신고)

㉠ 경매

㉡ 환가(換價)

㉢ 압류재산의 매각

③ 시·도지사는 지위승계 신고를 받은 경우 그 내용을 검토하여 이 법에 적합하면 신고를 수리하여야 한다.

④ 지위승계에 대해서는 제5조(등록의 결격사유)를 준용한다. 다만, 상속인이 등록의 결격사유에 해당하는 경우 상속받은 날부터 3개월 동안은 그러하지 아니하다.

⑤ 신고가 수리된 경우에는 그 상속일, 양수일, 합병일 또는 인수일부터 종전의 소방시설업자의 지위를 승계한다.

(2) 지위승계 신고 등

① 소방시설업자의 지위를 승계한 자는 행정안전부령으로 정하는 바에 따라 시·도지사에게 신고하여야 한다.

② 지위승계 신고 서류를 제출받은 협회는 접수일부터 7일 이내에 지위를 승계한 사실을 확인한 후 그 결과를 시·도지사에게 보고하여야 한다.

③ 시·도지사는 소방시설업의 지위승계 신고의 확인 사실을 보고받은 날부터 3일 이내에 협회를 경유하여 지위 승계인에게 등록증 및 등록수첩을 발급하여야 한다.

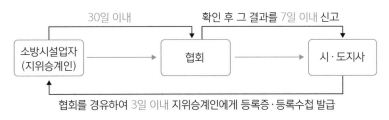

▲ 소방시설업자의 지위승계

5 소방시설업의 운영

(1) 소방시설업자의 운영상 금지사항

① 다른 자에게 자기의 성명이나 상호를 사용하여 소방시설공사등을 수급 또는 시공하게 하여서는 아니 된다.

② 소방시설업의 등록증 또는 등록수첩을 빌려 주어서는 아니 된다.

③ 벌칙 – 300만원 이하의 벌금

(2) 영업정지·등록취소

① 원칙: 영업정지처분·등록취소처분을 받은 소방시설업자는 그 날부터 소방시설공사등이 금지된다.

② 예외사항

㉠ 소방시설의 착공신고가 수리(受理)되어 공사를 하고 있는 자로서 도급계약이 해지되지 아니한 소방시설공사업자 또는 소방공사감리업자가 그 공사를 하는 동안에는 그러하지 아니하다.

㉡ 방염처리업자가 도급을 받아 방염 중인 것으로서 도급계약이 해지되지 아니한 상태에서 그 방염을 하는 동안에는 그러하지 아니하다.

(3) 관계인에의 통보

① 소방시설업자는 다음 어느 하나에 해당하는 경우 지체 없이 관계인에게 통보하여야 한다.

㉠ 소방시설업자의 지위를 승계한 경우

㉡ 소방시설업의 등록취소

㉢ 영업정지처분을 받은 경우

㉣ 휴업을 한 경우

㉤ 폐업을 한 경우

② 과태료 – 200만원 이하의 과태료: 관계인에게 지위승계, 행정처분 또는 휴업·폐업의 사실을 거짓으로 알린 자

(4) 소방시설업자가 보관하여야 하는 관계 서류의 보관

① 소방시설업자는 하자보수 보증기간 동안 보관하여야 한다.

    ㉠ **소방시설설계업**: 소방시설 설계기록부 및 소방시설 설계도서

    ㉡ **소방시설공사업**: 소방시설공사 기록부

    ㉢ **소방공사감리업**: 소방공사 감리기록부, 소방공사 감리일지 및 소방시설의 완공 당시 설계도서

② 과태료 – 200만원 이하의 과태료: 관계 서류를 보관하지 아니한 자

6 등록취소와 영업정지 등

(1) 등록취소 및 영업정지

① 시·도지사는 소방시설업자가 등록의 취소와 영업정지 등에 해당될 때는 행정안전부령으로 정하는 바에 따라 그 등록을 취소하거나 6개월 이내의 기간을 정하여 이의 시정이나 그 영업의 정지를 명할 수 있다.

② 다만, 제9조 제1호·제3호 또는 제7호에 해당하는 경우에는 그 등록을 취소하여야 한다.

③ 벌칙 – 1년 이하의 징역 또는 1천만원 이하의 벌금: 영업정지처분을 받고 그 영업정지 기간에 영업을 한 자

(2) 주요 등록취소·영업정지 사유 및 처분

등록의 취소·영업정지처분 대상	처분 내용
• 거짓이나 부정한 방법으로 등록한 경우 • 등록결격사유에 해당하게 된 경우 • 영업정지 기간 중 소방시설공사등을 한 경우	반드시 등록취소
• 등록기준에 미달하게 된 후 30일이 경과한 경우 • 1년이 지날 때까지 영업을 시작하지 아니한 때 • 계속하여 1년 이상 휴업한 때 • 다른 자에게 자기의 성명이나 상호를 사용하여 소방시설공사등을 수급 또는 시공하게 한 경우 • 소방시설업의 등록증 또는 등록수첩을 빌려준 경우	등록을 취소하거나 6개월의 기간을 정하여 영업정지 처분

(3) 등록취소·영업정지의 유예

소방시설업자의 지위를 승계한 상속인(제7조)이 등록의 결격사유(제5조)에 해당하는 경우에는 상속을 개시한 날부터 6개월 동안은 등록의 취소와 영업정지 등(제9조)의 제1항 제3호를 적용하지 아니한다.

(4) 관련 내용의 통보

① 발주자가 시·도지사에게 통보하여야 하는 사항: 소방시설업자가 등록취소와 영업정지에 해당하는 경우 그 사실

② 시·도지사가 발주자에게 통보하여야 하는 사항: 시·도지사는 제1항 또는 제10조 제1항에 따라 등록취소, 영업정지 또는 과징금 부과 등의 처분을 하는 경우 해당 발주자에게 그 내용을 통보하여야 한다.

    ㉠ 등록취소를 하는 경우

    ㉡ 영업정지를 하는 경우

    ㉢ 과징금 처분을 하는 경우

등록의 취소·영업정지처분 대상	처분 내용
• 거짓이나 부정한 방법으로 등록한 경우 • 등록결격사유에 해당하게 된 경우 • 등록증 또는 등록수첩을 빌려준 경우	반드시 등록취소
• 소방시설등의 자체점검을 하지 않거나 거짓으로 한 경우 • 등록기준에 미달하게 된 경우	등록을 취소하거나 6개월의 기간을 정하여 영업정지 처분

(5) 일시적인 등록기준 미달에 관한 예외 규정

① 등록기준에 미달하게 된 후 30일이 경과한 경우. 다만, 자본금기준에 미달한 경우 중 「채무자 회생 및 파산에 관한 법률」에 따라 법원이 회생절차의 개시의 결정을 하고 그 절차가 진행 중인 경우 등 대통령령으로 정하는 경우는 30일이 경과한 경우에도 예외로 한다.

② 일시적인 등록기준 미달에 관한 예외: 「상법」 제542조의8 제1항 단서의 적용 대상인 상장회사가 최근 사업연도 말 현재의 자산 총액 감소에 따라 등록기준에 미달하는 기간이 50일 이내인 경우

7 과징금처분

(1) 과징금의 부과

시·도지사는 영업정지처분에 갈음하여 2억원 이하의 과징금을 부과할 수 있다.

(2) 과징금의 금액 및 징수절차

① 과징금의 금액, 그 밖의 필요한 사항은 행정안전부령으로 정한다.

② 과징금 징수절차는 「국고금관리법 시행규칙」을 준용한다.

(3) 과징금의 미납

시·도지사는 미납의 경우 「지방행정제재·부과금 징수에 관한 법률」에 따라 징수한다.

📋 SUMMARY **과징금**

구분	과징금	비고
소방시설법	3,000만원 이하	• **부과권자**: 시·도지사 • 영업정지처분(사용정지처분)에 갈음하여 부과할 수 있다.
소방시설공사업법	2억원 이하	
위험물안전관리법	2억원 이하	

제1절 설계

(1) 설계업자의 소방시설 설계기준

① 원칙: 소방시설설계업을 등록한 자는 다음 기준에 맞게 소방시설을 설계하여야 한다.

㉠ 「소방시설공사업법」과 「소방시설공사업법」에 따른 명령

㉡ 화재안전기준

② 예외: 중앙소방기술심의위원회의 심의를 거쳐 소방시설의 구조와 원리 등에서 특수한 설계로 인정된 경우에는 화재안전기준을 적용하지 않는다.

③ 벌칙 – 1년 이하의 징역 또는 1천만원 이하의 벌금

(2) 성능위주설계대상 특정소방대상물

① 특정소방대상물에 대해서는 용도, 위치, 구조, 수용 인원, 가연물의 종류 및 양을 고려하여 설계하여야 한다.

② 성능위주설계대상 특정소방대상물은 신축하는 것만 해당한다.

(3) 성능위주설계자의 자격, 기술인력, 설계범위 등

① 성능위주설계자의 자격

㉠ 전문 소방시설설계업을 등록한 자

㉡ 전문 소방시설설계업에 따른 기술인력을 갖춘 자로서 소방청장이 정하여 고시하는 연구기관 또는 단체

② 기술인력: 소방기술사 2명 이상

③ 설계범위: 성능위주설계가 필요한 특정소방대상물

제2절 시공

1 시공

(1) 공사업자의 소방시설 시공기준
① 원칙: 소방시설공사업을 등록한 자는 다음 기준에 맞게 소방시설을 시공하여야 한다.
  ㉠ 「소방시설공사업법」과 「소방시설공사업법」에 따른 명령
  ㉡ 화재안전기준
② 예외: 중앙소방기술심의위원회의 심의를 거쳐 소방시설의 구조와 원리 등에서 그 공법이 특수한 시공의 경우 화재안전기준을 적용하지 않는다.
③ 벌칙 - 1년 이하의 징역 또는 1천만원 이하의 벌금

(2) 소방기술자의 배치
① 공사업자는 대통령령으로 정하는 바에 따라 소속 소방기술자를 공사 현장에 배치하여야 한다.
② 과태료 - 200만원 이하의 과태료: 제12조 제2항을 위반하여 소방기술자를 공사 현장에 배치하지 아니한 자
③ 소방기술자의 배치기준
  ㉠ 행정안전부령으로 정하는 특급기술자인 소방기술자 배치기준
    ⓐ 연면적 20만제곱미터 이상인 특정소방대상물의 공사 현장(특정소방대상물 공사 현장 이하 생략)
    ⓑ 지하층을 포함한 층수가 40층 이상
  ㉡ 행정안전부령으로 정하는 고급기술자 이상의 소방기술자 배치기준
    ⓐ 연면적 3만제곱미터 이상 20만제곱미터 미만(아파트 제외)
    ⓑ 지하층을 포함한 층수가 16층 이상 40층 미만
  ㉢ 행정안전부령으로 정하는 중급기술자 이상의 소방기술자 배치기준
    ⓐ 물분무등소화설비(호스릴 방식 소화설비 제외) 또는 제연설비가 설치
    ⓑ 연면적 5천제곱미터 이상 3만제곱미터 미만(아파트 제외)
    ⓒ 연면적 1만제곱미터 이상 20만제곱미터 미만인 아파트의 공사 현장
  ㉣ 행정안전부령으로 정하는 초급기술자 이상의 소방기술자 배치기준
    ⓐ 연면적 1천제곱미터 이상 5천제곱미터 미만(아파트 제외)
    ⓑ 연면적 1천제곱미터 이상 1만제곱미터 미만인 아파트의 공사 현장
    ⓒ 지하구(地下溝)의 공사 현장
  ㉤ 자격수첩을 발급받은 소방기술자 배치기준: 연면적 1천제곱미터 미만

(3) 초과 배치 금지
공사업자는 1명의 소방기술자를 2개의 공사 현장을 초과하여 배치해서는 아니 된다.
① 1개의 공사 현장에만 배치해야 하는 대상(단서 사항)
  ㉠ 연면적 3만제곱미터 이상의 특정소방대상물(아파트는 제외)
  ㉡ 지하층을 포함한 층수가 16층 이상으로서 500세대 이상인 아파트에 대한 소방시설공사
② 적용제외 대상
  ㉠ 건축물의 연면적이 5천제곱미터 미만인 공사 현장에만 배치하는 경우. 다만, 그 연면적의 합계는 2만제곱미터를 초과해서는 아니 된다.

ⓛ 건축물의 연면적이 5천제곱미터 이상인 공사 현장 2개 이하와 5천제곱미터 미만인 공사 현장에 같이 배치하는 경우. 다만, 5천제곱미터 미만의 공사 현장의 연면적의 합계는 1만제곱미터를 초과해서는 아니 된다.

(4) 소방기술자의 배치기간

① 소방시설공사의 착공일부터 소방시설 완공검사증명서 발급일까지
② 소방기술자를 공사 현장에 배치하지 않을 수 있는 경우(단, 발주자의 서면 승낙이 있는 경우)
   ㉠ 민원 또는 계절적 요인 등으로 해당 공정의 공사가 일정 기간 중단된 경우
   ㉡ 예산의 부족 등 발주자(하도급의 경우에는 수급인을 포함한다)의 책임 있는 사유 또는 천재지변 등 불가항력으로 공사가 일정 기간 중단된 경우
   ㉢ 발주자가 공사의 중단을 요청하는 경우

📋 SUMMARY **소방기술자의 배치기준**

소방기술자	연면적(m²)	층수(지하층 포함)	아파트[연면적(m²)]	기타
특급기술자	20만 이상	40F 이상		
고급기술자	3만 ~ 20만 미만 (아파트 제외)	16 ~ 40F 미만		
중급기술자	5천 ~ 3만 미만 (아파트 제외)		1만 ~ 20만 미만	물분무등 (호스릴 제외) 제연설비
초급기술자	1천 ~ 5천 미만 (아파트 제외)		1천 ~ 1만 미만	지하구
자격수첩	1천 미만			

2 착공신고

(1) 착공신고

공사업자는 대통령령으로 정하는 소방시설공사를 하려면 행정안전부령으로 정하는 바에 따라 그 공사의 내용, 시공 장소, 그 밖에 필요한 사항을 소방본부장이나 소방서장에게 신고하여야 한다.

① 신고 대상: 소방본부장·소방서장
② 신고 시기: 소방시설공사 착공 전
③ 소방시설공사의 착공신고 대상 공사(영 제4조)
   ㉠ 특정소방대상물(제조소등, 다중이용업소 제외)에 해당 설비를 신설하는 공사
      ⓐ 소화설비
         • 옥내소화전설비, 옥외소화전설비
         • 스프링클러설비등[스프링클러설비·간이스프링클러설비(캐비닛형 간이스프링클러설비 포함)·화재조기진압용 스프링클러설비]
         • 물분무등소화설비(물분무소화설비·포소화설비·이산화탄소소화설비·할로겐화합물소화설비·할로겐화합물 및 불활성기체 소화설비·미분무소화설비·강화액소화설비·분말소화설비)

ⓑ 경보설비
- 자동화재탐지설비
- 비상경보설비
- 비상방송설비(정보통신공사업자가 공사하는 경우 제외)
ⓒ 소화용수설비: 소화용수설비(기계가스설비공사업자 또는 상·하수도설비공사업자가 공사하는 경우 제외)
ⓓ 소화활동설비
- 연결송수관설비
- 연결살수설비
- 제연설비(기계가스설비공사업자가 공사하는 경우 제외)
- 연소방지설비
- 비상콘센트설비(전기공사업자가 공사하는 경우 제외)
- 무선통신보조설비(정보통신공사업자가 공사하는 경우 제외)

📋 SUMMARY **착공신고(제조소등 또는 다중이용업소 제외)**

① 신설	소방	② 증설
옥내·외, SP등, 물등	소화설비	옥내·외, SP·간이SP, 물등
자·비·경·방	경보설비	자·탐
해당하지 않음	피난구조설비	해당하지 않음
○	소화용수설비	해당하지 않음
○	소화활동설비	무·통 제외
③ 개설·이전·정비[수신반, 소화펌프, 동력(감시)제어반]		

ⓛ 특정소방대상물에 해당 설비 또는 구역 등을 증설하는 공사
ⓐ 소화설비
- 옥내·옥외소화전설비
- 스프링클러설비·간이스프링클러설비의 방호구역
- 물분무등소화설비의 방호구역
ⓑ 경보설비: 자동화재탐지설비의 경계구역
ⓒ 소화활동설비
- 제연설비의 제연구역(기계가스설비공사업자가 공사하는 경우 제외)
- 연결살수설비의 살수구역
- 연결송수관설비의 송수구역
- 비상콘센트설비의 전용회로
- 연소방지설비의 살수구역
ⓒ 특정소방대상물에 설치된 소방시설등을 구성하는 전부 또는 일부를 개설, 이전 또는 정비하는 공사
ⓐ 수신반
ⓑ 소화펌프
ⓒ 동력(감시)제어반
ⓓ 다만, 고장 또는 파손 등으로 인하여 작동시킬 수 없는 소방시설을 긴급히 교체하거나 보수하여야 하는 경우에는 신고하지 않을 수 있다.

④ 착공신고 첨부서류: 공사업자는 소방시설공사를 하려면 소방시설공사의 착공 전까지 소방시설공사 착공(변경)신고서에 해당 서류를 첨부하여 소방본부장 또는 소방서장에게 신고해야 한다.

(2) 착공신고 등

① **착공신고:** 소방본부장·소방서장

② **착공신고 기한:** 해당 소방시설공사의 착공전까지

(3) 변경신고

① 공사업자가 착공 신고한 사항 가운데 행정안전부령으로 정하는 중요한 사항을 변경하였을 때에는 행정안전부령으로 정하는 바에 따라 변경신고를 하여야 한다. 이 경우 중요한 사항에 해당하지 아니하는 변경 사항은 다음 어느 하나에 해당하는 서류에 포함하여 소방본부장이나 소방서장에게 보고하여야 한다.

  ㉠ 완공검사 또는 부분완공검사를 신청하는 서류

  ㉡ 공사감리 결과보고서

② 행정안전부령으로 정하는 중요한 사항

  ㉠ 시공자

  ㉡ 설치되는 소방시설의 종류

  ㉢ 책임시공 및 기술관리 소방기술자

③ **변경신고 등:** 30일 이내

(4) 신고수리 여부 통지

소방본부장 또는 소방서장은 착공신고 또는 변경신고를 받은 날부터 2일 이내에 신고수리 여부를 신고인에게 통지하여야 한다.

3 완공검사

(1) 소방시설공사의 완공검사

① 공사업자는 소방시설공사를 완공하면 소방본부장 또는 소방서장의 완공검사를 받아야 한다.

② **검사 주체:** 소방본부장 또는 소방서장

③ 완공검사의 대체

  ㉠ 공사감리자가 지정된 경우에는 공사감리 결과보고서로 완공검사를 대체한다.

  ㉡ 대통령령으로 정하는 특정소방대상물은 소방본부장이나 소방서장이 소방시설공사가 결과보고서대로 완공되었는지를 현장에서 확인할 수 있다.

④ 과태료 – 200만원 이하의 과태료

⑤ 완공검사를 위한 현장확인 대상 특정소방대상물

  ㉠ 문화 및 집회시설, 종교시설, 판매시설, 노유자시설, 수련시설, 운동시설, 숙박시설, 창고시설, 지하상가 및 다중이용업소

  ㉡ 스프링클러설비등이 설치된 특정소방대상물

  ㉢ 물분무등소화설비(호스릴 방식의 소화설비 제외)가 설치된 특정소방대상물

  ㉣ 연면적 1만제곱미터 이상인 특정소방대상물(아파트 제외)

  ㉤ 11층 이상인 특정소방대상물(아파트 제외)

  ㉥ 지상에 노출된 가연성가스탱크의 저장용량 합계가 1천톤 이상인 시설

1. 문판숙노창수다지상 → 특정소방대상물
2. 스물등(호·제) → 소방시설
3. 가천 일만고가(아·제) → 규모

(2) 부분완공검사

① 공사업자가 소방대상물 일부분의 소방시설공사를 마친 경우 부분완공검사를 신청할 수 있다.

② 소방본부장이나 소방서장은 부분완공검사를 신청한 일부분의 공사가 완공되었는지 확인하여야 한다.

4 공사의 하자보수

(1) 공사의 하자보수

① 공사업자는 소방에 하자가 있을 때에 그 하자를 보수해야 한다.

② 하자보수 대상 소방시설과 하자보수 보증기간

보증기간	하자보수 대상 소방시설
2년	• 피난기구, 유도등, 유도표지 • 비상조명등, 비상경보설비, 비상방송설비 • 무선통신보조설비
3년	• 자동소화장치, 옥내소화전설비, 옥외소화전설비 • 간이스프링클러설비, 스프링클러설비, 물분무등소화설비 • 자동화재탐지설비 • 상수도소화용수설비 • 소화활동설비(무선통신보조설비 제외)

(2) 관계인의 통보 및 공사업자의 조치

① 관계인은 소방시설의 하자가 발생할 경우 공사업자에게 그 사실을 알려야 한다.

② 통보받은 공사업자의 조치사항

㉠ 3일 이내에 하자보수

㉡ 3일 이내에 보수 일정을 기록한 하자보수계획을 관계인에게 서면 통지

(3) 관계인의 통보 및 소방본부장·소방서장의 조치

① 관계인이 소방본부장·소방서장에게 알릴 수 있는 경우

㉠ 기간 내 하자보수를 불이행한 경우

㉡ 기간 내 하자보수계획 서면 통지를 불이행한 경우

㉢ 하자보수계획이 불합리한 경우

② 과태료 – 200만원 이하의 과태료: 3일 이내에 하자를 보수하지 아니하거나 하자보수계획을 관계인에게 거짓으로 알린 자

③ 소방본부장·소방서장의 조치사항

㉠ 지방소방기술심의위원회에 심의 요청

㉡ 시공자에게 기간을 정하여 하자보수 명령

1 감리

(1) 감리업자의 업무

① 적법성 검토

㉠ 소방시설등의 설치계획표의 적법성 검토

㉡ 피난시설 및 방화시설의 적법성 검토

㉢ 실내장식물의 불연화와 방염 물품의 적법성 검토

② 적합성 검토(적법성과 기술상의 합리성 검토)

㉠ 소방시설등 설계도서의 적합성

㉡ 소방시설등 설계 변경 사항의 적합성 검토

㉢ 소방용품의 위치·규격 및 사용 자재의 적합성 검토

㉣ 공사업자가 작성한 시공 상세 도면의 적합성 검토

③ 기타 검토 사항

㉠ 공사업자가 한 소방시설등의 시공이 설계도서와 화재안전기준에 맞는지에 대한 지도·감독

㉡ 완공된 소방시설등의 성능시험

④ 벌칙 – 1년 이하의 징역 또는 1천만원 이하의 벌금: 감리를 하거나 거짓으로 감리한 자

(2) 감리의 종류, 방법 및 대상

① 상주공사감리 **대상 및 방법**

㉠ 대상

ⓐ 연면적 3만m² 이상(아파트 제외)

ⓑ 지하층을 포함한 층수가 16층 이상으로서 500세대 이상인 아파트

㉡ 방법

ⓐ 감리원은 행정안전부령으로 정하는 기간 동안 공사 현장에 상주하며 업무를 수행하고 감리일지에 기록해야 한다.

ⓑ 감리원이 부득이한 사유로 1일 이상 현장을 이탈하는 경우에는 감리일지 등에 기록하여 발주청 또는 발주자의 확인을 받아야 한다.

ⓒ 감리업자는 감리원이 행정안전부령으로 정하는 기간 중 법에 따른 교육이나 「민방위기본법」 또는 「향토예비군 설치법」에 따른 교육을 받는 경우나 「근로기준법」에 따른 유급휴가로 현장을 이탈하게 되는 경우에는 감리업무에 지장이 없도록 감리원의 업무를 대행할 사람을 감리현장에 배치해야 한다.

② 일반공사감리 **대상 및 방법**

㉠ 대상: 상주공사감리에 해당하지 않는 소방시설의 공사

㉡ 방법

ⓐ 감리원은 공사 현장에 배치되어 업무를 수행한다.

ⓑ 감리원은 행정안전부령으로 정하는 기간 중에는 주 1회 이상 공사 현장에 배치되어 업무를 수행한다.

ⓒ 감리업자는 감리원이 부득이한 사유로 14일 이내의 범위에서 업무를 수행할 수 없는 경우 업무대행자를 지정하여 그 업무를 수행하게 해야 한다.

ⓓ 업무대행자는 주 2회 이상 공사 현장에 배치되어 업무를 수행하며, 그 업무 수행 내용을 감리원에게 통보하고 감리일지에 기록해야 한다.

2 공사감리자의 지정

(1) 공사감리자의 지정
① 대통령령으로 정하는 특정소방대상물의 관계인이 특정소방대상물에 대하여 자동화재탐지설비, 옥내소화전설비등 대통령령으로 정하는 소방시설을 시공할 때에는 소방시설공사의 감리를 위하여 감리업자를 공사감리자로 지정하여야 한다.

② 대통령령으로 정하는 특정소방대상물: 「소방시설 설치 및 관리에 관한 법률」 제2조 제1항 제3호의 특정소방대상물을 말한다.

③ 벌칙 – 1년 이하의 징역 또는 1천만원 이하의 벌금: 공사감리자를 지정하지 아니한 자

(2) 대통령령으로 정하는 소방시설
① 신설·개설 또는 증설할 때
  ㉠ 옥내소화전설비
  ㉡ 스프링클러설비등(캐비닛형 간이스프링클러설비 제외)
  ㉢ 물분무등소화설비(호스릴 방식의 소화설비 제외)
  ㉣ 옥외소화전설비
  ㉤ 제연설비
  ㉥ 연결살수설비
  ㉦ 비상콘센트설비
  ㉧ 연소방지설비
② 신설·개설할 때
  ㉠ 통합감시시설
  ㉡ 자동화재탐지설비
  ㉢ 비상방송설비
  ㉣ 소화용수설비
  ㉤ 무선통신보조설비
  ㉥ 연결송수관설비

공사감리자 지정(관계인)		
감리업자를 공사감리자로 지정대상		
신설·개설		신설·개설·증설
	소화	옥내·외 SP(캐·간제)등 물·등(호·소제)
통·감 자·탐 비·방	경보	
	피·구	×
소·용	소·용	
연·송, 무·통	소·활	제·설, 연·살, 비·콘, 연·방

(3) 공사감리자 지정신고 및 변경신고
① 관계인은 공사감리자를 지정하였을 때에는 행정안전부령으로 정하는 바에 따라 소방본부장이나 소방서장에게 신고하여야 한다. 공사감리자를 변경하였을 때에도 또한 같다.

② 소방공사감리자의 지정신고 등: 해당 소방시설공사의 착공 전까지

③ 소방공사감리자 변경신고서: 변경일부터 30일 이내

(4) 신고수리 여부 통지
소방본부장 또는 소방서장은 지정신고 또는 변경신고를 받은 날부터 2일 이내에 신고수리 여부를 신고인에게 통지하여야 한다.

3 감리원의 배치

(1) 감리원의 배치
① 감리업자는 소속감리원을 대통령령으로 정하는 바에 따라 현장에 배치하여야 한다.
② 벌칙 - 300만원 이하의 벌금: 소방시설공사 현장에 감리원을 배치하지 아니한 자
③ 감리원의 종류
    ㉠ 책임감리원: 해당 공사 전반에 관한 감리업무를 총괄하는 사람
    ㉡ 보조감리원: 책임감리원을 보좌하고 책임감리원의 지시를 받아 감리업무를 수행하는 사람

(2) 소방공사 감리원의 배치기준

<table>
<tr><th colspan="2">감리원의 배치기준</th><th>소방시설공사 현장의 기준</th></tr>
<tr><td rowspan="10">책임감리원</td><td>특급감리원 중 소방기술사
※ 보조감리원(초급 이상) 배치</td><td>• 연면적 20만제곱미터 이상인 특정소방대상물의 공사 현장
• 지하층을 포함한 층수가 40층 이상인 특정소방대상물의 공사 현장</td></tr>
<tr><td>특급감리원 이상 감리원
(기계분야 및 전기분야)
※ 보조감리원(초급 이상) 배치</td><td>• 연면적 3만제곱미터 이상 20만제곱미터 미만인 특정소방대상물(아파트는 제외한다)의 공사 현장
• 지하층을 포함한 층수가 16층 이상 40층 미만인 특정소방대상물의 공사 현장</td></tr>
<tr><td>고급감리원 이상 감리원
(기계분야 및 전기분야)
※ 보조감리원(초급 이상) 배치</td><td>• 물분무등소화설비(호스릴 방식의 소화설비는 제외한다) 또는 제연설비가 설치되는 특정소방대상물의 공사 현장
• 연면적 3만제곱미터 이상 20만제곱미터 미만인 아파트의 공사 현장</td></tr>
<tr><td>중급감리원 이상 감리원
(기계분야 및 전기분야)</td><td>연면적 5천제곱미터 이상 3만제곱미터 미만인 특정소방대상물의 공사 현장</td></tr>
<tr><td>초급감리원 이상 감리원
(기계분야 및 전기분야)</td><td>• 연면적 5천제곱미터 미만인 특정소방대상물의 공사 현장
• 지하구의 공사 현장</td></tr>
</table>

📝 SUMMARY [별표 2]·[별표 4] 소방기술자의 배치기준(제3조 관련) & 소방공사 감리원의 배치기준(제11조 관련)

소방 기술자	연면적 (m²)	층수 (지하층 포함)	아파트 (연면적 m²)	기타	책임 감리원	연면적 (m²)	층수 (지하층 포함)	아파트 (연면적 m²)	기타
특급 기술자	20만 이상	40F 이상			소방 기술사	20만 이상	40F 이상		
고급 기술자	3만 ~ 20만 미만 (A·제)	16 ~ 40F 미만			특급 감리원	3만 ~ 20만 미만 (A·제)	16F ~ 40F 미만		
중급 기술자	5천 ~ 3만 미만 (A·제)		1만 ~ 20만 미만	물분등 (호·제) 제연설비	고급 감리원			3만 ~ 20만 미만	물분등 (호·제) 제연설비
초급 기술자	1천 ~ 5천 미만 (A·제)		1천 ~ 1만 미만	지하구	중급 감리원	5천 ~ 3만 미만			
자격 수첩	1천 미만				초급 감리원	5천 미만			지하구

(3) 감리원의 세부적인 배치 기준

감리원의 세부배치 기준은 행정안전부령으로 정한다.

① 상주공사감리 대상인 경우

㉠ 기계분야의 감리원 자격을 취득한 사람과 전기분야의 감리원 자격을 취득한 사람 각 1명 이상을 감리원으로 배치할 것

㉡ 소방시설용 배관(전선관 포함)을 설치하거나 매립하는 때부터 소방시설 완공검사증명서를 발급받을 때까지 소방공사감리현장에 감리원을 배치할 것

② 일반공사감리 대상인 경우

㉠ 기계분야의 감리원 자격을 취득한 사람과 전기분야의 감리원 자격을 취득한 사람 각 1명 이상을 감리원으로 배치할 것

㉡ 규칙 별표 3에 따른 기간 동안 감리원을 배치할 것

㉢ 감리원은 주 1회 이상 소방공사감리현장에 배치되어 감리할 것

㉣ 1명의 감리원이 담당하는 소방공사감리현장은 5개 이하로서 감리현장 연면적의 총 합계가 10만제곱미터 이하일 것. 다만, 일반 공사감리 대상인 아파트의 경우에는 연면적의 합계에 관계없이 1명의 감리원이 5개 이내의 공사 현장을 감리할 수 있다.

㉤ 자동화재탐지설비 또는 옥내소화전설비 중 어느 하나만 설치하는 2개의 소방공사감리현장이 최단 차량주행거리로 30킬로미터 이내에 있는 경우에는 1개의 소방공사감리현장으로 본다.

4 위반사항에 대한 조치

(1) 위반사항에 대한 조치

① 감리업자는 소방시설공사가 설계도서·화재안전기준 부적합한 경우 관계인에게 통지하고, 공사업자에게 공사의 시정 또는 보완을 요구하여야 한다.

② 공사업자는 감리업자의 요구에 따라야 한다.

③ 벌칙 – 300만원 이하의 벌금: 감리업자의 보완 요구에 따르지 아니한 자

(2) 위반사항 보고

① 감리업자는 공사업자가 제19조 제1항에 따른 요구를 이행하지 아니하고 그 공사를 계속할 때에는 행정안전부령으로 정하는 바에 따라 소방본부장이나 소방서장에게 그 사실을 보고하여야 한다.

② 벌칙 – 1년 이하의 징역 또는 1천만원 이하의 벌금: 제19조 제3항에 따른 보고를 거짓으로 한 자

③ 소방시설공사 위반사항보고서: 시정 또는 보완을 이행하지 아니하고 공사를 계속하는 날부터 3일 이내 소방본부장 또는 소방서장에게 제출하여야 한다.

5 공사감리 결과의 통보

(1) 감리 결과의 통보

① 감리 결과의 통지 대상

㉠ 특정소방대상물의 관계인

㉡ 소방시설공사의 도급인

㉢ 특정소방대상물의 공사를 감리한 건축사

② 결과 보고서 제출

    ⑦ 감리업자는 공사감리 결과보고서를 소방본부장이나 소방서장에게 제출하여야 한다.

    ⑥ 벌칙 - 1년 이하의 징역 또는 1천만원 이하의 벌금: 공사감리 결과의 통보 또는 공사감리 결과보고서의 제출을 거짓으로 한 자

(2) 감리 결과의 통보 등

① 공사가 완료된 날부터 7일 이내에 소방공사감리 결과보고서에 관련 서류를 첨부하여 보고하여야 한다.

② 첨부서류

    ⑦ 소방시설 성능시험조사표

    ⑥ 착공신고 후 변경된 소방시설설계도면: 변경사항이 있는 경우에만 첨부하며, 설계업자가 설계한 도면만 해당

    ⑥ 소방공사 감리일지: 소방본부장·소방서장에게 보고하는 경우에만 해당

    ⑧ 특정소방대상물의 사용승인 신청서 등 사용승인 신청을 증빙할 수 있는 서류

1 방염

(1) 방염처리업자는 소방시설법상 방염성능기준 이상이 되도록 방염을 하여야 한다.

(2) 과태료 - 200만원 이하의 과태료

제20조의2를 위반하여 방염성능기준 미만으로 방염을 한 자

2 방염처리능력 평가 및 공시

(1) 방염처리능력 평가 및 공시

소방청장은 방염처리능력 평가 요청이 있는 경우 이를 평가하여 공시할 수 있다.

(2) 방염처리업자의 제출서류

① 방염처리능력 평가를 받으려는 방염처리업자는 전년도 방염처리 실적이나 그 밖에 행정안전부령으로 정하는 서류를 소방청장에게 제출하여야 한다.

② 과태료 - 200만원 이하의 과태료: 방염처리능력 평가에 관한 서류를 거짓으로 제출한 자

(3) 방염처리능력 평가의 신청

협회는 방염처리업자가 첨부해야 할 서류를 갖추지 못한 경우에는 15일의 보완기간을 부여하여 보완하게 해야 한다.

(4) 방염처리능력 평가신청 절차, 평가방법 및 공시방법

① 협회는 방염처리능력을 평가한 경우에는 매년 7월 31일까지 협회의 인터넷 홈페이지에 공시해야 한다(방염처리능력을 새로 평가하는 경우 평가완료일부터 10일 이내에 공시해야 한다).

② 공시 포함 사항

  ㉠ 상호 및 성명(법인인 경우: 대표자의 성명)

  ㉡ 주된 영업소의 소재지

  ㉢ 업종 및 등록번호

  ㉣ 방염처리능력 평가 결과

③ 방염처리능력 평가의 유효기간은 공시일부터 1년간으로 한다.

(5) 방염처리능력 평가 방법(규칙 [별표 3의2])

① 방염처리능력평가액 = 실적평가액 + 자본금평가액 + 기술력평가액 + 경력평가액 ± 신인도평가액

② 실적평가액 = 연평균 방염처리실적액

  ㉠ 방염처리업 업종별로 산정해야 한다.

  ㉡ 제조·가공 공정에서 방염처리한 물품을 수입한 경우에는 방염처리 실적에 포함되지 않는다.

  ㉢ 방염처리실적액(발주자가 공급하는 자재비 제외)은 해당 업체의 수급금액 중 하수급금액은 포함하고 하도급금액은 제외한다.

③ 신인도평가액 = (실적평가액 + 자본금평가액 + 기술력평가액 + 경력평가액) × 신인도 반영비율 합계

  ㉠ 신인도평가액은 다음 계산식으로 산정하되, 신인도평가액은 실적평가액·자본금평가액·기술력평가액·경력평가액을 합친 금액의 ±10퍼센트의 범위를 초과할 수 없다.

  ㉡ 가점요소와 감점요소가 있는 경우에는 이를 상계한다.

1 공사의 도급

(1) 소방시설공사등의 도급

① 특정소방대상물의 관계인 또는 발주자는 소방시설공사등을 도급할 때에는 해당 소방시설업자에게 도급하여야 한다.

② 벌칙 - 1년 이하의 징역 또는 1천만원 이하의 벌금: 해당 소방시설업자가 아닌 자에게 소방시설공사등을 도급한 자

> **참고 「건설산업기본」상 용어의 정의**
>
> 1. 도급: 원도급, 하도급, 위탁 등 명칭에 관계없이 건설공사를 완성할 것을 약정하고, 상대방이 그 공사의 결과에 대하여 대가를 지급할 것을 약정하는 계약
> 2. 수급인: 발주자로부터 건설공사를 도급받은 건설업자(하도급의 경우 하도급하는 건설업자를 포함)
> 3. 하도급: 도급받은 건설공사의 전부 또는 일부를 다시 도급하기 위하여 수급인이 제3자와 체결하는 계약
> 4. 하수급인: 수급인으로부터 건설공사를 하도급받은 자

(2) 소방시설공사 분리 도급

① 소방시설공사는 다른 업종의 공사와 분리하여 도급하여야 한다.

② 소방시설공사 분리 도급의 예외: 공사의 성질상 또는 기술관리상 분리하여 도급하는 것이 곤란한 경우로서 대통령령으로 정하는 경우에는 다른 업종의 공사와 분리하지 아니하고 도급할 수 있다.

③ 벌칙 - 300만원 이하의 벌금: 소방시설공사를 다른 업종의 공사와 분리하여 도급하지 아니한 자

(3) 소방시설공사 분리 도급의 예외

① 재난의 발생으로 긴급하게 착공해야 하는 공사인 경우

② 국방 및 국가안보 등과 관련하여 기밀을 유지해야 하는 공사인 경우

③ 소방시설공사에 해당하지 않는 공사인 경우

④ 연면적이 1천제곱미터 이하인 특정소방대상물에 비상경보설비를 설치하는 공사인 경우

⑤ 다음의 어느 하나에 해당하는 입찰로 시행되는 공사인 경우

  ㉠ 대안입찰 또는 일괄입찰

  ㉡ 실시설계 기술제안입찰 또는 기본설계 기술제안입찰

  ㉢ 그 밖에 문화재수리 및 재개발·재건축 등의 공사로서 공사의 성질상 분리하여 도급하는 것이 곤란하다고 소방청장이 인정하는 경우

> **참고 도급, 분리도급**
>
> 1. **관계인·발주자:** 소방시설업자에게 도급
> 2. **분리 도급의 원칙:** 다른 업종의 공사와 분리 도급
>
>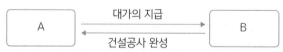
>
> 3. 도급할 때 분리하여 도급하여야 하는 원칙은 수급인이 하수급인에게 하도급하여 공사를 수행하는 것을 방지하기 위한 목적도 있다.

1-2 노임에 대한 압류의 금지

(1) 노임에 대한 압류 금지
① 근로자 노임 압류 금지: 소방시설공사의 도급금액 중 공사의 근로자에게 지급하여야 할 노임에 해당하는 금액은 압류할 수 없다(하도급한 공사 포함).
② 노임에 해당하는 금액의 범위와 산정방법은 대통령령으로 정한다.

(2) 압류대상에서 제외되는 노임
압류할 수 없는 노임은 설계도서에 기재된 노임을 합산하여 산정한다.

1-3 도급의 원칙

(1) 공정계약 및 신의성실의 원칙
① 도급·하도급의 계약당사자는 서로 대등한 입장에서 합의에 따른 공정한 계약을 체결하여야 한다.
② 계약당사자는 신의성실의 원칙에 따른 계약을 이행하여야 한다.

(2) 도급 계약서 포함 사항
① 소방시설공사등의 도급 또는 하도급의 계약당사자는 그 계약을 체결할 때 도급 또는 하도급 금액, 공사기간, 그 밖에 대통령령으로 정하는 사항을 계약서에 분명히 밝혀야 하며, 서명날인한 계약서를 서로 내주고 보관하여야 한다.
② 과태료 – 200만원 이하의 과태료: 도급계약 체결 시 의무를 이행하지 아니한 자(하도급 계약의 경우에는 하도급 받은 소방시설업자는 제외한다)

(3) 수급인의 부당행위 금지
수급인은 하수급인에게 하도급과 관련하여 자재구입처의 지정 등 하수급인에게 불리한 강요행위를 할 수 없다.

(4) 도급을 받은 자의 하도급 통지 의무
도급을 받은 자가 하도급할 때에는 행정안전부령으로 정하는 바에 따라 미리 관계인과 발주자에게 알려야 한다(하수급인을 변경하거나 하도급계약을 해지할 때도 동일).

(5) 표준계약서·하도급표준계약서의 보급
① 표준계약서·하도급표준계약서의 수립: 소방청장
② 목적: 계약 당사자와 대등한 입장에서 계약체결

1-4 공사대금의 지급보증

(1) 발주자 계약 이행 보증

① 대상: 수급인이 국가, 지방자치단체 또는 대통령령으로 정하는 공공기관 외의 자가 발주하는 공사를 도급받은 경우로서 수급인이 발주자에게 계약의 이행을 보증하는 때

② 발주자에게 계약이행보증 요구: 발주자도 수급인에게 공사대금의 지급을 보증하거나 담보를 제공하여야 한다 [발주자는 공사대금의 지급보증 또는 담보 제공을 하기 곤란한 경우는 수급인이 그에 상응하는 보험 또는 공제에 가입할 수 있도록 계약의 이행보증을 받은 날부터 30일 이내에 보험료 또는 공제료(보험료등)를 지급하여야 한다].

(2) 예외사항

① 발주자 및 수급인은 소규모공사 등 대통령령으로 정하는 소방시설공사의 경우 계약이행의 보증이나 공사대금의 지급보증, 담보의 제공 또는 보험료등의 지급을 아니할 수 있다.

② 소규모공사 등 대통령령으로 정하는 소방시설공사

㉠ 공사 1건의 도급금액이 1천만원 미만인 소규모 소방시설공사

㉡ 공사기간이 3개월 이내인 단기의 소방시설공사

(3) 이행촉구

① 발주자가 공사대금의 지급보증, 담보의 제공 또는 보험료등의 지급을 하지 아니한 때에는 수급인은 10일 이내 기간을 정하여 발주자에게 그 이행을 촉구하고 공사를 중지할 수 있다.

② 발주자가 촉구한 기간 내에 그 이행을 하지 아니한 때에는 수급인은 도급계약을 해지할 수 있다.

(4) 계약해지에 따른 손해배상

제21조의4 제3항에 따라 수급인이 공사를 중지하거나 도급계약을 해지한 경우에는 발주자는 수급인에게 공사 중지나 도급계약의 해지에 따라 발생하는 손해배상을 청구하지 못한다.

(5) 공사대금의 지급보증 등의 방법 및 절차

① 발주자가 수급인에게 공사대금의 지급을 보증하거나 담보를 제공해야 하는 금액

㉠ 공사기간이 4개월 이내인 경우: 도급금액에서 계약상 선급금을 제외한 금액

㉡ 공사기간이 4개월을 초과하는 경우로서 기성부분에 대한 대가를 지급하지 않기로 약정하거나 그 대가의 지급주기가 2개월 이내인 경우: 다음의 계산식에 따라 산출된 금액

$$\frac{도급금액 - 계약상\ 선급금}{공사기간(월)} \times 4$$

㉢ 공사기간이 4개월을 초과하는 경우로서 기성부분에 대한 대가의 지급주기가 2개월을 초과하는 경우: 다음의 계산식에 따라 산출된 금액

$$\frac{도급금액 - 계약상\ 선급금}{공사기간(월)} \times 기성부분에\ 대한\ 대가의\ 지급주기(월수) \times 2$$

② ①에 따른 공사대금의 지급 보증 또는 담보의 제공은 수급인이 발주자에게 계약의 이행을 보증한 날부터 30일 이내에 해야 한다.

1-5 부정한 청탁에 의한 재물 등의 취득 및 제공 금지

(1) 부정한 청탁에 의한 재물 등의 취득 및 제공 금지
① 발주자·수급인·하수급인(발주자, 수급인 또는 하수급인이 법인인 경우 해당 법인의 임원 또는 직원을 포함한다) 또는 이해관계인은 도급계약의 체결 또는 소방시설공사등의 시공 및 수행과 관련하여 부정한 청탁을 받고 재물 또는 재산상의 이익을 취득하거나 부정한 청탁을 하면서 재물 또는 재산상의 이익을 제공하여서는 아니 된다.
② 국가, 지방자치단체 또는 대통령령으로 정하는 공공기관이 발주한 소방시설공사등의 업체 선정에 심사위원으로 참여한 사람은 그 직무와 관련하여 부정한 청탁을 받고 재물 또는 재산상의 이익을 취득하여서는 아니 된다.
③ 국가, 지방자치단체 또는 대통령령으로 정하는 공공기관이 발주한 소방시설공사등의 업체 선정에 참여한 법인, 해당 법인의 대표자, 상업사용인, 그 밖의 임원 또는 직원은 그 직무와 관련하여 부정한 청탁을 받고 재물 또는 재산상의 이익을 취득하거나 부정한 청탁을 하면서 재물 또는 재산상의 이익을 제공하여서는 아니 된다.

(2) 벌칙 - 3년 이하의 징역 또는 3천만원 이하의 벌금(제35조)
제21조의5를 위반하여 부정한 청탁을 받고 재물 또는 재산상의 이익을 취득하거나 부정한 청탁을 하면서 재물 또는 재산상의 이익을 제공한 자

1-6 위반사실의 통보

국가, 지방자치단체 또는 대통령령으로 정하는 공공기관은 소방시설업자가 제21조의5를 위반한 사실을 발견하면 시·도지사가 제9조 제1항에 따라 그 등록을 취소하거나 6개월 이내의 기간을 정하여 그 영업의 정지를 명할 수 있도록 그 사실을 시·도지사에게 통보하여야 한다.

2 하도급의 제한

(1) 하도급의 제한
① 도급을 받은 자는 소방시설의 설계, 시공, 감리를 제3자에게 하도급할 수 없다.
② 예외사항: 시공의 경우에는 대통령령으로 정하는 바에 따라 도급받은 소방시설공사의 일부를 다른 공사업자에게 하도급할 수 있다.
③ 벌칙 - 1년 이하의 징역 또는 1천만원 이하의 벌금: 도급받은 소방시설의 설계, 시공, 감리를 하도급한 자
④ 소방시설공사의 시공을 하도급할 수 있는 경우: 소방시설공사업과 다음에 해당하는 사업을 함께 하는 소방시설공사업자가 소방시설공사와 해당 사업의 공사를 함께 도급받은 경우를 말한다.
　　㉠ 주택건설사업
　　㉡ 건설업
　　㉢ 전기공사업
　　㉣ 정보통신공사업

(2) 하수급인의 재하도급의 제한
① 하수급인은 하도급받은 소방시설공사를 제3자에게 다시 하도급할 수 없다.
② 벌칙 - 1년 이하의 징역 또는 1천만원 이하의 벌금: 하도급받은 소방시설공사를 다시 하도급한 자

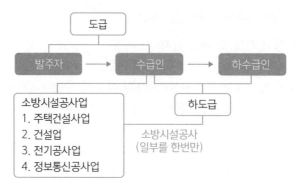

▲ 소방시설공사의 시공을 하도급할 수 있는 경우

2-2 하도급계약의 적정성 심사

(1) 발주자의 하도급계약 적정성 심사

① 적정성 심사의 사유: 발주자는 다음의 사유가 있는 경우 하도급 계약의 적정성을 심사할 수 있다.
　　㉠ 하수급인이 계약내용을 수행하기 현저히 부적당한 경우
　　㉡ 하도급계약금액이 대통령령으로 정하는 비율에 따른 금액에 미달하는 경우(영 제12조의2 제1항)
　　　ⓐ 도급금액 중 하도급부분에 상당하는 금액의 82%에 미달하는 경우
　　　ⓑ 발주자의 예정가격의 60%에 미달하는 경우
② 제22조의2 후단: 국가, 지방자치단체 또는 대통령령으로 정하는 공공기관이 발주자인 때에는 적정성 심사를 실시하여야 한다.

(2) 하도급계약의 변경 요구

① 하도급계약을 심사한 결과 하수급인의 시공 및 수행능력 또는 하도급계약 내용이 적정하지 아니한 경우에는 그 사유를 분명하게 밝혀 수급인에게 하수급인 또는 하도급계약 내용의 변경을 요구할 수 있다.
② 국가, 지방자치단체 또는 대통령령으로 정하는 공공기관이 하도급 적정성 심사를 하였을 때에는 하수급인 또는 하도급계약 내용의 변경을 요구하여야 한다.

(3) 발주자의 도급계약 해지

(4) 하도급계약심사위원회

발주자는 하도급계약의 적정성 등을 심사하기 위해 하도급계약심사위원회를 두어야 한다.

(5) 하도급계약심사위원회의 구성 및 운영

① 위원회 구성: 위원장 1명과 부위원장 1명을 포함하여 10명 이내의 위원으로 구성한다.
② 위원회의 위원장
　　㉠ 발주기관의 장: 발주기관이 특별시·광역시·특별자치시·도 및 특별자치도인 경우에는 해당 기관 소속 2급 또는 3급 공무원 중에서, 발주기관이 제11조의5 각 호의 공공기관인 경우에는 1급 이상 임직원 중에서 발주기관의 장이 지명하는 사람을 각각 말한다
　　㉡ 부위원장과 위원(위원장이 임명하거나 성별을 고려하여 위촉한다)
③ ②의 ㉡에서 해당 발주기관의 과장급 이상 공무원을 제외한 위원의 임기는 3년으로 하며, 한 차례만 연임할 수 있다.

2-3 하도급대금의 지급

(1) 하도급대금의 지급

① 수급인의 지급 의무

ㄱ 준공금을 받은 경우: 하도급대금의 전부를 지급하여야 한다.

ㄴ 기성금을 받은 경우: 하수급인이 시공하거나 수행한 부분에 상당한 금액을 지급하여야 한다.

ㄷ 지급받은 날(수급인이 발주자로부터 어음을 받은 경우 어음만기일)로부터 15일 이내에 지급하여야 한다.

ㄹ 하도급대금은 수급인이 하수급인에게 현금으로 지급하여야 한다.

② 수급인의 선급금 지급 의무

ㄱ 선급금을 받은 경우: 선급금의 내용과 비율에 따라 선급금을 받은 날로부터 15일 이내 지급(하도급계약 체결 전 선급금을 받은 경우에는 하도급계약을 체결한 날)하여야 한다.

ㄴ 보증의 요구: 수급인은 선급금 반환 대비를 위해 하수급인에게 보증을 요구할 수 있다.

(2) 하도급액의 조정

① 수급인은 일정한 사유가 발생하는 경우 조정된 금액과 비율에 따라 하수급인에게 하도급금액을 증액하거나 감액하여 지급할 수 있다.

② 사유: 설계변경 또는 물가변동 등의 사정으로 도급금액이 조정되는 경우

2-4 하도급계약 자료의 공개

(1) 하도급계약 자료의 공개

① 국가·지방자치단체 또는 대통령령으로 정하는 공공기관이 발주하는 소방시설공사등을 하도급한 경우 하도급계약 자료를 누구나 볼 수 있는 방법으로 공개하여야 한다.

② 하도급계약 자료의 공개와 관련된 절차 및 방법, 공개대상 계약규모 등 필요한 사항은 대통령령으로 정한다.

(2) 하도급계약 자료의 공개대상, 절차 및 방법, 공개대상 계약규모 등

① 하도급계약 자료의 공개대상

ㄱ 국가·지방자치단체

ㄴ 대통령령으로 정하는 공공기관

ⓐ 「공공기관의 운영에 관한 법률」 제5조에 따른 공기업 및 준정부기관

ⓑ 「지방공기업법」에 따른 지방공사 및 지방공단

② 하도급계약 자료의 공개 절차 및 방법

ㄱ 하도급에 관한 사항을 통보받은 날부터 30일 이내

ㄴ 소방시설공사등을 발주한 기관의 인터넷 홈페이지에 게재하는 방법

③ 하도급계약 자료의 공개대상 계약규모

ㄱ 하도급계약금액이 1천만원 이상인 경우

ㄴ 하수급인의 하도급금액 산출내역서의 계약단가를 기준으로 산출한 금액에 일반관리비, 이윤 및 부가가치세를 포함한 금액을 말한다.

3 도급계약의 해지

관계인 또는 발주자는 수급인이 다음 어느 하나에 해당하면 도급계약을 해지할 수 있다.
① 소방시설업이 등록취소되거나 영업정지된 경우
② 소방시설업을 휴업하거나 폐업한 경우
③ 정당한 사유 없이 30일 이상 소방시설공사를 계속하지 아니하는 경우
④ 적정성 심사에 따른 계약 내용 변경 요구에 정당한 사유 없이 따르지 아니하는 경우

4 공사업자의 감리 제한

다음의 경우 동일한 특정소방대상물의 소방시설에 대한 시공과 감리가 제한된다.
① 공사업자(법인인 경우 법인의 대표자 또는 임원을 말한다)와 감리업자(법인인 경우 법인의 대표자 또는 임원을 말한다)가 같은 자인 경우
② 「독점규제 및 공정거래에 관한 법률」 제2조 제11호에 따른 기업집단의 관계인 경우
③ 법인과 그 법인의 임직원의 관계인 경우
④ 공사업자와 감리업자가 「민법」 제777조에 따른 친족관계인 경우

5 소방 기술용역의 대가 기준

> **제25조 【소방 기술용역의 대가 기준】** 소방시설공사의 설계와 감리에 관한 약정을 할 때 그 대가는 「엔지니어링산업 진흥법」 제31조에 따른 엔지니어링사업의 대가 기준 가운데 행정안전부령으로 정하는 방식에 따라 산정한다.

6 시공능력 평가 및 공시

(1) 시공능력 평가 및 공시
① 평가 및 공시 주체: 소방청장
② 평가 및 공시: 관계인 또는 발주자가 적절한 공사업자를 선정할 수 있도록 하기 위하여 공사업자의 신청이 있으면 시공능력을 평가하여 공시할 수 있다.
③ 시공능력 평가신청 절차, 평가방법 및 공시방법 등은 행정안전부령으로 정한다.

(2) 시공능력 평가의 신청
① 평가 신청: 시공능력 평가를 받으려는 공사업자는 소방시설공사 실적, 자본금 그 밖에 행정안전부령으로 정하는 사항을 소방청장에게 제출하여야 한다.
② 서류의 보완기간: 15일 이내의 보완기간

(3) 시공능력의 평가
① 평가의 방법
  ㉠ 시공능력평가액

시공능력평가액 = 실적평가액 + 자본금평가액 + 기술력평가액 + 경력평가액 ± 신인도평가액

  ㉡ 실적평가액 = 연평균공사실적액
    ⓐ 공사실적액(발주자가 공급하는 자재비 제외): 하수급금액은 포함하고, 하도급금액은 제외한다.

ⓑ 기간에 따른 연평균공사실적액

3년 이상	최근 3년간의 공사실적을 합산하여 3으로 나눈 금액
1년 이상 3년 미만	$\dfrac{\text{그 기간의 공사실적을 합산한 금액}}{\text{그 기간의 개월 수}} \times 12$
1년 미만	그 기간의 공사실적액

ⓒ 자본금평가액

> 자본금평가액 = (실질자본금 × 실질자본금의 평점 + 소방청장이 지정한 금융회사 또는 소방산업공제조합에 출자·예치·담보한 금액) × 70/100

ⓔ 기술력평가액

> 기술력평가액 = 전년도 공사업계의 기술자 1인당 평균생산액 × 보유기술인력 가중치합계 × 30/100 + 전년도 기술개발투자액

ⓜ 경력평가액

> 경력평가액 = 실적평가액 × 공사업 경영기간 평점 × 20 / 100

ⓗ 신인도평가액

> 신인도평가액 = (실적평가액 + 자본금평가액 + 기술력평가액 + 경력평가액) × 신인도 반영비율 합계(반영비율은 ±10%의 범위를 초과할 수 없으며, 가점요소와 감점요소가 있는 경우에는 이를 상계함)

② 평가 결과 및 공시
  ㉠ 평가된 시공능력: 공사업자가 도급받을 수 있는 1건의 공사도급금액이다.
  ㉡ 유효기간: 공시일부터 1년간 유효하다.
  ㉢ 협회의 시공능력 평가 공시일: 매년 7월 31일
  ㉣ 거짓으로 확인된 경우: 10일 이내 평가, 등록수첩 기재 후 발급한다.

6-2 설계·감리업자의 선정

(1) 집행 계획의 작성·공고
  ① 대상: 국가, 지방자치단체 또는 대통령령으로 정하는 공공기관의 설계·공사감리용역 중 소방청장이 고시하는 금액 이상의 사업

> **참고 대통령령으로 정하는 공공기관(영 제12조의6)**
> "대통령령으로 정하는 공공기관"이란 제11조의5 각 호의 공공기관을 말한다.
>
> > **제11조의5 【공사대금의 지급보증 등의 예외가 되는 공공기관의 범위】** 법 제21조의4 제1항 본문에서 "대통령령으로 정하는 공공기관"이란 다음 각 호의 공공기관을 말한다.
> > 1. 「공공기관의 운영에 관한 법률」 제5조에 따른 공기업 및 준정부기관
> > 2. 「지방공기업법」 제49조에 따른 지방공사 및 같은 법 제76조에 따른 지방공단

  ② 소방청장이 정하여 고시하는 금액: 2천만원 이상의 금액
  ③ 집행 계획의 작성·공고

④ 설계·감리업자 선정

공고된 사업을 하려면 기술능력, 경영능력 그 밖에 대통령령으로 정하는 사업수행능력 평가기준에 적합한 설계·감리업자를 선정하여야 한다.

⑤ 사업수행능력 평가기준

 ㉠ 참여하는 소방기술자의 실적 및 경력

 ㉡ 입찰참가 제한, 영업정지 등의 처분 유무 또는 재정상태 건실도 등에 따라 평가한 신용도

 ㉢ 기술개발 및 투자 실적

 ㉣ 참여하는 소방기술자의 업무 중첩도

 ㉤ 그 밖에 행정안전부령으로 정하는 사항

(2) 주택건설사업계획의 승인

① 시·도지사는 「주택법」에 따라 주택건설사업계획을 승인할 때에는 그 주택건설공사에서 소방시설공사의 감리를 할 감리업자를 제1항 후단에 따른 사업수행능력 평가기준에 따라 선정하여야 한다. 이 경우 감리업자를 선정하는 주택건설공사의 규모 및 대상 등에 관하여 필요한 사항은 대통령령으로 정한다.

② 규모 및 대상 등

 ㉠ 「주택법」에 따른 공동주택(기숙사는 제외한다)으로서 300세대 이상

 ㉡ 감리업자의 모집공고: 주택건설사업계획을 승인한 날부터 7일 이내에 다른 공사와 별도로 소방시설공사의 감리를 할 감리업자의 모집공고를 해야 한다.

 ㉢ 예외사항: 시·도지사는 「주택법 시행령」 제31조에 따른 공사 착수기간의 연장 등 부득이한 사유가 있어 사업주체가 요청하는 경우에는 그 사유가 없어진 날부터 7일 이내에 감리업자 모집공고를 할 수 있다.

6-3 종합정보시스템의 구축

(1) 종합정보시스템의 구축: 소방청장

(2) 소방시설업자에 관한 정보: 소방시설업자의 자본금·기술인력 보유 현황, 소방시설공사등 수행상황, 행정처분 사항 등

1 소방기술자의 의무

(1) 법령 준수 의무
① 소방기술자는 다음 법령에 따라 업무를 수행하여야 한다.
ㄱ 「소방시설공사업법」 및 같은 법에 따른 명령
ㄴ 소방시설법 및 같은 법에 따른 명령
② 벌칙 – 1년 이하의 징역 또는 1천만원 이하의 벌금: 법 또는 명령을 따르지 아니하고 업무를 수행한 자

(2) 자격증 등의 대여금지
① 소방기술자는 자격증(자격수첩)과 경력수첩을 빌려 주어서는 아니 된다.
② 벌칙 – 300만원 이하의 벌금: 자격수첩 또는 경력수첩을 빌려 준 사람

(3) 이중취업금지
① 소방기술자는 동시에 둘 이상의 업체에 취업하여서는 아니 된다.
② 단, 근무시간 외 소방시설업이 아닌 다른 업종에 종사하는 경우는 제외한다.
③ 벌칙 – 300만원 이하의 벌금: 동시에 둘 이상의 업체에 취업한 사람

> **참고 소방기술자(제2조 제1항)**
>
> 1. 제28조에 따라 소방기술 경력 등을 인정받은 사람
> 2. 소방시설관리업과 소방시설업의 기술인력으로 등록된 다음에 해당하는 자
>   • 소방시설관리사
>   • 소방기술사, 소방설비기사, 소방설비산업기사, 위험물기능장, 위험물산업기사, 위험물기능사

2 소방기술 경력 등의 인정

(1) 소방기술 경력의 인정
① 소방기술자 인정권자: 소방청장
② 목적: 소방기술의 효율적인 활용과 소방기술의 향상
③ 인정기준: 소방기술과 관련된 자격·학력·경력

(2) 자격수첩·경력수첩의 발급
① 소방청장은 자격·학력 및 경력을 인정받은 사람에게 자격수첩과 경력수첩을 발급할 수 있다.
② 자격수첩과 경력수첩 발급 절차 등에 필요한 사항은 행정안전부령으로 정한다.

(3) 소방기술자 자격의 취소·정지의 대상
① 소방청장은 자격수첩 또는 경력수첩을 발급받은 사람이 다음의 어느 하나에 해당하는 경우에는 행정안전부령으로 정하는 바에 따라 그 자격을 취소하거나 6개월 이상 2년 이하의 기간을 정하여 그 자격을 정지시킬 수 있다.
ㄱ 거짓이나 그 밖의 부정한 방법으로 자격수첩 또는 경력수첩을 발급받은 경우(반드시 취소)
ㄴ 자격수첩 또는 경력수첩을 다른 사람에게 빌려준 경우(반드시 취소)

ⓒ 동시에 둘 이상의 업체에 취업한 경우

ⓔ 이 법 또는 이 법에 따른 명령을 위반한 경우

② 자격이 취소된 사람은 취소된 날부터 2년간 자격수첩 또는 경력수첩을 발급받을 수 없다.

2-2 소방기술과 관련된 자격·학력 및 경력의 인정 범위

📋 SUMMARY [별표 4의2] 소방기술과 관련된 자격·학력 및 경력의 인정 범위(규칙 제24조) - 소방기술자 경력수첩의 자격 구분(요약본)

1. 소방기술자 기술등급 자격/기술자격에 따른 기술등급(이상)

기계분야	특급	고급	중급	초급
소방기술사	○	○	○	○
소방시설관리사	5년	○	○	○
건축사, 건축기계설비기술사	5년	3년	○	○
소방설비기사	8년	5년	○	○
소방설비산업기사	11년	8년	3년	○
건축기사, 위험물기능장	13년	11년	5년	2년
건축산업기사, 위험물산업기사	×	13년	8년	4년
위험물기능사	×	×	×	6년

전기분야	특급	고급	중급	초급
소방기술사	○	○	○	○
소방시설관리사	5년	○	○	○
건축사, 건축전기설비기술사	5년	3년	○	○
소방설비기사	8년	5년	○	○
소방설비산업기사	11년	8년	3년	○
전기기사, 위험물기능장	13년	11년	5년	2년
전기산업기사, 위험물산업기사	×	13년	8년	4년
위험물기능사	×	×	×	×

2. 학력·경력에 따른 기술등급/학력·경력자

구분	특급	고급	중급	초급
박사학위	3년	1년	○	○
석사학위	7년	4년	2년	○
학사학위	11년	7년	5년	○
전문학사	15년	10년	8년	2년
고등학교 소방학과	-	13년	10년	3년
고등학교(소방안전관리학과 외)	-	15년	12년	5년

3. 학력·경력에 따른 기술등급/경력자

구분	특급	고급	중급	초급
박사학위	–	–	–	–
석사학위	–	–	–	–
학사학위	–	12년	9년	3년
전문학사	–	15년	12년	5년
고등학교	–	18년	15년	7년
소방관련 업무	–	22년	18년	9년

4. 소방공사감리원 기술등급

기계·전기분야	특급	고급	중급	초급
소방기술사	○	○	○	○
소방설비기사	8년	5년	3년	1년
소방설비산업기사	12년	8년	6년	2년
학사학위	–	–	–	1년
전문학사학위	–	–	–	3년
소방공무원	–	–	–	3년
고등학교 소방학과	–	–	–	4년
소방관련업무 수행	–	–	–	5년

5. 소방시설 자체점검 점검자 기술등급(기술자격)

구분	특급	고급	중급	초급
소방기술사	○			
소방시설관리사	○			
소방설비기사	8년	5년	○	
소방설비산업기사	10년	8년	3년	○
위험물기능장		15년	10년	○

2-3 소방기술자 양성 및 교육

(1) 소방기술자 양성 및 교육훈련 실시권자: 소방청장

(2) 소방기술자 양성·인정 교육훈련기관 지정권자: 소방청장

(3) 소방기술자 양성·인정 교육훈련의 실시 등

① 소방기술자 양성·인정 교육훈련기관의 지정 요건

ㄱ 전국 4개 이상의 시·도에 이론교육과 실습교육이 가능한 교육·훈련장을 갖출 것

ㄴ 소방기술자 양성·인정 교육훈련을 실시할 수 있는 전담인력을 6명 이상 갖출 것

ㄷ 교육과목별 교재 및 강사 매뉴얼을 갖출 것

ㄹ 교육훈련의 신청·수료, 성과측정, 경력관리 등에 필요한 교육훈련 관리시스템을 구축·운영할 것

② 소방기술자 양성·인정 교육훈련기관은 해당 사항이 포함된 다음 연도 교육훈련계획을 수립하여 해당 연도 11월 30일까지 소방청장의 승인을 받아야 한다.

3 소방기술자의 실무교육

(1) 소방기술자의 실무교육

① 실무교육 대상자: 소방시설업 또는 소방시설관리업의 기술인력으로 등록된 소방기술자

② 실무교육 기간·횟수: 2년마다 1회 이상

③ 교육의 통지: 실무교육기관은 교육 10일 전까지 교육 대상자에게 통지하여야 한다.

(2) 소방실무교육의 미이수자

소방기술자가 교육을 이수할 때까지 소방시설업 또는 소방시설관리업의 기술인력으로 등록된 사람으로 보지 않는다.

(3) 실무교육기관의 지정

① 지정권자: 소방청장

② 실무교육기관의 지정방법·절차·기준 등에 관하여 필요한 사항은 행정안전부령으로 정한다.

(4) 실무교육

① 소방기술자는 실무교육을 2년마다 1회 이상 받아야 한다. 다만, 실무교육을 받아야 할 기간 내에 소방기술자 양성·인정 교육훈련을 받은 경우에는 해당 실무교육을 받은 것으로 본다.

② 영 제20조 제1항에 따라 소방기술자 실무교육에 관한 업무를 위탁받은 실무교육기관 또는 「소방기본법」 제40조에 따른 한국소방안전원의 장은 소방기술자에 대한 실무교육을 실시하려면 교육일정 등 교육에 필요한 계획을 수립하여 소방청장에게 보고한 후 교육 10일 전까지 교육대상자에게 알려야 한다.

(5) 소방기술자 실무교육에 필요한 기술인력 및 시설장비

① 조직구성

　㉠ 수도권(서울, 인천, 경기), 중부권(대전, 세종, 강원, 충남, 충북), 호남권(광주, 전남, 전북, 제주), 영남권(부산, 대구, 울산, 경남, 경북) 등 권역별로 1개 이상의 지부를 설치할 것

　㉡ 각 지부에는 법인에 선임된 임원 1명 이상을 책임자로 지정할 것

　㉢ 각 지부에는 기술인력 및 시설·장비 등 교육에 필요한 시설을 갖출 것

② 기술인력: 강사 4명 및 교무요원 2명 이상을 확보할 것

③ 시설 및 장비

　㉠ 사무실: 바닥면적이 60m² 이상일 것

　㉡ 강의실: 바닥면적이 100m² 이상이고, 의자·탁자 및 교육용 비품을 갖출 것

(1) 소방시설업자협회의 설립

① 설립의 주체: 소방시설업자는 소방시설업자협회를 설립할 수 있다.

② 설립의 목적: 소방시설업자 권익보호와 소방기술의 개발 등 소방시설업의 건전한 발전의 도모하기 위함이다.

③ 협회의 성립: 소방청장의 인가를 받아 주된 사무소 소재지에 설립등기를 함으로써 성립하며, 협회는 법인으로 한다.

④ 협회의 설립인가 절차, 정관의 기재사항 및 협회에 대한 감독에 필요한 사항은 대통령령으로 정한다.

(2) 소방시설업자협회의 설립인가 절차 및 공고

① 설립인가 신청: 협회설립을 위해서는 소방시설업자 10명 이상이 발기하고 창립총회에서 정관을 의결한 후 소방청장의 인가를 신청하여야 한다.

② 인가 및 공고: 소방청장이 인가하며, 인가 사실을 공고하여야 한다.

(3) 협회의 업무

① 소방시설업의 기술발전과 소방기술의 진흥을 위한 조사·연구·분석 및 평가

② 소방산업의 발전 및 소방기술의 향상을 위한 지원

③ 소방시설업의 기술발전과 관련된 국제교류·활동 및 행사의 유치

④ 위탁 업무의 수행

1 감독

(1) 소방시설업자 및 관계인에 대한 감독

① 감독권자: 시·도지사, 소방본부장 또는 소방서장
② 자료 제출 명령: 소방시설업 감독을 위하여 필요할 때에는 소방시설업자나 관계인에게 보고 또는 자료 제출을 명할 수 있다.
③ 검사 및 질문: 관계 공무원으로 하여금 소방시설업체나 특정소방대상물에 출입하여 관계 서류와 시설등을 검사하거나 소방시설업자 및 관계인에게 질문하게 할 수 있다.
④ 벌칙
  ㉠ 100만원 이하의 벌금: 제31조 제1항을 위반하여 정당한 사유 없이 관계 공무원의 출입 또는 검사·조사를 거부·방해 또는 기피한 자
  ㉡ 200만원 이하의 과태료(제40조): 제31조 제1항에 따른 명령을 위반하여 보고 또는 자료 제출을 하지 아니하거나 거짓으로 보고 또는 자료 제출을 한 자

(2) 실무교육기관 등에 대한 감독

① 감독권자: 소방청장
② 자료 제출 명령: 소방청장의 업무를 위탁받은 실무교육기관 또는 한국소방안전원, 협회, 법인 또는 단체에 필요한 보고 또는 자료 제출을 명할 수 있다.

(3) 비밀 누설 금지 의무 등

① 업무방해금지: 관계 공무원은 관계인의 정당한 업무를 방해해서는 아니 된다.
② 비밀누설금지(벌칙 – 300만원 이하의 벌금)

2 청문

청문대상(제32조)은 다음과 같다.
① 소방시설업의 등록취소처분
② 소방시설업의 영업정지처분
③ 소방기술 인정 자격취소처분

3 권한의 위임, 업무의 위탁 등

(1) 권한의 위임

소방청장은 이 법에 따른 권한의 일부를 대통령령이 정하는 바에 따라 시·도지사에게 위임할 수 있다.

(2) 소방청장 업무의 위탁

소방청장은 소방기술자 실무교육에 관한 업무를 대통령령으로 정하는 바에 따라 실무교육기관 또는 한국소방안전원에 위탁할 수 있다.
① 소방청장이 지정하는 실무교육기관
② 한국소방안전원

(3) 소방청장 또는 시·도지사 업무의 위탁

① 소방청장 또는 시·도지사는 업무를 대통령령으로 정하는 바에 따라 협회에 위탁할 수 있다.

② 소방청장 업무의 협회 위탁사항(규칙 제20조 제2항)

ㄱ 방염처리능력평가 및 공시에 관한 업무

ㄴ 시공능력 평가 및 공시에 관한 업무

ㄷ 소방시설업 종합정보시스템의 구축·운영

③ 시·도지사 업무의 협회 위탁사항

ㄱ 소방시설업 등록신청의 접수 및 신청내용의 확인

ㄴ 소방시설업 등록사항 변경신고의 접수 및 신고내용의 확인

ㄷ 소방시설업 휴업·폐업 또는 재개업신고의 접수 및 신고내용의 확인

ㄹ 소방시설업자의 지위승계신고의 접수 및 신고내용의 확인

(4) 소방청장 업무의 위탁

소방청장은 다음의 업무를 대통령령으로 정하는 바에 따라 협회, 소방기술과 관련된 법인 또는 단체에 위탁할 수 있다.

① 소방기술과 관련된 자격·학력 및 경력의 인정 업무

② 소방기술자 양성·인정 교육훈련 업무

📋 **SUMMARY 업무의 위탁**

1. 소방청장의 업무 위탁

위임 및 위탁 대상	실무교육기관	한국소방안전원	협회	소방기술 관련 법인·단체
소방기술자의 실무교육	○	○		
방염처리능력 평가 및 공시			○	
시공능력 평가 및 공시			○	
소방시설업 종합정보시스템의 구축·운영			○	
소방기술과 관련된 자격·학력·경력의 인정 업무			○	○
소방기술자 양성·인정 교육훈련 업무			○	○

2. 시·도지사의 업무 위탁

위임 및 위탁 대상	실무교육기관	한국소방안전원	협회	소방기술 관련 법인·단체
소방시설업 등록신청 접수 및 신청내용 확인			○	
소방시설업 변경신고 접수			○	
소방시설업 휴업·폐업·재개업 신고 접수			○	
소방시설업자의 지위승계신고의 접수 및 신고내용의 확인			○	

POINT 5-7 벌칙

1 3년 이하의 징역 또는 3천만원 이하의 벌금

제35조【벌칙】다음 각 호의 어느 하나에 해당하는 자는 3년 이하의 징역 또는 3천만원 이하의 벌금에 처한다.
1. 제4조 제1항을 위반하여 소방시설업 등록을 하지 아니하고 영업을 한 자
2. 제21조의5를 위반하여 부정한 청탁을 받고 재물 또는 재산상의 이익을 취득하거나 부정한 청탁을 하면서 재물 또는 재산상의 이익을 제공한 자

1-2 1년 이하의 징역 또는 1천만원 이하의 벌금

제36조【벌칙】다음 각 호의 어느 하나에 해당하는 자는 1년 이하의 징역 또는 1천만원 이하의 벌금에 처한다.
1. 제9조 제1항을 위반하여 영업정지처분을 받고 그 영업정지 기간에 영업을 한 자
2. 제11조나 제12조 제1항을 위반하여 설계나 시공을 한 자
3. 제16조 제1항을 위반하여 감리를 하거나 거짓으로 감리한 자
4. 제17조 제1항을 위반하여 공사감리자를 지정하지 아니한 자
4의2. 제19조 제3항에 따른 보고를 거짓으로 한 자
4의3. 제20조에 따른 공사감리 결과의 통보 또는 공사감리 결과보고서의 제출을 거짓으로 한 자
5. 제21조 제1항을 위반하여 해당 소방시설업자가 아닌 자에게 소방시설공사등을 도급한 자
6. 제22조 제1항 본문을 위반하여 도급받은 소방시설의 설계, 시공, 감리를 하도급한 자
6의2. 제22조 제2항을 위반하여 하도급받은 소방시설공사를 다시 하도급한 자
7. 제27조 제1항을 위반하여 같은 항에 따른 법 또는 명령을 따르지 아니하고 업무를 수행한 자

1-3 300만원 이하의 벌금

제37조【벌칙】다음 각 호의 어느 하나에 해당하는 자는 300만원 이하의 벌금에 처한다.
1. 제8조 제1항을 위반하여 다른 자에게 자기의 성명이나 상호를 사용하여 소방시설공사등을 수급 또는 시공하게 하거나 소방시설업의 등록증이나 등록수첩을 빌려준 자
2. 제18조 제1항을 위반하여 소방시설공사 현장에 감리원을 배치하지 아니한 자
3. 제19조 제2항을 위반하여 감리업자의 보완 요구에 따르지 아니한 자
4. 제19조 제4항을 위반하여 공사감리 계약을 해지하거나 대가 지급을 거부하거나 지연시키거나 불이익을 준 자
4의2. 제21조 제2항 본문을 위반하여 소방시설공사를 다른 업종의 공사와 분리하여 도급하지 아니한 자
5. 제27조 제2항을 위반하여 자격수첩 또는 경력수첩을 빌려 준 사람
6. 제27조 제3항을 위반하여 동시에 둘 이상의 업체에 취업한 사람
7. 제31조 제4항을 위반하여 관계인의 정당한 업무를 방해하거나 업무상 알게 된 비밀을 누설한 사람

1-4 100만원 이하의 벌금

제38조【벌칙】다음 각 호의 어느 하나에 해당하는 자는 100만원 이하의 벌금에 처한다.
1. 제31조 제2항에 따른 명령을 위반하여 보고 또는 자료 제출을 하지 아니하거나 거짓으로 한 자
2. 제31조 제1항 및 제2항을 위반하여 정당한 사유 없이 관계 공무원의 출입 또는 검사·조사를 거부·방해 또는 기피한 자

2 과태료

제40조【과태료】 ① 다음 각 호의 어느 하나에 해당하는 자에게는 200만원 이하의 과태료를 부과한다.
1. 제6조, 제6조의2 제1항, 제7조 제3항, 제13조 제1항 및 제2항 전단, 제17조 제2항을 위반하여 신고를 하지 아니하거나 거짓으로 신고한 자
2. 제8조 제3항을 위반하여 관계인에게 지위승계, 행정처분 또는 휴업·폐업의 사실을 거짓으로 알린 자
3. 제8조 제4항을 위반하여 관계 서류를 보관하지 아니한 자
4. 제12조 제2항을 위반하여 소방기술자를 공사 현장에 배치하지 아니한 자
5. 제14조 제1항을 위반하여 완공검사를 받지 아니한 자
6. 제15조 제3항을 위반하여 3일 이내에 하자를 보수하지 아니하거나 하자보수계획을 관계인에게 거짓으로 알린 자
7. 삭제
8. 제17조 제3항을 위반하여 감리 관계 서류를 인수·인계하지 아니한 자
8의2. 제18조 제2항에 따른 배치통보 및 변경통보를 하지 아니하거나 거짓으로 통보한 자
9. 제20조의2를 위반하여 방염성능기준 미만으로 방염을 한 자
10. 제20조의3 제2항에 따른 방염처리능력 평가에 관한 서류를 거짓으로 제출한 자
10의2. 삭제
10의3. 제21조의3 제2항에 따른 도급계약 체결 시 의무를 이행하지 아니한 자(하도급 계약의 경우에는 하도급 받은 소방시설업자는 제외한다)
111. 제21조의3 제4항에 따른 하도급 등의 통지를 하지 아니한 자
11의2. 제21조의4 제1항에 따른 공사대금의 지급보증, 담보의 제공 또는 보험료등의 지급을 정당한 사유 없이 이행하지 아니한 자
12. 삭제
13. 삭제
13의2. 제26조 제2항에 따른 시공능력 평가에 관한 서류를 거짓으로 한 자
13의3. 제26조의2 제1항 후단에 따른 사업수행능력 평가에 관한 서류를 위조하거나 변조하는 등 거짓이나 그 밖의 부정한 방법으로 입찰에 참여한 자
14. 제31조 제1항에 따른 명령을 위반하여 보고 또는 자료 제출을 하지 아니하거나 거짓으로 보고 또는 자료 제출을 한 자
② 제1항에 따른 과태료는 대통령령으로 정하는 바에 따라 관할 시·도지사, 소방본부장 또는 소방서장이 부과·징수한다.

POINT 6-1 총칙

1 목적

제1조【목적】이 법은 위험물의 저장·취급 및 운반과 이에 따른 안전관리에 관한 사항을 규정함으로써 위험물로 인한 위해를 방지하여 공공의 안전을 확보함을 목적으로 한다.

2 용어의 정의

(1) 위험물 및 지정수량

① **위험물**: 인화성 또는 발화성 등의 성질을 가지는 것으로서 대통령령이 정하는 물품
  ㉠ 산화성고체
  ㉡ 가연성고체
  ㉢ 자연발화성 물질 및 금수성물질
  ㉣ 인화성액체
  ㉤ 자기반응성물질
  ㉥ 산화성액체

② **지정수량**: 위험물의 종류별로 위험성을 고려하여 대통령령이 정하는 수량으로서 제조소등의 설치허가 등에 있어서 최저의 기준이 되는 수량

(2) 영 [별표 1] 비고 - 위험물 용어의 정의

① **산화성고체**: 고체(액체 또는 기체 외의 것)로서 산화력의 잠재적인 위험성 또는 충격에 대한 민감성을 판단하기 위하여 소방청장이 정하여 고시하는 시험에서 고시로 정하는 성질과 상태를 나타내는 것

② **가연성고체**: 고체로서 화염에 의한 발화의 위험성 또는 인화의 위험성을 판단하기 위하여 고시로 정하는 시험에서 고시로 정하는 성질과 상태를 나타내는 것

③ **황**: 순도 60중량퍼센트 이상인 것(불순물은 활석 등 불연성물질과 수분에 한함)

④ **철분**: 철의 분말로서 53마이크로미터의 표준체를 통과하는 것이 50중량퍼센트 미만인 것은 제외

⑤ **금속분**
  ㉠ 알칼리금속·알칼리토류금속·철 및 마그네슘 외의 금속의 분말
  ㉡ 구리분·니켈분 및 150마이크로미터의 체를 통과하는 것이 50중량퍼센트 미만인 것은 제외

⑥ **마그네슘 및 마그네슘을 함유한 것**
  ㉠ 2밀리미터의 체를 통과하지 아니하는 덩어리 상태의 것은 제외
  ㉡ 지름 2밀리미터 이상의 막대 모양의 것은 제외

⑦ 황화인·적린·황 및 철분은 ②의 규정에 의한 성상이 있는 것으로 본다.

⑧ **인화성고체**: 고형알코올 그 밖에 1기압에서 인화점이 섭씨 40도 미만인 고체

⑨ **자연발화성물질 및 금수성물질**: 고체 또는 액체로서 공기 중에서 발화의 위험성이 있거나 물과 접촉하여 발화하거나 가연성 가스를 발생하는 위험성이 있는 것

⑩ 칼륨·나트륨·알킬알루미늄·알킬리튬 및 황린은 ⑨의 규정에 따른 성질과 상태가 있는 것으로 본다.

⑪ **인화성액체**: 액체로서 인화의 위험성이 있는 것(제3석유류, 제4석유류 및 동식물유류의 경우 1기압과 섭씨 20도에서 액체인 것)

⑫ **특수인화물**

　　㉠ 이황화탄소, 디에틸에테르

　　㉡ 1기압에서 발화점이 섭씨 100도 이하인 것 또는 인화점이 섭씨 영하 20도 이하이고 비점이 섭씨 40도 이하인 것

⑬ **제1석유류**: 아세톤, 휘발유 그 밖에 1기압에서 인화점이 섭씨 21도 미만인 것

⑭ **알코올류**

　　㉠ 1분자를 구성하는 탄소원자의 수가 1개부터 3개까지인 포화1가 알코올(변성알코올 포함)

　　㉡ 제외대상

　　　　ⓐ 1분자를 구성하는 탄소원자의 수가 1개 내지 3개의 포화1가 알코올의 함유량이 60중량퍼센트 미만인 수용액

　　　　ⓑ 가연성액체량이 60중량퍼센트 미만이고 인화점 및 연소점이 에틸알코올 60중량퍼센트 수용액의 인화점 및 연소점을 초과하는 것

⑮ **제2석유류**

　　㉠ 등유, 경유 그 밖에 1기압에서 인화점이 섭씨 21도 이상 70도 미만인 것

　　㉡ 도료류 그 밖의 물품에 있어서 가연성액체량이 40중량퍼센트 이하이면서 인화점이 섭씨 40도 이상인 동시에 연소점이 섭씨 60도 이상인 것은 제외

⑯ **제3석유류**

　　㉠ 중유, 크레오소트유 그 밖에 1기압에서 인화점이 섭씨 70도 이상 섭씨 200도 미만인 것

　　㉡ 도료류 그 밖의 물품은 가연성액체량이 40중량퍼센트 이하인 것은 제외

⑰ **제4석유류**

　　㉠ 기어유, 실린더유 그 밖에 1기압에서 인화점이 섭씨 200도 이상 섭씨 250도 미만의 것

　　㉡ 도료류 그 밖의 물품은 가연성액체량이 40중량퍼센트 이하인 것은 제외

⑱ **동식물유류**: 동물의 지육 등 또는 식물의 종자나 과육으로부터 추출한 것으로서 1기압에서 인화점이 섭씨 250도 미만인 것

⑲ **자기반응성물질**: 고체 또는 액체로서 폭발의 위험성 또는 가열분해의 격렬함을 판단하기 위하여 고시로 정하는 시험에서 고시로 정하는 성질과 상태를 나타내는 것

⑳ **산화성액체**: 액체로서 산화력의 잠재적인 위험성을 판단하기 위하여 고시로 정하는 시험에서 고시로 정하는 성질과 상태를 나타내는 것

㉑ **과산화수소**: 농도가 36중량퍼센트 이상인 것

㉒ **질산**: 비중이 1.49 이상인 것

(3) 규칙에서 사용하는 용어의 뜻

① **고속국도**: 「도로법」 제10조 제1호에 따른 고속국도를 말한다.

② 도로
　　㉠ 도로
　　㉡ 항만시설 중 임항교통시설에 해당하는 도로
　　㉢ 사도
　　㉣ 너비 2미터 이상의 도로로서 자동차의 통행이 가능한 것
③ 하천
④ 내화구조
⑤ 불연재료: 불연재료 중 유리 외의 것을 말한다.

(4) 위험물 품명의 지정

① 제1류 위험물
　　㉠ 과아이오딘산염류
　　㉡ 과아이오딘산
　　㉢ 크로뮴, 납 또는 아이오딘의 산화물
　　㉣ 아질산염류
　　㉤ 차아염소산염류
　　㉥ 염소화이소시아누르산
　　㉦ 퍼옥소이황산염류
　　㉧ 퍼옥소붕산염류
② 제3류 위험물: 염소화규소화합물
③ 제5류 위험물
　　㉠ 금속의 아지화합물
　　㉡ 질산구아니딘
④ 제6류 위험물: 할로겐간화합물

📋 **SUMMARY 위험물의 유별 정의(영 제2조)**

제1류 위험물	산화성고체	고체로서 산화력의 잠재적인 위험성 또는 충격에 대한 민감성을 판단하기 위하여 소방청장이 정하여 고시(이하 "고시"라 한다)하는 시험에서 고시로 정하는 성질과 상태를 나타내는 것을 말한다.
제2류 위험물	가연성고체	고체로서 화염에 의한 발화의 위험성 또는 인화의 위험성을 판단하기 위하여 고시로 정하는 시험에서 고시로 정하는 성질과 상태를 나타내는 것을 말한다.
제3류 위험물	자연발화성 및 금수성물질	고체 또는 액체로서 공기 중에서 발화의 위험성이 있거나 물과 접촉하여 발화하거나 가연성가스를 발생하는 위험성이 있는 것을 말한다.
제4류 위험물	인화성액체	액체(제3석유류, 제4석유류 및 동식물유류에 있어서는 1기압과 섭씨 20도에서 액상인 것에 한한다)로서 인화의 위험성이 있는 것을 말한다.
제5류 위험물	자기반응성 물질	고체 또는 액체로서 폭발의 위험성 또는 가열분해의 격렬함을 판단하기 위하여 고시로 정하는 시험에서 고시로 정하는 성질과 상태를 나타내는 것을 말한다.
제6류 위험물	산화성액체	액체로서 산화력의 잠재적인 위험성을 판단하기 위하여 고시로 정하는 시험에서 고시로 정하는 성질과 상태를 나타내는 것을 말한다.

(5) 위험물 및 지정수량

유별	성질	품명	지정수량	유별	성질	품명		지정수량
제1류	산화성 고체	1. 아염소산염류	50kg	제3류	자연 발화성 물질 및 금수성 물질	10. 칼슘 또는 알루미늄의 탄화물		300kg
		2. 염소산염류	50kg			11. 행정안전부령으로 정하는 것		10kg, 20kg, 50kg 또는 300kg
		3. 과염소산염류	50kg			12. 제1호 내지 제11호의1에 해당하는 어느 하나 이상을 함유한 것		
		4. 무기과산화물	50kg	제4류	인화성 액체	1. 특수인화물		50L
		5. 브로민산염류	300kg			2. 제1석유류	비수용성액체	200L
		6. 질산염류	300kg				수용성액체	400L
		7. 아이오딘산염류	300kg			3. 알코올류		400L
		8. 과망가니즈산염류	1,000kg			4. 제2석유류	비수용성액체	1,000L
		9. 다이크로뮴산염류	1,000kg				수용성액체	2,000L
		10. 행정안전부령으로 정하는 것	50kg, 300kg 또는 1,000kg			5. 제3석유류	비수용성액체	2,000L
		11. 제1호 내지 제10호의 1에 해당하는 어느 하나 이상을 함유한 것					수용성액체	4,000L
제2류	가연성 고체	1. 황화인	100kg			6. 제4석유류		6,000L
		2. 적린	100kg			7. 동식물유류		10,000L
		3. 황	100kg	제5류	자기반 응성 물질	1. 유기과산화물		10kg
		4. 철분	500kg			2. 질산에스터류		10kg
		5. 금속분	500kg			3. 나이트로화합물		200kg
		6. 마그네슘	500kg			4. 나이트로소화합물		200kg
		7. 행정안전부령으로 정하는 것	100kg 또는 500kg			5. 아조화합물		200kg
		8. 제1호 내지 제7호의 1에 해당하는 어느 하나 이상을 함유한 것				6. 다이아조화합물		200kg
		9. 인화성고체	1,000kg			7. 하이드라진유도체		200kg
제3류	자연 발화성 물질 및 금수성 물질	1. 칼륨	10kg			8. 하이드록실아민		100kg
		2. 나트륨	10kg			9. 하이드록실아민염류		100kg
		3. 알킬알루미늄	10kg			10. 행정안전부령으로 정하는 것		10kg, 100kg 또는 200kg
		4. 알킬리튬	10kg			11. 제1호 내지 제10호의1에 해당하는 어느 하나 이상을 함유한 것		
		5. 황린	20kg	제6류	산화성 액체	1. 과염소산		300kg
		6. 알칼리금속(칼륨 및 나트륨을 제외한다) 및 알칼리토금속	50kg			2. 과산화수소		300kg
		7. 유기금속화합물(알킬알루미늄 및 알킬리튬을 제외한다)	50kg			3. 질산		300kg
		8. 금속의 수소화물	300kg			4. 행정안전부령으로 정하는 것		300kg
		9. 금속의 인화물	300kg			5. 제1호 내지 제4호의1에 해당하는 어느 하나 이상을 함유한 것		300kg

2-2 용어의 정의(제조소등)

(1) 제조소: 위험물을 제조할 목적으로 지정수량 이상의 위험물을 취급하기 위하여 허가를 받은 장소

(2) 저장소: 지정수량 이상의 위험물을 저장하기 위한 대통령령이 정하는 장소로서 허가를 받은 장소

① **옥내저장소:** 옥내에 저장하는 장소

② **옥외탱크저장소:** 옥외에 있는 탱크에 위험물을 저장하는 장소

③ **옥내탱크저장소:** 옥내에 있는 탱크에 위험물을 저장하는 장소

④ **지하탱크저장소:** 지하에 매설한 탱크에 위험물을 저장하는 장소

⑤ **간이탱크저장소:** 간이탱크에 위험물을 저장하는 장소

⑥ **이동탱크저장소:** 차량에 고정된 탱크에 위험물을 저장하는 장소

⑦ **옥외저장소:** 옥외에 다음 어느 하나에 해당하는 위험물을 저장하는 장소(옥외탱크저장소 제외)

ⓐ 제2류 위험물 중 황 또는 인화성고체(인화점 섭씨 0도 이상)

ⓑ 제4류 위험물 중 제1석유류(인화점 섭씨 0도 이상)·알코올류·제2석유류·제3석유류·제4석유류 및 동식물유류

ⓒ 제6류 위험물

ⓓ 제2류 위험물 및 제4류 위험물 중 시·도의 조례에서 정하는 위험물

ⓔ 국제해상위험물규칙(IMDG Code)에 적합한 용기에 수납된 위험물

⑧ **암반탱크저장소:** 암반 내의 공간을 이용한 탱크에 액체의 위험물을 저장하는 장소

(3) 취급소: 지정수량 이상의 위험물을 제조 외의 목적으로 취급하기 위한 대통령령이 정하는 장소로서 허가를 받은 장소를 말한다.

① **주유취급소:** 고정된 주유설비에 의하여 자동차·항공기 또는 선박 등의 연료탱크에 직접 주유하기 위하여 위험물을 취급하는 장소

② **판매취급소:** 점포에서 위험물을 용기에 담아 판매하기 위하여 지정수량의 40배 이하의 위험물을 취급하는 장소

③ **이송취급소:** 배관 및 이에 부속된 설비에 의하여 위험물을 이송하는 장소

④ **일반취급소:** ①~③ 이외의 장소

(4) 제조소등: 제조소, 저장소 및 취급소

2-3 탱크 용적의 산정기준

탱크의 용량: 해당 탱크의 내용적에서 공간용적을 뺀 용적

3 적용제외

이 법은 항공기, 선박, 철도 및 궤도에 의한 위험물의 저장·취급 및 운반에 있어서는 적용하지 아니한다.

3-2 국가의 책무

(1) 시책 포함사항

① 위험물의 유통실태 분석

② 위험물에 의한 사고 유형의 분석

③ 사고 예방을 위한 안전기술 개발

④ 전문인력 양성

⑤ 그 밖에 사고 예방을 위하여 필요한 사항

(2) 행정적·재정적 지원

4 지정수량 미만인 위험물의 저장·취급

지정수량 미만인 위험물의 저장·취급에 관한 기술상 기준은 시·도 조례로 정한다.

5 위험물의 저장 및 취급의 제한

(1) 지정수량 이상의 위험물의 저장·취급의 제한

① 지정수량 이상의 위험물은 저장소가 아닌 장소에서 저장하여서는 아니 된다.

② 지정수량 이상의 위험물은 제조소등이 아닌 장소에서 취급하여서는 아니 된다.

③ 벌칙 – 3년 이하의 징역 또는 3천만원 이하의 벌금(제34조의3): 제5조 제1항을 위반하여 저장소 또는 제조소등이 아닌 장소에서 지정수량 이상의 위험물을 저장 또는 취급한 자는 3년 이하의 징역 또는 3천만원 이하의 벌금에 처한다.

(2) 제조소등이 아닌 장소에서 지정수량 이상의 위험물을 취급할 수 있는 경우

① 시·도의 조례가 정하는 바에 따라 관할소방서장의 승인을 받아 90일 이내의 기간 동안 임시로 저장 또는 취급하는 경우

② 군부대가 군사목적으로 임시로 저장 또는 취급하는 경우

③ ①과 ②의 경우 ㉠ 임시로 저장 또는 취급하는 장소에서의 저장 또는 취급의 기준과 ㉡ 임시로 저장 또는 취급하는 장소의 위치·구조 및 설비의 기준은 시·도의 조례로 정한다.

④ 과태료 – 500만원 이하의 과태료(제39조): 제5조 제2항 제1호의 규정에 따른 승인을 받지 아니한 자

(3) 제조소등에서의 위험물 저장 또는 취급 기준

① 중요기준: 화재 등 위해의 예방과 응급조치에 있어서 큰 영향을 미치거나 그 기준을 위반하는 경우 직접적으로 화재를 일으킬 가능성이 큰 기준으로서 행정안전부령이 정하는 기준

② 세부기준: 화재 등 위해의 예방과 응급조치에 있어서 중요기준보다 상대적으로 적은 영향을 미치거나 그 기준을 위반하는 경우 간접적으로 화재를 일으킬 수 있는 기준 및 위험물의 안전관리에 필요한 표시와 서류·기구 등의 비치에 관한 기준으로서 행정안전부령이 정하는 기준

③ 벌칙

㉠ 1천500만원 이하의 벌금(제36조): 위험물의 저장 또는 취급에 관한 중요기준에 따르지 아니한 자

㉡ 500만원 이하의 과태료(제39조): 위험물의 저장 또는 취급에 관한 세부기준을 위반한 자

(4) 제조소등의 위치·구조 및 설비의 기술기준은 행정안전부령으로 정한다.

(5) 둘 이상의 위험물을 같은 장소에서 저장 또는 취급하는 경우

당해 장소에서 저장 또는 취급하는 각 위험물의 수량을 그 위험물의 지정수량으로 각각 나누어 얻은 수의 합계가 1 이상인 경우 당해 위험물은 지정수량 이상의 위험물로 본다.

(6) 소화설비의 기준

① 제조소등에는 화재 발생 시 소화가 곤란한 정도에 따라 그 소화에 적응성이 있는 소화설비를 설치하여야 한다.

② 소화가 곤란한 정도에 따른 소화난이도는 소화난이도등급 I, 소화난이도등급 II 및 소화난이도등급 III으로 구분한다.

③ 소화난이도등급에 해당하는 제조소등의 규모, 저장 또는 취급하는 위험물의 품명 및 최대수량 등과 그에 따라 제조소등별로 설치하여야 하는 소화설비의 종류, 각 소화설비의 적응성 및 소화설비의 설치기준은 별표 17과 같다.

(7) 경보설비의 기준

① 지정수량의 10배 이상의 위험물을 저장 또는 취급하는 제조소등에는 화재발생 시 이를 알릴 수 있는 경보설비를 설치하여야 한다(이동탱크저장소 제외).

② 경보설비는 자동화재탐지설비·자동화재속보설비·비상경보설비(비상벨장치 또는 경종)·확성장치(휴대용확성기 포함) 및 비상방송설비로 구분한다.

③ 제조소등별로 설치하여야 하는 경보설비의 종류 및 자동화재탐지설비의 설치기준은 별표 17과 같다.

④ 자동신호장치를 갖춘 스프링클러설비 또는 물분무등소화설비를 설치한 제조소등에 있어서는 자동화재탐지설비를 설치한 것으로 본다.

(8) 피난설비의 기준

① 주유취급소 중 건축물의 2층 이상의 부분을 점포·휴게음식점 또는 전시장의 용도로 사용하는 것과 옥내주유취급소에는 피난설비를 설치하여야 한다.

② 피난설비의 설치기준은 별표 17과 같다.

📑 SUMMARY **인화성액체 분류(영 제3조)**

인화성액체	종류	그 밖의 것(1기압 상태에서)
특수인화물	이황화탄소, 디에틸에테르	• 발화점 섭씨 100도 이하 • 인화점 섭씨 -20도 이하이고 비점 섭씨 40도 이하
알코올류		탄소원자 수 1 ~ 3개 포화1가 알코올(변성알코올 포함)
제1석유류	아세톤, 휘발유	인화점 섭씨 21도 미만
제2석유류	등유, 경유	인화점 섭씨 21도 이상 섭씨 70도 미만
제3석유류	중유, 크레오소트유	인화점 섭씨 70도 이상 섭씨 200도 미만
제4석유류	기어유, 실린더유	인화점 섭씨 200도 이상 섭씨 250도 미만
동식물유류	동물의 지육·식물의 종자나 과육으로부터 추출한 것	인화점 섭씨 250도 미만

📑 SUMMARY **「위험물안전관리법」기한 정리**

1. **안정성평가(규칙)**: 평가 결과 30일 이내 관계인에게 제출
2. **변경신고 기한(법)**: 변경하고자 하는 날의 1일 전까지
3. **지위승계(법)**: 30일 이내
4. **제조소등의 폐지(법)**: 폐지한 날부터 14일 이내
5. **사용 중지신고 또는 재개신고(법)**: 중지·재개하려는 날의 14일 전까지
6. **안전관리자 선임(법)**: 30일 이내
7. **선임신고(법)**: 14일 이내
8. **대리자의 직무대행 기간(법)**: 30일 이내
9. **탱크시험자 변경신고(법)**: 30일 이내
10. **안전관리대행기관(규칙)**: 변경 신고 - 14일 이내, 휴업·재개업 또는 폐업하고자 하는 날의 14일 전까지
11. **사고조사위원회**: 위원장 1명을 포함하여 7명 이하의 위원

1 위험물시설의 설치·변경 등

(1) 제조소등의 설치허가 또는 변경허가

① 위험물시설의 설치허가 또는 변경허가 대상자는 대통령령이 정하는 바에 따라 그 설치장소를 관할하는 시·도지사의 허가를 받아야 한다.
   ㉠ 설치허가: 제조소등을 설치하고자 하는 경우
   ㉡ 변경허가: 제조소등의 위치·구조 또는 설비 가운데 행정안전부령이 정하는 사항을 변경하고자 하는 경우
② 벌칙
   ㉠ 벌칙 – 제33조
      ⓐ 제조소등 또는 제6조 제1항에 따른 허가를 받지 않고 지정수량 이상의 위험물을 저장 또는 취급하는 장소에서 위험물을 유출·방출 또는 확산시켜 사람의 생명·신체 또는 재산에 대하여 위험을 발생시킨 자는 1년 이상 10년 이하의 징역에 처한다.
      ⓑ ⓐ의 규정에 따른 죄를 범하여 사람을 상해(傷害)에 이르게 한 때에는 무기 또는 3년 이상의 징역에 처하며, 사망에 이르게 한 때에는 무기 또는 5년 이상의 징역에 처한다.
   ㉡ 벌칙 – 제34조
      ⓐ 업무상 과실로 제33조 제1항의 죄를 범한 자는 7년 이하의 금고 또는 7천만원 이하의 벌금에 처한다.
      ⓑ ⓐ의 죄를 범하여 사람을 사상(死傷)에 이르게 한 자는 10년 이하의 징역 또는 금고나 1억원 이하의 벌금에 처한다.
③ 제조소등의 설치 및 변경의 허가
   ㉠ 제조소등의 위치·구조 및 설비가 기술기준에 적합할 것
   ㉡ 제조소등에서의 위험물의 저장 또는 취급이 공공의 안전유지 또는 재해의 발생방지에 지장을 줄 우려가 없다고 인정될 것
   ㉢ 아래에 해당하는 사항에 대해서 한국소방산업기술원의 기술검토를 받고 그 결과가 행정안전부령으로 정하는 기준에 적합한 것으로 인정되어야 한다.
      ⓐ 지정수량의 1천배 이상의 위험물을 취급하는 제조소 또는 일반취급소: 구조·설비에 관한 사항
      ⓑ 옥외탱크저장소(저장용량 50만리터 이상인 것) 또는 암반탱크저장소: 위험물탱크의 기초·지반, 탱크본체 및 소화설비에 관한 사항
④ 제조소등의 설치허가의 신청(규칙 제6조) 시 신청서 제출: 시·도지사 또는 소방서장

(2) 품명 등의 변경신고

① 변경신고대상: 제조소등의 위치·구조 또는 설비의 변경 없이 당해 제조소등에서 저장하거나 취급하는 위험물의 품명·수량 또는 지정수량의 배수를 변경하고자 하는 경우
② 변경신고기한: 변경하고자 하는 날의 1일 전까지
③ 변경신고: 행정안전부령이 정하는 바에 따라 시·도지사에게 신고
④ 품명 등의 변경신고서: 제조소등의 완공검사합격확인증을 첨부하여 시·도지사 또는 소방서장에게 제출해야 한다.
⑤ 과태료 – 500만원 이하의 과태료: 품명 등의 변경신고를 기간 이내에 하지 아니하거나 허위로 한 자

(3) 위험물시설의 설치허가·변경허가·변경신고 예외사항

다음 어느 하나에 해당하는 제조소등의 경우에는 허가를 받지 않고 설치하거나 변경할 수 있다. 또한 신고를 하지 아니하고 위험물의 품명·수량 또는 지정수량의 배수를 변경할 수 있다.

① 주택의 난방시설(공동주택의 중앙난방시설 제외)을 위한 저장소 또는 취급소
② 농예용·축산용 또는 수산용으로 필요한 난방시설 또는 건조시설을 위한 지정수량 20배 이하의 저장소

2 군용위험물시설 설치·변경 특례

(1) 군용위험시설물의 설치·변경 특례

① 특례 대상
  ㉠ 군사목적 또는 군부대시설을 위한 제조소등의 설치공사
  ㉡ 군사목적 또는 군부대시설을 위한 제조소등의 위치·구조 또는 설비의 변경공사
② 설치·변경공사의 협의에 따른 특례
  ㉠ 군부대의 장이 대통령령이 정하는 바에 따라 미리 제조소등의 소재지를 관할하는 시·도지사와 협의하여야 한다.
  ㉡ 군부대의 장이 제조소등의 소재지를 관할하는 시·도지사와 협의한 경우에는 허가를 받은 것으로 본다.
③ **군용위험물시설의 설치 및 변경에 대한 특례:** 군부대의 장은 군사목적 또는 군부대시설을 위한 제조소등을 설치하거나 그 위치·구조 또는 설비를 변경하고자 하는 경우에는 당해 제조소등의 설치공사 또는 변경공사를 착수하기 전에 그 공사의 설계도서와 행정안전부령이 정하는 서류를 시·도지사에게 제출하여야 한다.

(2) 탱크안전성능검사와 완공검사

① 군부대의 장과 시·도지사가 협의한 제조소등에 대해서는 탱크안전성능검사와 완공검사를 자체적으로 실시할 수 있다.
② 완공검사를 자체적으로 실시한 군부대의 장은 지체 없이 행정안전부령이 정하는 사항을 시·도지사에게 통보하여야 한다.
③ 시·도지사에게 통보하여야 하는 사항
  ㉠ 제조소등의 완공일 및 사용개시일
  ㉡ 탱크안전성능검사의 결과(탱크안전성능검사의 대상이 되는 위험물탱크가 있는 경우에 한한다)
  ㉢ 완공검사의 결과
  ㉣ 안전관리자 선임계획
  ㉤ 예방규정(영 제15조 각 호의 1에 해당하는 제조소등의 경우에 한한다)

3 탱크안전성능검사

(1) 탱크안전성능검사의 실시

① 위험물을 저장 또는 취급하는 탱크로서 대통령령이 정하는 탱크(이하 "위험물탱크"라 한다)가 있는 제조소등의 설치 또는 그 위치·구조 또는 설비의 변경에 관하여 제6조 제1항의 규정에 따른 허가를 받은 자가 위험물탱크의 설치 또는 그 위치·구조 또는 설비의 변경공사를 하는 때에는 제9조 제1항의 규정에 따른 완공검사를 받기 전에 제5조 제4항의 규정에 따른 기술기준에 적합한지의 여부를 확인하기 위하여 시·도지사가 실시하는 탱크안전성능검사를 받아야 한다.
② **탱크안전성능검사 실시권자:** 시·도지사

③ 탱크안전성능검사를 받아야 하는 위험물탱크

    ㉠ 기초·지반검사: 옥외탱크저장소의 액체위험물탱크 중 그 용량이 100만리터 이상인 탱크

    ㉡ 충수(充水)·수압검사: 액체위험물을 저장 또는 취급하는 탱크. 단, 다음에 해당하는 탱크는 제외한다.

        ⓐ 제조소 또는 일반취급소에 설치된 탱크로서 용량이 지정수량 미만인 것

        ⓑ 「고압가스 안전관리법」 제17조 제1항에 따른 특정설비에 관한 검사에 합격한 탱크

        ⓒ 「산업안전보건법」 제34조 제2항에 따른 안전인증을 받은 탱크

    ㉢ 용접부검사: 옥외탱크저장소의 액체위험물탱크 중 그 용량이 100만리터 이상인 탱크

    ㉣ 암반탱크검사: 액체위험물을 저장 또는 취급하는 암반 내의 공간을 이용한 탱크

④ 검사의 면제

    ㉠ 시·도지사는 설치허가를 받은 자가 탱크안전성능시험자 또는 한국소방산업기술원으로부터 탱크안전성능시험을 받은 경우에는 대통령령이 정하는 바에 따라 검사의 전부 또는 일부를 면제할 수 있다.

    ㉡ 탱크안전성능검사의 면제

        ⓐ 시·도지사가 면제할 수 있는 탱크안전성능검사는 충수·수압검사로 한다.

        ⓑ 위험물탱크에 대한 충수·수압검사를 면제받고자 하는 자는 위험물탱크안전성능시험자(이하 "탱크시험자"라 한다) 또는 기술원으로부터 충수·수압검사에 관한 탱크안전성능시험을 받아 완공검사를 받기 전(지하에 매설하는 위험물탱크에 있어서는 지하에 매설하기 전)에 해당 시험에 합격하였음을 증명하는 서류(이하 "탱크시험합격확인증"이라 한다)를 시·도지사에게 제출해야 한다.

(2) 탱크안전성능검사의 내용·종류

① 기초·지반검사: 옥외탱크저장소의 액체위험물탱크 중 그 용량이 100만리터 이상인 탱크 중 행정안전부령으로 정하는 탱크

② 충수·수압검사: 탱크에 배관 및 부속설비를 부착하기 전에 탱크 본체의 누설 및 변형에 대한 안정성이 행정안전부령으로 정하는 기준에 적합한지 여부를 확인하는 검사

③ 용접부 검사: 배관 및 부속설비의 부착 전에 행하는 검사

④ 암반탱크공사: 탱크의 본체에 관한 공사에 있어서 탱크의 구조가 행정안전부령으로 정하는 기준에 적합한지 여부를 확인하는 검사

(3) 탱크안전성능검사의 신청 등

① 탱크안전성능검사의 신청시기

    ㉠ 기초·지반검사: 위험물탱크의 기초 및 지반에 관한 공사의 개시 전

    ㉡ 충수·수압검사: 위험물을 저장 또는 취급하는 탱크에 배관 그 밖의 부속설비를 부착하기 전

    ㉢ 용접부검사: 탱크본체에 관한 공사의 개시 전

    ㉣ 암반탱크검사: 암반탱크의 본체에 관한 공사의 개시 전

② 탱크검사합격확인증의 교부 등: 소방서장 또는 기술원은 탱크안전성능검사를 실시한 결과 기준에 적합하다고 인정되는 때에는 해당 탱크안전성능검사를 신청한 자에게 탱크검사합격확인증을 교부하고, 적합하지 않다고 인정되는 때에는 신청인에게 서면으로 그 사유를 통보해야 한다.

4 완공검사

(1) 시·도지사의 완공검사

① 완공검사

㉠ 허가를 받은 자가 제조소등의 설치를 마쳤거나 그 위치·구조 또는 설비의 변경을 마친 때에는 당해 제조소등마다 시·도지사가 행하는 완공검사를 받아야 한다.

㉡ 부분완공검사: 변경허가를 신청하는 때에 화재예방에 관한 조치사항을 기재한 서류를 제출하는 경우에는 당해 변경공사와 관계가 없는 부분은 완공검사를 받기 전에 미리 사용할 수 있다.

② 벌칙 - 1천500만원 이하의 벌금(제36조): 제9조 제1항의 규정을 위반하여 제조소등의 완공검사를 받지 아니하고 위험물을 저장·취급한 자

(2) 일부의 완공검사

완공검사를 받고자 하는 자가 일부에 대한 설치·변경을 마친 후 그 일부를 미리 사용하려는 경우에는 당해 제조소등의 일부에 대하여 완공검사를 받을 수 있다.

(3) 완공검사의 신청

① 완공검사: 시·도지사에게 신청한다.

② 완공검사합격확인증의 교부: 기술기준에 적합하다고 인정하는 때는 완공검사합격확인증을 교부하여야 한다.

③ 완공검사합격확인증의 재교부 신청

㉠ 재교부 사유: 분실, 멸실·훼손 또는 파손한 경우

㉡ 분실 완공검사합격확인증을 발견한 경우: 10일 이내에 완공검사합격확인증을 재교부한 시·도지사에게 제출하여야 한다.

> **참고 완공검사의 비교**
>
> | 구분 | 완공검사
(소방시설공사업법) | 완공검사
(위험물안전관리법) |
> | --- | --- | --- |
> | 관련법령 | 제14조 | 제9조 |
> | 실시권자 | 소방본부장 또는 소방서장 | 시·도지사 |
> | 신청시기 | 공사업자가
소방시설공사를
완료한 후 | • 지하탱크저장소 → 매설하기 전
• 이동탱크저장소 → 완공하고 상치장소 확보 후
• 이송취급소 → 공사의 전체 또는 일부 완료 후 |
> | 대상 | • 소방시설공사의 완료 특·소
• 완공검사를 위한 현장확인 특정소방대상물의 범위(영 제5조)(참고)
  - 문판숙노 창수다지상
  - 스·물(호·제)등가천(지상)
  - 일만고가(아제) | 제조소등의 설치허가
및 변경허가 |

(4) 완공검사의 신청시기

① 지하탱크가 있는 제조소등: 당해 지하탱크를 매설하기 전

② 이동탱크저장소: 이동저장탱크를 완공하고 상치장소를 확보한 후

③ 이송취급소: 이송배관 공사의 전체 또는 일부를 완료한 후(단, 지하·하천 등에 매설하는 이송배관의 공사는 이송배관을 매설하기 전)

④ 전체 공사가 완료된 후에는 완공검사를 실시하기 곤란한 경우

    ㉠ 위험물설비 또는 배관의 설치가 완료되어 기밀시험 또는 내압시험을 실시하는 시기

    ㉡ 배관을 지하에 설치하는 경우에는 시·도지사, 소방서장 또는 기술원이 지정하는 부분을 매몰하기 직전

    ㉢ 기술원이 지정하는 부분의 비파괴시험을 실시하는 시기

⑤ 그 외의 경우: 제조소등의 공사를 완료한 후

⑤ 제조소등 설치자의 지위승계

(1) 제조소등의 지위승계자

① 제조소등의 설치자의 사망 시 그 상속인

② 제조소등의 설치자가 제조소등을 양도·인도할 때 그 양수자·인수자

③ 법인인 제조소등의 합병이 있는 때 그 합병 후 존속하는 법인이나 합병에 의하여 설립되는 법인

④ 제조소등의 시설의 전부를 인수한 자: 경매, 환가, 압류재산의 매각, 그 밖에 제조소등의 시설의 전부를 인수한 자

(2) 지위승계신고

① 제조소등의 설치자의 지위를 승계한 자는 행정안전부령이 정하는 바에 따라 승계한 날부터 30일 이내에 시·도지사에게 그 사실을 신고하여야 한다.

② 과태료 – 500만원 이하의 과태료: 지위승계신고를 기간 이내에 하지 아니하거나 허위로 한 자

③ 지위승계의 신고: 제조소등의 설치자의 지위승계를 신고하려는 자는 신고서에 제조소등의 완공검사합격확인증과 지위승계를 증명하는 서류를 첨부하여 시·도지사 또는 소방서장에게 제출해야 한다.

⑥ 제조소등의 폐지

(1) 제조소등의 폐지

① 신고: 제조소등의 관계인은 당해 제조소등의 용도를 폐지(장래에 대하여 위험물시설로서의 기능을 완전히 상실시키는 것을 말한다)한 때에는 행정안전부령이 정하는 바에 따라 제조소등의 용도를 폐지한 날부터 14일 이내에 시·도지사에게 신고하여야 한다.

② 관계인: 소유자·점유자 또는 관리자

③ 제조소등의 용도 폐지: 장래에 대하여 위험물시설로서의 기능을 완전히 상실시키는 것을 말한다.

④ 과태료 – 500만원 이하의 과태료: 제조소등의 폐지신고를 기간 이내에 하지 아니하거나 허위로 한 자

(2) 용도폐지의 신고

① 시·도지사 또는 소방서장에게 제출해야 한다.

② 신고서를 접수한 시·도지사 또는 소방서장은 당해 제조소등을 확인하여 위험물시설의 철거 등 용도폐지에 필요한 안전조치를 한 것으로 인정하는 경우에는 당해 신고서의 사본에 수리사실을 표시하여 용도폐지신고를 한 자에게 통보하여야 한다.

7 제조소등의 사용 중지 등

(1) 제조소등의 사용 중지

① 제조소등의 관계인은 제조소등의 사용을 중지하려는 경우에는 위험물의 제거 및 제조소등에의 출입통제 등 행정안전부령으로 정하는 안전조치를 하여야 한다.

② 다만, 제조소등의 사용을 중지하는 기간에도 제15조 제1항 본문에 따른 위험물안전관리자가 계속하여 직무를 수행하는 경우에는 안전조치를 아니할 수 있다.

③ 제조소등의 사용 중지: 경영상 형편, 대규모 공사 등의 사유로 3개월 이상 위험물을 저장하지 아니하거나 취급하지 아니하는 것을 말한다.

④ 위험물의 제거 및 제조소등에의 출입통제 등 행정안전부령으로 정하는 안전조치

    ㉠ 탱크·배관 등 위험물을 저장 또는 취급하는 설비에서 위험물 및 가연성 증기 등의 제거

    ㉡ 관계인이 아닌 사람에 대한 해당 제조소등에의 출입금지 조치

    ㉢ 해당 제조소등의 사용중지 사실의 게시

    ㉣ 그 밖에 위험물의 사고 예방에 필요한 조치

(2) 사용 중지신고 또는 재개신고(과태료 – 500만원 이하의 과태료)

제조소등의 관계인은 제조소등의 사용을 중지하거나 중지한 제조소등의 사용을 재개하려는 경우에는 해당 제조소등의 사용을 중지하려는 날 또는 재개하려는 날의 14일 전까지 행정안전부령으로 정하는 바에 따라 제조소등의 사용 중지 또는 재개를 시·도지사에게 신고하여야 한다.

(3) 안전조치 이행 명령

① 시·도지사는 제2항에 따라 신고를 받으면 제조소등의 관계인이 안전조치를 적합하게 하였는지 또는 위험물안전관리자가 직무를 적합하게 수행하는지를 확인하고 위해 방지를 위하여 필요한 안전조치의 이행을 명할 수 있다.

② 벌칙 – 1천500만원 이하의 벌금: 안전조치 이행명령을 따르지 아니한 자

(4) 사용 중지 기간의 안전관리자 선임 여부

제조소등의 관계인은 사용 중지신고에 따라 제조소등의 사용을 중지하는 기간 동안에는 제15조 제1항 본문에도 불구하고 위험물안전관리자를 선임하지 아니할 수 있다.

8 제조소등 설치허가의 취소와 사용정지 등

(1) 설치허가의 취소·사용정지

① 명령권자: 시·도지사

② 취소·사용정지의 명령: 시·도지사는 제조소등의 관계인이 설치허가의 취소와 사용정지 사항에 해당하는 때에는 행정안전부령으로 정하는 바에 따라 허가를 취소하거나 6개월 이내의 기간을 정하여 제조소등의 전부 또는 일부의 사용정지를 명할 수 있다.

③ 벌칙 – 1천500만원 이하의 벌금: 제조소등의 사용정지명령을 위반한 자

(2) 설치허가의 취소와 사용정지 해당 사항

① 변경허가를 받지 아니하고 제조소등의 위치·구조 또는 설비를 변경한 때

② 완공검사를 받지 아니하고 제조소등을 사용한 때

③ 안전조치 이행명령을 위반한 때

④ 수리·개조 또는 이전의 명령을 위반한 때

⑤ 위험물안전관리자를 선임하지 아니한 때

⑥ 대리자를 지정하지 아니한 때

⑦ 정기점검을 하지 아니한 때(단, 1년 이하의 징역 또는 1천만원 이하의 벌금)

⑧ 정기검사를 받지 아니한 때(단, 1년 이하의 징역 또는 1천만원 이하의 벌금)

⑨ 저장·취급기준 준수명령을 위반한 때

(3) 행정처분기준 - 일반기준

① 위반행위가 2 이상인 때에는 그중 중한 처분기준(중한 처분기준이 동일한 때에는 그중 하나의 처분기준을 말한다. 이하 이 호에서 같다)에 의하되, 2 이상의 처분기준이 동일한 사용정지이거나 업무정지인 경우에는 중한 처분의 2분의 1까지 가중처분할 수 있다.

② 사용정지 또는 업무정지의 처분기간 중에 사용정지 또는 업무정지에 해당하는 새로운 위반행위가 있는 때에는 종전의 처분기간 만료일의 다음 날부터 새로운 위반행위에 따른 사용정지 또는 업무정지의 행정처분을 한다.

③ 위반행위의 횟수에 따른 행정처분기준은 최근 2년간 같은 위반행위로 행정처분을 받은 경우에 적용한다. 이 경우 기간의 계산은 위반행위에 대하여 행정처분을 받은 날과 그 처분 후 다시 같은 위반행위를 하여 적발된 날을 기준으로 한다.

④ ③에 따라 가중된 행정처분을 하는 경우 가중처분의 적용 차수는 그 위반행위 전 행정처분 차수(다목에 따른 기간 내에 행정처분이 둘 이상 있었던 경우에는 높은 차수를 말한다)의 다음 차수로 한다.

⑤ 사용정지 또는 업무정지의 처분기간이 완료될 때까지 위반행위가 계속되는 경우에는 사용정지 또는 업무정지의 행정처분을 다시 한다.

⑥ 처분권자는 다음의 사항을 고려하여 개별기준에 따른 처분을 감경할 수 있다. 이 경우 그 처분이 사용정지 또는 업무정지인 경우에는 그 처분기준의 2분의 1 범위에서 처분기간을 감경할 수 있고, 그 처분이 지정취소(제58조 제1항 제1호부터 제3호까지에 해당하는 경우는 제외한다) 또는 등록취소인 경우에는 6개월의 업무정지 처분으로 감경할 수 있다.

  ㉠ 위반행위의 동기·내용·횟수 또는 그 결과 등을 고려할 때 ②의 개별기준을 적용하는 것이 불합리하다고 인정되는 경우

  ㉡ 고의 또는 중과실이 없는 위반행위자가 소상공인인 경우로서 해당 행정처분으로 위반행위자가 더 이상 영업을 영위하기 어렵다고 객관적으로 인정되는지 여부, 경제위기 등으로 위반행위자가 속한 시장·산업 여건이 현저하게 변동되거나 지속적으로 악화된 상태인지 여부 등을 종합적으로 고려할 때 행정처분을 감경할 필요가 있다고 인정되는 경우

9 과징금처분

(1) 과징금처분권자: 시·도지사(사용정지처분에 갈음하여 2억원 이하의 과징금)

(2) 위임규정: 행정안전부령

(3) 체납자에 대한 징수: 「지방행정제재·부과금의 징수 등에 관한 법률」에 따라 징수

POINT 6-3 위험물시설의 안전관리

1 위험물시설의 유지·관리

(1) 위험물시설의 유지·관리

제조소등의 관계인은 제조소등의 위치·구조 및 설비가 제5조 제4항의 규정에 따른 기술기준에 적합하도록 유지·관리하여야 한다.

(2) 수리·개조 또는 이전 명령

① 명령권자: 시·도지사, 소방본부장 또는 소방서장

② 명령시기: 유지·관리의 상황이 제5조 제4항의 규정에 따른 기술기준에 부적합하다고 인정하는 때

③ 벌칙 - 1천500만원 이하의 벌금: 수리·개조 또는 이전의 명령에 따르지 아니한 자

2 위험물안전관리자 선임

(1) 위험물안전관리자의 선임

① 제조소등의 관계인은 위험물의 안전관리에 관한 직무를 수행하게 하기 위하여 제조소등마다 위험물취급자격자를 위험물안전관리자로 선임하여야 한다.

② 제외대상: 허가를 받지 아니하는 제조소등과 이동탱크저장소

③ 위험물취급자격자

위험물취급자격자의 구분	취급할 수 있는 위험물
위험물기능장·위험물산업기사·위험물기능사	모든 위험물
안전관리자교육이수자 (소방청장이 실시하는 안전관리자교육 이수자)	제4류 위험물 (인화성액체)
소방공무원 경력자 (소방공무원 근무 경력 3년 이상)	제4류 위험물 (인화성액체)

(2) 안전관리자 선임 기한

① 안전관리자를 해임하거나 안전관리자가 퇴직한 때에는 해임하거나 퇴직한 날부터 30일 이내에 다시 선임하여야 한다.

② 벌칙 - 1천500만원 이하의 벌금: 안전관리자를 선임하지 아니한 관계인으로서 제6조 제1항의 규정에 따른 허가를 받은 자

(3) 안전관리자의 선임신고

① 신고기간: 선임한 날부터 14일 이내

② 신고대상: 소방본부장 또는 소방서장

(4) 안전관리자 해임·퇴직 통지 및 확인

① 사유

㉠ 제조소등의 관계인이 안전관리자를 해임한 경우

㉡ 안전관리자가 퇴직한 경우

② 통지 및 확보: 관계인 또는 안전관리자는 소방본부장 또는 소방서장에게 알리고 확인받을 수 있다.

2-2 안전관리자의 대리자

(1) 안전관리자의 대리자 지정

① 지정 사유

ㄱ 안전관리자가 여행·질병 그 밖의 사유로 인하여 일시적으로 직무를 수행할 수 없는 경우

ㄴ 안전관리자의 해임 또는 퇴직과 동시에 다른 안전관리자를 선임하지 못하는 경우

② 벌칙－1천500만원 이하의 벌금: 대리자를 지정하지 아니한 관계인으로서 제6조 제1항의 규정에 따른 허가를 받은 자

③ 대리자의 자격

ㄱ 안전교육을 받은 자

ㄴ 제조소등의 위험물 안전관리업무에 있어서 안전관리자를 지휘·감독하는 직위에 있는 자

④ 대리자의 직무대행 기간: 30일 이내(30일을 초과할 수 없다)

(2) 안전관리자의 책무

① 안전관리자는 위험물을 취급하는 작업을 하는 때에는 작업자에게 안전관리에 관한 필요한 지시를 하는 등 행정안전부령이 정하는 바에 따라 위험물의 취급에 관한 안전관리와 감독을 하여야 한다.

② 벌칙－1천만원 이하의 벌금: 위험물의 취급에 관한 안전관리와 감독을 하지 아니한 자

③ 제조소등의 관계인과 그 종사자는 안전관리자의 위험물 안전관리에 관한 의견을 존중하고 그 권고에 따라야 한다.

2-3 위험물안전관리자의 중복 선임

(1) 1인의 안전관리자를 중복하여 선임할 수 있는 경우 등

다수의 제조소등을 동일인이 설치한 경우 관계인은 대통령령이 정하는 바에 따라 1인의 안전관리자를 중복하여 선임할 수 있다.

(2) 1인의 안전관리자를 중복하여 선임할 수 있는 경우

법 제15조 제8항 전단에 따라 다수의 제조소등을 설치한 자가 1인의 안전관리자를 중복하여 선임할 수 있는 경우는 다음의 어느 하나와 같다.

① 보일러·버너 또는 이와 비슷한 것으로서 위험물을 소비하는 장치로 이루어진 7개 이하의 일반취급소와 그 일반취급소에 공급하기 위한 위험물을 저장하는 저장소를 동일인이 설치한 경우: 일반취급소 및 저장소가 모두 동일구내에 있는 경우에 한한다.

② 위험물을 차량에 고정된 탱크 또는 운반용기에 옮겨 담기 위한 5개 이하의 일반취급소와 그 일반취급소에 공급하기 위한 위험물을 저장하는 저장소를 동일인이 설치한 경우: 일반취급소 및 저장소가 모두 동일구내에 있는 경우에 한하며, 일반취급소간의 거리(보행거리)가 300m 이내인 경우에 한한다.

③ 동일구내에 있거나 상호 100m 이내의 거리에 있는 저장소로서 저장소의 규모, 저장하는 위험물의 종류 등을 고려하여 행정안전부령이 정하는 다음의 저장소를 동일인이 설치한 경우

ㄱ 10개 이하의 옥내저장소

ㄴ 30개 이하의 옥외탱크저장소

ㄷ 옥내탱크저장소

ㄹ 지하탱크저장소

ㅁ 간이탱크저장소

ⓑ 10개 이하의 옥외저장소

ⓢ 10개 이하의 암반탱크저장소

④ 다음 기준에 모두 적합한 5개 이하의 제조소등을 동일인이 설치한 경우

㉠ 각 제조소등이 동일구내에 위치하거나 상호 100m 이내의 거리에 있을 것

㉡ 각 제조소등에서 저장 또는 취급하는 위험물의 최대수량이 지정수량의 3천배 미만일 것(단, 저장소의 경우는 제외)

(3) 대리인의 안전관리자 보조

① 1인의 안전관리자를 중복하여 선임한 경우 대통령령이 정하는 제조소등의 관계인은 대리자의 자격이 있는 자를 각 제조소등별로 지정하여 안전관리자를 보조하게 하여야 한다.

② 법 제15조 제8항 후단에서 대통령령으로 정하는 제조소등

㉠ 대통령령이 정하는 제조소등

ⓐ 제조소

ⓑ 이송취급소

ⓒ 일반취급소. 단, 인화점 38도 이상인 제4류 위험물만을 지정수량의 30배 이하로 취급하는 다음의 일반취급소를 제외한다.

• 보일러·버너 또는 이와 비슷한 것으로서 위험물을 소비하는 장치로 이루어진 일반취급소

• 위험물을 용기에 옮겨 담거나 차량에 고정된 탱크에 주입하는 일반취급소

㉡ 대리자의 자격

ⓐ 안전교육을 받은 자

ⓑ 제조소등의 위험물 안전관리업무에 있어서 안전관리자를 지휘·감독하는 직위에 있는 자

❸ 탱크시험자의 등록

(1) 탱크시험자의 등록

시·도지사 또는 제조소등의 관계인의 업무 위탁: 안전관리업무를 전문적이고 효율적으로 수행하기 위하여 탱크안전 성능시험자(탱크시험자)로 하여금 검사 또는 점검의 일부를 실시하게 할 수 있다.

(2) 위임규정

① 탱크시험자가 되고자 하는 자는 대통령령이 정하는 기술능력·시설 및 장비를 갖추어 시·도지사에게 등록하여야 한다.

② 벌칙 – 1년 이하의 징역 또는 1천만원 이하의 벌금: 탱크시험자로 등록하지 아니하고 탱크시험자의 업무를 한 자

③ 탱크시험자 기술능력·시설 및 장비

㉠ 기술능력(필수인력)

ⓐ 위험물기능장·위험물산업기사·위험물기능사 중 1명 이상

ⓑ 비파괴검사기술사 1명 이상 또는 초음파비파괴검사·자기비파괴검사 및 침투비파괴검사별로 기사 또는 산업기사 각 1명 이상

㉡ 시설: 전용사무실

㉢ 장비

(3) 변경신고

① 등록한 사항 가운데 행정안전부령이 정하는 주요사항을 변경하는 경우 그 날부터 30일 이내에 시·도지사에게 변경신고를 하여야 한다.

② 탱크안전성능시험자가 변경사항을 신고해야 하는 중요사항(규칙 제61조)

    ㉠ 영업소 소재지의 변경

    ㉡ 기술능력의 변경

    ㉢ 대표자의 변경

    ㉣ 상호 또는 명칭의 변경

(4) 탱크시험자 등록하거나 탱크시험자의 업무에 종사할 수 없는 자

① 피성년후견인

② 소방관계법규에 따른 금고 이상의 실형의 선고를 받고 그 집행이 종료되거나 집행이 면제된 날부터 2년이 지나지 아니한 자

③ 소방관계법규에 따른 금고 이상의 형의 집행유예 선고를 받고 그 유예기간 중에 있는 자

④ 탱크시험자의 등록이 취소(피성년후견인에 해당하여 자격이 취소된 경우는 제외)된 날부터 2년이 지나지 아니한 자

⑤ 법인으로서 그 대표자가 ① 내지 ④에 해당하는 경우

(5) 등록의 취소 또는 업무의 정지(6개월 이내) 사유

시·도지사는 탱크시험자가 다음의 어느 하나에 해당하는 경우에는 행정안전부령으로 정하는 바에 따라 그 등록을 취소하거나 6월 이내의 기간을 정하여 업무의 정지를 명할 수 있다.

① 허위 그 밖의 부정한 방법으로 등록을 한 경우(등록취소)

② 등록의 결격사유에 해당하게 된 경우(등록취소)

③ 등록증을 다른 자에게 빌려준 경우(등록취소)

④ 등록기준에 미달하게 된 경우

⑤ 탱크안전성능시험 또는 점검을 허위로 하거나 이 법에 의한 기준에 맞지 아니하게 탱크안전성능시험 또는 점검을 실시하는 경우 등 탱크시험자로서 적합하지 아니하다고 인정하는 경우

3-2 안전관리대행기관의 지정 등

(1) 안전관리대행기관의 지정 등

① 안전관리대행기관은 다음의 1에 해당하는 기관으로서 별표 22의 안전관리대행기관의 지정기준을 갖추어 소방청장의 지정을 받아야 한다.

    ㉠ 탱크시험자로 등록한 법인

    ㉡ 다른 법령에 의하여 안전관리업무를 대행하는 기관으로 지정·승인 등을 받은 법인

② 안전관리대행기관의 지정기준

기술인력	• 위험물기능장 또는 위험물산업기사 1인 이상 • 위험물산업기사 또는 위험물기능사 2인 이상 • 기계분야 및 전기분야의 소방설비기사 1인 이상
시설	전용사무실을 갖출 것

③ 지도·감독권자: 소방청장

④ 변경신고 및 휴업·재개업·폐업신고 기한 등
  ㉠ 신고서 제출: 소방청장
  ㉡ 변경신고: 그 사유가 있는 날부터 14일 이내
  ㉢ 휴업·재개업 또는 폐업: 휴업·재개업·폐업 하고자 하는 날의 14일 전

(2) 안전관리대행기관의 업무수행

① 안전관리대행기관은 안전관리자의 업무를 위탁받는 경우에는 규정에 적합한 기술인력을 당해 제조소등의 안전관리자로 지정하여 안전관리자의 업무를 하게 하여야 한다.

② 1인의 기술인력을 다수의 제조소등의 안전관리자로 중복하여 지정하는 경우
  ㉠ 영 제12조 제1항 및 이 규칙 제56조의 규정에 적합하게 지정하여야 한다.
  ㉡ 안전관리자의 업무를 성실히 대행할 수 있는 범위 내에서 관리하는 제조소등의 수가 25를 초과하지 아니하도록 지정하여야 한다.
  ㉢ 안전관리원의 지정 등
    ⓐ 대상 및 지정권자: 각 제조소등(지정수량 20배 이하의 저장소 제외)의 관계인
    ⓑ 안전관리원의 자격: 위험물의 취급에 관한 국가기술자격자 또는 안전교육을 받은 자
    ⓒ 안전관리원의 업무: 대행기관이 지정한 안전관리자의 업무를 보조한다.

4 예방규정

(1) 예방규정

① 예방규정 제정한 경우
  ㉠ 대통령령이 정하는 제조소등의 관계인은 당해 제조소등의 화재예방과 화재 등 재해발생시의 비상조치를 위하여 행정안전부령이 정하는 바에 따라 예방규정을 정하여 당해 제조소등의 사용을 시작하기 전에 시·도지사에게 제출하여야 한다.
  ㉡ 벌칙 – 1천5백만원 이하의 벌금: 예방규정을 제출하지 아니하거나 동조 제2항의 규정에 따른 변경명령을 위반한 관계인으로서 제6조 제1항의 규정에 따른 허가를 받은 자

② 예방규정을 변경한 경우
  ㉠ 대통령령이 정하는 제조소등의 관계인은 예방규정을 변경한 경우에는 시·도지사에게 제출하여야 한다.
  ㉡ 벌칙 – 1천만원 이하의 벌금: 변경한 예방규정을 제출하지 아니한 관계인으로서 제6조 제1항의 규정에 따른 허가를 받은 자

(2) 관계인이 예방규정을 정하여야 하는 제조소등

① 지정수량의 10배 이상의 위험물을 취급하는 제조소
② 지정수량의 100배 이상의 위험물을 저장하는 옥외저장소
③ 지정수량의 150배 이상의 위험물을 저장하는 옥내저장소
④ 지정수량의 200배 이상의 위험물을 저장하는 옥외탱크저장소
⑤ 암반탱크저장소
⑥ 이송취급소
⑦ 지정수량의 10배 이상의 위험물을 취급하는 일반취급소: 다만, 제4류 위험물(특수인화물을 제외한다)만을 지정수량의 50배 이하로 취급하는 일반취급소(제1석유류·알코올류의 취급량이 지정수량의 10배 이하인 경우에 한한다)로서 다음 어느 하나에 해당하는 것을 제외한다.

        ⊙ 보일러·버너 또는 이와 비슷한 것으로서 위험물을 소비하는 장치로 이루어진 일반취급소

        ⓛ 위험물을 용기에 옮겨 담거나 차량에 고정된 탱크에 주입하는 일반취급소

(3) 반려 및 변경명령

시·도지사는 제출한 예방규정이 규정에 따른 기준에 적합하지 아니하거나 화재예방이나 재해발생 시의 비상조
치를 위하여 필요하다고 인정하는 때에는 이를 반려하거나 그 변경을 명할 수 있다.

(4) 관계인과 종업원의 준수사항

① 제조소등의 관계인과 그 종업원은 예방규정을 충분히 잘 익히고 준수하여야 한다.

② 과태료 – 500만원 이하의 과태료: 예방규정을 준수하지 아니한 자

(5) 예방규정 이행 실태 평가

소방청장은 대통령령으로 정하는 제조소등에 대하여 행정안전부령으로 정하는 바에 따라 예방규정의 이행 실태를 정
기적으로 평가할 수 있다.

5 정기점검

(1) 정기점검

① 정기점검의 실시: 대통령령으로 정하는 제조소등의 관계인은 행정안전부령이 정하는 바에 따라 기술기준에 적
합한지의 여부를 정기적으로 점검하여야 한다.

② 벌칙 – 1년 이하의 징역 또는 1천만원 이하의 벌금: 정기점검을 하지 아니하거나 점검기록을 허위로 작성한 관계
인으로서 제6조 제1항의 규정에 따른 허가를 받은 자

(2) 정기점검 대상인 제조소등

① 영 제15조 각 호의 1에 해당하는 제조소등

        ⊙ 지정수량의 10배 이상의 위험물을 취급하는 제조소

        ⓛ 지정수량의 100배 이상의 위험물을 저장하는 옥외저장소

        ⓒ 지정수량의 150배 이상의 위험물을 저장하는 옥내저장소

        ⓔ 지정수량의 200배 이상의 위험물을 저장하는 옥외탱크저장소

        ⓜ 암반탱크저장소

        ⓗ 이송취급소

        ⓢ 지정수량의 10배 이상의 위험물을 취급하는 일반취급소. 단, 제4류 위험물(특수인화물 제외)만을 지정수량의
          50배 이하로 취급하는(제1석유류·알코올류는 지정수량의 10배 이하인 경우에 한함) 다음 일반취급소를 제
          외한다.

          ⓐ 보일러·버너 또는 이와 비슷한 것으로서 위험물을 소비하는 장치로 이루어진 일반취급소

          ⓑ 위험물을 용기에 옮겨 담거나 차량에 고정된 탱크에 주입하는 일반취급소

② 지하탱크저장소

③ 이동탱크저장소

④ 위험물을 취급하는 탱크로서 지하에 매설된 탱크가 있는 제조소·주유취급소 또는 일반취급소

⑤ 관계인은 점검 이후 점검결과를 기록하여 보존하여야 한다.

(3) 정기점검의 결과 제출

정기점검을 한 제조소등의 관계인은 점검을 한 날부터 30일 이내에 점검결과를 시·도지사에게 제출하여야 한다.

(4) 정기점검의 횟수: 연 1회 이상 실시

(5) 특정ㆍ준특정옥외탱크저장소의 정기점검

① 특정ㆍ준특정옥외탱크저장소에 대해서는 정기점검 외에 다음의 어느 하나에 해당하는 기간 이내에 1회 이상 구조안전점검을 해야 한다

    ㉠ 특정ㆍ준특정옥외탱크저장소의 설치허가에 따른 완공검사합격확인증을 발급받은 날부터 12년

    ㉡ 최근의 정밀정기검사를 받은 날부터 11년

    ㉢ (5)의 ②에 따라 특정ㆍ준특정옥외저장탱크에 안전조치를 한 후 구조안전점검시기 연장신청을 하여 해당 안전조치가 적정한 것으로 인정받은 경우에는 최근의 정밀정기검사를 받은 날부터 13년

② 다만, 해당 기간 이내에 특정ㆍ준특정옥외저장탱크의 사용중단 등으로 구조안전점검을 실시하기가 곤란한 경우에는 관할소방서장에게 구조안전점검의 실시기간 연장신청을 할 수 있으며, 그 신청을 받은 소방서장은 1년(특정ㆍ준특정옥외저장탱크의 사용을 중지한 경우에는 사용중지기간)의 범위에서 실시기간을 연장할 수 있다.

(6) 정기점검의 실시자

① 위험물 안전관리자 또는 위험물운송자(이동탱크저장소)

② 옥외탱크저장소에 대한 구조안전점검을 위험물안전관리자가 직접 실시하는 경우에는 점검에 필요한 영 별표 7(탱크시험자의 기술능력ㆍ시설 및 장비)의 인력 및 장비를 갖춘 후 이를 실시하여야 한다.

③ 제조소등의 관계인은 안전관리대행기관(특정ㆍ준특정옥외탱크저장소의 정기점검 제외) 또는 탱크시험자에게 정기점검을 의뢰하여 실시할 수 있다. 이 경우 해당 제조소등의 안전관리자는 안전관리대행기관 또는 탱크시험자의 점검현장에 입회하여야 한다.

(7) 정기점검의 기록ㆍ유지

① 기록 사항

    ㉠ 점검을 실시한 제조소등의 명칭

    ㉡ 점검의 방법 및 결과

    ㉢ 점검연월일

    ㉣ 점검을 한 안전관리자 또는 점검을 한 탱크시험자와 점검에 입회한 안전관리자의 성명

② 기록 보존기간

    ㉠ 옥외저장탱크의 구조안전점검에 관한 기록: 25년(특정ㆍ준특정옥외저장탱크에 안전조치를 한 후 기술원에 구조안전점검시기 연장신청을 하여 안전조치가 적정한 것으로 인정받은 경우 30년)

    ㉡ ㉠에 해당하지 아니하는 정기점검의 기록: 3년

5-2 정기검사

(1) 정기검사

① 정기점검의 대상이 되는 제조소등의 관계인 가운데 대통령령이 정하는 제조소등의 관계인은 행정안전부령이 정하는 바에 따라 소방본부장 또는 소방서장으로부터 당해 제조소등이 기술기준에 적합하게 유지되고 있는지의 여부에 대하여 정기적으로 검사를 받아야 한다.

② 벌칙 - 1년 이하의 징역 또는 1천만원 이하의 벌금: 제18조 제3항을 위반하여 정기검사를 받지 아니한 관계인으로서 제6조 제1항에 따른 허가를 받은 자

③ 정기검사의 대상인 제조소등: 법 제18조 제3항에서 "대통령령으로 정하는 제조소등"이란 액체위험물을 저장 또는 취급하는 50만리터 이상의 옥외탱크저장소를 말한다.

(2) 정밀정기검사 및 중간정기검사

① 정기검사를 받아야 하는 특정·준특정옥외탱크저장소의 관계인은 정밀정기검사 및 중간정기검사를 받아야 한다.

② 다만, 재난 그 밖의 비상사태의 발생, 안전유지상의 필요 또는 사용상황 등의 변경으로 해당 시기에 정기검사를 실시하는 것이 적당하지 않다고 인정되는 때에는 소방서장의 직권 또는 관계인의 신청에 따라 소방서장이 따로 지정하는 시기에 정기검사를 받을 수 있다.

③ 정밀정기검사의 시기: 기간 내에 1회
  ㉠ 특정·준특정옥외탱크저장소의 설치허가에 따른 완공검사합격확인증을 발급받은 날부터 12년
  ㉡ 최근의 정밀정기검사를 받은 날부터 11년

④ 중간정기검사의 시기: 기간 내에 1회
  ㉠ 특정·준특정옥외탱크저장소의 설치허가에 따른 완공검사합격확인증을 발급받은 날부터 4년
  ㉡ 최근의 정밀정기검사 또는 중간정기검사를 받은 날부터 4년

⑤ 정밀정기검사를 받아야 하는 특정·준특정옥외탱크저장소의 관계인은 정밀정기검사를 구조안전점검을 실시하는 때에 함께 받을 수 있다.

(3) 정기검사의 신청 등

① 정기검사를 받아야 하는 특정·준특정옥외탱크저장소의 관계인은 신청서에 서류를 첨부하여 기술원에 제출하고 수수료를 기술원에 납부하여야 한다.

② 정기검사합격확인증 등 정기검사에 관한 서류 보관
  ㉠ 서류보관: 기술원과 제조등의 관계인
  ㉡ 보관기간: 차기 정기검사 시까지 보관하여야 한다.

6 자체소방대

(1) 자체소방대

대통령령이 정하는 제조소등이 있는 동일한 사업소에서 대통령령이 정하는 수량 이상의 위험물을 저장 또는 취급하는 경우 당해 사업소의 관계인은 대통령령이 정하는 바에 따라 당해 사업소에 자체소방대를 설치하여야 한다(제19조).

(2) 대통령령이 정하는 제조소등

① 제4류 위험물을 취급하는 제조소 또는 일반취급소(다만, 보일러로 위험물을 소비하는 일반취급소 등 행정안전부령으로 정하는 일반취급소는 제외한다)

② 제4류 위험물을 저장하는 옥외탱크저장소

(3) 대통령령이 정하는 수량

① 제4류 위험물을 취급하는 제조소 또는 일반취급소: 최대수량의 합이 지정수량의 3천배 이상

② 제4류 위험물을 저장하는 옥외탱크저장소: 최대수량의 지정수량의 합이 50만배 이상

(4) 자체소방대 설치 제외대상인 일반취급소

① 보일러, 버너 그 밖에 이와 유사한 장치로 위험물을 소비하는 일반취급소

② 이동저장탱크 그 밖에 이와 유사한 것에 위험물을 주입하는 일반취급소

③ 용기에 위험물을 옮겨 담는 일반취급소

④ 유압장치, 윤활유순환장치 그 밖에 이와 유사한 장치로 위험물을 취급하는 일반취급소

⑤ 「광산안전법」의 적용을 받는 일반취급소

(5) 자체소방대를 설치하는 사업소(영 제18조 제3항): 자체소방대에 화학소방차, 자체소방대원을 두어야 한다.

① 자체소방대에 두는 화학소방자동차 및 인원(영 [별표 8])

사업소의 구분(지정수량)	화학소방자동차	자체소방대원의 수
제조소 또는 일반취급소에서 취급하는 제4류 위험물의 최대수량의 합이 12만배 미만	1대	5인
제조소 또는 일반취급소에서 취급하는 제4류 위험물의 최대수량의 합이 12만배 이상 ~ 24만배 미만	2대	10인
제조소 또는 일반취급소에서 취급하는 제4류 위험물의 최대수량의 합이 24만배 이상 ~ 48만배 미만	3대	15인
제조소 또는 일반취급소에서 취급하는 제4류 위험물의 최대수량의 합이 48만배 이상	4대	20인
옥외탱크저장소에 저장하는 제4류 위험물의 최대수량이 지정수량의 50만배 이상인 사업소	2대	10인

▶ 비고: 화학소방자동차에는 소화능력 및 설비를 갖춰야 하고, 소화활동에 필요한 소화약제 및 기구를 비치하여야 한다.

② 자체소방대 편성의 특례(상호응원협정을 체결한 경우)(규칙 제74조)

ⓐ 당해 모든 사업소를 하나의 사업소로 보고 제조소 또는 취급소에서 취급하는 제4류 위험물을 합산한 양을 하나의 사업소에서 취급하는 제4류 위험물의 최대수량으로 간주하여 화학소방자동차의 대수 및 자체소방대원을 정할 수 있다.

ⓑ 각 사업소의 자체소방대에는 산정된 화학소방차 대수의 2분의 1 이상의 대수와 화학소방자동차마다 5인 이상의 자체소방대원을 두어야 한다.

(6) 화학소방차의 기준 등

① 화학소방자동차에 갖추어야 하는 소화능력 및 설비의 기준(규칙 [별표 23])

ⓐ 포수용액 방사차
  ⓐ 포수용액의 방사능력이 매분 2천리터 이상일 것
  ⓑ 소화약액탱크 및 소화약액혼합장치를 비치할 것
  ⓒ 10만리터 이상의 포수용액을 방사할 수 있는 양의 소화약제를 비치할 것

ⓑ 분말 방사차
  ⓐ 분말의 방사능력이 매초 35킬로그램 이상일 것
  ⓑ 분말탱크 및 가압용가스설비를 비치할 것
  ⓒ 1,400킬로그램 이상의 분말을 비치할 것

ⓒ 할로겐화합물 방사차
  ⓐ 할로겐화합물의 방사능력이 매초 40킬로그램 이상일 것
  ⓑ 할로겐화합물탱크 및 가압용가스설비를 비치할 것
  ⓒ 1천킬로그램 이상의 할로겐화합물을 비치할 것

ⓓ 이산화탄소 방사차
  ⓐ 이산화탄소의 방사능력이 매초 40킬로그램 이상일 것
  ⓑ 이산화탄소저장용기를 비치할 것
  ⓒ 3천킬로그램 이상의 이산화탄소를 비치할 것

ⓔ 제독차: 가성소오다 및 규조토를 각각 50킬로그램 이상 비치할 것

② 포수용액을 방사하는 화학소방자동차의 대수는 산정된 화학소방자동차의 대수의 3분의 2 이상으로 하여야 한다.

1 위험물의 운반

(1) 위험물의 운반

위험물의 운반은 그 용기·적재방법 및 운반방법에 관하여 중요기준과 세부기준에 따라 행하여야 한다.

① 중요기준

  ㉠ 화재 등 위해의 예방과 응급조치에 있어서 큰 영향을 미치는 기준

  ㉡ 기준을 위반하는 경우 직접적으로 화재를 일으킬 가능성이 큰 기준: 행정안전부령으로 정하는 기준

② 세부기준

  ㉠ 화재 등 위해의 예방과 응급조치에 있어서 중요기준보다 상대적으로 적은 영향을 미치는 기준

  ㉡ 기준을 위반하는 경우 간접적으로 화재를 일으킬 수 있는 기준

  ㉢ 위험물의 안전관리에 필요한 표시와 서류·기구 등의 비치에 관한 기준: 행정안전부령으로 정하는 기준

③ 벌칙

  ㉠ 1천만원 이하의 벌금: 규정을 위반하여 위험물의 운반에 관한 중요기준에 따르지 아니한 자

  ㉡ 500만원 이하의 과태료: 규정에 따른 위험물의 운반에 관한 세부기준을 위반한 자

(2) 위험물운반자의 자격

① 운반용기에 수납된 위험물을 지정수량 이상으로 차량에 적재하여 운반하는 차량의 운전자(이하 "위험물운반자"라 한다)는 다음 어느 하나에 해당하는 요건을 갖추어야 한다.

  ㉠ 「국가기술자격법」에 따른 위험물 분야의 자격을 취득할 것

  ㉡ 제28조 제1항에 따른 교육을 수료할 것

② 벌칙 – 1천만원 이하의 벌금: 규정 요건을 갖추지 아니한 위험물운반자

(3) 위험물 운반용기의 검사

① 운반용기의 검사권자: 시·도지사

② 운반용기의 검사: 운반용기를 제작하거나 수입한 자 등의 신청에 따라 규정에 따른 운반용기를 검사할 수 있다.

(4) 위험물의 운반에 관한 기준(규칙 [별표 19], 요약본)

> Ⅰ. 운반용기
>   1. 운반용기의 재질은 강판·알루미늄판·양철판·유리·금속판·종이·플라스틱·섬유판·고무류·합성섬유·삼·짚 또는 나무로 한다.
>   2. 운반용기는 견고하여 쉽게 파손될 우려가 없고, 그 입구로부터 수납된 위험물이 샐 우려가 없도록 하여야 한다.
> Ⅱ. 적재방법
>   1. 위험물은 Ⅰ의 규정에 의한 운반용기에 다음 각 목의 기준에 따라 수납하여 적재하여야 한다. 다만, 덩어리 상태의 황을 운반하기 위하여 적재하는 경우 또는 위험물을 동일구내에 있는 제조소등의 상호간에 운반하기 위하여 적재하는 경우에는 그러하지 아니하다(중요기준).
>   나. 수납하는 위험물과 위험한 반응을 일으키지 아니하는 등 당해 위험물의 성질에 적합한 재질의 운반용기에 수납할 것
>   다. 고체위험물은 운반용기 내용적의 95% 이하의 수납율로 수납할 것
>   라. 액체위험물은 운반용기 내용적의 98% 이하의 수납율로 수납하되, 55도의 온도에서 누설되지 아니하도록 충분한 공간용적을 유지하도록 할 것
>   마. 하나의 외장용기에는 다른 종류의 위험물을 수납하지 아니할 것

바. 제3류 위험물은 다음의 기준에 따라 운반용기에 수납할 것
   1) 자연발화성물질에 있어서는 불활성 기체를 봉입하여 밀봉하는 등 공기와 접하지 아니하도록 할 것
   2) 자연발화성물질외의 물품에 있어서는 파라핀·경유·등유 등의 보호액으로 채워 밀봉하거나 불활성 기체를 봉입하여 밀봉하는 등 수분과 접하지 아니하도록 할 것
   3) 라목의 규정에 불구하고 자연발화성물질중 알킬알루미늄등은 운반용기의 내용적의 90% 이하의 수납율로 수납하되, 50℃의 온도에서 5% 이상의 공간용적을 유지하도록 할 것
4. 운반용기는 수납구를 위로 향하게 하여 적재하여야 한다(중요기준).
5. 적재하는 위험물의 성질에 따라 일광의 직사 또는 빗물의 침투를 방지하기 위하여 유효하게 피복하는 등 다음 각 목에 정하는 기준에 따른 조치를 하여야 한다(중요기준).
   가. 제1류 위험물, 제3류 위험물 중 자연발화성물질, 제4류 위험물 중 특수인화물, 제5류 위험물 또는 제6류 위험물은 차광성이 있는 피복으로 가릴 것
   나. 제1류 위험물 중 알칼리금속의 과산화물 또는 이를 함유한 것, 제2류 위험물 중 철분·금속분·마그네슘 또는 이들중 어느 하나 이상을 함유한 것 또는 제3류 위험물 중 금수성물질은 방수성이 있는 피복으로 덮을 것
   다. 제5류 위험물 중 55℃ 이하의 온도에서 분해될 우려가 있는 것은 보냉 컨테이너에 수납하는 등 적정한 온도관리를 할 것
8. 위험물은 그 운반용기의 외부에 다음 각 목에 정하는 바에 따라 위험물의 품명, 수량 등을 표시하여 적재하여야 한다. 다만, UN의 위험물 운송에 관한 권고(RTDG, Recommendations on the Transport of Dangerous Goods)에서 정한 기준 또는 소방청장이 정하여 고시하는 기준에 적합한 표시를 한 경우에는 그러하지 아니하다.
   가. 위험물의 품명·위험등급·화학명 및 수용성("수용성" 표시는 제4류 위험물로서 수용성인 것에 한한다)
   나. 위험물의 수량
   다. 수납하는 위험물에 따라 다음의 규정에 의한 주의사항
      1) 제1류 위험물 중 알칼리금속의 과산화물 또는 이를 함유한 것에 있어서는 "화기·충격주의", "물기엄금" 및 "가연물접촉주의", 그 밖의 것에 있어서는 "화기·충격주의" 및 "가연물접촉주의"
      2) 제2류 위험물 중 철분·금속분·마그네슘 또는 이들중 어느 하나 이상을 함유한 것에 있어서는 "화기주의" 및 "물기엄금", 인화성고체에 있어서는 "화기엄금", 그 밖의 것에 있어서는 "화기주의"
      3) 제3류 위험물 중 자연발화성물질에 있어서는 "화기엄금" 및 "공기접촉엄금", 금수성물질에 있어서는 "물기엄금"
      4) 제4류 위험물에 있어서는 "화기엄금"
      5) 제5류 위험물에 있어서는 "화기엄금" 및 "충격주의"
      6) 제6류 위험물에 있어서는 "가연물접촉주의"

Ⅴ. 위험물의 위험등급

별표 18 Ⅴ, 이 표 Ⅰ 및 Ⅱ에 있어서 위험물의 위험등급은 위험등급Ⅰ·위험등급Ⅱ 및 위험등급Ⅲ으로 구분하며, 각 위험등급에 해당하는 위험물은 다음 각 호와 같다.
1. 위험등급Ⅰ의 위험물
   가. 제1류 위험물 중 아염소산염류, 염소산염류, 과염소산염류, 무기과산화물 그 밖에 지정수량이 50kg인 위험물
   나. 제3류 위험물 중 칼륨, 나트륨, 알킬알루미늄, 알킬리튬, 황린 그 밖에 지정수량이 10kg 또는 20kg인 위험물
   다. 제4류 위험물 중 특수인화물
   라. 제5류 위험물 중 유기과산화물, 질산에스터류 그 밖에 지정수량이 10kg인 위험물
   마. 제6류 위험물
2. 위험등급Ⅱ의 위험물
   가. 제1류 위험물 중 브로민산염류, 질산염류, 아이오딘산염류 그 밖에 지정수량이 300kg인 위험물
   나. 제2류 위험물 중 황화인, 적린, 황 그 밖에 지정수량이 100kg인 위험물
   다. 제3류 위험물 중 알칼리금속(칼륨 및 나트륨을 제외한다) 및 알칼리토금속, 유기금속화합물(알킬알루미늄 및 알킬리튬을 제외한다) 그 밖에 지정수량이 50kg인 위험물
   라. 제4류 위험물 중 제1석유류 및 알코올류
   마. 제5류 위험물 중 제1호 라목에 정하는 위험물 외의 것
3. 위험등급Ⅲ의 위험물: 제1호 및 제2호에 정하지 아니한 위험물

2 위험물의 운송

(1) 위험물의 운송

이동탱크저장소에 의하여 위험물을 운송하는 자(운송책임자 및 이동탱크저장소운전자를 말하며, 이하 "위험물 운송자"라 한다)는 제20조 제2항 각 호의 어느 하나에 해당하는 요건을 갖추어야 한다.

(2) 운송책임자

① 대통령령이 정하는 위험물의 운송에 있어서는 운송책임자(위험물 운송의 감독 또는 지원을 하는 자를 말한다. 이하 같다)의 감독 또는 지원을 받아 이를 운송하여야 한다.

② 운송책임자의 범위, 감독 또는 지원의 방법 등에 관한 구체적인 기준은 행정안전부령으로 정한다.

③ 벌칙 – 1천만원 이하의 벌금: 규정을 위반한 위험물운송자

④ 운송책임자의 감독·지원을 받아 운송하여야 하는 위험물

    ㉠ 알킬알루미늄

    ㉡ 알킬리튬

    ㉢ ㉠ 또는 ㉡의 물질을 함유하는 위험물

⑤ 위험물 운송기준

    ㉠ 위험물 운송책임자

        ⓐ 당해 위험물의 취급에 관한 국가기술자격을 취득하고 관련 업무에 1년 이상 종사한 경력이 있는 자

        ⓑ 법 제28조 제1항의 규정에 의한 위험물의 운송에 관한 안전교육을 수료하고 관련 업무에 2년 이상 종사한 경력이 있는 자

    ㉡ 법 제21조 제2항의 규정에 의한 위험물 운송책임자의 감독 또는 지원의 방법과 법 제21조 제3항의 규정에 의한 위험물의 운송시에 준수하여야 하는 사항은 별표 21과 같다.

1 출입·검사 등

(1) 출입·검사 등(제1항)

① 출입·검사권자: 소방청장(중앙119구조본부장 및 소속기관의 장 포함), 시·도지사, 소방본부장 또는 소방서장

② 시기: 위험물의 저장 또는 취급에 따른 화재의 예방 또는 진압대책을 위하여 필요한 때

③ 조사방법

  ㉠ 관계인에 대하여 필요한 보고 또는 자료제출 명령을 할 수 있다.

  ㉡ 관계공무원 업무 지시

  ㉢ 벌칙 – 1년 이하의 징역 또는 1천만원 이하의 벌금: 명령을 위반하여 보고 또는 자료제출을 하지 아니하거나 허위의 보고 또는 자료제출을 한 자 또는 관계공무원의 출입·검사 또는 수거를 거부·방해 또는 기피한 자

④ 출입의 제한: 개인의 주거는 다음의 경우에 한하여 출입할 수 있다.

  ㉠ 관계인의 승낙을 얻은 경우

  ㉡ 화재발생의 우려가 커서 긴급한 필요가 있는 경우

(2) 위험물 운송자격 확인

① 확인자: 소방공무원 또는 국가경찰공무원

② 운송자격 확인에 있어 소방공무원과 경찰공무원은 긴밀히 협력하여야 한다.

③ 벌칙 – 1천500만원 이하의 벌금: 정지지시를 거부하거나 국가기술자격증, 교육수료증·신원확인을 위한 증명서의 제시 요구 또는 신원확인을 위한 질문에 응하지 아니한 사람

(3) 출입·검사 등의 제한

① 장소의 공개시간이나 근무시간 내

② 해가 뜬 후부터 해가 지기 전까지의 시간 내

③ 다만, 건축물 그 밖의 공작물의 관계인의 승낙을 얻은 경우 또는 화재발생의 우려가 커서 긴급한 필요가 있는 경우에는 그러하지 아니하다.

(4) 탱크시험자에 대한 출입·검사 등

출입·검사권자: 시·도지사, 소방본부장 또는 소방서장

1-2 위험물의 누출 등의 사고 조사

(1) 위험물 누출 등의 사고 조사

① 소방청장, 소방본부장 또는 소방서장은 위험물의 누출·화재·폭발 등의 사고가 발생한 경우 사고의 원인 및 피해 등을 조사하여야 한다.

② 소방청장, 소방본부장 또는 소방서장은 사고 조사에 필요한 경우 자문을 하기 위하여 관련 분야에 전문지식이 있는 사람으로 구성된 사고조사위원회를 둘 수 있다.

③ 사고조사위원회의 구성과 운영 등에 필요한 사항은 대통령령으로 정한다.

(2) 사고조사위원회의 구성 등

① 사고조사위원회는 위원장 1명을 포함하여 7명 이내의 위원으로 구성한다.

② 위원회의 위원은 다음의 어느 하나에 해당하는 사람 중에서 소방청장, 소방본부장 또는 소방서장이 임명하거나 위촉하고, 위원장은 위원 중에서 소방청장, 소방본부장 또는 소방서장이 임명하거나 위촉한다.

　　⊙ 소속 소방공무원

　　ⓒ 기술원의 임직원 중 위험물 안전관리 관련 업무에 5년 이상 종사한 사람

　　ⓒ 한국소방안전원의 임직원 중 위험물 안전관리 관련 업무에 5년 이상 종사한 사람

　　ⓔ 위험물로 인한 사고의 원인·피해 조사 및 위험물 안전관리 관련 업무 등에 관한 학식과 경험이 풍부한 사람

③ 규정에 따라 위촉되는 민간위원의 임기는 2년으로 하며, 한 차례만 연임할 수 있다.

2 조치명령 등

(1) 탱크시험자에 대한 명령

① **명령권자:** 시·도지사, 소방본부장 또는 소방서장

② **명령사유:** 탱크시험자에 대하여 당해 업무를 적정하게 실시하게 하기 위하여 필요하다고 인정하는 때

③ **명령내용:** 감독상 필요한 명령

④ **벌칙 – 1천500만원 이하의 벌금:** 탱크시험자에 대한 감독상 명령에 따르지 아니한 자

(2) 무허가장소의 위험물에 대한 조치명령

① **명령권자:** 시·도지사, 소방본부장 또는 소방서장

② **명령사유:** 위험물에 의한 재해를 방지하기 위하여 허가를 받지 아니하고 지정수량 이상의 위험물을 저장 또는 취급하는 자

③ **명령내용:** 위험물 및 시설의 제거 등 필요한 조치명령

④ **벌칙 – 1천500만원 이하의 벌금:** 무허가장소의 위험물에 대한 조치명령에 따르지 아니한 자

(3) 제조소등에 대한 긴급 사용정지명령 등

① **명령권자:** 시·도지사, 소방본부장 또는 소방서장

② **명령사유:** 공공의 안전을 유지하거나 재해의 발생을 방지하기 위하여 긴급한 필요가 있다고 인정하는 때

③ **명령내용:** 제조소등의 사용을 일시정지하거나 그 사용을 제한명령

④ **벌칙 – 1년 이하의 징역 또는 1천만원 이하의 벌금:** 제조소등에 대한 긴급 사용정지·제한명령을 위반한 자

(4) 저장·취급기준 준수명령 등

① 시·도지사, 소방본부장 또는 소방서장은 제조소등에서의 위험물의 저장 또는 취급이 제5조 제3항의 규정에 위반된다고 인정하는 때에는 당해 제조소등의 관계인에 대하여 동항의 기준에 따라 위험물을 저장 또는 취급하도록 명할 수 있다.

② 시·도지사, 소방본부장 또는 소방서장은 관할하는 구역에 있는 이동탱크저장소에서의 위험물의 저장 또는 취급이 규정에 위반된다고 인정하는 때에는 당해 이동탱크저장소의 관계인에 대하여 동항의 기준에 따라 위험물을 저장 또는 취급하도록 명할 수 있다.

(5) 응급조치·통보 및 조치명령(벌칙 – 1천500만원 이하의 벌금)

① **명령권자:** 소방본부장 또는 소방서장(이동탱크저장소 포함)

② **명령사유:** 관계인이 응급조치를 강구하지 아니하였다고 인정하는 때

③ **명령내용:** 응급조치명령

④ 제조소등의 관계인의 응급조치

POINT 6-6 보칙

1 안전교육

(1) 안전교육

① 안전관리자·탱크시험자·위험물운반자·위험물운송자 등 위험물의 안전관리와 관련된 업무를 수행하는 자로서 대통령령이 정하는 자는 해당 업무에 관한 능력의 습득 또는 향상을 위하여 소방청장이 실시하는 교육을 받아야 한다.

② 위험물 안전교육대상자

ㄱ 안전관리자로 선임된자

ㄴ 탱크시험자의 기술인력으로 종사하는 자

ㄷ 위험물운반자로 종사하는 자

ㄹ 위험물운송자로 종사하는 자

(2) 관계인의 의무

제조소등의 관계인은 규정에 따른 교육대상자에 대하여 필요한 안전교육을 받게 하여야 한다.

(3) 안전교육

소방청장은 안전교육을 강습교육과 실무교육으로 구분하여 실시한다.

(4) 교육 미이수자의 자격 행위 제한 조치자: 시·도지사, 소방본부장 또는 소방서장

(5) 안전교육의 과정·기간과 그 밖의 교육의 실시에 관한 사항 등

교육과정	교육대상자	교육시간	교육시기	교육기관
강습교육	안전관리자가 되려는 사람	24시간	최초 선임되기 전	안전원
	위험물운반자가 되려는 사람	8시간	최초 종사하기 전	안전원
	위험물운송자가 되려는 사람	16시간	최초 종사하기 전	안전원
실무교육	안전관리자	8시간 이내	가. 제조소등의 안전관리자로 선임된 날부터 6개월 이내 나. 가목에 따른 교육을 받은 후 2년마다 1회	안전원
	위험물운반자	4시간	가. 위험물운반자로 종사한 날부터 6개월 이내 나. 가목에 따른 교육을 받은 후 3년마다 1회	안전원
	위험물운송자	8시간 이내	가. 이동탱크저장소의 위험물운송자로 종사한 날부터 6개월 이내 나. 가목에 따른 교육을 받은 후 3년마다 1회	안전원
	탱크시험자의 기술인력	8시간 이내	가. 탱크시험자의 기술인력으로 등록한 날부터 6개월 이내 나. 가목에 따른 교육을 받은 후 2년마다 1회	기술원

2 청문

3 위험물 안전관리에 관한 협회(시행일: 2025.2.21)

(1) 위험물 안전관리에 관한 협회

① 제조소등의 관계인, 위험물운송자, 탱크시험자 및 안전관리자의 업무를 위탁받아 수행할 수 있는 안전관리대행기관으로 소방청장의 지정을 받은 자는 위험물 안전관리에 관한 협회를 설립할 수 있다.

② 목적: 위험물의 안전관리, 사고 예방을 위한 안전기술 개발, 그 밖에 위험물 안전관리의 건전한 발전의 도모

(2) 협회는 법인으로 한다.

(3) 협회의 성립

협회는 소방청장의 인가를 받아 주된 사무소의 소재지에 설립등기를 함으로써 성립한다.

(4) 위임규정: 대통령령

협회의 설립인가 절차 및 정관의 기재사항 등에 관하여 필요한 사항

4 권한의 위임, 업무의 위탁

(1) 권한의 위임

① 소방청장 또는 시·도지사는 이 법에 따른 권한의 일부를 대통령령이 정하는 바에 따라 시·도지사, 소방본부장 또는 소방서장에게 위임할 수 있다.

② 시·도지사의 권한 중 소방서장에게 위임할 수 있는 사항(2개 관할구역 이송취급소 제외)

　㉠ 제조소등의 설치허가 또는 변경허가

　㉡ 위험물의 품명·수량 또는 지정수량의 배수의 변경신고의 수리

　㉢ 군사목적 또는 군부대시설을 위한 제조소등을 설치하거나 그 위치·구조 또는 설비의 변경에 관한 군부대의 장과의 협의

　㉣ 탱크안전성능검사(기술원에 위탁 제외)

　㉤ 완공검사(기술원에 위탁 제외)

　㉥ 제조소등의 설치자의 지위승계신고의 수리

　㉦ 제조소등의 용도폐지신고의 수리

　㉧ 제조소등의 설치허가의 취소와 사용정지

　㉨ 과징금처분

　㉩ 예방규정의 수리·반려 및 변경명령

　㉪ 정기점검 결과의 수리

(2) 업무의 위탁

① 소방청장: 안전원 또는 기술원

　　㉠ 제20조 제1호, 제3호 및 제4호에 해당하는 자에 대한 안전교육: 안전원

　　㉡ 제20조 제2호에 해당하는 자에 대한 안전교육: 기술원

② 시 · 도지사: 기술원

　　㉠ 탱크안전성능검사 중 다음의 탱크에 대한 탱크안전성능검사

　　　ⓐ 용량이 100만리터 이상인 액체위험물을 저장하는 탱크

　　　ⓑ 암반탱크

　　　ⓒ 지하탱크저장소의 위험물탱크 중 행정안전부령으로 정하는 액체위험물탱크

　　㉡ 완공검사 중 다음의 완공검사

　　　ⓐ 지정수량의 3천배 이상의 위험물을 취급하는 제조소 또는 일반취급소의 설치 또는 변경(사용 중인 제조소 또는 일반취급소의 보수 또는 부분적인 증설은 제외한다)에 따른 완공검사

　　　ⓑ 옥외탱크저장소(저장용량이 50만 리터 이상인 것만 해당한다) 또는 암반탱크저장소의 설치 또는 변경에 따른 완공검사

　　㉢ 운반용기 검사

③ 소방본부장 또는 소방서장: 정기검사를 기술원에 위탁

POINT 6-7 벌칙

1 벌칙

(1) 위험물의 유출·방출 또는 확산

제33조【벌칙】① 제조소등 또는 제6조 제1항에 따른 허가를 받지 않고 지정수량 이상의 위험물을 저장 또는 취급하는 장소에서 위험물을 유출·방출 또는 확산시켜 사람의 생명·신체 또는 재산에 대하여 위험을 발생시킨 자는 1년 이상 10년 이하의 징역에 처한다.
② 제1항의 규정에 따른 죄를 범하여 사람을 상해(傷害)에 이르게 한 때에는 무기 또는 3년 이상의 징역에 처하며, 사망에 이르게 한 때에는 무기 또는 5년 이상의 징역에 처한다.

(2) 업무상 과실

제34조【벌칙】① 업무상 과실로 제33조 제1항의 죄를 범한 자는 7년 이하의 금고 또는 7천만원 이하의 벌금에 처한다.
② 제1항의 죄를 범하여 사람을 사상(死傷)에 이르게 한 자는 10년 이하의 징역 또는 금고나 1억원 이하의 벌금에 처한다.

(3) 기타

제34조의2【벌칙】제6조 제1항 전단을 위반하여 제조소등의 설치허가를 받지 아니하고 제조소등을 설치한 자는 5년 이하의 징역 또는 1억원 이하의 벌금에 처한다.
제34조의3【벌칙】제5조 제1항을 위반하여 저장소 또는 제조소등이 아닌 장소에서 지정수량 이상의 위험물을 저장 또는 취급한 자는 3년 이하의 징역 또는 3천만원 이하의 벌금에 처한다.

1-2 1년 이하의 징역 또는 1천만원 이하의 벌금

제35조【벌칙】다음 각 호의 어느 하나에 해당하는 자는 1년 이하의 징역 또는 1천만원 이하의 벌금에 처한다.
1. 삭제
2. 삭제
3. 제16조 제2항의 규정에 따른 탱크시험자로 등록하지 아니하고 탱크시험자의 업무를 한 자
4. 제18조 제1항의 규정을 위반하여 정기점검을 하지 아니하거나 점검기록을 허위로 작성한 관계인으로서 제6조 제1항의 규정에 따른 허가(제6조 제3항의 규정에 따라 허가가 면제된 경우 및 제7조 제2항의 규정에 따라 협의로써 허가를 받은 것으로 보는 경우를 포함한다. 이하 제5호·제6호, 제36조 제6호·제7호·제10호 및 제37조 제3호에서 같다)를 받은 자
5. 제18조 제3항을 위반하여 정기검사를 받지 아니한 관계인으로서 제6조 제1항의 규정에 따른 허가를 받은 자
6. 제19조의 규정을 위반하여 자체소방대를 두지 아니한 관계인으로서 제6조 제1항에 따른 허가를 받은 자
7. 제20조 제3항 단서를 위반하여 운반용기에 대한 검사를 받지 아니하고 운반용기를 사용하거나 유통시킨 자
8. 제22조 제1항(제22조의2 제2항에서 준용하는 경우를 포함한다)의 규정에 따른 명령을 위반하여 보고 또는 자료제출을 하지 아니하거나 허위의 보고 또는 자료제출을 한 자 또는 관계공무원의 출입·검사 또는 수거를 거부·방해 또는 기피한 자
9. 제25조의 규정에 따른 제조소등에 대한 긴급 사용정지·제한명령을 위반한 자

1-3 1천500만원 이하의 벌금

제36조 【벌칙】 다음 각 호의 어느 하나에 해당하는 자는 1천500만원 이하의 벌금에 처한다.
 1. 제5조 제3항 제1호의 규정에 따른 위험물의 저장 또는 취급에 관한 중요기준에 따르지 아니한 자
 2. 제6조 제1항 후단의 규정을 위반하여 변경허가를 받지 아니하고 제조소등을 변경한 자
 3. 제9조 제1항의 규정을 위반하여 제조소등의 완공검사를 받지 아니하고 위험물을 저장·취급한 자
 3의2. 제11조의2 제3항에 따른 안전조치 이행명령을 따르지 아니한 자
 4. 제12조의 규정에 따른 제조소등의 사용정지명령을 위반한 자
 5. 제14조 제2항의 규정에 따른 수리·개조 또는 이전의 명령에 따르지 아니한 자
 6. 제15조 제1항 또는 제2항의 규정을 위반하여 안전관리자를 선임하지 아니한 관계인으로서 제6조 제1항의 규정에 따른 허가를 받은 자
 7. 제15조 제5항을 위반하여 대리자를 지정하지 아니한 관계인으로서 제6조 제1항의 규정에 따른 허가를 받은 자
 8. 제16조 제5항의 규정에 따른 업무정지명령을 위반한 자
 9. 제16조 제6항의 규정을 위반하여 탱크안전성능시험 또는 점검에 관한 업무를 허위로 하거나 그 결과를 증명하는 서류를 허위로 교부한 자
 10. 제17조 제1항 전단의 규정을 위반하여 예방규정을 제출하지 아니하거나 동조 제2항의 규정에 따른 변경명령을 위반한 관계인으로서 제6조 제1항의 규정에 따른 허가를 받은 자
 11. 제22조 제2항에 따른 정지지시를 거부하거나 국가기술자격증, 교육수료증·신원확인을 위한 증명서의 제시 요구 또는 신원확인을 위한 질문에 응하지 아니한 사람
 12. 제22조 제5항의 규정에 따른 명령을 위반하여 보고 또는 자료제출을 하지 아니하거나 허위의 보고 또는 자료제출을 한 자 및 관계공무원의 출입 또는 조사·검사를 거부·방해 또는 기피한 자
 13. 제23조의 규정에 따른 탱크시험자에 대한 감독상 명령에 따르지 아니한 자
 14. 제24조의 규정에 따른 무허가장소의 위험물에 대한 조치명령에 따르지 아니한 자
 15. 제26조 제1항·제2항 또는 제27조의 규정에 따른 저장·취급기준 준수명령 또는 응급조치명령을 위반한 자

1-4 1천만원 이하의 벌금

제37조 【벌칙】 다음 각 호의 어느 하나에 해당하는 자는 1천만원 이하의 벌금에 처한다.
 1. 제15조 제6항을 위반하여 위험물의 취급에 관한 안전관리와 감독을 하지 아니한 자
 2. 제15조 제7항을 위반하여 안전관리자 또는 그 대리자가 참여하지 아니한 상태에서 위험물을 취급한 자
 3. 제17조 제1항 후단의 규정을 위반하여 변경한 예방규정을 제출하지 아니한 관계인으로서 제6조 제1항의 규정에 따른 허가를 받은 자
 4. 제20조 제1항 제1호의 규정을 위반하여 위험물의 운반에 관한 중요기준에 따르지 아니한 자
 4의2. 제20조 제2항을 위반하여 요건을 갖추지 아니한 위험물운반자
 5. 제21조 제1항 또는 제2항의 규정을 위반한 위험물운송자
 6. 제22조 제4항(제22조의2 제2항에서 준용하는 경우를 포함한다)의 규정을 위반하여 관계인의 정당한 업무를 방해하거나 출입·검사 등을 수행하면서 알게 된 비밀을 누설한 자

2 과태료 - 과태료의 부과기준(영 [별표 9]) - 일반기준

제39조【과태료】 ① 다음 각 호의 어느 하나에 해당하는 자에게는 500만원 이하의 과태료를 부과한다.
1. 제5조 제2항 제1호의 규정에 따른 승인을 받지 아니한 자
2. 제5조 제3항 제2호의 규정에 따른 위험물의 저장 또는 취급에 관한 세부기준을 위반한 자
3. 제6조 제2항의 규정에 따른 품명 등의 변경신고를 기간 이내에 하지 아니하거나 허위로 한 자
4. 제10조 제3항의 규정에 따른 지위승계신고를 기간 이내에 하지 아니하거나 허위로 한 자
5. 제11조의 규정에 따른 제조소등의 폐지신고 또는 제15조 제3항의 규정에 따른 안전관리자의 선임신고를 기간 이내에 하지 아니하거나 허위로 한 자
5의2. 제11조의2 제2항을 위반하여 사용 중지신고 또는 재개신고를 기간 이내에 하지 아니하거나 거짓으로 한 자
6. 제16조 제3항의 규정을 위반하여 등록사항의 변경신고를 기간 이내에 하지 아니하거나 허위로 한 자
6의2. 제17조 제3항을 위반하여 예방규정을 준수하지 아니한 자
7. 제18조 제1항의 규정을 위반하여 점검결과를 기록·보존하지 아니한 자
7의2. 제18조 제2항을 위반하여 기간 이내에 점검결과를 제출하지 아니한 자
7의3. 제19조의2 제1항을 위반하여 흡연을 한 자
7의4. 제19조의2 제3항에 따른 시정명령을 따르지 아니한 자
8. 제20조 제1항 제2호의 규정에 따른 위험물의 운반에 관한 세부기준을 위반한 자
9. 제21조 제3항의 규정을 위반하여 위험물의 운송에 관한 기준을 따르지 아니한 자
② 제1항의 규정에 따른 과태료는 대통령령이 정하는 바에 따라 시·도지사, 소방본부장 또는 소방서장(이하 "부과권자"라 한다)이 부과·징수한다.
③ 삭제
④ 삭제
⑤ 삭제
⑥ 제4조 및 제5조 제2항 각 호 외의 부분 후단의 규정에 따른 조례에는 200만원 이하의 과태료를 정할 수 있다. 이 경우 과태료는 부과권자가 부과·징수한다.
⑦ 삭제

(1) 과태료 부과권자는 다음의 어느 하나에 해당하는 경우에는 개별기준에 따른 과태료 금액의 2분의 1까지 그 금액을 줄일 수 있다. 다만, 과태료를 체납하고 있는 위반행위자에 대해서는 그러하지 아니하다.
  ① 위반행위자가 「질서위반행위규제법 시행령」 제2조의2 제1항 각 호의 어느 하나에 해당하는 경우
  ② 위반행위자가 처음 위반행위를 한 경우로서 3년 이상 해당 업종을 모범적으로 경영한 사실이 인정되는 경우
  ③ 위반행위가 사소한 부주의나 오류 등 과실로 인한 것으로 인정되는 경우
  ④ 위반행위자가 같은 위반행위로 다른 법률에 따라 과태료·벌금·영업정지 등의 처분을 받은 경우
  ⑤ 위반행위자가 위법행위로 인한 결과를 시정하거나 해소한 경우
  ⑥ 그 밖에 위반행위의 정도, 위반행위의 동기와 그 결과 등을 고려하여 과태료를 줄일 필요가 있다고 인정되는 경우
(2) 위반행위의 횟수에 따른 과태료의 부과기준은 최근 1년간 같은 위반행위로 과태료 부과처분을 받은 경우에 적용한다. 이 경우 기간의 계산은 위반행위에 대하여 과태료 부과처분을 받은 날과 그 처분 후 다시 같은 위반행위를 하여 적발된 날을 기준으로 한다.
(3) (2)에 따라 가중된 부과처분을 하는 경우 가중처분의 적용 차수는 그 위반행위 전 부과처분 차수((2)에 따른 기간 내에 과태료 부과처분이 둘 이상 있었던 경우에는 높은 차수를 말한다)의 다음 차수로 한다.

1 제조소

1. 안전거리

건축물의 외벽 또는 이에 상당하는 인공 구조물의 외측으로부터 당해 제조소의 외벽 또는 이에 상당하는 인공 구조물의 외측까지 사이의 수평 거리이다.

(1) 제조소의 안전거리

① 주거용 건축물·공작물: 10m 이상
② 학교·병원·극장 그 밖에 다수인을 수용하는 시설: 30m 이상
   ㉠ 학교, 병원급 의료기관
   ㉡ 공연장, 영화상영관 및 이와 유사한 시설로서 3백명 이상 수용할 수 있는 것
   ㉢ 아동복지시설, 노인복지시설등 및 이와 유사한 시설로서 20명 이상 수용할 수 있는 것
③ 유형문화재와 기념물 중 지정문화재: 50m 이상
④ 고압가스, 액화석유가스 또는 도시가스를 저장 또는 취급하는 시설: 20m 이상
⑤ 사용전압이 7,000V 초과 35,000V 이하의 특고압가공전선: 3m 이상
⑥ 사용전압이 35,000V를 초과하는 특고압가공전선: 5m 이상

(2) 안전 거리의 적용 대상

① 위험물제조소(제6류 위험물을 취급하는 제조소 제외)
② 일반취급소
③ 옥내저장소
④ 옥외저장소
⑤ 옥외탱크저장소

2. 보유공지

(1) 위험물을 취급하는 건축물, 기타시설의 주위에서 화재 등이 발생하는 경우 연소확대방지 및 초기소화 등 소화활동 공간과 피난상 확보해야 할 절대 공지를 말한다.

(2) 위험물을 취급하는 건축물 그 밖의 시설의 주위에는 그 취급하는 위험물의 최대수량에 따라 다음 표에 의한 너비의 공지를 보유하여야 한다.

취급하는 위험물의 최대수량	공지의 너비
지정수량의 10배 이하	3m 이상
지정수량의 10배 초과	5m 이상

3. 표지 및 게시판

(1) 제조소에는 보기 쉬운 곳 -「위험물제조소」표지 설치

① 표지는 한변의 길이 0.3m 이상, 다른 한변의 길이 0.6m 이상
② 표지의 바탕은 백색으로 문자는 흑색으로 할 것

(2) 제조소에는 보기 쉬운 곳 – 방화에 관하여 필요한 사항을 게시한 게시판 설치

① 게시판은 한변의 길이가 0.3m 이상, 다른 한변의 길이가 0.6m 이상인 직사각형
② 위험물의 유별·품명 및 저장최대수량 또는 취급최대수량, 지정수량의 배수 및 안전관리자의 성명 또는 직명을 기재
③ 게시판의 바탕은 백색으로 문자는 흑색으로 할 것
④ 주의사항을 표시한 게시판 설치

저장 또는 취급 위험물	주의사항	게시판의 색
• 제1류 위험물 중 알칼리금속의 과산화물 • 제3류 위험물 중 금수성물질	물기엄금	청색바탕에 백색문자
• 제2류 위험물(인화성고체 제외)	화기주의	적색바탕에 백색문자
• 제2류 위험물 중 인화성고체 • 제3류 위험물 중 자연발화성물질 • 제4류 위험물 • 제5류 위험물	화기엄금	적색바탕에 백색문자

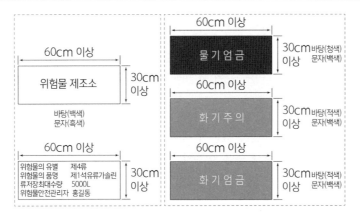

4. 건축물의 구조

(1) 지하층이 없도록 하여야 한다.

(2) 벽·기둥·바닥·보·서까래 및 계단을 불연재료로 하고, 연소의 우려가 있는 외벽은 개구부가 없는 내화구조의 벽으로 하여야 한다.

(3) 지붕은 폭발력이 위로 방출될 정도의 가벼운 불연재료

(4) 출입구와 비상구에는 갑종방화문 또는 을종방화문을 설치: 연소의 우려가 있는 외벽에 설치(자동폐쇄식의 갑종방화문을 설치)

(5) 건축물의 창 및 출입구: 망입유리

(6) 건축물의 바닥: 최저부에 집유설비를 설치

5. 채광·조명 및 환기설비

(1) 채광설비: 불연재료

(2) 조명설비

① 가연성가스 등이 체류할 우려가 있는 장소의 조명등은 방폭등

② 전선은 내화·내열전선

③ 점멸스위치는 출입구 바깥부분에 설치할 것

(3) 환기설비

① 환기는 자연배기방식으로 할 것

② 급기구는 당해 급기구가 설치된 실의 바닥면적 150m²마다 1개 이상(급기구의 크기: 800cm² 이상). 다만, 바닥면적이 150m² 미만인 경우에는 다음의 크기로 하여야 한다.

바닥면적	급기구의 면적
60m² 미만	150cm² 이상
60m² 이상 90m² 미만	300cm² 이상
90m² 이상 120m² 미만	450cm² 이상
120m² 이상 150m² 미만	600cm² 이상

③ 급기구는 낮은 곳에 설치하고 가는 눈의 구리망 등으로 인화방지망을 설치할 것

④ 환기구는 지붕 위 또는 지상 2m 이상의 높이에 회전식 고정벤티레이터 또는 루프팬방식으로 설치할 것

6. 배출설비

가연성의 증기 또는 미분이 체류할 우려가 있는 건축물에는 배출설비를 설치하여야 한다.

(1) 배출설비는 배풍기·배출 덕트·후드 등을 이용하여 강제적으로 배출하는 것으로 해야 한다.

(2) 배출능력은 1시간당 배출장소 용적의 20배 이상인 것으로 하여야 한다. 다만, 전역방식의 경우에는 바닥면적 1m²당 18m³ 이상으로 할 수 있다.

(3) 배출설비의 급기구 및 배출구 기준

① 급기구는 높은 곳에 설치하고, 가는 눈의 구리망 등으로 인화방지망을 설치할 것

② 배출구는 지상 2m 이상으로서 연소의 우려가 없는 장소에 설치하고, 배출덕트가 관통하는 벽부분의 바로 가까이에 화재 시 자동으로 폐쇄되는 방화댐퍼를 설치할 것

(4) 배풍기

강제배기방식(옥내덕트의 내압이 대기압 이상이 되지 아니하는 위치에 설치하여야 한다)

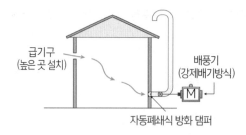

7. 옥외설비의 바닥

(1) 바닥의 둘레에 높이 0.15m 이상의 턱 설치

(2) 바닥은 콘크리트 등 위험물이 스며들지 아니하는 재료

(3) 바닥의 최저부: 집유설비

8. 기타설비

(1) 정전기 제거설비

　① 접지에 의한 방법

　② 공기 중의 상대습도를 70% 이상으로 하는 방법

　③ 공기를 이온화하는 방법

(2) 피뢰설비

　지정수량의 10배 이상의 위험물을 취급하는 제조소에 설치

(3) 전동기 등

9. 위험물 취급탱크

(1) 위험물제조소의 옥외에 있는 위험물취급탱크(용량: 지정수량 5분의 1 미만인 것 제외)의 설치기준

　옥외에 있는 위험물취급탱크로서 액체위험물(이황화탄소 제외)을 취급하는 것의 주위에 방유제 설치하는 기준은 다음과 같다.

　① **방유제의 용량**: 당해 탱크용량의 50% 이상

　② 2 이상의 취급탱크 주위에 하나의 방유제를 설치하는 경우: 최대인 것 50%에 나머지 탱크용량 합계의 10%를 가산한 양 이상

　③ **방유제의 구조·설비**: 옥외저장탱크의 방유제의 기준에 적합하게 할 것

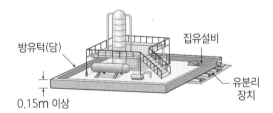

(2) 위험물제조소의 옥내에 있는 위험물취급탱크(용량: 지정수량 5분의 1 미만인 것 제외)의 설치기준

　① 옥내탱크저장소의 위험물을 저장 또는 취급하는 탱크의 구조 및 설비의 기준을 준용할 것

　② 위험물취급탱크의 주위에는 턱을 설치하는 등 위험물이 누설된 경우에 그 유출을 방지하기 위한 조치를 할 것. 이 경우 당해조치는 탱크에 수납하는 위험물의 양을 전부 수용할 수 있도록 하여야 한다.

10. 고인화점 위험물의 제조소의 특례

인화점이 100℃ 이상인 제4류 위험물(이하 "고인화점위험물"이라 한다)만을 100℃ 미만의 온도에서 취급하는 제조소로서 그 위치 및 구조가 다음 기준에 모두 적합한 제조소에 대하여는 별표 4의 Ⅰ, Ⅱ, Ⅳ 제1호, Ⅳ 제3호 내지 제5호, Ⅷ 제6호·제7호 및 Ⅸ 제1호 나목 2)에 의하여 준용되는 별표 6 Ⅸ 제1호 나목의 규정을 적용하지 아니한다.

2 옥내저장소(규칙 제29조 [별표 5])

(1) 옥내저장소는 제조소의 안전거리 규정에 준하여 안전거리를 두어야 한다. 옥내저장소 안전거리 제외 대상은 다음과 같다.

① 제4석유류 또는 동식물유류의 위험물: 최대수량이 지정수량의 20배 미만인 것

② 제6류 위험물을 저장 또는 취급하는 옥내저장소

③ 지정수량의 20배 이하의 위험물을 저장 또는 취급하는 옥내저장소로, 다음의 기준에 적합할 것

ⓐ 저장창고의 벽·기둥·바닥·보 및 지붕이 내화구조인 것

ⓑ 저장창고의 출입구에 수시로 열 수 있는 자동폐쇄방식의 갑종방화문이 설치되어 있을 것

ⓒ 저장창고에 창을 설치하지 아니할 것

(2) 옥내저장소의 보유공지

옥내저장소의 주위에는 그 저장 또는 취급하는 위험물의 최대수량에 따라 다음에 의한 너비의 공지를 보유하여야 한다.

저장 또는 취급하는 위험물의 최대수량	공지의 너비	
	내화구조 건축물	그 밖의 건축물
지정수량의 5배 이하		0.5m 이상
지정수량의 5배 초과 10배 이하	1m 이상	1.5m 이상
지정수량의 10배 초과 20배 이하	2m 이상	3m 이상
지정수량의 20배 초과 50배 이하	3m 이상	5m 이상
지정수량의 50배 초과 200배 이하	5m 이상	10m 이상
지정수량의 200배 초과	10m 이상	15m 이상

다만, 지정수량의 20배를 초과하는 옥내저장소와 동일한 부지 내에 있는 다른 옥내저장소와의 사이에는 공지의 너비의 3분의 1(당해 수치가 3m 미만인 경우에는 3m)의 공지를 보유할 수 있다.

(3) 표지와 게시판을 설치하여야 한다.

(4) 저장창고는 위험물의 저장을 전용으로 하는 독립된 건축물로 한다.

(5) 저장창고는 지면에서 처마까지의 높이가 6m 미만인 단층건물로 하고 그 바닥을 지반면보다 높게 하여야 한다.

(6) 하나의 저장창고의 바닥면적은 기준면적 이하로 하여야 한다.

저장창고의 위험물	저장창고의 기준면적
• 제1류 위험물 중 아염소산염류, 염소산염류, 과염소산염류, 무기과산화물 그 밖에 지정수량이 50kg인 위험물 • 제3류 위험물 중 칼륨, 나트륨, 알킬알루미늄, 알킬리튬 그 밖에 지정수량이 10kg인 위험물 및 황린 • 제4류 위험물 중 특수인화물, 제1석유류 및 알코올류 • 제5류 위험물 중 유기과산화물, 질산에스터류 그 밖에 지정수량이 10kg인 위험물 • 제6류 위험물	1,000m²
그 외 위험물	2,000m²
내화구조의 격벽으로 완전 구획된 실에 저장 시	각각 1,500m²

(7) 저장창고의 벽·기둥 및 바닥은 내화구조로 하고, 보와 서까래는 불연재료로 하여야 한다.

(8) 저장창고는 지붕을 폭발력이 위로 방출될 정도의 가벼운 불연재료로 하고, 천장을 만들지 아니하여야 한다.

(9) 지정수량의 10배 이상의 저장창고(제6류 위험물의 저장창고를 제외한다)에는 피뢰침을 설치하여야 한다.

(10) 저장창고의 창 또는 출입구에 유리를 이용하는 경우에는 망입유리로 하여야 한다.

(11) 제1류 위험물 중 알칼리금속의 과산화물 또는 이를 함유하는 것, 제2류 위험물 중 철분·금속분·마그네슘 또는 이 중 어느 하나 이상을 함유하는 것, 제3류 위험물 중 금수성물질 또는 제4류 위험물의 저장창고의 바닥은 물이 스며 나오거나 스며들지 아니하는 구조로 하여야 한다.

(12) 액상의 위험물의 저장창고의 바닥은 위험물이 스며들지 아니하는 구조로 하고, 적당하게 경사지게 하여 그 최저부에 집유설비를 하여야 한다.

3 옥외탱크저장소(규칙 제30조 [별표 6])

1. 안전거리

위험물제조소의 안전거리와 동일하다.

2. 보유공지

옥외저장탱크의 주위에는 그 저장 또는 취급하는 위험물의 최대수량에 따라 옥외저장탱크의 측면으로부터 다음 표에 의한 너비의 공지를 보유하여야 한다.

저장 또는 취급하는 위험물의 최대수량	공지의 너비
지정수량의 500배 이하	3m 이상
지정수량의 500배 초과 1,000배 이하	5m 이상
지정수량의 1,000배 초과 2,000배 이하	9m 이상
지정수량의 2,000배 초과 3,000배 이하	12m 이상
지정수량의 3,000배 초과 4,000배 이하	15m 이상
지정수량의 4,000배 초과	탱크의 수평단면의 최대지름과 높이 중 큰 것과 같은 거리 이상 (30m 초과: 30m, 15m 미만: 15m)

3. 표지 및 게시판

(1) 옥외탱크저장소에는 기준에 따라 보기 쉬운 곳에 "위험물 옥외탱크저장소"라는 표시를 한 표지와 방화에 관하여 필요한 사항을 게시한 게시판을 설치하여야 한다.

(2) 탱크의 군에 있어서는 표지 및 게시판을 그 의미 전달에 지장이 없는 범위 안에서 보기 쉬운 곳에 일괄하여 설치할 수 있다. 이 경우 게시판과 각 탱크가 대응될 수 있도록 하는 조치를 강구하여야 한다.

4. 특정옥외저장탱크의 기초 및 지반

옥외탱크저장소 중 그 저장 또는 취급하는 액체위험물의 최대수량이 100만 이상의 것(이하 "특정옥외탱크저장소"라 한다)의 옥외저장탱크(이하 "특정옥외저장탱크"라 한다)의 기초 및 지반은 당해 기초 및 지반상에 설치하는 특정옥외저장탱크 및 그 부속설비의 자중, 저장하는 위험물의 중량 등의 하중(이하 "탱크하중"이라 한다)에 의하여 발생하는 응력에 대하여 안전한 것으로 하여야 한다.

5. 준특정옥외저장탱크의 기초 및 지반

옥외탱크저장소중 그 저장 또는 취급하는 액체위험물의 최대수량이 50만L 이상 100만L 미만의 것(이하 "준특정옥외탱크저장소"라 한다)의 옥외저장탱크(이하 "준특정옥외저장탱크"라 한다)의 기초 및 지반은 제2호 및 제3호에서 정하는 바에 따라 견고하게 하여야 한다.

6. 옥외저장탱크의 외부구조 및 설비

(1) 옥외저장탱크는 특정옥외저장탱크 및 준특정옥외저장탱크 외에는 두께 3.2mm 이상의 강철판 또는 소방청장이 정하여 고시하는 규격에 적합한 재료로, 다음의 시험기준에 따른다.
   ① 압력탱크외의 탱크는 충수시험
   ② 압력탱크는 최대상용압력의 1.5배의 압력으로 10분간 실시하는 수압시험에서 각각 새거나 변형되지 아니하여야 한다.

(2) 옥외저장탱크 중 압력탱크 외의 탱크에 있어서 밸브 없는 통기관 또는 대기밸브부착 통기관의 설치 기준
   ① 밸브 없는 통기관
      ㉠ 직경은 30mm 이상일 것
      ㉡ 선단은 수평면보다 45도 이상 구부려 빗물 등의 침투를 막는 구조로 할 것
      ㉢ 가는 눈의 구리망 등으로 인화방지장치를 할 것
      ㉣ 가연성의 증기를 회수하기 위한 밸브를 통기관에 설치하는 경우에 있어서는 당해 통기관의 밸브는 저장탱크에 위험물을 주입하는 경우를 제외하고는 항상 개방되어 있는 구조로 하는 한편, 폐쇄하였을 경우에 있어서는 10kPa 이하의 압력에서 개방되는 구조로 할 것. 이 경우 개방된 부분의 유효단면적은 777.15mm² 이상이어야 한다.
   ② 대기밸브부착 통기관
      ㉠ 5kPa 이하의 압력차이로 작동할 수 있을 것
      ㉡ ① ㉢의 기준에 적합할 것

(3) 지정수량의 10배 이상인 옥외탱크저장소(제6류 위험물의 옥외탱크저장소를 제외한다)에는 규정에 준하여 피뢰침을 설치하여야 한다.

(4) 액체위험물의 옥외저장탱크의 주위에는 방유제를 설치하여야 한다.

(5) 제3류 위험물 중 금수성물질(고체에 한한다)의 옥외저장탱크에는 방수성의 불연재료로 만든 피복설비를 설치하여야 한다.

(6) 이황화탄소의 옥외저장탱크는 벽 및 바닥의 두께가 0.2m 이상이고 누수가 되지 아니하는 철근콘크리트의 수조에 넣어 보관하여야 한다. 이 경우 보유공지 · 통기관 및 자동계량장치는 생략할 수 있다.

7. 특정옥외저장탱크의 구조

특정옥외저장탱크는 주하중 및 종하중에 의하여 발생하는 응력 및 변형에 대하여 안전한 것으로 하여야 한다.

8. 방유제

인화성액체위험물(이황화탄소 제외)의 옥외탱크저장소의 탱크 주위 방유제 설치 기준은 다음과 같다.

(1) 방유제의 용량
   ① 탱크가 1개: 그 탱크 용량의 110% 이상
   ② 탱크가 2개 이상: 그 탱크 중 용량이 최대인 것의 용량의 110% 이상[방유제의 용량 = 당해 방유제의 내용적 - (용량이 최대인 탱크 외의 탱크의 방유제 높이 이하 부분의 용적 + 당해 방유제 내에 있는 모든 탱크의 지반면 이상 부분의 기초의 체적 + 간막이 둑의 체적 및 당해 방유제 내에 있는 배관 등의 체적)]

(2) 방유제는 높이 0.5m 이상 3m 이하, 두께 0.2m 이상, 지하매설깊이 1m 이상

(3) 방유제 내의 면적은 8만m² 이하

(4) 방유제 내의 설치하는 옥외저장탱크의 수는 10 이하로 할 것

(5) 방유제 외면의 2분의 1 이상은 자동차 등이 통행할 수 있는 3m 이상의 노면폭을 확보한 구내도로에 직접 접하도록 할 것

(6) 방유제는 옥외저장탱크의 지름에 따라 그 탱크의 옆판으로부터 다음에 정하는 거리를 유지할 것. 다만, 인화점이 200℃ 이상인 위험물을 저장 또는 취급하는 것에 있어서는 그러하지 아니하다.
  ① 지름이 15m 미만: 탱크 높이의 3분의 1 이상
  ② 지름이 15m 이상: 탱크 높이의 2분의 1 이상

(7) 방유제는 철근콘크리트로 하고, 방유제와 옥외저장탱크 사이의 지표면은 불연성과 불침윤성이 있는 구조(철근콘크리트 등)로 할 것

(8) 용량이 1,000만L 이상인 옥외저장탱크의 주위에 설치하는 방유제: 간막이 둑을 설치할 것
  ① 간막이 둑의 높이는 0.3m 이상으로 하되, 방유제의 높이보다 0.2m 이상 낮게 할 것
  ② 간막이 둑은 흙 또는 철근콘크리트로 할 것
  ③ 간막이 둑의 용량은 간막이 둑 안에 설치된 탱크의 용량의 10% 이상

(9) 높이가 1m를 넘는 방유제 및 간막이 둑의 안팎에는 방유제 내에 출입하기 위한 계단 또는 경사로를 약 50m마다 설치할 것

9. 위험물의 성질에 따른 옥외탱크저장소의 특례

알킬알루미늄등, 아세트알데히드등 및 하이드록실아민등을 저장 또는 취급하는 옥외탱크저장소 설치 기준에 따른다.

(1) **알킬알루미늄등의 옥외탱크저장소**
  ① 옥외저장탱크의 주위에는 누설범위를 국한하기 위한 설비 및 누설된 알킬알루미늄등을 안전한 장소에 설치된 조에 이끌어 들일 수 있는 설비를 설치할 것
  ② 옥외저장탱크에는 불활성의 기체를 봉입하는 장치를 설치할 것

(2) **아세트알데히드등의 옥외탱크저장소**
  ① 옥외저장탱크의 설비는 동·마그네슘·은·수은 또는 이들을 성분으로 하는 합금으로 만들지 아니할 것
  ② 옥외저장탱크에는 냉각장치 또는 보냉장치, 그리고 연소성 혼합기체의 생성에 의한 폭발을 방지하기 위한 불활성의 기체를 봉입하는 장치를 설치할 것

(3) **하이드록실아민등의 옥외탱크저장소**
  ① 옥외탱크저장소에는 하이드록실아민등의 온도의 상승에 의한 위험한 반응을 방지하기 위한 조치를 강구할 것
  ② 옥외탱크저장소에는 철이온 등의 혼입에 의한 위험한 반응을 방지하기 위한 조치를 강구할 것

4 옥내탱크저장소(규칙 제31조 [별표 7])

옥내탱크저장소의 위치·구조 및 설비의 기술기준은 다음과 같다.

(1) 위험물을 저장 또는 취급하는 옥내탱크(이하 "옥내저장탱크"라 한다)는 단층건축물에 설치된 탱크전용실에 설치할 것

(2) 옥내저장탱크와 탱크전용실의 벽과의 사이 및 옥내저장탱크의 상호간에는 0.5m 이상의 간격을 유지할 것

(3) 옥내탱크저장소에는보기 쉬운 곳에 "위험물 옥내탱크저장소"라는 표시를 한 표지와 방화에 관하여 필요한 사항을 게시한 게시판을 설치하여야 한다.

(4) 옥내저장탱크의 용량은 지정수량의 40배 이하일 것

(5) 옥내저장탱크의 구조는 규정에 의한 옥외저장탱크의 구조의 기준을 준용할 것

(6) 옥내저장탱크의 외면에는 녹을 방지하기 위한 도장을 할 것. 다만, 탱크의 재질이 부식의 우려가 없는 스테인레스 강판 등인 경우에는 그러하지 아니하다.

(7) 옥내저장탱크 중 압력탱크외의 탱크에 있어서는 밸브 없는 통기관 설치기준

① 통기관의 선단은 건축물의 창·출입구 등의 개구부로부터 1m 이상 떨어진 옥외의 장소에 지면으로부터 4m 이상의 높이로 설치

② 통기관은 가스 등이 체류할 우려가 있는 굴곡이 없도록 할 것

③ 직경은 30mm 이상일 것

④ 선단은 수평면보다 45도 이상 구부려 빗물 등의 침투를 막는 구조로 할 것

⑤ 가는 눈의 구리망 등으로 인화방지장치를 할 것

5 지하탱크저장소(규칙 제32조 [별표 8])

(1) 위험물을 저장 또는 취급하는 지하탱크(지하저장탱크라 한다)는 지면하에 설치된 탱크전용실에 설치하여야 한다. 다만, 제4류 위험물의 지하저장탱크가 다음 가목 내지 마목의 기준에 적합한 때에는 그러하지 아니하다.

① 당해 탱크를 지하철·지하가 또는 지하터널로부터 수평거리 10m 이내의 장소 또는 지하건축물 내의 장소에 설치하지 아니할 것

② 당해 탱크를 그 수평투영의 세로 및 가로보다 각각 0.6m 이상 크고 두께가 0.3m 이상인 철근콘크리트조의 뚜껑으로 덮을 것

③ 뚜껑에 걸리는 중량이 직접 당해 탱크에 걸리지 아니하는 구조일 것

④ 당해 탱크를 견고한 기초 위에 고정할 것

⑤ 당해 탱크를 지하의 가장 가까운 벽·피트·가스관 등의 시설물 및 대지경계선으로부터 0.6m 이상 떨어진 곳에 매설할 것

(2) 탱크전용실은 지하의 가장 가까운 벽·피트·가스관 등의 시설물 및 대지경계선으로부터 0.1m 이상 떨어진 곳에 설치하고, 지하저장탱크와 탱크전용실의 안쪽과의 사이는 0.1m 이상의 간격을 유지하도록 하며, 당해 탱크의 주위에 마른 모래 또는 습기 등에 의하여 응고되지 아니하는 입자지름 5mm 이하의 마른 자갈분을 채워야 한다.

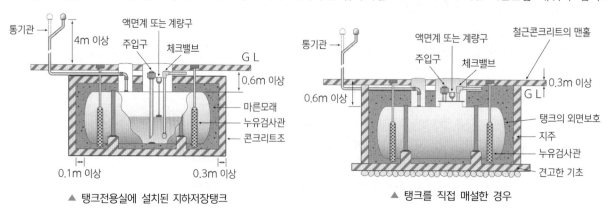

▲ 탱크전용실에 설치된 지하저장탱크 　　　▲ 탱크를 직접 매설한 경우

(3) 지하저장탱크의 윗부분은 지면으로부터 0.6m 이상 아래에 있어야 한다.

(4) 지하저장탱크를 2 이상 인접해 설치하는 경우에는 그 상호간에 1m(당해 2 이상의 지하저장탱크의 용량의 합계가 지정수량의 100배 이하인 때에는 0.5m) 이상의 간격을 유지하여야 한다. 다만, 그 사이에 탱크전용실의 벽이나 두께 20cm 이상의 콘크리트 구조물이 있는 경우에는 그러하지 아니하다.

(5) 지하저장탱크의 주위에는 당해 탱크로부터의 액체위험물의 누설을 검사하기 위한 관을 다음 기준에 따라 4개소 이상 적당한 위치에 설치하여야 한다.
① 이중관으로 할 것. 다만, 소공이 없는 상부는 단관으로 할 수 있다.
② 재료는 금속관 또는 경질합성수지관으로 할 것
③ 관은 탱크전용실의 바닥 또는 탱크의 기초까지 닿게 할 것
④ 관의 밑부분으로부터 탱크의 중심 높이까지의 부분에는 소공이 뚫려 있을 것. 다만, 지하수위가 높은 장소에 있어서는 지하수위 높이까지의 부분에 소공이 뚫려 있어야 한다.
⑤ 상부는 물이 침투하지 아니하는 구조로 하고, 뚜껑은 검사 시에 쉽게 열 수 있도록 할 것

(6) 탱크전용실은 벽·바닥 및 뚜껑을 다음에서 정한 기준에 적합한 철근콘크리트구조 또는 이와 동등 이상의 강도가 있는 구조로 설치하여야 한다.
① 벽·바닥 및 뚜껑의 두께는 0.3m 이상일 것
② 벽·바닥 및 뚜껑의 내부에는 직경 9mm부터 13mm까지의 철근을 가로 및 세로로 5cm부터 20cm까지의 간격으로 배치할 것
③ 벽·바닥 및 뚜껑의 재료에 수밀콘크리트를 혼입하거나 벽·바닥 및 뚜껑의 중간에 아스팔트층을 만드는 방법으로 적정한 방수조치를 할 것

6 간이탱크저장소(규칙 제33조 [별표 9])

(1) 하나의 간이탱크저장소에 설치하는 간이저장탱크는 그 수를 3 이하로 하고, 동일한 품질의 위험물의 간이저장탱크를 2 이상 설치하지 아니하여야 한다.

(2) 간이저장탱크의 용량은 600L 이하이어야 한다.

(3) 간이저장탱크는 두께 3.2mm 이상의 강판으로 흠이 없도록 제작하여야 하며, 70kPa의 압력으로 10분간의 수압시험을 실시하여 새거나 변형되지 아니하여야 한다.

(4) 간이저장탱크에는 다음 구분에 따른 기준에 적합한 밸브 없는 통기관 또는 대기밸브부착 통기관을 설치하여야 한다. 밸브 없는 통기관은 다음 기준을 따른다.
① 통기관의 지름은 25mm 이상으로 할 것
② 통기관은 옥외에 설치하되, 그 선단의 높이는 지상 1.5m 이상으로 할 것
③ 통기관의 선단은 수평면에 대하여 아래로 45도 이상 구부려 빗물 등이 침투하지 아니하도록 할 것

(5) 간이저장탱크에 고정주유설비 또는 고정급유설비를 설치하는 경우에는 [별표 13] 4.의 규정에 의한 고정주유설비 또는 고정급유설비의 기준에 적합하여야 한다.

7 이동탱크저장소(규칙 제34조 [별표 10])

1. 상치장소

(1) 옥외에 있는 상치장소는 화기를 취급하는 장소 또는 인근의 건축물로부터 5m 이상(인근의 건축물이 1층인 경우에는 3m 이상)의 거리를 확보하여야 한다.

(2) 옥내에 있는 상치장소는 벽·바닥·보·서까래 및 지붕이 내화구조 또는 불연재료로 된 건축물의 1층에 설치하여야 한다.

2. 이동저장탱크의 구조

- **방파판의 두께**: 1.6mm 이상의 강철판
- **방호틀의 두께**: 2.3mm 이상의 강철판
- **이동탱크저장소의 탱크의 두께**: 3.2mm 이상의 강철판
- **칸막이**: 내부에 4,000L 이하마다 설치
- **주유설비의 분당 토출량**: 200L 이하

(1) 이동저장탱크의 구조
① 탱크(맨홀 및 주입관의 뚜껑을 포함한다)는 두께 3.2mm 이상의 강철판
② 압력탱크 외의 탱크는 70kPa의 압력으로, 압력탱크는 최대상용압력의 1.5배의 압력으로 각각 10분간의 수압시험을 실시하여 새거나 변형되지 아니할 것

(2) 이동저장탱크는 그 내부에 4,000L 이하마다 3.2mm 이상의 강철판으로 칸막이를 설치하여야 한다.

3. 결합금속구 등

(1) 주입호스의 재질과 규격 및 결합금속구의 규격은 소방청장이 정하여 고시한다.

(2) **이동탱크저장소에 주입설비 기준**
① 위험물이 샐 우려가 없고 화재예방상 안전한 구조로 할 것
② 주입설비의 길이는 50m 이내로 하고, 그 선단에 축적되는 정전기를 유효하게 제거할 수 있는 장치를 할 것
③ 분당 토출량은 200L 이하로 할 것

4. 표지 및 상치장소 표시

이동탱크저장소에는 소방청장이 정하여 고시하는 바에 따라 저장하는 위험물의 위험성을 알리는 표지를 설치하여야 한다.

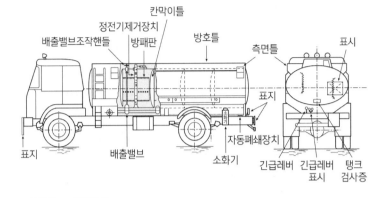

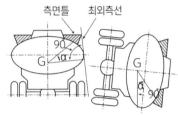
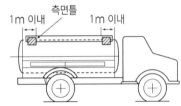

8 옥외저장소(규칙 제35조 [별표 11])

(1) 옥외저장소 중 위험물을 용기에 수납하여 저장 또는 취급하는 것의 기술기준

① 옥외저장소는 제조소의 안전거리에 준하는 안전거리를 둘 것
② 옥외저장소는 습기가 없고 배수가 잘 되는 장소에 설치할 것
③ 위험물을 저장 또는 취급하는 장소의 주위에는 경계표시를 하여 명확하게 구분할 것
④ 위험물의 최대수량에 따라 공지를 보유할 것

저장 또는 취급하는 위험물의 최대수량	공지의 너비
지정수량의 10배 이하	3m 이상
지정수량의 10배 초과 20배 이하	5m 이상
지정수량의 20배 초과 50배 이하	9m 이상
지정수량의 50배 초과 200배 이하	12m 이상
지정수량의 200배 초과	15m 이상

⑤ 옥외저장소에 선반을 설치하는 경우의 기준
　㉠ 선반은 불연재료로 만들고 견고한 지반면에 고정할 것
　㉡ 선반은 당해 선반 및 그 부속설비의 자중·저장하는 위험물의 중량·풍하중·지진의 영향 등에 의하여 생기는 응력에 대하여 안전할 것

ⓒ 선반의 높이는 6m를 초과하지 아니할 것

ⓔ 선반에는 위험물을 수납한 용기가 쉽게 낙하하지 아니하는 조치를 강구할 것

⑥ 과산화수소 또는 과염소산을 저장하는 옥외저장소에는 불연성 또는 난연성의 천막 등을 설치하여 햇빛을 가릴 것

(2) 옥외저장소 중 덩어리 상태의 황만을 지반면에 설치한 경계표시의 안쪽에서 저장 또는 취급하는 것의 기술기준

① 하나의 경계표시의 내부의 면적은 100m² 이하일 것

② 2 이상의 경계표시를 설치하는 경우에 있어서는 각각의 경계표시 내부의 면적을 합산한 면적은 1,000m² 이하로 하고, 인접하는 경계표시와 경계표시와의 간격을 제1호 라목의 규정에 의한 공지의 너비의 2분의 1 이상으로 할 것. 다만, 저장 또는 취급하는 위험물의 최대수량이 지정수량의 200배 이상인 경우에는 10m 이상으로 하여야 한다.

③ 경계표시는 불연재료로 만드는 동시에 황이 새지 아니하는 구조로 할 것

④ 경계표시의 높이는 1.5m 이하로 할 것

9 암반탱크저장소(규칙 제36조 [별표 12])

(1) 암반탱크는 암반투수계수가 1초당 10만분의 1m 이하인 천연암반 내에 설치할 것

(2) 암반탱크는 저장할 위험물의 증기압을 억제할 수 있는 지하수면하에 설치할 것

(3) 암반탱크의 내벽은 암반균열에 의한 낙반을 방지할 수 있도록 볼트·콘크리트 등으로 보강할 것

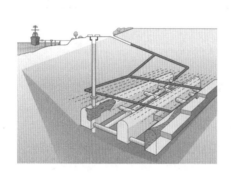
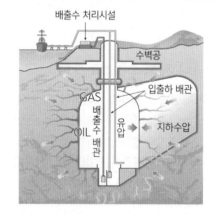

10 주유취급소(규칙 제37조 [별표 13])

1. 주유공지 및 급유공지

(1) 주유취급소의 고정주유설비의 주위에는 주유를 받으려는 자동차 등이 출입할 수 있도록 너비 15m 이상, 길이 6m 이상의 콘크리트 등으로 포장한 공지(이하 "주유공지")를 보유하여야 하고, 고정급유설비를 설치하는 경우에는 고정급유설비의 호스기기의 주위에 필요한 공지(이하 "급유공지")를 보유하여야 한다.

(2) 공지의 바닥은 주위 지면보다 높게 하고, 그 표면을 적당하게 경사지게 하여 새어나온 기름 그 밖의 액체가 공지의 외부로 유출되지 아니하도록 배수구·집유설비 및 유분리장치를 하여야 한다.

① 고정주유설비: 펌프기기 및 호스기기로 되어 위험물을 자동차등에 직접 주유하기 위한 설비로서 현수식의 것을 포함한다.

② 고정급유설비: 펌프기기 및 호스기기로 되어 위험물을 용기에 옮겨 담거나 이동저장탱크에 주입하기 위한 설비로서 현수식의 것을 포함한다.

2. 표지 및 게시판

(1) 주유 중 엔진 정지: 황색 바탕에 흑색 문자

(2) 화기엄금: 적색 바탕에 백색 문자

3. 주유취급소에서 저장·취급할 수 있는 탱크

(1) 자동차 등에 주유하기 위한 고정주유설비에 직접 접속하는 전용탱크: 50,000L 이하

(2) 고정급유설비에 직접 접속하는 전용탱크: 50,000L 이하

(3) 보일러 등에 직접 접속하는 전용탱크: 10,000L 이하

(4) 자동차 등을 점검·정비하는 작업장 등에서 사용하는 폐유·윤활유 등의 위험물을 저장하는 탱크: 2,000L 이하의 탱크(이하 "폐유탱크등"이라 한다)

(5) 고정주유설비 또는 고정급유설비에 직접 접속하는 3기 이하의 간이탱크

4. 고정주유설비등

(1) 주유취급소에는 자동차 등의 연료탱크에 직접 주유하기 위한 고정주유설비를 설치하여야 한다.

(2) 주유취급소의 고정주유설비 및 고정급유설비

① 펌프기기 주유관 선단에서의 최대 토출량

종류	토출량
제1석유류	50L/min 이하
경유	180L/min 이하
등유	80L/min 이하

② 이동저장탱크에 주입하기 위한 고정급유설비의 펌프기기는 최대토출량이 분당 300L 이하인 것으로 할 수 있으며, 분당 토출량이 200L 이상인 것의 경우에는 주유설비에 관계된 모든 배관의 안지름을 40mm 이상으로 하여야 한다.

(3) 고정주유설비 또는 고정급유설비의 주유관의 길이는 5m 이내로 할 것

(4) 고정주유설비등

① 고정주유설비의 중심선을 기점으로 이격거리

ⓐ 도로경계선: 4m 이상

ⓑ 부지경계선·담 및 건축물의 벽: 2m(개구부가 없는 벽으로부터 1m) 이상

② 고정급유설비의 중심선을 기점으로 이격거리

ⓐ 도로경계선: 4m 이상

ⓑ 건축물의 벽: 2m(개구부가 없는 벽까지는 1m) 이상

ⓒ 부지경계선 및 담: 1m 이상

③ 고정주유설비와 고정급유설비의 사이에는 4m 이상

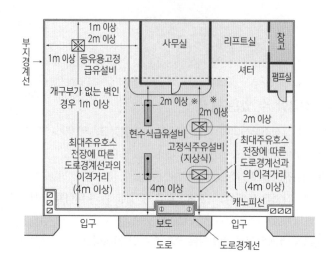

5. 건축물 등의 제한(설치 가능한 건축물 및 시설)

(1) 주유 또는 등유·경유를 옮겨 담기 위한 작업장

(2) 주유취급소의 업무를 행하기 위한 사무소

(3) 자동차 등의 점검 및 간이정비를 위한 작업장

(4) 자동차 등의 세정을 위한 작업장

(5) 주유취급소에 출입하는 사람을 대상으로 한 점포·휴게음식점 또는 전시장

(6) 주유취급소의 관계자가 거주하는 주거시설

(7) 전기자동차용 충전설비

(8) 그 밖의 소방청장이 정하여 고시하는 건축물 또는 시설. 단, 건축물 중 주유취급소의 직원 외의 자가 출입하는 나목·다목 및 마목의 용도에 제공하는 부분의 면적의 합은 1,000m²를 초과할 수 없다.

6. 건축물 등의 구조

주유원 간이대기실 설치 기준은 다음과 같다.

(1) 불연재료로 할 것

(2) 바퀴가 부착되지 아니한 고정식일 것

(3) 차량의 출입 및 주유작업에 장애를 주지 아니하는 위치에 설치할 것

(4) 바닥면적이 2.5m² 이하일 것. 다만, 주유공지 및 급유공지 외의 장소에 설치하는 것은 그러하지 아니하다.

7. 담 또는 벽

주유취급소의 주위에는 자동차 등이 출입하는 쪽외의 부분에 높이 2m 이상의 내화구조 또는 불연재료의 담 또는 벽을 설치하되, 주유취급소의 인근에 연소의 우려가 있는 건축물이 있는 경우에는 소방청장이 정하여 고시하는 바에 따라 방화상 유효한 높이로 하여야 한다.

⑪ 이송취급소(규칙 제39조 [별표 15])

1. 설치장소

(1) 이송취급소 설치 제외 장소

① 철도 및 도로의 터널 안

② 고속국도 및 자동차전용도로의 차도·길어깨 및 중앙분리대

③ 호수·저수지 등으로서 수리의 수원이 되는 곳

④ 급경사지역으로서 붕괴의 위험이 있는 지역

(2) 이송취급소 설치 장소

① 지형상황 등 부득이한 사유가 있고 안전에 필요한 조치를 하는 경우

② 제1호 나목 또는 다목의 장소에 횡단하여 설치하는 경우

2. 배관설치의 기준

(1) 지하매설 설치기준

① 안전거리

ㄱ 건축물(지하가내의 건축물 제외): 1.5m 이상

ㄴ 지하가 및 터널: 10m 이상(누설확산방지조치 → 1/2 단축 가능)

ㄷ 수도시설(위험물의 유입우려가 있는 것에 한한다): 300m 이상(누설확산방지조치 → 1/2 단축 가능)

② 배관은 그 외면으로부터 다른 공작물에 대하여 0.3m 이상의 거리를 보유할 것

③ 배관의 외면과 지표면과의 거리는 산이나 들에 있어서는 0.9m 이상, 그 밖의 지역에 있어서는 1.2m 이상으로 할 것

④ 배관은 지반의 동결로 인한 손상을 받지 아니하는 적절한 깊이로 매설할 것

⑤ 성토 또는 절토를 한 경사면의 부근에 배관을 매설하는 경우에는 경사면의 붕괴에 의한 피해가 발생하지 아니하도록 매설할 것

⑥ 배관의 입상부, 지반의 급변부 등 지지조건이 급변하는 장소에 있어서는 굽은관을 사용하거나 지반개량 그 밖에 필요한 조치를 강구할 것

⑦ 배관의 하부에는 사질토 또는 모래로 20cm(자동차 등의 하중이 없는 경우에는 10cm) 이상, 배관의 상부에는 사질토 또는 모래로 30cm(자동차 등의 하중에 없는 경우에는 20cm) 이상 채울 것

(2) 도로 밑 매설

① 배관은 원칙적으로 자동차하중의 영향이 적은 장소에 매설할 것

② 배관은 그 외면으로부터 도로의 경계에 대하여 1m 이상의 안전거리를 둘 것

③ 시가지 도로의 밑에 매설하는 경우에는 배관의 상부로부터 30cm 이상 위에 설치할 것

④ 배관은 그 외면으로부터 다른 공작물에 대하여 0.3m 이상의 거리를 보유할 것

(3) 지상설치

① 배관이 지표면에 접하지 아니하도록 할 것

② 배관 안전거리 기준

시설물	안전거리
• 철도 또는 도로의 경계선 • 주택 또는 다수의 사람이 출입 또는 근무하는 것	25m 이상
고압가스제조시설, 고압가스저장시설, 액화산소소비시설, 액화석유가스제조시설, 액화석유가스저장시설	35m 이상
• 학교, 병원(종합병원, 병원, 치과병원, 한방병원, 요양병원), 공연장, 영화상영관, 복지시설(아동복지시설, 노인복지시설, 장애인복지시설등) • 공공공지, 도시공원 • 판매시설, 숙박시설, 위락시설(연면적 1,000m² 이상) • 기차역 또는 버스터미널(1일 평균 20,000명 이상)	45m 이상
지정문화재	65m 이상
수도시설(위험물이 유입될 가능성이 있는 것)	300m 이상

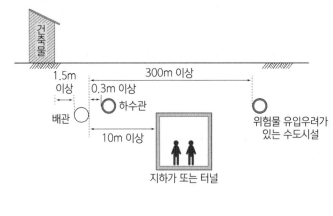

12 소화설비, 경보설비 및 피난설비의 기준(규칙 제41조 제2항·제42조 제2항·제43조 제2항 [별표 17])

1. 소화설비

(1) 소화설비의 적응성

소화설비의 구분		건축물·그 밖의 공작물	전기설비	제1류 위험물 알칼리금속과산화물 등	제1류 위험물 그 밖의 것	제2류 위험물 철분·금속분·마그네슘 등	제2류 위험물 인화성고체	제2류 위험물 그밖의 것	제3류 위험물 금수성물품	제3류 위험물 그 밖의 것	제4류 위험물	제5류 위험물	제6류 위험물
옥내소화전 또는 옥외소화전설비		○			○		○	○		○		○	○
스프링클러설비		○			○		○	○		○	△	○	○
물분무등소화설비	물분무소화설비	○	○		○		○	○		○	○	○	○
	포소화설비	○			○		○	○		○	○	○	○
	불활성가스소화설비		○				○				○		
	할로겐화합물소화설비		○				○				○		
	분말소화설비 인산염류 등	○	○		○		○				○		○
	분말소화설비 탄산수소염류 등		○	○		○	○		○		○		
	분말소화설비 그 밖의 것			○		○			○				
대형·소형수동식소화기	봉상수(棒狀水)소화기	○			○		○	○		○		○	○
	무상수(霧狀水)소화기	○	○		○		○	○		○		○	○
	봉상강화액소화기	○			○		○	○		○		○	○
	무상강화액소화기	○	○		○		○	○		○	○	○	○
	포소화기	○			○		○	○		○	○	○	○
	이산화탄소소화기		○				○				○		△
	할로겐화합물소화기		○				○				○		
	분말소화기 인산염류소화기	○	○		○		○	○			○		○
	분말소화기 탄산수소염류소화기	○	○	○		○	○		○		○		
	분말소화기 그 밖의 것		○	○		○			○				
기타	물통 또는 수조	○			○		○	○		○		○	○
	건조사			○	○	○	○	○	○	○	○	○	○
	팽창질석 또는 팽창진주암			○	○	○	○	○	○	○	○	○	○

▶ 비고

1. "○" 표시는 당해 소방대상물 및 위험물에 대하여 소화설비가 적응성이 있음을 표시하고, "△" 표시는 제4류 위험물을 저장 또는 취급하는 장소의 살수기준면적에 따라 스프링클러설비의 살수밀도가 다음 표에 정하는 기준 이상인 경우에는 당해 스프링클러설비가 제4류 위험물에 대하여 적응성이 있음을, 제6류 위험물을 저장 또는 취급하는 장소로서 폭발의 위험이 없는 장소에 한하여 이산화탄소소화기가 제6류 위험물에 대하여 적응성이 있음을 각각 표시한다.
2. 인산염류 등은 인산염류, 황산염류 그 밖에 방염성이 있는 약제를 말한다.
3. 탄산수소염류 등은 탄산수소염류 및 탄산수소염류와 요소의 반응생성물을 말한다.
4. 알칼리금속과산화물 등은 알칼리금속의 과산화물 및 알칼리금속의 과산화물을 함유한 것을 말한다.
5. 철분·금속분·마그네슘 등은 철분·금속분·마그네슘과 철분·금속분 또는 마그네슘을 함유한 것을 말한다.

(2) 소화설비의 설치기준

　전기설비의 소화설비: 제조소등에 전기설비(전기배선, 조명기구 등은 제외한다)가 설치된 경우에는 당해 장소의 면적 100m²마다 소형수동식소화기를 1개 이상 설치할 것

(3) 소화설비의 설치기준

　① 전기설비의 소화설비: 제조소등에 전기설비(전기배선, 조명기구 등은 제외한다)가 설치된 경우에는 당해 장소의 면적 100m²마다 소형수동식소화기를 1개 이상 설치할 것

　② 소요단위 및 능력단위
　　㉠ 소요단위: 소화설비의 설치대상이 되는 건축물 그 밖의 공작물의 규모 또는 위험물의 양의 기준단위
　　㉡ 능력단위: ㉠의 소요단위에 대응하는 소화설비의 소화능력의 기준단위

　③ 소요단위의 계산방법: 건축물 그 밖의 공작물 또는 위험물의 소요단위의 계산방법은 다음의 기준에 의할 것
　　㉠ 제조소 또는 취급소의 건축물은 외벽이 내화구조인 것은 연면적(제조소등의 용도로 사용되는 부분 외의 부분이 있는 건축물에 설치된 제조소등에 있어서는 당해 건축물중 제조소등에 사용되는 부분의 바닥면적의 합계를 말한다. 이하 같다) 100m²를 1소요단위로 하며, 외벽이 내화구조가 아닌 것은 연면적 50m²를 1소요단위로 할 것
　　㉡ 저장소의 건축물은 외벽이 내화구조인 것은 연면적 150m²를 1소요단위로 하고, 외벽이 내화구조가 아닌 것은 연면적 75m²를 1소요단위로 할 것
　　㉢ 제조소등의 옥외에 설치된 공작물은 외벽이 내화구조인 것으로 간주하고 공작물의 최대수평투영면적을 연면적으로 간주하여 ㉠ 및 ㉡의 규정에 의하여 소요단위를 산정할 것
　　㉣ 위험물은 지정수량의 10배를 1소요단위로 할 것

2. 경보설비

(1) 제조소등별로 설치해야 하는 경보설비의 종류

(2) 자동화재탐지설비의 설치기준

　① 자동화재탐지설비의 경계구역(화재가 발생한 구역을 다른 구역과 구분하여 식별할 수 있는 최소단위의 구역을 말한다. 이하 이 호에서 같다)은 건축물 그 밖의 공작물의 2 이상의 층에 걸치지 아니하도록 할 것. 다만, 하나의 경계구역의 면적이 500m² 이하이면서 당해 경계구역이 두개의 층에 걸치는 경우이거나 계단·경사로·승강기의 승강로 그 밖에 이와 유사한 장소에 연기감지기를 설치하는 경우에는 그러하지 아니하다.

　② 하나의 경계구역의 면적은 600m² 이하로 하고 그 한변의 길이는 50m(광전식분리형 감지기를 설치할 경우에는 100m)이하로 할 것. 다만, 당해 건축물 그 밖의 공작물의 주요한 출입구에서 그 내부의 전체를 볼 수 있는 경우에 있어서는 그 면적을 1,000m² 이하로 할 수 있다.

　③ 자동화재탐지설비의 감지기(옥외탱크저장소에 설치하는 자동화재탐지설비의 감지기는 제외한다)는 지붕(상층이 있는 경우에는 상층의 바닥) 또는 벽의 옥내에 면한 부분(천장이 있는 경우에는 천장 또는 벽의 옥내에 면한 부분 및 천장의 뒷 부분)에 유효하게 화재의 발생을 감지할 수 있도록 설치할 것

3. 피난설비

(1) 주유취급소 중 건축물의 2층 이상의 부분을 점포·휴게음식점 또는 전시장의 용도로 사용하는 것에 있어서는 당해 건축물의 2층 이상으로부터 주유취급소의 부지 밖으로 통하는 출입구와 당해 출입구로 통하는 통로·계단 및 출입구에 유도등을 설치하여야 한다.

(2) 옥내주유취급소에 있어서는 당해 사무소 등의 출입구 및 피난구와 당해 피난구로 통하는 통로·계단 및 출입구에 유도등을 설치하여야 한다.

(3) 유도등에는 비상전원을 설치하여야 한다.

⑬ 제조소등에서의 위험물의 저장 및 취급에 관한 기준(규칙 제49조 [별표 18])

1. 위험물의 유별 저장·취급의 공통기준(중요기준)

(1) 제1류 위험물은 가연물과의 접촉·혼합이나 분해를 촉진하는 물품과의 접근 또는 과열·충격·마찰 등을 피하는 한편, 알카리금속의 과산화물 및 이를 함유한 것에 있어서는 물과의 접촉을 피하여야 한다.

(2) 제2류 위험물은 산화제와의 접촉·혼합이나 불티·불꽃·고온체와의 접근 또는 과열을 피하는 한편, 철분·금속분·마그네슘 및 이를 함유한 것에 있어서는 물이나 산과의 접촉을 피하고 인화성 고체에 있어서는 함부로 증기를 발생시키지 아니하여야 한다.

(3) 제3류 위험물 중 자연발화성물질에 있어서는 불티·불꽃 또는 고온체와의 접근·과열 또는 공기와의 접촉을 피하고, 금수성물질에 있어서는 물과의 접촉을 피하여야 한다.

(4) 제4류 위험물은 불티·불꽃·고온체와의 접근 또는 과열을 피하고, 함부로 증기를 발생시키지 아니하여야 한다.

(5) 제5류 위험물은 불티·불꽃·고온체와의 접근이나 과열·충격 또는 마찰을 피하여야 한다.

(6) 제6류 위험물은 가연물과의 접촉·혼합이나 분해를 촉진하는 물품과의 접근 또는 과열을 피하여야 한다.

(7) **(1)** 내지 **(6)**의 기준은 위험물을 저장 또는 취급함에 있어서 당해 해당 기준에 의하지 아니하는 것이 통상인 경우는 당해 해당 기준을 적용하지 아니한다. 이 경우 당해 저장 또는 취급에 대하여는 재해의 발생을 방지하기 위한 충분한 조치를 강구하여야 한다.

2. 저장의 기준

(1) 저장소에는 위험물 외의 물품을 저장하지 아니하여야 한다. 다만, 다음에 해당하는 경우에는 그러하지 아니하다 (중요기준).

- 중략 -

(2) 영 별표 1의 유별을 달리하는 위험물은 동일한 저장소(내화구조의 격벽으로 완전히 구획된 실이 2 이상 있는 저장소에 있어서는 동일한 실. 이하 제3호에서 같다)에 저장하지 아니하여야 한다. 다만, 옥내저장소 또는 옥외저장소에 있어서 다음의 각 목의 규정에 의한 위험물을 저장하는 경우로서 위험물을 유별로 정리하여 저장하는 한편, 서로 1m 이상의 간격을 두는 경우에는 그러하지 아니하다(중요기준).

① 제1류 위험물(알칼리금속의 과산화물 또는 이를 함유한 것을 제외한다)과 제5류 위험물을 저장하는 경우

② 제1류 위험물과 제6류 위험물을 저장하는 경우

③ 제1류 위험물과 제3류 위험물 중 자연발화성물질(황린 또는 이를 함유한 것에 한한다)을 저장하는 경우

④ 제2류 위험물 중 인화성고체와 제4류 위험물을 저장하는 경우

⑤ 제3류 위험물 중 알킬알루미늄등과 제4류 위험물(알킬알루미늄 또는 알킬리튬을 함유한 것에 한한다)을 저장하는 경우

⑥ 제4류 위험물 중 유기과산화물 또는 이를 함유하는 것과 제5류 위험물 중 유기과산화물 또는 이를 함유한 것을 저장하는 경우

(3) 제3류 위험물 중 황린 그 밖에 물속에 저장하는 물품과 금수성물질은 동일한 저장소에서 저장하지 아니하여야 한다(중요기준).

(4) 옥내저장소에 있어서 위험물은 위험물의 용기 및 수납의 규정에 의한 바에 따라 용기에 수납하여 저장하여야 한다. 다만, 덩어리상태의 황과 제48조의 규정에 의한 위험물에 있어서는 그러하지 아니하다.

Ⅱ

OX 문제

POINT 1-1 총칙

확인학습문제　소방기본법

001
☐☐☐

「소방기본법」은 화재를 예방, 경계하거나 진압하고, 화재, 재난·재해, 그 밖의 위급한 상황에서의 구조, 구급 활동 등을 통하여 국민의 생명·신체 및 재산을 보호함으로써 공공의 안전 및 질서 유지와 복리증진에 이바지함을 목적으로 한다. O | X

X 「소방기본법」은 화재를 예방, 경계하거나 진압하고, 화재, 재난·재해, 그 밖의 위급한 상황에서의 구조, 구급 활동 등을 통하여 국민의 생명·신체 및 재산을 보호함으로써 공공의 안녕 및 질서 유지와 복리증진에 이바지함을 목적으로 한다.

빈출문제　소방기본법

002
☐☐☐

"소방본부장"이란 특별시·광역시·특별자치시·도 또는 특별자치도(이하 "시·도"라 한다)에서 화재의 예방·경계·진압·조사 및 구조·구급 등의 업무를 담당하는 책임자를 말한다. O | X

X "소방본부장"이란 특별시·광역시·특별자치시·도 또는 특별자치도(이하 "시·도"라 한다)에서 화재의 예방·경계·진압·조사 및 구조·구급 등의 업무를 담당하는 부서의 장을 말한다.

> **핵심정리 용어 정의**
>
> 1. 소방대상물이란 건축물, 차량, 선박(「선박법」 제1조의2 제1항에 따른 선박으로서 항구에 매어둔 선박만 해당한다), 선박 건조 구조물, 산림, 그 밖의 인공 구조물 또는 물건을 말한다.
> 2. 관계지역이란 소방대상물이 있는 장소 및 그 이웃 지역으로서 화재의 예방·경계·진압, 구조·구급 등의 활동에 필요한 지역을 말한다.
> 3. 관계인이란 소방대상물의 소유자·관리자 또는 점유자를 말한다.
> 4. 소방본부장이란 특별시·광역시·특별자치시·도 또는 특별자치도에서 화재의 예방·경계·진압·조사 및 구조·구급 등의 업무를 담당하는 부서의 장을 말한다.
> 5. 소방대란 화재를 진압하고 화재, 재난·재해, 그 밖의 위급한 상황에서 구조·구급 활동 등을 하기 위하여 소방공무원, 의무소방원, 의용소방대원으로 구성된 조직체를 말한다.
> 6. 소방대장이란 소방본부장 또는 소방서장 등 화재, 재난·재해, 그 밖의 위급한 상황이 발생한 현장에서 소방대를 지휘하는 사람을 말한다.

20. 경채　소방기본법

003
☐☐☐

소방대장은 소방본부장 또는 소방서장 등 화재, 재난·재해, 그 밖의 위급한 상황이 발생한 현장에서 소방대를 지휘하는 사람을 말한다. O | X

O

004

☐☐☐

소방대의 구성원은 소방안전관리자, 의무소방원, 자체소방대원, 의용소방대원 및 자위소방대원이다.

O | X

X 소방대란 화재를 진압하고 화재, 재난·재해, 그 밖의 위급한 상황에서 구조·구급 활동 등을 하기 위하여 소방공무원, 의무소방원, 의용소방대원으로 구성된 조직체를 말한다.

005

☐☐☐

방호대상물이란 건축물, 차량, 선박(「선박법」 제1조의2 제1항에 따른 선박으로서 항구에 매어둔 선박만 해당한다), 선박 건조 구조물, 산림, 그 밖의 인공 구조물 또는 물건을 말하고, 경계지역이란 방대상물이 있는 장소 및 그 이웃 지역으로서 화재의 예방·경계·진압, 구조·구급 등의 활동에 필요한 지역을 말한다.

O | X

X 소방대상물이란 건축물, 차량, 선박(「선박법」 제1조의2 제1항에 따른 선박으로서 항구에 매어둔 선박만 해당한다), 선박 건조 구조물, 산림, 그 밖의 인공 구조물 또는 물건을 말하고, 관계지역이란 방대상물이 있는 장소 및 그 이웃 지역으로서 화재의 예방·경계·진압, 구조·구급 등의 활동에 필요한 지역을 말한다.

006

☐☐☐

시·도에서 소방업무를 수행하기 위하여 시·도지사 직속으로 소방본부를 두며, 시·도의 소방업무를 수행하는 소방기관의 설치에 필요한 사항은 행정안전부령으로 정한다.

O | X

X 시·도에서 소방업무를 수행하기 위하여 시·도지사 직속으로 소방본부를 두며, 시·도의 소방업무를 수행하는 소방기관의 설치에 필요한 사항은 대통령령으로 정한다.

007

☐☐☐

원칙적으로 소방업무를 수행하는 소방본부장 또는 소방서장은 소방청장의 지휘와 감독을 받는다.

O | X

X 소방업무를 수행하는 소방본부장 또는 소방서장은 그 소재지를 관할하는 시·도지사의 지휘와 감독을 받는다. 그럼에도 불구하고 소방청장은 화재예방 및 대형 재난 등 필요한 경우 시·도 소방본부장 및 소방서장을 지휘·감독할 수 있다.

008

☐☐☐

시·도에서 소방업무를 수행하기 위하여 시·도지사 직속으로 소방본부를 둔다.

O | X

O

009

☐☐☐

119종합상황실의 설치 및 운영목적은 정보의 수집·분석과 판단·전파, 상황관리, 현장 지휘 및 조정·통제 등이다.

O | X

O

010

□□□

119종합상황실의 설치 · 운영에 필요한 사항은 해당 시 · 도의 조례로 정한다.　　O | X

X　119종합상황실의 설치 · 운영에 필요한 사항은 행정안전부령으로 정한다.

011

□□□

종합상황실은 소방청과 시 · 도 및 시 · 군 · 구에 각각 설치 · 운영하여야 한다.　　O | X

X　종합상황실은 소방청과 시 · 도의 소방본부 및 소방서에 각각 설치 · 운영하여야 한다.

012

□□□

시 · 도지사는 신속한 소방활동을 위한 정보를 수집 · 전파하기 위하여 종합상황실에 「소방력 기준에 관한 규칙」에 의한 전산 · 통신요원을 배치하고, 소방청장이 정하는 유 · 무선통신시설을 갖추어야 한다.　　O | X

X　소방청장, 소방본부장 또는 소방서장은 신속한 소방활동을 위한 정보를 수집 · 전파하기 위하여 종합상황실에 「소방력 기준에 관한 규칙」에 의한 전산 · 통신요원을 배치하고, 소방청장이 정하는 유 · 무선통신시설을 갖추어야 한다.

013

□□□

종합상황실의 실장은 접수된 재난상황을 검토하여 가까운 소방서에 인력 및 장비의 동원을 요청하는 등의 사고수습, 하급소방기관에 대한 출동지령 또는 동급 이상의 소방기관 및 유관기관에 대한 지원요청 등의 업무를 수행하여야 한다.　　O | X

O

> **📖 핵심정리 종합상활실의 실장의 업무**
>
> 1. 화재, 재난 · 재해 그 밖에 구조 · 구급이 필요한 상황("재난상황")의 발생의 신고접수
> 2. 접수된 재난상황을 검토하여 가까운 소방서에 인력 및 장비의 동원을 요청하는 등의 사고수습
> 3. 하급소방기관에 대한 출동지령 또는 동급 이상의 소방기관 및 유관기관에 대한 지원요청
> 4. 재난상황의 전파 및 보고
> 5. 재난상황이 발생한 현장에 대한 지휘 및 피해현황의 파악
> 6. 재난상황의 수습에 필요한 정보수집 및 제공

014

□□□

종합상황실의 실장이 그 사실을 지체없이 서면 · 팩스 또는 컴퓨터통신 등으로 소방서의 종합상황실의 경우는 소방본부의 종합상황실에, 소방본부의 종합상황실의 경우는 소방청의 종합상황실에 각각 보고해야 하는 대상은 다음과 같다.
1. 사망자가 5인 이상 발생하거나 사상자가 10인 이상 발생한 화재
2. 이재민이 50인 이상 발생한 화재
3. 재산피해액이 100억원 이상 발생한 화재
4. 관공서 · 학교 · 정부미도정공장 · 문화재 · 지하철 또는 지하구의 화재　　O | X

X　이재민이 100인 이상 발생한 화재, 재산피해액이 50억원 이상 발생한 화재가 해당된다.

015

□□□

종합상황실의 실장은 층수(「건축법 시행령」 제119조 제1항 제9호의 규정에 의하여 산정한 층수를 말한다)가 6층 이상 인 건축물에서 화재가 발생한 경우 서면·팩스 또는 컴퓨터통신 등의 방법으로 직상기관에 보고해야 한다.   O | X

X 11층 이상인 건축물이 해당된다.

016

□□□

종합상황실의 실장이 직상기관으로 보고해야 하는 대상에는 지정수량의 3천배 이상의 위험물의 제조소·저장소·취급 소, 층수가 5층 이상이거나 객실이 30실 이상인 숙박시설, 층수가 5층 이상이거나 병상이 30개 이상인 종합병원·정신 병원·한방병원·요양소, 연면적 1만제곱미터 이상인 공장이 해당된다.   O | X

X 연면적 1만5천제곱미터 이상인 공장이 해당된다.

017

□□□

종합상황실의 실장은 「긴급구조대응활동 및 현장지휘에 관한 규칙」에 의한 통제단장의 현장지휘가 필요한 재난상황, 언론에 보도된 재난상황, 그 밖에 소방청장이 정하는 재난상황이 발생한 경우 30일 이내에 서면·팩스 또는 컴퓨터통 신 등의 방법으로 직상기관에 보고해야 한다.   O | X

X 해당 사항의 재난이 발생한 경우 지체없이 보고해야 한다.

018

□□□

시·도지사 또는 소방청장은 소방시설, 소방공사 및 위험물 안전관리 등과 관련된 법령해석 등의 민원을 종합적으로 접수하여 처리할 수 있는 기구("소방기술민원센터")를 설치·운영하여야 한다.   O | X

X 소방청장 또는 소방본부장은 소방시설, 소방공사 및 위험물 안전관리 등과 관련된 법령해석 등의 민원을 종합적으로 접수하여 처리할 수 있는 기구를 설치·운영할 수 있다.

019

□□□

소방기술민원센터는 센터장을 포함하여 18명 이내로 구성한다.   O | X

O

020
☐☐☐

소방기술민원센터는 소방시설, 피난시설·방화구획·방화시설, 소방공사와 위험물 안전관리 등과 관련된 법령해석 등의 민원 처리 업무를 수행한다. 　　　　　　　　　　　　　　　　　　　O | X

X 피난시설·방화구획·방화시설은 해당하지 않는다.

> 📖📖 **핵심정리** **소방기술민원센터의 업무**
>
> 1. 소방시설, 소방공사와 위험물 안전관리 등과 관련된 법령해석 등의 민원("소방기술민원")의 처리
> 2. 소방기술민원과 관련된 질의회신집 및 해설서 발간
> 3. 소방기술민원과 관련된 정보시스템의 운영·관리
> 4. 소방기술민원과 관련된 현장 확인 및 처리
> 5. 그 밖에 소방기술민원과 관련된 업무로서 소방청장 또는 소방본부장이 필요하다고 인정하여 지시하는 업무

021
☐☐☐

「소방기본법 시행령」에서 규정한 사항 외에 소방기술민원센터의 설치·운영에 필요한 사항은 소방청에 설치하는 경우에는 소방청장이 정하고, 소방본부에 설치하는 경우에는 해당 시·도의 조례로 정한다. 　　　　　O | X

X 소방본부에 설치하는 경우에는 해당 시·도의 규칙으로 정한다.

022
☐☐☐

소방의 역사와 안전문화를 발전시키고 국민의 안전 의식을 높이기 위하여 시·도지사는 소방박물관을, 소방청장은 소방체험관(화재 현장에서의 피난 등을 체험할 수 있는 체험관을 말한다)을 설립하여 운영할 수 있다. 　　　O | X

X 소방의 역사와 안전문화를 발전시키고 국민의 안전 의식을 높이기 위하여 소방청장은 소방박물관을, 시·도지사는 소방체험관을 설립하여 운영할 수 있다.

023
☐☐☐

소방박물관의 설립과 운영에 필요한 사항은 행정안전부령으로 정하고, 소방체험관의 설립과 운영에 필요한 사항은 시·도의 조례로 정한다. 　　　　　　　　　　　　　　　　　　　O | X

X 소방체험관의 설립과 운영에 필요한 사항은 행정안전부령으로 정하는 기준에 따라 시·도의 조례로 정한다.

024
☐☐☐

소방박물관의 설립과 운영에 필요한 사항은 시·도의 조례로 정하고, 소방체험관의 설립과 운영에 필요한 사항은 시·도의 조례로 정하는 기준에 따라 행정안전부령으로 정한다. 　　　　　　　　　　　O | X

X 소방박물관의 설립과 운영에 필요한 사항은 행정안전부령으로 정하고, 소방체험관의 설립과 운영에 필요한 사항은 행정안전부령으로 정하는 기준에 따라 시·도의 조례로 정한다.

025
☐☐☐

소방청장은 소방박물관을 설립·운영하는 경우에는 소방박물관에 소방박물관장 1인과 부관장 2인을 두되, 소방박물관장은 소방공무원 중에서 행정안전부장관이 임명한다.   O | X

X   소방청장은 소방박물관을 설립·운영하는 경우에는 소방박물관에 소방박물관장 1인과 부관장 1인을 두되, 소방박물관장은 소방공무원 중에서 소방청장이 임명한다.

026
☐☐☐

소방박물관에는 그 운영에 관한 중요한 사항을 심의하기 위하여 7인 이내의 위원으로 구성된 운영위원회를 둔다.   O | X

O

027
☐☐☐

소방체험관은 재난 및 안전사고 유형에 따른 예방, 대처, 대응 등에 관한 체험교육(이하 "체험교육"이라 한다)의 제공 등의 기능을 수행한다.   O | X

O

> **📖 핵심정리 소방체험관의 기능**
> 1. 재난 및 안전사고 유형에 따른 예방, 대처, 대응 등에 관한 체험교육("체험교육")의 제공
> 2. 체험교육 프로그램의 개발 및 국민 안전의식 향상을 위한 홍보·전시
> 3. 체험교육 인력의 양성 및 유관기관·단체 등과의 협력
> 4. 그 밖에 체험교육을 위하여 시·도지사가 필요하다고 인정하는 사업의 수행

028
☐☐☐

소방체험관 중 소방안전 체험실로 사용되는 부분의 바닥면적의 합이 600제곱미터 이상이 되어야 한다.   O | X

X   바닥면적의 합이 900제곱미터 이상이 되어야 한다.

029
☐☐☐

소방체험관은 자연재난안전 분야의 기후성 재난 체험실과 지질성 재난 체험실을 갖추어야 한다.   O | X

O

030

☐☐☐

체험실별 체험교육을 담당하는 교수요원은 소방공무원 중에서 해당 요건을 충족하는 사람이어야 한다.　　O | X

O

📖 핵심정리 소방체험관의 교수요원 자격 기준

체험실별 체험교육을 총괄하는 교수요원은 소방공무원 중 다음의 어느 하나에 해당하는 사람이어야 한다.
1. 소방 관련학과의 석사학위 이상을 취득한 사람
2. 소방안전교육사, 소방시설관리사, 소방기술사 또는 소방설비기사 자격을 취득한 사람
3. 간호사 또는 응급구조사 자격을 취득한 사람
4. 소방청장이 실시하는 인명구조사시험 또는 화재대응능력시험에 합격한 사람
5. 소방활동이나 생활안전활동을 3년 이상 수행한 경력이 있는 사람
6. 5년 이상 근무한 소방공무원 중 시·도지사가 체험실의 교수요원으로 적합하다고 인정하는 사람

031

☐☐☐

시·도지사는 소방체험관 이용자에 대한 안전지도 및 질서 유지 등을 담당할 자원봉사자를 모집하여 활용할 수 있다.　　O | X

O

032

☐☐☐

체험교육을 실시할 때 체험실에는 1명 이상의 교수요원을 배치하고, 교수요원은 체험교육대상자 30명당 1명 이상이 배치되도록 하여야 한다.　　O | X

X　조교는 체험교육대상자 30명당 1명 이상이 배치되도록 하여야 한다.

033

☐☐☐

소방체험관의 장은 소방체험관에서 발생한 사고로 인한 이용자 등의 생명·신체나 재산상의 손해를 보상하기 위한 보험 또는 공제에 가입하여야 한다.　　O | X

X　"소방체험관의 장"이 아니라 "시·도지사"이다.

📖 핵심정리 소방체험관의 안전관리 기준

1. 시·도지사는 소방체험관에서 발생한 사고로 인한 이용자 등의 생명·신체나 재산상의 손해를 보상하기 위한 보험 또는 공제에 가입하여야 한다.
2. 교수요원은 체험교육 실시 전에 체험실의 시설 및 장비의 이상 유무를 반드시 확인하는 등 안전검검을 실시하여야 한다.
3. 소방체험관의 장은 소방체험관에서 발생하는 각종 안전사고 등을 총괄하여 관리하는 안전관리자를 지정하여야 한다.
4. 소방체험관의 장은 안전사고 발생 시 신속한 응급처치 및 병원 이송 등의 조치를 하여야 한다.
5. 소방체험관의 장은 소방체험관의 이용자의 안전에 위해(危害)를 끼치거나 끼칠 위험이 있다고 인정되는 이용자에 대하여 출입 금지 또는 행위의 제한, 체험교육의 거절 등의 조치를 하여야 한다.

034
☐☐☐

소방체험관의 장은 체험교육의 운영결과, 만족도 조사결과 등을 기록하고 이를 2년간 보관하여야 한다.　O | X

X　3년간 보관해야 한다.

035
☐☐☐

소방청장, 소방본부장 또는 소방서장은 체험교육 운영인력에 대하여 체험교육과 관련된 지식·기술 및 소양 등에 관한 교육훈련을 2년마다 1회 2주 이상 이수하도록 하여야 한다.　O | X

X　시·도지사는 체험교육 운영인력에 대하여 체험교육과 관련된 지식·기술 및 소양 등에 관한 교육훈련을 연간 12시간 이상 이수하도록 하여야 한다.

036
☐☐☐

소방청장은 화재, 재난·재해, 그 밖의 위급한 상황으로부터 국민의 생명·신체 및 재산을 보호하기 위하여 소방업무에 관한 종합계획을 5년마다 수립·시행하여야 한다. 소방청장은 소방업무에 관한 종합계획을 시·도지사와 협의를 거쳐 계획 시행 전년도 10월 31일까지 수립하여야 한다.　O | X

X　소방청장은 소방업무에 관한 종합계획을 관계 중앙행정기관의 장과의 협의를 거쳐 계획 시행 전년도 10월 31일까지 수립하여야 한다.

037
☐☐☐

소방청장은 수립한 종합계획을 관계 중앙행정기관의 장, 소방본부장 및 소방서장에게 통보하여야 한다.　O | X

X　소방청장은 수립한 종합계획을 관계 중앙행정기관의 장, 시·도지사에게 통보하여야 한다.

038
☐☐☐

소방업무의 종합계획에는 소방업무의 교육 및 홍보(소방자동차의 우선 통행 등에 관한 홍보는 제외한다)에 관한 사항이 포함되어야 한다.　O | X

X　소방자동차의 우선 통행 등에 관한 홍보를 포함한다.

> 📖 **핵심정리 종합계획 포함사항**
> 1. 소방서비스의 질 향상을 위한 정책의 기본방향
> 2. 소방업무에 필요한 체계의 구축, 소방기술의 연구·개발 및 보급
> 3. 소방업무에 필요한 장비의 구비
> 4. 소방전문인력 양성
> 5. 소방업무에 필요한 기반조성
> 6. 소방업무의 교육 및 홍보(제21조에 따른 소방자동차의 우선 통행 등에 관한 홍보를 포함한다)
> 7. 소방업무의 효율적 수행을 위하여 필요한 사항으로서 대통령령으로 정하는 사항
>   • 재난·재해 환경 변화에 따른 소방업무에 필요한 대응 체계 마련
>   • 장애인, 노인, 임산부, 영유아 및 어린이 등 이동이 어려운 사람을 대상으로 한 소방활동에 필요한 조치

039
□□□

시장·군수·구청장은 종합계획의 시행에 필요한 세부계획을 계획 시행 전년도 12월 31일까지 수립하여 소방청장에게 제출하여야 한다.   O | X

X "시장·군수·구청장"이 아니라 "시·도지사"이다.

040
□□□

국민의 안전의식과 화재에 대한 경각심을 높이고 안전문화를 정착시키기 위하여 매년 11월 9일을 소방의 날로 정하여 기념행사를 한다.   O | X

O

041
□□□

소방청장은 「의사상자 등 예우 및 지원에 관한 법률」 제2조에 따른 의사상자(義死傷者)로서 같은 법 제3조 제3호 또는 제4호에 해당하는 사람 또는 소방행정 발전에 공로가 있다고 인정되는 사람을 명예직 소방대원으로 위촉할 수 있다.   O | X

O

빈출문제 소방기본법

042
☐☐☐

소방기관이 소방업무를 수행하는 데에 필요한 인력과 장비 등[이하 "소방력"(消防力)이라 한다]에 관한 기준은 대통령령으로 정한다. O | X

X 위임규정은 행정안전부령이다.

빈출문제 소방기본법

043
☐☐☐

소방청장은 소방력의 기준에 따라 시·도의 소방력을 확충하기 위하여 필요한 계획을 수립하여 시행하여야 한다. O | X

X 시·도지사는 소방력의 기준에 따라 관할구역의 소방력을 확충하기 위하여 필요한 계획을 수립하여 시행하여야 한다.

빈출문제 소방기본법

044
☐☐☐

소방자동차 등 소방장비의 분류·표준화와 그 관리 등에 필요한 사항은 따로 법률에서 정한다. O | X

O

---

19. 경채 소방기본법

045
☐☐☐

국가는 소방장비의 구입 등 시·도의 소방업무에 필요한 경비의 전부 또는 일부를 보조하고, 보조 대상사업의 범위와 기준보조율은 행정안전부령으로 정한다. O | X

X 국가는 소방장비의 구입 등 시·도의 소방업무에 필요한 경비의 일부를 보조하고, 보조 대상사업의 범위와 기준보조율은 대통령령으로 정한다.

---

21. 경채 소방기본법

046
☐☐☐

국가는 소방장비의 구입 등 시·도의 소방업무에 필요한 경비의 전부를 보조한다. O | X

X 국가는 소방장비의 구입 등 시·도의 소방업무에 필요한 경비의 일부를 보조한다.

빈출문제 소방기본법 시행령

047
☐☐☐

소방관서용 청사의 대수선은 국고보조 대상사업의 범위에 해당한다. O | X

X 소방관서용 청사의 건축이 해당한다.

048

소방자동차, 소방헬리콥터 및 소방정, 소방전용통신설비 및 전산설비 및 그 밖에 방화복 등 소방활동에 필요한 소방장비의 구입은 국고보조 대상사업의 범위에 해당하나 설치와 관련된 비용은 해당되지 않는다.　　O | X

X　소방활동장비와 설비의 구입 및 설치와 관련된 비용은 국고보조 대상사업의 범위에 해당한다.

049

소방활동장비 및 설비의 종류와 규격은 대통령령으로 정하고, 국고보조 대상사업의 기준보조율은 행정안전부령으로 정한다.　　O | X

X　소방활동장비 및 설비의 종류와 규격은 행정안전부령으로 정하고, 국고보조 대상사업의 기준보조율은 「보조금 관리에 관한 법률 시행령」에서 정하는 바에 따른다.

050

정부고시가격 또는 조달청에서 조사한 해외시장의 시가가 없는 물품은 2 이상의 공신력 있는 물가조사기관에서 조사한 가격의 최저가격을 국고보조산정을 위한 기준가격으로 한다.　　O | X

X　평균가격으로 한다.

> **핵심정리 국고보조산정을 위한 기준가격**
> 1. **국내조달품**: 정부고시가격
> 2. **수입물품**: 조달청에서 조사한 해외시장의 시가
> 3. **정부고시가격 또는 조달청에서 조사한 해외시장의 시가가 없는 물품**: 2 이상의 공신력 있는 물가조사기관에서 조사한 가격의 평균가격

051

소방정의 규격은 100톤 이상급, 50톤급이고, 구조정의 규격은 90마력 이상이다.　　O | X

X　구조정의 규격은 30톤급이다.

052

소방활동장비의 규격으로 소방헬리콥터는 5~17인승, 배연차는 170마력 이상, 조명차는 170마력이다.　　O | X

O

> **핵심정리 소방활동장비의 종류와 규격**
>
> | 구분 | 종류 | 규격 |
> |---|---|---|
> | 조명차 | 중형 | 170마력 |
> | 배연차 | 중형 | 170마력 이상 |
> | 구조차 | 대형 | 240마력 이상 |
> | | 중형 | 170마력 이상 240마력 미만 |
> | 구급차 | 특수 | 90마력 이상 |
> | | 일반 | 85마력 이상 90마력 미만 |

053
☐☐☐

화학소방차는 비활성가스를 이용한 소방차, 고성능 화학소방차, 내폭 화학소방차, 배연차, 조명차 및 일반 화학소방차로 구분한다.   O | X

X 화학소방차는 비활성가스를 이용한 소방차, 고성능 화학소방차, 내폭 화학소방차 및 일반 화학소방차로 구분한다. 배연차, 조명차는 해당하지 않는다.

📘📖 핵심정리 **소방자동차**

구분	종류		규격
펌프차	대형		240마력 이상
	중형		170마력 이상 240마력 미만
	소형		120마력 이상 170마력 미만
물탱크소방차	대형		240마력 이상
	중형		170마력 이상 240마력 미만
화학소방차	비활성가스를 이용한 소방차		
	고성능		340마력 이상
	내폭		340마력 이상
	일반	대형	240마력 이상
		중형	170마력 이상 240마력 미만
사다리소방차	고가(사다리의 길이: 33m 이상)		330마력 이상
	굴절	27m 이상급	330마력 이상
		18m 이상 27m 미만급	240마력 이상

054
☐☐☐

사다리소방차 중 고가 사다리소방차는 사다리의 길이가 30m 이상인 것을 말한다.   O | X

X 고가 사다리소방차는 사다리의 길이가 33m 이상인 것에 한한다.

055
☐☐☐

소방청장은 소방활동에 필요한 소화전(消火栓)·급수탑(給水塔)·저수조(貯水槽)(이하 "소방용수시설"이라 한다)를 설치하고 유지·관리할 수 있다.   O | X

X 시·도지사는 소방활동에 필요한 소화전(消火栓)·급수탑(給水塔)·저수조(貯水槽)를 설치하고 유지·관리하여야 한다.

056
☐☐☐

소방용수시설은 소화전(消火栓)·급수탑(給水塔)·저수조(貯水槽)을 말한다.   O | X

O

057
☐☐☐

시·도지사는 소방활동에 필요한 소방용수시설을 설치하고 유지·관리하여야 하고, 「수도법」제45조에 따라 소화전을 설치하는 일반수도사업자는 관할 소방서장과 사전협의를 거친 후 소화전을 설치하여야 하며, 설치 사실을 관할 소방서장에게 통지하고, 그 소화전은 소방서장이 유지·관리하여야 한다.　　O | X

X　일반수도사업자가 설치한 소화전은 설치한 일반수도업자가 유지·관리한다.

빈출문제　　소방기본법

058
☐☐☐

「수도법」제45조에 따라 소화전을 설치하는 일반수도사업자는 관할 소방본부장 또는 소방서장과 사전협의를 거친 후 소화전을 설치하여야 하며, 설치 사실을 관할 소방본부장 또는 소방서장에게 통지하고, 그 소화전을 유지·관리하여야 한다.　　O | X

X　"소방본부장 또는 소방서장"이 아니라 "소방서장"이다.

빈출문제　　소방기본법

059
☐☐☐

소방본부장 또는 소방서장은 소방자동차의 진입이 곤란한 지역 등 화재발생 시에 초기 대응이 필요한 지역으로서 대통령령으로 정하는 지역에 소방호스 또는 호스 릴 등을 소방용수시설에 연결하여 화재를 진압하는 시설이나 장치("비상소화장치")를 설치하고 유지·관리하여야 한다.　　O | X

X　"소방본부장 또는 소방서장"이 아니라 "시·도지사"이고, "유지·관리하여야 한다"가 아니라 "유지·관리할 수 있다"이다.

빈출문제　　소방기본법

060
☐☐☐

소방용수시설과 제2항에 따른 비상소화장치의 설치기준은 행정안전부령으로 정한다.　　O | X

O

061
☐☐☐

소화전은 상수도와 연결하여 지하식 또는 지상식의 구조로 하고 소방용호스와 연결하는 소화전의 연결 금속구의 구경은 65밀리미터로 하여야 하며, 급수탑은 급수배관의 구경을 100밀리미터 이상으로 하고 개폐 밸브는 지상에서 1.5미터 이상 1.7미터 이하의 높이에 설치할 수 있다.　　O | X

X　"설치할 수 있다"가 아니라 "설치하여야 한다"이다.

062
☐☐☐

지하에 설치하는 소화전 또는 저수조의 경우 소방용수표지의 경우 맨홀 뚜껑은 지름 648밀리미터 이상의 것으로 하여야 한다. 다만, 승하강식 소화전의 경우에는 이를 적용하지 않는다. 또한, 맨홀뚜껑 부근에는 붉은색 반사도료로 폭 15센티미터의 선을 그 둘레를 따라 칠하여야 한다.　　O | X

X　"붉은색"이 아니라 "노란색"이다.

063
☐☐☐

지상에 설치하는 소화전, 저수조 및 급수탑의 경우 소방용수표지는 안쪽 문자는 흰색, 바깥쪽 문자는 노란색으로, 안쪽 바탕은 붉은색, 바깥쪽 바탕은 파란색으로 하고, 반사재료를 사용해야 한다.　O | X

O

064
☐☐☐

소방용수시설의 설치 공통기준으로 「국토의 계획 및 이용에 관한 법률」 제36조 제1항 제1호의 규정에 의한 주거지역·상업지역 및 공업지역에 설치하는 경우는 소방대상물과의 수평거리를 140미터 이상이 되도록 하여야 한다.　O | X

X 소방대상물과의 수평거리를 100미터 이하가 되도록 하여야 한다

> **핵심정리 소방용수시설의 설치기준(공통기준)**
>
> 1. 국토의계획및이용에관한법률 제36조 제1항 제1호의 규정에 의한 주거지역·상업지역 및 공업지역에 설치하는 경우: 소방대상물과의 수평거리를 100미터 이하가 되도록 할 것
> 2. 1. 외의 지역에 설치하는 경우: 소방대상물과의 수평거리를 140미터 이하가 되도록 할 것

065
☐☐☐

소화전은 상수도 또는 하수도와 연결하여 지하식 또는 지상식의 구조로 하고, 소방용호스와 연결하는 소화전의 연결금속구의 구경은 65밀리미터로 하여야 한다.　O | X

X "상수도 또는 하수도"가 아니라 "상수도"이다.

066
☐☐☐

급수탑은 급수배관의 구경은 65밀리미터 이하로 하고, 개폐밸브는 지상에서 1.5미터 이상 1.7미터 이하의 위치에 설치할 수 있다.　O | X

X 급수탑은 급수배관의 구경은 100밀리미터 이상으로 하고, 개폐밸브는 지상에서 1.5미터 이상 1.7미터 이하의 위치에 설치하여야 한다.

067
☐☐☐

저수조는 지면으로부터의 낙차가 4.5미터 이상으로 하여야 하고, 흡수부분의 수심이 0.5미터 이하로 설치하여야 한다.　O | X

X 저수조는 지면으로부터의 낙차가 4.5미터 이하로 하여야 하고, 흡수부분의 수심이 0.5미터 이상로 설치하여야 한다.

> **핵심정리 저수조의 설치기준**
>
> 1. 지면으로부터의 낙차가 4.5미터 이하일 것
> 2. 흡수부분의 수심이 0.5미터 이상일 것
> 3. 소방펌프자동차가 쉽게 접근할 수 있도록 할 것
> 4. 흡수에 지장이 없도록 토사 및 쓰레기 등을 제거할 수 있는 설비를 갖출 것
> 5. 흡수관의 투입구가 사각형의 경우에는 한 변의 길이가 60센티미터 이상, 원형의 경우에는 지름이 60센티미터 이상일 것
> 6. 저수조에 물을 공급하는 방법은 상수도에 연결하여 자동으로 급수되는 구조일 것

068
☐☐☐

지리조사는 소방대상물에 인접한 도로의 폭·교통상황, 도로주변의 토지의 고저·건축물의 개황을 제외한 소방활동에 필요한 사항이다. ○ | X

X 지리조사는 소방대상물에 인접한 도로의 폭·교통상황, 도로주변의 토지의 고저·건축물의 개황 그 밖의 소방활동에 필요한 지리에 대한 조사이다.

> **핵심정리 소방용수시설 및 지리조사**
>
> 1. 소방본부장 또는 소방서장은 원활한 소방활동을 위하여 법 제10조의 규정에 의하여 설치된 소방용수시설에 대한 조사(소방대상물에 인접한 도로의 폭·교통상황, 도로주변의 토지의 고저·건축물의 개황 그 밖의 소방활동에 필요한 지리에 대한 조사)를 월 1회 이상 실시하여야 한다.
> 2. 1.의 조사결과는 전자적 처리가 불가능한 특별한 사유가 없으면 전자적 처리가 가능한 방법으로 작성·관리하여야 한다.
> 3. 그 조사결과를 2년간 보관하여야 한다.

069
☐☐☐

소방업무의 응원을 위하여 파견된 소방대원은 응원을 요청한 소방본부장 또는 소방서장의 지휘에 따라야 한다. ○ | X

○

070
☐☐☐

소방청장은 소방업무의 응원을 요청하는 경우를 대비하여 출동 대상지역 및 규모와 필요한 경비의 부담 등에 관하여 필요한 사항을 대통령령으로 정하는 바에 따라 시·도지사와 협의하여 미리 규약(規約)으로 정하여야 한다. ○ | X

X 시·도지사는 소방업무의 응원을 요청하는 경우를 대비하여 출동 대상지역 및 규모와 필요한 경비의 부담 등에 관하여 필요한 사항을 행정안전부령으로 정하는 바에 따라 이웃하는 시·도지사와 협의하여 미리 규약(規約)으로 정하여야 한다.

071
☐☐☐

소방본부장이나 소방서장은 소방활동을 할 때에 필요하면 이웃한 소방본부장 또는 소방서장에게 소방업무의 응원(應援)을 요청할 수 있다. ○ | X

X 긴급한 경우에 소방업무의 응원(應援)을 요청할 수 있다.

072
☐☐☐

소방업무의 상호응원협정을 체결하고자 할 때 소방활동에 관한 사항은 화재의 예방·경계·진압활동, 구조·구급업무의 지원 및 화재조사활동이 해당된다. ○ | X

X 화재의 예방사항은 포함하지 않는다.

073
□□□

시·도지사는 이웃하는 다른 시·도지사와 소방업무에 관하여 상호응원협정을 체결하고자 하는 때에 출동대원의 수당·식사 및 의복의 수선, 소방장비 및 기구의 정비와 연료의 보급 등과 관련된 소요경비가 포함되도록 해야 한다. O | X

O

074
□□□

시·도지사는 해당 시·도의 소방력만으로는 소방활동을 효율적으로 수행하기 어려운 화재, 재난·재해, 그 밖의 구조·구급이 필요한 상황이 발생하거나 특별히 국가적 차원에서 소방활동을 수행할 필요가 인정될 때에는 관계 중앙행정기관의 장에게 시·도의 조례로 정하는 바에 따라 소방력을 동원할 것을 요청할 수 있다.   O | X

X 소방청장은 해당 시·도의 소방력만으로는 소방활동을 효율적으로 수행하기 어려운 화재, 재난·재해, 그 밖의 구조·구급이 필요한 상황이 발생하거나 특별히 국가적 차원에서 소방활동을 수행할 필요가 인정될 때에는 각 시·도지사에게 행정안전부령으로 정하는 바에 따라 소방력을 동원할 것을 요청할 수 있다.

075
□□□

소방활동을 수행하는 과정에서 발생하는 경비 부담에 관한 사항, 소방활동을 수행한 민간 소방 인력이 사망하거나 부상을 입었을 경우의 보상주체·보상기준 등에 관한 사항, 그 밖에 동원된 소방력의 운용과 관련하여 필요한 사항은 대통령령으로 정한다.   O | X

O

076
□□□

동원된 소방력의 소방활동 수행 과정에서 발생하는 경비는 화재, 재난·재해나 그 밖의 구조·구급이 필요한 상황이 발생한 시·도에서 부담하는 것을 원칙으로 하며, 구체적인 내용은 해당 소방청장이 정하고 고시한다.   O | X

X 동원된 소방력의 소방활동 수행 과정에서 발생하는 경비는 화재, 재난·재해나 그 밖의 구조·구급이 필요한 상황이 발생한 시·도에서 부담하는 것을 원칙으로 하며, 구체적인 내용은 해당 시·도가 서로 협의하여 정한다.

077
□□□

동원된 민간 소방 인력이 소방활동을 수행하다가 사망하거나 부상을 입은 경우 화재, 재난·재해 또는 그 밖의 구조·구급을 위하여 파견한 해당 시·도에서 행정안전부령으로 정하는 바에 따라 해당 시·도의 조례로 정하는 바에 따라 보상한다.   O | X

X 화재, 재난·재해 또는 그 밖의 구조·구급이 필요한 상황이 발생한 시·도가 해당 시·도의 조례로 정하는 바에 따라 보상한다.

078
□□□

소방청장은 긴급을 요하는 경우에는 시·도 소방본부장 또는 소방서장에 직접 요청할 수 있다.   O | X

X 소방청장은 각 시·도지사에게 소방력 동원을 요청하는 경우 동원 요청 사실과 동원을 요청하는 인력 및 장비의 규모, 소방력 이송 수단 및 집결장소, 소방활동을 수행하게 될 재난의 규모·원인 등 소방활동에 필요한 정보 사항을 팩스 또는 전화 등의 방법으로 통지하여야 한다. 다만, 긴급을 요하는 경우에는 시·도 소방본부 또는 소방서의 종합상황실장에게 직접 요청할 수 있다.

빈출문제 | 소방기본법

079
☐☐☐

소방본부장, 소방서장 또는 소방대장은 화재, 재난·재해, 그 밖의 위급한 상황이 발생하였을 때에는 소방대를 현장에 신속하게 출동시켜 화재진압과 인명구조·구급 등 소방에 필요한 활동("소방활동")을 하게 하여야 한다. O | X

X "소방본부장, 소방서장 또는 소방대장"이 아니라 "소방청장, 소방본부장 또는 소방서장"이다.

빈출문제 | 소방기본법

080
☐☐☐

소방청장·소방본부장 또는 소방서장은 공공의 안녕질서 유지 또는 복리증진을 위하여 필요한 경우 소방활동보다 우선하여 소방지원활동을 하여야 한다. O | X

X 소방청장·소방본부장 또는 소방서장은 공공의 안녕질서 유지 또는 복리증진을 위하여 필요한 경우 소방활동 외에 소방지원활동을 하게 할 수 있다.

빈출문제 | 소방기본법

081
☐☐☐

소방청장·소방본부장 또는 소방서장은 유관기관·단체 등의 요청에 따른 소방지원활동에 드는 비용은 지원요청을 한 유관기관·단체 등에게 부담하게 할 수 있다. 다만, 부담금액 및 부담방법에 관하여는 지원요청을 한 유관기관·단체 등과 협의하여 결정한다. O | X

O

---

18. 하반기 경채 | 소방기본법

082
☐☐☐

소방시설 오작동 신고에 따른 조치활동과 단전사고 시 비상전원 또는 조명의 공급은 소방지원활동에 해당한다. O | X

X 단전사고 시 비상전원 또는 조명의 공급은 생활안전활동에 해당한다.

> 📖 핵심정리 **소방지원활동**
> 1. 산불에 대한 예방·진압 등 지원활동
> 2. 자연재해에 따른 급수·배수 및 제설 등 지원활동
> 3. 집회·공연 등 각종 행사 시 사고에 대비한 근접대기 등 지원활동
> 4. 화재, 재난·재해로 인한 피해복구 지원활동
> 5. 행정안전부령으로 정하는 활동
>   • 군·경찰 등 유관기관에서 실시하는 훈련지원 활동
>   • 소방시설 오작동 신고에 따른 조치활동
>   • 방송제작 또는 촬영 관련 지원활동

083
□□□

나무, 위험 구조물 등의 제거활동, 단전사고 시 비상전원 또는 조명의 공급, 그 밖에 방치하면 급박해질 우려가 있는 위험을 예방하기 위한 활동은 생활안전활동에 해당한다.　　　　　　　　　　　　　　　O | X

O

📖 핵심정리 **생활안전활동**

1. 붕괴, 낙하 등이 우려되는 고드름, 나무, 위험 구조물 등의 제거활동
2. 위해동물, 벌 등의 포획 및 퇴치 활동
3. 끼임, 고립 등에 따른 위험제거 및 구출 활동
4. 단전사고 시 비상전원 또는 조명의 공급
5. 방치하면 급박해질 우려가 있는 위험을 예방하기 위한 활동

084
□□□

낙하 등이 우려되는 고드름 등의 제거활동은 소방지원활동에 해당한다.　　　　　　　　　　　　　　　O | X

X 생활안전활동에 해당한다.

085
□□□

정당한 사유없이 소방대의 생활안전활동을 방해한 자는 100만원 이하의 벌금에 처한다.　　　　　　　　O | X

O

📖 핵심정리 **100만원 이하의 벌금**

1. 정당한 사유 없이 소방대의 생활안전활동을 방해한 자
2. 정당한 사유 없이 소방대가 현장에 도착할 때까지 사람을 구출하는 조치 또는 불을 끄거나 불이 번지지 아니하도록 하는 조치를 하지 아니한 사람
3. 피난 명령을 위반한 사람
4. 정당한 사유 없이 물의 사용이나 수도의 개폐장치의 사용 또는 조작을 하지 못하게 하거나 방해한 자
5. 제27조 제2항에 따른 조치를 정당한 사유 없이 방해한 자

086
□□□

소방청장 · 소방본부장 또는 소방서장은 소방자동차의 공무상 운행 중 교통사고가 발생한 경우 그 운전자의 법률상 분쟁에 소요되는 비용을 지원할 수 있는 보험에 가입할 수 있다.　　　　　　　　　　　　　　　O | X

X 시 · 도지사는 소방자동차의 공무상 운행 중 교통사고가 발생한 경우 그 운전자의 법률상 분쟁에 소요되는 비용을 지원할 수 있는 보험에 가입하여야 한다.

087
□□□

소방공무원이 소방활동으로 인하여 타인을 사상(死傷)에 이르게 한 경우 그 소방활동이 불가피하고 소방공무원에게 고의 또는 중대한 과실이 없는 때에는 그 정상을 참작하여 사상에 대한 형사책임을 감경하거나 면제할 수 있다.

O | X

O

088
□□□

시·도지사는 소방공무원이 제16조 제1항에 따른 소방활동, 제16조의2 제1항에 따른 소방지원활동, 제16조의3 제1항에 따른 생활안전활동으로 인하여 민·형사상 책임과 관련된 소송을 수행할 경우 변호인 선임 등 소송수행에 필요한 비용 전액을 지원하여야 한다.

O | X

X 소방청장, 소방본부장 또는 소방서장은 소방활동, 소방지원활동, 생활안전활동으로 인하여 민·형사상 책임과 관련된 소송을 수행할 경우 변호인 선임 등 <u>소송수행에 필요한 지원을 할 수 있다.</u>

089
□□□

소방청장, 소방본부장 또는 소방서장은 소방업무를 전문적이고 효과적으로 수행하기 위하여 소방대원에게 필요한 교육·훈련을 실시하여야 한다.

O | X

O

090
□□□

현장지휘훈련을 받아야 할 소방공무원의 계급은 소방장, 소방위, 소방경 및 소방령이다.

O | X

X 소방장은 해당하지 않는다.

> **핵심정리 소방대원 교육·훈련 종류(규칙 제9조)**
> 1. **화재진압훈련**: 화재진압 담당 소방공무원, 의무소방원, 의용소방대원
> 2. **인명구조훈련**: 구조업무 담당 소방공무원, 의무소방원, 의용소방대원
> 3. **응급처치훈련**: 구급업무 담당 소방공무원, 의무소방원, 의용소방대원
> 4. **인명대피훈련**: 소방공무원, 의무소방원, 의용소방대원
> 5. **현장지휘훈련**: 소방정·소방령·소방경·소방위

091
□□□

시·도지사는 화재를 예방하고 화재 발생 시 인명과 재산피해를 최소화하기 위하여 어린이집의 영유아, 유치원의 유아, 초·중등교육법에 따른 학교의 학생 및 장애인복지시설에 거주하거나 해당 시설을 이용하는 장애인을 대상으로 해당 시·도의 조례로 정하는 바에 따라 소방안전에 관한 교육과 훈련을 실시할 수 있다.

O | X

X 소방청장, 소방본부장 또는 소방서장은 화재를 예방하고 화재 발생 시 인명과 재산피해를 최소화하기 위하여 어린이집의 영유아, 유치원의 유아, 초·중등교육법에 따른 학교의 학생 및 장애인복지시설에 거주하거나 해당 시설을 이용하는 장애인을 대상으로 해당 행정안전부령으로 정하는 바에 따라 소방안전에 관한 교육과 훈련을 실시할 수 있다.

092
□□□

소방대원에게 실시할 교육·훈련 횟수 및 기간은 3년마다 1회 2주 이상이다.   O | X

X 소방대원에게 실시할 교육·훈련 횟수 및 기간은 2년마다 1회 2주 이상이다.

093
□□□

소방대원에게 실시할 교육·훈련의 종류는 화재진압훈련, 인명구조훈련, 응급처치훈련, 인명구급훈련 및 현장지휘훈련이다.   O | X

X "인명구급훈련"이 아니라 "인명대피훈련"이다.

094
□□□

현장지휘훈련을 받아야 할 대상자는 소방경 이상의 계급에 있는 소방공무원이다.   O | X

X 현장지훈련 교육·훈련을 받아야 할 대상자는 소방위, 소방경, 소방령, 소방정이다.

095
□□□

소방안전교육훈련을 위한 이동안전체험차량은 어린이 20명(성인은 10명)을 동시에 수용할 수 있는 실내공간을 갖춘 자동차이다.   O | X

X 어린이 30명(성인은 15명)을 동시에 수용할 수 있는 실내공간을 갖춘 자동차이다.

096
□□□

소방관련학과의 학사학위 이상을 취득한 사람은 소방안전교육훈련의 강사의 자격 기준에 해당한다.   O | X

X 소방관련학과의 석사학위 이상을 취득한 사람이 해당한다.

> **📋 핵심정리 강사의 자격 기준**
>
> 1. 소방관련학과의 석사학위 이상을 취득한 사람
> 2. 소방안전교육사, 소방시설관리사, 소방기술사 또는 소방설비기사 자격을 취득한 사람
> 3. 응급구조사, 인명구조사, 화재대응능력 등 소방청장이 정하는 소방활동 관련 자격을 취득한 사람
> 4. 소방공무원으로서 5년 이상 근무한 경력이 있는 사람

097
□□□

소방안전교육훈련의 교육시간은 소방안전교육훈련대상자의 학력 및 자격 등을 고려하여 소방청장, 소방본부장 또는 소방서장이 정한다.   O | X

X 교육시간은 연령 등을 고려하여 정한다.

098
☐☐☐

소방안전교육훈련은 이론교육과 실습(체험)교육을 병행하여 실시하되, 이론교육이 전체 교육시간의 100분의 30 이상이 되어야 한다. O | X

X 실습(체험)교육이 전체 교육시간의 100분의 30 이상이 되어야 한다.

099
☐☐☐

실습(체험)교육 인원은 특별한 경우가 아니면 보조강사 1명당 30명을 넘지 않아야 한다. O | X

X 강사 1명당 30명을 넘지 않아야 한다.

100
☐☐☐

시·도지사는 소방안전교육훈련 중 발생한 사고로 인한 교육훈련대상자 등의 생명·신체나 재산상의 손해를 보상하기 위한 보험 또는 공제에 가입하여야 한다. O | X

X "시·도지사"가 아니라 "소방청장, 소방본부장 또는 소방서장"이다.

101
☐☐☐

소방청장, 소방본부장 또는 소방서장은 소방안전교육훈련의 실시결과, 만족도 조사결과 등을 기록하고 이를 3년간 보관하여야 한다. O | X

O

102
☐☐☐

소방안전교육사는 소방안전교육의 기획·진행·분석·평가 및 교수업무를 수행한다. 소방안전교육사 시험의 응시자격, 시험방법, 시험과목, 시험위원, 그 밖에 소방안전교육사 시험의 실시에 필요한 사항은 행정안전부령으로 정한다. O | X

X 소방안전교육사 시험의 응시자격, 시험방법, 시험과목, 시험위원, 그 밖에 소방안전교육사 시험의 실시에 필요한 사항은 대통령령으로 정한다.

103
☐☐☐

소방청장은 소방안전교육을 위하여 소방청장이 실시하는 시험에 합격한 사람에게 소방안전교육사 자격을 부여한다. O | X

O

104

소방공무원으로 3년 이상 근무한 경력이 있는 사람이거나 의용소방대원으로 임명된 후 3년 이상 의용소방대 활동을 한 경력이 있는 사람은 소방안전교육사시험의 응시자격에 해당한다. O | X

X 의용소방대원으로 임명된 후 5년 이상 의용소방대 활동을 한 경력이 있는 사람이 해당한다.

📖 **핵심정리 소방안전교육사 시험의 응시자격**

구분 (이상)	소방 공무원	교원/ 원장	안전분야/ 자격	간호사	응급 구조사	소방 안전관리자	의용 소방대원
-	(중앙·지방) 전문교육 2주 이상	교원/ 어린이집 원장	기술사/위험물 기능장, 소방시설관리사, 소방안전관련 6학점	-	-	특급	-
1년	-	-	안전 기사	간호사	1급	1급	-
2년	-	-	-	-	-	-	-
3년	○	보육교사	안전 산업기사	-	2급	2급	-
5년	-	-	-	-	-	-	○

105

「국가기술자격법」 제2조 제3호에 따른 국가기술자격의 직무분야 중 안전관리 분야의 기사 또는 산업기사 자격을 취득한 후 안전관리 분야에 1년 이상 종사한 사람은 소방안전교육사시험의 응시자격에 해당한다. O | X

X 안전관리 분야의 산업기사 자격을 취득한 후 안전관리 분야에 3년 이상 종사한 사람이 해당한다.

106

소방안전교육사의 제1차 시험은 선택형을, 제2차 시험은 논술형을 원칙으로 한다. 다만, 제2차 시험에는 면접시험으로 대체할 수 있다. O | X

X 제2차 시험에는 주관식 단답형 또는 기입형을 포함할 수 있다.

107

소방안전교육사 제1차 시험과목은 소방학개론, 구급·응급처치론, 재난관리론 및 교육학개론 중 소방청장이 정하는 3과목이며, 제2차 시험은 국민안전교육실무로 한다. O | X

X 제1차 시험과목은 소방학개론, 구급·응급처치론, 재난관리론 및 교육학개론 중 응시자가 선택하는 3과목으로 한다.

108

소방안전교육사시험의 응시자격심사위원 및 시험위원의 수는 다음과 같다.
1. 응시자격심사위원: 5명
2. 시험위원 중 출제위원: 시험과목별 3명
3. 시험위원 중 채점위원: 3명 O | X

X 응시자격심사위원은 3명, 시험위원 중 채점위원은 5명이다.

109
☐☐☐

소방안전교육사시험은 2년마다 1회 시행함을 원칙으로 하되, 소방청장이 필요하다고 인정하는 때에는 그 횟수를 증감할 수 있다.   O | X

O

110
☐☐☐

소방청장은 소방안전교육사시험을 시행하려는 때에는 응시자격·시험과목·일시·장소 및 응시절차 등에 관하여 필요한 사항을 모든 응시 희망자가 알 수 있도록 소방안전교육사시험의 시행일 30일 전까지 소방청의 인터넷 홈페이지 등에 공고해야 한다.   O | X

X 소방안전교육사시험의 시행일 90일 전까지 소방청의 인터넷 홈페이지 등에 공고해야 한다.

111
☐☐☐

제1차 시험은 매과목 100점을 만점으로 하여 매과목 40점 이상, 전과목 평균 70점 이상 득점한 자를 합격자로 한다. 제2차 시험은 100점을 만점으로 하되, 시험위원의 채점점수 중 최고점수와 최저점수를 제외한 점수의 평균이 60점 이상인 사람을 합격자로 한다.   O | X

X 제1차 시험은 전과목 평균 60점 이상 득점한 자를 합격자로 한다.

112
☐☐☐

소방청장은 시험합격자 공고일부터 1개월 이내에 행정안전부령으로 정하는 소방안전교육사증을 시험합격자에게 발급하며, 이를 소방안전교육사증 교부대장에 기재하고 관리하여야 한다.   O | X

O

113
☐☐☐

금고 이상의 실형을 선고받고 그 집행이 끝나거나(집행이 끝난 것으로 보는 경우를 포함한다) 집행이 면제된 날부터 2년이 지나지 아니한 사람은 소방안전교육사의 결격사유에 해당한다.   O | X

O

> 📖 핵심정리 **소방안전교육사 결격사유**
>
> 1. 피성년후견인
> 2. 금고 이상의 실형을 선고받고 그 집행이 끝나거나(집행이 끝난 것으로 보는 경우를 포함한다) 집행이 면제된 날부터 2년이 지나지 아니한 사람
> 3. 금고 이상의 형의 집행유예를 선고받고 그 유예기간 중에 있는 사람
> 4. 법원의 판결 또는 다른 법률에 따라 자격이 정지되거나 상실된 사람

114
☐☐☐

소방청장은 소방안전교육사 시험에서 부정행위를 한 사람에 대하여는 해당 시험을 정지시키거나 무효로 처리한다. 시험이 정지되거나 무효로 처리된 사람은 그 행위를 한 날부터 2년간 소방안전교육사 시험에 응시하지 못한다.

O | X

X 시험이 정지되거나 무효로 처리된 사람은 그 처분이 있은 날부터 2년간 소방안전교육사 시험에 응시하지 못한다.

115
☐☐☐

소방안전교육사의 배치대상별 배치기준으로 한국소방안전원 본회 2명 이상, 한국소방산업기술원 1명 이상이다.

O | X

X 한국소방산업기술원 2명 이상이다.

핵심정리　소방안전교육사 배치대상별 배치기준

배치대상	배치기준(단위: 명)
소방청	2 이상
소방본부	2 이상
소방서	1 이상
한국소방안전원	본회: 2 이상 / 시·도지부: 1 이상
한국소방산업기술원	2 이상

116
☐☐☐

초등학교 등 교육기관에는 소방안전교육사를 1명 이상 배치하여야 한다.

O | X

X 초등학교 등 교육기관에 소방안전교육사를 배치하여야 한다는 관련 규정은 없다.

117
☐☐☐

국가나 지방자치단체는 한국119청소년단에 그 조직 및 활동에 필요한 시설·장비를 지원할 수 있으며, 운영경비와 시설비 및 국내외 행사에 필요한 경비를 보조할 수 있다.

O | X

O

118
☐☐☐

한국119청소년단이 아닌 자는 한국119청소년단 또는 이와 유사한 명칭을 사용할 수 없다. 이를 위반하여 한국119청소년단 또는 이와 유사한 명칭을 사용한 자는 200만원 이하의 벌금에 처한다.

O | X

X 규정을 위반하여 한국119청소년단 또는 이와 유사한 명칭을 사용한 자는 200만원 이하의 과태료를 부과한다.

119
☐☐☐

한국119청소년단에 관하여 이 법에서 규정한 것을 제외하고는 「민법」 중 사단법인에 관한 규정을 준용한다. O | X

O

120
☐☐☐

소방청장은 한국119청소년단의 설립목적 달성 및 원활한 사업 추진 등을 위하여 필요한 지원과 지도·감독을 할 수 있다. O | X

O

121
☐☐☐

화재예방, 소방활동 또는 소방훈련을 위하여 사용되는 소방신호의 종류와 방법은 해당 시·도의 소방본부장 또는 소방서장이 정한다. O | X

X 화재예방, 소방활동 또는 소방훈련을 위하여 사용되는 소방신호의 종류와 방법은 행정안전부령으로 정한다.

122
☐☐☐

「화재의 예방 및 안전관리에 관한 법률」 제20조의 규정에 의한 화재위험경보시 발령하는 소방신호는 발화신호이다. O | X

X 화재위험경보시 발령하는 소방신호는 경계신호이다.

123
☐☐☐

소방대의 비상소집을 하는 경우에는 훈련신호를 사용할 수 있다. O | X

O

124
☐☐☐

경계신호 중 타종신호는 1타와 2연타를 반복하고, 사이렌신호는 5초 간격을 두고 30초씩 3회 발령한다. O | X

O

📖 핵심정리 **소방신호의 방법**

종별　　　신호방법	타종신호	사이렌신호
경계신호	1타와 연2타를 반복	5초 간격 30초씩 3회
발화신호	난타	5초 간격 5초씩 3회
해제신호	상당한 간격, 1타씩 반복	1분간 1회
훈련신호	연3타 반복	10초 간격 1분씩 3회

125

□□□

경계신호의 사이렌신호 방법은 10초 간격을 두고 30초씩 3회이다.   O | X

X 경계신호의 사이렌신호 방법은 5초 간격을 두고 30초씩 3회이다.

126

□□□

훈련신호의 타종신호 방법은 연3타 반복이다.   O | X

O

127

□□□

발화신호의 사이렌신호 방법은 5초 간격을 두고 30초씩 3회이다.   O | X

X 발화신호의 사이렌신호 방법은 5초 간격을 두고 5초씩 3회이다.

128

□□□

화재 현장 또는 구조·구급이 필요한 사고 현장을 발견한 사람은 그 현장의 상황을 소방본부, 소방서 또는 관계 행정기관에 지체 없이 알려야 한다. 이를 위반하여 화재 또는 구조·구급이 필요한 상황을 거짓으로 알린 사람은 300만원 이하의 과태료를 부과한다.   O | X

X 화재 또는 구조·구급이 필요한 상황을 거짓으로 알린 사람은 500만원 이하의 과태료를 부과한다.

129

□□□

석유화학제품을 생산하는 공장이 있는 지역에서 화재로 오인할 만한 우려가 있는 불을 피우거나 연막(煙幕) 소독을 하려는 자는 시·도의 조례로 정하는 바에 따라 관할 소방본부장 또는 소방서장에게 신고하여야 한다.   O | X

O

📖 핵심정리 **소방본부장 또는 소방서장에게 신고하여야 하는 지역 또는 장소(연막소독 등)**

1. 시장지역
2. 공장·창고가 밀집한 지역
3. 목조건물이 밀집한 지역
4. 위험물의 저장 및 처리시설이 밀집한 지역
5. 석유화학제품을 생산하는 공장이 있는 지역
6. 시·도의 조례로 정하는 지역 또는 장소

130
□□□

노후·불량 건축물이 밀집한 지역은 화재로 오인할 만한 우려가 있는 불을 피우거나 연막(煙幕) 소독을 하려는 자가 시·도의 조례로 정하는 바에 따라 관할 소방본부장 또는 소방서장에게 신고해야 하는 지역에 해당한다. (단, 각 시·도에서 별도로 정하는 지역은 제외한다) O | X

X 노후·불량 건축물이 밀집한 지역은 해당하지 않는다.

131
□□□

관계인은 소방대상물에 화재가 발생한 경우에는 화재를 진압할 때까지 경보를 울리거나 대피를 유도하는 등의 방법으로 사람을 구출하는 조치 또는 불을 끄거나 불이 번지지 아니하도록 필요한 조치를 하여야 한다. O | X

X 관계인의 소방활동은 "소방대가 현장에 도착할 때까지"이다.

132
□□□

정당한 사유 없이 관계인의 소방활동 등에 따른 법을 위반하여 화재, 재난·재해, 그 밖의 위급한 상황을 소방본부, 소방서 또는 관계 행정기관에 알리지 아니한 관계인에게는 200만원 이하의 과태료를 부과한다. O | X

X 정당한 사유 없이 제20조 제2항을 위반하여 화재, 재난·재해, 그 밖의 위급한 상황을 소방본부, 소방서 또는 관계 행정기관에 알리지 아니한 관계인에게는 500만원 이하의 과태료를 부과한다.

133
□□□

정당한 사유 없이 소방대가 현장에 도착할 때까지 사람을 구출하는 조치 또는 불을 끄거나 불이 번지지 아니하도록 하는 조치를 하지 아니한 관계인은 100만원 이하의 벌금에 처한다. O | X

O

134
□□□

관계인은 화재를 진압하거나 구조·구급 활동을 하기 위하여 상설 조직체(「위험물안전관리법」 제19조 및 그 밖의 다른 법령에 따라 설치된 자체소방대를 포함하며, 이하 이 조에서 "자체소방대"라 한다)를 설치·운영하여야 한다. O | X

X 설치·운영할 수 있다.

135
□□□

소방청장, 소방본부장 또는 소방서장은 자체소방대의 역량 향상을 위하여 필요한 교육·훈련 등을 지원할 수 있다. O | X

O

136
□□□

소방청장, 소방본부장 또는 소방서장은 자체소방대의 역량 향상을 위하여 자체소방대에서 수립하는 교육·훈련 계획의 지도·자문 및 「소방공무원임용령」 제2조 제3호에 따른 소방기관과 자체소방대와의 합동 소방훈련 등을 지원할 수 있다.
O | X

O

> 📖 **핵심정리 자체소방대의 교육·훈련 등의 지원**
>
> 1. 「소방공무원 교육훈련규정」 제2조에 따른 교육훈련기관에서의 자체소방대 교육훈련과정
> 2. 자체소방대에서 수립하는 교육·훈련 계획의 지도·자문
> 3. 「소방공무원임용령」 제2조 제3호에 따른 소방기관(이하 이 조에서 "소방기관"이라 한다)과 자체소방대와의 합동 소방훈련
> 4. 소방기관에서 실시하는 자체소방대의 현장실습
> 5. 소방청장이 자체소방대의 역량 향상을 위하여 필요하다고 인정하는 교육·훈련

137
□□□

모든 차와 사람은 소방자동차(지휘를 위한 자동차와 구조·구급차를 포함한다. 이하 같다)가 화재진압 및 구조·구급 활동을 위하여 출동을 할 때에는 이를 방해하여서는 아니 된다. 이를 위반하여 소방자동차의 출동을 방해한 사람은 3년 이하의 징역 또는 3천만원 이하의 벌금에 처한다.
O | X

X 5년 이하의 징역 또는 5천만원 이하의 벌금에 처한다.

138
□□□

소방자동차에 진로를 양보하지 아니하는 행위, 소방자동차 앞에 끼어들거나 소방자동차를 가로막는 행위, 그 밖에 소방자동차의 출동에 지장을 주는 행위를 위반하여 소방자동차의 출동에 지장을 준 자는 5년 이하의 징역 또는 5천만원 이하의 벌금에 처한다.
O | X

X 200만원 이하의 과태료를 부과한다.

139
□□□

모든 차와 사람은 소방자동차가 화재진압을 위하여 사이렌을 사용하여 출동하는 경우 소방자동차의 우선 통행에 관하여는 「교통안전법」에서 정하는 바에 따른다.
O | X

X 모든 차와 사람은 소방자동차가 화재진압을 위하여 사이렌을 사용하여 출동하는 경우 소방자동차의 우선 통행에 관하여는 소방자동차에 진로를 양보하지 아니하는 행위, 소방자동차 앞에 끼어들거나 소방자동차를 가로막는 행위, 그 밖에 소방자동차의 출동에 지장을 주는 행위는 「소방기본법」의 적용을 받고, 이 경우를 제외하고는 「도로교통법」에서 정하는 바에 따른다.

140
□□□

「건축법」 제2조 제2항 제2호에 따른 모든 공동주택의 건축주는 소방활동의 원활한 수행을 위하여 공동주택에 소방자동차 전용구역을 설치하여야 한다.　　O | X

X 「건축법」 제2조 제2항 제2호에 따른 공동주택 중 대통령령으로 정하는 공동주택의 건축주는 제16조 제1항에 따른 소방활동의 원활한 수행을 위하여 공동주택에 소방자동차 전용구역을 설치하여야 한다.

> **핵심정리 소방자동차 전용구역 설치 대상**
>
> "대통령령으로 정하는 공동주택"이란 다음의 주택을 말한다. 다만, 하나의 대지에 하나의 동(棟)으로 구성되고 「도로교통법」 제32조 또는 제33조에 따라 정차 또는 주차가 금지된 편도 2차선 이상의 도로에 직접 접하여 소방자동차가 도로에서 직접 소방활동이 가능한 공동주택은 제외한다.
> 1. 아파트 중 세대수가 100세대 이상인 아파트
> 2. 기숙사 중 3층 이상의 기숙사

141
□□□

「건축법 시행령」 별표 1 제2호 가목의 아파트 중 세대수가 100세대 이상인 아파트, 「건축법 시행령」 별표 1 제2호 라목의 기숙사 중 3층 이상의 기숙사는 반드시 소방자동차의 전용구역을 설치해야 한다.　　O | X

X 하나의 대지에 하나의 동(棟)으로 구성되고 「도로교통법」에 따라 정차 또는 주차가 금지된 편도 2차선 이상의 도로에 직접 접하여 소방자동차가 도로에서 직접 소방활동이 가능한 공동주택은 제외한다.

142
□□□

「주차장법」 제19조에 따른 부설주차장의 주차구획 내에 주차하는 행위는 소방자동차 전용구역의 방해행위에 해당한다.　　O | X

X 해당하지 않는다.

> **핵심정리 소방자동차 전용구역의 방해해위의 기준**
>
> 1. 전용구역에 물건 등을 쌓거나 주차하는 행위
> 2. 전용구역의 앞면, 뒷면 또는 양 측면에 물건 등을 쌓거나 주차하는 행위. 다만, 「주차장법」 제19조에 따른 부설주차장의 주차구획 내에 주차하는 경우는 제외한다.
> 3. 전용구역 진입로에 물건 등을 쌓거나 주차하여 전용구역으로의 진입을 가로막는 행위
> 4. 전용구역 노면표지를 지우거나 훼손하는 행위
> 5. 소방자동차가 전용구역에 주차하는 것을 방해하거나 전용구역으로 진입하는 것을 방해하는 행위

143
□□□

소방자동차 전용구역 노면표지의 외곽선은 빗금무늬로 표시하되, 빗금은 두께를 30센티미터로 하여 50센티미터 간격으로 표시한다. 소방자동차 전용구역 노면표지 도료의 색채는 황색을 기본으로 하되, 문자(P, 소방차 전용)는 백색으로 표시한다.　　O | X

O

144
☐☐☐

전용구역 노면표지 도료의 색채는 황색을 기본으로 하되, 문자(P, 소방차 전용)는 백색으로 표시한다. 　O | X

O

> 📖 핵심정리 **소방자동차 전용구역의 설치 방법**
> 1. 전용구역 노면표지의 외곽선은 빗금무늬로 표시하되, 빗금은 두께를 30센티미터로 하여 50센티미터 간격으로 표시한다.
> 2. 전용구역 노면표지 도료의 색채는 황색을 기본으로 하되, 문자(P, 소방차 전용)는 백색으로 표시한다.

145
☐☐☐

소방자동차 전용구역에 차를 주차하거나 전용구역에의 진입을 가로막는 등의 방해행위를 한 자에게는 200만원 이하의 벌금을 부과한다. 　O | X

X 소방자동차 전용구역에 차를 주차하거나 전용구역에의 진입을 가로막는 등의 방해행위를 한 자에게는 100만원 이하의 과태료를 부과한다.

146
☐☐☐

소방자동차 전용구역에 차를 주차하거나 전용구역에의 진입을 가로막는 등의 방해행위를 한 자에게는 100만원 이하의 과태료를 부과한다. 　O | X

O

147
☐☐☐

소방청장 또는 소방본부장은 대통령령으로 정하는 소방자동차에 행정안전부령으로 정하는 기준에 적합한 운행기록장치(이하 "운행기록장치"라 한다)를 장착하고 운용하여야 한다. 　O | X

O

148
☐☐☐

소방청장 또는 소방본부장은 소방자동차의 안전한 운행 및 교통사고 예방을 위하여 운행기록장치 데이터의 수집·저장·통합·분석 등의 업무를 전자적으로 처리하기 위한 시스템(이하 "소방자동차 교통안전 분석 시스템"이라 한다)을 구축·운영할 수 있다. 　O | X

X 소방본부장은 해당하지 않는다.

149
☐☐☐

소방청장, 소방본부장 및 소방서장은 소방자동차 교통안전 분석 시스템으로 처리된 자료(이하 "전산자료"라 한다)를 이용하여 소방자동차의 장비운용자 등에게 어떠한 불리한 제재나 처벌을 하여서는 아니 된다. 　O | X

O

150
□□□

소방청장, 소방본부장 및 소방서장은 소방자동차 운행기록장치에 기록된 데이터(이하 "운행기록장치 데이터"라 한다)를 2년간 저장·관리해야 한다.　　O | X

X　6개월 동안 저장·관리해야 한다.

151
□□□

소방청장 및 소방본부장은 운행기록장치 데이터 중 과속, 급감속, 급출발 등의 운행기록을 점검·분석해야 하고, 소방청장, 소방본부장 및 소방서장은 분석 결과를 소방자동차의 안전한 소방활동 수행에 필요한 교통안전정책의 수립, 교육·훈련 등에 활용할 수 있다.　　O | X

O

152
□□□

소방대는 화재, 재난·재해, 그 밖의 위급한 상황이 발생한 현장에 신속하게 출동하기 위하여 긴급할 때에는 일반적인 통행에 쓰이지 아니하는 도로·빈터 또는 물 위로 통행할 수 있다.　　O | X

O

153
□□□

소방대장은 화재, 재난·재해, 그 밖의 위급한 상황이 발생한 현장에 소방활동구역을 정하여 소방활동에 필요한 사람으로서 소방대장이 정하는 사람 외에는 그 구역에 출입하는 것을 제한할 수 있다.　　O | X

X　대통령령으로 정하는 사람 외에는 그 구역에 출입하는 것을 제한할 수 있다.

> **📖 핵심정리 소방활동구역의 출입자**
> 1. 소방활동구역 안에 있는 소방대상물의 소유자·관리자 또는 점유자
> 2. 전기·가스·수도·통신·교통의 업무에 종사하는 사람으로서 원활한 소방활동을 위하여 필요한 사람
> 3. 의사·간호사 그 밖의 구조·구급업무에 종사하는 사람
> 4. 취재인력 등 보도업무에 종사하는 사람
> 5. 수사업무에 종사하는 사람
> 6. 소방대장이 소방활동을 위하여 출입을 허가한 사람

154
□□□

전기·기계·수도·통신·교통의 업무에 종사하는 사람으로서 원활한 소방활동을 위하여 필요한 사람은 소방활동구역의 출입자에 해당한다.　　O | X

X　기계업무에 종사하는 사람은 해당하지 않는다. 가스업무에 종사하는 사람이 해당한다.

155

☐☐☐

시·도지사가 출입을 허가한 사람은 소방활동구역의 출입자에 해당한다.   O | X

X 소방대장이 소방활동을 위하여 출입을 허가한 사람이 소방활동구역 출입자에 해당된다.

156

☐☐☐

규정을 위반하여 소방활동구역을 출입한 사람은 500만원 이하의 과태료를 부과한다.   O | X

X 200만원 이하의 과태료를 부과한다.

157

☐☐☐

소방활동에 종사한 사람은 시·도지사로부터 소방활동의 비용을 지급받을 수 있다.   O | X

O

> 📖 **핵심정리 소방활동 비용의 지급**
>
> 소방활동에 종사한 사람은 시·도지사로부터 소방활동의 비용을 지급받을 수 있다. 다만, 다음의 어느 하나에 해당하는 사람의 경우에는 그러하지 아니하다.
> 1. 소방대상물에 화재, 재난·재해, 그 밖의 위급한 상황이 발생한 경우 그 관계인
> 2. 고의 또는 과실로 화재 또는 구조·구급 활동이 필요한 상황을 발생시킨 사람
> 3. 화재 또는 구조·구급 현장에서 물건을 가져간 사람

158

☐☐☐

화재 현장에서 불이 번지지 아니하도록 하는 일을 명령 받은 사람은 시·도지사로부터 소방활동 비용을 지급받을 수 있다.   O | X

O

159

☐☐☐

소방본부장, 소방서장 또는 소방대장은 사람을 구출하거나 불이 번지는 것을 막기 위하여 필요할 때에는 화재가 발생하거나 불이 번질 우려가 있는 소방대상물 및 토지를 일시적으로 사용하거나 그 사용의 제한 또는 소방활동에 필요한 처분을 할 수 있다. 이에 따른 처분을 방해한 자 또는 정당한 사유 없이 그 처분에 따르지 아니한 자는 300만원 이하의 벌금에 처한다.   O | X

X 이에 따른 처분을 방해한 자 또는 정당한 사유 없이 그 처분에 따르지 아니한 자는 3년 이하의 징역 또는 3천만원 이하의 벌금에 처한다

160

□□□

소방본부장, 소방서장 또는 소방대장은 사람을 구출하거나 불이 번지는 것을 막기 위하여 긴급하다고 인정할 때에는 화재가 발생하거나 불이 번질 우려가 있는 소방대상물 및 토지 외의 소방대상물과 토지에 대하여 일시적으로 사용하거나 그 사용의 제한 또는 소방활동에 필요한 처분을 할 수 있다.　　O | X

O

161

□□□

소방본부장, 소방서장 또는 소방대장은 소방활동에 방해가 되는 주차 또는 정차된 차량의 제거나 이동을 위하여 관할 지방자치단체 등 관련 기관에 견인차량과 인력 등에 대한 지원을 요청할 수 있고, 요청을 받은 관련 기관의 장은 정당한 사유가 없으면 이에 협조하여야 한다. 소방본부장, 소방서장 또는 소방대장은 견인차량과 인력 등을 지원한 자에게 행정안전부령으로 정하는 바에 따라 비용을 지급할 수 있다.　　O | X

X 시·도지사는 견인차량과 인력 등을 지원한 자에게 시·도의 조례로 정하는 바에 따라 비용을 지급할 수 있다.

162

□□□

소방본부장, 소방서장 또는 소방대장은 화재, 재난·재해, 그 밖의 위급한 상황이 발생하여 사람의 생명을 위험하게 할 것으로 인정할 때에는 일정한 구역을 지정하여 그 구역에 있는 사람에게 그 구역 밖으로 피난할 것을 명할 수 있다. 이에 따른 피난 명령을 위반한 자는 300만원 이하의 벌금에 처한다.　　O | X

X 피난 명령을 위반한 자는 100만원 이하의 벌금에 처한다.

163

□□□

시·도지사는 화재 발생을 막거나 폭발 등으로 화재가 확대되는 것을 막기 위하여 가스·전기 또는 유류 등의 시설에 대하여 위험물질의 공급을 차단하는 등 필요한 조치를 할 수 있다.　　O | X

X 화재 발생을 막거나 폭발 등으로 화재가 확대되는 것을 막기 위하여 가스·전기 또는 유류 등의 시설에 대하여 위험물질의 공급을 차단하는 등 필요한 조치를 할 수 있는 자는 소방본부장, 소방서장 또는 소방대장이다.

164

□□□

소방대원은 소방활동 또는 생활안전활동을 방해하는 행위를 하는 사람에게 필요한 경고를 하고, 그 행위로 인하여 사람의 생명·신체에 위해를 끼치거나 재산에 중대한 손해를 끼칠 우려가 있는 긴급한 경우에는 그 행위를 제지할 수 있다.　　O | X

O

165

□□□

정당한 사유 없이 소방용수시설 또는 비상소화장치를 사용하거나 소방용수시설 또는 비상소화장치의 효용을 해치거나 그 정당한 사용을 방해한 사람은 3년 이하의 징역 또는 3천만원 이하의 벌금에 처한다.　　O | X

X 5년 이하의 징역 또는 5천만원 이하의 벌금에 처한다.

확인학습문제 소방기본법

166
□□□

국가는 소방산업(소방용 기계·기구의 제조, 연구·개발 및 판매 등에 관한 일련의 산업을 말한다)의 육성·진흥을 위하여 필요한 계획의 수립 등 행정상·재정상의 지원시책을 마련하여야 한다. O | X

O

17. 경채 소방기본법

167
□□□

국가는 소방산업과 관련된 기술의 개발을 촉진하기 위하여 기술개발을 실시하는 자에게 그 기술개발에 드는 자금의 전부를 출연하여 보조하여야 한다. O | X

X 국가는 소방산업과 관련된 기술의 개발을 촉진하기 위하여 기술개발을 실시하는 자에게 그 기술개발에 드는 자금의 전부나 일부를 출연하거나 보조할 수 있다.

확인학습문제 소방기본법

168
□□□

국가는 우수소방제품의 전시·홍보를 위하여 「대외무역법」 제4조 제2항에 따른 무역전시장 등을 설치한 자에게 소방산업전시회 운영에 따른 경비의 전부, 소방산업전시회 관련 국내 홍보비, 소방산업전시회 기간 중 국외의 구매자 초청 경비의 범위에서 재정적인 지원을 할 수 있다. O | X

X 소방산업전시회 운영에 따른 경비의 일부 및 소방산업전시회 관련 국외 홍보비가 해당한다.

확인학습문제 소방기본법

169
□□□

소방청장은 소방기술 및 소방산업의 국제경쟁력과 국제적 통용성을 높이기 위하여 소방기술 및 소방산업에 관한 국제 전시회, 국제 학술회의 개최 등 국제 교류의 사업을 추진하여야 한다. O | X

O

> **핵심정리 소방청장의 소방기술 및 소방산업의 국제화사업 추진**
>
> 1. 소방기술 및 소방산업의 국제 협력을 위한 조사·연구
> 2. 소방기술 및 소방산업에 관한 국제 전시회, 국제 학술회의 개최 등 국제 교류
> 3. 소방기술 및 소방산업의 국외시장 개척
> 4. 소방기술 및 소방산업의 국제경쟁력과 국제적 통용성을 높이기 위하여 필요하다고 인정하는 사업

확인학습문제   소방기본법

170
☐☐☐

소방기술과 안전관리기술의 향상 및 홍보, 그 밖의 교육·훈련 등 행정기관이 위탁하는 업무의 수행과 소방 관계 종사자의 기술 향상을 위하여 한국소방안전원(이하 "안전원"이라 한다)을 소방청장의 허가를 받아 설립한다.   O | X

X 소방청장의 인가를 받아 설립한다.

확인학습문제   소방기본법

171
☐☐☐

안전원의 장(이하 "안전원장"이라 한다)은 소방기술과 안전관리의 기술향상을 위하여 5년마다 교육 수요조사를 실시하여 교육계획을 수립하고 소방청장의 승인을 받아야 한다.   O | X

X 매년 교육 수요조사를 실시하여 교육계획을 수립하고 소방청장의 승인을 받아야 한다.

확인학습문제   소방기본법 시행령

172
☐☐☐

평가위원회는 위원장 1명을 포함하여 7명 이하의 위원으로 성별을 고려하여 구성한다.   O | X

X 평가위원회는 위원장 1명을 포함하여 9명 이하의 위원으로 성별을 고려하여 구성한다.

> **핵심정리 「소방기본법」 관련 위원의 수 등**
>
> 1. 시행규칙 – 소방박물관 운영위원회: 소방박물관장 1인과 부관장 1인, 7인 이내의 위원
> 2. 시행령 – 교육평가심의위원회(평가위원회): 위원장 1명을 포함하여 9명 이하의 위원(성별 고려)
> 3. 법 – 한국소방안전원(안전원): 원장 1명을 포함한 9명 이내의 이사와 1명의 감사
> 4. 시행령 – 손실보상심의위원회(보상위원회): 위원장 1명을 포함하여 5명 이상 7명 이하의 위원

확인학습문제   소방기본법 시행령

173
☐☐☐

평가위원회에 참석한 위원에게는 예산의 범위에서 수당을 지급할 수 있다. 다만, 공무원인 위원이 소관 업무와 직접 관련되어 참석하는 경우에는 수당을 지급하지 아니한다.   O | X

O

174

안전원은 소방기술과 안전관리에 관한 각종 간행물 발간, 화재 예방과 안전관리의식 고취를 위한 대국민 홍보 등의
업무를 수행한다.　　　　　　　　　　　　　　　　　　　　　　　　　　　　　　　　　　　　　O | X

□□□

O

> **핵심정리 안전원의 업무**
>
> 1. 소방기술과 안전관리에 관한 교육 및 조사·연구
> 2. 소방기술과 안전관리에 관한 각종 간행물 발간
> 3. 화재 예방과 안전관리의식 고취를 위한 대국민 홍보
> 4. 소방업무에 관하여 행정기관이 위탁하는 업무
> 5. 소방안전에 관한 국제협력
> 6. 회원에 대한 기술지원 등 정관으로 정하는 사항

175

소방기술과 소방산업의 국외시장 개척에 관한 사업추진은 한국소방안전원의 업무에 해당한다.　　O | X

□□□

X 소방청장의 업무이다.

> **핵심정리 소방기술 및 소방산업의 국제화사업(법 제39조의7)**
>
> 소방청장은 소방기술 및 소방산업의 국제경쟁력과 국제적 통용성을 높이기 위하여 다음의 사업을 추진하여야 한다.
> 1. 소방기술 및 소방산업의 국제 협력을 위한 조사·연구
> 2. 소방기술 및 소방산업에 관한 국제 전시회, 국제 학술회의 개최 등 국제 교류
> 3. 소방기술 및 소방산업의 국외시장 개척
> 4. 그 밖에 소방기술 및 소방산업의 국제경쟁력과 국제적 통용성을 높이기 위하여 필요하다고 인정하는 사업

176

안전원에 임원으로 원장 1명을 제외한 9명 이내의 이사와 1명의 감사를 둔다. 원장과 감사는 소방청장이 임명한다.
　　O | X

□□□

X 원장 1명을 포함한 9명 이내의 이사와 1명의 감사를 둔다.

확인학습문제   소방기본법

177
☐☐☐

소방청장은 안전원에 대하여 업무·회계 및 재산에 관하여 필요한 사항을 보고하게 하거나, 소속 공무원으로 하여금 안전원의 장부·서류 및 그 밖의 물건을 검사하게 할 수 있다.   O | X

O

빈출문제   소방기본법

178
☐☐☐

소방청장, 소방본부장 또는 소방서장은 소방활동 종사로 인하여 사망하거나 부상을 입은 자에게 손실보상심의위원회의 심사·의결에 따라 정당한 보상을 하여야 한다.   O | X

X   "소방청장, 소방본부장 또는 소방서장"이 아니라 "소방청장 또는 시·도지사"이다.

> 📖 **핵심정리 손실보상**
> 1. 제16조의3 제1항에 따른 조치로 인하여 손실을 입은 자
> 2. 제24조 제1항 전단에 따른 소방활동 종사로 인하여 사망하거나 부상을 입은 자
> 3. 제25조 제2항 또는 제3항에 따른 처분으로 인하여 손실을 입은 자. 다만, 같은 조 제3항에 해당하는 경우로서 법령을 위반하여 소방자동차의 통행과 소방활동에 방해가 된 경우는 제외한다.
> 4. 제27조 제1항 또는 제2항에 따른 조치로 인하여 손실을 입은 자
> 5. 소방기관 또는 소방대의 적법한 소방업무 또는 소방활동으로 인하여 손실을 입은 자

빈출문제   소방기본법

179
☐☐☐

손실보상을 청구할 수 있는 권리는 손실이 있음을 안 날부터 3년, 손실이 발생한 날부터 5년간 행사하지 아니하면 시효의 완성으로 소멸한다.   O | X

O

---

21. 경채   소방기본법 시행령

180
☐☐☐

손실보상심의위원회는 위원장 1명을 포함하여 7명 이상 9명 이하의 위원으로 구성한다.   O | X

X   손실보상심의위원회는 위원장 1명을 포함하여 5명 이상 7명 이하의 위원으로 구성된다.

확인학습문제   소방기본법 시행령

181
☐☐☐

손실보상은 손실을 입은 물건을 수리할 수 있는 때는 수리비에 상당하는 금액, 손실을 입은 물건을 수리할 수 없는 때는 손실을 입은 당시의 해당 물건의 교환가액으로 한다. 이 경우 영업자가 손실을 입은 물건의 수리나 교환으로 인하여 영업을 계속할 수 없는 때에는 영업을 계속할 수 없는 기간의 영업매출액에 상당하는 금액을 더하여 보상한다.   O | X

X   영업을 계속할 수 없는 기간의 영업이익액에 상당하는 금액을 더하여 보상한다.

182
☐☐☐

보상금은 일시불로 지급하되, 예산 부족 등의 사유로 일시불로 지급할 수 없는 특별한 사정이 있는 경우에는 보상위
원회의 심사결과에 따라 분할하여 지급할 수 있다.   O | X

X 청구인의 동의를 받아 분할하여 지급할 수 있다.

---

21. 경채   소방기본법 시행령

183
☐☐☐

소방청장 등은 손실보상심의위원회의 심사·의결을 거쳐 특별한 사유가 없으면 보상금 지급 청구서를 받은 날부터 60
일 이내에 보상금 지급 여부 및 보상금액을 결정하여야 한다.   O | X

O

---

19. 공채   소방기본법 시행령

184
☐☐☐

소방청장 등은 결정일부터 10일 이내에 행정안전부령으로 정하는 바에 따라 결정 내용을 청구인에게 통지하고, 보상
금을 지급하기로 결정한 경우에는 특별한 사유가 없으면 통지한 날부터 30일 이내에 보상금을 지급하여야 한다.
    O | X

O

빈출문제 소방기본법

185
☐☐☐

소방대가 화재진압·인명구조 또는 구급활동을 위하여 현장에 출동하거나 현장에 출입하는 것을 고의로 방해하는 행위에 해당하는 사람은 5년 이하의 징역 또는 5천만원 이하의 벌금에 처한다.　O | X

O

빈출문제 소방기본법

186
☐☐☐

정당한 사유 없이 제20조 제2항을 위반하여 화재, 재난·재해, 그 밖의 위급한 상황을 소방본부, 소방서 또는 관계 행정기관에 알리지 아니한 관계인은 300만원 이하의 과태료를 부과한다.　O | X

X　500만원 이하의 과태료를 부과한다

빈출문제 소방기본법

187
☐☐☐

규정을 위반하여 소방자동차의 전용구역에 차를 주차하거나 전용구역에의 진입을 가로막는 등의 방해행위를 한 자에게는 200만원 이하의 과태료를 부과한다.　O | X

X　100만원 이하의 과태료를 부과한다.

빈출문제 소방기본법

188
☐☐☐

화재 등의 통지에 따른 신고를 하지 아니하여 소방자동차를 출동하게 한 자에게는 20만원 이하의 과태료를 부과한다. 이에 따른 과태료는 대통령령으로 정하는 바에 따라 관할 시·도지사, 소방본부장 또는 소방서장이 부과·징수한다.　O | X

X　시·도 조례로 정하는 바에 따라 관할 소방본부장 또는 소방서장이 부과·징수한다.

빈출문제 소방기본법 시행령

189
☐☐☐

위반행위의 횟수에 따른 과태료의 가중된 부과기준은 최근 2년간 같은 위반행위로 과태료 부과처분을 받은 경우에 적용한다. 이 경우 기간의 계산은 위반행위에 대하여 과태료 부과처분을 받은 날과 그 처분 후 다시 같은 위반행위를 하여 적발된 날을 기준으로 한다.　O | X

X　최근 1년간 같은 위반행위로 과태료 부과처분을 받은 경우에 적용한다.

190
☐☐☐

위반행위의 횟수에 따른 과태료의 가중된 부과기준은 최근 2년간 같은 위반행위로 과태료 부과처분을 받은 경우에
적용한다.   O | X

X 위반행위의 횟수에 따른 과태료의 가중된 부과기준은 최근 1년간 같은 위반행위로 과태료 부과처분을 받은 경우에 적
용한다. 이 경우 기간의 계산은 위반행위에 대하여 과태료 부과처분을 받은 날과 그 처분 후 다시 같은 위반행위를 하
여 적발된 날을 기준으로 한다.

191
☐☐☐

위반행위자가 법 위반상태를 시정하거나 해소하기 위하여 노력한 사실이 인정되는 경우, 부과권자는 개별기준에 따른
과태료의 3분의 1 범위에서 그 금액을 줄여 부과할 수 있다.   O | X

X 부과권자는 개별기준에 따른 과태료의 2분의 1 범위에서 그 금액을 줄여 부과할 수 있다.

> **핵심정리 과태료 감경기준**
>
> 부과권자는 다음의 어느 하나에 해당하는 경우에는 개별기준에 따른 과태료의 2분의 1 범위에서 그 금액을 줄여 부과
> 할 수 있다. 다만, 과태료를 체납하고 있는 위반행위자에 대해서는 그렇지 않다.
> 1. 위반행위가 사소한 부주의나 오류로 인한 것으로 인정되는 경우
> 2. 위반행위자가 법 위반상태를 시정하거나 해소하기 위하여 노력한 사실이 인정되는 경우
> 3. 위반행위자가 화재 등 재난으로 재산에 현저한 손실을 입거나 사업 여건의 악화로 그 사업이 중대한 위기에 처하는
>   등 사정이 있는 경우
> 4. 그 밖에 위반행위의 정도, 위반행위의 동기와 그 결과 등을 고려하여 감경할 필요가 있다고 인정되는 경우

제2편 화재의 예방 및 안전관리에 관한 법률

POINT 2-1 총칙

확인학습문제   화재예방법

001
☐☐☐

화재예방법은 화재의 예방과 안전관리에 필요한 사항을 규정함으로써 화재로부터 국민의 생명·신체 및 재산을 보호하고 공공의 안녕과 복리 증진에 이바지함을 목적으로 한다.   O | X

X 공공의 안전과 복리 증진에 이바지함을 목적으로 한다.

---

24. 경채   화재예방법

002
☐☐☐

"안전관리"란 화재로 인한 피해를 최소화하기 위한 예방, 대비, 대응 등의 활동을 말한다.   O | X

O

확인학습문제   화재예방법

003
☐☐☐

"경계"란 화재의 위험으로부터 사람의 생명·신체 및 재산을 보호하기 위하여 화재발생을 사전에 제거하거나 방지하기 위한 모든 활동을 말한다.   O | X

X 예방에 대한 설명이다.

---

24. 경채   화재예방법

004
☐☐☐

"예방"이란 화재의 위험으로부터 사람의 생명·신체 및 재산을 보호하기 위하여 화재발생을 사전에 제거하거나 방지하기 위한 모든 활동을 말한다.   O | X

O

확인학습문제   화재예방법

005
☐☐☐

"화재예방안전진단"이란 대통령령으로 정하는 규모 이상의 인명피해 또는 물적피해가 발생한 화재에 대하여 화재위험요인을 조사하고 그 위험성을 평가하여 개선대책을 수립하는 것을 말한다.   O | X

X "화재예방안전진단"이란 화재가 발생할 경우 사회·경제적으로 피해 규모가 클 것으로 예상되는 소방대상물에 대하여 화재위험요인을 조사하고 그 위험성을 평가하여 개선대책을 수립하는 것을 말한다.

006
□□□

"화재예방안전진단"이란 화재가 발생할 경우 사회·경제적으로 피해 규모가 클 것으로 예상되는 소방대상물에 대하여 화재위험요인을 조사하고 그 위험성을 평가하여 개선대책을 수립하는 것을 말한다. O | X

O

007
□□□

화재예방강화지구의 지정권자는 소방청장, 소방본부장 또는 소방서장이다. O | X

X 화재예방강화지구의 지정권자는 시·도지사이다.

008
□□□

"화재경계강화지구"란 시·도지사가 화재발생 우려가 크거나 화재가 발생할 경우 피해가 클 것으로 예상되는 지역에 대하여 화재의 예방 및 안전관리를 강화하기 위해 지정·관리하는 지역을 말한다. O | X

X 화재예방강화지구에 대한 설명이다.

009
□□□

화재안전조사권자는 소방청장, 소방본부장 또는 소방서장(이하 "소방관서장"이라 한다)이다. O | X

O

010
□□□

"화재안전조사"란 소방관서장이 소방대상물, 관계지역 또는 관계인에 대하여 소방시설등이 소방 관계 법령에 적합하게 설치·관리되고 있는지에 대한 사항만을 확인하기 위하여 실시하는 현장조사·문서열람·보고요구 등을 하는 활동을 말한다. O | X

X "화재안전조사"란 소방관서장이 소방대상물, 관계지역 또는 관계인에 대하여 소방시설등이 소방 관계 법령에 적합하게 설치·관리되고 있는지, 소방대상물에 화재의 발생 위험이 있는지 등을 확인하기 위하여 실시하는 현장조사·문서열람·보고요구 등을 하는 활동을 말한다.

011

□□□

"화재안전조사"란 소방청장, 소방본부장 또는 소방서장이 화재원인, 피해상황, 대응활동 등을 파악하기 위하여 자료의 수집, 관계인등에 대한 질문, 현장 확인, 감식, 감정 및 실험 등을 하는 일련의 행위를 말한다.   O | X

X "화재조사"에 대한 설명이다.

📖 핵심정리 화재안전조사

"화재안전조사"란 소방청장, 소방본부장 또는 소방서장(이하 "소방관서장"이라 한다)이 소방대상물, 관계지역 또는 관계인에 대하여 소방시설등이 소방 관계 법령에 적합하게 설치·관리되고 있는지, 소방대상물에 화재의 발생 위험이 있는지 등을 확인하기 위하여 실시하는 현장조사·문서열람·보고요구 등을 하는 활동을 말한다.

확인학습문제　화재예방법

012
☐☐☐

소방청장은 화재예방정책을 체계적·효율적으로 추진하고 이에 필요한 기반 확충을 위하여 화재의 예방 및 안전관리에 관한 기본계획(이하 "기본계획"이라 한다)을 3년마다 수립·시행하여야 한다.　O | X

X　5년마다 수립·시행하여야 한다.

확인학습문제　화재예방법

013
☐☐☐

관할 구역의 시·도지사는 기본계획을 시행하기 위하여 매년 시행계획을 수립·시행하여야 한다.　O | X

X　시행계획 수립권자는 소방청장이다.

확인학습문제　화재예방법

014
☐☐☐

소방청장은 수립된 기본계획과 시행계획을 관계 중앙행정기관의 장과 시·도지사에게 통보하여야 한다.　O | X

O

확인학습문제　화재예방법

015
☐☐☐

기본계획과 시행계획을 통보받은 관계 중앙행정기관의 장과 시·도지사는 소관 사무의 특성을 반영한 세부시행계획을 수립하여 소방청장에게 통보하고 승인을 받아야 한다.　O | X

X　기본계획과 시행계획을 통보받은 관계 중앙행정기관의 장과 시·도지사는 소관 사무의 특성을 반영한 세부시행계획을 수립·시행하고 그 결과를 소방청장에게 통보하여야 한다.

확인학습문제　화재예방법

016
☐☐☐

기본계획에는 화재의 예방과 안전관리를 위한 대국민 교육·홍보, 화재의 예방과 안전관리 관련 전문인력의 육성·지원 및 관리, 화재의 예방과 안전관리 관련 산업의 국제경쟁력 향상을 위한 사항이 포함되어야 한다.　O | X

O

> 📖 **핵심정리　기본계획 포함사항**
> 1. 화재예방정책의 기본목표 및 추진방향
> 2. 화재의 예방과 안전관리를 위한 법령·제도의 마련 등 기반 조성
> 3. 화재의 예방과 안전관리를 위한 대국민 교육·홍보
> 4. 화재의 예방과 안전관리 관련 기술의 개발·보급
> 5. 화재의 예방과 안전관리 관련 전문인력의 육성·지원 및 관리
> 6. 화재의 예방과 안전관리 관련 산업의 국제경쟁력 향상
> 7. 대통령령으로 정하는 화재의 예방과 안전관리에 필요한 사항
>   • 화재발생 현황
>   • 소방대상물의 환경 및 화재위험특성 변화 추세 등 화재예방정책의 여건 변화에 관한 사항
>   • 소방시설의 설치·관리 및 화재안전기준의 개선에 관한 사항
>   • 계절별·시기별·소방대상물별 화재예방대책의 추진 및 평가 등에 관한 사항
>   • 그 밖에 화재의 예방 및 안전관리와 관련하여 소방청장이 필요하다고 인정하는 사항

017
☐☐☐

기본계획은 대통령령으로 정하는 바에 따라 소방청장이 시·도지사와 협의하여 수립한다.　O | X

X 관계 중앙행정기관의 장과 협의하여 수립한다.

018
☐☐☐

소방청장은 화재의 예방 및 안전관리에 관한 기본계획(이하 "기본계획"이라 한다)을 계획 시행 전년도 8월 31일까지 관계 중앙행정기관의 장과 협의한 후 계획 시행 전년도 9월 30일까지 수립해야 한다.　O | X

O

019
☐☐☐

소방청장은 기본계획을 시행하기 위한 계획(이하 "시행계획"이라 한다)을 계획 시행 전년도 11월 30일까지 수립해야 한다.　O | X

X 시행계획 수립기한은 10월 31일까지이다.

020
☐☐☐

소방청장은 관계 중앙행정기관의 장과 시·도지사에게 기본계획 및 시행계획을 각각 계획 시행 전년도 10월 31일까지 통보해야 한다. 통보를 받은 관계 중앙행정기관의 장 및 시·도지사는 세부시행계획을 수립하여 계획 시행 전년도 12월 31일까지 소방청장에게 통보해야 한다.　O | X

O

021
☐☐☐

소방청장은 기본계획, 시행계획 및 세부시행계획의 수립·시행에 필요한 기초자료를 확보하기 위하여 실태조사를 할 수 있다.　O | X

X 소방청장은 기본계획 및 시행계획의 수립·시행에 필요한 기초자료를 확보하기 위하여 실태조사를 할 수 있다. 세부시행계획은 해당되지 않는다.

022
☐☐☐

소방청장은 소방대상물의 용도별·지역별·규모별 현황, 소방대상물의 화재의 예방 및 안전관리 현황, 소방대상물의 소방시설등 설치·관리 현황, 그 밖에 기본계획 및 시행계획의 수립·시행을 위하여 필요한 사항에 대하여 실태조사를 할 수 있다.　O | X

X 소방청장은 소방대상물의 용도별·규모별 현황에 대하여 실태조사를 할 수 있다. 지역별 현황은 해당하지 않는다.

| 확인학습문제 | 화재예방법 시행규칙 |

023 □□□

실태조사는 통계조사, 문헌조사 또는 현장조사의 방법으로 하며, 정보통신망 또는 전자적인 방식을 사용할 수 없다.

O | X

X 정보통신망 또는 전자적인 방식을 사용할 수 있다.

| 확인학습문제 | 화재예방법 시행규칙 |

024 □□□

소방청장은 실태조사를 실시하려는 경우 실태조사 시작 10일 전까지 조사 일시, 조사 사유 및 조사 내용 등을 포함한 조사계획을 조사대상자에게 서면 또는 전자우편 등의 방법으로 미리 알려야 한다.

O | X

X 실태조사 시작 7일 전까지 알려야 한다.

| 확인학습문제 | 화재예방법 |

025 □□□

소방청장은 실태조사를 전문연구기관·단체나 관계 전문가에게 의뢰하여 실시할 수 있고, 실태조사의 결과를 인터넷 홈페이지 등에 공표할 수 있다.

O | X

O

| 확인학습문제 | 화재예방법 |

026 □□□

소방청장은 화재의 예방 및 안전관리에 관한 통계를 5년마다 작성·관리하여야 한다.

O | X

X 매년 작성·관리하여야 한다.

| 확인학습문제 | 화재예방법 |

027 □□□

시·도지사는 통계자료의 작성·관리에 관한 업무의 전부 또는 일부를 해당 시·도의 조례로 정하는 바에 따라 전문성이 있는 기관을 지정하여 수행하게 할 수 있다.

O | X

X 소방청장은 통계자료의 작성·관리에 관한 업무의 전부 또는 일부를 행정안전부령으로 정하는 바에 따라 전문성이 있는 기관을 지정하여 수행하게 할 수 있다.

| 확인학습문제 | 화재예방법 시행규칙 |

028 □□□

소방청장은 「소방기본법」에 따라 설립된 한국소방안전원, 「정부출연연구기관 등의 설립·운영 및 육성에 관한 법률」에 따라 설립된 정부출연연구기관, 「통계법」에 따라 지정된 통계작성지정기관으로 하여금 통계자료의 작성·관리에 관한 업무를 수행하게 할 수 있다.

O | X

O

| 확인학습문제 | 화재예방법 시행령 |

029 □□□

소방관서장은 전산시스템을 구축·운영하는 경우 빅데이터(대용량의 정형 또는 비정형의 데이터 세트를 말한다)를 활용하여 화재발생 동향 분석 및 전망 등을 할 수 있다.

O | X

X "소방관서장"이 아니라 "소방청장"이다.

확인학습문제　화재예방법

030
☐☐☐

소방관서장은 개인의 주거(실제 주거용도로 사용되는 경우는 제외한다)에 대한 화재안전조사는 관계인의 승낙이 있거나 화재발생의 우려가 뚜렷하여 긴급한 필요가 있는 때에 한정한다.　O | X

X　실제 주거용도로 사용되는 경우에 한정한다.

확인학습문제　화재예방법

031
☐☐☐

소방관서장은 국가적 행사 등 주요 행사가 개최되는 장소 및 그 주변의 관계 지역에 대하여 소방안전관리 실태를 조사할 필요가 있는 경우 화재안전조사를 실시할 수 있다.　O | X

O

> 📘 **핵심정리　화재안전조사 실시 대상**
>
> 1. 자체점검이 불성실하거나 불완전하다고 인정되는 경우
> 2. 화재예방강화지구 등 법령에서 화재안전조사를 하도록 규정되어 있는 경우
> 3. 화재예방안전진단이 불성실하거나 불완전하다고 인정되는 경우
> 4. 국가적 행사 등 주요 행사가 개최되는 장소 및 그 주변의 관계 지역에 대하여 소방안전관리 실태를 조사할 필요가 있는 경우
> 5. 화재가 자주 발생하였거나 발생할 우려가 뚜렷한 곳에 대한 조사가 필요한 경우
> 6. 재난예측정보, 기상예보 등을 분석한 결과 소방대상물에 화재의 발생 위험이 크다고 판단되는 경우
> 7. 이외에 화재, 그 밖의 긴급한 상황이 발생할 경우 인명 또는 재산 피해의 우려가 현저하다고 판단되는 경우

확인학습문제　화재예방법

032
☐☐☐

화재안전조사의 항목은 소방관서장이 소방대상물의 현장 여건을 고려하여 정한다. 이 경우 화재안전조사의 항목에는 화재의 예방조치 상황, 소방시설등의 관리 상황 및 소방대상물의 화재 등의 발생 위험과 관련된 사항이 포함되어야 한다.　O | X

X　화재안전조사의 항목은 대통령령으로 정한다.

확인학습문제　화재예방법 시행령

033
☐☐☐

소방관서장은 피난계획의 수립 및 시행에 관한 사항, 소화·통보·피난 등의 훈련 및 소방안전관리에 필요한 교육에 관한 사항의 항목에 대하여 화재안전조사를 실시한다.　O | X

O

확인학습문제　화재예방법. 화재예방법 시행령

034
☐☐☐

소방관서장은 화재안전조사를 조사의 목적에 따라 화재안전조사의 항목 전체에 대하여 종합적으로 실시하거나 특정 항목에 한정하여 실시할 수 있다.　O | X

O

035
☐☐☐

소방관서장은 화재안전조사 목적에 따라 종합조사와 부분조사의 방법으로 화재안전조사를 실시할 수 있다. O | X

O

036
☐☐☐

소방관서장은 화재안전조사를 실시하려는 경우 사전에 조사대상, 조사기간 및 조사사유 등 조사계획을 소방청, 소방본부 또는 소방서(이하 "소방관서"라 한다)의 인터넷 홈페이지나 전산시스템을 통해 14일 이상 공개해야 한다. O | X

X 소방관서의 인터넷 홈페이지나 전산시스템을 통해 7일 이상 공개해야 한다.

037
☐☐☐

소방관서장은 화재안전조사를 실시하려는 경우 사전에 관계인에게 조사대상, 조사기간 및 조사사유 등을 우편, 전화, 전자메일 또는 문자전송 등을 통하여 통지하고 이를 대통령령으로 정하는 바에 따라 인터넷 홈페이지나 전산시스템 등을 통하여 공개하여야 한다. 다만, 화재가 발생할 우려가 뚜렷하여 긴급하게 조사할 필요가 있는 경우에는 그러하지 아니하다. O | X

O

038
☐☐☐

화재안전조사는 화재가 발생할 우려가 뚜렷하여 긴급하게 조사할 필요가 있는 경우라도 관계인의 승낙 없이 소방대상물의 공개시간 또는 근무시간 이외에는 할 수 없다. O | X

X 화재안전조사는 관계인의 승낙 없이 소방대상물의 공개시간 또는 근무시간 이외에는 할 수 없다. 다만, 화재가 발생할 우려가 뚜렷하여 긴급하게 조사할 필요가 있는 경우에 해당하는 경우에는 그러하지 아니하다.

039
☐☐☐

화재안전조사 통지를 받은 관계인은 천재지변이나 그 밖에 대통령령으로 정하는 사유로 화재안전조사를 받기 곤란한 경우에는 화재안전조사를 통지한 소방관서장에게 대통령령으로 정하는 바에 따라 화재안전조사를 연기하여 줄 것을 신청할 수 있다. 이 경우 소방관서장은 연기신청 승인 여부를 결정하고 그 결과를 조사 시작 전까지 관계인에게 알려주어야 한다. O | X

O

040

☐☐☐

소방대상물의 증축·용도변경 또는 대수선 등의 공사로 화재안전조사를 실시하기 어려운 경우는 화재안전조사 연기 사유에 해당한다.　　　　　　　　　　　　　　　　　　　　　　　　　　　　　　　　　　　　　　O | X

O

> 📖핵심정리 **화재안전조사의 연기할 수 있는 경우**
>
> 1. 「재난 및 안전관리 기본법」 제3조 제1호에 해당하는 재난이 발생한 경우
> 2. 관계인의 질병, 사고, 장기출장의 경우
> 3. 권한 있는 기관에 자체점검기록부, 교육·훈련일지 등 화재안전조사에 필요한 장부·서류 등이 압수되거나 영치(領置)되어 있는 경우
> 4. 소방대상물의 증축·용도변경 또는 대수선 등의 공사로 화재안전조사를 실시하기 어려운 경우

041

☐☐☐

화재안전조사의 연기를 신청하려는 관계인은 화재안전조사 시작 3일 전까지 화재안전조사 연기신청서에 화재안전조사를 받기 곤란함을 증명할 수 있는 서류를 첨부하여 소방관서장에게 제출해야 한다. 신청서를 제출받은 소방관서장은 3일 이내에 연기신청의 승인 여부를 결정하여 화재안전조사 연기신청 결과 통지서를 연기신청을 한 자에게 통지해야 하며 연기기간이 종료되면 지체 없이 화재안전조사를 시작해야 한다.　　　　　　　　　　　　　　　　　O | X

O

042

☐☐☐

소방관서장은 화재안전조사를 효율적으로 수행하기 위하여 대통령령으로 정하는 바에 따라 소방청에는 중앙화재안전조사단을, 시·도 및 시·군·구에는 지방화재안전조사단을 편성하여 운영할 수 있다.　　　　　　　O | X

X　소방청에는 중앙화재안전조사단을, 소방본부 및 소방서에는 지방화재안전조사단을 편성하여 운영할 수 있다.

043

☐☐☐

중앙화재안전조사단 및 지방화재안전조사단(이하 "조사단"이라 한다)은 각각 단장을 포함하여 60명 이내의 단원으로 성별을 고려하여 구성한다.　　　　　　　　　　　　　　　　　　　　　　　　　　　　　　　　　　　　O | X

X　중앙화재안전조사단 및 지방화재안전조사단은 각각 단장을 포함하여 50명 이내의 단원으로 성별을 고려하여 구성한다.

044

☐☐☐

소방관서장은 화재안전조사의 대상을 객관적이고 공정하게 선정하기 위하여 필요한 경우 화재안전조사위원회를 구성하여 화재안전조사의 대상을 선정할 수 있다.　　　　　　　　　　　　　　　　　　　　　　　　　　　　　O | X

O

045

☐☐☐

화재안전조사위원회(이하 "위원회"라 한다)는 위원장 1명을 포함하여 9명 이내의 위원으로 성별을 고려하여 구성한다.　　O | X

X　위원장 1명을 포함하여 7명 이내의 위원으로 성별을 고려하여 구성한다.

046
□□□

소방관서장은 필요한 경우에는 소방기술사, 소방시설관리사, 그 밖에 화재안전 분야에 전문지식을 갖춘 사람을 시·도지사의 승인을 받은 후에 화재안전조사에 참여하게 할 수 있다.　　O | X

X　시·도지사의 승인 사항이 아니다.

047
□□□

화재안전조사 업무를 수행하는 관계 공무원 및 관계 전문가는 관계인의 정당한 업무를 방해하여서는 아니 되며, 조사 업무를 수행하면서 취득한 자료나 알게 된 비밀을 다른 사람 또는 기관에 제공 또는 누설하거나 목적 외의 용도로 사용하여서는 아니 된다. 이를 위반한 자는 300만원 이하의 벌금에 처한다.　　O | X

X　1년 이하의 징역 또는 1천만원 이하의 벌금에 처한다.

048
□□□

소방관서장은 화재안전조사를 마친 때에는 그 조사 결과를 관계인에게 서면으로 통지하여야 한다. 다만, 화재안전조사의 현장에서 관계인에게 조사의 결과를 설명한 경우에는 그러하지 아니하다.　　O | X

X　화재안전조사의 현장에서 관계인에게 조사의 결과를 설명하고 화재안전조사 결과서의 부본을 교부한 경우에는 그러하지 아니하다.

049
□□□

화재안전조사 결과에 따른 조치명령권자는 소방관서장이다.　　O | X

O

050
□□□

소방관서장은 화재안전조사 결과에 따른 소방대상물의 위치·구조·설비 또는 관리의 상황이 화재예방을 위하여 보완될 필요가 있거나 화재가 발생하면 인명 또는 재산의 피해가 클 것으로 예상되는 때에는 행정안전부령으로 정하는 바에 따라 관계인에게 그 소방대상물의 개수(改修)·이전·제거, 사용의 금지 또는 제한, 사용폐쇄, 공사의 정지 또는 중지, 그 밖에 필요한 조치를 명할 수 있다.　　O | X

O

051
□□□

소방청장 또는 시·도지사가 손실을 보상하는 경우에는 시가(時價)의 2배로 보상해야 한다.　　O | X

X　소방청장 또는 시·도지사가 손실을 보상하는 경우에는 시가(時價)로 보상해야 한다.

052
☐☐☐

소방청장 또는 시·도지사는 보상금액에 관한 협의가 성립되지 않은 경우에는 그 보상금액을 지급하거나 공탁하고 이를 상대방에게 알려야 한다. O | X

O

확인학습문제 　　화재예방법 시행령

053
☐☐☐

보상금의 지급 또는 공탁의 통지에 불복하는 자는 지급 또는 공탁의 통지를 받은 날부터 30일 이내에 「공익사업을 위한 토지 등의 취득 및 보상에 관한 법률」 제49조에 따른 중앙토지수용위원회 또는 관할 지방토지수용위원회에 재결(裁決)을 신청할 수 있다. O | X

O

확인학습문제 　　화재예방법

054
☐☐☐

소방관서장은 화재안전조사를 실시한 경우 소방대상물의 위치, 연면적, 용도 등 현황, 소방시설등의 설치 및 관리 현황, 피난시설, 방화구획 및 방화시설의 설치 및 관리 현황, 그 밖에 대통령령으로 정하는 사항 전부 또는 일부를 인터넷 홈페이지나 규정된 전산시스템 등을 통하여 공개할 수 있다. O | X

O

확인학습문제 　　화재예방법 시행령

055
☐☐☐

소방관서장이 화재안전조사를 실시하고 결과를 공개할 수 있는 "대통령령으로 정하는 사항"이란 제조소등 설치 현황, 소방안전관리자 선임 현황, 화재예방안전진단 실시 결과이다. O | X

O

확인학습문제 　　화재예방법 시행령

056
☐☐☐

소방관서장은 화재안전조사 결과를 공개하는 경우 14일 이상 해당 소방관서 인터넷 홈페이지나 전산시스템을 통해 공개해야 한다. O | X

X 30일 이상 공개해야 한다.

확인학습문제 　　화재예방법 시행령

057
☐☐☐

소방대상물의 관계인은 공개 내용 등을 통보받은 날부터 10일 이내에 소방관서장에게 이의신청을 할 수 있다. 소방관서장은 이의신청을 받은 날부터 3일 이내에 심사·결정하여 그 결과를 지체 없이 신청인에게 알려야 한다. O | X

X 소방관서장은 이의신청을 받은 날부터 10일 이내에 심사·결정하여 그 결과를 지체 없이 신청인에게 알려야 한다.

확인학습문제   화재예방법 시행규칙

058

□□□

「산업안전보건기준에 관한 규칙」 제241조의2 제1항에 따른 화재감시자 등 안전요원이 배치된 장소에서 화기 등을 취급하는 경우는 화재예방 안전조치에 해당한다.   O | X

O

> 📖 **핵심정리 화재예방 안전조치 등**
>
> 1. 「국민건강증진법」 제9조 제4항 각 호 외의 부분 후단에 따라 설치한 흡연실 등 법령에 따라 지정된 장소에서 화기 등을 취급하는 경우
> 2. 소화기 등 소방시설을 비치 또는 설치한 장소에서 화기 등을 취급하는 경우
> 3. 「산업안전보건기준에 관한 규칙」 제241조의2 제1항에 따른 화재감시자 등 안전요원이 배치된 장소에서 화기 등을 취급하는 경우
> 4. 소방관서장과 사전 협의하여 안전조치를 한 경우

확인학습문제   화재예방법 시행규칙

059

□□□

소방관서장은 화재예방 안전조치 협의 신청서를 받은 경우에는 화재예방 안전조치의 적절성을 검토하고 10일 이내에 화재예방 안전조치 협의 결과 통보서를 협의를 신청한 자에게 통보해야 한다.   O | X

X   5일 이내에 통보해야 한다.

확인학습문제   화재예방법

060

□□□

소방관서장은 화재 발생 위험이 크거나 소화 활동에 지장을 줄 수 있다고 인정되는 물건에 대하여 그 물건의 소유자, 관리자 또는 점유자에게 소방차량의 통행이나 소화 활동에 지장을 줄 수 있는 물건의 이동의 명령을 할 수 있다.   O | X

O

> 📖 **핵심정리 화재 예방조치 명령**
>
> 1. 다음의 어느 하나에 해당하는 행위의 금지 또는 제한
>   - 모닥불, 흡연 등 화기의 취급
>   - 풍등 등 소형열기구 날리기
>   - 용접·용단 등 불꽃을 발생시키는 행위
>   - 그 밖에 대통령령으로 정하는 화재 발생 위험이 있는 행위: 「위험물안전관리법」 제2조 제1항 제1호에 따른 위험물을 방치하는 행위(영 제16조 제2항)
> 2. 목재, 플라스틱 등 가연성이 큰 물건의 제거, 이격, 적재 금지 등
> 3. 소방차량의 통행이나 소화 활동에 지장을 줄 수 있는 물건의 이동

확인학습문제   화재예방법

061

□□□

물건의 소유자, 관리자 또는 점유자를 알 수 없는 경우 소속 공무원으로 하여금 그 물건을 옮기거나 보관하는 등 필요한 조치에 따라 옮긴 물건 등에 대한 보관기간 및 보관기간 경과 후 처리 등에 필요한 사항은 행정안전부령으로 정하는 바에 따라 시·도의 조례로 정한다.   O | X

X   대통령령으로 정한다.

062
☐☐☐

소방관서장은 옮긴물건등을 보관하는 경우에는 그 다음 날부터 7일 동안 해당 소방관서의 인터넷 홈페이지에 그 사실을 공고해야 하고, 옮긴물건등의 보관기간은 공고기간의 종료일 다음 날부터 7일까지로 한다.   O | X

X 그날부터 14일 동안 그 사실을 공고해야 한다.

063
☐☐☐

소방관서장은 보관기간이 종료된 때에는 보관하고 있는 옮긴물건등을 매각해야 한다. 다만, 보관하고 있는 옮긴물건등이 부패·파손 또는 이와 유사한 사유로 정해진 용도로 계속 사용할 수 없는 경우에는 옮긴물건등이 부패·파손되기 전에 복지시설 등에 기부·기증할 수 있다.   O | X

X 보관하고 있는 옮긴물건등이 부패·파손 또는 이와 유사한 사유로 정해진 용도로 계속 사용할 수 없는 경우에는 폐기할 수 있다.

064
☐☐☐

시·도지사는 매각되거나 폐기된 옮긴물건등의 소유자가 보상을 요구하는 경우에는 보상금액에 대하여 소유자와의 협의를 거쳐 이를 보상해야 한다.   O | X

X 소방관서장은 보상금액에 대하여 소유자와의 협의를 거쳐 이를 보상해야 한다.

065
☐☐☐

소방관서장은 보관하던 옮긴물건등을 매각한 경우에는 지체 없이 「국가재정법」에 따라 세입조치를 해야 한다.   O | X

O

066
☐☐☐

보일러, 난로, 건조설비, 가스·전기시설, 그 밖에 화재 발생 우려가 있는 대통령령으로 정하는 설비 또는 기구 등의 위치·구조 및 관리와 화재 예방을 위하여 불을 사용할 때 지켜야 하는 사항은 대통령령으로 정한다.   O | X

O

067
☐☐☐

대통령령에서 규정한 사항 외에 화재 발생 우려가 있는 설비 또는 기구의 종류, 해당 설비 또는 기구의 위치·구조 및 관리와 화재 예방을 위하여 불을 사용할 때 지켜야 하는 사항은 행정안전부령으로 정한다.   O | X

X 대통령령에서 규정한 사항 외에 관련 내용은 시·도 조례로 정한다.

068
☐☐☐

보일러는 가연성 벽·바닥 또는 천장과 접촉하는 증기기관 또는 연통의 부분은 규조토 등 난연성 또는 불연성 단열재로 덮어씌워야 한다.   O | X

O

> **핵심정리 보일러**
>
> 1. 가연성 벽·바닥 또는 천장과 접촉하는 증기기관 또는 연통의 부분은 규조토 등 난연성 또는 불연성 단열재로 덮어씌워야 한다.
> 2. 보일러 본체와 벽·천장 사이의 거리는 0.6미터 이상이어야 한다.
> 3. 보일러를 실내에 설치하는 경우에는 콘크리트바닥 또는 금속 외의 불연재료로 된 바닥 위에 설치해야 한다.

069
☐☐☐

경유·등유 등 액체연료를 사용하는 보일러는 연료탱크가 넘어지지 않도록 받침대를 설치하고, 연료탱크 및 연료탱크 받침대는 「건축법 시행령」에 따른 준불연재료 또는 불연재료로 하여야 한다.   O | X

X 연료탱크 및 연료탱크 받침대는 「건축법 시행령」에 따른 불연재료로 하여야 한다.

> **핵심정리 경유·등유 등 액체연료를 사용하는 보일러**
>
> 1. 연료탱크는 보일러 본체로부터 수평거리 1미터 이상의 간격을 두어 설치할 것
> 2. 연료탱크에는 화재 등 긴급상황이 발생하는 경우 연료를 차단할 수 있는 개폐밸브를 연료탱크로부터 0.5미터 이내에 설치할 것
> 3. 연료탱크 또는 보일러 등에 연료를 공급하는 배관에는 여과장치를 설치할 것
> 4. 사용이 허용된 연료 외의 것을 사용하지 않을 것
> 5. 연료탱크가 넘어지지 않도록 받침대를 설치하고, 연료탱크 및 연료탱크 받침대는 「건축법 시행령」 제2조 제10호에 따른 불연재료(이하 "불연재료"라 한다)로 할 것

070
☐☐☐

경유·등유 등 액체 연료탱크는 보일러 본체로부터 수평거리 0.5미터 이상의 간격을 두어 설치한다.   O | X

X 1미터 이상의 간격을 두어 설치한다.

071
☐☐☐

경유·등유 등 액체연료를 사용하는 보일러는 연료탱크를 보일러 본체로부터 수평거리 1미터 이내의 간격을 두어 설치해야 하며, 연료탱크에는 화재 등 긴급상황이 발생하는 경우 연료를 차단할 수 있는 개폐밸브를 연료탱크로부터 0.5미터 이상에 설치하여야 한다.   O | X

X 연료탱크는 본체로부터 1미터 이상, 개폐밸브는 연료탱크로부터 0.5미터 이내에 설치해야 한다.

072
☐☐☐

기체연료를 사용하는 보일러는 연료를 공급하는 배관을 금속관으로 하여야 한다.　O | X

O

> 📖 핵심정리 **기체연료를 사용하는 보일러**
>
> 1. 보일러를 설치하는 장소에는 환기구를 설치하는 등 가연성 가스가 머무르지 않도록 할 것
> 2. 연료를 공급하는 배관은 금속관으로 할 것
> 3. 화재 등 긴급 시 연료를 차단할 수 있는 개폐밸브를 연료용기 등으로부터 0.5미터 이내에 설치할 것
> 4. 보일러가 설치된 장소에는 가스누설경보기를 설치할 것

073
☐☐☐

화목(火木) 등 고체연료를 사용하는 보일러는 고체연료를 보일러 본체와 수평거리 1미터 이상 간격을 두어 보관하거나 불연재료로 된 별도의 구획된 공간에 보관하여야 한다.　O | X

X 보일러 본체와 수평거리 2미터 이상 간격으로 한다.

> 📖 핵심정리 **화목(火木) 등 고체연료를 사용하는 보일러**
>
> 1. 고체연료는 보일러 본체와 수평거리 2미터 이상 간격을 두어 보관하거나 불연재료로 된 별도의 구획된 공간에 보관할 것
> 2. 연통은 천장으로부터 0.6미터 떨어지고, 연통의 배출구는 건물 밖으로 0.6미터 이상 나오도록 설치할 것
> 3. 연통의 배출구는 보일러 본체보다 2미터 이상 높게 설치할 것
> 4. 연통이 관통하는 벽면, 지붕 등은 불연재료로 처리할 것
> 5. 연통재질은 불연재료로 사용하고 연결부에 청소구를 설치할 것

074
☐☐☐

화목(火木) 등 고체연료를 사용하는 연통의 배출구는 보일러 본체보다 1미터 이상 높게 설치한다.　O | X

X 보일러 본체보다 2미터 이상 높게 설치한다.

075
☐☐☐

난로는 가연성 벽·바닥 또는 천장과 접촉하는 연통의 부분을 규조토 등 난연성 또는 불연성의 단열재로 덮어씌워야 한다.　O | X

O

076
☐☐☐

난로는 연통이 천장으로부터 0.6미터 이상 떨어지고, 연통의 배출구가 건물 밖으로 0.6미터 이상 나오게 설치해야 한다.　O | X

O

077

□□□

이동식난로는 예외 사항 없이 「다중이용업소의 안전관리에 관한 특별법」 제2조 제1항 제4호에 따른 다중이용업소에서 사용해서는 안 된다.　　　　　　　　　O | X

X 난로가 쓰러지지 않도록 받침대를 두어 고정시키거나 쓰러지는 경우 즉시 소화되고 연료의 누출을 차단할 수 있는 장치가 부착된 경우에는 사용할 수 있다.

078

□□□

건조설비는 실내에 설치하는 경우에 벽·천장 및 바닥은 준불연재료 또는 불연재료로 해야 한다.　　　　O | X

X 불연재료로 해야 한다.

> **📖 핵심정리 건조설비**
> 1. 건조설비와 벽·천장 사이의 거리는 0.5미터 이상이어야 한다.
> 2. 건조물품이 열원과 직접 접촉하지 않도록 해야 한다.
> 3. 실내에 설치하는 경우에 벽·천장 및 바닥은 불연재료로 해야 한다.

079

□□□

건조설비와 벽·천장 사이의 거리는 0.6미터 이상이어야 한다.　　　　　　　　　O | X

X 0.5미터 이상이어야 한다.

080

□□□

불꽃을 사용하는 용접·용단 기구(다만, 「산업안전보건법」 제38조의 적용을 받는 사업장에는 적용하지 않는다)는 용접 또는 용단 작업장 주변 반경 10미터 이내에 소화기를 갖추어 두어야 한다.　　　　　　　　　O | X

X 용접 또는 용단 작업장 주변 반경 5미터 이내에 소화기를 갖추어 두어야 한다.

> **📖 핵심정리 불꽃을 사용하는 용접·용단 기구**
> 1. 용접 또는 용단 작업장 주변 반경 5미터 이내에 소화기를 갖추어 둘 것
> 2. 용접 또는 용단 작업장 주변 반경 10미터 이내에는 가연물을 쌓아두거나 놓아두지 말 것. 다만, 가연물의 제거가 곤란하여 방화포 등으로 방호조치를 한 경우는 제외한다.

081

□□□

노·화덕설비는 실내에 설치하는 경우에는 흙바닥 또는 금속으로 된 바닥에 설치해야 한다.   O | X

X 실내에 설치하는 경우에는 흙바닥 또는 금속 외의 불연재료로 된 바닥에 설치해야 한다.

> **핵심정리 노·화덕설비**
>
> 1. 실내에 설치하는 경우에는 흙바닥 또는 금속 외의 불연재료로 된 바닥에 설치해야 한다.
> 2. 노 또는 화덕을 설치하는 장소의 벽·천장은 불연재료로 된 것이어야 한다.
> 3. 노 또는 화덕의 주위에는 녹는 물질이 확산되지 않도록 높이 0.1미터 이상의 턱을 설치해야 한다.

082

□□□

노·화덕설비에서 노 또는 화덕을 설치하는 장소의 벽·천장은 불연재료로 된 것이어야 한다.   O | X

O

083

□□□

시간당 열량이 30만킬로칼로리 이상인 노를 설치하는 경우에는 창문과 출입구는 「건축법 시행령」 제64조에 따른 30분 방화문 또는 60분 방화문으로 설치하여야 한다.   O | X

X 창문과 출입구는 「건축법 시행령」 제64조에 따른 60분+ 방화문 또는 60분 방화문으로 설치할 것

> **핵심정리 시간당 열량이 30만킬로칼로리 이상인 노를 설치하는 경우**
>
> 1. 「건축법」 제2조 제1항 제7호에 따른 주요구조부(이하 "주요구조부"라 한다)는 불연재료 이상으로 할 것
> 2. 창문과 출입구는 「건축법 시행령」 제64조에 따른 60분+ 방화문 또는 60분 방화문으로 설치할 것
> 3. 노 주위에는 1미터 이상 공간을 확보할 것

084

□□□

음식조리를 위하여 설치하는 설비에서 열을 발생하는 조리기구는 반자 또는 선반으로부터 0.6미터 이상 떨어지게 하여야 한다.   O | X

O

> **핵심정리 음식조리를 위하여 설치하는 설비**
>
> 1. 주방설비에 부속된 배출덕트(공기 배출통로)는 0.5밀리미터 이상의 아연도금강판 또는 이와 같거나 그 이상의 내식성 불연재료로 설치할 것
> 2. 주방시설에는 동물 또는 식물의 기름을 제거할 수 있는 필터 등을 설치할 것
> 3. 열을 발생하는 조리기구는 반자 또는 선반으로부터 0.6미터 이상 떨어지게 할 것
> 4. 열을 발생하는 조리기구로부터 0.15미터 이내의 거리에 있는 가연성 주요구조부는 단열성이 있는 불연재료로 덮어 씌울 것

085

□□□

음식조리를 위하여 설치하는 설비의 경우, 열을 발생하는 조리기구로부터 0.15미터 이내의 거리에 있는 가연성 주요구조부는 단열성이 있는 불연재료로 덮어씌운다.   O | X

O

확인학습문제   화재예방법 시행령 [별표 1]

086

□□□

보일러, 난로, 건조설비, 불꽃을 사용하는 용접·용단기구 및 노·화덕설비가 설치된 장소에는 소화기 1개 이상을 갖추어 두어야 한다.   O | X

O

확인학습문제   화재예방법

087

□□□

화재가 발생하는 경우 불길이 빠르게 번지는 고무류·플라스틱류·석탄 및 목탄 등 대통령령으로 정하는 특수가연물(特殊可燃物)의 저장 및 취급 기준은 행정안전부령으로 정한다.   O | X

X 특수가연물(特殊可燃物)의 저장 및 취급 기준은 대통령령으로 정한다.

확인학습문제   화재예방법 시행령 [별표 2]

088

□□□

나무껍질 및 대팻밥의 저장 및 취급기준은 300킬로그램 이상이다.   O | X

X 400킬로그램 이상이다.

확인학습문제   화재예방법 시행령 [별표 2]

089

□□□

목재가공품 및 나무부스러기의 저장 및 취급기준은 20세제곱미터 이상이다.   O | X

X 10세제곱미터 이상이다.

확인학습문제   화재예방법 시행령 [별표 2]

090

□□□

고무류·플라스틱류(발포시킨 것)의 저장 및 취급기준은 3,000킬로그램 이상이다.   O | X

X 20세제곱미터 이상이다.

품명	수량(이상)	품명	수량(이상)
면화류	200kg	가연성 고체류	3천kg
나무껍질	400kg	대팻밥	400kg
넝마 및 종이부스러기	1천kg	가연성 액체류	2m³
사류(絲類)	1천kg	목재가공품 및 나무부스러기	10m³
볏짚류	1천kg	합성 수지류	발포	20m³
석탄·목탄류	1만kg		그 외	3천kg

확인학습문제 화재예방법 시행령 [별표 2]

091

석탄·목탄류에는 코크스, 석탄가루를 물에 갠 것, 마세크탄(조개탄), 연탄, 석유코크스, 활성탄 및 이와 유사한 것을 포함한다.　　　　O | X

O

확인학습문제 화재예방법 시행령 [별표 2]

092

가연성 고체류(고체)란 인화점이 섭씨 100도 이상 200도 미만이고, 연소열량이 1그램당 100킬로칼로리 이상인 것을 말한다.　　　　O | X

X 연소열량이 1그램당 8킬로칼로리 이상인 것을 말한다.

핵심정리 **가연성 고체류**
1. 인화점이 섭씨 40도 이상 100도 미만인 것
2. 인화점이 섭씨 100도 이상 200도 미만이고, 연소열량이 1그램당 8킬로칼로리 이상인 것
3. 인화점이 섭씨 200도 이상이고 연소열량이 1그램당 8킬로칼로리 이상인 것으로서 녹는점(융점)이 100도 미만인 것
4. 1기압과 섭씨 20도 초과 40도 이하에서 액상인 것으로서 인화점이 섭씨 70도 이상 섭씨 200도 미만이거나 2. 또는 3.에 해당하는 것

23. 경채 화재예방법 시행령 [별표 3]

093

특수가연물 표지 중 화기엄금 표시 부분의 바탕은 붉은색으로, 문자는 백색으로 한다.　　　　O | X

O

094
□□□

특수가연물 표지의 바탕은 검은색으로, 문자는 흰색으로 할 것. 다만, "화기엄금" 표시 부분은 제외한다.   O | X

X 특수가연물 표지의 바탕은 흰색으로, 문자는 검은색으로 할 것

> 📖 핵심정리 **특수가연물 표지의 규격**
> 1. 특수가연물 표지는 한 변의 길이가 0.3미터 이상, 다른 한 변의 길이가 0.6미터 이상인 직사각형으로 할 것
> 2. 특수가연물 표지의 바탕은 흰색으로, 문자는 검은색으로 할 것. 다만, "화기엄금" 표시 부분은 제외한다.
> 3. 특수가연물 표지 중 화기엄금 표시 부분의 바탕은 붉은색으로, 문자는 백색으로 할 것

095
□□□

특수가연물을 저장 또는 취급하는 장소에는 품명, 최대저장수량, 단위부피당 질량 또는 단위체적당 질량, 관리책임자 성명·직책, 연락처 및 화기취급의 금지표시가 포함된 특수가연물 표지를 설치해야 한다.   O | X

O

096
□□□

특수가연물 표지는 특수가연물을 저장하거나 취급하는 장소 중 보기 쉬운 곳에 설치해야 한다.   O | X

O

097
□□□

특수가연물 중 석탄·목탄류를 발전용(發電用)으로 저장하는 경우는 원칙적으로 10미터 이하의 높이로 쌓아야 한다.   O | X

X 석탄·목탄류를 발전용(發電用)으로 저장하는 경우는 제외한다.

098
□□□

특수가연물의 저장·취급 기준에 따라, 살수설비를 설치하거나 방사능력 범위에 해당 특수가연물이 포함되도록 대형 수동식소화기를 설치하는 경우 그 기준은 높이 20미터 이하이다.   O | X

X 높이 15미터 이하

> 📖 핵심정리 **쌓는 높이와 쌓는 바닥면적 기준**
>
> | 구분 | | 일반 | 완화조건* |
> |---|---|---|---|
> | 쌓는 높이 | | 10m 이하 | 15m 이하 |
> | 쌓는 면적 | 석탄·목탄류 외 | 50㎡ 이하 | 200㎡ 이하 |
> | | 석탄·목탄류 | 200㎡ 이하 | 300㎡ 이하 |
>
> * 완화조건: 살수설비·대형수동식소화기 설치 시

099
□□□

특수가연물의 저장·취급 기준(석탄·목탄류를 발전용(發電用)으로 저장하는 경우 제외)에 따라 살수설비를 설치하거나 방사능력 범위에 해당 특수가연물이 포함되도록 대형수동식소화기를 설치하는 경우 그 기준은 200제곱미터(석탄·목탄류의 경우에는 300제곱미터) 이하이다.　O | X

O

100
□□□

특수가연물을 실내에 쌓아 저장하는 경우 주요구조부는 내화구조이면서 불연재료여야 하고, 다른 종류의 특수가연물과 같은 공간에 보관하지 않아야 한다. 다만, 방화구조의 벽으로 분리하는 경우는 그렇지 않다.　O | X

X 내화구조의 벽으로 분리하는 경우는 그렇지 않다.

101
□□□

특수가연물을 실외에 쌓아 저장하는 경우 원칙적 쌓는 부분이 대지경계선, 도로 및 인접 건축물과 최소 3미터 이상 간격을 두어야 한다.　O | X

X 실외에 쌓아 저장하는 경우 쌓는 부분이 대지경계선, 도로 및 인접 건축물과 최소 6미터 이상 간격을 둘 것. 다만, 쌓는 높이보다 0.9미터 이상 높은 「건축법 시행령」 제2조 제7호에 따른 내화구조(이하 "내화구조"라 한다) 벽체를 설치한 경우는 그렇지 않다.

📖 **핵심정리 실내·외 저장 기준**

구분	이격 및 저장 원칙	예외대상	쌓는 부분의 바닥면적 사이 이격
실외	대지경계선·도로·인접 건축물: 6m 이상	쌓은 높이보다 0.9m 이상 높은 내화구조 벽체 설치 시	3m 또는 쌓는 높이 중 큰 값
실내	• 내화구조 건축물의 경우 주요구조부: 불연재료 • 혼용저장 금지	내화구조의 벽으로 분리하는 경우	1.2m 또는 쌓는 높이 1/2 중 큰 값

102
□□□

화재의 확대가 빠른 특수가연물의 저장 및 취급 기준으로 실내에 쌓아 저장하는 경우 주요구조부는 불연재료 또는 준불연재료여야 하고, 다른 종류의 특수가연물과 같은 공간에 보관하지 않아야 한다. 다만, 방화구조의 벽으로 분리하는 경우는 그렇지 않다.　O | X

O

103
□□□

특수가연물의 쌓는 부분 바닥면적의 사이는 실내의 경우 1.2미터 또는 쌓는 높이의 1/2 중 작은 값 이상으로 간격을 두어야 하며, 실외의 경우 3미터 또는 쌓는 높이 중 작은 값 이상으로 간격을 두어야 한다.　O | X

X 큰 값 이상으로 간격을 두어야 한다.

104
□□□

화재의 확대가 빠른 특수가연물의 저장 및 취급 기준으로 쌓는 부분 바닥면적의 사이는 실외의 경우 3미터 또는 쌓는 높이의 1/2 중 큰 값 이상으로 간격을 두어야 한다. 　O | X

X 쌓는 부분 바닥면적의 사이는 실외의 경우 3미터 또는 쌓는 높이 중 큰 값 이상으로 간격을 두어야 한다.

105
□□□

시·도지사는 노후·불량건축물이 밀집한 지역, 「산업입지 및 개발에 관한 법률」 제2조 제8호에 따른 산업단지에 해당하는 지역을 화재예방강화지구로 지정하여 관리할 수 있다. 　O | X

O

📖 **핵심정리 화재예방강화지구**

1. 시장지역
2. 공장·창고가 밀집한 지역
3. 목조건물이 밀집한 지역
4. 노후·불량건축물이 밀집한 지역
5. 위험물의 저장 및 처리 시설이 밀집한 지역
6. 석유화학제품을 생산하는 공장이 있는 지역
7. 「산업입지 및 개발에 관한 법률」 제2조 제8호에 따른 산업단지
8. 소방시설·소방용수시설 또는 소방출동로가 없는 지역
9. 「물류시설의 개발 및 운영에 관한 법률」 제2조 제6호에 따른 물류단지
10. 그 밖에 1.부터 9.까지에 준하는 지역으로서 소방관서장이 화재예방강화지구로 지정할 필요가 있다고 인정하는 지역

106
□□□

"전력용 및 통신용 지하구가 있는 지역", "소방시설·소방용수시설 또는 소방출동로가 없는 지역"은 화재예방강화지구로 지정할 수 있는 지역에 해당한다. 　O | X

X "전력용 및 통신용 지하구가 있는 지역"은 해당하지 않는다.

107
□□□

시·도지사가 화재예방강화지구로 지정할 필요가 있는 지역을 화재예방강화지구로 지정하지 아니하는 경우 소방청장은 해당 지역을 화재예방강화지구로 지정할 수 있다. 　O | X

X 소방청장은 해당 시·도지사에게 해당 지역의 화재예방강화지구 지정을 요청할 수 있다.

108
□□□

시·도지사는 대통령령으로 정하는 바에 따라 화재예방강화지구 안의 소방대상물의 위치·구조 및 설비 등에 대하여 화재안전조사를 하여야 한다. 　O | X

X 소방관서장이다.

109
□□□

소방관서장은 화재예방강화지구 안의 관계인에 대하여 대통령령으로 정하는 바에 따라 소방에 필요한 훈련 및 교육을 실시하여야 한다.　O | X

X 소방에 필요한 훈련 및 교육을 실시할 수 있다.

110
□□□

시·도지사는 대통령령으로 정하는 바에 따라 화재예방강화지구의 지정 현황, 화재안전조사의 결과, 소방설비등의 설치 명령 현황, 소방훈련 및 교육 현황 등이 포함된 화재예방강화지구에서의 화재예방에 필요한 자료를 5년마다 작성·관리하여야 한다.　O | X

X 시·도지사는 매년 작성·관리하여야 한다.

111
□□□

소방관서장은 화재예방강화지구 안의 소방대상물의 위치·구조 및 설비 등에 대한 화재안전조사를 연 1회 이상 실시해야 한다.　O | X

O

> **📖 핵심정리 화재예방강화지구의 관리**
> 1. 소방관서장은 화재예방강화지구 안의 소방대상물의 위치·구조 및 설비 등에 대한 화재안전조사를 연 1회 이상 실시해야 한다.
> 2. 소방관서장은 화재예방강화지구 안의 관계인에 대하여 소방에 필요한 훈련 및 교육을 연 1회 이상 실시할 수 있다.
> 3. 소방관서장은 훈련 및 교육을 실시하려는 경우에는 화재예방강화지구 안의 관계인에게 훈련 또는 교육 10일 전까지 그 사실을 통보해야 한다.

112
□□□

시·도지사는 화재예방강화지구의 지정 현황, 화재안전조사의 결과, 소방설비등의 설치(보수, 보강을 포함한다) 명령 현황, 소방훈련 및 교육의 실시 현황, 그 밖에 화재예방 강화를 위하여 필요한 사항을 소방청장이 정하여 고시하는 화재예방강화지구 관리대장에 작성하고 관리해야 한다.　O | X

X 행정안전부령으로 정하는 화재예방강화지구 관리대장에 작성하고 관리해야 한다.

113
□□□

소방청장은 제18조 제4항에 따라 소방설비등의 설치를 명하는 경우 해당 관계인에게 소방설비등의 설치에 필요한 지원을 할 수 있다.　O | X

O

114
☐☐☐

소방관서장은 화재발생 원인 및 연소과정을 조사·분석하는 등의 과정에서 법령이나 정책의 개선이 필요하다고 인정되는 경우 그 법령이나 정책에 대한 화재 위험성의 유발요인 및 완화 방안에 대한 평가(이하 "화재안전영향평가"라 한다)를 실시할 수 있다.　　　O | X

X　소방청장이다.

115
☐☐☐

소방청장은 화재안전영향평가를 하는 경우 화재현장 및 자료 조사 등을 기초로 화재·피난 모의실험 등 과학적인 예측·분석 방법으로 실시할 수 있다.　　　O | X

O

116
☐☐☐

소방청장은 화재안전영향평가에 관한 업무를 수행하기 위하여 화재안전영향평가심의회를 구성·운영할 수 있고, 화재안전영향평가심의회는 위원장 1명을 제외한 12명 이내의 위원으로 구성한다.　　　O | X

X　심의회는 위원장 1명을 포함한 12명 이내의 위원으로 구성한다.

117
☐☐☐

화재안전과 관련되는 법령이나 정책을 담당하는 관계 기관의 소속 직원으로서 대통령령으로 정하는 사람은 소방청에서 화재안전 관련 업무를 수행하는 소방위 이상의 소방공무원 중에서 소방청장이 지명하는 사람이어야 한다.　　　O | X

X　소방준감 이상의 소방공무원 중에서 소방청장이 지명하는 사람

> **📖 핵심정리 심의회 구성(시행령 제22조) - 법 제22조 제3항 제1호에서 "대통령령으로 정하는 사람"**
> 1. 중앙행정기관에서 화재안전 관련 법령이나 정책을 담당하는 고위공무원단에 속하는 일반직공무원 중에서 해당 중앙행정기관의 장이 지명하는 사람 각 1명
>   • 행정안전부·산업통상자원부·보건복지부·고용노동부·국토교통부
>   • 그 밖에 심의회의 심의에 부치는 안건과 관련된 중앙행정기관
> 2. 소방청에서 화재안전 관련 업무를 수행하는 소방준감 이상의 소방공무원 중에서 소방청장이 지명하는 사람

118
☐☐☐

소방청장은 법령이나 정책의 화재위험 유발요인, 법령이나 정책이 소방대상물의 재료, 공간, 이용자 특성 및 화재 확산 경로에 미치는 영향, 법령이나 정책이 화재피해에 미치는 영향 등 사회경제적 파급 효과, 화재위험 유발요인을 제어 또는 관리할 수 있는 법령이나 정책의 개선 방안 사항이 포함된 화재안전영향평가의 기준을 화재예방안전진단의 진단 결과를 바탕으로 정한다.　　　O | X

X　화재안전영향평가의 기준을 화재안전영향평가심의회의 심의를 거쳐 정한다.

119
□□□

화재안전취약자 지원 대상에는 다음에 해당하는 사람이 포함된다.
1. 「국민기초생활 보장법」 제2조 제2호에 따른 수급자
2. 「다문화가족지원법」 제2조 제1호에 따른 다문화가족의 구성원   O | X

O

> **핵심정리 화재안전취약자 지원 대상**
>
> 1. 「국민기초생활 보장법」 제2조 제2호에 따른 수급자
> 2. 「장애인복지법」 제6조에 따른 중증장애인
> 3. 「한부모가족지원법」 제5조에 따른 지원대상자
> 4. 「노인복지법」 제27조의2에 따른 홀로 사는 노인
> 5. 「다문화가족지원법」 제2조 제1호에 따른 다문화가족의 구성원
> 6. 화재안전에 취약하다고 소방관서장이 인정하는 사람

확인학습문제   화재예방법

120
☐☐☐

소방안전관리대상물의 관계인은 소방안전관리업무를 수행하기 위하여 소방안전관리자 자격증을 발급받은 사람을 소방안전관리자로 선임하여야 한다. 소방안전관리자의 업무에 대하여 보조가 필요한 대통령령으로 정하는 소방안전관리대상물의 경우에는 소방안전관리자 외에 소방안전관리보조자를 추가로 선임하여야 한다.   O | X

O

확인학습문제   화재예방법 시행령 [별표 4]

121
☐☐☐

특급 소방안전관리대상물에는 30층 이상(지하층을 포함한다)이거나 지상으로부터 높이가 100미터 이상인 특정소방대상물(아파트는 제외한다)이 포함된다.   O | X

X   지상으로부터 높이가 120미터 이상인 특정소방대상물이다.

> **📖 핵심정리 특급 소방안전관리대상물**
> 1. 50층 이상(지하층은 제외한다)이거나 지상으로부터 높이가 200미터 이상인 아파트
> 2. 30층 이상(지하층을 포함한다)이거나 지상으로부터 높이가 120미터 이상인 특정소방대상물(아파트는 제외한다)
> 3. 2.에 해당하지 않는 특정소방대상물로서 연면적이 10만제곱미터 이상인 특정소방대상물(아파트는 제외한다)

확인학습문제   화재예방법 시행령 [별표 4]

122
☐☐☐

1급 소방안전관리대상물에는 30층 이상(지하층은 제외한다)이거나 지상으로부터 높이가 120미터 이상인 아파트가 포함된다.   O | X

O

> **📖 핵심정리 1급 소방안전관리대상물**
> 1. 30층 이상(지하층은 제외한다)이거나 지상으로부터 높이가 120미터 이상인 아파트
> 2. 연면적 1만5천제곱미터 이상인 특정소방대상물(아파트 및 연립주택은 제외한다)
> 3. 2.에 해당하지 않는 특정소방대상물로서 지상층의 층수가 11층 이상인 특정소방대상물(아파트는 제외한다)
> 4. 가연성 가스를 1천톤 이상 저장·취급하는 시설

123

□□□

2급 소방안전관리대상물에는 물분무등소화설비[화재안전기준에 따라 호스릴(hose reel) 방식의 물분무등소화설비만을 설치할 수 있는 특정소방대상물은 제외한다]를 설치해야 하는 특정소방대상물이 포함된다. O | X

O

📖 핵심정리 2급 소방안전관리대상물

1. 옥내소화전설비 · 스프링클러설비 · 물분무등소화설비[화재안전기준에 따라 호스릴(hose reel) 방식의 물분무등소화설비만을 설치할 수 있는 특정소방대상물은 제외한다]를 설치해야 하는 특정소방대상물
2. 가스 제조설비를 갖추고 도시가스사업의 허가를 받아야 하는 시설 또는 가연성 가스를 100톤 이상 1천톤 미만 저장 · 취급하는 시설
3. 지하구
4. 「공동주택관리법」의 어느 하나에 해당하는 공동주택(옥내소화전설비 또는 스프링클러설비가 설치된 공동주택으로 한정한다)
5. 「문화유산의 보존 및 활용에 관한 법률」 제23조에 따라 보물 또는 국보로 지정된 목조건축물

124

□□□

3급 소방안전관리대상물에는 간이스프링클러설비(주택전용 간이스프링클러설비는 제외한다)를 설치해야 하는 특정소방대상물이 포함된다. O | X

O

📖 핵심정리 3급 소방안전관리대상물

1. 간이스프링클러설비(주택전용 간이스프링클러설비는 제외한다)를 설치해야 하는 특정소방대상물
2. 자동화재탐지설비를 설치해야 하는 특정소방대상물

125

□□□

소방설비산업기사의 자격을 취득한 후 5년 이상 1급 소방안전관리대상물의 소방안전관리자로 근무한 실무경력이 있는 사람으로서 특급 소방안전관리자 자격증을 발급받은 사람은 특급 소방안전관리대상물에 선임해야 하는 소방안전관리자의 자격을 가진다. O | X

X 7년 이상이 해당한다.

📖 핵심정리 특급 소방안전관리대상물에 선임해야 하는 소방안전관리자의 자격

다음의 어느 하나에 해당하는 사람으로서 특급 소방안전관리자 자격증을 발급받은 사람
1. 소방기술사 또는 소방시설관리사의 자격이 있는 사람
2. 소방설비기사의 자격을 취득한 후 5년 이상 1급 소방안전관리대상물의 소방안전관리자로 근무한 실무경력(법 제24조 제3항에 따라 소방안전관리자로 선임되어 근무한 경력은 제외한다. 이하 이 표에서 같다)이 있는 사람
3. 소방설비산업기사의 자격을 취득한 후 7년 이상 1급 소방안전관리대상물의 소방안전관리자로 근무한 실무경력이 있는 사람
4. 소방공무원으로 20년 이상 근무한 경력이 있는 사람
5. 소방청장이 실시하는 특급 소방안전관리대상물의 소방안전관리에 관한 시험에 합격한 사람

126
☐☐☐

소방설비산업기사의 자격이 있는 사람으로서 1급 소방안전관리자 자격증을 발급받은 사람은 1급 소방안전관리대상물에 선임해야 하는 소방안전관리자의 자격을 가진다.   O | X

O

> 📖 **핵심정리 1급 소방안전관리대상물에 선임해야 하는 소방안전관리자의 자격**
>
> 다음의 어느 하나에 해당하는 사람으로서 1급 소방안전관리자 자격증을 발급받은 사람
> 1. 소방설비기사 또는 소방설비산업기사의 자격이 있는 사람
> 2. 소방공무원으로 7년 이상 근무한 경력이 있는 사람
> 3. 소방청장이 실시하는 1급 소방안전관리대상물의 소방안전관리에 관한 시험에 합격한 사람

127
☐☐☐

소방공무원으로 9년간 근무한 경력자가 발급받을 수 있는 최상위의 소방안전관리자 자격으로 선임할 수 있는 소방안전관리대상물로 "가연성 가스를 1천 톤 이상 저장·취급하는 시설"은 해당한다.   O | X

O 소방공무원으로 9년간 근무한 경력자가 발급받을 수 있는 최상위의 소방안전관리자 자격은 1급 소방안전관리대상물의 소방안전관리자이다. 따라서 "가연성 가스를 1천 톤 이상 저장·취급하는 시설"은 1급 소방안전관리대상물에 해당하므로 옳은 내용이다.

128
☐☐☐

소방공무원으로 1년 이상 근무한 경력이 있는 사람으로서 2급 소방안전관리자 자격증을 발급받은 사람은 2급 소방안전관리대상물에 선임해야 하는 소방안전관리자의 자격을 가진다.   O | X

X 3년 이상이다.

> 📖 **핵심정리 2급 소방안전관리대상물에 선임해야 하는 소방안전관리자의 자격**
>
> 다음의 어느 하나에 해당하는 사람으로서 2급 소방안전관리자 자격증을 발급받은 사람
> 1. 위험물기능장·위험물산업기사 또는 위험물기능사 자격이 있는 사람
> 2. 소방공무원으로 3년 이상 근무한 경력이 있는 사람
> 3. 소방청장이 실시하는 2급 소방안전관리대상물의 소방안전관리에 관한 시험에 합격한 사람
> 4. 「기업활동 규제완화에 관한 특별조치법」 제29조, 제30조 및 제32조에 따라 소방안전관리자로 선임된 사람(소방안전관리자로 선임된 기간으로 한정한다)

129
☐☐☐

동·식물원, 철강 등 불연성 물품을 저장·취급하는 창고, 위험물 저장 및 처리 시설 중 제조소등과 지하구는 특급 소방안전관리대상물, 1급 소방안전관리대상물 및 2급 소방안전관리대상물에서 제외한다.   O | X

X 2급 소방안전관리대상물은 해당하지 않는다.

130
☐☐☐

소방안전관리보조자를 선임해야 하는 소방안전관리대상물의 범위에는 소방안전관리자를 선임해야 하는 소방안전관리대상물 중 「건축법 시행령」 별표 1 제2호 가목에 따른 아파트 중 100세대 이상인 아파트가 포함된다.　O | X

X　300세대 이상이다.

131
☐☐☐

소방안전관리보조자를 선임해야 하는 소방안전관리대상물의 범위에는 소방안전관리자를 선임해야 하는 소방안전관리대상물 중 연면적이 3만제곱미터 이상인 특정소방대상물(아파트 및 연립주택은 제외한다)이 포함된다.　O | X

X　연면적이 1만5천제곱미터 이상이다.

> **[핵심정리] 소방안전관리보조자를 선임해야 하는 소방안전관리대상물의 범위**
>
> 소방안전관리자를 선임해야 하는 소방안전관리대상물 중에서 다음에 해당하는 소방안전관리대상물
> 1. 「건축법 시행령」 별표 1 제2호 가목에 따른 아파트 중 300세대 이상인 아파트
> 2. 연면적이 1만5천제곱미터 이상인 특정소방대상물(아파트 및 연립주택은 제외한다)
> 3. 1. 및 2.에 따른 특정소방대상물을 제외한 특정소방대상물: 공동주택 중 기숙사, 의료시설, 노유자 시설, 수련시설, 숙박시설(숙박시설로 사용되는 바닥면적의 합계가 1천500제곱미터 미만이고 관계인이 24시간 상시 근무하고 있는 숙박시설은 제외한다)

132
☐☐☐

소방안전관리대상물에서 소방안전 관련 업무에 2년 이상 근무한 경력이 있는 사람은 소방안전관리보조자의 자격에 해당한다.　O | X

O

> **[핵심정리] 소방안전관리보조자의 자격**
>
> 1. 특급 소방안전관리대상물, 1급 · 2급 · 3급 소방안전관리대상물의 소방안전관리자 자격이 있는 사람
> 2. 「국가기술자격법」에 따른 국가기술자격의 직무분야 중 건축, 기계제작, 기계장비설비 · 설치, 화공, 위험물, 전기, 전자 및 안전관리에 해당하는 국가기술자격이 있는 사람
> 3. 「공공기관의 소방안전관리에 관한 규정」에 따른 강습교육을 수료한 사람
> 4. 법 제34조 제1항 제1호에 따른 강습교육 중 이 영 제33조 제1호부터 제4호까지에 해당하는 사람을 대상으로 하는 강습교육을 수료한 사람
> 5. 소방안전관리대상물에서 소방안전 관련 업무에 2년 이상 근무한 경력이 있는 사람

133
☐☐☐

소방안전관리자를 선임해야 하는 소방안전관리대상물 중에서 「건축법 시행령」 별표 1 제2호 가목에 따른 아파트 중 300세대 이상인 아파트에 해당하는 경우 소방안전관리보조자 1명 이상을 선임해야 한다. 다만, 초과되는 100세대마다 1명 이상을 추가로 선임해야 한다.　O | X

X　초과되는 300세대마다 1명 이상을 추가로 선임해야 한다.

134
☐☐☐

소방안전관리자를 선임해야 하는 소방안전관리대상물 중에서 연면적이 1만5천제곱미터 이상인 특정소방대상물(아파트 및 연립주택은 제외한다)에 따른 소방안전관리대상물의 경우 소방안전관리보조자 1명 이상을 선임해야 한다. 다만, 초과되는 연면적 1만5천제곱미터(특정소방대상물의 방재실에 자위소방대가 24시간 상시 근무하고 「소방장비관리법 시행령」에 따른 소방자동차 중 소방펌프차, 소방물탱크차, 소방화학차 또는 무인방수차를 운용하는 경우에는 3만제곱미터로 한다)마다 1명 이상을 추가로 선임해야 한다.   O | X

O

확인학습문제   화재예방법

135
☐☐☐

다른 안전관리자는 소방안전관리대상물 중 소방안전관리업무의 전담이 필요한 소방청장이 정하는 소방안전관리대상물의 소방안전관리자를 겸할 수 없다. 다만, 다른 법령에 특별한 규정이 있는 경우에는 그러하지 아니하다.   O | X

X 다른 안전관리자는 소방안전관리대상물 중 소방안전관리업무의 전담이 필요한 대통령령으로 정하는 소방안전관리대상물의 소방안전관리자를 겸할 수 없다.

확인학습문제   화재예방법 시행령

136
☐☐☐

소방안전관리업무 전담 대상물은 특급 소방안전관리대상물, 1급 소방안전관리대상물 및 2급 소방안전관리대상물이다.   O | X

X 2급 소방안전관리대상물은 소방안전관리업무 전담 대상물에 해당하지 않는다.

확인학습문제   화재예방법

137
☐☐☐

소방안전관리대상물의 관계인은 소방안전관리업무를 대행하는 소방시설관리업자(관리업자)를 감독할 수 있는 사람을 지정하여 소방안전관리자로 선임할 수 있다. 이 경우 소방안전관리자로 선임된 자는 선임된 날부터 6개월 이내에 제34조에 따른 교육을 받아야 한다.   O | X

X 선임된 날부터 3개월 이내에 교육을 받아야 한다.

확인학습문제   화재예방법

138
☐☐☐

소방안전관리자 및 소방안전관리보조자의 선임 대상별 자격 및 인원기준은 행정안전부령으로 정하고, 선임 절차 등 그 밖에 필요한 사항은 대통령령으로 정한다.   O | X

X 소방안전관리자 및 소방안전관리보조자의 선임 대상별 자격 및 인원기준은 대통령령으로 정하고, 선임 절차 등 그 밖에 필요한 사항은 행정안전부령으로 정한다.

139
□□□

제36조에 따른 피난계획에 관한 사항과 대통령령으로 정하는 사항이 포함된 소방계획서의 작성 및 시행에 관한 업무는 소방안전관리대상물의 경우 소방안전관리자의 업무에 해당한다.   O | X

O

> 📖 **핵심정리 소방안전관리대상물의 소방안전관리자의 업무**
>
> 1. 피난계획에 관한 사항과 대통령령으로 정하는 사항이 포함된 소방계획서의 작성 및 시행
> 2. 자위소방대(自衛消防隊) 및 초기대응체계의 구성, 운영 및 교육
> 3. 소방훈련 및 교육
> 4. 행정안전부령으로 정하는 바에 따른 소방안전관리에 관한 업무수행에 관한 기록·유지

140
□□□

「소방시설 설치 및 관리에 관한 법률」 제16조에 따른 피난시설, 방화구획 및 방화시설의 관리업무는 특정소방대상물(소방안전관리대상물은 제외한다)의 관계인과 소방안전관리대상물의 소방안전관리자의 업무에 해당한다.   O | X

O

> 📖 **핵심정리 특정소방대상물(소방안전관리대상물 제외)의 관계인과 소방안전관리대상물의 소방안전관리자의 업무**
>
> 1. 「소방시설 설치 및 관리에 관한 법률」 제16조에 따른 피난시설, 방화구획 및 방화시설의 관리
> 2. 소방시설이나 그 밖의 소방 관련 시설의 관리
> 3. 화기(火氣) 취급의 감독
> 4. 화재발생 시 초기대응
> 5. 그 밖에 소방안전관리에 필요한 업무

141
□□□

자위소방대와 초기대응체계의 구성, 운영 및 교육 등에 필요한 사항은 소방청장이 정하여 고시한다.   O | X

X 위임규정은 행정안전부령이다.

142
□□□

소방본부장 또는 소방서장은 자위소방대를 화재 발생 시 비상연락, 초기소화 및 피난유도 및 화재 발생 시 인명·재산피해 최소화를 위한 조치 기능을 효율적으로 수행할 수 있도록 편성·운영하되, 소방안전관리대상물의 규모·용도 등의 특성을 고려하여 응급구조 및 방호안전기능 등을 추가하여 수행할 수 있도록 편성할 수 있다.   O | X

X 자위소방대의 편성·운영권자는 소방안전관리대상물의 소방안전관리자이다.

143
□□□

자위소방대에는 대장과 부대장 1명을 각각 두며, 편성 조직의 인원은 해당 소방안전관리대상물의 수용인원 등을 고려하여 구성한다.   O | X

O

144
☐☐☐

자위소방대의 방호안전팀은 재실자(在室者) 및 장애인, 노인, 임산부, 영유아 및 어린이 등 이동이 어려운 사람(이하 "피난약자"라 한다)을 안전한 장소로 대피시키는 업무를 수행한다.   O | X

X   피난유도팀의 업무에 해당한다.

> **핵심정리 자위소방대 대장·부대장 및 편성조직의 임무**
>
> 1. 대장은 자위소방대를 총괄 지휘한다.
> 2. 부대장은 대장을 보좌하고 대장이 부득이한 사유로 임무를 수행할 수 없는 때에는 그 임무를 대행한다.
> 3. 비상연락팀은 화재사실의 전파 및 신고 업무를 수행한다.
> 4. 초기소화팀은 화재 발생 시 초기화재 진압 활동을 수행한다.
> 5. 피난유도팀은 재실자(在室者) 및 장애인, 노인, 임산부, 영유아 및 어린이 등 이동이 어려운 사람(이하 "피난약자"라 한다)을 안전한 장소로 대피시키는 업무를 수행한다.
> 6. 응급구조팀은 인명을 구조하고, 부상자에 대한 응급조치를 수행한다.
> 7. 방호안전팀은 화재확산방지 및 위험시설의 비상정지 등 방호안전 업무를 수행한다.

145
☐☐☐

소방안전관리대상물의 소방안전관리자는 해당 소방안전관리대상물이 이용되고 있는 동안 초기대응체계를 상시적으로 운영해야 한다.   O | X

O

146
☐☐☐

소방안전관리대상물의 소방안전관리자는 연 2회 이상 자위소방대를 소집하여 그 편성 상태 및 초기대응체계를 점검하고, 편성된 근무자에 대한 소방교육을 실시해야 한다. 이 경우 초기대응체계에 편성된 근무자 등에 대해서는 화재 발생 초기대응에 필요한 기본 요령을 숙지할 수 있도록 소방교육을 실시해야 한다.   O | X

X   연 1회 이상이다.

147
☐☐☐

소방청장은 자위소방대의 구성·운영 및 교육, 초기대응체계의 편성·운영 등에 필요한 지침을 작성하여 배포할 수 있으며, 소방본부장 또는 소방서장은 소방안전관리대상물의 소방안전관리자가 해당 지침을 준수하도록 지도할 수 있다.   O | X

O

148
☐☐☐

소방안전관리대상물 중 연면적 등이 일정규모 이상인 대통령령으로 정하는 소방안전관리대상물의 관계인은 관리업자로 하여금 소방안전관리업무를 대행하게 하여야 한다.   O | X

X   소방안전관리대상물 중 연면적 등이 일정규모 미만인 대통령령으로 정하는 소방안전관리대상물의 관계인은 관리업자로 하여금 소방안전관리업무 중 대통령령으로 정하는 업무를 대행하게 할 수 있다.

149
☐☐☐

지상층의 층수가 11층 이상인 1급 소방안전관리대상물(연면적 1만5천제곱미터 이상인 특정소방대상물과 아파트는 제외한다), 2급 소방안전관리대상물 및 3급 소방안전관리대상물은 소방안전관리 업무 대행 소방안전관리대상물에 해당한다.　O | X

O

150
☐☐☐

소방안전관리대상물의 관계인이 소방안전관리자 또는 소방안전관리보조자를 선임한 경우에는 행정안전부령으로 정하는 바에 따라 선임한 날부터 14일 이내에 소방본부장 또는 소방서장에게 신고하여야 한다.　O | X

O

151
☐☐☐

소방안전관리대상물의 관계인은 소방안전관리자를 선임사유가 발생한 날부터 30일 이내에 선임해야 한다.　O | X

O

152
☐☐☐

소방안전관리대상물의 관계인은 소방안전관리대상물의 출입자가 쉽게 알 수 있도록 소방안전관리자의 성명과 그 밖에 대통령령으로 정하는 사항을 게시하여야 한다.　O | X

X　위임규정은 행정안전부령이다.

153
☐☐☐

"소방안전관리대상물의 용도 및 수용인원"은 소방안전관리대상물의 관계인이 소방안전관리자를 선임한 경우 소방안전관리대상물의 출입자가 쉽게 알 수 있도록 게시해야 하는 사항에 해당한다.　O | X

X　소방안전관리대상물의 용도 및 수용인원은 해당하지 않는다.

> 📖 핵심정리 **소방안전관리자 정보의 게시 사항**
>
> 1. 소방안전관리대상물의 명칭 및 등급
> 2. 소방안전관리자의 성명 및 선임일자
> 3. 소방안전관리자의 연락처
> 4. 소방안전관리자의 근무 위치(화재 수신기 또는 종합방재실을 말한다)

154
☐☐☐

시·도지사 또는 소방청장은 소방안전관리자 또는 소방안전관리보조자를 선임하지 아니한 소방안전관리대상물의 관계인에게 소방안전관리자 또는 소방안전관리보조자를 선임하도록 명할 수 있다.   O | X

X   소방안전관리자 선임명령권자는 소방본부장 또는 소방서장이다.

155
☐☐☐

공사시공자가 건설현장 소방안전관리대상물을 신축·증축·개축·재축·이전·용도변경 또는 대수선 하는 경우에는 소방안전관리자로서 제34조에 따른 교육을 받은 사람을 소방시설공사 계약일부터 건축물 사용승인일까지 소방안전관리자로 선임하고 행정안전부령으로 정하는 바에 따라 소방본부장 또는 소방서장에게 신고하여야 한다.   O | X

X   착공 신고일부터이다.

156
☐☐☐

증축을 하려는 부분의 연면적이 5천제곱미터이고, 지상층의 층수가 10층인 업무시설은 건설현장 소방안전관리대상물에 해당한다.   O | X

X   11층 이상이다.

> **📘 핵심정리 건설현장 소방안전관리대상물**
> 1. 신축·증축·개축·재축·이전·용도변경 또는 대수선을 하려는 부분의 연면적의 합계가 1만5천제곱미터 이상인 것
> 2. 신축·증축·개축·재축·이전·용도변경 또는 대수선을 하려는 부분의 연면적이 5천제곱미터 이상인 것으로서 다음의 어느 하나에 해당하는 것
>   • 지하층의 층수가 2개 층 이상인 것
>   • 지상층의 층수가 11층 이상인 것
>   • 냉동창고, 냉장창고 또는 냉동·냉장창고

157
☐☐☐

신축·증축·개축·재축·이전·용도변경 또는 대수선을 하려는 부분의 연면적의 합계가 1만 제곱미터 이상인 것은 건설현장 소방안전관리대상물에 해당한다.   O | X

X   연면적의 합계가 1만5천제곱미터 이상인 것이 해당한다.

158
☐☐☐

신축·증축·개축·재축·이전·용도변경 또는 대수선을 하려는 부분의 연면적이 5천제곱미터 이상인 것으로서 지상층의 층수가 6층 이상인 것은 건설현장 소방안전관리대상물에 해당한다.   O | X

X   연면적 5천제곱미터 이상인 것으로 11층 이상인 것이 해당한다.

159
☐☐☐

신축을 하려는 부분의 연면적이 5천제곱미터인 냉동·냉장창고는 소방안전관리자를 선임해야 하는 건설현장 소방안전관리대상물에 해당한다. O | X

O

160
☐☐☐

신축을 하려는 부분의 연면적의 합계가 2만제곱미터인 복합건축물은 소방안전관리자를 선임해야 하는 건설현장 소방안전관리대상물에 해당한다. O | X

O

161
☐☐☐

증축을 하려는 부분의 연면적의 합계가 3만제곱미터인 업무시설은 소방안전관리자를 선임해야 하는 건설현장 소방안전관리대상물에 해당한다. O | X

O

162
☐☐☐

건설현장 작업자를 제외한 책임자에 대한 소방안전 교육 및 훈련은 건설현장 소방안전관리대상물의 소방안전관리자의 업무에 해당한다. O | X

X 건설현장의 작업자에 대한 소방안전 교육 및 훈련은 해당한다.

📖 **핵심정리　건설현장 소방안전관리대상물의 소방안전관리자의 업무**

1. 건설현장의 소방계획서의 작성
2. 임시소방시설의 설치 및 관리에 대한 감독
3. 공사진행 단계별 피난안전구역, 피난로 등의 확보와 관리
4. 건설현장의 작업자에 대한 소방안전 교육 및 훈련
5. 초기대응체계의 구성·운영 및 교육
6. 화기취급의 감독, 화재위험작업의 허가 및 관리
7. 건설현장의 소방안전관리와 관련하여 소방청장이 고시하는 업무

163
☐☐☐

소방안전관리자 자격의 시험방법, 시험의 공고 및 합격자 결정 등 소방안전관리자의 자격시험에 필요한 사항은 대통령령으로 정한다. O | X

X 위임규정은 행정안전부령이다.

164
□□□

1급 소방안전관리대상물의 소방안전관리자로 3년 이상이 근무한 실무경력 있는 사람은 특급 소방안전관리자 자격시험에 응시할 수 있는 자격을 가진다.   O | X

X   1급 소방안전관리대상물의 소방안전관리자로 5년(소방설비기사의 경우에는 자격 취득 후 2년, 소방설비산업기사의 경우에는 자격 취득 후 3년) 이상 근무한 실무경력이 있는 사람

165
□□□

소방공무원으로 10년 이상 근무한 경력이 있는 사람은 특급 소방안전관리자 자격시험에 응시할 수 있는 자격을 가진다.   O | X

O

166
□□□

소방행정학(소방학 및 소방방재학을 포함한다) 또는 소방안전공학(소방방재공학 및 안전공학을 포함한다) 분야에서 석사 이상 학위를 취득한 후 1년 이상 1급 소방안전관리대상물의 소방안전관리자로 근무한 실무경력이 있는 사람은 특급 소방안전관리자 자격시험에 응시할 수 있는 자격을 가진다.   O | X

X   2년 이상이다.

167
□□□

「초고층 및 지하연계 복합건축물 재난관리에 관한 특별법」 제12조 제1항 각 호 외의 부분 본문에 따라 총괄재난관리자로 지정되어 1년 이상 근무한 경력이 있는 사람은 특급 소방안전관리자 자격시험에 응시할 수 있는 자격을 가진다.   O | X

O

168
□□□

특급 소방안전관리자 자격시험은 제1차 시험과 제2차 시험으로 나누어 실시하고 연 1회 이상 실시한다.   O | X

X   특급 소방안전관리자 자격시험은 연 2회 이상 실시한다.

> **핵심정리 소방안전관리자 자격시험의 방법**
>
> 1. 특급 소방안전관리자 자격시험: 연 2회 이상
> 2. 1급·2급·3급 소방안전관리자 자격시험: 월 1회 이상

169

☐☐☐

소방청장은 특급, 1급, 2급 또는 3급 소방안전관리자 자격시험을 실시하려는 경우에는 응시자격·시험과목·일시·장소 및 응시절차를 모든 응시 희망자가 알 수 있도록 시험 시행일 30일 전에 인터넷 홈페이지에 공고해야 한다. O | X

O

170

☐☐☐

특급, 1급, 2급 및 3급 소방안전관리자 자격시험은 매과목을 100점 만점으로 하여 매과목 40점 이상, 전과목 평균 60점 이상 득점한 사람을 합격자로 한다. O | X

X 전과목 평균 70점 이상 득점한 사람을 합격자로 한다.

171

☐☐☐

소방청장은 소방안전관리자 자격시험을 종료한 날부터 30일(특급 소방안전관리 자격시험의 경우에는 60일) 이내에 인터넷 홈페이지에 합격자를 공고하고, 응시자에게 휴대전화 문자 메시지로 합격 여부를 알려 줄 수 있다. O | X

O

172

☐☐☐

소방안전관리자가 되려고 하는 사람 또는 소방안전관리자(소방안전관리보조자는 제외한다)로 선임된 사람은 소방안전관리업무에 관한 능력의 습득 또는 향상을 위하여 행정안전부령으로 정하는 바에 따라 소방청장이 실시하는 강습교육 또는 실무교육을 받아야 한다. O | X

X 소방안전관리보조자를 포함한다.

173

☐☐☐

소방청장은 강습교육을 실시하려는 경우에는 강습교육 실시 10일 전까지 일시·장소, 그 밖에 강습교육 실시에 필요한 사항을 인터넷 홈페이지에 공고해야 한다. O | X

X 강습교육 실시 20일 전까지이다.

174

☐☐☐

소방청장은 강습교육 및 실무교육의 대상·일정·횟수 등을 포함한 실무교육의 실시 계획을 매년 수립·시행해야 한다. O | X

O

확인학습문제	화재예방법

175
☐☐☐

소방청장은 실무교육을 실시하려는 경우에는 실무교육 실시 30일 전까지 일시·장소, 그 밖에 실무교육 실시에 필요한 사항을 인터넷 홈페이지에 공고하고 교육대상자에게 통보해야 한다. O | X

O

확인학습문제	화재예방법

176
☐☐☐

소방안전관리자는 소방안전관리자로 선임된 날부터 1년 이내에 실무교육을 받아야 하며, 그 이후에는 2년마다(최초 실무교육을 받은 날을 기준일로 하여 매 2년이 되는 해의 기준일과 같은 날 전까지를 말한다) 1회 이상 실무교육을 받아야 한다. O | X

X 선임된 날부터 6개월 이내에 실무교육을 받아야 한다.

확인학습문제	화재예방법

177
☐☐☐

소방청장은 해당 연도의 실무교육이 끝난 날부터 30일 이내에 그 결과를 소방본부장 또는 소방서장에게 통보해야 한다. O | X

O

확인학습문제	화재예방법

178
☐☐☐

지하층을 제외한 층수가 6층 이상인 복합건축물로서 그 관리의 권원(權原)이 분리되어 있는 특정소방대상물의 경우 그 관리의 권원별 관계인은 대통령령으로 정하는 바에 따라 소방안전관리자를 선임하여야 한다. O | X

X 지하층을 제외한 층수가 11층 이상인 복합건축물이 해당한다.

> **📖 핵심정리 관리의 권원이 분리된 특정소방대상물의 소방안전관리**
> 1. 복합건축물(지하층을 제외한 층수가 11층 이상 또는 연면적 3만제곱미터 이상인 건축물)
> 2. 지하가
> 3. 대통령령으로 정하는 특정소방대상물(판매시설 중 도매시장, 소매시장 및 전통시장)

확인학습문제	화재예방법

179
☐☐☐

관리의 권원별 관계인은 상호 협의하여 특정소방대상물의 전체에 걸쳐 소방안전관리상 필요한 업무를 총괄하는 소방안전관리자(이하 "총괄소방안전관리자"라 한다)를 별도로 선임하여야 한다. O | X

X 총괄소방안전관리자를 선임된 소방안전관리자 중에서 선임하거나 별도로 선임하여야 한다.

확인학습문제	화재예방법 시행규칙

180
☐☐☐

소방안전관리대상물의 관계인은 소방안전관리자를 관리의 권원이 분리되거나 소방본부장 또는 소방서장이 관리의 권원을 조정한 다음 날부터 30일 이내에 선임해야 한다. O | X

X 관리의 권원이 분리되거나 소방본부장 또는 소방서장이 관리의 권원을 조정한 날부터이다.

181

☐☐☐

2급 또는 3급 소방안전관리대상물의 관계인은 소방안전관리자 자격시험이나 소방안전관리자에 대한 강습교육이 소방안전관리자 선임기간 내에 있지 않아 소방안전관리자를 선임할 수 없는 경우에는 소방안전관리자 선임의 연기를 신청할 수 있다.　O | X

O

182

☐☐☐

소방안전관리대상물의 관계인, 선임된 소방안전관리자 및 총괄소방안전관리자는 해당 특정소방대상물의 소방안전관리를 효율적으로 수행하기 위하여 공동소방안전관리협의회를 구성하고, 해당 특정소방대상물에 대한 소방안전관리를 공동으로 수행하여야 한다.　O | X

X　소방안전관리대상물의 관계인은 해당하지 않는다.

183

☐☐☐

공동소방안전관리협의회의 구성·운영 및 공동소방안전관리의 수행 등에 필요한 사항은 대통령령으로 정한다.
　O | X

O

184

☐☐☐

관리의 권원이 분리되어 있는 특정소방대상물의 관계인은 소유권, 지상권 및 점유권에 따라 각각 소방안전관리자를 선임해야 한다.　O | X

X　지상권은 해당하지 않는다.

185

☐☐☐

관리의 권원별 소방안전관리자 선임 기준
화재 수신기 또는 소화펌프(가압송수장치를 포함한다)가 별도로 설치되어 있는 경우에는 설치된 화재 수신기 또는 소화펌프가 화재를 감지·소화 또는 경보할 수 있는 부분을 각각 하나의 관리 권원으로 보아 각각 소방안전관리자 선임해야 한다.　O | X

O

> **핵심정리 소방안전관리자 선임 기준**
>
> 1. 법령 또는 계약 등에 따라 공동으로 관리하는 경우: 하나의 관리 권원으로 보아 소방안전관리자 1명 선임
> 2. 화재 수신기 또는 소화펌프(가압송수장치를 포함한다)가 별도로 설치되어 있는 경우: 설치된 화재 수신기 또는 소화펌프가 화재를 감지·소화 또는 경보할 수 있는 부분을 각각 하나의 관리 권원으로 보아 각각 소방안전관리자 선임
> 3. 하나의 화재 수신기 및 소화펌프가 설치된 경우: 하나의 관리 권원으로 보아 소방안전관리자 1명 선임

186
☐☐☐

소방청장은 관리의 권원이 많아 효율적인 소방안전관리가 이루어지지 않는다고 판단되는 경우 선임 기준 및 해당 특정소방대상물의 화재위험성 등을 고려하여 관리의 권원이 분리되어 있는 특정소방대상물의 관리의 권원을 조정하여 소방안전관리자를 선임하도록 할 수 있다.　　O | X

X　소방본부장 또는 소방서장이다.

187
☐☐☐

소방안전관리대상물의 관계인은 피난시설의 위치, 피난경로 또는 대피요령이 포함된 피난유도 안내정보를 근무자 또는 거주자에게 정기적으로 제공하여야 한다.　　O | X

O

188
☐☐☐

피난계획의 수립 시에 층별, 구역별 피난대상 인원의 연령별·성별 현황이 포함되어야 한다.　　O | X

O

> 📖 **핵심정리　피난계획의 수립 시 포함사항**
>
> 1. 화재경보의 수단 및 방식
> 2. 층별, 구역별 피난대상 인원의 연령별·성별 현황
> 3. 피난약자의 현황
> 4. 각 거실에서 옥외(옥상 또는 피난안전구역을 포함한다)로 이르는 피난경로
> 5. 피난약자 및 피난약자를 동반한 사람의 피난동선과 피난방법
> 6. 피난시설, 방화구획, 그 밖에 피난에 영향을 줄 수 있는 제반 사항

189
☐☐☐

피난유도 안내정보는 연 2회 피난안내 교육을 실시하는 방법 또는 분기별 1회 이상 피난안내방송을 실시하는 방법 중의 하나의 방법으로 제공할 수 있다.　　O | X

O

> 📖 **핵심정리　피난유도 안내정보**
>
> 1. 연 2회 피난안내 교육을 실시하는 방법
> 2. 분기별 1회 이상 피난안내방송을 실시하는 방법
> 3. 피난안내도를 층마다 보기 쉬운 위치에 게시하는 방법
> 4. 엘리베이터, 출입구 등 시청이 용이한 장소에 피난안내영상을 제공하는 방법

190
☐☐☐

소방안전관리대상물의 관계인은 근무자등에게 소화·진압·통보·피난 등의 훈련과 소방안전관리에 필요한 교육을 하여야 하고, 피난훈련은 그 소방대상물에 출입하는 사람을 안전한 장소로 대피시키고 유도하는 훈련을 포함하여야 한다.　O | X

X 진압훈련은 해당하지 않는다.

191
☐☐☐

1급 소방안전관리대상물의 관계인은 소방훈련 및 교육을 한 날부터 30일 이내에 소방훈련 및 교육 결과를 행정안전부령으로 정하는 바에 따라 소방본부장 또는 소방서장에게 제출하여야 한다.　O | X

O

> 📖 **핵심정리 소방안전관리대상물 근무자 및 거주자 등에 대한 소방훈련 등**
> 1. 소방안전관리대상물의 관계인은 그 장소에 근무하거나 거주하는 사람 등(이하 "근무자등"이라 한다)에게 소화·통보·피난 등의 훈련(이하 "소방훈련"이라 한다)과 소방안전관리에 필요한 교육을 하여야 하고, 피난훈련은 그 소방대상물에 출입하는 사람을 안전한 장소로 대피시키고 유도하는 훈련을 포함하여야 한다. 이 경우 소방훈련과 교육의 횟수 및 방법 등에 관하여 필요한 사항은 행정안전부령으로 정한다.
> 2. 소방안전관리대상물 중 소방안전관리업무의 전담이 필요한 대통령령으로 정하는 소방안전관리대상물의 관계인은 제1항에 따른 소방훈련 및 교육을 한 날부터 30일 이내에 소방훈련 및 교육 결과를 행정안전부령으로 정하는 바에 따라 소방본부장 또는 소방서장에게 제출하여야 한다.
> 3. 소방본부장 또는 소방서장은 1.에 따라 소방안전관리대상물의 관계인이 실시하는 소방훈련과 교육을 지도·감독할 수 있다.
> 4. 소방본부장 또는 소방서장은 소방안전관리대상물 중 불특정 다수인이 이용하는 대통령령으로 정하는 특정소방대상물의 근무자등에게 불시에 소방훈련과 교육을 실시할 수 있다. 이 경우 소방본부장 또는 소방서장은 그 특정소방대상물 근무자등의 불편을 최소화하고 안전 등을 확보하는 대책을 마련하여야 하며, 소방훈련과 교육의 내용, 방법 및 절차 등은 행정안전부령으로 정하는 바에 따라 관계인에게 사전에 통지하여야 한다.
> 5. 소방본부장 또는 소방서장은 4.에 따라 소방훈련과 교육을 실시한 경우에는 그 결과를 평가할 수 있다. 이 경우 소방훈련과 교육의 평가방법 및 절차 등에 필요한 사항은 행정안전부령으로 정한다.

192
☐☐☐

소방안전관리대상물의 관계인은 근무자 및 거주자에 대한 소방훈련과 교육을 연 1회 이상 실시해야 한다.　O | X

O

193
☐☐☐

소방청장, 소방본부장 또는 소방서장은 특급 및 1급 소방안전관리대상물의 관계인으로 하여금 근무자 및 거주자에 대한 소방훈련과 교육을 소방기관과 합동으로 실시하게 할 수 있다.　O | X

X 소방본부장 또는 소방서장이다.

194
☐☐☐

소방서장은 특급 소방안전관리대상물의 관계인으로 하여금 소방훈련과 교육을 소방기관과 합동으로 실시하게 할 수 있다.　　　　O | X

O 소방본부장 또는 소방서장은 특급 및 1급 소방안전관리대상물의 관계인으로 하여금 소방훈련과 교육을 소방기관과 합동으로 실시하게 할 수 있다.

195
☐☐☐

소방안전관리대상물의 관계인은 소방훈련과 교육을 실시했을 때에는 그 실시 결과를 소방훈련·교육 실시 결과 기록부에 기록하고, 이를 소방훈련 및 교육을 실시한 날부터 1년간 보관해야 한다.　　　　O | X

X 소방훈련 및 교육을 실시한 날부터 2년간 보관해야 한다.

> **📖 핵심정리 근무자 및 거주자에 대한 소방훈련과 교육(시행규칙 제36조)**
>
> 1. 소방안전관리대상물의 관계인은 소방훈련과 교육을 연 1회 이상 실시해야 한다. 다만, 소방본부장 또는 소방서장이 화재예방을 위하여 필요하다고 인정하여 2회의 범위에서 추가로 실시할 것을 요청하는 경우에는 소방훈련과 교육을 추가로 실시해야 한다.
> 2. 소방본부장 또는 소방서장은 특급 및 1급 소방안전관리대상물의 관계인으로 하여금 소방훈련과 교육을 소방기관과 합동으로 실시하게 할 수 있다.
> 3. 소방안전관리대상물의 관계인은 소방훈련과 교육을 실시하는 경우 소방훈련 및 교육에 필요한 장비 및 교재 등을 갖추어야 한다.
> 4. 소방안전관리대상물의 관계인은 소방훈련과 교육을 실시했을 때에는 그 실시 결과를 소방훈련·교육 실시 결과 기록부에 기록하고, 이를 소방훈련 및 교육을 실시한 날부터 2년간 보관해야 한다.

196
☐☐☐

소방안전관리대상물 중 소방안전관리업무의 전담이 필요한 대통령령으로 정하는 소방안전관리대상물의 관계인은 근무자 및 거주자에 소방훈련 및 교육을 한 날부터 10일 이내에 소방훈련 및 교육 결과를 행정안전부령으로 정하는 바에 따라 소방본부장 또는 소방서장에게 제출하여야 한다.　　　　O | X

X 30일 이내이다.

> **📖 핵심정리 소방훈련·교육 결과 제출의 대상**
>
> 1. 별표 4 제1호에 따른 특급 소방안전관리대상물
> 2. 별표 4 제2호에 따른 1급 소방안전관리대상물

197
☐☐☐

불시 소방훈련·교육의 대상은 소방안전관리대상물 중 의료시설, 교육연구시설, 노유자시설 및 그 밖에 화재 발생 시 불특정 다수의 인명피해가 예상되어 소방본부장 또는 소방서장이 소방훈련·교육이 필요하다고 인정하는 특정소방대상물이 해당한다.　　　　O | X

O

198
□□□

불시 소방훈련·교육의 평가는 서면평가를 원칙으로 하되, 필요에 따라 현장평가 등을 병행할 수 있다. 이 경우 불시 소방훈련·교육 참가자에 대한 설문조사 또는 면접조사 등을 함께 실시할 수 있다.   O | X

X 불시 소방훈련·교육의 평가는 현장평가를 원칙으로 하되, 필요에 따라 서면평가 등을 병행할 수 있다.

199
□□□

국가, 지방자치단체, 국공립학교 등 대통령령으로 정하는 공공기관의 장은 소관 기관의 근무자 등의 생명·신체와 건축물·인공구조물 및 물품 등을 화재로부터 보호하기 위하여 화재예방, 자위소방대의 조직 및 편성, 소방시설등의 자체점검과 소방훈련 등의 소방안전관리를 하여야 한다.   O | X

O

확인학습문제   화재예방법

200
☐☐☐

소방청장은 화재 등 재난이 발생할 경우 사회·경제적으로 피해가 큰 소방안전 특별관리시설물에 대하여 소방안전 특별관리를 하여야 한다.   O | X

O

확인학습문제   화재예방법

201
☐☐☐

「영화 및 비디오물의 진흥에 관한 법률」 제2조 제10호의 영화상영관 중 수용인원 100명 이상인 영화상영관은 소방안전 특별관리시설물에 해당한다.   O | X

X 수용인원 1천명 이상이다.

확인학습문제   화재예방법 시행령

202
☐☐☐

소방안전 특별관리시설물에는 다음 사항이 해당된다.
1. 대통령령으로 정하는 전통시장: 점포가 500개 이상인 전통시장
2. 대통령령으로 정하는 시설물: 「물류시설의 개발 및 운영에 관한 법률」에 따른 물류창고로서 연면적 5천제곱미터 이상인 것   O | X

X 물류창고로서 연면적 10만제곱미터 이상인 것이 해당한다.

확인학습문제   화재예방법

203
☐☐☐

소방청장은 소방안전 특별관리시설물의 소방안전 특별관리를 체계적이고 효율적으로 하기 위하여 관계 중앙행정기관의 장과 협의하여 소방안전 특별관리기본계획을 화재의 예방 및 안전관리 기본계획에 포함하여 수립 및 시행하여야 한다.   O | X

X 소방청장은 시·도지사와 협의한다.

확인학습문제   화재예방법

204
☐☐☐

시·도지사는 소방안전 특별관리기본계획에 저촉되지 아니하는 범위에서 관할 구역에 있는 소방안전 특별관리시설물의 안전관리에 적합한 소방안전 특별관리시행계획을 화재의 예방 및 안전관리 세부시행계획에 포함하여 수립 및 시행하여야 한다.   O | X

O

205

소방안전 특별관리기본계획에는 화재대응과 사후 조치에 관한 역할 및 공조체계 사항이 포함되어야 한다.　O | X

O

> 📖 **핵심정리 소방안전 특별관리기본계획 포함사항**
>
> 1. 화재예방을 위한 중기·장기 안전관리정책
> 2. 화재예방을 위한 교육·홍보 및 점검·진단
> 3. 화재대응을 위한 훈련
> 4. 화재대응과 사후 조치에 관한 역할 및 공조체계
> 5. 그 밖에 화재 등의 안전관리를 위하여 필요한 사항

206

소방청장은 소방안전 특별관리기본계획을 매년 수립하여 시·도에 통보해야 한다.　O | X

X　5년마다 수립해야 한다.

207

시·도지사는 특별관리기본계획을 시행하기 위하여 매년 소방안전 특별관리시행계획을 수립·시행하고, 그 결과를 다음 연도 1월 31일까지 소방청장에게 통보해야 한다.　O | X

O

208

소방청장, 소방본부장 및 소방서장은 특별관리기본계획 또는 특별관리시행계획을 수립하는 경우 성별, 연령별, 화재안전취약자별 화재 피해현황 및 실태 등을 고려해야 한다.　O | X

X　소방청장 및 시·도지사이다.

209

대통령령으로 정하는 소방안전 특별관리시설물의 관계인은 화재의 예방 및 안전관리를 체계적·효율적으로 수행하기 위하여 대통령령으로 정하는 바에 따라 한국소방안전원 또는 소방청장이 지정하는 화재예방안전진단기관으로부터 정기적으로 화재예방안전진단을 받아야 한다.　O | X

O

210
☐☐☐

가스공급시설 중 가연성 가스 탱크의 저장용량의 합계가 30톤 이상이거나 저장용량이 10톤 이상인 가연성 가스 탱크가 있는 가스공급시설은 화재예방안전진단 대상의 시설기준에 해당한다.　O | X

X 가스공급시설 중 가연성 가스 탱크의 저장용량의 합계가 100톤 이상이거나 저장용량이 30톤 이상인 가연성 가스 탱크가 있는 가스공급시설이 해당한다.

> 📖 **핵심정리 화재예방안전진단 대상의 시설기준**
>
> 1. 공항시설 중 여객터미널의 연면적이 1천제곱미터 이상인 공항시설
> 2. 철도시설 중 역 시설의 연면적이 5천제곱미터 이상인 철도시설
> 3. 도시철도시설 중 역사 및 역 시설의 연면적이 5천제곱미터 이상인 도시철도시설
> 4. 항만시설 중 여객이용시설 및 지원시설의 연면적이 5천제곱미터 이상인 항만시설
> 5. 전력용 및 통신용 지하구 중 「국토의 계획 및 이용에 관한 법률」 제2조 제9호에 따른 공동구
> 6. 천연가스 인수기지 및 공급망 중 「소방시설 설치 및 관리에 관한 법률 시행령」 별표 2 제17호 나목에 따른 가스시설
> 7. 발전소 중 연면적이 5천제곱미터 이상인 발전소
> 8. 가스공급시설 중 가연성 가스 탱크의 저장용량의 합계가 100톤 이상이거나 저장용량이 30톤 이상인 가연성 가스 탱크가 있는 가스공급시설

211
☐☐☐

소방계획 및 피난계획 수립에 관한 사항, 소방시설등의 유지·관리에 관한 사항, 비상대응조직 및 교육훈련에 관한 사항, 화재 위험성 평가에 관한 사항은 화재예방안전진단의 범위에 해당한다.　O | X

O

> 📖 **핵심정리 화재예방안전진단의 범위**
>
> 1. 화재위험요인의 조사에 관한 사항
> 2. 소방계획 및 피난계획 수립에 관한 사항
> 3. 소방시설등의 유지·관리에 관한 사항
> 4. 비상대응조직 및 교육훈련에 관한 사항
> 5. 화재 위험성 평가에 관한 사항
> 6. **화재예방진단을 위하여 대통령령으로 정하는 사항**
>   - 화재 등의 재난 발생 후 재발방지 대책의 수립 및 그 이행에 관한 사항
>   - 지진 등 외부 환경 위험요인 등에 대한 예방·대비·대응에 관한 사항
>   - 화재예방안전진단 결과 보수·보강 등 개선요구 사항 등에 대한 이행 여부

212
☐☐☐

안전원 또는 진단기관의 화재예방안전진단을 받은 연도에는 제37조에 따른 소방훈련과 교육 및 「소방시설 설치 및 관리에 관한 법률」 제22조에 따른 자체점검을 받은 것으로 본다.　O | X

O

213
☐☐☐

화재예방안전진단을 실시한 안전원 또는 진단기관은 화재예방안전진단이 완료된 날부터 30일 이내에 소방본부장 또는 소방서장, 관계인에게 화재예방안전진단 결과 보고서에 해당 서류를 첨부하여 제출해야 한다.　O | X

X 완료된 날부터 60일 이내이다.

214
☐☐☐

소방본부장 또는 소방서장은 제출받은 화재예방안전진단 결과에 따라 보수·보강 등의 조치가 필요하다고 인정하는 경우에는 해당 소방안전 특별관리시설물의 관계인에게 보수·보강 등의 조치를 취할 것을 명할 수 있다.　　O | X

O

215
☐☐☐

소방청장으로부터 진단기관으로 지정을 받으려는 자는 대통령령으로 정하는 시설과 전문인력 등 지정기준을 갖추어 소방청장에게 지정을 신청하여야 한다.　　O | X

O

216
☐☐☐

화재예방안전진단기관의 전문인력은 상근 직원 또는 비상근 직원이어야 한다.　　O | X

X　상근 직원이어야 한다.

217
☐☐☐

화재예방안전진단기관의 전문인력으로 소방기술사, 소방시설관리사 및 소방안전교육사는 반드시 갖추어야 한다.　　O | X

O

218
☐☐☐

소방청장은 화재예방안전진단 지정신청서를 접수한 경우에는 지정기준 등에 적합한지를 검토하여 60일 이내에 진단기관 지정 여부를 결정해야 한다.　　O | X

O

확인학습문제 | 화재예방법

219
☐☐☐

시·도지사는 국민이 화재의 예방과 안전문화를 실천하고 체험할 수 있는 체험시설을 설치·운영할 수 있다. O | X

X 소방청장이다.

확인학습문제 | 화재예방법

220
☐☐☐

소방관서장은 소방대상물의 자율적인 안전관리를 유도하기 위하여 안전관리 상태가 우수한 소방대상물을 선정하여 우수 소방대상물 표지를 발급하고, 소방대상물의 관계인을 포상할 수 있다. O | X

X 소방청장이다.

확인학습문제 | 화재예방법 시행규칙

221
☐☐☐

소방청장은 우수 소방대상물의 선정 및 관계인에 대한 포상을 위하여 우수 소방대상물의 선정방법, 평가 대상물의 범위 및 평가 절차 등에 관한 내용이 포함된 시행계획을 5년마다 수립·시행해야 한다. O | X

X 매년 수립·시행해야 한다.

확인학습문제 | 화재예방법 시행규칙

222
☐☐☐

소방청장은 우수 소방대상물 선정의 객관성 및 전문성을 확보하기 위하여 필요한 경우에는 소방기술사(소방안전관리자로 선임된 사람은 제외한다), 소방시설관리사, 소방 관련 석사 이상의 학위를 취득한 사람, 소방 관련 법인 또는 단체에서 소방 관련 업무에 5년 이상 종사한 사람, 소방공무원 교육기관, 대학 또는 연구소에서 소방과 관련한 교육 또는 연구에 5년 이상 종사한 사람 중에서 어느 하나에 해당하는 사람이 2명 이상 포함된 평가위원회를 성별을 고려하여 구성·운영할 수 있다. O | X

O

확인학습문제 | 화재예방법

223
☐☐☐

소방청장 또는 시·도지사는 소방안전관리자의 자격 취소, 화재예방안전진단기관의 지정 취소에 해당하는 처분을 하려면 청문을 하여야 한다. O | X

O

확인학습문제 | 화재예방법 시행령

224
☐☐☐

소방청장은 소방안전관리자 자격의 정지 및 취소에 관한 업무를 한국소방안전원장에게 위임한다. O | X

X 소방서장에게 위임한다.

확인학습문제 화재예방법

225
□□□

화재안전조사 결과에 따른 조치명령을 정당한 사유 없이 위반한 자는 3년 이하의 징역 또는 3천만원 이하의 벌금에 처한다. O | X

O

> 📖 **핵심정리 3년 이하의 징역 또는 3천만원 이하의 벌금**
>
> 1. 화재안전조사 결과에 따른 조치명령을 정당한 사유 없이 위반한 자
> 2. 소방안전관리자 선임명령 등을 정당한 사유 없이 위반한 자
> 3. 화재예방안전진단 결과에 따른 보수·보강 등의 조치명령을 정당한 사유 없이 위반한 자
> 4. 거짓이나 그 밖의 부정한 방법으로 화재예방안전진단기관으로 지정을 받은 자

확인학습문제 화재예방법

226
□□□

소방안전관리자의 자격증을 다른 사람에게 빌려 주거나 빌리거나 이를 알선한 자는 1년 이하의 징역 또는 1천만원 이하의 벌금에 처한다. O | X

O

확인학습문제 화재예방법

227
□□□

화재안전조사를 정당한 사유 없이 거부·방해 또는 기피한 자는 1년 이하의 징역 또는 1천만원 이하의 벌금에 처한다. O | X

X 300만원 이하의 벌금에 처한다.

확인학습문제 화재예방법

228
□□□

규정을 위반하여 소방안전관리자, 총괄소방안전관리자 또는 소방안전관리보조자를 선임하지 아니한 자는 300만원 이하의 벌금에 처한다. O | X

O

확인학습문제 화재예방법

229
□□□

소방안전관리업무를 하지 아니한 특정소방대상물의 관계인 또는 소방안전관리대상물의 소방안전관리자는 300만원 이하의 벌금에 처한다. O | X

X 300만원 이하의 과태료를 부과한다.

230
☐☐☐

제17조 제4항에 따른 불을 사용할 때 지켜야 하는 사항 및 같은 조 제5항에 따른 특수가연물의 저장 및 취급 기준을 위반한 자는 200만원 이하의 과태료를 부과한다.   O | X

O

231
☐☐☐

제29조 제1항을 위반하여 기간 내에 선임신고를 하지 아니한 자는 100만원 이하의 과태료를 부과한다.   O | X

X   200만원 이하의 과태료를 부과한다.

232
☐☐☐

위반행위의 횟수에 따른 과태료의 가중된 부과기준은 최근 1년간 같은 위반행위로 과태료 부과처분을 받은 경우에 적용한다. 이 경우 기간의 계산은 위반행위에 대하여 과태료 부과처분을 받은 날과 그 처분 후 다시 같은 위반행위를 하여 적발된 날을 기준으로 한다.   O | X

O

233
☐☐☐

부과권자는 위반행위자가 처음 위반행위를 한 경우로서 3년 이상 해당 업종을 모범적으로 영위한 사실이 인정되는 경우에는 개별기준에 따른 과태료의 3분의 2 범위에서 그 금액을 줄여 부과할 수 있다. 다만, 과태료를 체납하고 있는 위반행위자에 대해서는 그렇지 않다.   O | X

X   2분의 1 범위이다.

POINT 3-1 총칙

확인학습문제   소방시설법

001
☐☐☐

소방시설법은 소방안전관리대상물 등에 설치하여야 하는 소방시설등의 설치·관리와 소방용품 성능관리에 필요한 사항을 규정함으로써 국민의 생명·신체 및 재산을 보호하고 공공의 안전과 복리 증진에 이바지함을 목적으로 한다.

O | X

X "소방안전관리대상물"이 아니라 "특정소방대상물"이다.

확인학습문제   소방시설법

002
☐☐☐

"소방시설"이란 소화설비, 경보설비, 피난설비, 소화용수설비, 그 밖에 소화활동설비로서 대통령령으로 정하는 것을 말한다.

O | X

X "피난설비"가 아니라 "피난구조설비"이다.

확인학습문제   소방시설법

003
☐☐☐

"특정소방대상물"이란 건축물 등의 규모·용도 및 수용인원 등을 고려하여 소방시설을 설치하여야 하는 소방대상물로서 대통령령으로 정하는 것을 말한다.

O | X

O

확인학습문제   소방시설법

004
☐☐☐

"화재안전성능"이란 화재를 예방하고 화재발생 시 피해를 최소화하기 위하여 소방대상물의 재료, 공간 및 설비 등에 요구되는 안전성능을 말한다.

O | X

O

확인학습문제   소방시설법

005
☐☐☐

"소방시설등"이란 소방시설과 무창층, 그 밖에 소방 관련 시설로서 대통령령으로 정하는 것을 말한다.

O | X

X 무창층은 해당하지 않는다. 비상구(非常口)가 해당한다.

006

"소방용품"이란 소방시설등을 구성하거나 소방용으로 사용되는 제품 또는 기기로서 행정안전부령으로 정하는 것을 말한다.   O | X

X 위임규정은 대통령령이다.

007

"무창층"(無窓層)이란 지상층 중 개구부 요건을 모두 충족하는 면적의 합계가 해당 층의 바닥면적의 30분의 1 이상이 되는 층을 말한다.   O | X

X 30분의 1 이하가 되는 층을 말한다.

008

무창층의 개구부 요건은 크기는 지름 50센티미터 이상의 원이 통과할 수 있을 것, 해당 층의 바닥면으로부터 개구부 밑부분까지의 높이가 1.5미터 이내일 것이 해당한다.   O | X

X 바닥면으로부터 개구부 밑부분까지의 높이는 1.2미터 이내이다.

> **핵심정리 무창층 개구부 요건**
> 1. 크기는 지름 50센티미터 이상의 원이 통과할 수 있을 것
> 2. 해당 층의 바닥면으로부터 개구부 밑부분까지의 높이가 1.2미터 이내일 것
> 3. 도로 또는 차량이 진입할 수 있는 빈터를 향할 것
> 4. 화재 시 건축물로부터 쉽게 피난할 수 있도록 창살이나 그 밖의 장애물이 설치되지 않을 것
> 5. 내부 또는 외부에서 쉽게 부수거나 열 수 있을 것

009

내부 또는 외부에서 쉽게 열리지 않는 구조는 무창층의 개구부 요건에 해당한다.   O | X

X 내부 또는 외부에서 쉽게 부수거나 열 수 있어야 한다.

010

"피난층"이란 곧바로 지상으로 갈 수 있는 출입구가 있는 층을 말한다.   O | X

O

011
□□□

소방청장은 화재안전기준 중 기술기준을 제정·개정하려는 경우 제정안·개정안을 작성하여 중앙소방기술심의위원회의 심의·의결을 거쳐야 한다.　O | X

X　국립소방연구원장이다.

012
□□□

국립소방연구원장은 중앙위원회의 심의·의결을 거쳐 기술기준의 제정안 또는 개정안, 기술기준의 제정 또는 개정 이유, 기술기준의 심의 경과 및 결과사항이 포함된 승인신청서를 소방청장에게 제출해야 한다.　O | X

O

013
□□□

화재안전기준 중 기술기준의 제정안·개정안의 승인을 통보받은 국립소방연구원장은 승인받은 기술기준을 관보에 게재하고, 국립소방연구원 인터넷 홈페이지를 통해 공개해야 한다.　O | X

O

014
□□□

간이소화용구는 에어로졸식 소화용구, 투척용 소화용구, 소공간용 소화용구 및 소화약제 외의 것을 이용한 간이소화용구를 말한다.　O | X

O

> 📖 **핵심정리 소화기구**
>
> 1. 소화기
> 2. **간이소화용구**: 에어로졸식 소화용구, 투척용 소화용구, 소공간용 소화용구 및 소화약제 외의 것을 이용한 간이소화용구
> 3. 자동확산소화기

015
□□□

스프링클러설비등, 물분무소화설비, 미분무소화설비, 포소화설비, 이산화탄소소화설비는 물분무등소화설비에 해당한다.　O | X

X　스프링클러설비등은 해당하지 않는다.

016
□□□

인명구조기구는 방열복, 방화복(안전모, 보호장갑 및 안전화는 제외한다), 공기호흡기, 인공소생기를 말한다.　O | X

X　안전모, 보호장갑 및 안전화를 포함한다.

017
☐☐☐

인명구조기구, 연소방지설비, 무선통신보조설비는 화재를 진압하거나 인명구조활동을 위하여 사용하는 설비에 해당한다.　O | X

X　인명구조기구는 피난구조설비에 해당한다.

> **핵심정리 소화활동설비**
>
> 제연설비, 연결송수관설비, 연결살수설비, 비상콘센트설비, 무선통신보조설비, 연소방지설비

018
☐☐☐

특정소방대상물 중 공동주택의 기숙사는 학교 또는 공장 등의 학생 또는 종업원 등을 위하여 쓰는 것으로서 1개 동의 공동취사시설 이용 세대 수가 전체의 50퍼센트 이하인 것을 말한다.　O | X

X　전체의 50퍼센트 이상인 것을 말한다.

019
☐☐☐

특정소방대상물 중 근린생활시설은 공연장 또는 종교집회장으로서 같은 건축물에 해당 용도로 쓰는 바닥면적의 합계가 500㎡ 미만인 것을 말한다.　O | X

X　300㎡ 미만인 것을 말한다.

020
☐☐☐

특정소방대상물 중 근린생활시설은 학원(같은 건축물에 해당 용도로 쓰는 바닥면적의 합계가 500㎡ 미만인 것만 해당하며, 자동차학원 및 무도학원을 포함한다), 독서실, 고시원(「다중이용업소의 안전관리에 관한 특별법」에 따른 다중이용업 중 고시원업의 시설로서 독립된 주거의 형태를 갖추지 않은 것으로서 같은 건축물에 해당 용도로 쓰는 바닥면적의 합계가 500㎡ 미만인 것을 말한다)을 포함한다.　O | X

X　자동차학원 및 무도학원은 제외한다.

021
☐☐☐

문화 및 집회시설 중 전시장에는 동물원, 식물원, 수족관, 견본주택이 해당한다.　O | X

X　동물원, 식물원, 수족관은 동·식물원에 해당한다.

> **핵심정리 문화 및 집회시설**
>
> 1. 공연장으로서 근린생활시설에 해당하지 않는 것
> 2. **집회장**: 예식장, 공회당, 회의장, 마권(馬券) 장외 발매소, 마권 전화투표소, 그 밖에 이와 비슷한 것으로서 근린생활시설에 해당하지 않는 것
> 3. **관람장**: 경마장, 경륜장, 경정장, 자동차 경기장, 그 밖에 이와 비슷한 것과 체육관 및 운동장으로서 관람석의 바닥면적의 합계가 1천㎡ 이상인 것
> 4. **전시장**: 박물관, 미술관, 과학관, 문화관, 체험관, 기념관, 산업전시장, 박람회장, 견본주택, 그 밖에 이와 비슷한 것
> 5. **동·식물원**: 동물원, 식물원, 수족관, 그 밖에 이와 비슷한 것

022

□□□

특정소방대상물 중 운수시설은 철도 및 도시철도 시설[정비창(整備廠) 등 관련 시설 포함]을 포함한다.   O | X

O

023

□□□

특정소방대상물 중 의료시설의 병원은 종합병원, 병원, 동물병원, 치과병원, 한방병원, 요양병원을 포함한다.   O | X

X 동물병원은 근린생활시설에 해당한다.

024

□□□

특정소방대상물 중 교육연구시설은 독서실, 도서관, 공공도서관을 포함한다.   O | X

X 독서실은 근린생활시설, 공공도서관은 업무시설에 해당한다.

025

□□□

특정소방대상물 중 수련시설은 「청소년활동 진흥법」에 따른 유스호스텔을 포함한다.   O | X

O

026

□□□

특정소방대상물 중 업무시설은 변전소, 양수장, 정수장, 대피소, 공중화장실, 그 밖에 이와 유사한 용도로 사용되는 것을 포함한다.   O | X

O

027

□□□

특정소방대상물 중 운수시설은 「물류시설의 개발 및 운영에 관한 법률」에 따른 물류터미널을 포함한다.   O | X

X 물류터미널은 창고시설에 해당한다.

028
☐☐☐

특정소방대상물 중 지하구는 전력·통신용의 전선이나 가스·냉난방용의 배관 또는 이와 비슷한 것을 집합 수용하기 위하여 설치한 지하 인공구조물로서 사람이 점검 또는 보수를 하기 위하여 출입이 가능한 것 중 "전력 또는 통신사업용 지하 인공구조물로서 전력구(케이블 접속부가 없는 경우는 제외한다) 또는 통신구 방식으로 설치된 것"을 포함한다.
O | X

O

029
☐☐☐

특정소방대상물 중 지하구는 전력·통신용의 전선이나 가스·냉난방용의 배관 또는 이와 비슷한 것을 집합 수용하기 위하여 설치한 지하 인공구조물로서 사람이 점검 또는 보수를 하기 위하여 출입이 가능한 것 중 "전력 또는 통신사업용 지하 인공구조물로서 전력구(케이블 접속부가 없는 경우는 제외한다) 또는 통신구 방식 외의 지하 인공구조물로서 폭이 1.2m 이상이고 높이가 1.5m 이상이며 길이가 100m 이상인 것으로 설치된 것"을 포함한다.
O | X

X   지하 인공구조물로서 폭이 1.8m 이상이고 높이가 2m 이상이며 길이가 50m 이상인 것으로 설치된 것이 해당한다.

030
☐☐☐

특정소방대상물 중 복합건축물은 하나의 건축물이 근린생활시설, 판매시설, 업무시설, 숙박시설 또는 위락시설의 용도와 주택의 용도로 함께 사용되는 것을 포함한다.
O | X

O

031
☐☐☐

둘 이상의 특정소방대상물이 내화구조로 된 연결통로가 벽이 없는 구조로서 그 길이가 6m 이하인 경우로 이를 하나의 특정소방대상물로 본다.
O | X

O

> **핵심정리 둘 이상의 특정소방대상물이 다음의 연결통로로 연결된 경우 이를 하나의 특정소방대상물로 본다.**
>
> 1. 내화구조 된 연결통로가 다음의 어느 하나에 해당되는 경우
>   • 벽이 없는 구조로서 그 길이가 6m 이하인 경우
>   • 벽이 있는 구조로서 그 길이가 10m 이하인 경우. 다만, 벽 높이가 바닥에서 천장까지의 높이의 2분의 1 이상인 경우에는 벽이 있는 구조로 보고, 벽 높이가 바닥에서 천장까지의 높이의 2분의 1 미만인 경우에는 벽이 없는 구조로 본다.
> 2. 내화구조가 아닌 연결통로로 연결된 경우
> 3. 컨베이어로 연결되거나 플랜트설비의 배관 등으로 연결되어 있는 경우
> 4. 지하보도, 지하상가, 지하가로 연결된 경우
> 5. 자동방화셔터 또는 60분+ 방화문이 설치되지 않은 피트(전기설비 또는 배관설비 등이 설치되는 공간을 말한다)로 연결된 경우
> 6. 지하구로 연결된 경우

032
☐☐☐
소방용품 중 소화설비를 구성화는 제품 또는 기기에는 소화설비를 구성하는 소화전, 관창(菅槍), 소방호스, 스프링클러헤드, 기동용 수압개폐장치, 유수제어밸브 및 가스관선택밸브가 포함된다.   O | X

O

033
☐☐☐
소방용품 중 경보설비를 구성화는 제품 또는 기기에는 경보설비를 구성하는 발신기, 수신기, 중계기, 감지기 및 음향장치(사이렌만 해당한다)가 포함된다.   O | X

X 음향장치 중 경종만 해당한다.

034
☐☐☐
소방용품 중 피난구조설비를 구성화는 제품 또는 기기에는 피난사다리, 구조대, 완강기(지지대는 제외한다) 및 간이완강기(지지대를 포함한다)가 포함된다.   O | X

X 완강기의 지지대를 포함한다.

제1절 건축허가등의 동의 등

확인학습문제   소방시설법

035
□□□

건축물 등의 신축의 권한이 있는 행정기관은 건축허가등을 할 때 미리 그 건축물 등의 시공지(施工地) 또는 소재지를 관할하는 시·도지사의 동의를 받아야 한다.   O | X

X 소방본부장이나 소방서장의 동의를 받아야 한다.

확인학습문제   소방시설법

036
□□□

건축물 등의 용도변경 또는 대수선의 신고를 수리(受理)할 권한이 있는 행정기관은 그 신고를 수리하면 그 건축물 등의 시공지 또는 소재지를 관할하는 소방본부장이나 소방서장에게 지체 없이 그 사실을 알려야 한다.   O | X

O

확인학습문제   소방시설법

037
□□□

건축허가등의 권한이 있는 행정기관은 건축허가등의 동의를 받을 때 관할 소방본부장이나 소방서장에게 건축허가등을 할 때 건축허가등을 받으려는 자가 제출한 설계도서의 전부를 제출하여야 한다.   O | X

X 건축허가등을 할 때 건축허가등을 받으려는 자가 제출한 설계도서 중 건축물의 내부구조를 알 수 있는 설계도면을 제출하여야 한다.

확인학습문제   소방시설법 시행규칙

038
□□□

건축허가등의 동의 요구를 받은 소방본부장 또는 소방서장은 건축허가등의 동의 요구서류를 접수한 날부터 5일(허가를 신청한 건축물 등이 특급 소방안전관리대상물에 해당하는 경우에는 10일) 이내에 건축허가등의 동의 여부를 회신해야 한다.   O | X

O

확인학습문제   소방시설법

039
□□□

사용승인에 대한 동의를 할 때에는 「소방시설공사업법」 제14조 제3항에 따른 소방시설공사의 완공검사증명서를 발급하는 것으로 동의를 갈음할 수 있다.   O | X

O

040
☐☐☐

소방본부장 또는 소방서장은 건축허가등의 동의 여부를 알릴 경우에는 원활한 소방활동 및 건축물 등의 화재안전성능을 확보하기 위하여 필요한 「건축법」에 따른 방화벽, 마감재료 등에 대한 검토 자료 또는 의견서를 첨부할 수 있다.

O | X

O

📖 핵심정리 화재안전성능을 확보하기 위한 검토 자료 또는 의견서 첨부 검토 사항

1. 피난시설, 방화구획(防火區劃)
2. 소방관 진입창
3. 방화벽, 마감재료 등
4. 그 밖에 소방자동차의 접근이 가능한 통로의 설치 등 대통령령으로 정하는 사항
   • 소방자동차의 접근이 가능한 통로의 설치
   • 승강기의 설치
   • 주택단지 안 도로의 설치
   • 옥상광장, 비상문자동개폐장치 또는 헬리포트의 설치
   • 그 밖에 소방본부장 또는 소방서장이 소화활동 및 피난을 위해 필요하다고 인정하는 사항

041
☐☐☐

건축허가등을 할 때 소방본부장이나 소방서장의 동의를 받아야 하는 건축물 등의 범위는 행정안전부령으로 정한다.

O | X

X 위임규정은 대통령령이다.

042
☐☐☐

연면적이 400제곱미터 이상인 건축물이나 시설은 모두 건축허가등의 동의대상물의 범위에 해당한다.

O | X

O

043
☐☐☐

건축허가등의 동의대상물의 범위에는 연면적 100제곱미터 이상인 특정소방대상물 중 노유자 시설 및 수련시설이 포함된다.

O | X

X 연면적 200제곱미터 이상이다.

044
☐☐☐

건축허가등의 동의대상물의 범위에는 지하층 또는 무창층이 있는 건축물로서 바닥면적이 150제곱미터(공연장의 경우에는 100제곱미터) 이상인 층이 있는 것이 포함된다.

O | X

O

045
☐☐☐

건축허가등의 동의대상물의 범위에는 차고·주차장 또는 주차 용도로 사용되는 시설로 차고·주차장으로 사용되는 바닥면적이 200제곱미터 이상인 층이 있는 건축물이나 주차시설이 포함된다.　O | X

O

046
☐☐☐

건축허가등의 동의대상물에서, 특정소방대상물 중 노유자(老幼者) 시설 및 수련시설은 연면적 100제곱미터이다.　O | X

X 연면적 200제곱미터 이상이다.

047
☐☐☐

층수가 6층 이상인 건축물은 모두 건축허가등의 동의대상물에 해당한다.　O | X

O

048
☐☐☐

건축허가등의 동의대상물에는 특정소방대상물 중 공장 또는 창고시설로서 「화재의 예방 및 안전관리에 관한 법률 시행령」 별표 2에서 정하는 수량의 500배 이상의 특수가연물을 저장·취급하는 것을 포함한다.　O | X

X 별표 2에서 정하는 수량의 750배 이상의 특수가연물을 저장·취급하는 것이 해당한다.

049
☐☐☐

특정소방대상물에 설치되는 소화기구, 자동소화장치가 화재안전기준에 적합한 경우 해당 특정소방대상물은 소방본부장 또는 소방서장의 건축허가등의 동의대상에서 제외한다.　O | X

O

> **📖 핵심정리 건축허가등의 동의대상물 제외대상**
>
> 1. 특정소방대상물에 설치되는 소화기구, 자동소화장치, 누전경보기, 단독경보형감지기, 가스누설경보기 및 피난구조설비(비상조명등 제외한다)가 화재안전기준에 적합한 경우 해당 특정소방대상물
> 2. 건축물의 증축 또는 용도변경으로 인하여 해당 특정소방대상물에 추가로 소방시설이 설치되지 않는 경우 해당 특정소방대상물
> 3. 소방시설공사의 착공신고 대상에 해당하지 않는 경우 해당 특정소방대상물

050
☐☐☐

「지진·화산재해대책법」 제14조 제1항 각 호의 시설 중 대통령령으로 정하는 특정소방대상물에 대통령령으로 정하는 소방시설을 설치하려는 자는 지진이 발생할 경우 소방시설이 정상적으로 작동될 수 있도록 국토교통부장관이 정하여 고시하는 내진설계기준에 맞게 소방시설을 설치하여야 한다.　O | X

X 소방청장이 정하는 내진설계기준에 맞게 소방시설을 설치하여야 한다.

051
☐☐☐

소방시설의 내진설계를 하여야 하는 소방시설은 옥내소화전설비, 옥외소화전설비, 스프링클러설비 및 물분무등소화설비를 말한다.   O | X

X 옥외소화전설비는 해당하지 않는다.

확인학습문제   소방시설법

052
☐☐☐

연면적·높이·층수 등이 일정 규모 이상인 대통령령으로 정하는 특정소방대상물(신축하는 것은 제외한다)에 소방시설을 설치하려는 자는 성능위주설계를 하여야 한다.   O | X

X 신축하는 것만 해당한다.

확인학습문제   소방시설법 시행령

053
☐☐☐

성능위주설계를 해야 하는 특정소방대상물의 범위에는 연면적 20만제곱미터 이상인 특정소방대상물[다만, 별표 2 제1호 가목에 따른 아파트등(이하 "아파트등"이라 한다)은 제외]이 포함된다.   O | X

O

확인학습문제   소방시설법 시행령

054
☐☐☐

높이가 120m인 아파트등을 신축하는 것은 성능위주설계를 해야 하는 특정소방대상물의 범위에 해당한다.   O | X

X 50층 이상(지하층은 제외한다)이거나 지상으로부터 높이가 200미터 이상인 아파트등이 성능위주설계대상이다.

확인학습문제   소방시설법 시행령

055
☐☐☐

연면적 1만5천제곱미터 이상인 특정소방대상물로서 철도 및 도시철도 시설을 신축하는 것은 성능위주설계대항에 해당한다.   O | X

X 연면적 3만제곱미터 이상이다.

> 📖 **핵심정리 성능위주설계를 해야 하는 특정소방대상물의 범위**
>
> 연면적 3만제곱미터 이상인 특정소방대상물로서 다음의 어느 하나에 해당하는 특정소방대상물
> 1. 철도 및 도시철도 시설
> 2. 공항시설

확인학습문제   소방시설법 시행령

056
☐☐☐

성능위주설계를 해야 하는 특정소방대상물의 범위에는 창고시설 중 지하층의 층수가 2개 층 이상이고 지하층의 바닥면적의 합계가 1만5천제곱미터 이상인 것을 신축하는 것이 포함된다.   O | X

X 창고시설 중 연면적 10만제곱미터 이상인 것 또는 지하층의 층수가 2개 층 이상이고 지하층의 바닥면적의 합계가 3만제곱미터 이상인 것으로 신축하는 경우에 해당한다.

057
☐☐☐

소방시설을 설치하려는 자가 성능위주설계를 한 경우에는 「건축법」제11조에 따른 건축허가를 신청한 후 30일 이내에 해당 특정소방대상물의 시공지 또는 소재지를 관할하는 소방서장에게 신고하여야 한다.   O | X

X 소방시설을 설치하려는 자가 성능위주설계를 한 경우에는 「건축법」제11조에 따른 건축허가를 신청하기 전에 해당 특정소방대상물의 시공지 또는 소재지를 관할하는 소방서장에게 신고하여야 한다.

058
☐☐☐

성능위주설계의 신고 또는 변경신고를 하려는 자는 해당 특정소방대상물이 「건축법」제4조의2에 따른 건축위원회의 심의를 받아야 하는 건축물인 경우에는 그 심의를 신청하기 전에 성능위주설계의 기본설계도서(基本設計圖書) 등에 대해서 해당 특정소방대상물의 시공지 또는 소재지를 관할하는 소방본부장 또는 소방서장의 사전검토를 받아야 한다.   O | X

X 소방서장의 사전검토를 받아야 한다.

059
☐☐☐

소방서장은 성능위주설계의 신고, 변경신고 또는 사전검토 신청을 받은 경우에는 소방청 또는 관할 소방본부에 설치된 중앙소방기술심의위원회의 검토·평가를 거쳐야 한다.   O | X

X 소방서장은 성능위주설계의 신고, 변경신고 또는 사전검토 신청을 받은 경우에는 소방청 또는 관할 소방본부에 설치된 성능위주설계평가단의 검토·평가를 거쳐야 한다. 다만, 소방서장은 신기술·신공법 등 검토·평가에 고도의 기술이 필요한 경우에는 중앙소방기술심의위원회에 심의를 요청할 수 있다.

060
☐☐☐

소방서장은 성능위주설계 신고서를 받은 경우 성능위주설계 대상 및 자격 여부 등을 확인하고, 첨부서류의 보완이 필요한 경우에는 7일 이내의 기간을 정하여 성능위주설계를 한 자에게 보완을 요청할 수 있다.   O | X

O

061
☐☐☐

평가단은 평가단장을 포함하여 50명 이내의 평가단원으로 성별을 고려하여 구성한다.   O | X

O

062
☐☐☐

평가단의 회의는 평가단장과 평가단장이 회의마다 지명하는 7명 이상 9명 이하의 평가단원으로 구성·운영하며, 과반수의 출석으로 개의(開議)하고 출석 평가단원 과반수의 찬성으로 의결한다. 다만, 제6조 제2항에 따른 성능위주설계의 변경신고에 대한 심의·의결을 하는 경우에는 제5조 제2항에 따라 건축물의 성능위주설계를 검토·평가한 평가단원 중 5명 이상으로 평가단을 구성·운영할 수 있다.   O | X

X 평가단의 회의는 평가단장과 평가단장이 회의마다 지명하는 6명 이상 8명 이하의 평가단원으로 구성·운영한다.

063
☐☐☐

주택용소방시설은 소화기 및 비상경보설비를 말한다.   O | X

X   주택용소방시설은 소화기 및 단독경보형 감지기를 말한다.

064
☐☐☐

주택용소방시설의 설치기준 및 자율적인 안전관리 등에 관한 사항은 특별시·광역시·특별자치시·도 또는 특별자치도(이하 "시·도"라 한다)의 조례로 정한다   O | X

O

확인학습문제 소방시설법

065
☐☐☐

특정소방대상물의 관계인은 대통령령으로 정하는 소방시설을 화재안전기준에 따라 설치·관리하여야 한다. 이 경우 「장애인·노인·임산부 등의 편의증진 보장에 관한 법률」 제2조 제1호에 따른 장애인등이 사용하는 소방시설(경보설비 및 피난구조설비를 말한다)은 대통령령으로 정하는 바에 따라 장애인등에 적합하게 설치·관리하여야 한다. O | X

O

확인학습문제 소방시설법 시행령 [별표 4]

066
☐☐☐

화재안전기준에 따라 소화기구를 설치해야 하는 특정소방대상물에는 연면적 33㎡ 이상인 것(다만, 노유자 시설의 경우에는 투척용 소화용구 등을 화재안전기준에 따라 산정된 소화기 수량의 2분의 1 이내로 설치해야 한다)이 포함된다. O | X

X 산정된 소화기 수량의 2분의 1 이상으로 설치할 수 있다.

확인학습문제 소방시설법 시행령 [별표 4]

067
☐☐☐

전기저장시설은 화재안전기준에 따라 소화기구를 설치해야 하는 특정소방대상물에 해당한다. O | X

O

> 📖 **핵심정리 소화기구를 설치해야 하는 특정소방대상물**
>
> 1. 연면적 33㎡ 이상인 것. 다만, 노유자 시설의 경우에는 투척용 소화용구 등을 화재안전기준에 따라 산정된 소화기 수량의 2분의 1 이상으로 설치할 수 있다.
> 2. 1.에 해당하지 않는 시설로서 가스시설, 발전시설 중 전기저장시설 및 국가유산
> 3. 터널
> 4. 지하구

확인학습문제 소방시설법 시행령 [별표 4]

068
☐☐☐

주거용 주방자동소화장치 및 상업용 주방자동소화장치를 설치해야 하는 특정소방대상물은 아파트등 및 오피스텔의 모든 층이다. O | X

X 상업용 주방자동소화장치는 해당하지 않는다.

> 📖 **핵심정리 상업용 주방자동소화장치를 설치해야 하는 것**
>
> 1. 판매시설 중 「유통산업발전법」 제2조 제3호에 해당하는 대규모점포에 입점해 있는 일반음식점
> 2. 「식품위생법」 제2조 제12호에 따른 집단급식소

069
□□□

위험물 저장 및 처리 시설 중 가스시설, 지하구 및 업무시설 중 무인변전소(방재실 등에서 스프링클러설비 또는 물분무등소화설비를 원격으로 조정할 수 있는 무인변전소로 한정한다)를 제외한 연면적 3천㎡ 이상인 특정소방대상물(지하가 중 터널은 제외한다)의 모든 층에는 옥내소화전설비를 설치해야 하는 것에 해당한다.   O | X

O **핵심정리 옥내소화전설비를 설치해야 하는 특정소방대상물**

1. 연면적 3천㎡ 이상인 것(지하가 중 터널은 제외한다)
2. 지하층·무창층(축사는 제외한다)으로서 바닥면적이 600㎡ 이상인 층이 있는 것
3. 층수가 4층 이상인 것 중 바닥면적이 600㎡ 이상인 층이 있는 것

070
□□□

위험물 저장 및 처리 시설 중 가스시설 및 지하구는 제외한 층수가 6층 이상인 특정소방대상물의 경우에는 6층 이상의 층에 스프링클러설비를 설치해야 한다.   O | X

X 층수가 6층 이상인 특정소방대상물의 경우에는 모든 층에 설치해야 한다.

071
□□□

판매시설, 운수시설 및 창고시설(물류터미널로 한정한다)로서 바닥면적의 합계가 5천㎡ 이상이거나 수용인원이 100명 이상인 경우에는 모든 층에는 스프링클러설비를 설치해야 한다.   O | X

X 수용인원이 500명 이상인 경우이다.

072
□□□

스프링클러설비를 설치해야 하는 특정소방대상물에는 영화상영관의 용도로 쓰는 4층의 바닥면적이 1천㎡ 인 경우가 포함된다.   O | X

O 영화상영관의 용도로 쓰는 층의 바닥면적이 지하층 또는 무창층인 경우에는 500㎡ 이상, 그 밖의 층의 경우에는 1천㎡ 이상인 것이 해당한다.

073
□□□

스프링클러설비를 설치해야 하는 특정소방대상물에는 수련시설 내에 있는 학생 수용을 위한 기숙사로서 연면적 5천㎡ 인 경우가 포함된다.   O | X

O 스프링클러설비를 설치해야 하는 특정소방대상물이 기숙사(교육연구시설·수련시설 내에 있는 학생 수용을 위한 것을 말한다) 또는 복합건축물로서 연면적 5천㎡ 이상인 경우에는 모든 층에 설치한다.

074
☐☐☐

노유자 시설, 숙박이 가능한 수련시설, 숙박시설에 해당하는 용도로 사용되는 시설의 바닥면적의 합계가 600㎡ 이상인 것은 모든 층에는 스프링클러설비를 설치해야 한다.   O | X

O

> 📑 **핵심정리** 바닥면적의 합계가 600㎡ 이상인 것은 모든 층에 스프링클러설비를 설치해야 하는 특정소방대상물
>
> 1. 근린생활시설 중 조산원 및 산후조리원
> 2. 의료시설 중 정신의료기관
> 3. 의료시설 중 종합병원, 병원, 치과병원, 한방병원 및 요양병원
> 4. 노유자 시설
> 5. 숙박이 가능한 수련시설
> 6. 숙박시설

075
☐☐☐

스프링클러설비를 설치해야 하는 특정소방대상물에는 숙박시설로 사용되는 바닥면적의 합계가 500㎡ 인 경우가 포함된다.   O | X

X 600㎡ 이상이 해당한다. 숙박시설로 사용되는 바닥면적의 합계가 300㎡ 이상 600㎡ 미만인 시설에 해당하는 경우 간이스프링클러설비를 설치해야 한다.

076
☐☐☐

특정소방대상물의 지하층 · 무창층(축사는 제외한다) 또는 층수가 4층 이상인 층으로서 바닥면적이 1천㎡ 이상인 층이 있는 경우에는 모든 층에 스프링클러설비를 설치해야 한다.   O | X

X 해당 층에 설치해야 한다.

077
☐☐☐

랙을 갖춘 것으로서 천장 또는 반자의 높이가 10m를 초과하고, 랙이 설치된 층의 바닥면적의 합계가 1천5백㎡ 이상인 경우에는 모든 층에 스프링클러설비를 설치해야 한다.   O | X

O

078
☐☐☐

숙박시설로 사용되는 바닥면적의 합계가 300㎡ 이상 600㎡ 미만인 시설은 간이스프링클러설비를 설치해야 한다.   O | X

O

079
☐☐☐

건축물의 내부에 설치된 차고·주차장으로서 차고 또는 주차의 용도로 사용되는 면적이 200㎡ 이상인 경우 해당 부분 (50세대 미만 연립주택 및 다세대주택은 제외한다)은 물분무등소화설비를 설치해야 한다.　O | X

O

080
☐☐☐

소화수를 수집·처리하는 설비가 설치되어 있지 않은 중·저준위방사성폐기물의 저장시설에는 물분무소화설비, 미분무 소화설비, 이산화탄소소화설비, 할론소화설비 또는 할로겐화합물 및 불활성기체 소화설비를 설치해야 한다.　O | X

X　물분무소화설비, 미분무소화설비는 해당하지 않는다.

081
☐☐☐

교육연구시설·수련시설 내에 있는 기숙사 또는 합숙소로서 연면적 4천㎡ 미만인 것과 연면적 400㎡ 미만의 유치원은 단독경보형 감지기를 설치해야 하는 특정소방대상물이다.　O | X

X　교육연구시설·수련시설 내에 있는 기숙사 또는 합숙소로서 연면적 2천㎡ 미만인 것이 해당한다.

082
☐☐☐

공동주택 중 아파트등·기숙사 및 숙박시설의 경우에는 모든 층에는 자동화재탐지설비를 설치해야 한다.　O | X

O

083
☐☐☐

근린생활시설(목욕장은 제외한다), 문화 및 집회시설, 의료시설(정신의료기관 및 요양병원은 제외한다), 위락시설, 장례시설 및 복합건축물로서 연면적 600㎡ 이상인 경우에는 모든 층에 자동화재탐지설비를 설치해야 한다.　O | X

X　문화 및 집회시설은 연면적 1천㎡ 이상인 경우 모든 층에 자동화재탐지설비를 설치해야 한다.

084
☐☐☐

화재알림설비를 설치해야 하는 특정소방대상물은 판매시설 중 전통시장으로 한다.　O | X

O

085
☐☐☐

연면적 3천5백㎡ 이상인 것, 층수가 6층 이상인 것, 지하층의 층수가 3층 이상인 것은 모든 층에 비상방송설비를 설치해야 한다.　O | X

X　층수가 11층 이상인 것이 해당한다.

086
☐☐☐

피난기구는 특정소방대상물의 모든 층에 화재안전기준에 적합한 것으로 설치해야 한다. 다만, 피난층, 지상 1층, 지상 2층(노유자 시설 중 피난층이 아닌 지상 1층과 피난층이 아닌 지상 2층은 제외한다), 층수가 6층 이상인 층과 위험물 저장 및 처리시설 중 가스시설, 지하가 중 터널 및 지하구의 경우에는 그렇지 않다. O | X

X 층수가 11층 이상인 층이 제외대상에 해당한다.

087
☐☐☐

방열복 또는 방화복(안전모, 보호장갑 및 안전화를 포함한다) 및 공기호흡기를 설치해야 하는 특정소방대상물에는 지하층을 포함하는 층수가 5층 이상인 것 중 병원 용도로 사용하는 층이 포함된다. O | X

O

088
☐☐☐

공기호흡기를 설치해야 하는 특정소방대상물은 수용인원 100명 이상인 문화 및 집회시설 중 견본주택, 판매시설 중 전통시장, 운수시설 중 항공관제탑, 지하가 중 터널이 해당한다. O | X

X 수용인원 100명 이상인 문화 및 집회시설 중 영화상영관, 판매시설 중 대규모점포, 운수시설 중 지하역사, 지하가 중 지하상가가 해당한다.

089
☐☐☐

객석유도등은 유흥주점영업 중 손님이 춤을 출 수 있는 무대가 설치된 카바레·나이트클럽, 문화 및 집회시설, 종교시설, 운동시설, 운수시설에 설치한다. O | X

X 운수시설은 해당하지 않는다.

090
☐☐☐

지하층을 포함하는 층수가 5층 이상인 건축물로서 연면적 3천㎡ 이상인 경우에는 모든 층에는 비상조명등을 설치해야 한다. O | X

O

> **📖 핵심정리 비상조명등을 설치해야 하는 특정소방대상물(창고시설 중 창고 및 하역장, 위험물 저장 및 처리 시설 중 가스시설 및 사람이 거주하지 않거나 벽이 없는 축사 등 동물 및 식물 관련 시설은 제외한다)**
> 1. 지하층을 포함하는 층수가 5층 이상인 건축물로서 연면적 3천㎡ 이상인 경우에는 모든 층
> 2. 1.에 해당하지 않는 특정소방대상물로서 그 지하층 또는 무창층의 바닥면적이 450㎡ 이상인 경우에는 해당 층
> 3. 지하가 중 터널로서 그 길이가 500m 이상인 것

091

□□□

연면적 5천㎡ 이상인 특정소방대상물은 상수도소화용수설비를 설치해야 한다.　O | X

O

> 📖 **핵심정리 상수도소화용수설비를 설치해야 하는 특정소방대상물**
>
> 1. 연면적 5천㎡ 이상인 것. 다만, 위험물 저장 및 처리 시설 중 가스시설, 지하가 중 터널 또는 지하구의 경우에는 제외한다.
> 2. 가스시설로서 지상에 노출된 탱크의 저장용량의 합계가 100톤 이상인 것
> 3. 자원순환 관련 시설 중 폐기물재활용시설 및 폐기물처분시설(다만, 상수도소화용수설비를 설치해야 하는 특정소방 대상물의 대지 경계선으로부터 180m 이내에 지름 75mm 이상인 상수도용 배수관이 설치되지 않은 지역의 경우에는 화재안전기준에 따른 소화수조 또는 저수조를 설치해야 한다)

092

□□□

문화 및 집회시설, 종교시설, 운동시설 중 무대부의 바닥면적이 200㎡ 이상인 경우에는 해당 무대부에 제연설비를 설치해야 한다.　O | X

O

093

□□□

지하층이나 무창층에 설치된 근린생활시설, 판매시설, 운수시설, 숙박시설, 위락시설, 의료시설, 노유자 시설 또는 창고시설(물류터미널로 한정한다)로서 해당 용도로 사용되는 바닥면적의 합계가 5천㎡ 이상인 경우 해당 부분에 제연설비를 설치해야 한다.　O | X

X 바닥면적의 합계가 1천㎡ 이상인 경우가 해당한다.

094

□□□

특정소방대상물(갓복도형 아파트등은 제외한다)에 부설된 특별피난계단, 비상용 승강기의 승강장 또는 피난용 승강기의 승강장에 제연설비를 설치해야 한다.　O | X

O

095

□□□

층수가 5층 이상으로서 연면적 5천㎡ 이상인 경우에는 모든 층에 연결송수관설비를 설치해야 하는 특정소방대상물(위험물 저장 및 처리 시설 중 가스시설 및 지하구는 제외한다)에 해당한다.   O | X

X 층수가 5층 이상으로서 연면적 6천㎡ 이상인 경우이다.

> 📖 **핵심정리** **연결송수관설비설비를 설치해야 하는 특정소방대상물(위험물 저장 및 처리 시설 중 가스시설 및 지하구는 제외한다)**
>
> 1. 층수가 5층 이상으로서 연면적 6천㎡ 이상인 경우에는 모든 층
> 2. 1.에 해당하지 않는 특정소방대상물로서 지하층을 포함하는 층수가 7층 이상인 경우에는 모든 층
> 3. 1. 및 2.에 해당하지 않는 특정소방대상물로서 지하층의 층수가 3층 이상이고 지하층의 바닥면적의 합계가 1천㎡ 이상인 경우에는 모든 층

096

□□□

가스시설 중 지상에 노출된 탱크의 용량이 10톤 이상인 탱크시설은 연결살수설비를 설치해야 한다.   O | X

X 30톤 이상인 탱크시설이다.

097

□□□

연결살수설비 설치해야 하는 특정소방대상물에는 지하층(피난층으로 주된 출입구가 도로와 접한 경우는 제외한다)으로서 바닥면적의 합계가 150㎡ 이상인 경우에는 지하층의 모든 층이 해당된다. 다만, 「주택법 시행령」 제46조 제1항에 따른 국민주택규모 이하인 아파트등의 지하층(대피시설로 사용하는 것만 해당한다)과 교육연구시설 중 학교의 지하층의 경우에는 700㎡ 이상인 것으로 한다.   O | X

O

098

□□□

무선통신보조설비를 설치해야 하는 특정소방대상물에는 지하층의 바닥면적의 합계가 3천㎡ 이상인 것 또는 지하층의 층수가 3층 이상이고 지하층의 바닥면적의 합계가 1천㎡ 이상인 것은 지하층의 모든 층이 포함된다.   O | X

O

> 📖 **핵심정리** **무선통신보조설비를 설치해야 하는 특정소방대상물(위험물 저장 및 처리 시설 중 가스시설은 제외한다)**
>
> 1. 지하가(터널은 제외한다)로서 연면적 1천㎡ 이상인 것
> 2. 지하층의 바닥면적의 합계가 3천㎡ 이상인 것 또는 지하층의 층수가 3층 이상이고 지하층의 바닥면적의 합계가 1천㎡ 이상인 것은 지하층의 모든 층
> 3. 지하가 중 터널로서 길이가 500m 이상인 것
> 4. 지하구 중 공동구
> 5. 층수가 30층 이상인 것으로서 16층 이상 부분의 모든 층

099
□□□

비상콘센트설비를 설치해야 하는 특정소방대상물에는 지하층의 층수가 3층 이상이고 지하층의 바닥면적의 합계가 1천㎡ 이상인 것은 지하층의 모든 층이 포함된다.　　O | X

O

> 📖 **핵심정리 비상콘센트설비를 설치해야 하는 특정소방대상물(위험물 저장 및 처리 시설 중 가스시설 및 지하구는 제외한다)**
>
> 1. 층수가 11층 이상인 특정소방대상물의 경우에는 11층 이상의 층
> 2. 지하층의 층수가 3층 이상이고 지하층의 바닥면적의 합계가 1천㎡ 이상인 것은 지하층의 모든 층
> 3. 지하가 중 터널로서 길이가 500m 이상인 것

100
□□□

연소방지설비는 지하구(전력 또는 통신사업용인 것만 해당한다)에 설치해야 한다.　　O | X

O

101
□□□

소방본부장이나 소방서장은 소방시설이 화재안전기준에 따라 설치·관리되고 있지 아니할 때에는 해당 특정소방대상물의 관계인에게 필요한 조치를 명할 수 있다.　　O | X

O

102
□□□

소방본부장이나 소방서장 특정소방대상물의 관계인이 소방시설의 점검·정비를 위하여 폐쇄·차단을 하는 경우 안전을 확보하기 위하여 필요한 행동요령에 관한 지침을 마련하여 고시하여야 한다.　　O | X

X 소방청장이다.

103
□□□

시·도지사, 소방본부장 또는 소방서장은 소방시설의 작동정보 등을 실시간으로 수집·분석할 수 있는 시스템(이하 "소방시설정보관리시스템"이라 한다)을 구축·운영할 수 있다.　　O | X

X 소방청장, 소방본부장 또는 소방서장이 소방시설정보관리시스템을 구축·운영할 수 있다.

104
□□□

소방시설정보관리시스템 구축·운영의 대상은 소방안전관리대상물 중 소방안전관리의 취약성 등을 고려하여 대통령령으로 정하고, 그 밖에 운영방법 및 통보 절차 등에 필요한 사항은 행정안전부령으로 정한다.　　O | X

O

105
☐☐☐

소방시설정보관리시스템 구축·운영 대상 특정소방대상물은 문화 및 집회시설, 종교시설, 운동시설, 노유자 시설, 숙박이 가능한 수련시설, 숙박시설 등을 포함한다. O | X

X　운동시설은 해당하지 않는다.

> **📖 핵심정리　소방시설정보관리시스템 구축·운영 대상 특정소방대상물**
>
> 1. 문화 및 집회시설
> 2. 종교시설
> 3. 판매시설
> 4. 의료시설
> 5. 노유자 시설
> 6. 숙박이 가능한 수련시설
> 7. 업무시설
> 8. 숙박시설
> 9. 공장
> 10. 창고시설
> 11. 위험물 저장 및 처리 시설
> 12. 지하가(地下街)
> 13. 지하구
> 14. 그 밖에 소방청장, 소방본부장 또는 소방서장이 소방안전관리의 취약성과 화재위험성을 고려하여 필요하다고 인정하는 특정소방대상물

106
☐☐☐

소방청장, 소방본부장 또는 소방서장은 소방시설정보관리시스템으로 수집되는 소방시설의 작동정보 등을 분석하여 해당 특정소방대상물의 관계인에게 해당 소방시설의 정상적인 작동에 필요한 사항과 관리 방법 등 개선사항에 관한 정보를 제공할 수 있다. O | X

O

107
☐☐☐

소방본부장이나 소방서장은 대통령령 또는 화재안전기준이 변경되어 그 기준이 강화되는 경우에는 원칙적으로 기존의 특정소방대상물의 소방시설에 대하여는 대통령령 또는 화재안전기준의 변경으로 강화된 기준을 적용한다. O | X

X　소방본부장이나 소방서장은 대통령령 또는 화재안전기준이 변경되어 그 기준이 강화되는 경우 기존의 특정소방대상물(건축물의 신축·개축·재축·이전 및 대수선 중인 특정소방대상물을 포함한다)의 소방시설에 대하여는 변경 전의 대통령령 또는 화재안전기준을 적용한다.

108
☐☐☐

소화기구, 비상경보설비, 자동화재탐지설비, 자동화재속보설비, 피난구조설비, 소화용수설비, 연결송수관설비 중 어느 하나에 해당하는 경우에는 대통령령 또는 화재안전기준의 변경으로 강화된 기준을 적용할 수 있다. O | X

X　소화용수설비, 연결송수관설비는 해당하지 않는다.

109
☐☐☐

강화된 소방시설기준의 적용대상에는 다음이 포함된다.
1. 노유자 시설에 설치하는 간이스프링클러설비, 자동화재탐지설비 및 단독경보형 감지기
2. 의료시설에 설치하는 스프링클러설비, 간이스프링클러설비, 자동화재탐지설비 및 자동화재속보설비 O | X

O

110
☐☐☐

강화된 소방시설기준의 적용대상에는 다음이 포함된다.
공동구 또는 전력 및 통신사업용 지하구에 설치하는 소화기, 자동소화장치, 피난구조설비, 자동화재탐지설비, 통합감시시설, 유도등 및 연소방지설비   O | X

X   피난구조설비는 해당하지 않는다.

111
☐☐☐

자동소화장치의 설치가 면제되는 기준(주거용 주방자동소화장치는 제외한다)은 자동화재탐지설비를 화재안전기준에 적합하게 설치한 경우이다.   O | X

X   자동화재탐지설비가 아니라 물분무등소화설비이다.

112
☐☐☐

스프링클러설비의 설치가 면제되는 기준(발전시설 중 전기저장시설은 제외한다)은 적응성 있는 자동소화장치 또는 물분무등소화설비를 화재안전기준에 적합하게 설치한 경우이다.   O | X

O

113
☐☐☐

간이스프링클러설비를 설치해야 하는 특정소방대상물에 옥내소화전설비, 스프링클러설비 또는 물분무소화설비를 화재안전기준에 적합하게 설치한 경우에는 그 설비의 유효범위에서 설치가 면제된다.   O | X

X   옥내소화전설비는 해당하지 않는다. 미분무소화설비가 해당한다.

114
☐☐☐

자동화재탐지설비의 설치 면제기준은 자동화재탐지설비의 기능(감지·수신·경보기능을 말한다)과 성능을 가진 화재알림설비, 연결송수관설비, 스프링클러설비 또는 물분무등소화설비를 화재안전기준에 적합하게 설치한 경우이다.   O | X

X   연결송수관설비는 해당하지 않는다.

115
☐☐☐

자동화재속보설비 설치 면제기준은 비상경보설비를 화재안전기준에 적합하게 설치한 경우이다.   O | X

X   비상경보설비가 아니라 화재알림설비이다.

116
☐☐☐

비상조명등의 설치 면제기준은 피난구유도등, 통로유도등 또는 유도표지를 화재안전기준에 적합하게 설치한 경우에는 그 피난구유도등, 통로유도등 또는 유도표지의 유효범위에서 설치가 면제된다.   O | X

X   유도표지는 해당하지 않는다.

117
☐☐☐

상수도소화설비의 설치 면제기준은 특정소방대상물의 각 부분으로부터 수평거리 180m 이내에 공공의 소방을 위한 소화전이 화재안전기준에 적합하게 설치되어 있는 경우이다.   O | X

X   수평거리 140m 이내이다.

118
☐☐☐

연결송수관설비의 설치 면제기준은 옥외에 연결송수구 및 옥내에 방수구가 부설된 옥내소화전설비, 스프링클러설비, 간이스프링클러설비, 물분무소화설비 또는 연결살수설비를 설치한 경우이다.   O | X

X   물분무소화설비는 해당하지 않는다.

119
☐☐☐

연결살수설비의 설치 면제기준은 송수구를 부설한 스프링클러설비, 간이스프링클러설비, 물분무소화설비 또는 미분무소화설비를 설치한 경우이다.   O | X

O

120
☐☐☐

연소방지설비의 설치 면제기준은 스프링클러설비, 물분무소화설비, 자동화재탐지설비 또는 미분무소화설비를 설치한 경우이다.   O | X

X   자동화재탐지설비는 해당하지 않는다.

121
☐☐☐

소방본부장 또는 소방서장은 특정소방대상물이 증축되는 경우에는 기존 부분을 제외한 특정소방대상물에 대하여 증축 당시의 소방시설의 설치에 관한 대통령령 또는 화재안전기준을 적용해야 한다.   O | X

X   기존 부분을 포함한 특정소방대상물이다.

122
☐☐☐

기존 부분과 증축 부분이 자동방화셔터, 60분+ 방화문 또는 60분 방화문으로 구획되어 있는 경우에는 기존 부분에 대해서는 증축 당시의 소방시설의 설치에 관한 대통령령 또는 화재안전기준을 적용하지 않는다.   O | X

X 60분 방화문은 해당하지 않는다.

> 📖 **핵심정리 증축 시 기존 부분에 대해서 증축당시 기준 적용**
>
> 1. 기존 부분과 증축 부분이 내화구조(耐火構造)로 된 바닥과 벽으로 구획된 경우
> 2. 기존 부분과 증축 부분이 자동방화셔터 또는 60분+ 방화문으로 구획되어 있는 경우
> 3. 자동차 생산공장 등 화재 위험이 낮은 특정소방대상물 내부에 연면적 33제곱미터 이하의 직원 휴게실을 증축하는 경우
> 4. 자동차 생산공장 등 화재 위험이 낮은 특정소방대상물에 캐노피(기둥으로 받치거나 매달아 놓은 덮개를 말하며, 3면 이상에 벽이 없는 구조의 것을 말한다)를 설치하는 경우

123
☐☐☐

소방본부장 또는 소방서장은 특정소방대상물이 용도변경되는 경우에는 용도변경되는 부분에 대해서만 용도변경 당시의 소방시설의 설치에 관한 대통령령 또는 화재안전기준을 적용한다.   O | X

O

124
☐☐☐

용도변경으로 인하여 천장·바닥·벽 등에 고정되어 있는 가연성 물질의 양이 줄어드는 경우에는 특정소방대상물 전체에 대하여 용도변경 당시의 대통령령 또는 화재안전기준을 적용한다.   O | X

X 용도변경 전에 해당 특정소방대상물에 적용되던 소방시설의 설치에 관한 대통령령 또는 화재안전기준을 적용한다.

125
☐☐☐

불연성 물품을 저장하는 창고는 옥내소화전설비, 옥외소화전설비 및 연결살수설비를 설치하지 아니할 수 있다.   O | X

X 옥내소화전설비는 해당하지 아니한다.

126
☐☐☐

음료수 공장의 세정 또는 충전을 하는 작업장은 스프링클러설비, 상수도소화용수설비 및 연결살수설비를 설치하지 아니할 수 있다.   O | X

O

127
☐☐☐

농예·축산·어류양식용 시설의 스프링클러설비, 자동화재탐지설비, 상수도소화용수설비 및 연결살수설비를 설치하지 아니할 수 있다.   O | X

X 스프링클러설비는 해당하지 아니한다.

128
☐☐☐

자체소방대가 설치된 제조소등에 부속된 사무실은 옥내소화전설비, 소화용수설비, 연결살수설비 및 연결송수관설비를 설치하지 아니할 수 있다.   O | X

O

129
☐☐☐

중·저준위방사성폐기물의 저장시설은 제연설비, 연소방지설비, 연결송수관설비 및 연결살수설비를 설치하지 아니할 수 있다.   O | X

X 제연설비, 연소방지설비는 해당하지 아니한다.

130
☐☐☐

대통령령으로 소방시설을 정할 때에는 특정소방대상물의 규모·용도·수용인원 및 이용자 특성 등을 고려하여야 한다.   O | X

O

131
☐☐☐

소방청장은 건축 환경 및 화재위험특성 변화사항을 효과적으로 반영할 수 있도록 소방시설 규정을 5년에 1회 이상 정비하여야 한다.   O | X

X 3년에 1회 이상 정비하여야 한다.

132
☐☐☐

시·도지사는 건축 환경 및 화재위험특성 변화 추세를 체계적으로 연구하여 특정소방대상물에 설치하여야 하는 소방시설의 정비를 위한 개선방안을 마련하여야 한다.   O | X

X 소방청장이다.

133
☐☐☐

침대가 있는 숙박시설의 수용인원 산정은 해당 특정소방대상물의 종사자 수에 침대 수(2인용 침대는 2개로 산정한다)를 합한 수로 한다.   O | X

O

134
☐☐☐

강당, 문화 및 집회시설, 운동시설, 종교시설의 수용인원 산정은 해당 용도로 사용하는 바닥면적의 합계를 3.6㎡로 나누어 얻은 수(관람석이 있는 경우 고정식 의자를 설치한 부분은 그 부분의 의자 수로 하고, 긴 의자의 경우에는 의자의 정면너비를 0.45m로 나누어 얻은 수로 한다)　　O | X

X　바닥면적의 합계를 4.6㎡로 나누어 얻은 수로 한다.

확인학습문제　　소방시설법 시행령 [별표 7]

135
☐☐☐

판매시설, 운수시설의 수용인원 산정은 해당 용도로 사용하는 바닥면적의 합계를 4.6㎡로 나누어 얻은 수로 한다.　　O | X

X　판매시설, 운수시설의 수용인원 산정은 해당 용도로 사용하는 바닥면적의 합계를 3㎡로 나누어 얻은 수로 한다.

136
☐☐☐

강의실·교무실·상담실·실습실·휴게실 용도로 쓰는 특정소방대상물의 수용인원 산정은 해당 용도로 사용하는 바닥면적의 합계를 1.9㎡로 나누어 얻은 수로 한다.　　O | X

O

확인학습문제　　소방시설법 시행령 [별표 7]

137
☐☐☐

수용인원 산정을 위하여 바닥면적을 산정할 때에는 복도(난연재료 이상의 것을 사용하여 바닥에서 천장까지 벽으로 구획한 것을 말한다), 계단 및 화장실의 바닥면적을 포함하지 않는다.　　O | X

X　준불연재료 이상의 것을 사용하여 바닥에서 천장까지 벽으로 구획한 것을 말한다.

확인학습문제　　소방시설법 시행령 [별표 7]

138
☐☐☐

수용인원 산정을 위하여 계산할 때 계산 결과 소수점 이하의 수는 올림한다.　　O | X

X　계산 결과 소수점 이하의 수는 반올림한다.

확인학습문제　　소방시설법

139
☐☐☐

공사시공자는 화재위험작업을 하기 전에 설치 및 철거가 쉬운 화재대비시설(이하 "임시소방시설"이라 한다)을 설치하고 관리하여야 한다.　　O | X

O

140
□□□

알루미늄, 마그네슘 등을 취급하여 폭발성 부유분진(공기 중에 떠다니는 미세한 입자를 말한다)을 발생시킬 수 있는 작업은 화재위험작업에 해당한다.   O | X

O

> **⟦⟧ 핵심정리 화재위험작업**
>
> 1. 인화성·가연성·폭발성 물질을 취급하거나 가연성 가스를 발생시키는 작업
> 2. 용접·용단(금속·유리·플라스틱 따위를 녹여서 절단하는 일을 말한다) 등 불꽃을 발생시키거나 화기(火氣)를 취급하는 작업
> 3. 전열기구, 가열전선 등 열을 발생시키는 기구를 취급하는 작업
> 4. 알루미늄, 마그네슘 등을 취급하여 폭발성 부유분진(공기 중에 떠다니는 미세한 입자를 말한다)을 발생시킬 수 있는 작업

141
□□□

간이피난유도선은 화재가 발생한 경우 피난구 방향을 안내할 수 있는 장치로서 소방청장이 정하는 성능을 갖추고 있어야 한다.   O | X

O

142
□□□

방수포는 용접·용단 등의 작업 시 발생하는 불티로부터 가연물이 점화되는 것을 방지해주는 천 또는 불연성 물품으로서 소방청장이 정하는 성능을 갖추고 있을 것을 말한다.   O | X

X 방화포에 대한 설명이다.

143
□□□

간이소화장치는 연면적 400㎡ 이상의 공사의 화재위험작업현장에 설치한다.   O | X

X 연면적 3천㎡ 이상이다.

> **⟦⟧ 핵심정리 간이소화장치**
>
> 1. 연면적 3천㎡ 이상
> 2. 지하층, 무창층 또는 4층 이상의 층. 이 경우 해당 층의 바닥면적이 600㎡ 이상인 경우만 해당한다.

144
□□□

비상경보장치는 바닥면적이 150㎡ 이상인 지하층 또는 무창층의 화재위험작업현장에 설치한다.   O | X

O

145
☐☐☐

비상경보장치를 설치한 것으로 보는 소방시설은 비상방송설비 또는 자동화재속보설비이다.　O | X

X　자동화재탐지설비이다.

146
☐☐☐

간이피난유도선을 설치한 것으로 보는 소방시설은 피난유도선, 피난구유도등, 통로유도등 또는 객석유도등이다.
　O | X

X　객석유도등은 해당하지 않고, 비상조명등이 해당한다.

147
☐☐☐

임시소방시설을 설치하여야 하는 공사의 종류와 규모, 임시소방시설의 종류 등에 필요한 사항은 대통령령으로 정하고, 임시소방시설의 설치 및 관리 기준은 소방청장이 정하여 고시한다.　O | X

O

148
☐☐☐

특정소방대상물의 관계인은 「건축법」 제49조에 따른 피난시설, 방화구획 및 방화시설에 대하여 정당한 사유가 없는 한 피난시설, 방화구획 및 방화시설을 폐쇄하거나 훼손하는 등의 행위를 하여서는 아니 된다. 이를 위반하여 위반하여 피난시설, 방화구획 또는 방화시설의 폐쇄·훼손·변경 등의 행위를 한 자는 500만원 이하의 과태료를 부과한다.
　O | X

X　300만원 이하의 과태료를 부과한다.

149
☐☐☐

특정소방대상물의 관계인은 내용연수가 경과한 소방용품을 교체하여야 한다. 이 경우 내용연수를 설정하여야 하는 소방용품의 종류 및 그 내용연수 연한에 필요한 사항은 소방본부장 또는 소방서장이 정한다.　O | X

X　위임규정은 대통령령이다.

150
☐☐☐

내용연수를 설정해야 하는 소방용품은 분말형태의 소화약제를 사용하는 소화기로 한다. 이에 따른 소방용품의 내용연수는 5년으로 한다.　O | X

X　소방용품의 내용연수는 10년으로 한다.

151

□□□

특정소방대상물의 관계인은 내용연수가 경과한 소방용품을 교체해야 한다. 이 경우 내용연수를 설정해야 하는 소방용품은 강화액 소화약제를 사용하는 소화기로 하며, 내용연수는 7년으로 한다.   O | X

X   특정소방대상물의 관계인은 내용연수가 경과한 소방용품을 교체해야 한다. 이 경우 내용연수를 설정해야 하는 소방용품은 분말형태의 소화약제를 사용하는 소화기로 하며, 내용연수는 10년으로 한다.

확인학습문제   소방시설법 및 같은 법 시행령

152

□□□

소방시설공사의 하자를 판단하는 기준에 관한 사항은 소방청의 중앙소방기술심의위원회 심의사항에 해당한다.   O | X

O

확인학습문제   소방시설법 및 같은 법 시행령

153

□□□

소방시설에 하자가 있는지의 판단에 관한 사항은 소방청의 중앙소방기술심의위원회 심의사항에 해당한다.   O | X

X   지방소방기술심의위원회의 심의사항에 해당한다.

> **핵심정리 지방소방기술심의위원회**
> 1. 소방시설에 하자가 있는지의 판단에 관한 사항
> 2. 소방기술 등에 관하여 대통령령으로 정하는 사항
>   • 연면적 10만제곱미터 미만의 특정소방대상물에 설치된 소방시설의 설계·시공·감리의 하자 유무에 관한 사항
>   • 소방본부장 또는 소방서장이 제조소등의 시설기준 또는 화재안전기준의 적용에 관하여 기술검토를 요청하는 사항
>   • 그 밖에 소방기술과 관련하여 시·도지사가 소방기술심의위원회의 심의에 부치는 사항

확인학습문제   소방시설법

154

□□□

새로운 소방시설과 소방용품 등의 도입 여부에 관한 사항은 시·도의 중앙소방기술심의위원회 심의사항에 해당한다.   O | X

X   소방청의 중앙소방기술심의위원회 심의사항에 해당한다.

> **핵심정리 중앙소방기술심의위원회**
> 1. 화재안전기준에 관한 사항
> 2. 소방시설의 구조 및 원리 등에서 공법이 특수한 설계 및 시공에 관한 사항
> 3. 소방시설의 설계 및 공사감리의 방법에 관한 사항
> 4. 소방시설공사의 하자를 판단하는 기준에 관한 사항
> 5. 신기술·신공법 등 검토·평가에 고도의 기술이 필요한 경우로서 중앙위원회에 심의를 요청한 사항
> 6. 소방기술 등에 관하여 대통령령으로 정하는 사항
>   • 연면적 10만제곱미터 이상의 특정소방대상물에 설치된 소방시설의 설계·시공·감리의 하자 유무에 관한 사항
>   • 새로운 소방시설과 소방용품 등의 도입 여부에 관한 사항
>   • 그 밖에 소방기술과 관련하여 소방청장이 소방기술심의위원회의 심의에 부치는 사항

155

☐☐☐

중앙위원회의 회의는 위원장과 위원장이 회의마다 지정하는 5명 이상 9명 이하의 위원으로 구성한다.   O | X

X 중앙위원회의 회의는 위원장과 위원장이 회의마다 지정하는 6명 이상 12명 이하의 위원으로 구성한다.

156

☐☐☐

중앙소방기술심의위원회는 위원장을 포함하여 50명 이내의 위원으로 성별을 고려하여 구성한다.   O | X

X 중앙소방기술심의위원회는 위원장을 포함하여 60명 이내의 위원으로 성별을 고려하여 구성한다.

확인학습문제   소방시설법

157
☐☐☐

대통령령으로 정하는 특정소방대상물에 실내장식 등의 목적으로 설치 또는 부착하는 물품으로서 행정안전부령으로 정하는 물품(이하 "방염대상물품"이라 한다)은 방염성능기준 이상의 것으로 설치하여야 한다.   O | X

X 대통령령으로 정하는 물품이다.

확인학습문제   소방시설법

158
☐☐☐

시·도지사는 방염대상물품이 방염성능기준에 미치지 못하거나 방염성능검사를 받지 아니한 것이면 특정소방대상물의 관계인에게 방염대상물품을 제거하도록 하거나 방염성능검사를 받도록 하는 등 필요한 조치를 명할 수 있다.   O | X

X 소방본부장 또는 소방서장이다.

확인학습문제   소방시설법 시행령

159
☐☐☐

근린생활시설 중 의원, 조산원, 산후조리원, 체력단련장, 고시원, 공연장 및 종교집회장은 방염성능기준 이상의 실내장식물 등을 설치해야 하는 특정소방대상물에 해당한다.   O | X

X 고시원은 해당하지 않는다.

확인학습문제   소방시설법 시행령

160
☐☐☐

건축물의 옥내에 있는 문화 및 집회시설, 종교시설, 운동시설(수영장을 포함한다)은 방염성능기준 이상의 실내장식물 등을 설치해야 하는 특정소방대상물에 해당한다.   O | X

X 수영장은 제외한다.

확인학습문제   소방시설법 시행령

161
☐☐☐

교육연구시설 중 직업훈련소, 방송통신시설 중 전신전화국 및 통신용 시설은 방염성능기준 이상의 실내장식물 등을 설치해야 하는 특정소방대상물에 해당한다.   O | X

X 교육연구시설 중 합숙소, 방송통신시설 중 방송국 및 촬영소가 해당한다.

확인학습문제   소방시설법 시행령

162
☐☐☐

층수가 11층 이상인 것(아파트등은 제외한다)은 방염성능기준 이상의 실내장식물 등을 설치해야 하는 특정소방대상물에 해당한다.   O | X

O

163
□□□

벽지류(두께가 2밀리미터 미만인 종이벽지를 포함한다)는 제조 또는 가공 공정에서 방염처리를 한 방염대상물에 해당한다.   O | X

X 두께가 2밀리미터 미만인 종이벽지는 제외한다.

164
□□□

섬유류 또는 합성수지류 등을 원료로 하여 제작된 소파·의자는 제조 또는 가공 공정에서 방염처리를 한 방염대상물에 해당한다.   O | X

O

165
□□□

건축물 내부의 천장이나 벽에 부착하거나 설치하는 종이류(두께 2밀리미터 이상인 것을 말한다)·합성수지류 또는 섬유류를 주원료로 한 물품은 방염성능기준 이상으로 설치하여야 하는 방염대상물품에 해당한다.   O | X

O

166
□□□

방염성능기준의 범위에는 버너의 불꽃을 제거한 때부터 불꽃을 올리며 연소하는 상태가 그칠 때까지 시간은 20초 이상일 것이 포함된다.   O | X

X 20초 이내일 것

167
□□□

방염성능기준의 범위에는 불꽃에 의하여 완전히 녹을 때까지 불꽃의 접촉 횟수는 3회 이상일 것이 포함된다.   O | X

O

📖 **핵심정리** **방염성능기준**

1. 버너의 불꽃을 제거한 때부터 불꽃을 올리며 연소하는 상태가 그칠 때까지 시간은 20초 이내일 것
2. 버너의 불꽃을 제거한 때부터 불꽃을 올리지 않고 연소하는 상태가 그칠 때까지 시간은 30초 이내일 것
3. 탄화(炭化)한 면적은 50제곱센티미터 이내, 탄화한 길이는 20센티미터 이내일 것
4. 불꽃에 의하여 완전히 녹을 때까지 불꽃의 접촉 횟수는 3회 이상일 것
5. 소방청장이 정하여 고시한 방법으로 발연량을 측정하는 경우 최대연기밀도는 400 이하일 것

168
□□□

소방본부장 또는 소방서장은 방염대상물품 외에 다중이용업소, 의료시설, 노유자 시설, 숙박시설 또는 장례식장에서 사용하는 침구류·소파 및 의자의 물품은 방염처리된 물품을 사용하도록 권장할 수 있다.   O | X

O

> **핵심정리 소방본부장 또는 소방서장의 방염처리된 권장 물품**
>
> 1. 다중이용업소, 의료시설, 노유자 시설, 숙박시설 또는 장례식장: 침구류·소파 및 의자
> 2. 건축물 내부의 천장 또는 벽에 부착하거나 설치하는 가구류

169
□□□

특정소방대상물에 사용하는 방염대상물품은 소방청장이 실시하는 방염성능검사를 받은 것이어야 한다. 다만, 대통령령으로 정하는 방염대상물품의 경우에는 소방본부장 또는 소방서장이 실시하는 방염성능검사를 받은 것이어야 한다.   O | X

X 시·도지사가 실시하는 방염성능검사를 받은 것이어야 한다.

확인학습문제   소방시설법 시행령

170
☐☐☐

특정소방대상물의 관계인은 그 대상물에 설치되어 있는 소방시설등이 이 법이나 이 법에 따른 명령 등에 적합하게 설치·관리되고 있는지에 대하여 해당 특정소방대상물의 소방시설등이 신설된 경우에는 「건축법」 제22조에 따라 건축물을 사용할 수 있게 된 날부터 90일에 따른 기간 내에 스스로 점검하거나 점검능력 평가를 받은 관리업자 또는 행정안전부령으로 정하는 기술자격자로 하여금 정기적으로 점검하게 하여야 한다.   O | X

X 해당 특정소방대상물의 소방시설등이 신설된 경우 「건축법」 제22조에 따라 건축물을 사용할 수 있게 된 날부터 60일에 따른 기간 내에 스스로 점검하거나 점검능력 평가를 받은 관리업자 또는 행정안전부령으로 정하는 기술자격자로 하여금 정기적으로 점검하게 하여야 한다.

확인학습문제   소방시설법 시행규칙

171
☐☐☐

소방시설관리업을 등록한 자는 자체점검을 실시하는 경우 점검 대상과 점검 인력 배치상황을 점검인력을 배치한 날 이후 자체점검이 끝난 날부터 5일 이내에 관리업자에 대한 점검능력 평가 등에 관한 업무를 위탁받은 법인 또는 단체에 통보해야 한다.   O | X

O

확인학습문제   소방시설법

172
☐☐☐

관리업자등으로 하여금 자체점검하게 하는 경우의 점검 대가는 「엔지니어링산업 진흥법」 제31조에 따른 엔지니어링사업의 대가 기준 가운데 행정안전부령으로 정하는 방식에 따라 산정한다.   O | X

O

확인학습문제   소방시설법

173
☐☐☐

시·도지사는 소방시설등 자체점검에 대한 품질확보를 위하여 필요하다고 인정하는 경우에는 특정소방대상물의 규모, 소방시설등의 종류 및 점검인력 등에 따라 관계인이 부담하여야 할 자체점검 비용의 표준이 될 금액을 정하여 공표하거나 관리업자등에게 이를 소방시설등 자체점검에 관한 표준가격으로 활용하도록 권고할 수 있다.   O | X

X 소방청장이다.

확인학습문제   소방시설법

174
☐☐☐

표준자체점검비의 공표 방법 등에 관하여 필요한 사항은 행정안전부령으로 정한다.   O | X

X 표준자체점검비의 공표 방법 등에 관하여 필요한 사항은 소방청장이 정하여 고시한다.

175
☐☐☐

종합점검은 소방시설등을 인위적으로 조작하여 소방시설이 정상적으로 작동하는지를 소방청장이 정하여 고시하는 소방시설등 작동점검표에 따라 점검하는 것을 말한다.   O | X

X 작동점검에 대한 설명이다.

176
☐☐☐

「위험물안전관리법」 제2조 제6호에 따른 제조소등은 작동점검 제외 대상이다.   O | X

O
> 📖 **핵심정리 작동점검 제외 대상**
>
> 1. 특정소방대상물 중 「화재의 예방 및 안전관리에 관한 법률」 제24조 제1항에 해당하지 않는 특정소방대상물(소방안전관리자를 선임하지 않는 대상을 말한다)
> 2. 「위험물안전관리법」 제2조 제6호에 따른 제조소등(이하 "제조소등"이라 한다)
> 3. 「화재의 예방 및 안전관리에 관한 법률 시행령」 별표 4 제1호 가목의 특급소방안전관리대상물

177
☐☐☐

간이스프링클러설비(주택전용 간이스프링클러설비는 제외한다) 또는 자동화재탐지설비가 설치된 특정소방대상물은 「소방시설공사업법 시행규칙」 별표 4의2에 따른 특급점검자가 작동점검의 기술인력으로 점검할 수 있다.   O | X

O
> 📖 **핵심정리 작동점검 기술인력**
>
> 1. 간이스프링클러설비(주택전용 간이스프링클러설비는 제외한다) 또는 자동화재탐지설비가 설치된 특정소방대상물
>   - 관계인
>   - 관리업에 등록된 기술인력 중 소방시설관리사
>   - 「소방시설공사업법 시행규칙」 별표 4의2에 따른 특급점검자
>   - 소방안전관리자로 선임된 소방시설관리사 및 소방기술사
> 2. 1.에 해당하지 않는 특정소방대상물
>   - 관리업에 등록된 소방시설관리사
>   - 소방안전관리자로 선임된 소방시설관리사 및 소방기술사

178
☐☐☐

작동점검은 2년마다 1회 이상 실시한다.   O | X

X 작동점검은 연 1회 이상 실시한다.

179
☐☐☐

작동점검은 종합점검 대상은 종합점검을 받은 달부터 1년이 되는 달에 실시한다.   O | X

X 종합점검을 받은 달부터 6개월이 되는 달에 실시한다.

180
□□□

물분무등소화설비[호스릴(hose reel) 방식의 물분무등소화설비만을 설치한 경우는 제외한다]가 설치된 연면적 5,000㎡ 이상인 특정소방대상물(제조소등은 제외한다) 종합점검 대상이다.　O | X

O

181
□□□

종합점검은 연 1회 이상(「화재의 예방 및 안전에 관한 법률 시행령」 별표 4 제1호 가목의 특급 소방안전관리대상물은 반기에 1회 이상) 실시한다.　O | X

O

182
□□□

종합점검 시기는 종합점검 대상 특정소방대상물에 해당하게 되는 경우에는 「건축법」 제22조에 따라 건축물을 사용할 수 있게 된 날부터 6개월 이내 실시한다.　O | X

X 「건축법」 제22조에 따라 건축물을 사용할 수 있게 된 날부터 60일 이내 실시한다.

183
□□□

공공기관의 소방안전관리에 관한 규정」 제2조에 따른 공공기관의 장은 공공기관에 설치된 소방시설등의 유지·관리 상태를 맨눈 또는 신체감각을 이용하여 점검하는 외관점검을 연 1회 이상 실시(작동점검 또는 종합점검을 실시한 달에는 실시하지 않을 수 있다)하고, 그 점검 결과를 2년간 자체 보관해야 한다.　O | X

X 월 1회 이상 실시한다.

184
□□□

공동주택(아파트등으로 한정한다)의 세대별 점검방법은 관리자(관리소장, 입주자대표회의 및 소방안전관리자를 포함한다. 이하 같다) 및 입주민(세대 거주자를 말한다)은 2년 이내 모든 세대에 대하여 점검을 해야 한다.　O | X

O

185
□□□

아날로그감지기 등 특수감지기가 설치되어 있는 경우에는 수신기에서 원격 점검할 수 있으며, 점검할 때마다 2분의 1세대 이상을 점검해야 한다. 다만, 자동화재탐지설비의 선로 단선이 확인되는 때에는 단선이 난 세대 또는 그 경계구역에 대하여 현장점검을 해야 한다.　O | X

X 점검할 때마다 점검할 때마다 모든 세대를 점검해야 한다.

II

확인학습문제　소방시설법 시행규칙 [별표 3]

186
□□□

관리자는 관리업자가 점검하기로 한 세대에 대하여 입주민의 사정으로 점검을 하지 못한 경우 입주민이 스스로 점검할 수 있도록 다시 안내해야 한다. 이 경우 입주민이 관리업자로 하여금 다시 점검받기를 원하는 경우 관리업자로 하여금 추가로 점검하게 할 수 있다.　　O | X

O

확인학습문제　소방시설법 시행규칙 [별표 3]

187
□□□

신축·증축·개축·재축·이전·용도변경 또는 대수선 등으로 소방시설이 새로 설치된 경우에는 해당 특정소방대상물의 소방시설 전체에 대하여 실시한다.　　O | X

O

확인학습문제　소방시설법 시행규칙 [별표 3]

188
□□□

작동점검 및 종합점검(최초점검은 제외한다)은 건축물 사용승인 후 그 다음 해부터 실시한다.　　O | X

O

---

24. 공채·경채　소방시설법 시행령

189
□□□

방화문 또는 자동방화셔터가 훼손되거나 철거되어 본래의 기능을 못하는 경우는 "소화펌프 고장 등 대통령령으로 정하는 중대위반사항"에 해당하지 않는다.　　O | X

X 해당한다.

> 📖 **핵심정리　소화펌프 고장 등 대통령령으로 정하는 중대위반사항**
>
> 1. 소화펌프(가압송수장치를 포함한다. 이하 같다), 동력·감시 제어반 또는 소방시설용 전원(비상전원을 포함한다)의 고장으로 소방시설이 작동되지 않는 경우
> 2. 화재 수신기의 고장으로 화재경보음이 자동으로 울리지 않거나 화재 수신기와 연동된 소방시설의 작동이 불가능한 경우
> 3. 소화배관 등이 폐쇄·차단되어 소화수(消火水) 또는 소화약제가 자동 방출되지 않는 경우
> 4. 방화문 또는 자동방화셔터가 훼손되거나 철거되어 본래의 기능을 못하는 경우

---

24. 공채·경채　소방시설법 시행령

190
□□□

"화재수신기의 고장으로 화재경보음이 자동으로 울리지 않거나 화재수신기와 연동된 소방시설의 작동이 불가능한 경우"는 소화펌프 고장 등 대통령령으로 정하는 중대위반사항에 해당한다.　　O | X

O

---

24. 공채·경채　소방시설법 시행령

191
□□□

"소화용수설비 주변 불법 주정차로 인하여 화재를 진압하는 데 필요한 물을 공급하기 어려운 경우"는 소화펌프 고장 등 대통령령으로 정하는 중대위반사항에 해당한다.　　O | X

X "소화용수설비 주변 불법 주정차로 인하여 화재를 진압하는 데 필요한 물을 공급하기 어려운 경우"는 해당하지 않는다.

192
□□□

특정소방대상물의 관계인은 이행계획을 행정안전부령으로 정하는 바에 따라 기간 내에 완료하고, 소방본부장 또는 소방서장에게 이행계획 완료 결과를 보고하여야 한다.　O | X

O

193
□□□

자체점검 실시결과 보고서를 제출받거나 스스로 자체점검을 실시한 관계인은 자체점검이 끝난 날부터 30일 이내에 소방시설등 자체점검 실시결과 보고서에 해당 관계 서류를 첨부하여 소방본부장 또는 소방서장에게 서면이나 소방청장이 지정하는 전산망을 통하여 보고해야 한다.　O | X

X　15일 이내이다.

194
□□□

소방시설등의 자체점검 결과 이행계획서를 보고받은 소방본부장 또는 소방서장은 소방시설등을 구성하고 있는 기계·기구를 수리하거나 정비하는 경우는 보고일부터 20일 이내에 따라 이행계획의 완료 기간을 정하여 관계인에게 통보해야 한다.　O | X

X　10일 이내이다.

> 📖 핵심정리 **이행계획의 완료 기간**
>
> 1. 소방시설등을 구성하고 있는 기계·기구를 수리하거나 정비하는 경우: 보고일부터 10일 이내
> 2. 소방시설등의 전부 또는 일부를 철거하고 새로 교체하는 경우: 보고일부터 20일 이내

195
□□□

완료기간 내에 이행계획을 완료한 관계인은 이행을 완료한 날부터 10일 이내에 소방시설등의 자체점검 결과 이행완료 보고서에 해당 관계 서류(전자문서를 포함한다)를 첨부하여 소방본부장 또는 소방서장에게 보고해야 한다.　O | X

O

196
□□□

소방본부장 또는 소방서장에게 자체점검 결과 보고를 마친 관계인은 보고한 날부터 10일 이내에 별표 5의 소방시설등 자체점검기록표를 작성하여 특정소방대상물의 출입자가 쉽게 볼 수 있는 장소에 6개월 이상 게시해야 한다.　O | X

X　30일 이상 게시해야 한다.

197
□□□

소방본부장 또는 소방서장은 자체점검 결과를 공개하는 경우 30일 이상 법 제48조에 따른 전산시스템 또는 인터넷 홈페이지 등을 통해 공개해야 한다.　O | X

O

제1절 소방시설관리사

확인학습문제   소방시설법

198
☐☐☐

소방시설관리사(이하 "관리사"라 한다)가 되려는 사람은 소방청장이 실시하는 관리사시험에 합격하여야 한다. O | X

O

확인학습문제   소방시설법

199
☐☐☐

소방청장은 시험에서 부정한 행위를 한 응시자에 대하여는 그 시험을 정지 또는 무효로 하고, 그 처분이 있은 날부터 2년간 시험 응시자격을 정지한다.   O | X

O

확인학습문제   소방시설법

200
☐☐☐

「위험물안전관리법」을 위반하여 금고 이상의 실형을 선고받고 그 집행이 끝나거나(집행이 끝난 것으로 보는 경우를 포함한다) 집행이 면제된 날부터 2년이 지나지 아니한 사람은 관리사의 결격사유에 해당한다.   O | X

O

확인학습문제   소방시설법

201
☐☐☐

소방청장은「화재의 예방 및 안전관리에 관한 법률」제25조 제2항에 따른 대행인력의 배치기준·자격·방법 등 준수사항을 지키지 아니한 경우에 해당할 때는 행정안전부령으로 정하는 바에 따라 그 자격을 취소하거나 2년 이내의 기간을 정하여 그 자격의 정지를 명할 수 있다.   O | X

X   1년 이내의 기간을 정하여 그 자격의 정지를 명할 수 있다.

확인학습문제   소방시설법 시행규칙 [별표 8]

202
☐☐☐

위반행위가 둘 이상이면 그중 무거운 처분기준(무거운 처분기준이 동일한 경우에는 그중 하나의 처분기준을 말한다. 이하 같다)에 따른다. 다만, 둘 이상의 처분기준이 모두 영업정지이거나 사용정지인 경우에는 각 처분기준을 합산한 기간을 넘지 않는 범위에서 무거운 처분기준에 각각 나머지 처분기준의 2분의 1 범위에서 가중한다.   O | X

O

203
☐☐☐

처분권자는 위반 행위자가 처음 해당 위반행위를 한 경우로서 3년 이상 소방시설관리사의 업무, 소방시설관리업 등을 모범적으로 해 온 사실이 인정되는 경우에는 감경할 수 있다.   O | X

X   5년 이상이다.

204
☐☐☐

위반행위의 횟수에 따른 행정처분의 기준은 최근 1년간 같은 위반행위로 행정처분을 받은 경우에 적용한다. 이 경우 적용일은 위반행위에 대한 행정처분일과 그 처분 후에 한 위반행위가 다시 적발된 날을 기준으로 한다.   O | X

O

205
☐☐☐

소방시설등의 점검 및 관리를 업으로 하려는 자 또는 「화재의 예방 및 안전관리에 관한 법률」 제25조에 따른 소방안전관리업무의 대행을 하려는 자는 대통령령으로 정하는 업종별로 소방청장에게 소방시설관리업(이하 "관리업"이라 한다) 등록을 하여야 한다.   O | X

X   시·도지사에게 소방시설관리업 등록을 하여야 한다.

206
☐☐☐

관리업의 등록신청과 등록증·등록수첩의 발급·재발급 신청, 그 밖에 관리업의 등록에 필요한 사항은 대통령령으로 정한다.   O | X

X   위임규정은 행정안전부령이다.

207
☐☐☐

전문소방시설관리업의 보조 기술인력 등록기준은 초급·중급·고급점검자 이상의 기술인력 각 2명 이상이다.   O | X

O

> **핵심정리 전문소방시설관리업**
>
> 1. 주된 기술인력
>   - 소방시설관리사 자격을 취득한 후 소방 관련 실무경력이 5년 이상인 사람 1명 이상
>   - 소방시설관리사 자격을 취득한 후 소방 관련 실무경력이 3년 이상인 사람 1명 이상
> 2. 보조 기술인력
>   - 고급점검자 이상의 기술인력: 2명 이상
>   - 중급점검자 이상의 기술인력: 2명 이상
>   - 초급점검자 이상의 기술인력: 2명 이상

208

□□□

전문소방시설관리업의 주된 기술인력 등록기준은 소방시설관리사 자격을 취득한 후 소방 관련 실무경력이 5년 이상인 사람·3년 이상인 사람 각 2명 이상이다.   O | X

X   소방시설관리사 자격을 취득한 후 소방 관련 실무경력이 5년 이상인 사람·3년 이상인 사람 각 1명 이상이다.

209

□□□

일반소방시설관리업의 보조 기술인력 등록기준은 소방시설관리사 자격을 취득한 후 소방 관련 실무경력이 3년 이상인 사람 2명 이상이다.   O | X

X   1명 이상이다.

> **핵심정리 일반소방시설관리업**
>
> 1. **주된 기술인력**: 소방시설관리사 자격을 취득한 후 소방 관련 실무경력이 1년 이상인 사람 1명 이상
> 2. **보조 기술인력**
>   • 중급점검자 이상의 기술인력: 1명 이상
>   • 초급점검자 이상의 기술인력: 1명 이상

확인학습문제 　소방시설법 시행규칙

210
☐☐☐

시·도지사는 재발급 신청서를 제출받은 경우에는 3일 이내에 소방시설관리업 등록증 또는 등록수첩을 재발급해야 한다.

O | X

O

확인학습문제 　소방시설법 시행령 [별표 9]

211
☐☐☐

관리업자는 제29조에 따라 등록한 사항 중 대통령령으로 정하는 중요 사항이 변경되었을 때에는 행정안전부령으로 정하는 바에 따라 시·도지사에게 변경사항을 신고하여야 한다.

O | X

X 행정안전부령으로 정하는 중요 사항이 변경되었을 때이다.

확인학습문제 　소방시설법 시행규칙

212
☐☐☐

관리업의 등록사항의 중 명칭·상호 또는 영업소 소재지, 대표자, 기술인력의 변경은 행정안전부령으로 정하는 중요사항에 해당한다.

O | X

O

확인학습문제 　소방시설법 시행규칙

213
☐☐☐

시·도지사는 변경신고를 받은 경우 7일 이내에 소방시설관리업 등록증 및 등록수첩을 새로 발급하거나 제출된 소방시설관리업 등록증 및 등록수첩과 기술인력의 기술자격증에 그 변경된 사항을 적은 후 내주어야 한다.

O | X

X 5일 이내이다.

확인학습문제 　소방시설법

214
☐☐☐

시·도지사는 특정소방대상물의 관계인이 적정한 관리업자를 선정할 수 있도록 하기 위하여 관리업자의 신청이 있는 경우 해당 관리업자의 점검능력을 종합적으로 평가하여 공시하여야 한다.

O | X

X 소방청장이다.

확인학습문제 　소방시설법 시행규칙

215
☐☐☐

점검능력 평가 신청을 받은 평가기관의 장은 해당 관계 서류가 첨부되어 있지 않은 경우에는 신청인에게 4일 이내의 기간을 정하여 보완하게 할 수 있다.

O | X

X 15일 이내의 기간을 정하여 보완하게 할 수 있다.

216
☐☐☐

점검능력 평가의 유효기간은 점검능력 평가 결과를 공시한 날부터 5년간으로 한다.   O | X

X   1년간으로 한다.

217
☐☐☐

평가기관은 점검능력 평가 결과는 매년 7월 31일까지 평가기관의 인터넷 홈페이지를 통하여 공시하고, 같은 조 제3항에 따른 점검능력 평가 결과는 소방청장 및 시·도지사에게 통보한 날부터 3일 이내에 평가기관의 인터넷 홈페이지를 통하여 공시해야 한다.   O | X

O

218
☐☐☐

점검능력 평가항목은 실적(점검실적 및 대행실적), 기술력, 경력, 신인도이다.   O | X

O

219
☐☐☐

관리업자의 점검능력 평가는 "점검능력평가액 = 실적평가액 + 기술력평가액 + 경력평가액 ± 신인도평가액"의 계산식으로 한다.   O | X

O

220
☐☐☐

점검실적액(발주자가 공급하는 자재비를 포함한다) 및 대행실적액은 해당 업체의 수급금액 중 하수급금액은 포함하고 하도급금액은 제외한다.   O | X

X   발주자가 공급하는 자재비는 제외한다.

221
☐☐☐

종합점검과 작동점검 또는 소방안전관리업무 대행을 일괄하여 수급한 경우에는 그 일괄수급금액에 0.55를 곱하여 계산된 금액을 종합점검 실적액으로, 0.45를 곱하여 계산된 금액을 작동점검 또는 소방안전관리업무 대행 실적액으로 본다. 다만, 다른 입증자료가 있는 경우에는 그 자료에 따라 배분한다.   O | X

O

222

□□□

신인도평가액은 실적평가액·기술력평가액·경력평가액을 합친 금액의 ±5%의 범위를 초과할 수 없으며, 가점요소와 감점요소가 있는 경우에는 이를 상계한다.　　　　　　　　O | X

X　±10%의 범위를 초과할 수 없다.

223

□□□

관리업자의 임원 중에서 피성년후견인에 해당하는 법인으로서 결격사유에 해당하게 된 날부터 6개월 이내에 그 임원을 결격사유가 없는 임원으로 바꾸어 선임한 경우는 제외하는 경우에는 관리업의 등록취소에 해당하지 아니한다.　　　　　　　　O | X

X　2개월 이내이다.

224

□□□

시·도지사는 등록취소를 명하는 경우로서 그 영업정지가 이용자에게 불편을 주거나 그 밖에 공익을 해칠 우려가 있을 때에는 영업정지처분을 갈음하여 3천만원 이하의 과징금을 부과할 수 있다.　　　　　　　　O | X

X　시·도지사는 영업정지를 명하는 경우이다.

225

□□□

과징금을 부과하는 위반행위의 종류와 위반 정도 등에 따른 과징금의 금액, 그 밖에 필요한 사항은 행정안전부령으로 정하고, 시·도지사는 과징금을 내야 하는 자가 납부기한까지 내지 아니하면 「지방행정제재·부과금의 징수 등에 관한 법률」에 따라 징수한다.　　　　　　　　O | X

O

확인학습문제　소방시설법

226　연구개발 목적으로 제조하거나 수입하는 소방용품을 제조하거나 수입하려는 자는 소방청장의 형식승인을 받아야 한다.
□□□
　　O | X

X　대통령령으로 정하는 소방용품을 제조하거나 수입하려는 자는 소방청장의 형식승인을 받아야 한다. 다만, 연구개발 목적으로 제조하거나 수입하는 소방용품은 그러하지 아니하다.

24. 경채　소방시설법 시행령

227　"주거용 주방자동소화장치", "상업용 주방자동소화장치"는 소방청장의 형식승인을 받아야 하는 소방용품에 해당한다.
□□□
　　O | X

X　상업용 주방자동소화장치는 해당하지 않는다.

> 📖 핵심정리 **형식승인 대상 소방용품(영 제46조)**
>
> 법 제37조 제1항 본문에서 "대통령령으로 정하는 소방용품"이란 별표 3의 소방용품(같은 표 제1호 나목의 자동소화장치 중 상업용 주방자동소화장치는 제외한다)을 말한다.

확인학습문제　소방시설법

228　형식승인을 받으려는 자는 행정안전부령으로 정하는 기준에 따라 형식승인을 위한 시험시설을 갖추고 소방청장의 심사를 받아야 한다.
□□□
　　O | X

O

확인학습문제　소방시설법

229　소방용품을 수입하는 자가 판매를 목적으로 하지 아니하고 자신의 건축물에 직접 설치하거나 사용하려는 경우 등 행정안전부령으로 정하는 경우에는 시험시설을 갖추어야 한다.
□□□
　　O | X

X　갖추지 아니할 수 있다.

확인학습문제　소방시설법

230　형식승인을 받은 자는 그 소방용품에 대하여 소방본부장 또는 소방서장이 실시하는 제품검사를 받아야 한다. O | X
□□□

X　소방청장이다.

231
☐☐☐

소방용품의 형상·구조·재질·성분·성능 등(이하 "형상등"이라 한다)의 형식승인 및 제품검사의 기술기준 등에 필요한 사항은 대통령령으로 정한다. O | X

X 소방청장이 정하여 고시한다.

232
☐☐☐

시·도지사는 형상등을 임의로 변경한 소방용품을 판매하거나 판매목적으로 진열하거나 소방시설공사에 사용한 소방용품에 대하여는 그 제조자·수입자·판매자 또는 시공자에게 수거·폐기 또는 교체 등 행정안전부령으로 정하는 필요한 조치를 명할 수 있다. O | X

X 소방청장, 소방본부장 또는 소방서장이다.

233
☐☐☐

하나의 소방용품에 두 가지 이상의 형식승인 사항 또는 형식승인과 성능인증 사항이 결합된 경우에는 두 가지 이상의 형식승인 또는 형식승인과 성능인증 시험을 함께 실시하고 하나의 형식승인을 할 수 있다. O | X

O

234
☐☐☐

형식승인을 받은 자가 해당 소방용품에 대하여 형상등의 일부를 변경하려면 소방청장의 변경승인을 받아야 한다. O | X

O

235
☐☐☐

소방청장은 제조자 또는 수입자 등의 요청이 있는 경우 소방용품에 대하여 성능인증을 할 수 있다. O | X

O

236
☐☐☐

시·도지사, 소방본부장 또는 소방서장은 형식승인의 대상이 되는 소방용품 중 품질이 우수하다고 인정하는 소방용품에 대하여 인증(이하 "우수품질인증"이라 한다)을 할 수 있다. O | X

X 소방청장이다.

237

□□□

우수품질인증의 유효기간은 10년의 범위에서 행정안전부령으로 정한다.   O | X

X 우수품질인증의 유효기간은 5년의 범위에서 행정안전부령으로 정한다.

238

□□□

소방본부장 또는 소방성장은 소방용품의 품질관리를 위하여 필요하다고 인정할 때에는 유통 중인 소방용품을 수집하여 검사할 수 있다.   O | X

X 소방청장이다.

239

□□□

소방청장은 수집검사 결과 행정안전부령으로 정하는 중대한 결함이 있다고 인정되는 소방용품에 대하여는 그 제조자 및 수입자에게 행정안전부령으로 정하는 바에 따라 회수·교환·폐기 또는 판매중지를 명하고, 형식승인 또는 성능인증을 취소할 수 있다.   O | X

O

확인학습문제 소방시설법

240
□□□

소방청장은 제품검사를 전문적·효율적으로 실시하기 위하여 해당 요건을 모두 갖춘 기관을 제품검사 전문기관(이하 "전문기관"이라 한다)으로 지정할 수 있다. O | X

O

확인학습문제 소방시설법 시행규칙

241
□□□

소방청장은 제출한 신청서 또는 첨부 서류 등이 미비된 경우에는 15일 이내의 기간을 정하여 보완을 요청할 수 있다. O | X

X 30일 이내의 기간이다.

확인학습문제 소방시설법 시행규칙

242
□□□

전문기관으로 지정받은 자가 전담조직 및 전문인력, 제품검사 업무 규정, 법인 명칭 또는 사업장 소재지 중 어느 하나에 해당하는 사항을 변경한 경우에는 변경일부터 10일 이내에 소방청장에게 그 변경 내용을 알려야 한다. O | X

O

확인학습문제 소방시설법

243
□□□

전문기관이 정당한 사유 없이 6개월 이상 계속하여 제품검사 또는 실무교육 등 지정받은 업무를 수행하지 아니한 경우에 소방청장은 그 지정을 취소하거나 6개월 이내의 기간을 정하여 그 업무의 정지를 명할 수 있다. O | X

X 정당한 사유 없이 1년 이상 계속하여 제품검사 또는 실무교육 등 지정받은 업무를 수행하지 아니한 경우

> **핵심정리 전문기관의 지정취소 등**
>
> 소방청장은 전문기관이 다음 각 호의 어느 하나에 해당할 때에는 그 지정을 취소하거나 6개월 이내의 기간을 정하여 그 업무의 정지를 명할 수 있다. 다만, 제1호에 해당할 때에는 그 지정을 취소하여야 한다.
> 1. 거짓이나 그 밖의 부정한 방법으로 지정을 받은 경우
> 2. 정당한 사유 없이 1년 이상 계속하여 제품검사 또는 실무교육 등 지정받은 업무를 수행하지 아니한 경우
> 3. 제46조 제1항 각 호의 요건을 갖추지 못하거나 제46조 제3항에 따른 조건을 위반한 경우
> 4. 제52조 제1항 제7호에 따른 감독 결과 이 법이나 다른 법령을 위반하여 전문기관으로서의 업무를 수행하는 것이 부적당하다고 인정되는 경우

244
☐☐☐

소방청장 또는 시·도지사는 우수품질인증의 취소, 관리사 자격의 정지, 관리업의 영업정지에 해당하는 처분을 하려면 청문을 하여야 한다.　O | X

O

📖 **핵심정리 청문대상**

1. 관리사 자격의 취소 및 정지
2. 관리업의 등록취소 및 영업정지
3. 소방용품의 형식승인 취소 및 제품검사 중지
4. 성능인증의 취소
5. 우수품질인증의 취소
6. 전문기관의 지정취소 및 업무정지

245
☐☐☐

소방청장은 화재안전기준 중 기술기준에 대한 관리·운영 권한을 국립소방연구원장에게 위임한다.　O | X

O

246
☐☐☐

소방청장은 방염성능검사 중 대통령령으로 정하는 검사, 소방용품의 형식승인은 한국소방산업기술원에 위탁할 수 있다.　O | X

O

📖 **핵심정리 소방청장의 업무 중 기술원의 위탁 대상**

1. **방염성능검사 중 대통령령으로 정하는 검사**: 법 제50조 제2항 제1호에서 "대통령령으로 정하는 검사"란 제31조 제1항에 따른 방염대상물품에 대한 방염성능검사(제32조 각 호에 따라 설치 현장에서 방염처리를 하는 합판·목재류에 대한 방염성능검사는 제외한다)를 말한다.
2. 소방용품의 형식승인
3. 형식승인의 변경승인
4. 형식승인의 취소
5. 성능인증 및 성능인증의 취소
6. 성능인증의 변경인증
7. 우수품질인증 및 그 취소

247
☐☐☐

소방청장은 제품검사 업무를 기술원 또는 전문기관에 위탁할 수 있다.　O | X

O

확인학습문제　소방시설법

248
☐☐☐

소방시설을 설치·관리하는 경우 화재 시 소방시설의 기능과 성능에 지장을 줄 수 있는 폐쇄(잠금을 포함한다)·차단 등의 행위를 한 자는 3년 이하의 징역 또는 3천만원 이하의 벌금에 처한다.　O | X

X 5년 이하의 징역 또는 5천만원 이하의 벌금에 처한다.

> 📖 핵심정리 **규정을 위반하여 소방시설 폐쇄·차단 등의 행위를 한 자**
> 1. 제12조 제3항 본문을 위반하여 소방시설에 폐쇄·차단 등의 행위를 한 자는 5년 이하의 징역 또는 5천만원 이하의 벌금에 처한다.
> 2. 1.의 죄를 범하여 사람을 상해에 이르게 한 때에는 7년 이하의 징역 또는 7천만원 이하의 벌금에 처하며, 사망에 이르게 한 때에는 10년 이하의 징역 또는 1억원 이하의 벌금에 처한다.

확인학습문제　소방시설법

249
☐☐☐

규정을 위반하여 관리업의 등록을 하지 아니하고 영업을 한 자는 1년 이하의 징역 또는 1천만원 이하의 벌금에 처한다.　O | X

X 3년 이하의 징역 또는 3천만원 이하의 벌금에 처한다.

확인학습문제　소방시설법

250
☐☐☐

자격정지처분을 받고 그 자격정지기간 중에 관리사의 업무를 한 자는 1년 이하의 징역 또는 1천만원 이하의 벌금에 처한다.　O | X

O

확인학습문제　소방시설법

251
☐☐☐

우수품질인증을 받지 아니한 제품에 우수품질인증 표시를 하거나 우수품질인증 표시를 위조하거나 변조하여 사용한 자는 300만원 이하의 벌금에 처한다.　O | X

X 1년 이하의 징역 또는 1천만원 이하의 벌금에 처한다.

확인학습문제　소방시설법

252
☐☐☐

방염성능검사에 합격하지 아니한 물품에 합격표시를 하거나 합격표시를 위조하거나 변조하여 사용한 자는 300만원 이하의 벌금에 처한다.　O | X

O

253
□□□

규정을 위반하여 소방시설을 화재안전기준에 따라 설치·관리하지 아니한 자는 500만원 이하의 과태료를 부과한다.

O | X

X 300만원 이하의 과태료를 부과한다.

254
□□□

규정을 위반하여 피난시설, 방화구획 또는 방화시설의 폐쇄·훼손·변경 등의 행위를 한 자는 300만원 이하의 과태료를 부과한다.

O | X

O

255
□□□

규정을 위반하여 방염대상물품을 방염성능기준 이상으로 설치하지 아니한 자는 200만원 이하의 과태료를 부과한다.

O | X

X 300만원 이하의 과태료를 부과한다.

256
□□□

부과권자는 위반행위자가 처음 위반행위를 한 경우로서 3년 이상 해당 업종을 모범적으로 영위한 사실이 인정되는 경우에는 개별기준에 따른 과태료의 3분의 1 범위에서 그 금액을 줄여 부과할 수 있다. 다만, 과태료를 체납하고 있는 위반행위자에 대해서는 그렇지 않다.

O | X

X 2분위 1 범위이다.

> **핵심정리 과태료 감경 대상**
> 1. 위반행위가 사소한 부주의나 오류로 인한 것으로 인정되는 경우
> 2. 위반행위자가 법 위반상태를 시정하거나 해소하기 위하여 노력한 사실이 인정되는 경우
> 3. 위반행위자가 처음 위반행위를 한 경우로서 3년 이상 해당 업종을 모범적으로 영위한 사실이 인정되는 경우
> 4. 위반행위자가 화재 등 재난으로 재산에 현저한 손실을 입거나 사업 여건의 악화로 그 사업이 중대한 위기에 처하는 등 사정이 있는 경우
> 5. 위반행위자가 같은 위반행위로 다른 법률에 따라 과태료·벌금·영업정지 등의 처분을 받은 경우
> 6. 위반행위의 정도, 위반행위의 동기와 그 결과 등을 고려하여 과태료 금액을 줄일 필요가 있다고 인정되는 경우

제4편 소방의 화재조사에 관한 법률

POINT 4-1 총칙

확인학습문제 | 화재조사법

001
☐☐☐

화재조사법은 화재, 재난·재해, 그 밖에 위급한 상황에서 그 피해를 최소화하기 위하여 화재원인, 화재성장 및 확산, 피해현황 등에 관한 과학적·전문적인 조사에 필요한 사항을 규정함을 목적으로 한다. O | X

X 화재예방 및 소방정책에 활용하기 위하여 화재원인, 화재성장 및 확산, 피해현황 등에 관한 과학적·전문적인 조사에 필요한 사항을 규정함을 목적으로 한다.

23. 경채 | 화재조사법

002
☐☐☐

"화재"란 사람의 의도에 반하여 발생하거나 확대된 물리적 폭발현상을 말한다. O | X

X "화재"란 사람의 의도에 반하거나 고의 또는 과실에 의하여 발생하는 연소 현상으로서 소화할 필요가 있는 현상 또는 사람의 의도에 반하여 발생하거나 확대된 화학적 폭발현상을 말한다.

23. 경채 | 화재조사법

003
☐☐☐

"화재"란 과실에 의하여 발생하는 연소 현상으로서 소화할 필요가 있는 현상을 말한다. O | X

O

빈출문제 | 화재조사법

004
☐☐☐

"화재조사"란 시·도지사, 소방본부장 또는 소방서장이 화재원인, 피해상황, 대응활동 등을 파악하기 위하여 자료의 수집, 관계인등에 대한 질문, 현장 확인, 감식, 감정 및 실험 등을 하는 일련의 행위를 말한다. O | X

X 화재조사권자는 소방청장, 소방본부장 또는 소방서장이다.

23. 경채 | 화재조사법

005
☐☐☐

소방청장, 소방본부장 또는 소방서장이 화재원인, 피해상황, 대응활동 등을 파악하기 위하여 자료의 수집, 감정 및 실험 등을 하는 행위는 화재조사에 포함되지 않는다. O | X

X 자료의 수집, 감정 및 실험 등을 하는 행위는 화재조사에 포함된다.

006
☐☐☐

"화재조사관"이란 화재조사에 전문성을 인정받아 화재조사를 수행하는 소방공무원, 경찰공무원 및 소방청장이 실시하는 화재조사관련 교육을 수료한 자를 말한다. O | X

X "화재조사관"이란 화재조사에 전문성을 인정받아 화재조사를 수행하는 소방공무원을 말한다.

007
☐☐☐

관계인등은 소방대상물의 소유자·관리자 또는 점유자 외에 소화활동을 행하거나 인명구조활동(유도대피 포함)에 관계된 사람을 포함한다. O | X

O

> **📖 핵심정리　관계인등**
>
> 화재가 발생한 소방대상물의 소유자·관리자 또는 점유자(이하 "관계인"이라 한다) 및 다음의 사람을 말한다.
> 1. 화재 현장을 발견하고 신고한 사람
> 2. 화재 현장을 목격한 사람
> 3. 소화활동을 행하거나 인명구조활동(유도대피 포함)에 관계된 사람
> 4. 화재를 발생시키거나 화재발생과 관계된 사람

008
☐☐☐

관계인등은 소방대상물의 관계인과 소방공무원을 말한다. O | X

X 소방공무원은 해당하지 않는다.

확인학습문제　화재조사법

009
☐☐☐

소방청장, 소방본부장 또는 소방서장(이하 "소방관서장"이라 한다)은 소화활동과 동시에 화재조사를 시작하여야 한다. 이 경우 수사기관의 범죄수사에 지장을 주어서는 아니 된다.　　O | X

X 소방관서장은 화재발생 사실을 알게 된 때에는 지체 없이 화재조사를 하여야 한다.

빈출문제　화재조사법

010
☐☐☐

소방관서장이 화재조사를 하는 경우에 대응활동에 관한 사항과 소방시설 등의 설치·관리 및 작동 여부에 관한 사항에 대하여 조사하여야 한다.　　O | X

O

> 📖 **핵심정리 소방관서장의 화재조사 내용**
>
> 1. 화재원인에 관한 사항
> 2. 화재로 인한 인명·재산피해상황
> 3. 대응활동에 관한 사항
> 4. 소방시설 등의 설치·관리 및 작동 여부에 관한 사항
> 5. 화재발생건축물과 구조물, 화재유형별 화재위험성 등에 관한 사항
> 6. **대통령령으로 정하는 사항**: 「화재의 예방 및 안전관리에 관한 법률」 제7조에 따른 화재안전조사의 실시 결과에 관한 사항

확인학습문제　화재조사법

011
☐☐☐

소방관서장의 화재조사는 화재원인에 관한 사항, 화재로 인한 인명·재산피해상황에 한하여 실시하여야 한다.　　O | X

X 그 외에 대응활동, 소방시설 등의 설치·관리 및 작동 여부, 화재발생건축물과 구조물, 화재유형별 화재위험성 등에 대하여 조사하여야 한다.

확인학습문제　화재조사법 시행령

012
☐☐☐

소방관서장이 화재조사를 실시할 대상은 「소방기본법」에 따른 소방대상물에서 발생한 화재, 그 밖에 시·도지사가 화재조사의 필요성을 인정하는 화재이다.　　O | X

X 그 밖에 소방관서장이 화재조사가 필요하다고 인정하는 화재이다.

확인학습문제　화재조사법 시행령

013
☐☐☐

화재조사는 현장출동 중 조사, 화재현장 조사, 정밀조사 및 화재조사 결과 보고 절차에 따라 실시한다.　　O | X

O

> **핵심정리 화재조사의 절차**
>
> 1. **현장출동 중 조사:** 화재발생 접수, 출동 중 화재상황 파악 등
> 2. **화재현장 조사:** 화재의 발화(發火)원인, 연소상황 및 피해상황 조사 등
> 3. **정밀조사:** 감식·감정, 화재원인 판정 등
> 4. 화재조사 결과 보고

---

24. 경채   화재조사법 시행령

014
☐☐☐

화재조사법 시행령상 화재조사 절차에 해당하는 것은 사전조사, 현장출동 중 조사, 화재현장 조사 및 정밀조사이다.

O | X

X 사전조사는 해당하지 않는다.

확인학습문제   화재조사법

015
☐☐☐

소방관서장은 전문성에 기반하는 화재조사를 위하여 화재조사전담부서(이하 "전담부서"라 한다)를 설치·운영할 수 있다.

O | X

X 설치하여야 한다.

확인학습문제   화재조사법

016
☐☐☐

전담부서는 화재조사의 실시 및 조사결과 분석·관리, 화재조사 관련 기술개발과 화재조사관의 역량증진, 화재조사에 필요한 시설·장비의 관리·운영, 화재조사에 관한 자격시험에 관하여 필요한 업무를 수행한다.

O | X

X 전담부서의 업무로 화재조사에 관한 자격시험에 관하여 필요한 업무는 해당하지 않는다.

> **핵심정리 전담부서의 업무**
>
> 1. 화재조사의 실시 및 조사결과 분석·관리
> 2. 화재조사 관련 기술개발과 화재조사관의 역량증진
> 3. 화재조사에 필요한 시설·장비의 관리·운영
> 4. 화재조사에 관하여 필요한 업무

확인학습문제   화재조사법

017
☐☐☐

소방관서장은 화재조사관 및 화재보험회사로 하여금 화재조사 업무를 수행하게 하여야 한다.

O | X

X 화재보험회사는 해당하지 않는다.

확인학습문제   화재조사법

018
☐☐☐

화재조사관은 소방청장이 실시하는 화재조사에 관한 시험에 합격한 소방공무원 등 화재조사에 관한 전문적인 자격을 가진 소방공무원으로 한다.

O | X

O

019
☐☐☐

전담부서의 구성·운영, 화재조사관의 구체적인 자격기준 및 교육훈련 등에 필요한 사항은 행정안전부령으로 정한다.

O | X

X 위임규정은 대통령령이다.

020
☐☐☐

화재조사전담부서에서 갖추어야 할 장비와 시설 중 내시경현미경, 휴대용디지털현미경, 절연저항계는 감식기기에 해당한다.

O | X

O

> 📖 핵심정리 **감식기기(16종)**
>
> 절연저항계, 멀티테스터기, 클램프미터, 정전기측정장치, 누설전류계, 검전기, 복합가스측정기, 가스(유증)검지기, 확대경, 산업용실체현미경, 적외선열상카메라, 접지저항계, 휴대용디지털현미경, 디지털탄심도계, 슈미트해머(콘크리트 반발 경도 측정기구), 내시경현미경

021
☐☐☐

금속현미경은 감식기기에 해당한다.

O | X

X 금속현미경은 감정용기기에 해당한다.

> 📖 핵심정리 **감정용기기**
>
> 가스크로마토그래피, 고속카메라세트, 화재시뮬레이션시스템, X선 촬영기, 금속현미경, 시편(試片)절단기, 시편성형기, 시편연마기, 접점저항계, 직류전압전류계, 교류전압전류계, 오실로스코프(변화가 심한 전기 현상의 파형을 눈으로 관찰하는 장치), 주사전자현미경, 인화점측정기, 발화점측정기, 미량융점측정기, 온도기록계, 폭발압력측정기세트, 전압조정기(직류, 교류), 적외선 분광광도계, 전기단락흔실험장치[1차 용융흔(鎔融痕), 2차 용융흔(鎔融痕), 3차 용융흔(鎔融痕) 측정 가능]

022
☐☐☐

화재조사 분석실은 화재조사 분석실의 구성장비를 유효하게 보존·사용할 수 있고, 환기 시설 및 수도·배관시설이 있는 30제곱미터(㎡) 이상의 실(室)을 갖추어야 한다. 다만, 청사 공간의 효율적 활용을 위하여 불가피한 경우 최소 기준 면적의 3분의 2 이상에 해당하는 면적으로 조정할 수 있다.

O | X

X 불가피한 경우 최소 기준 면적의 절반 이상에 해당하는 면적으로 조정할 수 있다.

023
☐☐☐

화재조사 전용 의복은 화재진압대원, 구조대원 및 구급대원의 의복과 구별이 가능하고, 화재조사 활동에 적합한 기능을 가진 것을 말한다.

O | X

O

024
☐☐☐

디지털카메라(DSLR)세트, 비디오카메라세트, 3D카메라(AR), 적외선열상카메라, 고속카메라세트는 기록용 기기에 해당한다.   O | X

X   적외선열상카메라는 감식기기, 고속카메라세트는 감정용기기에 해당한다.

> 📖 **핵심정리 전담부서에서 갖추어야 할 장비와 시설**
>
> | 구분 | 카메라 | 현미경 등 |
> |---|---|---|
> | 기록용 기기 | 디지털카메라(DSLR)세트, 비디오카메라세트, 3D 카메라(AR) | |
> | 감식 기기 | 적외선열상카메라 | 절연저항계, 산업용실체현미경, 확대경, 휴대용디지털현미경, 내시경현미경 |
> | 감정 기기 | 고속카메라세트 | 금속현미경, 주사전자현미경 |

025
☐☐☐

소방관서장은 화재조사 전담부서에 화재조사관을 2명 이상 배치해야 한다.   O | X

O

026
☐☐☐

화재조사전담부서에 배치해야 하는 화재조사관의 최소 기준인원은 2명이다.   O | X

O

> 📖 **핵심정리 화재조사전담부서의 구성·운영(영 제4조)**
>
> 1. 소방관서장은 법 제6조 제1항에 따른 화재조사전담부서에 화재조사관을 2명 이상 배치해야 한다.
> 2. 전담부서에는 화재조사를 위한 감식·감정 장비 등 행정안전부령으로 정하는 장비와 시설을 갖추어 두어야 한다.
> 3. 1. 및 2.에서 규정한 사항 외에 전담부서의 구성·운영에 필요한 사항은 행정안전부령으로 정한다.

027
☐☐☐

화재조사 업무를 수행하는 화재조사관은 소방청장이 실시하는 화재조사에 관한 시험에 합격한 소방공무원만을 말한다.   O | X

X   화재감식평가 분야의 기사 또는 산업기사 자격을 취득한 소방공무원도 해당한다.

> 📖 **핵심정리 화재조사관의 자격기준**
>
> 1. 소방청장이 실시하는 화재조사에 관한 시험에 합격한 소방공무원
> 2. 「국가기술자격법」에 따른 국가기술자격의 직무분야 중 화재감식평가 분야의 기사 또는 산업기사 자격을 취득한 소방공무원

028
□□□

소방청장이 화재조사에 관한 시험(이하 "자격시험"이라 한다)을 실시하는 경우에는 시험의 과목·일시·장소 및 응시자격·절차 등을 시험 실시 90일 전까지 소방청의 인터넷 홈페이지에 공고해야 한다.   O | X

X 시험 실시 30일 전까지 소방청의 인터넷 홈페이지에 공고해야 한다.

029
□□□

영 제6조 제1항 제1호의 화재조사관 양성을 위한 전문교육을 이수한 소방공무원은 소방청장이 실시하는 자격시험에 응시할 수 있다.   O | X

O

> **핵심정리 화재조사 자격시험 응시 자격(소방공무원 중에서)**
>
> 1. 화재조사관 양성을 위한 전문교육을 이수한 사람
> 2. 국립과학수사연구원 또는 소방청장이 인정하는 외국의 화재조사 관련 기관에서 8주 이상 화재조사에 관한 전문교육을 이수한 사람

030
□□□

자격시험은 1차 시험과 2차 시험으로 구분하여 실시하며, 1차 시험에 합격한 사람만이 2차 시험에 응시할 수 있다.   O | X

O

031
□□□

소방관서장은 화재조사관 양성을 위한 강습교육, 화재조사관의 전문능력 향상을 위한 강습교육, 전담부서에 배치된 화재조사관을 위한 실무교육으로 구분하여 화재조사관에 대한 교육훈련을 실시한다.   O | X

X

> **핵심정리 화재조사에 관한 교육**
>
> 1. 화재조사관 양성을 위한 전문교육
> 2. 화재조사관의 전문능력 향상을 위한 전문교육
> 3. 전담부서에 배치된 화재조사관을 위한 의무 보수교육

032
□□□

전담부서에 배치된 화재조사관은 영 제6조 제1항 제3호의 의무 보수교육을 2년마다 받아야 한다. 다만, 전담부서에 배치된 후 처음 받는 의무 보수교육은 배치 후 6개월 이내에 받아야 한다.   O | X

X 다만, 전담부서에 배치된 후 처음 받는 의무 보수교육은 배치 후 1년 이내에 받아야 한다.

033
☐☐☐

소방관서장은 사상자가 많거나 사회적 이목을 끄는 화재 등 대통령령으로 정하는 대형화재 등이 발생한 경우 종합적이고 정밀한 화재조사를 위하여 유관기관 및 관계 전문가를 포함한 화재합동조사단을 구성·운영할 수 있다.   O | X

O

034
☐☐☐

"사상자가 많거나 사회적 이목을 끄는 화재 등 대통령령으로 정하는 대형화재"란 사망자가 5명 이상 발생한 화재, 사상자 10명 이상 발생한 화재, 화재로 인한 사회적·경제적 영향이 광범위하다고 소방관서장이 인정하는 화재를 말한다.   O | X

X   사상자 10명 이상 발생한 화재는 해당하지 않는다.

035
☐☐☐

「고등교육법」 제2조에 따른 학교 또는 이에 준하는 교육기관에서 화재조사, 소방 또는 안전관리 등 관련 분야 조교수 이상의 직에 2년 이상 재직한 사람은 화재합동조사단의 단원으로 위촉될 수 있다.   O | X

X   소방 또는 안전관리 등 관련 분야 조교수 이상의 직에 3년 이상 재직한 사람이 해당된다.

핵심정리 화재합동조사단의 단원 위촉 자격

1. 화재조사관
2. 화재조사 업무에 관한 경력이 3년 이상인 소방공무원
3. 「고등교육법」 제2조에 따른 학교 또는 이에 준하는 교육기관에서 화재조사, 소방 또는 안전관리 등 관련 분야 조교수 이상의 직에 3년 이상 재직한 사람
4. 「국가기술자격법」에 따른 국가기술자격의 직무분야 중 안전관리 분야에서 산업기사 이상의 자격을 취득한 사람
5. 건축·안전 분야 또는 화재조사에 관한 학식과 경험이 풍부한 사람

036
☐☐☐

소방관서장은 화재합동조사단의 단장 또는 단원에게 예산의 범위에서 수당·여비와 그 밖에 필요한 경비를 지급할 수 있다. 다만, 공무원이 소관 업무와 직접적으로 관련되어 참여하는 경우에는 지급하지 않는다.   O | X

O

037
☐☐☐

소방관서장은 화재조사를 위하여 필요한 범위에서 화재현장 보존조치를 하거나 화재현장과 그 인근 지역을 통제구역으로 설정할 수 있다. 다만, 방화(放火)의 혐의로 수사의 대상이 된 경우에는 관할 경찰서장이 통제구역을 설정한다.   O | X

O

038
☐☐☐

소방관서장이나 경찰서장은 화재현장 보존조치를 하거나 통제구역을 설정하는 경우 화재가 발생한 소방대상물의 관계인에게 알리고 화재현장 보존조치나 통제구역 설정의 이유 및 주체, 설정의 범위, 설정의 기간이 포함된 표지를 설치해야 한다.   O | X

O

039
☐☐☐

화재조사를 하는 화재조사관은 관계인의 정당한 업무를 방해하거나 화재조사를 수행하면서 알게 된 비밀을 다른 용도로 사용하거나 다른 사람에게 누설하여서는 아니 된다.   O | X

O

040
☐☐☐

소방관서장은 화재조사를 위하여 필요한 경우에 관계인에게 보고 또는 자료 제출을 명하거나 화재조사관으로 하여금 해당 장소에 출입하여 화재조사를 하게 하거나 관계인등에게 질문하게 할 수 있다.   O | X

O

041
☐☐☐

제9조 제1항에 따른 명령을 위반하여 보고 또는 자료 제출을 하지 아니하거나 거짓으로 보고 또는 자료를 제출한 사람은 300만원 이하의 과태료를 부과한다.   O | X

X 200만원 이하의 과태료를 부과한다.

> 📖 **핵심정리 200만원 이하의 과태료**
> 1. 제8조 제2항을 위반하여 허가 없이 통제구역에 출입한 사람
> 2. 제9조 제1항에 따른 명령을 위반하여 보고 또는 자료 제출을 하지 아니하거나 거짓으로 보고 또는 자료를 제출한 사람
> 3. 정당한 사유 없이 제10조 제1항에 따른 출석을 거부하거나 질문에 대하여 거짓으로 진술한 사람

042
☐☐☐

정당한 사유 없이 제9조 제1항에 따른 화재조사관의 출입 또는 조사를 거부·방해 또는 기피한 사람은 300만원 이하의 벌금에 처한다.   O | X

O

043
☐☐☐

소방관서장은 관계인등의 출석을 요구하려면 출석일 10일 전까지 출석 일시와 장소, 출석 요구 사유, 그 밖에 화재조사와 관련하여 필요한 사항을 관계인등에게 알려야 한다.   O | X

X 3일 전까지 알려야 한다.

044

☐☐☐

소방관서장은 화재조사를 위하여 필요한 경우 수사기관의 장과 협의를 한 후 증거물을 수집하여 검사·시험·분석 등을 할 수 있다.   O | X

X 소방관서장은 화재조사를 위하여 필요한 경우 증거물을 수집하여 검사·시험·분석 등을 할 수 있다. 다만, 범죄수사와 관련된 증거물인 경우에는 수사기관의 장과 협의하여 수집할 수 있다.

045

☐☐☐

소방관서장은 수사기관의 장이 방화 또는 실화의 혐의가 있어서 이미 피의자를 체포하였거나 증거물을 압수하였을 때에 화재조사를 위하여 필요한 경우에는 범죄수사에 지장을 주지 아니하는 범위에서 그 피의자 또는 압수된 증거물에 대한 조사를 할 수 있다.   O | X

O

046

☐☐☐

소방관서장은 화재조사를 위하여 필요한 최대한의 범위에서 화재조사관에게 증거물을 수집하여 보다 정확한 검사·시험·분석 등이 이루어질 수 있도록 하게 할 수 있다.   O | X

X 소방관서장은 화재조사를 위하여 필요한 최소한의 범위에서 화재조사관에게 증거물을 수집하여 검사·시험·분석 등을 하게 할 수 있다.

047

☐☐☐

소방공무원과 경찰공무원(제주특별자치도의 자치경찰공무원을 포함한다)은 화재조사에 필요한 증거물의 수집 및 보존에 관한 사항에 대하여 서로 협력하여야 한다.   O | X

O

📖 **핵심정리 소방공무원과 경찰공무원의 협력**

1. 화재현장의 출입·보존 및 통제에 관한 사항
2. 화재조사에 필요한 증거물의 수집 및 보존에 관한 사항
3. 관계인등에 대한 진술 확보에 관한 사항
4. 화재조사에 필요한 사항

048

☐☐☐

소방관서장, 중앙행정기관의 장, 지방자치단체의 장, 보험회사, 그 밖의 관련 기관·단체의 장은 화재조사에 필요한 사항에 대하여 서로 협력하여야 한다. 다만, 소방공무원과 보험회사는 시·도지사의 사전 승인을 받아야 한다.   O | X

X 소방공무원과 보험회사는 시·도지사의 사전 승인을 받아야 하는 규정은 없다.

23. 경채   화재조사법

049
☐☐☐

소방관서장은 화재조사 결과의 공표 시 수사가 진행 중이거나 수사의 필요성이 인정되는 경우에는 관계 수사기관의 장과 공표 여부에 관하여 사전에 협의하여야 한다.   O | X

O

빈출문제   화재조사법

050
☐☐☐

화재조사 결과의 공표에 따른 공표의 범위·방법 및 절차 등에 관하여 필요한 사항은 대통령령으로 정한다. O | X

X 관련 위임규정은 행정안전부령이다.

빈출문제   화재조사법

051
☐☐☐

소방관서장은 화재와 관련된 이해관계인 또는 화재발생 내용 입증이 필요한 사람이 화재를 증명하는 서류(이하 "화재 증명원"이라 한다) 발급을 신청하는 때에는 화재증명원을 발급하여야 한다.   O | X

O

빈출문제   화재조사법 시행규칙

052
☐☐☐

화재증명원 신청을 받은 소방관서장은 신청인이 화재와 관련된 이해관계인 또는 화재발생 내용 입증이 필요한 사람인 경우에는 화재증명원을 신청인에게 발급해야 한다.   O | X

O

확인학습문제　화재조사법

053
□□□

시·도지사는 과학적이고 전문적인 화재조사를 위하여 대통령령으로 정하는 시설과 전문인력 등 지정기준을 갖춘 기관을 화재감정기관(이하 "감정기관"이라 한다)으로 지정·운영하여야 한다.　O | X

X　화재감정기관의 지정·운영권자는 소방청장이다.

확인학습문제　화재조사법 시행령

054
□□□

화재감정기관은 화재조사에 필요한 전문인력은 주된 기술인력 2명 이상, 보조 기술인력 3명 이상 보유해야 한다.　O | X

O

확인학습문제　화재조사법 시행령

055
□□□

화재감정기관의 주된 기술인력은 「국가기술자격법」에 따른 국가기술자격의 직무분야 중 화재감식평가 분야의 산업기사 자격 취득 후 화재조사 관련 분야에서 5년 이상 근무한 사람, 화재조사관 자격 취득 후 화재조사 관련 분야에서 5년 이상 근무한 사람, 이공계 분야의 석사학위 취득 후 화재조사 관련 분야에서 2년 이상 근무한 사람을 2명 이상 보유해야 한다.　O | X

X　「국가기술자격법」에 따른 국가기술자격의 직무분야 중 화재감식평가 분야의 기사 자격 취득 후 화재조사 관련 분야에서 5년 이상 근무한 사람, 이공계 분야의 박사학위 취득 후 화재조사 관련 분야에서 2년 이상 근무한 사람이 해당한다.

---

24. 공채·경채　화재조사법 시행령

056
□□□

소방청장이 인정하는 화재조사 관련 국제자격증을 소지한 사람은 화재감정기관의 지정기준에서 전문인력 중 주된 기술인력 기준에 해당한다.　O | X

X　소방청장이 인정하는 화재조사 관련 국제자격증을 소지한 사람은 보조 기술인력 기준에 해당하나, 주된 기술인력 기준에는 해당하지 않는다.

> **핵심정리 전문인력 기준(주된 기술인력: 2명 이상 보유할 것)**
> 1. 화재감식평가 분야의 기사 자격 취득 후 화재조사 관련 분야에서 5년 이상 근무한 사람
> 2. 화재조사관 자격 취득 후 화재조사 관련 분야에서 5년 이상 근무한 사람
> 3. 이공계 분야의 박사학위 취득 후 화재조사 관련 분야에서 2년 이상 근무한 사람

> **핵심정리 전문인력 기준(보조 기술인력: 3명 이상 보유할 것)**
> 1. 화재감식평가 분야의 기사 또는 산업기사 자격을 취득한 사람
> 2. 화재조사관 자격을 취득한 사람
> 3. 소방청장이 인정하는 화재조사 관련 국제자격증 소지자
> 4. 이공계 분야의 석사 이상 학위 취득 후 화재조사 관련 분야에서 1년 이상 근무한 사람

057
□□□

이공계 분야의 박사학위 취득 후 화재조사 관련 분야에서 2년 이상 근무한 사람은 화재감정기관의 지정기준에서 전문인력 중 주된 기술인력 기준에 해당한다.　　　　　　O | X

O

058
□□□

소방청장은 지정된 감정기관에서의 과학적 조사·분석 등에 소요되는 비용의 전부 또는 일부를 지원할 수 있다.　　　　　　O | X

O

059
□□□

시·도지사는 화재조사 결과, 화재원인, 피해상황 등에 관한 화재정보를 종합적으로 수집·관리하여 화재예방과 소방활동에 활용할 수 있는 국가화재정보시스템을 구축·운영하여야 한다.　　　　　　O | X

X　국가화재정보시스템을 구축·운영권자는 소방청장이다.

060
□□□

화재정보의 수집·관리 및 활용 등에 필요한 사항은 행정안전부령으로 정한다.　　　　　　O | X

X　화재정보의 수집·관리 및 활용 등에 필요한 사항은 대통령령으로 정한다.

> 📖 핵심정리 **국가화재정보시스템의 구축·운영**
>
> 1. 소방청장은 화재조사 결과, 화재원인, 피해상황 등에 관한 화재정보를 종합적으로 수집·관리하여 화재예방과 소방활동에 활용할 수 있는 국가화재정보시스템을 구축·운영하여야 한다.
> 2. 1.에 따른 화재정보의 수집·관리 및 활용 등에 필요한 사항은 대통령령으로 정한다.

061

□□□

국가화재정보시스템을 활용하여 수집·관리해야 하는 화재정보는 화재원인, 화재피해상황, 화재유형별 화재위험성에 관한 사항 등이다.　　O | X

O

> 📖 핵심정리 **국가화재정보시스템을 활용하여 수집·관리해야 하는 화재정보**
>
> 1. 화재원인
> 2. 화재피해상황
> 3. 대응활동에 관한 사항
> 4. 소방시설 등의 설치·관리 및 작동 여부에 관한 사항
> 5. 화재발생건축물과 구조물, 화재유형별 화재위험성 등에 관한 사항
> 6. 화재예방 관계 법령 등의 이행 및 위반 등에 관한 사항
> 7. 법 제13조 제2항에 따른 관계인의 보험가입 정보 등에 관한 사항
> 8. 그 밖에 화재예방과 소방활동에 활용할 수 있는 정보

062

□□□

화재조사법 시행령상 규정한 사항 외에 국가화재정보시스템의 운영 및 활용 등에 필요한 사항은 시·도의 조례로 정한다.　　O | X

X 영 제14조 제1항 및 제2항에서 규정한 사항 외에 국가화재정보시스템의 운영 및 활용 등에 필요한 사항은 소방청장이 정한다.

확인학습문제　화재조사법

063

□□□

소방청장은 화재조사 기법에 필요한 연구·실험·조사·기술개발 등을 지원하는 시책을 수립할 수 있다.　　O | X

O

해커스소방 김정희 소방관계법규 핵심정리 + OX문제

확인학습문제   화재조사법

064
☐☐☐

화재현장 보존조치를 하거나 통제구역을 설정한 경우 누구든지 소방관서장 또는 경찰서장의 허가 없이 화재현장에 있는 물건 등을 이동시키거나 변경·훼손하여서는 아니 된다. 이를 위반하여 허가 없이 화재현장에 있는 물건 등을 이동시키거나 변경·훼손한 사람은 500만원 이하의 벌금에 처한다.   O | X

X 300만원 이하의 벌금에 처한다.

> **핵심정리 300만원 이하의 벌금**
>
> 1. 제8조 제3항을 위반하여 허가 없이 화재현장에 있는 물건 등을 이동시키거나 변경·훼손한 사람
> 2. 정당한 사유 없이 제9조 제1항에 따른 화재조사관의 출입 또는 조사를 거부·방해 또는 기피한 사람
> 3. 제9조 제3항을 위반하여 관계인의 정당한 업무를 방해하거나 화재조사를 수행하면서 알게 된 비밀을 다른 용도로 사용하거나 다른 사람에게 누설한 사람
> 4. 정당한 사유 없이 제11조 제1항에 따른 증거물 수집을 거부·방해 또는 기피한 사람

확인학습문제   화재조사법

065
☐☐☐

소방관서장은 화재조사를 위하여 필요한 경우 증거물을 수집하여 검사·시험·분석 등을 할 수 있다. 정당한 사유 없이 제11조 제1항에 따른 증거물 수집을 거부·방해 또는 기피한 사람은 300만원 이하의 벌금에 처한다.   O | X

O

확인학습문제   화재조사법

066
☐☐☐

소방관서장은 화재조사가 필요한 경우 관계인등을 소방관서에 출석하게 하여 질문할 수 있다. 정당한 사유 없이 제10조 제1항에 따른 출석을 거부하거나 질문에 대하여 거짓으로 진술한 사람은 300만원 이하의 과태료를 과한다.   O | X

X 200만원 이하의 과태료를 과한다.

확인학습문제   화재조사법 시행령

067
☐☐☐

과태료는 소방관서장이 부과·징수한다. 다만, 규정을 위반하여 경찰서장이 설정한 통제구역을 허가 없이 출입한 사람에 대한 과태료는 소방청장이 부과·징수한다.   O | X

X 규정을 위반하여 경찰서장이 설정한 통제구역을 허가 없이 출입한 사람에 대한 과태료는 경찰서장이 부과·징수한다.

확인학습문제   화재조사법

068
☐☐☐

과태료 부과권자는 위반행위자가 화재 등 재난으로 재산에 현저한 손실이 발생한 경우 또는 사업의 부도·경매 또는 소송 계속 등 사업여건이 악화된 경우로서 과태료 부과권자가 감경하는 것이 타당하다고 인정하는 경우에 개별기준에 따른 과태료의 2분의 1 범위에서 그 금액을 줄여 부과할 수 있다. 다만, 최근 3년 이내에 「소방의 화재조사에 관한 법률」을 2회 이상 위반한 자는 제외한다.   O | X

X 최근 1년 이내에 「소방의 화재조사에 관한 법률」을 2회 이상 위반한 자는 제외한다.

제5편 소방시설공사업법

POINT 5-1 총칙

확인학습문제 　　소방시설공사업법

001
☐☐☐

이 법은 소방시설공사 및 소방기술의 관리에 필요한 사항을 규정함으로써 소방시설공사업을 건전하게 발전시키고 소방기술을 진흥시켜 화재로부터 공공의 안전을 확보하고 국민경제에 이바지함을 목적으로 한다. ○ | X

X 소방시설공사업이 아니라 소방시설업이다.

18. 공채 　　소방시설공사업법

002
☐☐☐

소방시설설계업이란 소방시설공사에 관한 발주자의 권한을 대행하여 소방시설공사가 설계도서와 관계 법령에 따라 적법하게 시공되는지를 확인하는 영업을 말한다. ○ | X

X 소방공사감리업이란 소방시설공사에 관한 발주자의 권한을 대행하여 소방시설공사가 설계도서와 관계 법령에 따라 적법하게 시공되는지를 확인하는 영업을 말한다. 소방시설설계업은 소방시설공사에 기본이 되는 공사계획, 설계도면, 설계 설명서, 기술계산서 및 이와 관련된 서류(설계도서)를 작성(설계)하는 영업을 말한다.

18. 공채 　　소방시설공사업법

003
☐☐☐

발주자란 소방시설의 설계, 시공, 감리 및 방염(소방시설공사등)을 소방시설업자에게 도급하는 자를 말한다. 다만, 수급인으로서 도급받은 공사를 하도급하는 자는 제외한다. ○ | X

O

확인학습문제 　　소방시설공사업법

004
☐☐☐

소방시설감리업이란 소방시설공사에 관한 발주자의 권한을 대행하여 소방시설공사가 설계도서와 관계 법령에 따라 적법하게 시공되는지를 확인하고, 품질·시공 관리에 대한 기술지도를 하는(이하 "감리"라 한다) 영업을 말한다. ○ | X

X 소방공사감리업에 대한 설명이다.

확인학습문제 　　소방시설공사업법

005
☐☐☐

"소방시설업자"란 소방시설업을 경영하기 위하여 소방시설업을 등록한 자를 말한다. ○ | X

O

확인학습문제   소방시설공사업법

006
□□□

특정소방대상물의 소방시설공사등을 하려는 자는 업종별로 자본금(개인인 경우에는 자산 평가액을 말한다), 기술인력 등 대통령령으로 정하는 요건을 갖추어 시·도지사에게 소방시설업을 등록하여야 한다.   O | X

O

확인학습문제   소방시설공사업법

007
□□□

소방시설업의 업종별 영업범위는 대통령령으로 정하고, 소방시설업의 등록신청과 등록증·등록수첩의 발급·재발급 신청, 그 밖에 소방시설업 등록에 필요한 사항은 소방본부장 또는 소방서장이 정한다.   O | X

X 소방시설업의 등록신청과 등록증·등록수첩의 발급·재발급 신청, 그 밖에 소방시설업 등록에 필요한 사항은 행정안전 부령으로 정한다.

빈출문제   소방시설공사업법 시행령 [별표 1]

008
□□□

전문 소방시설설계업의 주된 기술인력은 소방기술사 1명 이상 또는 기계분야와 전기분야의 소방설비기사 각 1명(기계분야 및 전기분야의 자격을 함께 취득한 사람 1명) 이상이다.   O | X

X 전문 소방시설설계업의 주된 기술인력은 소방기술사 1명 이상이다. 전문 소방시설공사업의 주된 기술인력이 소방기술사 1명 이상 또는 기계분야와 전기분야의 소방설비기사 각 1명(기계분야 및 전기분야의 자격을 함께 취득한 사람 1명) 이상이다.

빈출문제   소방시설공사업법 시행령 [별표 1]

009
□□□

전기분야 일반 소방시설설계업의 영업범위는 연면적 3만제곱미터(공장의 경우에는 1만제곱미터) 미만의 특정소방대상 물에 설치되는 전기분야 소방시설의 설계이다.   O | X

O

빈출문제   소방시설공사업법 시행령 [별표 1]

010
□□□

기계분야 일반소방시설설계업의 주된 기술인력은 소방기술사 또는 기계분야 소방설비기사 1명 이상, 보조기술인력은 2명 이상이다.   O | X

X 보조기술인력은 1명 이상이다.

빈출문제   소방시설공사업법 시행령 [별표 1]

011
□□□

일반 소방시설설계업의 기계분야 및 전기분야를 함께 하는 경우 주된 기술인력은 소방기술사 1명 또는 기계분야 소방 설비기사와 전기분야 소방설비기사 자격을 함께 취득한 사람 1명 이상으로 할 수 있다.   O | X

O

012
☐☐☐

보조기술인력은 소방공무원으로 재직한 경력이 3년 이상인 사람으로서 자격수첩을 발급받은 사람은 해당한다.

O | X

O

> **핵심정리 보조기술인력**
>
> 1. 소방기술사, 소방설비기사 또는 소방설비산업기사 자격을 취득한 사람
> 2. 소방공무원으로 재직한 경력이 3년 이상인 사람으로서 자격수첩을 발급받은 사람
> 3. 행정안전부령으로 정하는 소방기술과 관련된 자격·경력 및 학력을 갖춘 사람으로서 자격수첩을 발급받은 사람

013
☐☐☐

전문 소방시설공사업의 자본금은 법인은 1억원 이상, 개인은 자산평가액 5천만원 이상이다.

O | X

X 개인은 자산평가액 1억원 이상이다.

014
☐☐☐

전문 소방시설공사업의 기술인력 중 주된 기술인력은 소방기술사 또는 기계분야와 전기분야의 소방설비기사 각 2명 (기계분야 및 전기분야의 자격을 함께 취득한 사람 1명) 이상, 보조기술인력은 3명 이상이다.

O | X

X 주된 기술인력은 소방기술사 또는 기계분야와 전기분야의 소방설비기사 각 1명(기계분야 및 전기분야의 자격을 함께 취득한 사람 1명) 이상, 보조기술인력은 2명 이상이다.

015
☐☐☐

전기분야 일반 소방시설공사업의 영업범위는 "연면적 1만5천제곱미터 미만의 특정소방대상물에 설치되는 전기분야 소방시설의 공사·개설·이전·정비", "위험물제조소등에 설치되는 전기분야 소방시설의 공사·개설·이전·정비"가 해당한다.

O | X

X 연면적 1만제곱미터 미만의 특정소방대상물에 설치되는 전기분야 소방시설의 공사·개설·이전·정비가 해당한다.

016
☐☐☐

"이전"이란 이미 특정소방대상물에 설치된 소방시설등의 전부 또는 일부를 철거하고 새로 설치하는 것을 말한다.

O | X

X 개설에 대한 설명이다.

> **핵심정리 용어정의**
>
> 1. "개설"이란 이미 특정소방대상물에 설치된 소방시설등의 전부 또는 일부를 철거하고 새로 설치하는 것을 말한다.
> 2. "이전"이란 이미 설치된 소방시설등을 현재 설치된 장소에서 다른 장소로 옮겨 설치하는 것을 말한다.
> 3. "정비"란 이미 설치된 소방시설등을 구성하고 있는 기계·기구를 교체하거나 보수하는 것을 말한다.

017

□□□

기계분야 일반 소방공사감리업의 기술인력은 기계분야 초급 감리원 이상, 중급 또는 고급 감리원 이상, 특급 감리원 각각 1명 이상이다.   O | X

O

018

□□□

일반 소방공사감리업에서 실내장식물 및 방염대상물품은 전기분야 일반 소방공사감리업에 해당한다.   O | X

X   기계분야에 해당한다.

019

□□□

방염처리업자가 실험실·방염처리시설 및 시험기기에 대하여 임차계약을 체결하고 공증을 받은 경우에는 해당 실험실·방염처리시설 및 시험기기를 갖춘 것으로 본다.   O | X

O

> 📖 **핵심정리 방염처리업자**
>
> 1. 방염처리업자가 2개 이상의 방염업을 함께 하는 경우 갖춰야 하는 실험실은 1개 이상으로 한다.
> 2. 방염처리업자가 2개 이상의 방염업을 함께 하는 경우 공통되는 방염처리시설 및 시험기기는 중복하여 갖추지 않을 수 있다.
> 3. 방염처리업자가 실험실·방염처리시설 및 시험기기에 대하여 임차계약을 체결하고 공증을 받은 경우에는 해당 실험실·방염처리시설 및 시험기기를 갖춘 것으로 본다.

020

□□□

소방시설공사업의 등록을 하려는 자는 등록기준을 갖추어 소방청장이 지정하는 금융회사가 자본금 기준금액의 100분의 50 이상에 해당하는 금액의 담보를 제공받거나 현금의 예치 또는 출자를 받은 사실을 증명하여 발행하는 확인서를 시·도지사에게 제출하여야 한다.   O | X

X   100분의 20 이상이다.

021

□□□

소방시설업의 등록신청 첨부서류가 첨부되지 아니한 경우에는 15일 이내의 기간을 정하여 이를 보완하게 할 수 있다.   O | X

X   10일 이내의 기간이다.

022

□□□

협회는 등록신청 서류의 검토·확인을 마쳤을 때에는 소방시설업 등록신청 서류에 그 결과를 기재한 소방시설업 등록신청서 서면심사 및 확인 결과를 첨부하여 접수일부터 10일 이내에 신청인의 주된 영업소 소재지를 관할하는 시·도지사에게 보내야 한다.   O | X

X   7일 이내이다.

023

☐☐☐

시·도지사는 접수일부터 15일 이내에 협회를 경유하여 소방시설업 등록증 및 소방시설업 등록수첩을 신청인에게 발급해 주어야 한다.   O | X

O

024

☐☐☐

시·도지사는 재발급신청서를 제출받은 경우에는 15일 이내에 협회를 경유하여 소방시설업 등록증 또는 등록수첩을 재발급하여야 한다.   O | X

X   3일 이내이다.

025

☐☐☐

등록사항의 변경신고사항 중 행정안전부령으로 정하는 중요 사항은 상호(명칭) 또는 영업소 소재지, 대표자, 기술인력이다.   O | X

O

026

☐☐☐

소방시설업자는 행정안전부령으로 정하는 중요 사항이 변경된 경우에는 변경일부터 14일 이내에 소방시설업 등록사항 변경신고서에 변경사항별로 해당 서류를 첨부하여 협회에 제출하여야 한다.   O | X

X   30일 이내이다.

027

☐☐☐

변경신고 서류를 제출받은 협회는 등록사항의 변경신고 내용을 확인하고 5일 이내에 제출된 소방시설업 등록증·등록수첩 및 기술인력 증빙서류에 그 변경된 사항을 기재하여 발급하여야 한다.   O | X

O

028

☐☐☐

소방시설업자는 휴업·폐업 또는 재개업 신고를 하려면 휴업·폐업 또는 재개업일부터 30일 이내에 소방시설업 휴업·폐업·재개업 신고서에 해당 서류를 첨부하여 협회를 경유하여 시·도지사에게 제출하여야 한다.   O | X

O

029

☐☐☐

소방시설업자 지위 승계를 신고하려는 자는 그 상속일, 양수일, 합병일 또는 인수일부터 30일 이내에 해당 첨부서류(전자문서를 포함한다)를 소방본부장 또는 소방서장에 제출해야 한다.   O | X

X   협회에 제출해야 한다.

030

□□□

시·도지사는 소방시설업의 지위승계 신고의 확인 사실을 보고받은 날부터 3일 이내에 협회를 경유하여 지위승계인에게 등록증 및 등록수첩을 발급하여야 한다.   O | X

O

031

□□□

소방시설업감리업자가 보관하여야 하는 관계 서류란 소방공사 감리기록부, 소방공사 감리일지 및 소방시설의 계약 당시 설계도서를 말한다.   O | X

X   소방시설의 완공 당시 설계도서가 해당한다.

032

□□□

법인의 임원이 피성년후견인 경우하는 법인은 소방시설업을 등록할 수 없다.   O | X

X   등록의 결격사유에 해당하지 않는다.

> 📚 핵심정리 **결격사유**
>
> 1. 피성년후견인
> 2. 삭제
> 3. 이 법, 「소방기본법」, 화재예방법, 소방시설법 또는 「위험물안전관리법」에 따른 금고 이상의 실형을 선고받고 그 집행이 끝나거나(집행이 끝난 것으로 보는 경우를 포함한다) 면제된 날부터 2년이 지나지 아니한 사람
> 4. 이 법, 「소방기본법」, 화재예방법, 소방시설법 또는 「위험물안전관리법」에 따른 금고 이상의 형의 집행유예를 선고받고 그 유예기간 중에 있는 사람
> 5. 등록하려는 소방시설업 등록이 취소(제1호에 해당하여 등록이 취소된 경우는 제외한다)된 날부터 2년이 지나지 아니한 자
> 6. 법인의 대표자가 제1호 또는 제3호부터 제5호까지에 해당하는 경우 그 법인
> 7. 법인의 임원이 제3호부터 제5호까지의 규정에 해당하는 경우 그 법인

033

□□□

폐업신고를 한 자가 소방시설업 등록이 말소된 후 6개월 이내에 같은 업종의 소방시설업을 다시 등록한 경우 해당 소방시설업자는 폐업신고 전 소방시설업자의 지위를 승계한다.   O | X

O

034

□□□

영업정지처분이나 등록취소처분을 받은 소방시설업자는 그 날부터 소방시설공사등을 하여서는 아니 된다. 다만, 소방시설의 착공신고가 수리(受理)되어 공사를 하고 있는 자로서 도급계약이 해지되지 아니한 소방시설공사업자 또는 소방공사감리업자가 그 공사를 하는 동안이나 방염처리업을 등록한 자가 도급을 받아 방염 중인 것으로서 도급계약이 해지되지 아니한 상태에서 그 방염을 하는 동안에는 그러하지 아니하다.   O | X

O

035
☐☐☐
소방시설업자는 행정안전부령으로 정하는 관계 서류를 해당 소방시설의 공사 기간 동안 보관하여야 한다.　O | X

X　하자보수 보증기간 동안 보관하여야 한다.

036
☐☐☐
시·도지사는 규정을 위반하여 영업정지 기간 중에 소방시설공사등을 한 경우는 그 등록을 취소하여야 한다.　O | X

O

037
☐☐☐
시·도지사는 영업정지가 그 이용자에게 불편을 주거나 그 밖에 공익을 해칠 우려가 있을 때에는 영업정지처분을 갈음하여 3천만원 이하의 과징금을 부과할 수 있다.　O | X

X　2억원 이하의 과징금을 부과할 수 있다.

038
☐☐☐
위반행위의 차수에 따른 행정처분기준은 최근 6개월간 같은 위반행위로 행정처분을 받은 경우에 적용한다. 이 경우 기준 적용일은 위반사항에 대한 행위일과 그 처분 후 다시 적발한 날을 기준으로 한다.　O | X

X　위반행위의 차수에 따른 행정처분기준은 최근 1년간 같은 위반행위로 행정처분을 받은 경우에 적용한다. 이 경우 기준 적용일은 위반사항에 대한 행정처분일과 그 처분 후 다시 적발한 날을 기준으로 한다.

039
☐☐☐
시·도지사는 고의 또는 중과실이 없는 위반행위자가 소상공인인 경우에는 해당 사항을 고려하여 개별기준에 따른 처분을 감경할 수 있다. 이 경우 그 처분이 영업정지인 경우에는 그 처분기준의 100분의 60 범위에서 감경할 수 있고, 그 처분이 등록취소(법 제9조 제1항 제1호, 제3호, 제6호 및 제7호를 위반하여 등록취소가 된 경우는 제외한다)인 경우에는 등록취소 전 차수의 행정처분이 영업정지일 경우 그 처분기준의 영업정지 처분으로 감경할 수 있다.　O | X

X　100분의 70 범위이다.

> 📖 **핵심정리** **소상공인 감경을 위한 고려 사항**
> 1. 해당 행정처분으로 위반행위자가 더 이상 영업을 영위하기 어렵다고 객관적으로 인정되는지 여부
> 2. 경제위기 등으로 위반행위자가 속한 시장·산업 여건이 현저하게 변동되거나 지속적으로 악화된 상태인지 여부

제1절 설계

빈출문제 소방시설공사업법

040
☐☐☐

설계업자는 이 법이나 이 법에 따른 명령과 화재안전기준에 맞게 소방시설을 설계하여야 한다. 다만, 「소방시설 설치 및 관리에 관한 법률」에 따른 지방소방기술심의위원회의 심의를 거쳐 소방시설의 구조와 원리 등에서 특수한 설계로 인정된 경우는 화재안전기준을 따르지 아니할 수 있다.   O | X

X 중앙소방기술심의위원회이다.

---

24. 경채 소방시설공사업법

041
☐☐☐

소방시설설계업을 등록한 자는 이 법이나 이 법에 따른 명령과 화재안전기준에 맞게 소방시설을 설계하여야 한다.   O | X

O

---

24. 경채 소방시설공사업법

042
☐☐☐

지방소방기술심의위원회의 심의를 거쳐 소방시설의 구조와 원리 등에서 특수한 특정소방대상물로 인정된 경우는 화재안전기준을 따르지 아니할 수 있다.   O | X

X 중앙소방기술심의위원회의 심의를 거쳐 소방시설의 구조와 원리 등에서 특수한 특정소방대상물로 인정된 경우가 해당한다.

빈출문제 소방시설공사업법

043
☐☐☐

「소방시설 설치 및 관리에 관한 법률」 제8조 제1항에 따른 특정소방대상물(신축, 증축하는 것만 해당한다)에 대해서는 그 용도, 위치, 구조, 수용 인원, 가연물(可燃物)의 종류 및 양 등을 고려하여 설계(이하 "성능위주설계"라 한다)하여야 한다.   O | X

X 신축하는 것만 해당한다.

빈출문제 소방시설공사업법 시행령 [별표 1의2]

044
☐☐☐

성능위주설계자의 자격은 전문 소방시설설계업을 등록한 자만 할 수 있다.   O | X

X 전문 소방시설설계업 등록기준에 따른 기술인력을 갖춘 자로서 소방청장이 정하여 고시하는 연구기관 또는 단체도 해당한다.

045

□□□

성능위주설계를 할 수 있는 기술인력 기준은 소방기술사 또는 소방시설관리사 2명 이상이다.　O | X

X　소방시설관리사는 해당하지 않는다.

046

□□□

소방기술사 2명을 기술인력으로 보유한 전문소방시설설계업을 등록한 자는 성능위주설계를 할 수 있다.　O | X

O

047

□□□

일반소방시설설계업(기계분야)을 등록한 자는 위험물제조소등에 설치되는 기계분야 소방시설을 설계할 수 있다.

O | X

O

> **핵심정리 소방시설설계업 등록기준 및 영업범위(영 [별표 1])**
>
> | 업종별 \ 항목 | 영업범위 |
> | --- | --- |
> | 전문 소방시설설계업 | 모든 특정소방대상물에 설치되는 소방시설의 설계 |
> | 일반 소방시설설계업 (기계분야) | • 아파트(제연설비 제외)
• 연면적 3만제곱미터(공장의 경우에는 1만제곱미터) 미만의 특정소방대상물(제연설비 제외)
• 위험물제조소등 |

빈출문제 · 소방시설공사업법

048

☐☐☐

공사업자는 소방시설공사의 책임시공 및 기술관리를 위하여 대통령령으로 정하는 바에 따라 소속 소방기술자를 공사 현장에 배치하여야 한다. ○ | X

○

---

23. 공채·경채 · 소방시설공사업법 시행령 [별표 2]

049

☐☐☐

연면적 20만제곱미터 이상인 특정소방대상물의 공사 현장에는 행정안전부령으로 정하는 특급기술자인 소방기술자(기계분야 및 전기분야)를 배치하여야 한다. ○ | X

○

핵심정리 행정안전부령으로 정하는 특급기술자인 소방기술자

1. 연면적 20만제곱미터 이상인 특정소방대상물의 공사 현장
2. 지하층을 포함한 층수가 40층 이상인 특정소방대상물의 공사 현장

---

23. 공채·경채 · 소방시설공사업법 시행령 [별표 2]

050

☐☐☐

지하층을 포함한 층수가 16층 이상 40층 미만인 특정소방대상물의 공사 현장에는 행정안전부령으로 정하는 고급기술자 이상의 소방기술자(기계분야 및 전기분야)를 배치하여야 한다. ○ | X

○

핵심정리 행정안전부령으로 정하는 고급기술자인 소방기술자

1. 연면적 3만제곱미터 이상 20만제곱미터 미만인 특정소방대상물(아파트는 제외한다)의 공사 현장
2. 지하층을 포함한 층수가 16층 이상 40층 미만인 특정소방대상물의 공사 현장

---

23. 공채·경채 · 소방시설공사업법 시행령 [별표 2]

051

☐☐☐

물분무등소화설비(호스릴 방식의 소화설비는 제외한다) 또는 제연설비가 설치되는 특정소방대상물의 공사 현장에는 행정안전부령으로 정하는 초급기술자 이상의 소방기술자(기계분야 및 전기분야)를 배치하여야 한다. ○ | X

X 중급기술자인 소방기술자를 배치해야 한다.

핵심정리 행정안전부령으로 정하는 중급기술자인 소방기술자

1. 물분무등소화설비(호스릴 방식의 소화설비는 제외한다) 또는 제연설비가 설치되는 특정소방대상물의 공사 현장
2. 연면적 5천제곱미터 이상 3만제곱미터 미만인 특정소방대상물(아파트는 제외한다)의 공사 현장
3. 연면적 1만제곱미터 이상 20만제곱미터 미만인 아파트의 공사 현장

052
□□□

소방공사감리원이 공사 중단을 요청하는 경우, 발주자가 서면으로 승낙하면 해당 공사가 중단된 기간 동안 소방기술자를 공사 현장에 배치하지 않을 수 있다. 　O | X

X 소방공사감리원이 공사 중단을 요청하는 경우는 해당하지 않는다. 소방기술자 배치 예외사항으로 민원 또는 계절적 요인 등으로 해당 공정의 공사가 일정 기간 중단된 경우, 예산의 부족 등 발주자(하도급의 경우에는 수급인을 포함한다)의 책임 있는 사유 또는 천재지변 등 불가항력으로 공사가 일정기간 중단된 경우, 발주자가 공사의 중단을 요청하는 경우가 해당한다.

053
□□□

공사업자는 예외 사항 없이 1명의 소방기술자를 2개의 공사 현장을 초과하여 배치해서는 안 된다. 　O | X

X 예외규정이 있다.

> **핵심정리 소방기술자의 배치**
>
> 공사업자는 다음의 경우를 제외하고는 1명의 소방기술자를 2개의 공사 현장을 초과하여 배치해서는 안 된다. 다만, 연면적 3천제곱미터 이상의 특정소방대상물(아파트는 제외한다)이거나 지하층을 포함한 층수가 16층 이상으로서 500세대 이상인 아파트에 대한 소방시설 공사의 경우에는 1개의 공사 현장에만 배치해야 한다.
> 1. 건축물의 연면적이 5천제곱미터 미만인 공사 현장에만 배치하는 경우. 다만, 그 연면적의 합계는 2만제곱미터를 초과해서는 안 된다.
> 2. 건축물의 연면적이 5천제곱미터 이상인 공사 현장 2개 이하와 5천제곱미터 미만인 공사 현장에 같이 배치하는 경우. 다만, 5천제곱미터 미만의 공사 현장의 연면적의 합계는 1만제곱미터를 초과해서는 안 된다.

054
□□□

연면적 1만5천제곱미터 이상의 특정소방대상물(아파트는 제외한다)이거나 지하층을 포함한 층수가 16층 이상으로서 500세대 이상인 아파트에 대한 소방시설 공사의 경우에는 소방기술자를 1개의 현장에만 배치해야 한다. 　O | X

X 연면적 3만제곱미터 이상의 특정소방대상물이다.

055
□□□

공사업자는 소방기술자를 소방시설공사의 착공일부터 소방시설 완공검사증명서 발급일까지 배치한다. 　O | X

O

056
□□□

공사업자는 대통령령으로 정하는 소방시설공사를 하려면 행정안전부령으로 정하는 바에 따라 그 공사의 내용, 시공 장소, 그 밖에 필요한 사항을 시·도지사에게 신고하여야 한다. 　O | X

X 소방본부장이나 소방서장에게 신고하여야 한다.

057
☐☐☐

공사업자가 착공신고한 사항 가운데 행정안전부령으로 정하는 중요한 사항을 변경하였을 때에는 행정안전부령으로 정하는 바에 따라 변경신고를 하여야 한다.   O | X

O

058
☐☐☐

소방본부장 또는 소방서장은 착공신고 또는 변경신고를 받은 날부터 5일 이내에 신고수리 여부를 신고인에게 통지하여야 한다.   O | X

X 2일 이내이다.

059
☐☐☐

「위험물안전관리법」에 따른 제조소등에 옥내소화전설비를 신설하는 공사는 착공신고 대상에 해당한다.   O | X

X 제조소등은 해당하지 않는다.

060
☐☐☐

문화 및 집회시설에 연결송수관설비를 신설하는 공사는 착공신고 대상에 해당한다.   O | X

O

061
☐☐☐

근린생활시설에 비상경보설비를 신설하는 공사는 착공신고 대상에 해당한다.   O | X

O

062
☐☐☐

「위험물안전관리법」상 제조소등에 자동화재탐지설비의 경계구역을 증설하는 공사는 착공신고 대상에 해당한다.   O | X

X 제조소등은 해당하지 않는다.

063
☐☐☐

수련시설에 설치된 수신반(受信盤), 감지기, 동력(감시)제어반의 일부를 개설, 이전 또는 정비하는 공사는 착공신고 대상에 해당한다.   O | X

X 감지기는 해당하지 않는다.

064
☐☐☐

소방시설공사업을 등록한 자는 소방시설공사를 하려면 해당 소방시설공사의 착공 후 7일 전까지 소방시설공사 착공(변경)신고서에 해당 서류를 첨부하여 소방본부장 또는 소방서장에게 신고해야 한다.   O | X

X 착공 전까지이다.

065
☐☐☐

착공신고 사항 중 "행정안전부령으로 정하는 중요한 사항"은 시공자, 설치되는 소방시설의 종류, 책임시공 및 기술관리 소방기술자를 말한다.   O | X

O

066
☐☐☐

공사업자는 소방시설공사를 완공하면 소방본부장 또는 소방서장의 완공검사를 받아야 한다.   O | X

O

067
☐☐☐

소방본부장이나 소방서장은 완공검사나 부분완공검사를 하였을 때에는 완공검사증명서나 부분완공검사증명서를 발급하여야 한다.   O | X

O

068
☐☐☐

공사감리자가 지정되어 있는 경우에는 소방본부장 또는 소방서장은 시·도지사의 완공검사를 요청하여야 한다.   O | X

X 공사감리자가 지정되어 있는 경우에는 공사감리 결과보고서로 완공검사를 갈음한다.

069
☐☐☐

공사업자가 소방대상물 일부분의 소방시설공사를 마친 경우로서 전체 시설이 준공되기 전에 부분적으로 사용할 필요가 있는 경우에는 그 일부분에 대하여 소방본부장이나 소방서장에게 완공검사를 신청할 수 있다. 이 경우 소방본부장이나 소방서장은 그 일부분의 공사가 완공되었는지를 확인하여야 한다.   O | X

    O

---

24. 공채·경채   소방시설공사업법 시행령

070
☐☐☐

"연면적 5천제곱미터 이상이거나 10층 이상인 특정소방대상물(아파트는 제외)"은 완공검사를 위한 현장확인대상 특정소방대상물에 해당한다.   O | X

    X   "연면적 1만제곱미터 이상이거나 11층 이상인 특정소방대상물(아파트는 제외)"이 해당한다.

> **🔲 핵심정리 완공검사를 위한 현장확인대상 특정소방대상물**
>
> 1. 문화 및 집회시설, 종교시설, 판매시설, 노유자시설, 수련시설, 운동시설, 숙박시설, 창고시설, 지하상가 및 다중이용업소
> 2. 스프링클러설비등이 설치된 특정소방대상물
> 3. 물분무등소화설비(호스릴 방식의 소화설비 제외)가 설치된 특정소방대상물
> 4. 연면적 1만제곱미터 이상인 특정소방대상물(아파트 제외)
> 5. 11층 이상인 특정소방대상물(아파트 제외)
> 6. 지상에 노출된 가연성가스탱크의 저장용량 합계가 1천톤 이상인 시설

---

19. 공채   소방시설공사업법 시행령

071
☐☐☐

창고시설 또는 수련시설은 소방시설공사가 공사감리결과보고서대로 완공되었는지를 현장에서 확인할 수 있는 대상에 해당한다.   O | X

    O   문화 및 집회시설, 종교시설, 판매시설, 노유자(老幼者)시설, 수련시설, 운동시설, 숙박시설, 창고시설, 지하상가 및 「다중이용업소의 안전관리에 관한 특별법」에 따른 다중이용업소은 해당한다.

---

20. 공채   소방시설공사업법 시행령

072
☐☐☐

연면적 1만m² 이상이거나 11층 이상인 아파트는 소방본부장 또는 소방서장의 소방시설공사 완공검사를 위한 현장확인 대상특정소방대상물에 해당한다.   O | X

    X   완공검사를 위한 현장확인대상 특정소방대상물의 경우 연면적과 층수의 규정사항에 아파트는 해당하지 않는다.

073
☐☐☐

스프링클러설비가 설치된 공동주택은 완공검사를 위한 현장확인 대상 특정소방대상물에 해당한다.   O | X

    O   스프링클러설비등, 물분무등소화설비(호스릴 방식의 소화설비는 제외한다)은 완공검사를 위한 현장확인 대상 특정소방대상물에 해당한다.

074

연면적 5천제곱미터인 물분무소화설비(호스릴 방식의 소화설비는 제외한다)가 설치된 복합건축물은 완공검사를 위한 현장확인 대상 특정소방대상물에 해당한다.　　O | X

O 스프링클러설비등, 물분무등소화설비(호스릴 방식의 소화설비는 제외한다)은 완공검사를 위한 현장확인 대상 특정소방 대상물에 해당한다.

075

가연성가스를 제조·저장 또는 취급하는 시설 중 지상에 노출된 가연성가스탱크의 저장용량 합계가 100톤 이상인 시설은 완공검사를 위한 현장확인 대상 특정소방대상물에 해당한다.　　O | X

X 가연성가스를 제조·저장 또는 취급하는 시설 중 지상에 노출된 가연성가스탱크의 저장용량 합계가 1천톤 이상인 시설이 해당한다.

076

공사업자는 소방시설공사 결과 자동화재탐지설비 등 대통령령으로 정하는 소방시설에 하자가 있을 때에는 소방본부장 또는 소방서장이 정하는 기간 동안 그 하자를 보수하여야 한다.　　O | X

X 대통령령으로 정하는 기간 동안 그 하자를 보수하여야 한다.

077

관계인은 하자보수 보증기간에 소방시설의 하자가 발생하였을 때에는 공사업자에게 그 사실을 알려야 하며, 통보를 받은 공사업자는 3일 이내에 하자를 보수하거나 보수 일정을 기록한 하자보수계획을 관계인에게 서면으로 알려야 한다.　　O | X

O

078

상수도소화용수설비 및 소화활동설비(무선통신보조설비는 제외한다)의 하자보수 보증기간은 4년이다.　　O | X

X 자동소화장치, 옥내소화전설비, 스프링클러설비, 간이스프링클러설비, 물분무등소화설비, 옥외소화전설비, 자동화재탐지설비, 상수도소화용수설비 및 소화활동설비(무선통신보조설비는 제외한다)의 하자보수 보증기간은 3년이다.

079

유도표지의 하자보수 보증기간은 2년이다.　　O | X

O 피난기구, 유도등, 유도표지, 비상경보설비, 비상조명등, 비상방송설비 및 무선통신보조설비의 하자보수 보증기간은 2년이다.

080
□□□

자동소화장치, 비상조명등 및 무선통신보조설비는 하자보수 보증기간은 2년이다.   O | X

X 자동소화장치의 하자보수 보증기간은 3년이다.

081
□□□

소방본부장 또는 소방서장은 정해진 기간에 소방시설의 하자가 발생하였을 때에는 공사업자에게 그 사실을 알려야 하며, 통보를 받은 공사업자는 5일 이내에 하자를 보수하거나 보수 일정을 기록한 하자보수계획을 감리업자에게 구두로 알려야 한다.   O | X

X 관계인은 정해진 기간에 소방시설의 하자가 발생하였을 때에는 공사업자에게 그 사실을 알려야 하며, 통보를 받은 공사업자는 3일 이내에 하자를 보수하거나 보수 일정을 기록한 하자보수계획을 관계인에게 서면으로 알려야 한다.

빈출문제   소방시설공사업법

082
☐☐☐

용도와 구조에서 특별히 안전성과 보안성이 요구되는 소방대상물로서 대통령령으로 정하는 장소에서 시공되는 소방시설물에 대한 감리는 감리업자가 아닌 자도 할 수 있다.   O | X

O

빈출문제   소방시설공사업법

083
☐☐☐

감리업자는 소방공사를 감리할 때 소방시설등의 설치계획표의 적법성 검토, 피난시설 및 방화시설의 적법성 검토, 실내장식물의 불연화(不燃化)와 방염 물품의 적법성 검토, 소방시설등 설계도서의 적법성 검토 등의 업무를 수행하여야 한다.   O | X

X   소방시설등 설계도서의 적합성 검토이다.

빈출문제   소방시설공사업법

084
☐☐☐

감리업자는 소방공사를 감리할 때 설계업자가 작성한 시공 상세 도면의 적합성 검토 등의 업무를 수행하여야 한다.   O | X

X   공사업자이다.

---

21. 공채   소방시설공사업법

085
☐☐☐

설계업자가 작성한 시공 상세 도면의 적합성 검토는 소방공사감리업자의 업무범위에 해당한다.   O | X

X   공사업자가 작성한 시공 상세 도면의 적합성 검토가 해당한다.

빈출문제   소방시설공사업법

086
☐☐☐

소방시설등의 설치계획표의 적법성 검토, 피난시설 및 방화시설의 적법성 검토, 실내장식물의 불연화와 방염 물품의 적법성 검토는 감리업자의 업무에 해당한다.   O | X

O

---

21. 공채   소방시설공사업법

087
☐☐☐

상주공사감리 대상인 경우 소방시설용 배관(전선관을 포함한다)을 설치하거나 매립하는 때부터 소방시설 완공검사증명서를 발급받을 때까지 소방공사감리현장에 감리원을 배치하여야 한다.   O | X

O

21. 공채　소방시설공사업법 시행령 [별표 3]

088

□□□

지하층을 포함한 층수가 16층 이상으로서 300세대 이상인 아파트에 대한 소방시설 공사는 상주공사감리 대상이다.

O | X

X　상주공사감리 대상에는 연면적 3만제곱미터 이상의 특정소방대상물(아파트는 제외한다)에 대한 소방시설의 공사, 지하층을 포함한 층수가 16층 이상으로서 500세대 이상인 아파트에 대한 소방시설의 공사가 해당한다.

23. 공채·경채　소방시설공사업법 시행령 [별표 3]

089

□□□

상주 공사감리 대상에는 다음 공사가 포함된다.
1. 연면적 3만제곱미터 이상의 특정소방대상물(아파트는 제외한다)에 대한 소방시설의 공사
2. 지하층을 포함한 층수가 16층 이상으로서 500세대 이상인 아파트에 대한 소방시설의 공사

O | X

O

24. 공채·경채　소방시설공사업법 시행령 [별표 3]

090

□□□

"연면적 3만 제곱미터인 의료시설"과 "지하층을 포함한 층수가 20층이고 1,000세대인 아파트"는 상주 공사감리를 해야 하는 대상에 해당한다.

O | X

O

24. 공채·경채　소방시설공사업법 시행령 [별표 3]

091

□□□

"연면적 1만 제곱미터인 복합건축물"과 "연면적 2만 제곱미터인 판매시설"은 상주 공사감리를 해야 하는 대상에 해당한다.

O | X

X　아파트를 제외한 특정소방대상물은 연면적 3만제곱미터 이상인 특정소방대상물에 대한 소방시설의 공사가 해당한다.

빈출문제　소방시설공사업법 시행령 [별표 3]

092

□□□

지하층을 제외한 층수가 11층 이상으로서 300세대 이상인 아파트에 대한 소방시설의 공사는 상주 공사감리 대상이다.

O | X

X　지하층을 포함한 층수가 16층 이상으로서 500세대 이상인 아파트에 대한 소방시설의 공사이다.

빈출문제　소방시설공사업법 시행령 [별표 3]

093

□□□

상주 공사감리 대상의 소방시설의 공사는 감리원이 행정안전부령으로 정하는 기간 중 부득이한 사유로 5일 이상 현장을 이탈하는 경우에는 감리일지 등에 기록하여 발주청 또는 발주자의 확인을 받아야 한다.

O | X

X　1일 이상이다.

094
☐☐☐

상주 공사감리 대상의 소방시설의 공사에 있어서 감리업자는 감리원이 행정안전부령으로 정하는 기간 중 법에 따른 교육이나 「민방위기본법」 또는 「예비군법」에 따른 교육을 받는 경우나 「근로기준법」에 따른 유급휴가로 현장을 이탈하게 되는 경우에는 감리업무에 지장이 없도록 감리원의 업무를 대행할 사람을 감리현장에 배치해야 한다.   O | X

O

095
☐☐☐

일반 공사감리 대상의 소방시설의 공사 현장에서 감리원은 행정안전부령으로 정하는 기간 중에는 월 1회 이상 공사 현장에 배치되어 감리 업무를 수행하고 감리일지에 기록해야 한다.   O | X

X   주 1회 이상이다.

096
☐☐☐

일반 공사감리 대상의 소방시설의 공사 현장에서 감리업자는 감리원이 부득이한 사유로 14일 이내의 범위에서 감리 업무를 수행할 수 없는 경우에는 업무대행자를 지정하여 그 업무를 수행하게 해야 한다. 지정된 업무대행자는 주 1회 이상 공사 현장에 배치되어 감리 업무를 수행하며, 그 업무수행 내용을 감리원에게 통보하고 감리일지에 기록해야 한다.   O | X

X   주 2회 이상이다.

097
☐☐☐

소방본부장 또는 소방서장은 특정소방대상물에 대해서 감리업자를 공사감리자로 지정하여야 한다.   O | X

X   대통령령으로 정하는 특정소방대상물의 관계인이 특정소방대상물에 대하여 자동화재탐지설비, 옥내소화전설비 등 대통령령으로 정하는 소방시설을 시공할 때에는 소방시설공사의 감리를 위하여 감리업자를 공사감리자로 지정하여야 한다.

098
☐☐☐

스프링클러설비등(캐비닛형 간이스프링클러설비는 제외한다)을 신설·개설하거나 방호·방수 구역을 증설하는 특정소방대상물은 소방시설공사의 감리를 위하여 감리업자를 공사감리자로 지정하여야 한다.   O | X

O

099
☐☐☐

특정소방대상물에 통합감시시설을 신설 또는 개설할 때는 특정소방대상물은 소방시설공사의 감리를 위하여 설계업자를 공사감리자로 지정하여야 한다.   O | X

X   감리업자를 공사감리자로 지정하여야 한다.

100
☐☐☐

특정소방대상물에 무선통신보조설비·연결송수관설비를 신설·개설 또는 증설할 때는 감리업자를 공사감리자로 지정하여야 한다.　O | X

X　증설할 때는 해당하지 않는다.

101
☐☐☐

관계인은 공사감리자를 지정하였을 때에는 행정안전부령으로 정하는 바에 따라 소방본부장이나 소방서장에게 신고하여야 한다. 공사감리자를 변경하였을 때에도 또한 같다.　O | X

O

102
☐☐☐

특정소방대상물의 관계인은 공사감리자가 변경된 경우에는 변경일부터 14일 이내에 소방공사감리자 변경신고서에 해당 서류를 첨부하여 소방본부장 또는 소방서장에게 제출하여야 한다.　O | X

X　30일 이내이다.

103
☐☐☐

감리업자는 감리를 할 때 소방시설공사가 설계도서나 화재안전기준에 맞지 아니할 때에는 관계인에게 알리고, 공사업자에게 그 공사의 시정 또는 보완 등을 요구하여야 한다.　O | X

O

104
☐☐☐

지하층을 포함한 층수가 40층 이상인 특정소방대상물의 공사 현장(아파트는 제외한다)은 행정안전부령으로 정하는 특급감리원 중 소방기술사를 감리원으로 배치하여야 한다.　O | X

X　"아파트는 제외한다"는 관련 규정은 없다.

105
☐☐☐

연면적 3만제곱미터 이상 20만제곱미터 미만인 특정소방대상물(아파트는 제외한다)의 공사 현장은 행정안전부령으로 정하는 고급감리원 이상의 소방기술사를 감리원으로 배치하여야 한다.　O | X

X　특급감리원 이상의 소방기술사를 감리원(기계분야 및 전기분야)으로 배치하여야 한다.

106

□□□

물분무등소화설비(호스릴 방식의 소화설비는 제외한다) 또는 제연설비가 설치되는 특정소방대상물의 공사 현장은 행정안전부령으로 정하는 고급감리원 이상의 소방기술사를 감리원으로 배치하여야 한다.   O | X

O

107

□□□

지하구의 공사 현장은 행정안전부령으로 정하는 중급감리원 이상의 소방공사 감리원(기계분야 및 전기분야)으로 배치하여야 한다.   O | X

X   초급감리원 이상의 소방공사 감리원(기계분야 및 전기분야)으로 배치하여야 한다.

108

□□□

소방시설공사 현장의 연면적 합계가 10만제곱미터 이상인 경우에는 10만제곱미터를 초과하는 연면적에 대하여 5만제곱미터(10만제곱미터를 초과하는 연면적이 5만제곱미터에 미달하는 경우에는 5만제곱미터로 본다)마다 보조감리원 1명 이상을 추가로 배치해야 한다.   O | X

X   소방시설공사 현장의 연면적 합계가 20만제곱미터 이상인 경우에는 20만제곱미터를 초과하는 연면적에 대하여 10만제곱미터(20만제곱미터를 초과하는 연면적이 10만제곱미터에 미달하는 경우에는 10만제곱미터로 본다)마다 보조감리원 1명 이상을 추가로 배치해야 한다.

109

□□□

감리업자는 소방공사 감리원을 상주 공사감리 및 일반 공사감리로 구분하여 소방시설공사의 착공일부터 소방시설 완공검사증명서 발급일까지의 기간 중 행정안전부령으로 정하는 기간 동안 배치한다.   O | X

O

110

□□□

감리업자는 소방시설공사의 착공일부터 소방시설 완공검사증명서 발급일까지의 기간 중 행정안전부령으로 정하는 기간 동안 배치하여야도 불구하고 시공관리, 품질 및 안전에 지장이 없는 경우로서 예산의 부족 등 발주자(하도급의 경우에는 수급인을 포함한다)의 책임 있는 사유 또는 천재지변 등 불가항력으로 공사가 일정기간 중단된 경우에는 발주자가 서면으로 승낙하는 경우에는 해당 공사가 중단된 기간 동안 감리원을 공사현장에 배치하지 않을 수 있다.   O | X

O

> **핵심정리 발주자가 서면으로 승낙하는 경우에는 해당 공사가 중단된 기간 동안 감리원을 공사현장에 배치하지 않을 수 있는 경우**
>
> 1. 민원 또는 계절적 요인 등으로 해당 공정의 공사가 일정 기간 중단된 경우
> 2. 예산의 부족 등 발주자(하도급의 경우에는 수급인을 포함한다. 이하 이 목에서 같다)의 책임 있는 사유 또는 천재지변 등 불가항력으로 공사가 일정기간 중단된 경우
> 3. 발주자가 공사의 중단을 요청하는 경우

111

☐☐☐

1명의 감리원이 담당하는 소방공사감리현장은 10개 이하(자동화재탐지설비 또는 옥내소화전설비 중 어느 하나만 설치하는 2개의 소방공사감리현장이 최단 차량주행거리로 30킬로미터 이내에 있는 경우에는 1개의 소방공사감리현장으로 본다)로서 감리현장 연면적의 총 합계가 10만제곱미터 이하이어야 한다.　O | X

X 5개 이하이다.

112

☐☐☐

일반 공사감리 대상인 아파트의 경우에는 연면적의 합계에 관계없이 1명의 감리원이 5개 이내의 공사현장을 감리할 수 있다.　O | X

O

113

☐☐☐

소방공사감리업자는 공사업자에게 해당 공사의 시정 또는 보완을 요구하였으나 이행하지 아니하고 그 공사를 계속할 때에는 시정 또는 보완을 이행하지 아니하고 공사를 계속하는 날부터 3일 이내에 방시설공사 위반사항보고서를 소방본부장 또는 소방서장에게 제출하여야 한다.　O | X

O

114

☐☐☐

감리업자는 소방공사의 감리를 마쳤을 때에는 행정안전부령으로 정하는 바에 따라 그 감리 결과를 그 특정소방대상물의 관계인, 소방시설공사의 도급인, 그 특정소방대상물의 공사를 설계한 건축사에게 서면으로 알리고, 소방본부장이나 소방서장에게 공사감리 결과보고서를 제출하여야 한다.　O | X

X 그 특정소방대상물의 공사를 감리한 건축사가 해당한다.

115

☐☐☐

착공신고 후 변경된 건축설계도면 1부는 감리업자가 소방공사의 감리를 마쳤을 때 소방공사감리 결과보고(통보)서에 첨부하는 서류에 해당한다.　O | X

X 착공신고 후 변경된 소방시설설계도면(변경사항이 있는 경우에만 첨부하되, 법 제11조에 따른 설계업자가 설계한 도면만 해당된다) 1부가 해당한다.

> **핵심정리 소방공사감리 결과보고(통보)서에 첨부하는 서류**
> 1. 소방청장이 정하여 고시하는 소방시설 성능시험조사표 1부
> 2. 착공신고 후 변경된 소방시설설계도면(변경사항이 있는 경우에만 첨부하되, 법 제11조에 따른 설계업자가 설계한 도면만 해당된다) 1부
> 3. 소방공사 감리일지(소방본부장 또는 소방서장에게 보고하는 경우에만 첨부한다) 1부
> 4. 특정소방대상물의 사용승인 신청서 등 사용승인 신청을 증빙할 수 있는 서류 1부

확인학습문제   소방시설공사업법

116
□□□
시·도지사는 방염처리업자의 방염처리능력 평가 요청이 있는 경우 해당 방염처리업자의 방염처리 실적 등에 따라 방염처리능력을 평가하여 공시할 수 있다.   O | X

X   소방청장이다.

확인학습문제   소방시설공사업법 시행규칙

117
□□□
방염처리능력 평가 신청서에는 해당 서류를 첨부해야 하며, 협회는 방염처리업자가 첨부해야 할 서류를 갖추지 못한 경우에는 7일의 보완기간을 부여하여 보완하게 해야 한다.   O | X

X   15일이다.

확인학습문제   소방시설공사업법 시행규칙 [별표 3의2]

118
□□□
방염처리업자의 방염처리능력은 "방염처리능력평가액 = 실적평가액 + 자본금평가액 + 기술력평가액 + 경력평가액 ± 신인도평가액"의 계산식으로 한다.   O | X

O

확인학습문제   소방시설공사업법 시행규칙 [별표 3의2]

119
□□□
신인도 반영비율 가점요소는 최근 1년간 국가기관·지방자치단체·공공기관으로부터 우수방염처리업자로 선정된 경우에는 +5퍼센트이다.   O | X

X   +3퍼센트이다.

> **핵심정리 신인도 반영비율 가점요소**
>
> 1. 최근 1년간 국가기관·지방자치단체·공공기관으로부터 우수방염처리업자로 선정된 경우: +3퍼센트
> 2. 최근 1년간 국가기관·지방자치단체 및 공공기관으로부터 방염처리업과 관련한 표창을 받은 경우
>   - 대통령 표창: +3퍼센트
>   - 그 밖의 표창: +2퍼센트
> 3. 방염처리업자의 방염처리 상 환경관리 및 방염처리폐기물의 처리실태가 우수하여 환경부장관으로부터 방염처리능력의 증액 요청이 있는 경우: +2퍼센트
> 4. 방염처리업에 관한 국제품질경영인증(ISO)을 받은 경우: +2퍼센트

빈출문제   소방시설공사업법

120
☐☐☐

특정소방대상물의 관계인 또는 발주자는 소방시설공사등을 도급할 때에는 해당 건설업자에게 도급하여야 한다.

O | X

X 소방시설업자에게 도급하여야 한다.

빈출문제   소방시설공사업법

121
☐☐☐

원칙적으로 소방시설공사는 다른 업종의 공사와 분리하여 도급하여서는 아니 된다.

O | X

X 소방시설공사는 다른 업종의 공사와 분리하여 도급하여야 한다.

빈출문제   소방시설공사업법

122
☐☐☐

공사의 성질상 또는 기술관리상 분리하여 도급하는 것이 곤란한 경우로서 대통령령으로 정하는 경우에는 다른 업종의 공사와 분리하지 아니하고 도급할 수 있다.

O | X

O

23. 공채·경채   소방시설공사업법 시행령

123
☐☐☐

연면적이 3천제곱미터 이하인 특정소방대상물에 비상경보설비를 설치하는 공사인 경우는 소방시설공사 분리 도급의 예외 대상에 해당한다.

O | X

X 연면적이 1천제곱미터 이하인 특정소방대상물에 비상경보설비를 설치하는 공사인 경우이다.

23. 공채·경채   소방시설공사업법 시행령

124
☐☐☐

「국가를 당사자로 하는 계약에 관한 법률 시행령」 및 「지방자치단체를 당사자로 하는 계약에 관한 법률 시행령」에 따른 원안입찰 또는 일괄입찰인 경우는 소방시설공사 분리 도급의 예외 대상에 해당한다.

O | X

X 대안입찰인 경우가 해당한다.

23. 공채·경채   소방시설공사업법 시행령

125
☐☐☐

문화재수리 및 재개발·재건축 등의 공사로서 공사의 성질상 분리하여 도급하는 것이 곤란하다고 시·도지사가 인정하는 경우는 소방시설공사 분리 도급의 예외 대상에 해당한다.

O | X

X 소방청장이다.

> **핵심정리 소방시설공사 분리 도급의 예외 대상**
>
> 1. 「재난 및 안전관리 기본법」에 따른 재난의 발생으로 긴급하게 착공해야 하는 공사인 경우
> 2. 국방 및 국가안보 등과 관련하여 기밀을 유지해야 하는 공사인 경우
> 3. 소방시설공사의 착공신고 소방시설공사에 해당하지 않는 공사인 경우
> 4. 연면적이 1천제곱미터 이하인 특정소방대상물에 비상경보설비를 설치하는 공사인 경우
> 5. 다음의 어느 하나에 해당하는 입찰로 시행되는 공사인 경우
>   • 대안입찰 또는 일괄입찰
>   • 실시설계 기술제안입찰 또는 기본설계 기술제안입찰
> 6. 문화재수리 및 재개발·재건축 등의 공사로서 공사의 성질상 분리하여 도급하는 것이 곤란하다고 소방청장이 인정하는 경우

126

공사업자가 도급받은 소방시설공사의 도급금액 중 그 공사(하도급한 공사를 포함한다)의 근로자에게 지급하여야 할 노임(勞賃)에 해당하는 금액은 압류할 수 없다. 　O | X

O

확인학습문제 　　소방시설공사업법 시행규칙

127

압류할수 없는 노임(勞賃)에 해당하는 금액은 해당 소방시설공사의 도급 또는 하도급 금액 중 설계도서에 기재된 노임 중 직접노무비를 말한다. 　O | X

X 설계도서에 기재된 노임을 합산하여 산정한다.

확인학습문제 　　소방시설공사업법

128

소방시설공사등의 도급 또는 하도급의 계약당사자는 그 계약을 체결할 때 도급 또는 하도급 금액, 공사기간, 그 밖에 대통령령으로 정하는 사항을 계약서에 분명히 밝혀야 하며, 서명날인한 계약서를 발주자가 보관하여야 한다. O | X

X 서명날인한 계약서를 서로 내주고 보관하여야 한다.

확인학습문제 　　소방시설공사업법

129

도급을 받은 자가 해당 소방시설공사등을 하도급할 때에는 소방본부장 또는 소방서장이 정하는 바에 따라 미리 관계인과 발주자에게 알려야 한다. 하수급인을 변경하거나 하도급 계약을 해지할 때에도 또한 같다. 　O | X

X 행정안전부령으로 정하는 바에 따라 미리 관계인과 발주자에게 알려야 한다.

확인학습문제 　　소방시설공사업법

130

수급인이 국가, 지방자치단체 또는 대통령령으로 정하는 공공기관이 발주하는 공사를 도급받은 경우로서 수급인이 발주자에게 계약의 이행을 보증하는 때에는 발주자도 수급인에게 공사대금의 지급을 보증하거나 담보를 제공하여야 한다. 　O | X

X 국가, 지방자치단체 또는 대통령령으로 정하는 공공기관 외의 자가 해당한다.

131 □□□ 발주자(수급인이 국가, 지방자치단체 또는 대통령령으로 정하는 공공기관 외의 자)는 공사대금의 지급보증 또는 담보 제공을 하기 곤란한 경우에는 수급인이 그에 상응하는 보험 또는 공제에 가입할 수 있도록 계약의 이행보증을 받은 날부터 30일 이내에 보험료 또는 공제료(이하 "보험료등"이라 한다)를 지급하여야 한다. O | X

O

132 □□□ 공사대금의 지급보증 등의 예외가 되는 소방시설공사의 범위는 공사 1건의 도급금액이 3천만원 미만인 소규모 소방시설공사, 공사기간이 3개월 이내인 단기의 소방시설공사가 해당한다. O | X

X 공사 1건의 도급금액이 1천만원 미만인 소규모 소방시설공사가 해당한다.

133 □□□ 발주자(수급인이 국가, 지방자치단체 또는 대통령령으로 정하는 공공기관 외의 자)가 공사대금의 지급보증, 담보의 제공 또는 보험료등의 지급을 하지 아니한 때에는 수급인은 30일 이내 기간을 정하여 발주자에게 그 이행을 촉구하고 공사를 중지할 수 있다. 발주자가 촉구한 기간 내에 그 이행을 하지 아니한 때에는 수급인은 도급계약을 해지할 수 있다. O | X

X 10일 이내의 기간이다.

134 □□□ 공사기간이 4개월 이내인 경우는 도급금액에서 계약상 선급금을 제외한 금액을 발주자가 수급인에게 공사대금의 지급보증하는 금액으로 한다. O | X

O

135 □□□ 공사기간이 4개월을 초과하는 경우로서 기성부분에 대한 대가를 지급하지 않기로 약정한 경우는 "$\dfrac{\text{도급금액} - \text{계약상 선급급}}{\text{공사기간(월)}} \times 4$" 계산식에 따라 산출된 금액의 2배의 금액을 발주자가 수급인에게 공사대금의 지급보증하는 금액으로 한다. O | X

X "$\dfrac{\text{도급금액} - \text{계약상 선급급}}{\text{공사기간(월)}} \times 4$" 계산식에 따라 산출된 금액으로 한다.

136 □□□ 공사기간이 4개월을 초과하는 경우로서 기성부분에 대한 대가의 지급주기가 2개월을 초과하는 경우는 "$\dfrac{\text{도급금액} - \text{계약상 선급급}}{\text{공사기간(월)}} \times$ 기성부분에 대한 대가의 지급주기(월수) $\times 2$" 계산식에 따라 산출된 금액을 발주자가 수급인에게 공사대금의 지급보증하는 금액으로 한다. O | X

O

137
☐☐☐

시공의 경우에는 대통령령으로 정하는 바에 따라 도급받은 소방시설공사의 전부를 다른 공사업자에게 하도급할 수 있다.　О | X

X　도급을 받은 자는 소방시설의 설계, 시공, 감리를 제3자에게 하도급할 수 없다. 다만, 시공의 경우에는 대통령령으로 정하는 바에 따라 도급받은 소방시설공사의 일부를 다른 공사업자에게 하도급할 수 있다.

확인학습문제　소방시설공사업법

138
☐☐☐

하수급인은 하도급받은 소방시설공사를 대통령령으로 정하는 바에 따라 제3자에게 다시 하도급할 수 있다.　О | X

X　관련 규정은 없다. 하수급인은 하도급받은 소방시설공사를 제3자에게 다시 하도급할 수 없다.

빈출문제　소방시설공사업법 시행령

139
☐☐☐

소방시설공사업과 「건설산업기본법」 제9조에 따른 건설업을 함께 하는 공사업자가 소방시설공사와 해당 사업의 공사를 함께 도급받은 경우에는 법 제22조 제1항 단서에 따라 도급받은 소방시설공사의 일부를 다른 공사업자에게 하도급할 수 있다.　О | X

О
> 📖📖 **핵심정리** **소방시설공사의 시공을 하도급할 수 있는 경우(소방시설공사업과 함께 하는 사업)**
> 1. 「주택법」 제4조에 따른 주택건설사업
> 2. 「건설산업기본법」 제9조에 따른 건설업
> 3. 「전기공사업법」 제4조에 따른 전기공사업
> 4. 「정보통신공사업법」 제14조에 따른 정보통신공사업

확인학습문제　소방시설공사업법

140
☐☐☐

발주자는 하수급인이 계약내용을 수행하기에 현저하게 부적당하다고 인정되거나 하도급계약금액이 대통령령으로 정하는 비율에 따른 금액에 초과하는 경우에는 하수급인의 시공 및 수행능력, 하도급계약 내용의 적정성 등을 심사할 수 있다. 이 경우, 국가, 지방자치단체 또는 대통령령으로 정하는 공공기관이 발주자인 때에는 적정성 심사를 실시하여야 한다.　О | X

X　하도급계약금액이 대통령령으로 정하는 비율에 따른 금액에 미달하는 경우이다.

확인학습문제　소방시설공사업법 시행령

141
☐☐☐

"하도급계약금액이 대통령령으로 정하는 비율에 따른 금액에 미달하는 경우"란 하도급계약금액이 소방시설공사등에 대한 발주자의 예정가격의 100분의 70에 해당하는 금액에 미달하는 경우를 말한다.　О | X

X　발주자의 예정가격의 100분의 60에 해당하는 금액에 미달하는 경우이다.

142
□□□

"하도급계약금액이 대통령령으로 정하는 비율에 따른 금액에 미달하는 경우"란 하도급계약금액이 도급금액 중 하도급부분에 상당하는 금액[하도급하려는 소방시설공사등에 대하여 수급인의 도급금액 산출내역서의 계약단가(직접·간접 노무비, 재료비 및 경비를 포함한다)를 기준으로 산출한 금액에 일반관리비, 이윤 및 부가가치세를 포함한 금액을 말하며, 수급인이 하수급인에게 직접 지급하는 자재의 비용 등 관계 법령에 따라 수급인이 부담하는 금액을 포함한다]의 100분의 82에 해당하는 금액에 미달하는 경우   O | X

X 수급인이 하수급인에게 직접 지급하는 자재의 비용 등 관계 법령에 따라 수급인이 부담하는 금액은 제외한다.

143
□□□

발주자는 하수급인 또는 하도급계약 내용의 변경을 요구하려는 경우에는 하도급에 관한 사항을 통보받은 날 또는 그 사유가 있음을 안 날부터 30일 이내에 서면으로 하여야 한다.   O | X

O

144
□□□

하도급계약심사위원회(이하 "위원회"라 한다)는 위원장 1명과 부위원장 1명을 제외한 10명 이내의 위원으로 구성한다.   O | X

X 위원장 1명과 부위원장 1명을 포함하여 10명 이내의 위원으로 구성한다.

145
□□□

하도급계약심사위원회의 위촉 위원의 임기(해당 발주기관의 과장급 이상 공무원은 제외한다)는 3년으로 하며, 한 차례만 연임할 수 있다.   O | X

O

146
□□□

수급인은 하도급을 한 후 설계변경 또는 물가변동 등의 사정으로 도급금액이 조정되는 경우에는 조정된 금액과 비율에 따라 하수급인에게 하도급 금액을 증액하여 지급하여야 한다. 단, 조정된 금액이 감소하는 경우에는 감액하여 지급할 수 없다.   O | X

X 조정된 금액과 비율에 따라 하수급인에게 하도급 금액을 증액하거나 감액하여 지급할 수 있다.

147
□□□

수급인은 발주자로부터 도급받은 소방시설공사등에 대한 준공금(竣工金)을 받은 경우에는 하도급대금의 전부를, 기성금(旣成金)을 받은 경우에는 하수급인이 시공하거나 수행한 부분에 상당한 금액을 각각 지급받은 날(수급인이 발주자로부터 대금을 어음으로 받은 경우에는 그 어음을 받은 날을 말한다)부터 15일 이내에 하수급인에게 현금으로 지급하여야 한다.   O | X

X 수급인이 발주자로부터 대금을 어음으로 받은 경우에는 그 어음만기일을 말한다.

148
☐☐☐

수급인은 발주자로부터 선급금을 받은 경우에는 하수급인이 자재의 구입, 현장근로자의 고용, 그 밖에 하도급 공사 등을 시작할 수 있도록 그가 받은 선급금의 내용과 비율에 따라 하수급인에게 선금을 받은 날(하도급 계약을 체결하기 전에 선급금을 받은 경우에는 하도급 계약을 체결한 날을 말한다)부터 15일 이내에 선급금을 지급하여야 한다. 이 경우 수급인은 하수급인이 선급금을 반환하여야 할 경우에 대비하여 하수급인에게 보증을 요구하여서는 아니 된다.   O | X

X   이 경우 수급인은 하수급인이 선급금을 반환하여야 할 경우에 대비하여 하수급인에게 보증을 요구할 수 있다.

149
☐☐☐

국가·지방자치단체 또는 대통령령으로 정하는 공공기관이 발주하는 소방시설공사등을 하도급한 경우 해당 발주자는 공사명, 예정가격 및 수급인의 도급금액 및 낙찰률, 수급인(상호 및 대표자, 영업소 소재지, 하도급 사유), 하수급인(상호 및 대표자, 업종 및 등록번호, 영업소 소재지) 사항 등을 누구나 볼 수 있는 방법으로 공개하여야 한다.   O | X

O

150
☐☐☐

소방시설공사등의 하도급계약 자료의 공개는 하도급에 관한 사항을 통보받은 날부터 30일 이내에 해당 소방시설공사 등을 발주한 기관의 인터넷 홈페이지에 게재하는 방법으로 하여야 한다.   O | X

O

151
☐☐☐

소방시설공사등의 하도급계약 자료의 공개대상 계약규모는 하도급계약금액[하수급인의 하도급금액 산출내역서의 계약단가를 기준으로 산출한 금액에 일반관리비, 이윤 및 부가가치세를 포함한 금액을 말하며, 수급인이 하수급인에게 직접 지급하는 자재의 비용 등 관계 법령에 따라 수급인이 부담하는 금액은 제외한다]이 3천만원 이상인 경우로 한다.   O | X

X   1천만원 이상인 경우로 한다.

152
☐☐☐

특정소방대상물의 관계인 또는 발주자는 해당 도급계약의 수급인이 정당한 사유 없이 30일 이상 소방시설공사를 계속하지 아니하는 경우는 도급계약을 해지할 수 있다.   O | X

O

> **📖 핵심정리 도급계약의 해지**
>
> 1. 소방시설업이 등록취소되거나 영업정지된 경우
> 2. 소방시설업을 휴업하거나 폐업한 경우
> 3. 정당한 사유 없이 30일 이상 소방시설공사를 계속하지 아니하는 경우
> 4. 제22조의2 제2항에 따른 요구에 정당한 사유 없이 따르지 아니하는 경우

153
☐☐☐

법인과 그 법인의 임직원의 관계인 경우에는 동일한 특정소방대상물의 소방시설에 대한 시공과 감리를 함께 할 수 없다.

O | X

O

> 📖 **핵심정리 공사업자의 감리 제한**
>
> 1. 공사업자와 감리업자가 같은 자인 경우
> 2. 「독점규제 및 공정거래에 관한 법률」에 따른 기업집단의 관계인 경우
> 3. 법인과 그 법인의 임직원의 관계인 경우
> 4. 공사업자와 감리업자가 「민법」 제777조에 따른 친족관계인 경우

154
☐☐☐

소방기술용역의 대가 기준 산정방식은 다음과 같다.
1. 소방시설설계의 대가: 통신부문에 적용하는 공사비 요율에 따른 방식
2. 소방공사감리의 대가: 실비정액 가산방식

O | X

O

155
☐☐☐

시·도지사는 관계인·발주자가 적절한 공사업자를 선정할 수 있도록 하기 위하여 공사업자의 신청이 있으면 그 공사업자의 소방시설공사 실적, 자본금 등에 따라 시공능력을 평가하여 공시할 수 있다.

O | X

X 소방청장이다.

156
☐☐☐

평가된 시공능력은 공사업자가 도급받을 수 있는 1건의 공사도급금액으로 하고, 시공능력 평가의 유효기간은 공시일부터 3년간으로 한다.

O | X

X 1년간으로 한다.

157
☐☐☐

소방시설공사업자의 시공능력평가액 산정을 위한 실적평가액은 연평균공사실적액으로 한다.

O | X

O

158
☐☐☐

공사실적액(발주자가 공급하는 자재비를 포함한다)은 해당 업체의 수급금액중 하수급금액은 포함하고 하도급금액은 제외한다.

O | X

X 발주자가 공급하는 자재비를 제외한다.

159
☐☐☐

공사업을 한 기간이 산정일을 기준으로 1년 이상 3년 미만인 경우에는 그 기간의 공사실적액을 연평균공사실적액으로 한다.　O | X

X　공사업을 한 기간이 산정일을 기준으로 1년 이상 3년 미만인 경우에는 그 기간의 공사실적을 합산한 금액을 그 기간의 개월수로 나눈 금액에 12를 곱한 금액을 연평균공사실적액으로 한다.

160
☐☐☐

국가, 지방자치단체 또는 대통령령으로 정하는 공공기관은 그가 발주하는 소방시설의 설계·공사 감리 용역 중 소방청장이 정하여 고시하는 금액 이상의 사업에 대하여는 대통령령으로 정하는 바에 따라 집행 계획을 작성하여 공고하여야 한다. 이 경우 공고된 사업을 하려면 기술능력, 경영능력, 그 밖에 대통령령으로 정하는 사업수행능력 평가기준에 적합한 설계·감리업자를 선정하여야 한다.　O | X

O

161
☐☐☐

시·도지사가 감리업자를 선정해야 하는 주택건설공사의 규모 및 대상은 「주택법」에 따른 공동주택(기숙사는 제외한다)으로서 500세대 이상인 것으로 한다.　O | X

X　300세대 이상인 것으로 한다.

162
☐☐☐

설계·감리업자의 선정을 위한 "대통령령으로 정하는 사업수행능력 평가기준"에는 참여하는 소방기술자의 업무 중첩도가 포함되어야 한다.　O | X

O

> 📖 **핵심정리　대통령령으로 정하는 사업수행능력 평가기준**
>
> 1. 참여하는 소방기술자의 실적 및 경력
> 2. 입찰참가 제한, 영업정지 등의 처분 유무 또는 재정상태 건실도 등에 따라 평가한 신용도
> 3. 기술개발 및 투자 실적
> 4. 참여하는 소방기술자의 업무 중첩도
> 5. 그 밖에 행정안전부령으로 정하는 사항

확인학습문제   소방시설공사업법

163
☐☐☐

소방기술자는 다른 사람에게 자격증[제28조에 따라 소방기술 경력 등을 인정받은 사람의 경우에는 소방기술 인정 자격수첩 소방기술자 경력수첩을 말한다]을 빌려 주어서는 아니 된다.   O | X

O

확인학습문제   소방시설공사업법

164
☐☐☐

소방기술자는 동시에 둘 이상의 업체에 취업하여서는 아니 된다. 다만, 소방기술자 업무에 영향을 미치지 아니하는 범위에서 근무시간 외에 다른 소방시설업에 근무하는 것에 한하여 종사할 수 있다.   O | X

X 소방기술자 업무에 영향을 미치지 아니하는 범위에서 근무시간 외에 소방시설업이 아닌 다른 업종에 종사하는 경우는 제외한다.

---

23. 공채·경채   소방시설공사업법

165
☐☐☐

소방본부장, 소방서장은 소방기술의 효율적인 활용과 소방기술의 향상을 위하여 소방기술과 관련된 자격·학력 및 경력을 가진 사람을 소방기술자로 인정할 수 있다.   O | X

X 소방청장이다.

---

23. 공채·경채   소방시설공사업법

166
☐☐☐

소방본부장, 소방서장은 소방기술과 관련된 자격·학력 및 경력을 인정받은 사람에게 소방기술 인정 자격수첩과 경력수첩을 발급할 수 있다.   O | X

X 소방청장이다.

---

23. 공채·경채   소방시설공사업법

167
☐☐☐

소방기술과 관련된 자격·학력 및 경력의 인정 범위와 자격수첩 및 경력수첩의 발급 절차 등에 관하여 필요한 사항은 대통령령으로 정한다.   O | X

X 위임규정은 행정안전부령이다.

---

23. 공채·경채   소방시설공사업법

168
☐☐☐

소방청장은 자격수첩 또는 경력수첩을 발급받은 사람이 거짓이나 그 밖의 부정한 방법으로 자격수첩 또는 경력수첩을 발급받은 경우에 그 자격을 취소하여야 한다.   O | X

O

169
☐☐☐

규정을 위반하여 동시에 둘 이상의 업체에 취업한 경우 소방기술자의 1차 행정처분기준은 자격정지 1년이다. O | X

O 1차 자격정지 1년, 2차 자격취소이다.

170
☐☐☐

소방청장은 소방기술자를 육성하고 소방기술자의 전문기술능력 향상을 위하여 소방기술자와 소방기술과 관련된 자격·학력 및 경력을 인정받으려는 사람의 양성·인정 교육훈련(이하 "소방기술자 양성·인정 교육훈련"이라 한다)을 실시할 수 있다. O | X

O

171
☐☐☐

시·도지사는 전문적이고 체계적인 소방기술자 양성·인정 교육훈련을 위하여 소방기술자 양성·인정 교육훈련기관을 지정할 수 있다. O | X

X 소방청장이다.

172
☐☐☐

소방기술자 양성·인정 교육훈련기관의 지정요건 중의 하나는 전국 2개 이상의 시·도에 이론교육과 실습교육이 가능한 교육·훈련장을 갖출 것이다. O | X

X 전국 4개 이상의 시·도에 이론교육과 실습교육이 가능한 교육·훈련장을 갖출 것이다.

> 📖핵심정리 **소방기술자 양성·인정 교육훈련기관 지정요건**
> 1. 전국 4개 이상의 시·도에 이론교육과 실습교육이 가능한 교육·훈련장을 갖출 것
> 2. 소방기술자 양성·인정 교육훈련을 실시할 수 있는 전담인력을 6명 이상 갖출 것
> 3. 교육과목별 교재 및 강사 매뉴얼을 갖출 것
> 4. 교육훈련의 신청·수료, 성과측정, 경력관리 등에 필요한 교육훈련 관리시스템을 구축·운영할 것

173
☐☐☐

화재 예방, 안전관리의 효율화, 새로운 기술 등 소방에 관한 지식의 보급을 위하여 소방시설업 또는 「소방시설 설치 및 관리에 관한 법률」 제29조에 따른 소방시설관리업의 기술인력으로 등록된 소방기술자는 행정안전부령으로 정하는 바에 따라 실무교육을 받아야 한다. O | X

O

174
□□□

소방기술자는 실무교육을 5년마다 1회 이상 받아야 한다. 다만, 실무교육을 받아야 할 기간 내에 소방기술자 양성·인정 교육훈련을 받은 경우에는 해당 실무교육을 받은 것으로 본다.   O | X

X   소방기술자는 실무교육을 2년마다 1회 이상 받아야 한다.

175
□□□

소방기술자 실무교육에 관한 업무를 위탁받은 실무교육기관 또는 「소방기본법」 제40조에 따른 한국소방안전원의 장(이하 "실무교육기관등의 장"이라 한다)은 소방기술자에 대한 실무교육을 실시하려면 교육일정 등 교육에 필요한 계획을 수립하여 소방청장에게 보고한 후 교육 10일 전까지 교육대상자에게 알려야 한다.   O | X

O

176
□□□

소방기술자 실무교육에 필요한 기술인력은 강사 4명 및 교무요원 2명 이상을 확보하여야 한다.   O | X

O

177
□□□

지정을 받은 실무교육기관은 휴업·재개업 또는 폐업을 하려면 그 휴업 또는 재개업을 한 날부터 14이내에 휴업·재개업·폐업 보고서에 실무교육기관 지정서 1부를 첨부(폐업하는 경우에만 첨부한다)하여 소방청장에게 보고하여야 한다.   O | X

X   그 휴업 또는 재개업을 하려는 날의 14일 전까지이다.

178
□□□

소방기술사, 소방시설관리사, 소방설비기사, 소방설비산업기사, 위험물기능장, 위험물산업기사, 위험물기능사 및 건축사는 "소방기술과 관련된 자격"에 해당한다.   O | X

O

179
□□□

소방안전관리학과(소방안전관리과, 소방시스템과, 소방학과, 소방환경관리과, 소방공학과 및 소방행정학과를 포함한다)는 "소방기술과 관련된 학력"에 해당한다.   O | X

O

180
□□□

소방시설관리사 자격을 취득한 후 5년 이상 소방 관련 업무를 수행한 소방기술자는 기계·전기분야 특급기술자에 해당한다.   O | X

O

핵심정리 소방기술자 기술등급 자격/기술자격에 따른 기술등급

기계분야	특급	고급	중급	초급
소방기술사	O	O	O	O
소방시설관리사	5년	O	O	O
건축사, 건축기계설비기술사	5년	3년	O	O
소방설비기사	8년	5년	O	O
소방설비산업기사	11년	8년	3년	O
건축기사, 위험물기능장	13년	11년	5년	2년
건축산업기사, 위험물산업기사	X	13년	8년	4년
위험물기능사	X	X	X	6년

전기분야	특급	고급	중급	초급
소방기술사	O	O	O	O
소방시설관리사	5년	O	O	O
건축사, 건축전기설비기술사	5년	3년	O	O
소방설비기사	8년	5년	O	O
소방설비산업기사	11년	8년	3년	O
전기기사, 위험물기능장	13년	11년	5년	2년
전기산업기사, 위험물산업기사	X	13년	8년	4년
위험물기능사	X	X	X	X

181
□□□

소방설비기사(소방설비산업기사) 기계분야의 자격을 취득한 후 7년(10년) 이상 소방 관련 업무를 수행한 소방기술자는 기계분야 특급기술자에 해당한다.   O | X

X 소방설비기사는 8년, 소방설비산업기사는 11년 이상이다.

182
□□□

소방설비산업기사(기계분야)의 자격 취득자 소방기술자는 초급기술자에 해당한다.   O | X

O

183
□□□

석사학위를 취득한 후 7년 이상 소방 관련 업무를 수행한 소방기술자는 학력·경력 등에 따른 기술등급에 따라 특급 기술자에 해당한다. 　　　　　　　　　　　　　　　　　　　　　　　　　　　　　　　　　O | X

O 박사학위는 3년, 석사학위는 7년, 학사학위는 11년, 전문학사는 15년 이상이다.

📖 핵심정리 소방기술자 기술등급(학력·경력자)

구분	특급	고급	중급	초급
박사학위	3년	1년	O	O
석사학위	7년	4년	2년	O
학사학위	11년	7년	5년	O
전문학사	15년	10년	8년	2년
고등학교 소방학과	–	13년	10년	3년
고등학교(소방안전관리학과 외)	–	15년	12년	5년

184
□□□

소방기술사 및 소방시설관리사는 특급감리원에 해당한다. 　　　　　　　　　　　　　　　　　　　　　O | X

X 소방시설관리사는 해당하지 않는다.

📖 핵심정리 소방공사감리원 기술등급

기계·전기분야	특급	고급	중급	초급
소방기술사	O	O	O	O
소방설비기사	8년	5년	3년	1년
소방설비산업기사	12년	8년	6년	2년
학사학위	–	–	–	1년
전문학사학위	–	–	–	3년
소방공무원	–	–	–	3년
고등학교 소방학과	–	–	–	4년
소방관련업무 수행	–	–	–	5년

185
□□□

소방시설 자체점검 점검자의 기술등급 중 특급점검자의 기술자격으로 "소방설비산업기사 자격을 취득한 후 소방시설 관리업체에서 8년 이상 점검업무를 수행한 사람"이 해당된다.　　　　O | X

X　10년 이상 점검업무를 수행한 사람이다.

핵심정리 소방시설 자체점검 점검자 기술등급(기술자격)

구분	특급	고급	중급	초급
소방기술사	○			
소방시설관리사	○			
소방설비기사	8년	5년	○	
소방설비산업기사	10년	8년	3년	○
위험물기능장		15년	10년	○

확인학습문제   소방시설공사업법

186
□□□
소방청장은 소방시설업자의 권익보호와 소방기술의 개발 등 소방시설업의 건전한 발전을 위하여 소방시설업자협회 (이하 "협회"라 한다)를 설립할 수 있다.   O | X

X 소방시설업자이다.

확인학습문제   소방시설공사업법 시행령

187
□□□
협회를 설립하려면 소방시설업자 10명 이상이 발기하고 창립총회에서 정관을 의결한 후 시·도지사에게 인가를 신청 하여야 한다.   O | X

X 소방청장이다.

확인학습문제   소방시설공사업법

188
□□□
소방시설업의 기술발전과 관련된 국제교류·활동 및 행사의 유치는 협회의 업무에 해당한다.   O | X

O

📖 **핵심정리 협회의 업무**

1. 소방시설업의 기술발전과 소방기술의 진흥을 위한 조사·연구·분석 및 평가
2. 소방산업의 발전 및 소방기술의 향상을 위한 지원
3. 소방시설업의 기술발전과 관련된 국제교류·활동 및 행사의 유치
4. 이 법에 따른 위탁 업무의 수행

확인학습문제   소방시설공사업법

189
□□□

시·도지사, 소방본부장 또는 소방서장은 소방시설업의 감독을 위하여 필요할 때에는 소방시설업자나 관계인에게 필요한 보고나 자료 제출을 명할 수 있고, 관계 공무원으로 하여금 소방시설업체나 특정소방대상물에 출입하여 관계 서류와 시설 등을 검사하거나 소방시설업자 및 관계인에게 질문하게 할 수 있다.   O | X

O

19. 공채   소방시설공사업법

190
□□□

소방시설업 등록취소처분, 영업정지처분, 소방기술 인정 자격취소처분 및 소방기술 인정 정지처분을 하려면 행정처분 전에 청문을 하여야 한다.   O | X

X   소방기술 인정 정지처분은 행정처분 전에 청문을 하여야 하는 대상에 해당하지 않는다.

18. 하반기 공채   소방시설공사업법 시행령

191
□□□

소방청장은 소방기술자 실무교육에 관한 업무를 소방청장이 지정하는 실무교육기관 또는 대한소방공제회에 위탁한다.   O | X

X   소방청장은 소방기술자 실무교육에 관한 업무를 소방청장이 지정하는 실무교육기관 또는 한국소방안전원에 위탁한다.

확인학습문제   소방시설공사업법 시행령

192
□□□

시·도지사는 시공능력 평가 및 공시에 관한 업무를 소방시설업자협회에 위탁한다.   O | X

X   소방청장이 시공능력 평가 및 공시에 관한 업무를 협회에 위탁한다.

📋 **핵심정리 소방청장의 업무 위탁(협회)**

1. 방염처리능력 평가 및 공시에 관한 업무
2. 시공능력 평가 및 공시에 관한 업무
3. 소방시설업 종합정보시스템의 구축·운영

193
□□□

시·도지사는 소방시설업 등록신청의 접수 및 신청내용의 접수를 소방본부장 또는 소방서장에게 위임한다.   O | X

X 협회에 위탁한다.

> 📖 핵심정리 **시·도지사의 업무 위탁(협회)**
> 1. 소방시설업 등록신청의 접수 및 신청내용의 확인
> 2. 소방시설업 등록사항 변경신고의 접수 및 신고내용의 확인
> 3. 소방시설업 휴업·폐업 또는 재개업 신고의 접수 및 신고내용의 확인
> 4. 소방시설업자의 지위승계 신고의 접수 및 신고내용의 확인

24. 공채·경채   소방시설공사업법 시행령

194
□□□

"시공능력 평가 및 공시에 관한 업무"와 "소방시설업자의 지위승계 신고의 접수 및 신고내용의 확인"은 시·도지사가 소방시설업자협회에 위탁하는 업무에 해당한다.   O | X

X "시공능력 평가 및 공시에 관한 업무"는 소방청장의 업무에 해당한다. 소방청장의 권한으로 협회에 위탁한다.

24. 공채·경채   소방시설공사업법 시행령

195
□□□

"소방시설업 휴업·폐업 또는 재개업 신고의 접수 및 신고내용의 확인"과 "방염처리능력 평가 및 공시에 관한 업무"는 시·도지사가 소방시설업자협회에 위탁하는 업무에 해당한다.   O | X

X "방염처리능력 평가 및 공시에 관한 업무"는 소방청장의 업무에 해당한다. 소방청장의 권한으로 협회에 위탁한다.

24. 공채·경채   소방시설공사업법 시행령

196
□□□

"소방시설업 등록신청의 접수 및 신청내용의 확인"과 "소방시설업 등록사항 변경신고의 접수 및 신고내용의 확인"은 시·도지사가 소방시설업자협회에 위탁하는 업무에 해당한다.   O | X

O

확인학습문제   소방시설공사업법

197
☐☐☐

규정을 위반하여 부정한 청탁을 받고 재물 또는 재산상의 이익을 취득하거나 부정한 청탁을 하면서 재물 또는 재산상의 이익을 제공한 자는 1년 이하의 징역 또는 1천만원 이하의 벌금에 처한다.   O | X

X   3년 이하의 징역 또는 3천만원 이하의 벌금에 해당한다.

---

20. 공채   소방시설공사업법

198
☐☐☐

소방시설업 등록을 하지 아니하고 영업을 한 자는 1년 이하의 징역 또는 1천만원 이하의 벌금에 처한다.   O | X

X   소방시설업 등록을 하지 아니하고 영업을 한 자는 3년 이하의 징역 또는 3천만원 이하의 벌금에 처한다.

---

20. 공채   소방시설공사업법

199
☐☐☐

소방시설업자가 아닌 자에게 소방시설공사등을 도급한 자, 영업정지처분을 받고 그 영업정지 기간에 영업을 한 자는 1년 이하의 징역 또는 1천만원 이하의 벌금에 처한다.   O | X

O

확인학습문제   소방시설공사업법

200
☐☐☐

규정을 위반하여 공사감리자를 지정하지 아니한 자는 300만원 이하의 벌금에 처한다.   O | X

X   1년 이하의 징역 또는 1천만원 이하의 벌금에 처한다.

확인학습문제   소방시설공사업법

201
☐☐☐

규정을 위반하여 해당 소방시설업자가 아닌 자에게 소방시설공사등을 도급한 자는 300만원 이하의 벌금에 처한다.   O | X

X   1년 이하의 징역 또는 1천만원 이하의 벌금에 처한다.

확인학습문제   소방시설공사업법

202
☐☐☐

규정을 위반하여 다른 자에게 자기의 성명이나 상호를 사용하여 소방시설공사등을 수급 또는 시공하게 하거나 소방시설업의 등록증이나 등록수첩을 빌려준 자는 300만원 이하의 벌금에 처한다.   O | X

O

203
☐☐☐

규정을 위반하여 소방시설공사 현장에 감리원을 배치하지 아니한 자는 100만원 이하의 벌금에 처한다.   O | X

X 300만원 이하의 벌금에 처한다.

204
☐☐☐

규정을 위반하여 소방기술자를 공사 현장에 배치하지 아니한 자는 200만원 이하의 벌금에 처한다.   O | X

X 200만원 이하의 과태료를 부과한다.

205
☐☐☐

규정을 위반하여 3일 이내에 하자를 보수하지 아니하거나 하자보수계획을 관계인에게 거짓으로 알린 자는 300만원 이하의 벌금에 처한다.   O | X

X 200만원 이하의 과태료를 부과한다.

206
☐☐☐

규정을 위반하여 하도급 등의 통지를 하지 아니한 자는 200만원 이하의 과태료를 부과한다.   O | X

O

제6편 위험물안전관리법

POINT 6-1 총칙

001
□□□

「위험물안전관리법」은 위험물의 제조·저장 및 취급과 이에 따른 안전관리에 관한 사항을 규정함으로써 위험물로 인한 위해를 방지하여 공공의 안전을 확보함을 목적으로 한다. O | X

X 「위험물안전관리법」은 위험물의 저장·취급 및 운반과 이에 따른 안전관리에 관한 사항을 규정함으로써 위험물로 인한 위해를 방지하여 공공의 안전을 확보함을 목적으로 한다.

002
□□□

지정수량이라 함은 위험물의 종류별로 위험성을 고려하여 대통령령이 정하는 수량으로서 제조소등의 설치허가등에 있어서 최대의 기준이 되는 수량을 말한다. O | X

X 최저의 기준이 되는 수량을 말한다.

003
□□□

저장소라 함은 지정수량 이상의 위험물을 저장하기 위하여 대통령령이 정하는 장소로서 「위험물안전관리법」에 따른 허가를 받은 장소를 말한다. O | X

O

004
□□□

"위험물"이라 함은 인화성 또는 발화성 등의 성질을 가지는 것으로서 행정안전부령이 정하는 물품을 말한다. O | X

X 위임규정은 대통령령이다.

005
□□□

과염소산, 과산화수소 및 과염산염류는 제1류 위험물에 해당한다. O | X

X 과염소산과 과산화수소는 제6류 위험물에 해당한다.

006
☐☐☐

유기과산화물의 지정수량은 10kg, 황린의 지정수량은 30kg, 황의 지정수량은 100kg이다.   O | X

X 황린의 지정수량은 20kg이다.

빈출문제   위험물안전관리법 시행령 [별표 1]

007
☐☐☐

알킬알루미늄, 알킬리튬, 알칼리금속(칼륨 및 나트륨은 제외한다) 및 알칼리토금속의 지정수량은 50kg이다.   O | X

X 알킬알루미늄, 알킬리튬의 지정수량은 10kg이다.

빈출문제   위험물안전관리법 시행령 [별표 1]

008
☐☐☐

칼슘 또는 알루미늄의 탄화물의 지정수량은 500kg이다.   O | X

X 300kg이다.

빈출문제   위험물안전관리법 시행령 [별표 1]

009
☐☐☐

무기과산화물과 유기과산화물은 제5류 위험물이다.   O | X

X 무기과산화물은 제1류 위험물이다.

빈출문제   위험물안전관리법 시행령 [별표 1]

010
☐☐☐

하이드라진 유도체, 하이드록신아민 및 하이드록실아민염류의 지정수량은 200kg이다.   O | X

X 하이드록신아민 및 하이드록실아민염류의 지정수량은 100kg이다.

빈출문제   위험물안전관리법 시행령 [별표 1]

011
☐☐☐

질산, 질산염류, 질산에스터류는 제6류 위험물이다.   O | X

X 질산염류는 제1류 위험물, 질산에스터류는 제5류 위험물이다.

빈출문제   위험물안전관리법 시행령 [별표 1]

012
☐☐☐

제1석유류 중 수용성액체와 알코올류의 지정수량은 400리터이다.   O | X

O

013

☐☐☐

"산화성고체"라 함은 고체로서 화염에 의한 발화의 위험성 또는 인화의 위험성을 판단하기 위하여 고시로 정하는 시험에서 고시로 정하는 성질과 상태를 나타내는 것을 말한다.   O | X

X 가연성 고체에 대한 설명이다.

014

☐☐☐

황은 순도가 60중량퍼센트 이상인 것을 말한다. 이 경우 순도측정에 있어서 불순물은 활석 등 가연성물질과 수분에 한한다.   O | X

X 이 경우 순도측정에 있어서 불순물은 활석 등 불연성물질과 수분에 한한다.

015

☐☐☐

"철분"이라 함은 철의 분말로서 53마이크로미터의 표준체를 통과하는 것이 50중량퍼센트 이상인 것은 제외한다.   O | X

X 50중량퍼센트 미만인 것은 제외한다.

016

☐☐☐

"금속분"이라 함은 알칼리금속·알칼리토류금속·철 및 마그네슘외의 금속의 분말을 말하고, 구리분·니켈분 및 150마이크로미터의 체를 통과하는 것이 50중량퍼센트 미만인 것은 제외한다.   O | X

O

017

☐☐☐

"인화성고체"라 함은 고형알코올 그 밖에 1기압에서 인화점이 섭씨 40도 이상인 고체를 말한다.   O | X

X 인화점이 섭씨 40도 미만인 고체를 말한다.

018

☐☐☐

"자기반응성물질"이라 함은 고체 또는 액체로서 공기 중에서 발화의 위험성이 있거나 물과 접촉하여 발화하거나 가연성가스를 발생하는 위험성이 있는 것을 말한다.   O | X

X 자연발화성물질 및 금수성물질에 대한 설명이다.

019

□□□

특수인화물은 이황화탄소, 디에틸에테르 그 밖에 1기압에서 발화점이 섭씨 100도 이하인 것 또는 인화점이 섭씨 영하 20도 이하이고 비점이 섭씨 40도 이하인 것을 말한다.　O | X

O

빈출문제　위험물안전관리법

020

□□□

"특수인화물"이라 함은 이황화탄소, 디에틸에테르 그 밖에 1기압에서 인화점이 섭씨 150도 이하인 것 또는 발화점이 섭씨 영하 20도 이하이고 비점이 섭씨 40도 이하인 것을 말한다.　O | X

X "특수인화물"이라 함은 이황화탄소, 디에틸에테르 그 밖에 1기압에서 발화점이 섭씨 100도 이하인 것 또는 인화점이 섭씨 영하 20도 이하이고 비점이 섭씨 40도 이하인 것을 말한다.

021

□□□

제1석유류의 종류에는 아세톤, 휘발유가 있으며, 그 밖에 1기압에서 인화점이 섭씨 70도 미만인 것을 말한다. O | X

X 제1석유류의 종류에는 아세톤, 휘발유가 있으며, 그 밖에 1기압에서 인화점이 20℃ 미만인 것을 말한다.

빈출문제　위험물안전관리법 시행령 [별표 1]

022

□□□

"알코올류"라 함은 1분자를 구성하는 탄소원자의 수가 1개부터 3개까지인 포화1가 알코올(변성알코올을 포함한다)을 말한다.　O | X

O

빈출문제　위험물안전관리법 시행령 [별표 1]

023

□□□

"제2석유류"라 함은 등유, 경유 그 밖에 1기압에서 인화점이 섭씨 21도 이상 70도 미만인 것을 말한다. 다만, 도료류 그 밖의 물품에 있어서 가연성 액체량이 40중량퍼센트 이상이면서 인화점이 섭씨 40도 이하인 동시에 연소점이 섭씨 60도 이하인 것은 제외한다.　O | X

X 다만, 도료류 그 밖의 물품에 있어서 가연성 액체량이 40중량퍼센트 이하이면서 인화점이 섭씨 40도 이상인 동시에 연소점이 섭씨 60도 이상인 것은 제외한다.

빈출문제　위험물안전관리법 시행령 [별표 1]

024

□□□

"자기반응성물질"이라 함은 고체 또는 액체로서 폭발의 위험성 또는 가열분해의 격렬함을 판단하기 위하여 고시로 정하는 시험에서 고시로 정하는 성질과 상태를 나타내는 것을 말한다.　O | X

O

025
□□□

과산화수소는 그 농도가 36중량퍼센트 이상인 것과 질산은 그 비중이 1.49 이상인 것에 한한다. O | X

O

026
□□□

지하탱크저장소는 지하에 매설한 탱크에 지정수량 이상의 위험물을 저장하는 장소를 말한다. O | X

O

027
□□□

이송탱크저장소는 차량(피견인자동차에 있어서는 앞차축을 갖지 아니하는 것으로서 당해 피견인자동차의 일부가 견인자동차에 적재되고 당해 피견인자동차와 그 적재물의 중량의 상당부분이 견인자동차에 의하여 지탱되는 구조의 것에 한한다)에 고정된 탱크에 위험물을 저장하는 장소를 말한다. O | X

X 이동탱크저장소에 대한 설명이다.

028
□□□

제1류 위험물 중 지정수량 이상의 염소산염류는 옥외저장소에 저장할 수 있다[다만, 「국제해사기구에 관한 협약」에 의하여 설치된 국제해사기구가 채택한 「국제해상위험물규칙」(IMDG Code)에 적합한 용기에 수납된 위험물은 제외한다]. O | X

X 염소산염류는 해당하지 않는다.

> 📖 핵심정리 **옥외저장소**
> 1. 제2류 위험물중 황 또는 인화성고체(인화점이 섭씨 0도 이상인 것에 한한다)
> 2. 제4류 위험물중 제1석유류(인화점이 섭씨 0도 이상인 것에 한한다)·알코올류·제2석유류·제3석유류·제4석유류 및 동식물유류
> 3. 제6류 위험물
> 4. 제2류 위험물 및 제4류 위험물중 특별시·광역시 또는 도의 조례에서 정하는 위험물(「관세법」 제154조의 규정에 의한 보세구역안에 저장하는 경우에 한한다)
> 5. 「국제해사기구에 관한 협약」에 의하여 설치된 국제해사기구가 채택한 「국제해상위험물규칙」(IMDG Code)에 적합한 용기에 수납된 위험물

029
□□□

주유취급소는 고정된 주유설비에 의하여 자동차·항공기 또는 선박 등의 연료탱크에 직접 주유하기 위하여 위험물을 취급하는 장소(위험물을 용기에 옮겨 담거나 차량에 고정된 1만리터 이하의 탱크에 주입하기 위하여 고정된 급유설비를 병설한 장소를 포함한다)를 말한다. O | X

X 위험물을 용기에 옮겨 담거나 차량에 고정된 5천리터 이하의 탱크에 주입하기 위하여 고정된 급유설비를 병설한 장소를 포함한다.

030
□□□

판매취급소는 점포에서 위험물을 용기에 담아 판매하기 위하여 지정수량의 40배 이하의 위험물을 취급하는 장소를 말한다. O | X

O

031
□□□

「송유관 안전관리법」에 의한 송유관에 의하여 위험물을 이송하는 경우는 이송취급소 제외 장소에 해당한다. O | X

O

> **📖 핵심정리 이송취급소 제외 장소**
>
> 1. 송유관에 의하여 위험물을 이송하는 경우
> 2. 제조소등에 관계된 시설(배관을 제외한다) 및 그 부지가 같은 사업소안에 있고 당해 사업소안에서만 위험물을 이송하는 경우
> 3. 사업소와 사업소의 사이에 도로(폭 2미터 이상의 일반교통에 이용되는 도로로서 자동차의 통행이 가능한 것을 말한다)만 있고 사업소와 사업소 사이의 이송배관이 그 도로를 횡단하는 경우
> 4. 사업소와 사업소 사이의 이송배관이 제3자(당해 사업소와 관련이 있거나 유사한 사업을 하는 자에 한한다)의 토지만을 통과하는 경우로서 당해 배관의 길이가 100미터 이하인 경우
> 5. 해상구조물에 설치된 배관(이송되는 위험물이 별표 1의 제4류 위험물중 제1석유류인 경우에는 배관의 안지름이 30센티미터 미만인 것에 한한다)으로서 해당 해상구조물에 설치된 배관이 길이가 30미터 이하인 경우
> 6. 사업소와 사업소 사이의 이송배관이 3. 내지 5.의 규정에 의한 경우 중 2 이상에 해당하는 경우
> 7. 자가발전시설에 사용되는 위험물을 이송하는 경우

032
□□□

「위험물안전관리법」은 항공기·선박·철도 및 궤도에 의한 위험물의 저장·취급 및 운반에 있어서는 이를 적용하여야 한다. O | X

X 위험물의 저장·취급 및 운반에 있어서는 이를 적용하지 아니한다.

033
□□□

국가는 위험물에 의한 사고를 예방하기 위하여 위험물에 의한 사고 유형의 분석, 사고 예방을 위한 안전기술 개발 사항을 포함하는 시책을 수립·시행하여야 한다. O | X

O

> **📖 핵심정리 국가의 책무**
>
> 1. 위험물의 유통실태 분석
> 2. 위험물에 의한 사고 유형의 분석
> 3. 사고 예방을 위한 안전기술 개발
> 4. 전문인력 양성
> 5. 그 밖에 사고 예방을 위하여 필요한 사항

034
□□□

지정수량 미만인 위험물의 저장 또는 취급에 관한 기술상의 기준은 시·도의 규칙으로 정한다.　　O | X

X 시·도의 조례로 정한다.

035
□□□

지정수량 이상의 위험물을 저장소가 아닌 장소에서 저장하거나 제조소등이 아닌 장소에서 취급하여서는 아니 된다. 이를 위반하여 저장소 또는 제조소등이 아닌 장소에서 지정수량 이상의 위험물을 저장 또는 취급한 자는 5년 이하의 징역 또는 5천만원 이하의 벌금에 처한다.　　O | X

X 3년 이하의 징역 또는 3천만원 이하의 벌금에 처한다.

036
□□□

시·도의 조례가 정하는 바에 따라 관할소방서장의 승인을 받아 지정수량 이상의 위험물을 90일 이내의 기간 동안 임시로 저장 또는 취급하는 경우에는 제조소등이 아닌 장소에서 지정수량 이상의 위험물을 취급할 수 있다.　　O | X

O

037
□□□

제조소등에서의 위험물의 저장 또는 취급에 관하여는 중요기준 및 세부기준에 따라야 한다.　　O | X

O

038
□□□

위험물의 저장 또는 취급에 관한 중요기준은 화재 등 위해의 예방과 응급조치에 있어서 큰 영향을 미치거나 그 기준을 위반하는 경우 직접적으로 화재를 일으킬 가능성이 큰 기준으로서 행정안전부령이 정하는 기준을 말한다. 규정에 따른 위험물의 저장 또는 취급에 관한 중요기준에 따르지 아니한 자는 1천500만원 이하의 벌금에 처한다.　　O | X

O

039
□□□

제조소등의 위치·구조 및 설비의 기술기준은 대통령령으로 정한다.　　O | X

X 위임규정은 행정안전부령이다.

040

□□□

둘 이상의 위험물을 같은 장소에서 저장 또는 취급하는 경우에 있어서 당해 장소에서 저장 또는 취급하는 각 위험물의 지정수량을 그 위험물의 수량으로 각각 나누어 얻은 수의 합계가 1 이상인 경우 당해 위험물은 지정수량 이상의 위험물로 본다.　　　　O | X

X　각 위험물의 수량을 그 위험물의 지정수량으로 나눈다.

041

□□□

소화난이도등급Ⅰ제조소는 지반면으로부터 6m 이상의 높이에 위험물 취급설비가 있는 것(고인화점위험물만을 100℃ 미만의 온도에서 취급하는 것은 제외)이 해당한다.　　　　O | X

O

> 📖 핵심정리 **소화난이도등급 Ⅰ 제조소 및 일반취급소**
>
> 1. 연면적 1,000㎡ 이상인 것
> 2. 지정수량의 100배 이상인 것(고인화점위험물만을 100℃ 미만의 온도에서 취급하는 것 및 제48조의 위험물을 취급하는 것은 제외)
> 3. 지반면으로부터 6m 이상의 높이에 위험물 취급설비가 있는 것(고인화점위험물만을 100℃ 미만의 온도에서 취급하는 것은 제외)
> 4. 일반취급소로 사용되는 부분 외의 부분을 갖는 건축물에 설치된 것(내화구조로 개구부 없이 구획 된 것, 고인화점위험물만을 100℃ 미만의 온도에서 취급하는 것 및 별표 16 X의2의 화학실험의 일반취급소는 제외)

042

□□□

옥내소화전설비 또는 옥외소화전설비는 제1류 위험물(알칼리금속의 과산화물등 제외), 제2류 위험물(철분·금속분·마그네슘등 제외), 제3류 위험물(금수성물품 제외), 제4류 위험물, 제5류 위험물 및 제6류 위험물에 소화적응성이 있다.　　　　O | X

X　옥내소화전설비 또는 옥외소화전설비는 제4류 위험물에 소화적응성이 없다.

043

□□□

물분무소화설비 및 포소화설비는 제4류 위험물의 소화적응성이 있다.　　　　O | X

O

044

□□□

불활성가스소화설비 및 할로겐화합물소화설비는 제4류 위험물과 제2류 위험물(인화성고체만을 말한다) 소화적응성이 있다.　　　　O | X

O

045
☐☐☐

건조사와 팽창질석 또는 팽창진주암은 모든 위험물에 소화적응성이 있다.   O | X

O

046
☐☐☐

지정수량의 10배 이상의 위험물을 저장 또는 취급하는 제조소등(이동탱크저장소를 포함한다)에는 화재발생시 이를 알 릴 수 있는 경보설비를 설치하여야 한다.   O | X

X 이동탱크저장소를 제외한다.

047
☐☐☐

자동화재탐지설비의 하나의 경계구역의 면적은 600㎡ 이하로 하고 그 한 변의 길이는 100m(광전식분리형 감지기를 설치할 경우에는 200m) 이하로 할 것. 다만, 당해 건축물 그 밖의 공작물의 주요한 출입구에서 그 내부의 전체를 볼 수 있는 경우에 있어서는 그 면적을 1,000㎡ 이하로 할 수 있다.   O | X

X 그 한 변의 길이는 50m(광전식분리형 감지기를 설치할 경우에는 100m) 이하로 하여야 한다.

048
☐☐☐

제조소등에는 화재 발생 시 소화가 곤란한 정도에 따라 그 소화에 적응성이 있는 소화설비, 주유취급소 중 건축물의 2층 이상의 부분을 점포·휴게음식점 또는 전시장의 용도로 사용하는 것과 옥내주유취급소에는 피난설비, 지정수량의 50배 이상의 위험물을 저장 또는 취급하는 제조소등(이동탱크저장소 제외)에는 화재 발생 시 이를 알릴 수 있는 경보 설비를 설치하여야 한다.   O | X

X 지정수량의 10배 이상의 위험물을 저장 또는 취급하는 제조소등(이동탱크저장소 제외)에는 화재 발생 시 이를 알릴 수 있는 경보설비를 설치하여야 한다.

049
☐☐☐

10배 이상의 위험물을 저장 또는 취급하는 제조소등(이동탱크저장소는 제외한다)에 설치하는 경보설비는 자동화재탐 지설비·자동화재속보설비·비상경보설비(비상벨장치 또는 경종을 포함한다)·확성장치(휴대용확성기를 포함한다) 및 비상방송설비로 구분하되, 제조소등별로 설치하여야 하는 경보설비의 종류 및 설치기준은 별표 17과 같다. O | X

O

050
☐☐☐

주유취급소 중 건축물의 2층 이상의 부분을 점포·휴게음식점 또는 전시장의 용도로 사용하는 것과 옥내주유취급소에 는 피난설비를 설치하여야 한다.   O | X

O

051
☐☐☐

시·도지사 또는 소방서장은 제조소등의 기준의 특례 적용 여부를 심사함에 있어서 전문기술적인 판단이 필요하다고 인정하는 사항에 대해서는 기술원이 실시한 해당 제조소등의 안전성에 관한 평가(이하 이 조에서 "안전성 평가"라 한다)를 참작할 수 있다. O | X

O

052
☐☐☐

안전성 평가의 신청을 받은 기술원은 소방기술사, 위험물기능장 등 해당분야의 전문가가 참여하는 위원회(이하 이 조에서 "안전성평가위원회"라 한다)의 심의를 거쳐 안전성 평가 결과를 10일 이내에 신청인에게 통보하여야 한다. O | X

X 30일 이내에 신청인에게 통보하여야 한다.

053
☐☐☐

제조소등에서의 위험물의 저장 및 취급에 관한 기준 중 위험물의 유별 저장·취급의 공통기준에 따라, 제1류 위험물은 가연물과의 접촉·혼합이나 분해를 촉진하는 물품과의 접근 또는 과열·충격·마찰 등을 피하는 한편, 알카리금속의 과산화물 및 이를 함유한 것에 있어서는 물과의 접촉을 피하여야 한다. O | X

O

054
☐☐☐

위험물의 유별 저장·취급의 공통기준에 따라, 제2류 위험물 중 자연발화성 물질에 있어서는 불티·불꽃 또는 고온체와의 접근·과열 또는 공기와의 접촉을 피하고, 금수성물질에 있어서는 물과의 접촉을 피하여야 한다. O | X

X 제3류 위험물 중 자연발화성 물질에 있어서는 불티·불꽃 또는 고온체와의 접근·과열 또는 공기와의 접촉을 피해야 한다.

055
☐☐☐

위험물의 유별 저장·취급의 공통기준에 따라, 제3류 위험물은 산화제와의 접촉·혼합이나 불티·불꽃·고온체와의 접근 또는 과열을 피하는 한편, 철분·금속분·마그네슘 및 이를 함유한 것에 있어서는 물이나 산과의 접촉을 피하고 인화성 고체에 있어서는 함부로 증기를 발생시키지 아니하여야 한다. O | X

X 제2류 위험물에 대한 설명이다.

056
□□□

위험물의 유별 저장·취급의 공통기준에 따라, 제4류 위험물은 가연물과의 접촉·혼합이나 분해를 촉진하는 물품과의 접근 또는 과열을 피하여야 한다. O | X

X 제6류 위험물에 대한 설명이다.

> 📖 **핵심정리 위험물의 유별 저장·취급의 공통기준**
>
> 1. 제4류 위험물은 불티·불꽃·고온체와의 접근 또는 과열을 피하고, 함부로 증기를 발생시키지 아니하여야 한다.
> 2. 제5류 위험물은 불티·불꽃·고온체와의 접근이나 과열·충격 또는 마찰을 피하여야 한다.
> 3. 제6류 위험물은 가연물과의 접촉·혼합이나 분해를 촉진하는 물품과의 접근 또는 과열을 피하여야 한다.

확인학습문제 위험물안전관리법 시행규칙 [별표 18] 저장의 기준

057
□□□

원칙적으로 저장소에는 위험물 외의 물품을 저장하지 아니하여야 한다. O | X

O

확인학습문제 위험물안전관리법 시행규칙 [별표 18] 저장의 기준

058
□□□

원칙적으로 유별을 달리하는 위험물은 동일한 저장소(내화구조의 격벽으로 완전히 구획된 실이 2 이상 있는 저장소에 있어서는 동일한 실)에 저장하지 아니하여야 한다. O | X

O

---

24. 공채·경채 위험물안전관리법 시행규칙 [별표 18] 저장의 기준

059
□□□

제3류 위험물 중 황린 그 밖에 물속에 저장하는 물품과 금수성물질은 동일한 저장소에서 저장하지 아니하여야 한다. O | X

O

확인학습문제 위험물안전관리법 시행규칙 [별표 18] 저장의 기준

060
□□□

옥내저장소에서 동일 품명의 위험물이더라도 자연발화할 우려가 있는 위험물 또는 재해가 현저하게 증대할 우려가 있는 위험물을 다량 저장하는 경우에는 지정수량의 10배 이하마다 구분하여 상호간 0.3m 이상의 간격을 두어 저장하여야 한다. O | X

O

---

24. 공채·경채 위험물안전관리법 시행규칙 [별표 18] 저장의 기준

061
□□□

옥내저장소에서는 용기에 수납하여 저장하는 위험물의 온도가 55℃를 넘지 아니하도록 필요한 조치를 강구하여야 한다. O | X

O

062
□□□

옥외저장소에서 위험물을 수납한 용기를 선반에 저장하는 경우에는 8m를 초과하여 저장하지 아니하여야 한다.

O | X

X 6m이다.

063
□□□

옥외저장소에서 위험물을 수납한 용기를 선반에 저장하는 경우에는 10m 이하의 높이로 저장하여야 한다.

O | X

X 6m를 초과하여 저장하지 아니하여야 한다.

064
□□□

옥외저장탱크·옥내저장탱크 또는 지하저장탱크 중 압력탱크 외의 탱크에 저장하는 디에틸에테르등 또는 아세트알데히드등의 온도는 산화프로필렌과 이를 함유한 것 또는 디에틸에테르등에 있어서는 30℃ 이하로, 아세트알데히드 또는 이를 함유한 것에 있어서는 15℃ 이하로 각각 유지하여야 한다.

O | X

O

065
□□□

옥외저장탱크·옥내저장탱크 또는 지하저장탱크 중 압력탱크에 저장하는 아세트알데히드등 또는 디에틸에테르등의 온도는 55℃ 이하로 유지하여야 한다.

O | X

X 40℃ 이하로 유지하여야 한다.

066
□□□

보냉장치가 있는 이동저장탱크에 저장하는 아세트알데히드등 또는 디에틸에테르등의 온도는 당해 위험물의 비점 이하로 유지하여야 한다.

O | X

O

빈출문제   위험물안전관리법

067

☐☐☐

제조소등을 설치하고자 하는 자는 대통령령이 정하는 바에 따라 그 설치장소를 관할하는 시·도지사의 허가를 받아야 한다. 제조소등의 위치·구조 또는 설비 가운데 행정안전부령이 정하는 사항을 변경하고자 하는 시·도지사에게 신고하여야 한다.   O | X

X 제조소등의 위치·구조 또는 설비 가운데 행정안전부령이 정하는 사항을 변경하고자 하는 시·도지사에게 허가를 받아야 한다.

빈출문제   위험물안전관리법 시행령

068

☐☐☐

시·도지사는 지정수량의 1천배 이상의 위험물을 취급하는 제조소 또는 일반취급소의 경우의 설치허가 요건은 구조·설비에 관한 사항에 대하여 기술원의 기술검토를 받고 그 결과가 행정안전부령으로 정하는 기준에 적합한 것으로 인정되어야 한다.   O | X

O

> 📖 **핵심정리 설치허가·변경허가 요건**
> 1. 제조소등의 위치·구조 및 설비가 법 제5조 제4항의 규정에 의한 기술기준에 적합할 것
> 2. 제조소등에서의 위험물의 저장 또는 취급이 공공의 안전유지 또는 재해의 발생방지에 지장을 줄 우려가 없다고 인정될 것
> 3. 기술원의 기술검토를 받고 그 결과가 행정안전부령으로 정하는 기준에 적합한 것으로 인정될 것. 다만, 보수 등을 위한 부분적인 변경으로서 소방청장이 정하여 고시하는 사항에 대해서는 기술원의 기술검토를 받지 않을 수 있으나 행정안전부령으로 정하는 기준에는 적합해야 한다.
>   • 지정수량의 1천배 이상의 위험물을 취급하는 제조소 또는 일반취급소: 구조·설비에 관한 사항
>   • 옥외탱크저장소(저장용량이 50만 리터 이상인 것만 해당한다) 또는 암반탱크저장소: 위험물탱크의 기초·지반, 탱크본체 및 소화설비에 관한 사항

확인학습문제   위험물안전관리법 시행규칙 [별표 1의2]

069

☐☐☐

제조소 또는 일반취급소에서 위험물취급탱크의 노즐 또는 맨홀을 신설하는 경우(노즐 또는 맨홀의 지름이 250mm를 초과하는 경우에 한한다)에 변경하고자 하는 자는 시·도지사의 변경허가를 받아야 한다.   O | X

O

확인학습문제   위험물안전관리법 시행규칙 [별표 1의2]

070

☐☐☐

제조소 또는 일반취급소에서 위험물취급탱크의 방유제의 높이 또는 방유제 내의 면적을 변경하는 경우에 변경하고자 하는 자는 시·도지사에게 변경하고자 하는 1일 전까지 행정안전부령으로 정하는 바에 따라 신고하여야 한다.   O | X

X 시·도지사의 변경허가를 받아야 한다.

071

□□□

제조소 또는 일반취급소에서 300m(지상에 설치하지 아니하는 배관의 경우에는 30m)를 초과하는 위험물배관을 신설·교체·철거 또는 보수(배관을 절개하는 경우에 한한다)하는 경우에 변경하고자 하는 자는 시·도지사의 변경허가를 받아야 한다.   O | X

O

072

□□□

제조소등의 위치·구조 또는 설비 가운데 행정안전부령이 정하는 사항을 변경하고자 하는 때에는 그 설치장소를 관할하는 시·도지사에게 신고하여야 한다.   O | X

X 제조소등을 설치하고자 하는 자는 대통령령이 정하는 바에 따라 그 설치장소를 관할하는 시·도지사의 허가를 받아야 한다. 제조소등의 위치·구조 또는 설비 가운데 행정안전부령이 정하는 사항을 변경하고자 하는 때에도 또한 같다. 따라서 변경허가를 받아야 한다.

073

□□□

제조소등의 위치·구조 또는 설비의 변경 없이 지정수량의 배수를 변경하고자 하는 자는 변경하고자 하는 날의 1일 전까지 시·도지사에게 신고하여야 한다.   O | X

O

074

□□□

농예용·축산용 또는 수산용으로 필요한 난방시설 또는 건조시설을 위한 지정수량 20배 이하의 저장소의 경우는 허가를 받지 아니하고 해당 제조소등을 설치하거나 그 위치·구조 또는 설비를 변경할 수 있으며, 신고를 하지 아니하고 위험물의 품명·수량 또는 지정수량의 배수를 변경할 수 있다.   O | X

O

075

□□□

공동주택의 중앙난방시설을 위한 지정수량 30배 이하의 취급소는 신고를 하지 아니하고 위험물의 품명·수량 또는 지정수량의 배수를 변경할 수 있는 경우에 해당한다.   O | X

X 공동주택의 중앙난방시설을 위한 지정수량 30배 이하의 취급소는 해당하지 않는다.

076

□□□

군사목적 또는 군부대시설을 위한 제조소등을 설치하거나 그 위치·구조 또는 설비를 변경하고자 하는 군부대의 장은 대통령령이 정하는 바에 따라 미리 제조소등의 소재지를 관할하는 소방본부장 또는 소방서장과 협의하여야 한다.   O | X

X 시·도지사와 협의하여야 한다.

077

☐☐☐

군부대의 장은 군사목적 또는 군부대시설을 위한 제조소등을 설치하거나 그 위치·구조 또는 설비를 변경하고자 하는 경우에는 당해 제조소등의 설치공사 또는 변경공사를 착수한 후 30일 이내에 그 공사의 설계도서와 행정안전부령이 정하는 서류를 시·도지사에게 제출하여야 한다.   O | X

X 당해 제조소등의 설치공사 또는 변경공사를 착수하기 전에 제출하여야 한다.

078

☐☐☐

군부대의 장은 규정에 따라 제조소등의 소재지를 관할하는 시·도지사와 협의한 제조소등에 대하여는 탱크안전성능 검사와 완공검사를 자체적으로 실시할 수 있다.   O | X

O

079

☐☐☐

완공검사를 자체적으로 실시한 군부대의 장은 지체없이 행정안전부령이 정하는 사항을 시·도지사에게 통보하여야 한다. 행정안전부령으로 정하는 사항에 안전관리자 선임계획, 예방규정, 완공검사의 결과가 해당한다.   O | X

O

> 📖 **핵심정리 행정안전부령으로 정하는 사항**
>
> 1. 제조소등의 완공일 및 사용개시일
> 2. 탱크안전성능검사의 결과
> 3. 완공검사의 결과
> 4. 안전관리자 선임계획
> 5. 예방규정

080

☐☐☐

위험물탱크가 있는 제조소등의 설치에 관하여 허가를 받은 자가 위험물탱크의 설치 공사를 하는 때에는 완공검사를 받기 전에 규정에 따른 기술기준에 적합한지의 여부를 확인하기 위하여 소방청장이 실시하는 탱크안전성능검사를 받 아야 한다.   O | X

X 시·도지사가 실시하는 탱크안전성능검사를 받아야 한다.

081

☐☐☐

시·도지사는 허가를 받은 자가 탱크안전성능시험자 또는 한국소방산업기술원으로부터 탱크안전성능시험을 받은 경우 에는 대통령령이 정하는 바에 따라 당해 탱크안전성능검사의 전부 또는 일부를 면제할 수 있다.   O | X

O

082

□□□

탱크안전성능검사 중 기초·지반검사의 대상이 되는 탱크는 옥외탱크저장소의 액체위험물탱크 중 그 용량이 50만리터 이상인 탱크이다.　　O | X

X　100만리터 이상인 탱크이다.

083

□□□

탱크안전성능검사 중 충수·수압검사는 탱크의 배관 그 밖의 부속설비를 부착하기 전에 행하는 당해 탱크의 본체에 관한 공사에 있어서 탱크의 용접부가 행정안전부령으로 정하는 기준에 적합한지 여부를 확인함이다.　　O | X

X　용접부검사에 대한 내용이다.

> **📖 핵심정리 충수·수압검사**
> 충수·수압검사는 탱크에 배관 그 밖의 부속설비를 부착하기 전에 당해 탱크 본체의 누설 및 변형에 대한 안전성이 행정안전부령으로 정하는 기준에 적합한지 여부를 확인함이다.

084

□□□

충수·수압검사는 위험물을 저장 또는 취급하는 탱크에 배관 그 밖의 부속설비를 부착하기 전에 신청한다.　O | X

O

> **📖 핵심정리 탱크안전성능검사의 신청시기**
> 1. **기초·지반검사:** 위험물탱크의 기초 및 지반에 관한 공사의 개시 전
> 2. **충수·수압검사:** 위험물을 저장 또는 취급하는 탱크에 배관 그 밖의 부속설비를 부착하기 전
> 3. **용접부검사:** 탱크본체에 관한 공사의 개시 전
> 4. **암반탱크검사:** 암반탱크의 본체에 관한 공사의 개시 전

085

□□□

허가를 받은 자가 제조소등의 설치를 마쳤거나 그 위치·구조 또는 설비의 변경을 마친 때에는 당해 제조소등마다 시·도지사가 행하는 완공검사를 받아 규정에 따른 기술기준에 적합하다고 인정받은 후가 아니면 이를 사용하여서는 아니 된다. 이를 위반하여 제조소등의 완공검사를 받지 아니하고 위험물을 저장·취급한 자는 1천500만원 이하의 벌금에 처한다.　　O | X

O

086

□□□

완공검사를 받고자 하는 자가 제조소등의 일부에 대한 설치 또는 변경을 마친 후 그 일부를 미리 사용하고자 하는 경우에는 당해 제조소등의 일부에 대하여 완공검사를 받을 수 있다.　　O | X

O

087
□□□

민사집행법에 의한 경매, 「채무자 회생 및 파산에 관한 법률」에 의한 환가, 국세징수법·관세법 또는 「지방세징수법」에 따른 압류재산의 매각과 그 밖에 이에 준하는 절차에 따라 제조소등의 시설의 전부 또는 일부를 인수한 자는 그 설치자의 지위를 승계한다.   O | X

X 전부를 인수한 자는 그 설치자의 지위를 승계한다.

088
□□□

제조소등의 설치자의 지위를 승계한 자는 행정안전부령이 정하는 바에 따라 승계한 날부터 14일 이내에 시·도지사에게 그 사실을 신고하여야 한다.   O | X

X 30일 이내이다.

089
□□□

제조소등의 관계인은 당해 제조소등의 용도를 폐지한 때에는 행정안전부령이 정하는 바에 따라 제조소등의 용도를 폐지한 날부터 30일 이내에 시·도지사에게 신고하여야 한다.   O | X

X 14일 이내이다.

090
□□□

제조소등의 관계인은 제조소등의 사용을 중지(경영상 형편, 대규모 공사 등의 사유로 2개월 이상 위험물을 저장하지 아니하거나 취급하지 아니하는 것을 말한다. 이하 같다)하려는 경우에는 위험물의 제거 및 제조소등에의 출입통제 등 행정안전부령으로 정하는 안전조치를 하여야 한다.   O | X

X 3개월 이상이다.

091
□□□

탱크·배관 등 위험물을 저장 또는 취급하는 설비에서 위험물 및 가연성 증기 등의 제거, 해당 제조소등의 사용중지 사실의 게시는 "위험물의 제거 및 제조소등에의 출입통제 등 행정안전부령으로 정하는 안전조치"에 해당한다.   O | X

O

> 📖 **핵심정리** **위험물의 제거 및 제조소등에의 출입통제 등 행정안전부령으로 정하는 안전조치**
>
> 1. 탱크·배관 등 위험물을 저장 또는 취급하는 설비에서 위험물 및 가연성 증기 등의 제거
> 2. 관계인이 아닌 사람에 대한 해당 제조소등에의 출입금지 조치
> 3. 해당 제조소등의 사용중지 사실의 게시
> 4. 위험물의 사고 예방에 필요한 조치

092
☐☐☐

제조소등의 사용을 중지하는 기간에도 위험물안전관리자가 계속하여 직무를 수행하는 경우에는 안전조치를 아니할 수 있다.　O | X

O

093
☐☐☐

제조소등의 관계인은 제조소등의 사용을 중지하거나 중지한 제조소등의 사용을 재개하려는 경우에는 해당 제조소등의 사용을 중지하려는 날 또는 재개하려는 날의 14일 전까지 행정안전부령으로 정하는 바에 따라 제조소등의 사용 중지 또는 재개를 시·도지사에게 신고하여야 한다.　O | X

O

094
☐☐☐

소방본부장 또는 소방서장은 제조소등의 사용 중지 신고를 받으면 제조소등의 관계인이 안전조치를 적합하게 하였는지 또는 위험물안전관리자가 직무를 적합하게 수행하는지를 확인하고 위해 방지를 위하여 필요한 안전조치의 이행을 명할 수 있다.　O | X

X　시·도지사이다.

095
☐☐☐

시·도지사는 제조소등의 관계인이 규정을 위반하여 위험물안전관리자를 선임하지 아니한 때에는 행정안전부령이 정하는 바에 따라 허가를 취소하거나 2년 이내의 기간을 정하여 제조소등의 전부 또는 일부의 사용정지를 명할 수 있다.　O | X

X　6개월 이내의 기간이다.

핵심정리　제조소등 설치허가의 취소와 사용정지 등

1. 제6조 제1항 후단의 규정에 따른 변경허가를 받지 아니하고 제조소등의 위치·구조 또는 설비를 변경한 때
2. 제9조의 규정에 따른 완공검사를 받지 아니하고 제조소등을 사용한 때
2의2. 제11조의2 제3항에 따른 안전조치 이행명령을 따르지 아니한 때
3. 제14조 제2항의 규정에 따른 수리·개조 또는 이전의 명령을 위반한 때
4. 제15조 제1항 및 제2항의 규정에 따른 위험물안전관리자를 선임하지 아니한 때
5. 제15조 제5항을 위반하여 대리자를 지정하지 아니한 때
6. 제18조 제1항의 규정에 따른 정기점검을 하지 아니한 때
7. 제18조 제3항에 따른 정기검사를 받지 아니한 때
8. 제26조의 규정에 따른 저장·취급기준 준수명령을 위반한 때

096
☐☐☐

시·도지사는 제조소등에 대한 사용의 정지가 그 이용자에게 심한 불편을 주거나 그 밖에 공익을 해칠 우려가 있는 때에는 사용정지처분에 갈음하여 3억원 이하의 과징금을 부과할 수 있다.　O | X

X　2억원 이하의 과징금을 부과할 수 있다.

빈출문제 　위험물안전관리법

097
□□□
시·도지사, 소방본부장 또는 소방서장은 유지·관리의 상황이 규정에 따른 기술기준에 부적합하다고 인정하는 때에는 그 기술기준에 적합하도록 제조소등의 위치·구조 및 설비의 수리·개조 또는 이전을 명할 수 있다. 이에 따른 수리·개조 또는 이전의 명령에 따르지 아니한 자는 3년 이하의 징역 또는 3천만원 이하의 벌금에 처한다.　O | X

X　1천500만원 이하의 벌금에 처한다.

> **핵심정리 3년 이하의 징역 또는 3천만원 이하의 벌금**
> 제5조 제1항을 위반하여 저장소 또는 제조소등이 아닌 장소에서 지정수량 이상의 위험물을 저장 또는 취급한 자는 3년 이하의 징역 또는 3천만원 이하의 벌금에 처한다.

빈출문제 　위험물안전관리법

098
□□□
제조소등(허가를 받지 아니하는 제조소등과 이동탱크저장소는 제외한다)의 관계인은 위험물의 안전관리에 관한 직무를 수행하게 하기 위하여 제조소등마다 위험물취급자격자를 위험물안전관리자로 선임하여야 한다.　O | X

O

빈출문제 　위험물안전관리법 시행령 [별표 5]

099
□□□
「국가기술자격법」에 따라 위험물기능장, 위험물산업기사, 위험물기능사의 자격을 취득한 사람은 모든 위험물을 취급할 수 있다.　O | X

O

빈출문제 　위험물안전관리법 시행령 [별표 5]

100
□□□
소방공무원 경력자(소방공무원으로 근무한 경력이 3년 이상인 자를 말한다)는 위험물 중 제3류 위험물을 취급할 수 있다.　O | X

X　제4류 위험물이 해당한다.

20. 공채 　위험물안전관리법

101
□□□
제조소등의 관계인은 위험물안전관리자를 선임한 경우에는 선임한 날부터 30일 이내에 행정안전부령으로 정하는 바에 따라 소방본부장 또는 소방서장에게 신고하여야 한다.　O | X

X　14일 이내이다.

102
□□□

안전관리자를 선임한 제조소등의 관계인은 안전관리자의 해임 또는 퇴직과 동시에 다른 안전관리자를 선임하지 못하는 경우에는 「국가기술자격법」에 따른 위험물의 취급에 관한 자격취득자 또는 위험물안전에 관한 기본지식과 경험이 있는 자로서 소방본부장이나 소방서장이 정하는 자를 대리자(代理者)로 지정하여 그 직무를 대행하게 하여야 한다.

O | X

X 안전관리자를 선임한 제조소등의 관계인은 안전관리자가 여행·질병 그 밖의 사유로 인하여 일시적으로 직무를 수행할 수 없거나 안전관리자의 해임 또는 퇴직과 동시에 다른 안전관리자를 선임하지 못하는 경우에는 「국가기술자격법」에 따른 위험물의 취급에 관한 자격취득자 또는 위험물안전에 관한 기본지식과 경험이 있는 자로서 행정안전부령이 정하는 자를 대리자(代理者)로 지정하여 그 직무를 대행하게 하여야 한다.

103
□□□

제조소등의 관계인이 안전관리자를 해임하거나 안전관리자가 퇴직한 경우 그 관계인 또는 안전관리자는 소방본부장이나 소방서장에게 그 사실을 알려 해임되거나 퇴직한 사실을 확인받을 수 있다.

O | X

O

104
□□□

제조소등의 종류 및 규모에 따라 선임하여야 하는 안전관리자의 자격은 대통령령으로 정한다.

O | X

O

105
□□□

안전관리자를 선임한 제조소등의 관계인은 그 안전관리자를 해임하거나 안전관리자가 퇴직한 때에는 해임하거나 퇴직한 날부터 30일 이내에 다시 안전관리자를 선임하여야 한다.

O | X

O

106
□□□

제조소등의 관계인은 안전관리자를 선임한 경우에는 선임한 날부터 30일 이내에 행정안전부령으로 정하는 바에 따라 소방본부장 또는 소방서장에게 신고하여야 한다.

O | X

X 14일 이내이다.

107
□□□

다수의 제조소등을 동일인이 설치한 경우에는 관계인은 소방본부장 또는 소방서장이 정하는 바에 따라 1인의 안전관리자를 중복하여 선임할 수 있다. 이 경우 대통령령이 정하는 제조소등의 관계인은 대리자의 자격이 있는 자를 각 제조소등별로 지정하여 안전관리자를 보조하게 하여야 한다.

O | X

X 다수의 제조소등을 동일인이 설치한 경우에는 관계인은 대통령령이 정하는 바에 따라 1인의 안전관리자를 중복하여 선임할 수 있다.

108
☐☐☐

안전교육을 받은 자 또는 제조소등의 위험물 안전관리업무에 있어서 안전관리자를 지휘·감독하는 직위에 있는 자는 위험물안전관리자의 대리자 자격에 해당한다.　　O | X

O

빈출문제　위험물안전관리법 시행령

109
☐☐☐

보일러·버너 또는 이와 비슷한 것으로서 위험물을 소비하는 장치로 이루어진 9개 이하의 일반취급소와 그 일반취급소에 공급하기 위한 위험물을 저장하는 저장소[일반취급소 및 저장소가 모두 동일구내(같은 건물 안 또는 같은 울 안을 말한다. 이하 같다)에 있는 경우에 한한다.]를 동일인이 설치한 경우는 1인의 안전관리자를 중복하여 선임할 수 있는 경우에 해당한다.　　O | X

X　7개 이하의 일반취급소이다.

빈출문제　위험물안전관리법 시행령

110
☐☐☐

위험물을 차량에 고정된 탱크 또는 운반용기에 옮겨 담기 위한 5개 이하의 일반취급소[일반취급소간의 거리(수평거리를 말한다)가 300미터 이내인 경우에 한한다]와 그 일반취급소에 공급하기 위한 위험물을 저장하는 저장소를 동일인이 설치한 경우는 1인의 안전관리자를 중복하여 선임할 수 있는 경우에 해당한다.　　O | X

X　보행거리를 말한다.

빈출문제　위험물안전관리법 시행령

111
☐☐☐

동일구내에 있거나 상호 100미터 이내의 거리에 있는 저장소로서 저장소의 규모, 저장하는 위험물의 종류 등을 고려하여 소방청장이 정하는 저장소를 동일인이 설치한 경우는 1인의 안전관리자를 중복하여 선임할 수 있는 경우에 해당한다.　　O | X

X　행정안전부령이 정하는 저장소이다.

빈출문제　위험물안전관리법 시행규칙

112
☐☐☐

10개 이하의 옥내저장소·옥외저장소·암반탱크저장소는 1인의 안전관리자를 중복하여 선임할 수 있는 행정안전부령으로 정하는 저장소에 해당한다.　　O | X

O

빈출문제　위험물안전관리법 시행규칙

113
☐☐☐

50개 이하의 옥외탱크저장소는 1인의 안전관리자를 중복하여 선임할 수 있는 행정안전부령으로 정하는 저장소에 해당한다.　　O | X

X　30개 이하의 옥외탱크저장소이다.

114
□□□

옥내탱크저장소, 지하탱크저장소, 간이탱크저장소 및 이동탱크저장소는 1인의 안전관리자를 중복하여 선임할 수 있는 행정안전부령으로 정하는 저장소에 해당한다.   O | X

X 이동탱크저장소는 해당하지 않는다.

115
□□□

소방청장 또는 제조소등의 관계인은 안전관리업무를 전문적이고 효율적으로 수행하기 위하여 탱크안전성능시험자(이하 "탱크시험자"라 한다)로 하여금 이 법에 의한 검사 또는 점검의 일부를 실시하게 할 수 있다.   O | X

X 시·도지사이다.

116
□□□

탱크시험자가 되고자 하는 자는 대통령령이 정하는 기술능력·시설 및 장비를 갖추어 시·도지사에게 등록하여야 한다.   O | X

O

117
□□□

탱크시험자의 필수인력은 다음을 포함한다.
1. 위험물기능장·위험물산업기사 또는 위험물기능사 중 2명 이상
2. 비파괴검사기술사 1명 이상 또는 초음파비파괴검사·자기비파괴검사 및 침투비파괴검사별로 기사 또는 산업기사 각 1명 이상   O | X

X 위험물기능장·위험물산업기사 또는 위험물기능사 중 1명 이상이다.

118
□□□

탱크시험자가 규정에 따라 등록한 사항 가운데 행정안전부령이 정하는 중요사항을 변경한 경우에는 그 날부터 30일 이내에 시·도지사에게 변경신고를 하여야 한다.   O | X

O

119
□□□

"기술능력의 변경", "보유장비의 변경", 및 "상호 또는 명칭의 변경"은 탱크안전성능시험자가 변경사항을 신고해야 하는 중요사항에 해당한다.   O | X

X "보유장비의 변경"은 해당하지 않는다.

> **핵심정리 탱크안전성능시험자가 변경사항을 신고해야 하는 중요사항**
>
> 1. 영업소 소재지의 변경
> 2. 기술능력의 변경
> 3. 대표자의 변경
> 4. 상호 또는 명칭의 변경

빈출문제   위험물안전관리법 시행령

120
□□□

탱크시험자가 법인으로서 그 대표자가 피성년후견인에 해당하는 경우 탱크시험자로 등록하거나 탱크시험자의 업무에 종사할 수 없다.   O | X

O 결격사유에 해당한다.

빈출문제   위험물안전관리법

121
□□□

대통령령으로 정하는 제조소등의 관계인은 해당 제조소등의 화재예방과 화재 등 재해발생시의 비상조치를 위하여 행정안전부령으로 정하는 바에 따라 예방규정을 정하여 해당 제조소등의 사용을 시작한 날부터 30일 이내에 시·도지사에게 제출하여야 한다.   O | X

X 해당 제조소등의 사용을 시작하기 전에 시·도지사에게 제출하여야 한다.

빈출문제   위험물안전관리법

122
□□□

소방본부장이나 소방서장은 제출한 예방규정이 위험물의 저장 또는 취급에 관한 중요기준과 세부기준에 적합하지 아니하거나 화재예방이나 재해발생시의 비상조치를 위하여 필요하다고 인정하는 때에는 이를 반려하거나 그 변경을 명할 수 있다.   O | X

X 시·도지사이다.

---

23. 공채·경채   위험물안전관리법 시행령

123
□□□

150,000리터의 경유를 저장하는 옥외탱크저장소는 관계인이 예방규정을 정하여야 하는 제조소등에 해당한다.   O | X

X 경유의 지정수량은 1,000ℓ이므로 지정수량보다 150배 많은 상황이다. 옥외탱크저장소의 경우는 지정수량의 200배 이상인 경우에 예방규정을 작성한다.

> **핵심정리 관계인이 예방규정을 정하여야 하는 제조소등**
>
> 1. 지정수량의 10배 이상의 위험물을 취급하는 제조소
> 2. 지정수량의 100배 이상의 위험물을 저장하는 옥외저장소
> 3. 지정수량의 150배 이상의 위험물을 저장하는 옥내저장소
> 4. 지정수량의 200배 이상의 위험물을 저장하는 옥외탱크저장소
> 5. 암반탱크저장소
> 6. 이송취급소
> 7. 지정수량의 10배 이상의 위험물을 취급하는 일반취급소(단서조항 생략)

124

□□□

4,000리터의 알코올류를 취급하는 제조소, 30,000㎏의 황을 저장하는 옥외저장소, 2,500㎏의 질산에스터류를 저장하는 옥내저장소는 관계인이 예방규정을 정하여야 하는 제조소등에 해당한다.　O | X

O

125

□□□

지정수량의 50배 이상의 위험물을 저장하는 옥외저장소는 예방규정을 작성하여야 하는 대상에 해당한다.　O | X

X 지정수량의 100배 이상의 위험물을 저장하는 옥외저장소는 예방규정을 작성하여야 하는 대상에 해당한다.

126

□□□

소방본부장이나 소방서장이 정하는 제조소등의 관계인은 그 제조소등에 대하여 행정안전부령이 정하는 바에 따라 규정에 따른 기술기준에 적합한지의 여부를 정기적으로 점검하고 점검결과를 기록하여 보존하여야 한다.　O | X

X 소방본부장이나 소방서장이 정하는 제조소등의 관계인이 아니라 대통령령이 정하는 제조소등의 관계인이다.

127

□□□

정기점검을 한 제조소등의 관계인은 점검을 한 날부터 30일 이내에 점검결과를 소방본부장 또는 소방서장에게 제출하여야 한다.　O | X

X 시 · 도지사에게 제출하여야 한다.

128

□□□

정기점검의 대상이 되는 제조소등의 관계인 가운데 소방본부장 또는 소방서장이 정하는 제조소등의 관계인은 대통령령으로 정하는 바에 따라 시 · 도지사로부터 해당 제조소등이 제5조 제4항에 따른 기술기준에 적합하게 유지되고 있는지의 여부에 대하여 정기적으로 검사를 받아야 한다.　O | X

X 정기점검의 대상이 되는 제조소등의 관계인 가운데 대통령령으로 정하는 제조소등의 관계인은 행정안전부령으로 정하는 바에 따라 소방본부장 또는 소방서장으로부터 해당 제조소등이 제5조 제4항에 따른 기술기준에 적합하게 유지되고 있는지의 여부에 대하여 정기적으로 검사를 받아야 한다.

129

□□□

정기점검의 대상인 제조소등은 액체위험물을 저장 또는 취급하는 100만리터 이상의 옥외탱크저장소를 말한다. O | X

X 50만리터 이상의 옥외탱크저장소를 말한다.

130
☐☐☐

정밀정기검사는 특정·준특정옥외탱크저장소의 설치허가에 따른 완공검사합격확인증을 발급받은 날부터 12년, 최근의 정밀정기검사를 받은 날부터 12년의 기간 내에 1회를 받아야 한다. O | X

X 최근의 정밀정기검사를 받은 날부터 11년의 기간 내에 1회를 받아야 한다.

131
☐☐☐

중간정기검사는 특정·준특정옥외탱크저장소의 설치허가에 따른 완공검사합격확인증을 발급받은 날부터 5년, 최근의 정밀정기검사 또는 중간정기검사를 받은 날부터 5년의 기간 내에 1회를 받아야 한다. O | X

X 모두 4년의 기간 내이다.

132
☐☐☐

관계인이 예방규정을 정하여야 하는 제조소등, 지하탱크저장소 및 이동탱크저장소는 정기점검의 대상인 제조소등에 해당한다. O | X

O

133
☐☐☐

위험물을 취급하는 탱크로서 지하에 매설된 탱크가 있는 제조소·주유취급소 또는 일반취급소는 정기점검의 대상인 제조소등에 해당한다. O | X

O

134
☐☐☐

제조소등의 관계인은 당해 제조소등에 대하여 2년마다 1회 이상 정기점검을 실시하여야 한다. O | X

X 연 1회 이상 정기점검을 실시하여야 한다.

135
☐☐☐

옥외탱크저장소 중 저장 또는 취급하는 액체위험물의 최대수량이 50만리터 이상인 것(이하 "특정·준특정옥외탱크저장소"라 한다)에 대해서는 정기점검 외에 특정·준특정옥외탱크저장소의 설치허가에 따른 완공검사합격확인증을 발급받은 날부터 11년에 해당하는 기간 이내에 1회 이상 특정·준특정옥외저장탱크(특정·준특정옥외탱크저장소의 탱크)의 구조 등에 관한 안전점검(이하 "구조안전점검"이라 한다)을 해야 한다. O | X

X 완공검사합격확인증을 발급받은 날부터 12년에 해당하는 기간 이내이다.

136

□□□

특정 · 준특정옥외탱크저장소에 대해서는 정기점검 외에 최근의 정밀정기검사를 받은 날부터 4년에 해당하는 기간 이내에 1회 이상 특정 · 준특정옥외탱크저장소의 탱크의 구조 등에 관한 구조안전점검을 해야 한다. O | X

X　최근의 정밀정기검사를 받은 날부터 11년에 해당하는 기간 이내이다.

137

□□□

제조소등의 관계인은 당해 제조소등의 정기점검을 안전관리자(제65조의 규정에 의한 정기점검에 있어서는 제66조의 규정에 의하여 소방청장이 정하여 고시하는 점검방법에 관한 지식 및 기능이 있는 자에 한한다) 또는 위험물운송자(이동탱크저장소의 경우에 한한다)로 하여금 실시하도록 하여야 한다. O | X

O

138

□□□

제조소등의 관계인은 안전관리대행기관(특정 · 준특정옥외탱크저장소의 정기점검을 포함한다) 또는 탱크시험자에게 정기점검을 의뢰하여 실시할 수 있다. 이 경우 해당 제조소등의 안전관리자는 안전관리대행기관 또는 탱크시험자의 점검현장에 참관해야 한다. O | X

X　제65조에 따른 특정 · 준특정옥외탱크저장소의 정기점검은 제외한다.

139

□□□

옥외저장탱크의 구조안전점검에 해당하지 아니하는 정기점검의 기록은 12년의 기간 동안 이를 보존하여야 한다. O | X

X　3년이다.

> 📖 **핵심정리　정기점검의 기록 · 유지**
>
> 1. 제65조 제1항의 규정에 의한 옥외저장탱크의 구조안전점검에 관한 기록: 25년(동항 제3호에 규정한 기간의 적용을 받는 경우에는 30년)
> 2. 제1호에 해당하지 아니하는 정기점검의 기록: 3년

140

□□□

탱크시험자는 정기점검을 실시한 결과 그 탱크 등의 유지관리상황이 적합하다고 인정되는 때에는 점검을 완료한 날부터 10일 이내에 정기점검결과서에 위험물탱크안전성능시험자등록증 사본 및 시험성적서를 첨부하여 제조소등의 관계인에게 교부하고, 적합하지 아니한 경우에는 개선하여야 하는 사항을 통보하여야 한다. O | X

O

141
☐☐☐

다량의 위험물을 저장·취급하는 제조소등으로서 대통령령이 정하는 제조소등이 있는 동일한 사업소에서 대통령령이 정하는 수량 이상의 위험물을 저장 또는 취급하는 경우 당해 사업소의 관계인은 대통령령이 정하는 바에 따라 당해 사업소에 자체소방대를 설치하여야 한다.　O | X

O

142
☐☐☐

제조소 또는 일반취급소에서 취급하는 제4류 위험물의 최대수량의 합이 지정수량의 24만 배 이상 48만 배 미만인 사업소에는 화학소방자동차 2대와 자체소방대원 10인을 두어야 한다.　O | X

X　화학소방자동차 3대와 자체소방대원 15인을 두어야 한다.

143
☐☐☐

옥외탱크저장소에 저장하는 제4류 위험물의 최대수량이 지정수량의 50만배 이상인 사업소는 화학소방차 1대를 갖추어야 한다.　O | X

X　2대 이상이다.

144
☐☐☐

상호응원에 관한 협정을 체결하고 있는 각 사업소의 자체소방대에는 「위험물안전관리법 시행령」 제18조 제3항 본문의 규정에 의한 화학소방차 대수의 2분의 1 이상의 대수와 화학소방자동차마다 5인 이상의 자체소방대원을 두어야 한다.　O | X

O

145
☐☐☐

옥외탱크저장소에 저장하는 제4류 위험물의 최대수량이 50만리터 이상인 경우에는 자체소방대를 설치하여야 한다.　O | X

X　옥외탱크저장소에 저장하는 제4류 위험물의 최대수량은 지정수량의 50만배 이상이다.

146
☐☐☐

화학소방자동차에 갖추어야 하는 소화능력 및 설비의 기준으로 포수용액방사차는 포수용액의 방사능력이 매분 1,000ℓ 이상이어야 한다.　O | X

X　매분 2,000ℓ 이상이어야 한다.

147
☐☐☐

화학소방자동차에 갖추어야 하는 소화능력 및 설비의 기준으로 분말방사차는 1,000kg 이상의 분말을 비치하여야 한다.

O | X

X   1,400kg 이상의 분말을 비치하여야 한다.

148
☐☐☐

화학소방자동차에 갖추어야 하는 소화능력 및 설비의 기준으로 할로겐화합물 방사차는 할로겐화합물의 방사능력이 매초 40kg 이상이어야 한다.

O | X

O

149
☐☐☐

화학소방자동차에 갖추어야 하는 소화능력 및 설비의 기준으로 1,000kg 이상의 이산화탄소를 비치하여야 한다.

O | X

X   3,000kg 이상의 이산화탄소를 비치하여야 한다.

빈출문제 위험물안전관리법

150
□□□

운반용기에 수납된 위험물을 지정수량 이상으로 차량에 적재하여 운반하는 차량의 운전자(이하 "위험물운반자"라 한
다)는 "「국가기술자격법」에 따른 위험물 분야의 자격을 취득할 것", "제28조 제1항에 따른 교육을 수료할 것" 중 어느
하나에 해당하는 요건을 갖추어야 한다.   O | X

O

빈출문제 위험물안전관리법

151
□□□

소방청장은 운반용기를 제작하거나 수입한 자 등의 신청에 따라 규정에 따른 운반용기를 검사할 수 있다. 다만, 기계
에 의하여 하역하는 구조로 된 대형의 운반용기로서 행정안전부령이 정하는 것을 제작하거나 수입한 자 등은 행정안
전부령이 정하는 바에 따라 당해 용기를 사용하거나 유통시키기 전에 소방청장이 실시하는 운반용기에 대한 검사를
받아야 한다.   O | X

X 모두 시 · 도지사이다.

빈출문제 위험물안전관리법

152
□□□

운송책임자의 감독 · 지원을 받아 운송하여야 하는 위험물은 알킬알루미늄, 알킬리튬 및 알킬알루미늄 또는 알킬리튬
의 물질을 함유하는 위험물이다.   O | X

O

---

24. 공채 · 경채 위험물안전관리법 시행령

153
□□□

운송책임자의 감독 및 지원을 받아 운송해야 하는 위험물은 아세트알데히드, 유기과산화물 및 질산염류이다.
                                                                                                    O | X

X 알킬알루미늄, 알킬리튬 및 알킬알루미늄 또는 알킬리튬의 물질을 함유하는 위험물이 해당한다.

빈출문제 위험물안전관리법

154
□□□

법 제28조 제1항의 규정에 의한 위험물의 운송에 관한 안전교육을 수료하고 관련 업무에 1년 이상 종사한 경력이 있
는 자는 위험물 운송책임자의 자격에 해당한다.   O | X

X 2년 이상이다.

> 📖 **핵심정리 위험물 운송책임자의 자격기준**
> 1. 당해 위험물의 취급에 관한 국가기술자격을 취득하고 관련 업무에 1년 이상 종사한 경력이 있는 자
> 2. 법 제28조 제1항의 규정에 의한 위험물의 운송에 관한 안전교육을 수료하고 관련 업무에 2년 이상 종사한 경력이
>   있는 자

155
□□□

위험물운송자는 장거리(고속국도에 있어서는 340㎞ 이상, 그 밖의 도로에 있어서는 200㎞ 이상을 말한다)에 걸치는 운송을 하는 때에는 2명 이상의 운전자로 하여야 하는 것이 원칙이다. 예외사항으로 운송도중에 2시간 이내마다 20분 이상씩 휴식하는 경우에는 그러하지 아니하다.   O | X

O

> **핵심정리 위험물운송자의 장거리에 걸치는 운송을 하는 때의 기준**
>
> 위험물운송자는 장거리(고속국도에 있어서는 340㎞ 이상, 그 밖의 도로에 있어서는 200㎞ 이상을 말한다)에 걸치는 운송을 하는 때에는 2명 이상의 운전자로 할 것. 다만, 다음의 1에 해당하는 경우에는 그러하지 아니하다.
> 1. 운송책임자를 동승시킨 경우
> 2. 운송하는 위험물이 제2류 위험물·제3류 위험물(칼슘 또는 알루미늄의 탄화물과 이것만을 함유한 것에 한한다)또는 제4류 위험물(특수인화물을 제외한다)인 경우
> 3. 운송도중에 2시간 이내마다 20분 이상씩 휴식하는 경우

156
□□□

수납하는 위험물의 종류에 따라 운반용기의 외부에 표시하여야 할 주의사항으로 제5류 위험물에 있어서는 "화기주의" 및 "충격주의" 표시를 한다.   O | X

X 제5류 위험물에 있어서는 "화기엄금" 및 "충격주의" 표시를 한다.

157
□□□

수납하는 위험물에 따른 주의사항으로 제1류 위험물 중 알칼리금속의 과산화물 또는 이를 함유한 것에 있어서는 "화기엄금", "물기엄금" 및 "가연물접촉주의", 그 밖의 것에 있어서는 "화기엄금" 및 "가연물접촉주의" 표시를 한다.   O | X

X "화기엄금"이 아니라 "화기·충격주의"이다.

158
□□□

수납하는 위험물에 따른 주의사항으로 제2류 위험물 중 황화인·철분·금속분·마그네슘 또는 이들 중 어느 하나 이상을 함유한 것에 있어서는 "화기주의" 및 "물기엄금", 인화성고체에 있어서는 "화기엄금", 그 밖의 것에 있어서는 "화기주의" 표시를 한다.   O | X

X 철분·금속분·마그네슘 또는 이들 중 어느 하나 이상을 함유한 것에 있어서는 "화기주의" 및 "물기엄금"이다. 황화인은 해당하지 않는다.

> **핵심정리 수납하는 위험물에 따른 주의사항**
>
> 1. 제1류 위험물 중 알칼리금속의 과산화물 또는 이를 함유한 것에 있어서는 "화기·충격주의", "물기엄금" 및 "가연물접촉주의", 그 밖의 것에 있어서는 "화기·충격주의" 및 "가연물접촉주의"
> 2. 제2류 위험물 중 철분·금속분·마그네슘 또는 이들중 어느 하나 이상을 함유한 것에 있어서는 "화기주의" 및 "물기엄금", 인화성고체에 있어서는 "화기엄금", 그 밖의 것에 있어서는 "화기주의"
> 3. 제3류 위험물 중 자연발화성물질에 있어서는 "화기엄금" 및 "공기접촉엄금", 금수성물질에 있어서는 "물기엄금"
> 4. 제4류 위험물에 있어서는 "화기엄금"
> 5. 제5류 위험물에 있어서는 "화기엄금" 및 "충격주의"
> 6. 제6류 위험물에 있어서는 "가연물접촉주의"

159
□□□

제4류 위험물 중 특수인화물, 제3류 위험물 중 황린은 위험등급 Ⅰ의 위험물에 해당한다.　　O | X

O 황린은 위험등급 Ⅰ의 위험물에 해당한다.

> 📖 **핵심정리 위험등급 Ⅰ**
>
> 1. 제1류 위험물 중 아염소산염류, 염소산염류, 과염소산염류, 무기과산화물 그 밖에 지정수량이 50kg인 위험물
> 2. 제3류 위험물 중 칼륨, 나트륨, 알킬알루미늄, 알킬리튬, 황린 그 밖에 지정수량이 10kg 또는 20kg인 위험물
> 3. 제4류 위험물 중 특수인화물
> 4. 제5류 위험물 중 유기과산화물, 질산에스터류 그 밖에 지정수량이 10kg인 위험물
> 5. 제6류 위험물

160
□□□

제2류 위험물 중 적린은 위험등급 Ⅱ의 위험물에 해당한다.　　O | X

O

> 📖 **핵심정리 위험등급 Ⅱ**
>
> 1. 제1류 위험물 중 브로민산염류, 질산염류, 아이오딘산염류 그 밖에 지정수량이 300kg인 위험물
> 2. 제2류 위험물 중 황화인, 적린, 황 그 밖에 지정수량이 100kg인 위험물
> 3. 제3류 위험물 중 알칼리금속(칼륨 및 나트륨을 제외한다) 및 알칼리토금속, 유기금속화합물(알킬알루미늄 및 알킬리튬을 제외한다) 그 밖에 지정수량이 50kg인 위험물
> 4. 제4류 위험물 중 제1석유류 및 알코올류
> 5. 제5류 위험물 중 위험등급 Ⅰ에 해당하는 것 이외의 것

161
□□□

제1류 위험물 중 무기과산화물, 제3류 위험물 중 칼륨 및 제4류 위험물 중 특수인화물은 위험등급 Ⅱ의 위험물에 해당한다.　　O | X

X 모두 위험등급 Ⅰ의 위험물에 해당한다.

162
□□□

위험물 운반에 관한 기준 중 적재방법은 다음과 같다(다만, 덩어리 상태의 황을 운반하기 위하여 적재하는 경우 또는 위험물을 동일구내에 있는 제조소등의 상호간에 운반하기 위하여 적재하는 경우에는 그러하지 아니하다).
1. 고체위험물은 운반용기 내용적의 95% 이하의 수납율로 수납할 것
2. 액체위험물은 운반용기 내용적의 98% 이하의 수납율로 수납하되, 55도의 온도에서 누설되지 아니하도록 충분한 공간용적을 유지하도록 할 것
3. 하나의 외장용기에는 다른 종류의 위험물을 수납하지 아니할 것　　O | X

O

163
☐☐☐
자연발화성물질중 알킬알루미늄등은 운반용기의 내용적의 95% 이하의 수납율로 수납하되, 55℃의 온도에서 10% 이상의 공간용적을 유지하도록 하여 운반용기에 수납하여야 한다.   O | X

X 내용적의 90% 이하의 수납율로 수납하되, 50℃의 온도에서 5% 이상의 공간용적을 유지하도록 하여 운반용기에 수납하여야 한다.

> 📖 **핵심정리 제3류 위험물 운반용기 수납 기준**
>
> 1. 자연발화성물질에 있어서는 불활성 기체를 봉입하여 밀봉하는 등 공기와 접하지 아니하도록 할 것
> 2. 자연발화성물질외의 물품에 있어서는 파라핀·경유·등유 등의 보호액으로 채워 밀봉하거나 불활성 기체를 봉입하여 밀봉하는 등 수분과 접하지 아니하도록 할 것
> 3. 자연발화성물질중 알킬알루미늄등은 운반용기의 내용적의 90% 이하의 수납율로 수납하되, 50℃의 온도에서 5% 이상의 공간용적을 유지하도록 할 것

확인학습문제   위험물안전관리법 시행규칙 [별표 19]

164
☐☐☐
적재하는 위험물의 성질에 따라 일광의 직사 또는 빗물의 침투를 방지하기 위하여 유효하게 피복하는 등의 조치 기준은 "제1류 위험물 중 알칼리금속의 과산화물 또는 이를 함유한 것, 제2류 위험물 중 철분·금속분·마그네슘 또는 이들 중 어느 하나 이상을 함유한 것 또는 제3류 위험물 중 자연발화성물질은 방수성이 있는 피복으로 덮을 것"이다.   O | X

X 제3류 위험물 중 금수성물질이다.

확인학습문제   위험물안전관리법 시행규칙 [별표 19]

165
☐☐☐
적재하는 위험물의 성질에 따라 일광의 직사 또는 빗물의 침투를 방지하기 위하여 유효하게 피복하는 등의 조치 기준은 "제1류 위험물, 제3류 위험물 중 자연발화성물질, 제4류 위험물 중 특수인화물, 제5류 위험물 또는 제6류 위험물은 차광성이 있는 피복으로 가릴 것"이다.   O | X

O

확인학습문제 　위험물안전관리법

166
□□□

소방공무원 또는 경찰공무원은 위험물운반자 또는 위험물운송자의 요건을 확인하기 위하여 필요하다고 인정하는 경우에는 주행 중인 위험물 운반 차량 또는 이동탱크저장소를 정지시켜 해당 위험물운반자 또는 위험물운송자에게 그 자격을 증명할 수 있는 국가기술자격증 또는 교육수료증의 제시를 요구할 수 있으며, 이를 제시하지 아니한 경우에는 주민등록증, 여권, 운전면허증 등 신원확인을 위한 증명서를 제시할 것을 요구하거나 신원확인을 위한 질문을 할 수 있다. O | X

O

확인학습문제 　위험물안전관리법

167
□□□

소방청장, 소방본부장 또는 소방서장은 탱크시험자에게 탱크시험자의 등록 또는 그 업무에 관하여 필요한 보고 또는 자료제출을 명하거나 관계공무원으로 하여금 당해 사무소에 출입하여 업무의 상황·시험기구·장부·서류와 그 밖의 물건을 검사하게 하거나 관계인에게 질문하게 할 수 있다. O | X

X 시·도지사, 소방본부장 또는 소방서장이다.

18. 하반기 공채 　위험물안전관리법

168
□□□

위험물의 누출·화재·폭발 등의 사고가 발생한 경우 사고의 원인 및 피해 등을 조사하여야 하는 자는 시·도지사, 소방청장, 소방본부장 및 소방서장이다. O | X

X 소방청장, 소방본부장 또는 소방서장은 위험물의 누출·화재·폭발 등의 사고가 발생한 경우 사고의 원인 및 피해 등을 조사하여야 한다. 시·도지사는 해당하지 않는다.

확인학습문제 　위험물안전관리법 시행령

169
□□□

위험물 누출 등의 사고조사위원회는 위원장 1명을 포함하여 7명 이내의 위원으로 구성한다. O | X

O

확인학습문제 　위험물안전관리법

170
□□□

소방청장, 소방본부장 또는 소방서장은 공공의 안전을 유지하거나 재해의 발생을 방지하기 위하여 긴급한 필요가 있다고 인정하는 때에는 제조소등의 관계인에 대하여 당해 제조소등의 사용을 일시정지하거나 그 사용을 제한할 것을 명할 수 있다. O | X

X 시·도지사, 소방본부장 또는 소방서장이다.

확인학습문제 위험물안전관리법

171
☐☐☐

안전관리자·탱크시험자·위험물운반자·위험물운송자 등 위험물의 안전관리와 관련된 업무를 수행하는 자로서 대통령령이 정하는 자는 해당 업무에 관한 능력의 습득 또는 향상을 위하여 소방청장, 소방본부장 또는 소방서장이 실시하는 교육을 받아야 한다.
O | X

X 소방청장이 실시하는 교육을 받아야 한다.

확인학습문제 위험물안전관리법 시행규칙

172
☐☐☐

기술원 또는 안전원은 매년 교육실시계획을 수립하여 교육을 실시하는 해의 전년도 말까지 소방청장의 승인을 받아야 하고, 해당 연도 교육실시결과를 교육을 실시한 해의 다음 연도 1월 31일까지 소방청장에게 보고하여야 한다.
O | X

O

확인학습문제 위험물안전관리법 시행규칙

173
☐☐☐

소방본부장은 매년 10월말까지 관할구역 안의 실무교육대상자 현황을 안전원에 통보하고 관할구역 안에서 안전원이 실시하는 안전교육에 관하여 지도·감독하여야 한다.
O | X

O

확인학습문제 위험물안전관리법 시행규칙 [별표 24]

174
☐☐☐

안전관리자 및 위험물운송자의 실무교육 시간 중 일부(8시간 이내)를 사이버교육의 방법으로 실시할 수 있다. 다만, 교육대상자가 사이버교육의 방법으로 수강하는 것에 동의하는 경우에 한정한다.
O | X

X 4시간 이내이다.

확인학습문제 위험물안전관리법 시행규칙 [별표 24]

175
☐☐☐

안전원의 원장은 강습교육을 하고자 하는 때에는 매년 1월 5일까지 일시, 장소, 그 밖에 강습의 실시에 관한 사항을 공고하여야 하고, 기술원 또는 안전원은 실무교육을 하고자 하는 때에는 교육실시 10일 전까지 교육대상자에게 그 내용을 통보하여야 한다.
O | X

O

확인학습문제 위험물안전관리법 시행규칙 [별표 24]

176
☐☐☐

강습교육을 받아야 하는 교육대상자의 교육기관은 안전원이다.
O | X

O

177
☐☐☐

위험물운반자가 되려는 사람은 최초 종사하기 전 8시간의 강습교육을 받아야 한다.　　O | X

O

178
☐☐☐

위험물안전관리자가 되려는 사람은 최초 종사하기 전 16시간의 강습교육을 안전원에서 받아야 한다.　　O | X

X　24시간이다. 위험물운송자가 되려는 사람은 최초 종사하기 전 16시간의 교육을 받아야 한다.

179
☐☐☐

위험물운반자는 안전원으로부터 위험물운반자로 종사한 날부터 6개월 이내에 교육을 받고, 그 후 2년마다 1회 4시간의 실무교육을 받아야 한다.　　O | X

X　3년마다 1회 4시간의 실무교육을 받아야 한다.

180
☐☐☐

위험물운송자는 안전원으로부터 이동탱크저장소의 위험물운송자로 종사한 날부터 6개월 이내에 교육을 받고, 그 후 3년마다 1회 8시간의 실무교육을 받아야 한다.　　O | X

O

181
☐☐☐

탱크시험자의 기술인력은 탱크시험자의 기술인력으로 등록한 날부터 6개월 이내에 따른 교육을 받고, 그 후 2년마다 1회 8시간 이내 안전원에서 실무교육을 받아야 한다.　　O | X

X　기술원이다.

182
☐☐☐

소방청장, 소방본부장 또는 소방서장은 강습·실무교육 대상자가 교육을 받지 아니한 때에는 그 교육대상자가 교육을 받을 때까지 이 법의 규정에 따라 그 자격으로 행하는 행위를 제한할 수 있다.　　O | X

X　시·도지사, 소방본부장 또는 소방서장이다.

183
☐☐☐

시·도지사, 소방본부장 또는 소방서장은 제조소등 설치허가의 취소, 탱크시험자의 등록취소에 따른 청문을 실시하여야 한다.　　O | X

O

184
☐☐☐

시·도지사는 제조소등의 설치허가 또는 변경허가에 관한 권한을 소방서장에 위임한다. 다만, 동일한 시·도에 있는 둘 이상의 소방서장의 관할구역에 걸쳐 설치되는 이송취급소에 관련된 권한은 소방본부장에게 위임한다.   O | X

X 다만, 동일한 시·도에 있는 둘 이상의 소방서장의 관할구역에 걸쳐 설치되는 이송취급소에 관련된 권한을 제외한다.

185
☐☐☐

시·도지사는 예방규정의 수리·반려 및 변경명령에 관한 권한을 소방본부장 또는 소방서장에 위임한다.   O | X

X 소방서장에게 위임한다.

186
☐☐☐

소방본부장 또는 소방서장은 정기검사를 안전원에 위탁한다.   O | X

X 기술원에 위탁한다.

187
☐☐☐

소방청장은 용량이 100만리터 이상인 액체위험물을 저장하는 탱크, 암반탱크, 지하탱크저장소의 위험물탱크 중 행정안전부령으로 정하는 액체위험물탱크(별표 8 Ⅱ의 규정에 의한 이중벽탱크)에 대한 탱크안전성능검사를 기술원에 위탁한다.   O | X

X 시·도지사의 권한이다.

188
☐☐☐

시·도지사는 완공검사 중 지정수량의 1천배 이상의 위험물을 취급하는 제조소 또는 일반취급소의 설치 또는 변경(사용 중인 제조소 또는 일반취급소의 보수 또는 부분적인 증설은 제외한다)에 따른 완공검사를 기술원에 위탁한다.   O | X

X 3천배 이상의 위험물을 취급하는 제조소 또는 일반취급소이다.

189
☐☐☐

시·도지사는 완공검사 중 옥외탱크저장소(저장용량이 50만 리터 이상인 것만 해당한다) 또는 암반탱크저장소의 설치 또는 변경에 따른 완공검사를 기술원에 위탁한다.   O | X

O

확인학습문제 　위험물안전관리법 시행령

190
☐☐☐

제조소등 또는 제6조 제1항에 따른 허가를 받지 않고 지정수량 이상의 위험물을 저장 또는 취급하는 장소에서 위험물을 유출·방출 또는 확산시켜 사람의 생명·신체 또는 재산에 대하여 위험을 발생시킨 자는 1년 이상 5년 이하의 징역에 처한다.　O | X

X　1년 이상 10년 이하의 징역에 처한다.

확인학습문제 　위험물안전관리법

191
☐☐☐

업무상 과실로 제조소등 또는 제6조 제1항에 따른 허가를 받지 않고 지정수량 이상의 위험물을 저장 또는 취급하는 장소에서 위험물을 유출·방출 또는 확산시켜 사람의 생명·신체 또는 재산에 대하여 위험을 발생시킨 자는 7년 이하의 징역 또는 7천만원 이하의 벌금에 처한다.　O | X

X　7년 이하의 금고 또는 7천만원 이하의 벌금에 처한다.

확인학습문제 　위험물안전관리법

192
☐☐☐

규정을 위반하여 제조소등의 설치허가를 받지 아니하고 제조소등을 설치한 자는 5년 이하의 징역 또는 5천만원 이하의 벌금에 처한다.　O | X

X　5년 이하의 징역 또는 1억원 이하의 벌금에 처한다.

확인학습문제 　위험물안전관리법

193
☐☐☐

규정을 위반하여 저장소 또는 제조소등이 아닌 장소에서 지정수량 이상의 위험물을 저장 또는 취급한 자는 3년 이하의 징역 또는 3천만원 이하의 벌금에 처한다.　O | X

O

확인학습문제 　위험물안전관리법

194
☐☐☐

규정에 따른 탱크시험자로 등록하지 아니하고 탱크시험자의 업무를 한 자는 3년 이하의 징역 또는 3천만원 이하의 벌금에 처한다.　O | X

X　1년 이하의 징역 또는 1천만원 이하의 벌금에 처한다.

확인학습문제 　위험물안전관리법

195
☐☐☐

규정을 위반하여 정기검사를 받지 아니한 관계인으로서 제6조 제1항에 따른 허가를 받은 자는 1년 이하의 징역 또는 1천만원 이하의 벌금에 처한다.　O | X

O

196
☐☐☐

규정을 위반하여 자체소방대를 두지 아니한 관계인으로서 제6조 제1항의 규정에 따른 허가를 받은 자는 1천5백만원 이하의 벌금에 처한다. O | X

X 1년 이하의 징역 또는 1천만원 이하의 벌금에 처한다.

197
☐☐☐

규정에 따른 위험물의 저장 또는 취급에 관한 중요기준에 따르지 아니한 자는 1천5백만원 이하의 벌금에 처한다. O | X

O

198
☐☐☐

규정을 위반하여 제조소등의 완공검사를 받지 아니하고 위험물을 저장·취급한 자는 1천만원 이하의 벌금에 처한다. O | X

X 1천500만원 이하의 벌금에 처한다.

199
☐☐☐

규정을 위반하여 안전관리자를 선임하지 아니한 관계인으로서 제6조 제1항의 규정에 따른 허가를 받은 자는 1천500만원 이하의 벌금에 처한다. O | X

O

200
☐☐☐

규정을 위반하여 예방규정을 제출하지 아니하거나 예방규정 변경명령을 위반한 관계인으로서 규정에 따른 허가를 받은 자는 1년 이하의 징역 또는 1천만원 이하의 벌금에 처한다. O | X

X 1천500만원 이하의 벌금에 처한다.

201
☐☐☐

규정에 따른 무허가장소의 위험물에 대한 조치명령에 따르지 아니한 자, 저장·취급기준 준수명령 또는 응급조치명령을 위반한 자는 1천500만원 이하의 벌금에 처한다. O | X

O

202
☐☐☐

규정에 따른 제조소등에 대한 긴급 사용정지·제한명령을 위반한 자는 1천500만원 이하의 벌금에 처한다. O | X

X 1년 이하 또는 1천만원 이하의 벌금에 처한다.

203
□□□

규정을 위반하여 변경한 예방규정을 제출하지 아니한 관계인으로서 규정에 따른 허가를 받은 자는 1천만원 이하의 벌금에 처한다. O | X

O

204
□□□

규정을 위반하여 위험물의 운반에 관한 중요기준에 따르지 아니한 자는 1천500만원 이하의 벌금에 처한다. O | X

X 1천만원 이하의 벌금에 처한다.

205
□□□

규정에 따른 위험물의 저장 또는 취급에 관한 세부기준을 위반한 자는 500만원 이하의 과태료를 부과한다. O | X

O

206
□□□

규정을 위반하여 등록사항의 변경신고를 기간 이내에 하지 아니하거나 허위로 한 자는 300만원 이하의 과태료를 부과한다. O | X

X 500만원 이하의 과태료를 부과한다.

207
□□□

규정을 위반하여 위험물의 운송에 관한 기준을 따르지 아니한 자는 200만원 이하의 과태료를 부과한다. O | X

X 500만원 이하의 과태료를 부과한다.

빈출문제 | 위험물안전관리법 시행규칙 [별표 4]

208
□□□

제조소는 「초·중등교육법」 제2조 및 「고등교육법」 제2조에 정하는 학교에 있어서는 20m 이상의 안전거리를 두어야 한다. O | X

X 30m 이상이다.

빈출문제 | 위험물안전관리법 시행규칙 [별표 4]

209
□□□

제조소에 있어서 위험물을 취급하는 건축물 그 밖의 시설의 주위에는 그 취급하는 위험물의 최대수량이 지정수량의 10배 이하인 경우 5m 이상의 공지를 보유하여야 한다. O | X

X 3m 이상이다.

📖 핵심정리 제조소의 보유공지

취급하는 위험물의 최대수량	공지의 너비
지정수량의 10배 이하	3m 이상
지정수량의 10배 초과	5m 이상

빈출문제 | 위험물안전관리법 시행규칙 [별표 4]

210
□□□

제조소에는 제1류 위험물 중 알칼리금속의 과산화물과 이를 함유한 것 또는 제3류 위험물 중 금수성물질에 있어서는 "물기엄금"의 주의사항을 표시한 게시판을 설치해야 한다. O | X

O

24. 공채·경채 | 위험물안전관리법 시행규칙 [별표 4]

211
□□□

위험물제조소에 저장 또는 취급하는 위험물에 따라 설치해야 하는 주의사항을 표시한 게시판의 내용으로, 제1류 위험물 중 알칼리금속의 과산화물은 "물기주의", 제2류 위험물(인화성고체 제외)은 "화기주의"이다. O | X

X 제1류 위험물 중 알칼리금속의 과산화물은 "물기엄금"이다.

📖 핵심정리 주의사항을 표시한 게시판 설치(제조소)

저장 또는 취급 위험물	주의사항	게시판의 색
• 제1류 위험물 중 알칼리금속의 과산화물 • 제3류 위험물 중 금수성물질	물기엄금	청색바탕에 백색문자
• 제2류 위험물(인화성고체 제외)	화기주의	적색바탕에 백색문자
• 제2류 위험물 중 인화성고체 • 제3류 위험물 중 자연발화성물질 • 제4류 위험물 • 제5류 위험물	화기엄금	적색바탕에 백색문자

212

제조소에는 제2류 위험물(인화성고체는 제외한다), 제3류 위험물 중 자연발화성물질, 제4류 위험물 또는 제5류 위험물에 있어서는 "화기엄금"의 주의사항을 표시한 게시판을 설치해야 한다. O | X

X 제2류 위험물 중 인화성고체는 화기엄금 주의사항을 표시한 게시판을 설치한다. 제2류 위험물(인화성고체를 제외한다)에 있어서는 "화기주의" 표시한 게시판을 설치해야 한다.

213

제조소에 있어서 위험물을 취급하는 건축물의 구조는 지하층이 없도록 하여야 한다. 다만, 위험물을 취급하지 아니하는 지하층으로서 위험물의 취급장소에서 새어나온 위험물 또는 가연성의 증기가 흘러 들어갈 우려가 없는 구조로 된 경우에는 그러하지 아니하다. O | X

O

214

제조소에 있어서 위험물을 취급하는 건축물의 채광설비는 불연재료로 하고, 연소의 우려가 없는 장소에 설치하되 채광면적을 최대로 하여야 한다. O | X

X 채광면적을 최소로 하여야 한다.

215

제조소에 있어서 위험물을 취급하는 건축물의 조명설비는 점멸스위치는 원칙적으로 출입구 안쪽부분에 설치하여야 한다. O | X

X 출입구 바깥부분에 설치하여야 한다. 다만, 스위치의 스파크로 인한 화재·폭발의 우려가 없을 경우에는 그러하지 아니하다.

216

제조소에 있어서 위험물을 취급하는 건축물의 환기설비는 자연배기방식하고, 급기구는 당해 급기구가 설치된 실의 바닥면적 150㎡마다 1개 이상으로 하되, 급기구의 크기는 500㎠ 이상으로 하여야 한다. O | X

X 급기구의 크기는 800㎠ 이상으로 하여야 한다.

핵심정리 바닥면적이 150㎡ 미만인 경우 급기구의 면적

바닥면적	급기구의 면적
60㎡ 미만	150㎠ 이상
60㎡ 이상 90㎡ 미만	300㎠ 이상
90㎡ 이상 120㎡ 미만	450㎠ 이상
120㎡ 이상 150㎡ 미만	600㎠ 이상

217

☐☐☐

제조소에 있어서 위험물을 취급하는 건축물의 배출설비의 배풍기는 강제배기방식으로 하고, 옥내 덕트의 내압이 대기압 이상이 되지 아니하는 위치에 설치하여야 한다.   O | X

O

218

☐☐☐

제조소의 정전기 제거설비는 접지에 의한 방법, 공기 중의 상대습도를 70% 이상으로 하는 방법, 공기를 이온화하는 방법으로 정전기를 유효하게 제거할 수 있는 설비를 설치하여야 한다.   O | X

O

219

☐☐☐

위험물제조소의 옥외에 있는 위험물취급탱크(용량이 지정수량의 5분의 1 미만인 것은 제외한다)로서 액체위험물(이황화탄소는 제외한다)을 취급하는 것의 주위에는 하나의 취급탱크 주위에 설치하는 방유제의 용량은 당해 탱크용량의 50% 이상으로 하고, 2 이상의 취급탱크 주위에 하나의 방유제를 설치하는 경우 그 방유제의 용량은 당해 탱크 중 용량이 최대인 것의 50%에 나머지 탱크용량 합계의 10%를 가산한 양 이상이 되게 방유제를 설치해야 한다.   O | X

O

220

☐☐☐

위험물제조소내의 위험물을 취급하는 배관은 배관을 지상에 설치하는 경우에는 지진·풍압·지반침하 및 온도변화에 안전한 구조의 지지물에 설치하되, 지면에 닿지 아니하도록 하고 배관의 외면에 부식방지를 위한 도장을 하여야 한다. 다만, 불변강관 또는 부식의 우려가 없는 재질의 배관의 경우에는 부식방지를 위한 내화재료의 마감재로 피복하여야 한다.   O | X

X 다만, 불변강관 또는 부식의 우려가 없는 재질의 배관의 경우에는 부식방지를 위한 도장을 아니할 수 있다.

221

☐☐☐

고인화점위험물은 인화점이 100℃ 이상인 제4류 위험물을 말한다.   O | X

O

222

☐☐☐

제조소에 있어서 아세트알데히드등을 취급하는 설비는 은·수은·동·마그네슘 또는 이들을 성분으로 하는 합금으로 만들어야 한다.   O | X

X 은·수은·동·마그네슘 또는 이들을 성분으로 하는 합금으로 만들지 않아야 한다.

223
☐☐☐

제조소에 있어서 아세트알데히드등을 취급하는 설비에는 연소성 혼합기체의 생성에 의한 폭발을 방지하기 위한 불활성기체 또는 수증기를 봉입하는 장치를 갖추어야 한다. O | X

O

224
☐☐☐

옥외탱크저장소에 있어서 옥외저장탱크의 주위에는 그 저장 또는 취급하는 위험물의 최대수량이 지정수량의 500배 초과 1,000배 이하인 경우 옥외저장탱크의 측면으로부터 6m 이상의 공지를 보유하여야 한다. O | X

X 5m 이상의 공지를 보유하여야 한다.

📖 핵심정리 **옥외탱크저장소의 옥외저장탱크 보유공지**

저장 또는 취급하는 위험물의 최대수량	공지의 너비
지정수량의 500배 이하	3m 이상
지정수량의 500배 초과 1,000배 이하	5m 이상
지정수량의 1,000배 초과 2,000배 이하	9m 이상
지정수량의 2,000배 초과 3,000배 이하	12m 이상
지정수량의 3,000배 초과 4,000배 이하	15m 이상
지정수량의 4,000배 초과	당해 탱크의 수평단면의 최대지름(가로형인 경우에는 긴 변)과 높이 중 큰 것과 같은 거리 이상. 다만, 30m 초과의 경우에는 30m 이상으로 할 수 있고, 15m 미만의 경우에는 15m 이상으로 하여야 한다.

225
☐☐☐

옥외탱크저장소에 있어서 옥외저장탱크는 특정옥외저장탱크 및 준특정옥외저장탱크 외에는 두께 3.2mm 이상의 강철판 또는 소방청장이 정하여 고시하는 규격에 적합한 재료로, 특정옥외저장탱크 및 준특정옥외저장탱크는 Ⅶ 및 Ⅷ에 의하여 소방청장이 정하여 고시하는 규격에 적합한 강철판 또는 이와 동등 이상의 기계적 성질 및 용접성이 있는 재료로 틈이 없도록 제작하여야 하고, 압력탱크(최대상용압력이 대기압을 초과하는 탱크를 말한다)외의 탱크는 충수시험, 압력탱크는 최대상용압력의 1.5배의 압력으로 10분간 실시하는 수압시험에서 각각 새거나 변형되지 아니하여야 한다. O | X

O

226
☐☐☐

옥외탱크저장소에 있어서 옥외저장탱크는 위험물의 폭발 등에 의하여 탱크내의 압력이 비정상적으로 상승하는 경우에 내부의 가스 또는 증기를 하부로 방출할 수 있는 구조로 하여야 한다. O | X

X 내부의 가스 또는 증기를 상부로 방출할 수 있는 구조로 하여야 한다.

227

□□□

옥외탱크저장소에 있어서 옥외저장탱크 중 압력탱크(최대상용압력이 부압 또는 정압 5kPa을 초과하는 탱크를 말한다)외의 탱크(제4류 위험물의 옥외저장탱크에 한한다)에 있어서는 밸브없는 통기관은 지름은 30mm 이상으로 하고, 끝부분은 수평면보다 45도 이상 구부려 빗물 등의 침투를 막는 구조로 하여야 한다.　O | X

O

228

□□□

옥외탱크저장소에 있어서 옥외저장탱크의 펌프설비는 펌프설비의 주위에는 너비 5m 이상의 공지를 보유하여야 한다. 다만, 방화상 유효한 격벽을 설치하는 경우와 제6류 위험물 또는 지정수량의 10배 이하 위험물의 옥외저장탱크의 펌프설비에 있어서는 그러하지 아니하다.　O | X

X 펌프설비의 주위에는 너비 3m 이상의 공지를 보유하여야 한다.

229

□□□

옥외탱크저장소에 있어서 이황화탄소의 옥외저장탱크는 벽 및 바닥의 두께가 0.2m 이상이고 누수가 되지 아니하는 철재 수조에 넣어 보관하여야 한다. 이 경우 보유공지·통기관 및 자동계량장치는 생략할 수 있다.　O | X

X 누수가 되지 아니하는 철근콘크리트의 수조에 넣어 보관하여야 한다.

230

□□□

옥외탱크저장소에 있어서 인화성액체위험물(이황화탄소는 제외한다)의 옥외탱크저장소의 탱크 주위에는 방유제의 용량은 방유제안에 설치된 탱크가 하나인 때에는 그 탱크 용량의 50% 이상, 2기 이상인 때에는 그 탱크 중 용량이 최대인 것의 용량의 50% 이상으로 방유제를 설치하여야 한다.　O | X

X 모두 110%이다.

231

□□□

인화성액체 위험물(이황화탄소는 제외한다)을 저장하는 옥외탱크저장소의 주위에 설치하는 방유제의 설치기준으로 "방유제는 높이 0.3m 이상 3m 이하로 할 것", "방유제 내의 면적은 8만m² 이하로 할 것" 등이 있다.　O | X

X 방유제는 높이 0.5m 이상 3m 이하로 하여야 한다.

> **핵심정리 방유제(옥외탱크저장소)**
>
> 1. **탱크가 1개**: 그 탱크 용량의 110% 이상
> 2. **탱크가 2개 이상**: 그 탱크 중 용량이 최대인 것의 용량의 110% 이상
> 3. 방유제는 높이 0.5m 이상 3m 이하, 두께 0.2m 이상, 지하매설깊이 1m 이상
> 4. 방유제 내의 면적은 8만m² 이하
> 5. 방유제 내의 설치하는 옥외저장탱크의 수는 10 이하로 할 것
> 6. 방유제 외면의 2분의 1 이상은 자동차 등이 통행할 수 있는 3m 이상의 노면 폭을 확보한 구내도로에 직접 접하도록 할 것

232

인화성액체 위험물(이황화탄소는 제외한다)을 저장하는 옥외탱크저장소의 주위에 설치하는 방유제의 설치기준으로 "높이가 1m를 넘는 방유제 및 간막이 둑의 안팎에는 방유제 내에 출입하기 위한 계단 또는 경사로를 약 50m마다 설치"하여야 한다.　　　　O | X

O

233

인화성액체 위험물(이황화탄소는 제외한다)을 저장하는 옥외탱크저장소의 주위에 설치하는 방유제의 설치기준으로 방유제 내의 간막이 둑은 흙 또는 철근콘크리트로 하여야 한다.　　　　O | X

O

> **핵심정리 방유제(옥외탱크저장소)**
>
> 용량이 1,000만L 이상인 옥외저장탱크의 주위에 설치하는 방유제에는 간막이 둑을 설치해야 한다.
> 1. 간막이 둑의 높이는 0.3m 이상으로 하되, 방유제의 높이보다 0.2m 이상 낮게 할 것
> 2. 간막이 둑은 흙 또는 철근콘크리트로 할 것
> 3. 간막이 둑의 용량은 간막이 둑 안에 설치된 탱크의 용량의 10% 이상

234

옥외탱크저장소에 있어서 방유제 외면의 2분의 1 이상은 자동차 등이 통행할 수 있는 3m 이상의 노면폭을 확보한 구내도로(옥외저장탱크가 있는 부지내의 도로를 말한다)에 직접 접하도록 할 것. 다만, 방유제 내에 설치하는 옥외저장탱크의 용량합계가 50만ℓ 이하인 경우에는 소화활동에 지장이 없다고 인정되는 3m 이상의 노면폭을 확보한 도로 또는 공지에 접하는 것으로 할 수 있다.　　　　O | X

X　옥외저장탱크의 용량합계가 20만ℓ 이하인 경우이다.

235

옥외탱크저장소에 있어서 방유제는 옥외저장탱크의 지름이 15m 이상인 경우에는 탱크의 옆판으로부터 탱크 높이의 3분의 1 이상 거리를 유지하여야 한다.　　　　O | X

X　2분의 1 이상이다. 지름이 15m 미만인 경우에 탱크 높이의 3분의 1 이상이다.

236

옥외탱크저장소에 있어서 용량이 1,000만ℓ 이상인 옥외저장탱크의 주위에 설치하는 방유제에는 간막이 둑의 높이는 0.3m(방유제내에 설치되는 옥외저장탱크의 용량의 합계가 2억ℓ를 넘는 방유제에 있어서는 1m)이상으로 하되, 방유제의 높이보다 0.2m 이상 낮게 하여야 한다. 또한, 간막이 둑은 흙 또는 철근콘크리트가 아닌 구조로 하여야 한다.　　　　O | X

X　간막이 둑은 흙 또는 철근콘크리트로 하여야 한다.

237
□□□
이동저장탱크는 그 내부에 3,000L 이하마다 1.6mm 이상의 강철판 또는 이와 동등 이상의 강도·내열성 및 내식성이 있는 금속성의 것으로 칸막이를 설치하여야 한다.　O | X

X 이동저장탱크는 그 내부에 4,000L 이하마다 3.2mm 이상의 강철판으로 칸막이를 설치하여야 한다.

> 📖 핵심정리 **이동탱크저장소의 구조**
> 1. **방파판의 두께:** 1.6mm 이상의 강철판
> 2. **방호틀의 두께:** 2.3mm 이상의 강철판
> 3. **이동탱크저장소의 탱크의 두께:** 3.2mm 이상의 강철판
> 4. **칸막이:** 내부에 4,000L 이하마다 설치
> 5. **주유설비의 분당 토출량:** 200L 이하

확인학습문제　위험물안전관리법 시행규칙 [별표 13]

238
□□□
주유취급소의 고정주유설비의 주위에는 주유를 받으려는 자동차 등이 출입할 수 있도록 너비 10m 이상, 길이 5m 이상의 콘크리트 등으로 포장한 공지("주유공지"라 한다)를 보유하여야 하고, 고정급유설비를 설치하는 경우에는 고정급유설비의 호스기기의 주위에 필요한 공지(이하 "급유공지"라 한다)를 보유하여야 한다.　O | X

X 너비 15m 이상, 길이 6m 이상이다.

확인학습문제　위험물안전관리법 시행규칙 [별표 13]

239
□□□
주유취급소에는 황색바탕에 흑색문자로 "주유중엔진정지"라는 표시를 한 게시판을 설치하여야 한다.　O | X

O

확인학습문제　위험물안전관리법 시행규칙 [별표 13]

240
□□□
주유취급소에는 자동차 등에 주유하기 위한 고정주유설비에 직접 접속하는 전용탱크로서 50,000ℓ 이하의 것, 고정급유설비에 직접 접속하는 전용탱크로서 50,000ℓ 이하의 것, 보일러 등에 직접 접속하는 전용탱크로서 30,000ℓ 이하의 것으로 하여야 한다.　O | X

X 보일러 등에 직접 접속하는 전용탱크로서 10,000ℓ 이하의 것으로 하여야 한다.

확인학습문제　위험물안전관리법 시행규칙 [별표 13]

241
□□□
고정주유설비 또는 고정급유설비의 주유관의 길이(끝부분의 개폐밸브를 포함한다)는 10m(현수식의 경우에는 지면위 0.5m의 수평면에 수직으로 내려 만나는 점을 중심으로 반경 3m) 이내로 하고 그 끝부분에는 축적된 정전기를 유효하게 제거할 수 있는 장치를 설치하여야 한다.　O | X

X 10m가 아닌 5m이다.

242
□□□

주유취급소의 고정주유설비 설치기준으로 고정주유설비는 고정주유설비의 중심선을 기점으로 하여 도로경계선까지 3m 이상의 거리를 유지하여야 한다. O | X

X 4m 이상의 거리를 유지하여야 한다.

> **핵심정리 고정주유설비의 중심선을 기점으로 이격거리**
> 1. **도로경계선**: 4m 이상
> 2. **부지경계선·담 및 건축물의 벽**: 2m(개구부가 없는 벽으로부터 1m) 이상

243
□□□

주유취급소의 고정급유설비 설치기준으로 고정급유설비는 고정급유설비의 중심선을 기점으로 하여 도로경계선까지 4m 이상의 거리를 유지하여야 한다. O | X

O

> **핵심정리 고정급유설비의 중심선을 기점으로 이격거리**
> 1. **도로경계선**: 4m 이상
> 2. **건축물의 벽**: 2m(개구부가 없는 벽까지는 1m) 이상
> 3. **부지경계선 및 담**: 1m 이상

244
□□□

주유취급소의 주위에는 자동차 등이 출입하는 쪽외의 부분에 높이 5m 이상의 내화구조 또는 불연재료의 담 또는 벽을 설치하되, 주유취급소의 인근에 연소의 우려가 있는 건축물이 있는 경우에는 소방청장이 정하여 고시하는 바에 따라 방화상 유효한 높이로 하여야 한다. O | X

X 2m 이상이다.

245
□□□

제조소등에 전기설비(전기배선, 조명기구 등은 제외한다)가 설치된 경우에는 당해 장소의 면적 100m²마다 소형수동식소화기를 1개 이상 설치하여야 한다. O | X

O

> **핵심정리 소화설비의 설치기준**
> 1. **전기설비의 소화설비**
>   제조소등에 전기설비(전기배선, 조명기구 등은 제외한다)가 설치된 경우에는 당해 장소의 면적 100m²마다 소형수동식소화기를 1개 이상 설치할 것
> 2. **소요단위 및 능력단위**
>   • **소요단위**: 소화설비의 설치대상이 되는 건축물 그 밖의 공작물의 규모 또는 위험물의 양의 기준단위
>   • **능력단위**: 소요단위에 대응하는 소화설비의 소화능력의 기준단위

246
□□□

소요단위의 계산방법으로 위험물은 지정수량의 10배를 1소요단위로 한다.   O | X

O

핵심정리 소요단위의 계산방법

건축물 그 밖의 공작물 또는 위험물의 소요단위의 계산방법은 다음의 기준에 의할 것
1. 제조소 또는 취급소의 건축물은 외벽이 내화구조인 것은 연면적(제조소등의 용도로 사용되는 부분 외의 부분이 있는 건축물에 설치된 제조소등에 있어서는 당해 건축물중 제조소등에 사용되는 부분의 바닥면적의 합계를 말한다. 이하 같다) 100m²를 1소요단위로 하며, 외벽이 내화구조가 아닌 것은 연면적 50m²를 1소요단위로 할 것
2. 저장소의 건축물은 외벽이 내화구조인 것은 연면적 150m²를 1소요단위로 하고, 외벽이 내화구조가 아닌 것은 연면적 75m²를 1소요단위로 할 것
3. 제조소등의 옥외에 설치된 공작물은 외벽이 내화구조인 것으로 간주하고 공작물의 최대수평투영면적을 연면적으로 간주하여 1. 및 2.의 규정에 의하여 소요단위를 산정할 것
4. 위험물은 지정수량의 10배를 1소요단위로 할 것

247
□□□

소요단위의 계산방법으로 저장소의 건축물은 외벽이 내화구조인 것은 연면적 100m²를 1소요단위로 한다.   O | X

X 저장소의 건축물은 외벽이 내화구조인 것은 연면적 150m²를 1소요단위로 하고, 외벽이 내화구조가 아닌 것은 연면적 75m²를 1소요단위로 한다.

248
□□□

옥내소화전은 제조소등의 건축물의 층마다 당해 층의 각 부분에서 하나의 호스접속구까지의 수평거리가 25m 이하가 되도록 설치한다.   O | X

O

핵심정리 옥내소화전설비의 설치기준

1. 옥내소화전은 제조소등의 건축물의 층마다 당해 층의 각 부분에서 하나의 호스접속구까지의 수평거리가 25m 이하가 되도록 설치할 것. 이 경우 옥내소화전은 각층의 출입구 부근에 1개 이상 설치하여야 한다.
2. 수원의 수량은 옥내소화전이 가장 많이 설치된 층의 옥내소화전 설치개수(설치개수가 5개 이상인 경우는 5개)에 7.8m³를 곱한 양 이상이 되도록 설치할 것
3. 옥내소화전설비는 각층을 기준으로 하여 당해 층의 모든 옥내소화전(설치개수가 5개 이상인 경우는 5개의 옥내소화전)을 동시에 사용할 경우에 각 노즐끝부분의 방수압력이 350kPa 이상이고 방수량이 1분당 260ℓ 이상의 성능이 되도록 할 것
4. 옥내소화전설비에는 비상전원을 설치할 것

2025 대비 최신개정판

해커스소방
김정희
소방관계법규 핵심정리 + OX문제

개정 2판 1쇄 발행 2024년 7월 5일

지은이	김정희 편저
펴낸곳	해커스패스
펴낸이	해커스소방 출판팀
주소	서울특별시 강남구 강남대로 428 해커스소방
고객센터	1588-4055
교재 관련 문의	gosi@hackerspass.com
	해커스소방 사이트(fire.Hackers.com) 교재 Q&A 게시판
학원 강의 및 동영상강의	fire.Hackers.com
ISBN	979-11-7244-195-1 (13350)
Serial Number	02-01-01

소방공무원 1위,
해커스소방 fire.Hackers.com

⛩ 해커스소방

· 해커스 스타강사의 **소방관계법규 무료 특강**
· **해커스소방 학원 및 인강**(교재 내 인강 할인쿠폰 수록)

한경비즈니스 2024 한국품질만족도 교육(온·오프라인 소방학원) 1위

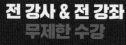